당근이의
AVR
ATmega128
마이크로컨트롤러

쉽게 배우는 하드웨어 인터페이스와 프로그래밍

당근이의 AVR ATmega128 마이크로컨트롤러

쉽게 배우는 하드웨어 인터페이스와 프로그래밍

정상훈 지음

INFINITYBOOKS
인 피 니 티 북 스

네이버 대표카페
AVR 및 MCU 관련
당근이의 AVR 갖고 놀기의
운영자가 집필한
AVR 하드웨어 강좌

머리말

이 책을 읽기 위해서 준비해야 할 것은 무엇이 있나요?

이 책은 AVR을 처음 접하는 개발자 및 학생을 대상으로 하였다. 다만 C언어 및 전자 회로에 대한 아주 기본적인 이해를 바탕으로 한다. 전기는 +에서 −로 흐르며, V나 A가 무엇을 의미하는지 정도는 알고 있어야 한다. 또한 AND나 OR 가 어떤 의미인지 정도는 알고 보아야 할 것이다. 그리고 C언어의 경우에는 Hello, World는 출력해보았고, if-else가 무엇인지 알고 있으며, "int가 C언어의 키워드이기 때문에 변수로 사용해서는 안 된다" 정도는 알아야 할 것이다. C와 전자회로에 대해서 설명하면 좋겠지만 양이 방대할뿐더러 본 책의 방향과는 다르기 때문에 이해해주길 바란다. 다만 마이크로컨트롤러에서 자주 사용되는 C언어 기법과 기본적인 문법 정도는 본문에서 설명하였다.

소스 코드는 어디에서 받을 수 있나요?

본문에 수록된 소스 코드는 당근닷컴 홈페이지(http://www.carroty.com/education/avr/ article.xml)에서 다운로드할 수 있다. 소스 코드는 수시로 업데이트되기 때문에 가급적 최신의 소스코드로 동작하는 것이 좋을 것이다. 필자 역시 사람이기 때문에 오탈자가 생길 수 있는데 이는 최대한 빨리 홈페이지에 정오표를 올리도록 하겠다.

당근보드는 무엇인가요?

처음부터 회로설계를 보고 하드웨어를 제작하고 소프트웨어 환경을 만드는 것은 쉽지 않다. 많은 교재들이 실험 키트를 공급하는 이유가 바로 이러한 점 때문이다. 필자가 제작한 ATmega128 교육용 키트는 애칭으로 당근보드(Carroty ATmega128 Training Kit)라 부르는데, 초보자가 겪어야 할 여러 가지 시간적, 기술적 애로사항을 해결하고자 공급하는 것이므로 본인의 실력 유무에 따라서 독자적으로 만들 수도 있을 것이다. 당근보드에 대한 자세한 사항은 Chapter 04 당근 보드 사용하기를 참조하길 바란다.

"당근이의 한마디"는 어떤 코너인가요?

책을 읽다 보면 종종 "당근이의 한마디"라는 내용이 나오는데 이는 기술적이고 딱딱한 내용보다 필자가 AVR을 접하면서 느꼈던 것을 가볍게 적은 것이므로 책을 읽는 독자 역시 가벼운 마음으로 읽어주면 고맙겠다. 전문가에게는 그다지 필요한 내용이 아닐지라도 초보자에게는 도움이 되었으면 하는 마음으로 적었다.

끝으로...

마이크로컨트롤러는 쉽지도 그렇다고 어렵기만 한 분야도 아니라는 점을 말하고 싶다. 너무 가볍게 보고 만만하게 생각한다거나 지레 겁먹고 포기하지 말고 차근차근 꾸준히 공부하다 보면 언젠가는 본인이 원하는 실력으로 성장한 자신을 발견하게 될 것을 약속한다.

이 책을 읽는 모든 분들이 마이크로컨트롤러가 매우 재미있는 분야이며 즐거운 마음으로 LED나 모터를 제어하여 멋지고 훌륭한 작품 또는 제품을 만들 수 있기를 소망한다.

이 책을 읽기 전에

1. 단위계

이 책에 사용되는 각종 단위계는 국제 표준인 SI 단위계(프랑스에서 결정된 단위계로서 미터법 혹은 MKS[Meter-Kilometer])를 따른다. SI 단위계는 미터법에 따른 측정 단위를 국제적으로 통일한 체제로서 길이, 무게, 시간, 전류, 온도 등의 7가지 단위와 이를 기본으로 유도되는 유도 단위에 해당하는 단위이다. 우리가 알고 있는 m, km, g, s 등이 모두 SI 단위계이다.

MKS 단위계가 국제 표준이기는 하나 영어 문화권의 경우 인치, 피트, 마일 등으로 표기하는 경우가 종종 있다는 점도 알아두기 바란다.

아래 적힌 단위계 이외에도 전자기 유도의 단위를 나타내는 H[Henry], 주파수를 나타내는 Hz[Hertz] 등이 있으나 모두 설명하기는 지면 관계상 부족하므로 더욱 자세히 알고 싶은 독자는 "MKS 단위계"를 찾아보면 좋을 것이다. 여기서는 우리가 자주 사용하게 될 단위(전기, 시간)에 대해 간략하게 알아보도록 하자.

(1) 국제 기본 단위(The SI Base Units)

표 1-1 • SI 협회에서 지정한 표준 단위 7가지

번호	물리량	단위명	기호	설명	비고
1	길이	미터	m	빛이 진공에서 299,792,458분의 1초 동안 진행한 경로의 길이이다.	
2	질량	킬로그램	kg	국제 킬로그램 원기의 질량과 같다.	
3	시간	초	s	세슘(Cs)-133원자의 바닥 상태에 있는 두 초미세 준위 간의 전이에 대응하는 전자기파의 9,192,631,770 주기의 지속 시간이다.	
4	전류	암페어	A	무한히 작은 원형 단면적을 가지는 무한히 긴 두 개의 평행한 직선 도체가 진공 중에서 1 m 떨어져 있을 때, 이 두 도체 사이에 매 미터마다 2 × 10(-7승)N의 힘을 생기게 하는 일정한 전류이다.	
5	온도	캘빈	K	물의 삼중점에서 열역학적 온도의 273.16분의 1이다.	
6	물질량	몰	mol	탄소(C)-12의 0.012 kg 중에 있는 원자의 개수와 같은 수의 구성요소를 포함한 계의 물질량이다.	
7	광도	칸델라	cd	주파수 540 × 10(12승) 헤르츠인 단색광을 방출하는 광원의 복사 광도가 어떤 주어진 방향으로 매 스테라디안마다 683분의 1 와트(W)일 때, 이 방향에 대한 광도이다.	

표 1-1에 제시된 단위 7개는 SI 표준 단위이다. 참고로 캘빈이나 앙페르는 사람의 이름이기 때문에 대문자를 쓴다고 한다. 암페어는 앙페르의 미국식 발음이다. 음영 처리된 부분은 전기/전자에서 많이 사용되는 기호이므로 잘 이해하도록 하자.

(2) SI 유도 단위

앞에서 제시한 7가지 단위를 나누거나 곱하여 새로운 넓이, 부피, 속력 등 새로운 유도 단위를 얻을 수 있다. 예를 들어 $m \times m = m^2$ 는 넓이의 단위를 나타낸다.

표 1-2 • SI 유도 단위

번호	기호	읽기	단위
1	m^2	제곱미터	넓이
2	m^3	세제곱미터	부피
3	m/s	미터 퍼 세컨드	속력, 속도
4	m/s^2	미터 퍼 세컨드 스퀘어	가속도
5	kg/m^3	킬로그램 퍼 세제곱미터	밀도
6	mol/m^3	몰 퍼 세제곱미터	농도
7	cd/m^2	칸델라 퍼 제곱미터	광휘도

(3) SI 무차원 단위

각도를 나타낼 때는 라디안을 사용하는데 라디안은 호도법에서 도입된 단위로 ° 보다 사용이 편리하다고 한다. 또한 아래 두 단위는 차원이 없어서 무차원 단위라고 한다.

번호	기호	읽기	단위
1	rad	radian (라디안)	평면각
7	sr	steradian (스테라디안)	입체각

(4) SI 차원 단위

차원 단위로는 다음과 같은 것들이 있다. 음영 처리된 부분은 전기/전자에서 많이 사용되는 기호이므로 유의해서 보도록 하자.

번호	기호	읽기	단위	비고
1	Hz	Hertz (헤르츠)	주파수	1/s
2	N	Newton (뉴턴)	힘	kg*m/s^2
3	Pa	Pascal (파스칼)	압력, 응력	N/m^2
4	J	Joule (줄)	에너지, 열, 열량	N*m
5	W	Watt (와트)	일률, 전력, 동력	J/s
6	C	Coulomb (쿨롱)	전하량, 전기량	A*s
7	V	Volt (볼트)	전압, 전위차, 기전력	W/A
8	F	Faraday (패럿)	전기용량	C/V
9	Ω	Ohm (옴)	전기저항	V/A
10	S	Siemens (지멘스)	컨덕턴스	1/Ω
11	Wb	Weber (웨버)	자기선속	V*s
12	T	Tesla (테슬라)	자기선속밀도	Wb/m^2
13	H	Henry (헨리)	인덕턴스	Wb/A
14	°C	Celcius (섭씨)	온도	K - 273.15
15	lm	lumen (루멘)	광선속	cd*sr
16	lx	lux (룩스)	조도	lm/m^2
17	Bq	Becquerel (베크렐)	방사능	1/s
18	Gy	Gray (그레이)	흡수선량	J/kg
19	Sv	Sievert (시버트)	선량당량	J/kg
20	kat	Katal (캐탈)	촉매활성도	mol/

또 SI 단위이기는 하지만 표준이 아닌 단위로는 아래와 같은 것들이 있다.

번호	기호	읽기	단위	비고
10	min	minute (분)	시간	60 s
11	h	hour (시간)	시간	60 min
12	d	day (일)	시간	24 h
13	°	degree (도)	각	π/180 rad
14	‘	minute (분)	각	1/60°
15	‘’	second (초)	각	1/60’
16	L	liter (리터)	부피	1000 cm^3
17	t	ton (톤)	질량	1000 kg

(5) 접두어

SI 접두어(接頭語, Prefix)란 단어 앞에 붙어 그 뜻을 제한 혹은 확장하는 단어를 말한다. 예를 들어 길이를 나타내는 m 앞에 centi라는 접두어를 붙여 Cm으로 나타내는 식으로 말이다. 참고로 10^{27}은 아직까지 정식으로 이름이 붙여지지는 않았다.

번호	값		명칭	
1	1,000,000,000,000,000,000,000,000	$= 10^{24}$	yotta	(요타)
2	1,000,000,000,000,000,000,000	$= 10^{21}$	zetta	(제타)
3	1,000,000,000,000,000,000	$= 10^{18}$	exa	(엑사)
4	1,000,000,000,000,000	$= 10^{15}$	peta	(페타)
5	1,000,000,000,000	$= 10^{12}$	tera	(테라)
6	1,000,000,000	$= 10^{9}$	giga	(기가)
7	1,000,000	$= 10^{6}$	mega	(메가)
8	1,000	$= 10^{3}$	kilo	(킬로)
9	100	$= 10^{2}$	Hector	(헥토)
10	10	$= 10^{1}$	deka	(데카)
11	0.1	$= 10^{-1}$	deci	(데시)
12	0.01	$= 10^{-2}$	centi	(센티)
13	0.001	$= 10^{-3}$	milli	(밀리)
14	0.000 001	$= 10^{-6}$	micro	(마이크로)
15	0.000 000 001	$= 10^{-9}$	nano	(나노)
16	0.000 000 000 001	$= 10^{-12}$	pico	(피코)
17	0.000 000 000 000 001	$= 10^{-15}$	femto	(펨토)
18	0.000 000 000 000 000 001	$= 10^{-18}$	atto	(아토)
19	0.000 000 000 000 000 000 001	$= 10^{-21}$	zepto	(젭토)
20	0.000 000 000 000 000 000 000 001	$= 10^{-24}$	yocto	(욕토)

(6) 볼트(Voltage)

물리학자 볼타의 이름에서 유래된 것으로 V^{Volt} 기호를 써서 표현하며 '1A의 전류가 흐르는 도체의 두 점 사이에서 소비되는 전력이 1W일 때 그 두 점 사이의 전압 및 이에 상당하는 기전력' 을 말한다. 1V = 1W/A이다.

표 1-3 • 전류의 단위

번호	약자	읽기	비고
1	1uV	1 마이크로볼트	0.000001V
2	1mV	1 밀리볼트	0.001V
3	1V	1 볼트	1V
4	1KV	1 킬로 볼트	1,000V
5	1MV	1 메가 볼트	1,000,000V

(7) 암페어(Ampere)

프랑스 물리학자 A.M. 앙페르의 이름에서 유래된 것으로 A 기호를 써서 표현하며 '진공 중 1m 간격으로 평행하게 놓인 두 직선 도선에 흘러 1 m마다 2×10^{-7}N의 힘을 미치는 전류의 양' 을 말한다.

표 1-4 • 전류의 단위

번호	약자	읽기	비고
1	1uA	1 마이크로 암페어	0.000001A
2	1mA	1 밀리 암페어	0.001A
3	1A	1 암페어	1A
4	1kA	1 킬로 암페어	1,000A
5	1MA	1 메가 암페어	1,000,000A

(8) 와트(Watt)

증기기관을 발명한 와트의 이름에서 유래된 것으로 W 기호를 써서 표현하며 '1초에 1J(줄)의 일을 하는 일률' 을 1W로 정한다. 주로 전력의 단위로 사용되는데 1V의 전압으로 1A의 전류가 흐를 때 전력의 크기는 1W이다.

표 1-5 • 와트의 단위

번호	약자	읽기	비고
1	1uW	1 마이크로 와트	0.000001W
2	1mW	1 밀리 와트	0.001W
3	1W	1 와트	1W
4	1kW	1 킬로 와트	1,000W
5	1MW	1 메가 와트	1,000,000W

(9) 옴(Ohm)

독일의 물리학자 G.S 옴의 이름에서 유래된 것으로 Ω 기호를 써서 표현하며 '기전력이 존재하지 않는 도체의 2점 사이에 1V의 전위차를 주었을 때 1A의 전류가 흐르는 2점 사이의 저항' 을 말한다.

표 1-6 • 저항의 단위

번호	약자	읽기	비고
1	1 Ω	1 옴	1 Ω
2	1 kΩ	1 킬로 옴	1,000 Ω
3	1 MΩ	1 메가 옴	1,000,000 Ω

(10) 패럿(Frad)

영국의 물리학자 M.패러데이의 이름에서 유래된 것으로 F라는 기호를 써서 표현하며, 1C의 전하를 주었을 때 전위가 1V가 되는 전기 용량을 1F라 한다. 1F의 용량이 매우 커서 사용하기 불편한 경우가 많으므로 1F의 10^{-6} 배인 1μF, 혹은 10^{-12} 배인 1pF을 흔히 사용한다. 참고로 C = Q/V이다.

표 1-7 • 패럿의 단위

번호	약자	읽기	비고
1	1 pF	1 피코	1 Ω
2	1 μF	1 마이크로 패럿	1,000 Ω
3	1 F	1 패럿	1,000,000 Ω

2. 숫자 표기법

본문에서는 2진법, 16진법, 10진법을 혼용해서 표기하는데 100과 같은 수는 2진수 100인지, 10진수 100인지, 16진수 64인지 혼동의 우려가 있으므로 아래와 같이 표기한다. 아래의 표에 10진수 173을 예로 들어 각 진법별로 다양하게 표기해보았다.

표 2-1 • 십진수 173을 표기법

번호	다양한 표기법	이진수	10진수	16진수
1	수학적 표기법	$10101101_{(2)}$	173	$AD_{(16)}$
2	본문에서의 표기법	1010_1101	173	0xAD
3	프로그래밍시 표기법	0b10101101	173	0xAD
4	AVR에서 표기법	10101101	173	$AD

- 임베디드 환경에서 2진, 16진법의 표기가 압도적으로 많이 사용되며 그 외의 진법은 잘 사용되지 않는다. 잘 사용되지 않는다는 뜻이지 사용해서는 안 된다는 뜻이 아니다.
- 본문에서의 표기법 중 10101101 사이에 '_'를 넣는 이유는 보기 편하기 위함이다. 실제 코드를 작성할 때 '_'를 넣어서는 안 된다.
- 보통 어떤 2진수 값이 0101이라 하더라도 0101과 같이 표기하지 않고 0000_0101과 같이 표기하는데 8비트 묶음 단위로 표기하는 것이 좋은 듯 하다. 또한 이는 AVR이 8비트 마이크로컨트롤러이기 때문이기도 하다.
- 10진수 별다른 표기 없이 바로 10진수 그대로 적으면 된다. 앞서 예를 든 것처럼 10진수 173은 그대로 173이라고 적으면 된다.
- 16진수는 0xAD 혹은 $AD와 같이 표현하기도 한다. 표기가 다르다고 하여 다른 값이 아닌 모두 동일한 값이라는 점을 기억하자.
- 각 진법을 나타내는 b, o d, x 등의 문자는 대소문자를 구별하지 않는다. 이 문자 각각의 의미는 binary Octet, Decimal, hexadecimal에서 유래한다.

(1) 논리값

2진수의 0과 1은 각각 아래와 같이 대응된다. 그러나 항상 아래와 같은 것은 아니다. 5V로 동작되는 마이크로컨트롤러에서 TRUE가 5V이지, 3.3V에서 동작하는 회로에서는 TRUE가 5V가 아닌 3.3V이다. AND, OR과 같은 TTL 소자들이 5V에서 많이 동작되므로 관례상 TRUE = HIGH = 5V와 같이 표기한 것이다. 아울러 "TRUE = HIGH = 5V = LED 점등"과 같이 생각하면 더욱 곤란하다. LED를 공통 양극 방식으로 연결하면 TURE가 아닌 FALSE에서도 점등된다. 이는 LED 점등 시에 알아보도록 하고 일단은 위와 같이만 알아두도록 하자.

번호	2진수	논리값	전압 (V)	LED
1	0	FALSE	0 (LOW)	~~소등~~
2	1	TRUE	5 (HIGH)	~~점등~~

3. 데이터 용량 단위

(1) 컴퓨터에서 사용하는 데이터 용량 단위

컴퓨터에서 정보의 최소단위는 이진법의 한 자리 수로 표현되는 비트(bit)이다. 그러나 비트 하나로는 0 또는 1의 2가지 표현밖에 할 수 없으므로, 일정한 단위로 묶어서 정보를 표현한다.

2비트를 묶어서 쿼터(Querter), 4비트를 묶어서 니블(Nibble), 8비트를 묶어서 바이트(Byte), 16비트를 묶어서 워드(Word)라고 표현한다. 대개의 마이크로컨트롤러는 8비트로 동작되는 경우가 많기 때문에 바이트를 많이 사용하게 될 것이다.

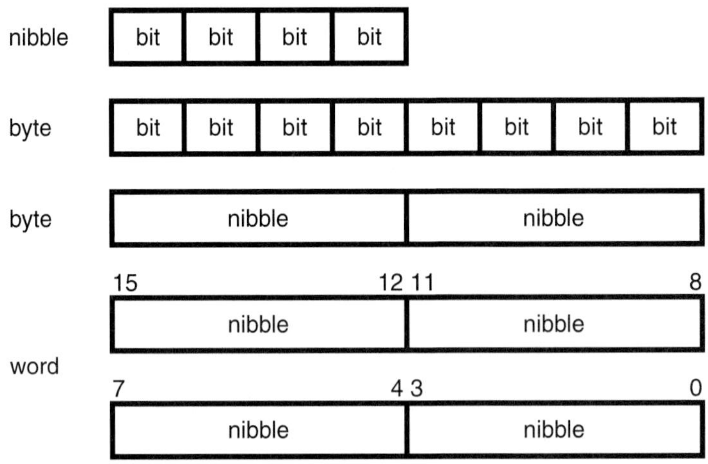

그림 3-1 • 컴퓨터의 용량 단위 : 니블, 바이트, 워드

1 바이트가 표현할 수 있는 최대 정보는 0x00 ~ 0xFF (= 0 ~ 255 = 0000_000 ~ 1111_1111) 로서 256개의 정보를 표현할 수 있다. 영어 한 문자를 나타내기 위해서는 1바이트로 가능하지만 한국어 한 문자는 2바이트가 필요하다. 큰 용량을 나타내기 위해서는 바이트나 워드 단위로도 부족하기 때문에 킬로바이트(kilobyte: KB), 메가바이트(megabyte: MB), 기가바이트 (gigabyte: GB) 등으로 확장하여 사용한다.

큰 용량을 나타내기 위해서는 바이트나 워드 단위로도 부족하기 때문에 킬로바이트(kilobyte: KB), 메가바이트(megabyte: MB), 기가바이트(gigabyte: GB) 등으로 확장하여 사용한다.

번호	약자	읽기	비고
1	1 KB	1 킬로 바이트	1,024 Byte
2	1 MB	1 메가 바이트	1,024 KB
3	1 GB	1 기가 바이트	1,024 MB
4	1 TB	1 테라 바이트	1,024 GB

원래 SI 단위계에서 접두어는 1,000 단위로 증가 혹은 감소하기 때문에 1 sec = 1,000 ms이고 1 km = 1,000 m이다. 다만 컴퓨터 시스템에서만 1 kilobyte = 1,000 byte가 아닌 1,024 byte이다. 컴퓨터 시스템이 이진법을 사용하기 때문에 2^{10} = 1024와 같이 증가, 감소하기 때문이다. 따라서 1 MB = 1,000 KB가 아닌 1 MB = 1,024 KB 임을 유의하기 바란다.

(2) 시간단위

프로그래밍에서 널리 사용되는 사용되는 시간 단위는 아래와 같다. 이러한 시간 단위는 마이크로컨트롤러에서 많이 사용되므로 충분히 숙지하기 바란다. SI 접두어와 시간 단위를 보면 된다. 예를 들어 "50 ms는 몇 초인가? 120 ns는 몇 us 인가?"와 같은 질문에 즉각 대답할 수 있어야 한다.

번호	단위	비고
1	1 sec	1,000 ms
2	1 ms	1,000 us
3	1 us	1,000 ns
4	1 ns	1,000 ps

4. 주파수와 주기의 관계

(1) 주파수(Frequency)와 주기(Period)의 정의

주파수란 (전파가 공간을 이동할 때) 1초 동안 진동하는 횟수를 뜻하며 기호는 f, 단위는 Hz(헤르츠)를 사용한다. 독일의 과학자 H.R Hertz에서 전자파의 존재를 실험적으로 증명했기 때문에 그의 이름을 단위로 사용한다. 즉 파장이 1초 동안 1회 진동하면 1 Hz, 60번 진동하면 60 Hz, 천 번 진동하면 1 kHz, 1백만 번 진동하면 1 MHz, 10억 번 진동하면 1 GHz라고 한다.

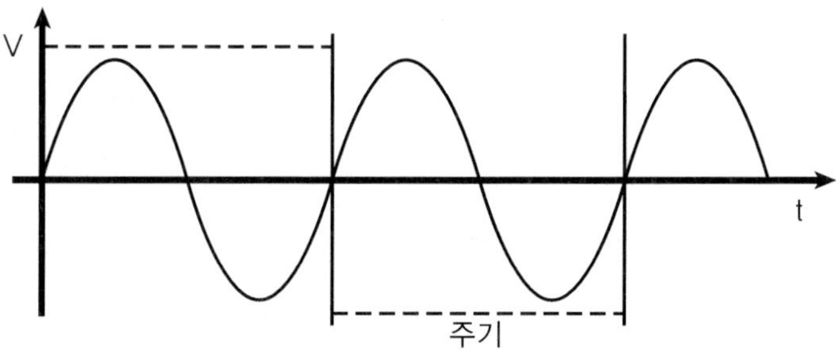

그림 4-1 • 주파수와 주기

주기란 1회 진동하는 데 걸리는 시간을 뜻하며 기호는 T, 단위는 s(초)를 사용한다. 예를 들어 2 시간마다 화장실에 가는 사람은 "화장실 가는 주기가 2 시간이다"라고 말한다. 주파수와 주기는 서로 역수 관계이다. 따라서, 주파수 혹은 주기 둘 중의 하나만 알아도 나머지 주기와 주파수값을 알 수 있다. 위의 사람이 화장실을 4번 갔다면 (즉 주기 = 4 라면) 주파수 = 1/f 이므로 1/4 = 0.25 인 것을 알 수 있다.

T = 1/f
f = 1/T

아래 그림과 같이 1초 동안에 신호의 변화가 4번 존재하면, 주파수는 4 Hz, 주기는 0.25 s(= 1/4)이다.

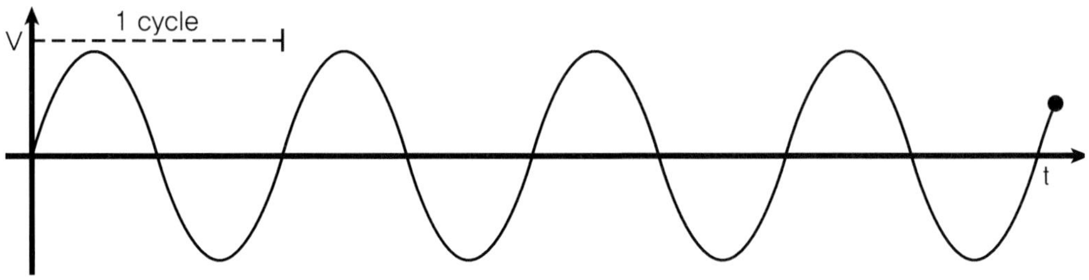

그림 4-1 • 주파수와 주기

5. 파형의 종류

(1) 파형의 정의와 종류

파형이란 신호가 일정 시간이 경과함에 따라 주기를 형성하며 변하는 그래프를 말하며 파형의 종류에는 사인파, 구형파, 삼각파, 비사인파, 펄스파 등이 있다. 마이크로컨트롤러에서 다루는 대개의 신호는 전압이므로 y축을 전압으로 표시하였다.

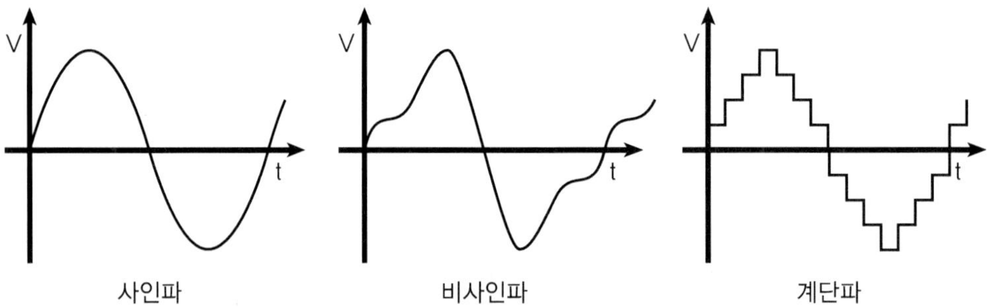

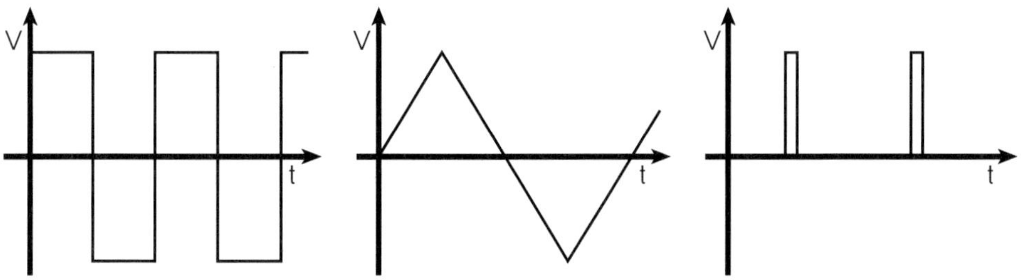

그림 5-1 • 여러가지 파형의 종류

(2) 구형파에 대해서

구형파(矩形波)는, 직사각형파(直四角形波), 스퀘어 웨이브(Square Wave)라고도 불린다. 아날로그적으로 멀티바이브레이터, 555, 사일리스터 회로 등을 이용해서 발생시킬 수 있다. 물론 마이크로컨트롤러를 이용해서도 만들 수 있다. 구형파는 다른 파형에 비해 마이크로컨트롤러 및 디지털 시스템에서 많이 사용되므로 잘 알아두어야 한다.

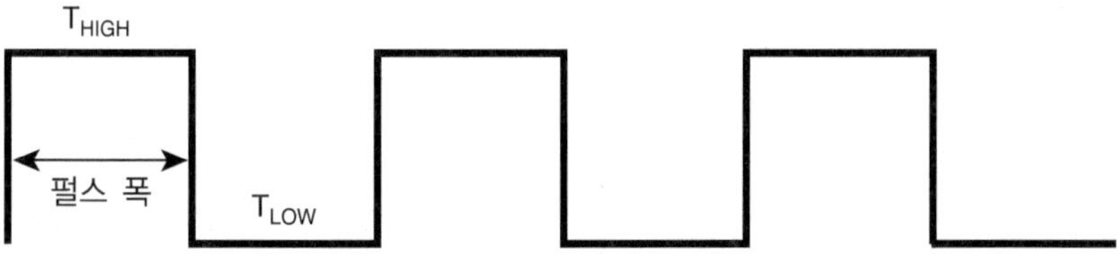

그림 5-2 • 구형파

하이 레벨인 구간을 T_{HIGH}라 하고 로우 레벨인 구간을 T_{LOW}라 한다. 이 T_{HIGH} 구간과 T_{LOW}구간의 비율을 duty비라고 하는데, 이 duty 비에 따라서 재미난 일이 발생한다. 재미난 일은 조금 있다 설명하자.위의 파형은 T_{HIGH} 구간과 T_{LOW}구간이 서로 같은(= 1:1인) (= 50:50%)인 파형인데 이렇게 듀티비가 서로 같은 파형을 특별히 대칭 구형파라고 부른다. 하지만 아래 그림과 같이 듀티비가 서로 다른 경우도 많은데 이를 비대칭 구형파라고 한다.

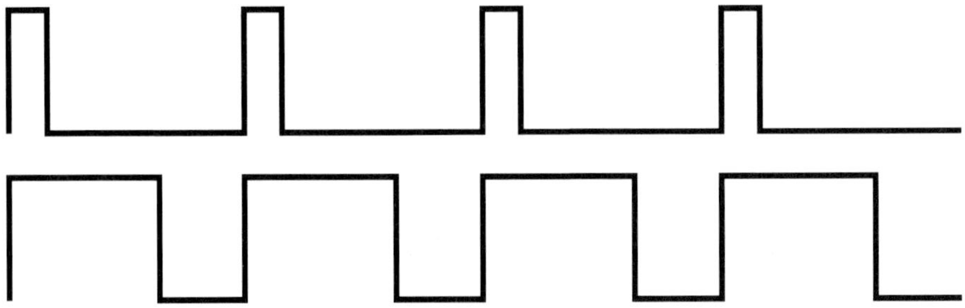

그림 5-3 • 비대칭 구형파

아래 그림과 같이 극단적으로 펄스폭이 좁은 파형을 펄스파라고 부르기도 한다.

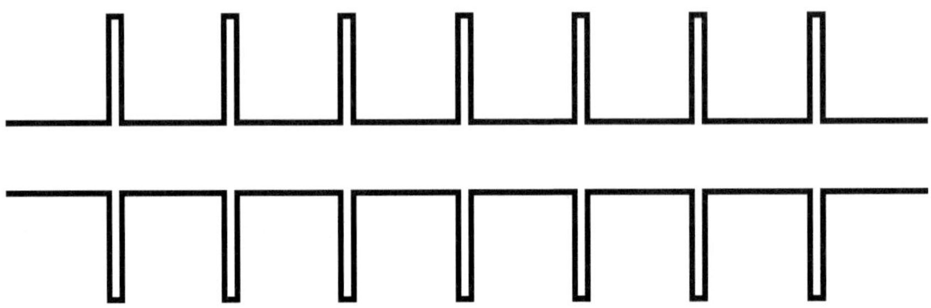

그림 5-4 • 펄스파

(3) 엣지(EDGE)와 레벨(LEVEL)

마이크로컨트롤러에서 출력파형은 대개 아래와 같은 구형파의 모양을 갖는다. 물론 이 외에도 다양한 형태를 갖긴 하지만 그에 대한 설명은 생략하도록 한다.

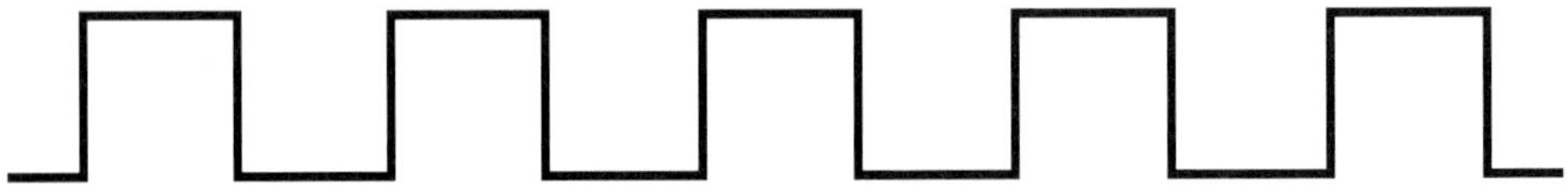

이러한 파형은 크게 아래와 같이 엣지와 레벨로 나눌 수가 있다. 편의를 위해서 화살표를 그렸을 뿐 실제 파형에 화살표가 있는 것은 아니다.

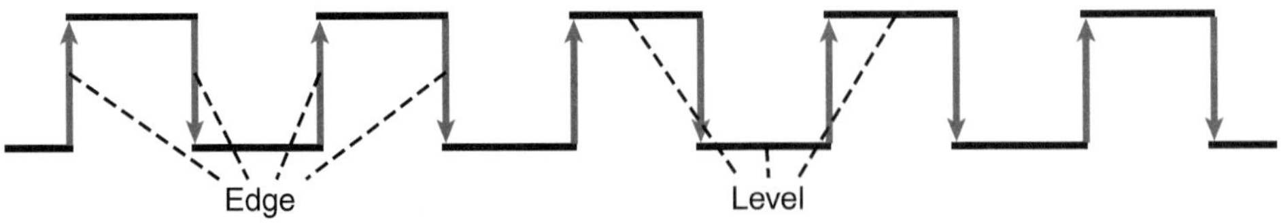

엣지는 다시 상승 엣지와 하강 엣지로 나누어지며 레벨은 다시 하이 레벨과 로우 레벨로 나뉜다.

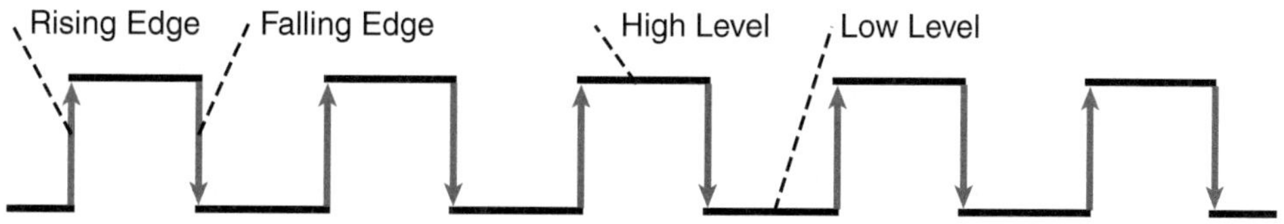

이러한 파형에서 대개 마이크로컨트롤러에서 가장 중요한 부분은 바로 상승 엣지이며 이 때를 기준으로 동작하는 경우가 많다. 상승-엣지, 하강-엣지, 하이-레벨, 로우-레벨에 대한 용어의 혼동이 있어서는 안 될 것이다. 또한 하나의 주기는 아래 그림과 같이 T라 하는데, 아래 그림은 하이-레벨의 시간과 로우-레벨의 시간이 동일한 파형을 나타낸다. 후에 배울 PWM은 이 T_{HIGH} 시간과 T_{LOW} 시간의 비를 조절함으로써 같은 주파수를 갖더라도 출력전압은 변하게 할 수 있는 재미난 특성을 가진다.

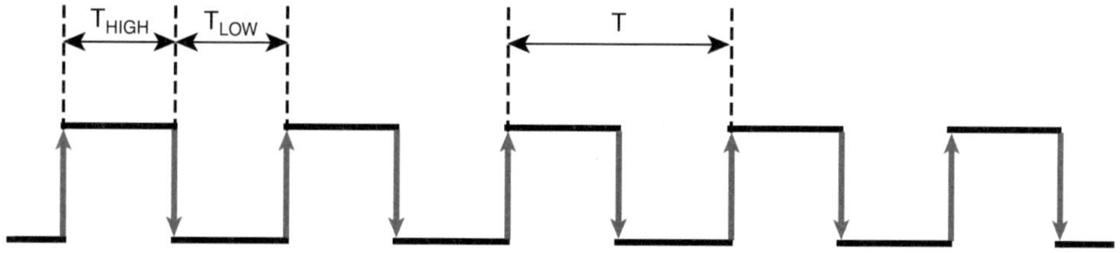

6. 연습문제

(1) SI 단위계의 기본 단위계 7개를 모두 쓰고, 각각의 의미를 설명하시오.

(2) 1MB는 몇 바이트인가? 정확하게 계산하시오.

(3) 1GB는 몇 바이트인가? 정확하게 계산하시오.

(4) 십진수 248을 십육진수로 바꾸시오.

(5) 십육진수 0xCD를 이진수로 바꾸시오.

(6) 123을 8진수로 바꾸시오.

(7) 다음 중 표기가 잘못된 것은? 0D13 0xCD

(8) 주파수와 주기는 어떠한 관계가 성립하는가? 공식을 쓰시오.

(9) 주파수가 60 Hz일 때 주기는 얼마인가?

(10) 주파수가 1 MHz일 때 주기는 얼마인가?

(11) 아래 파형에서 상승 엣지를 모두 체크하시오.

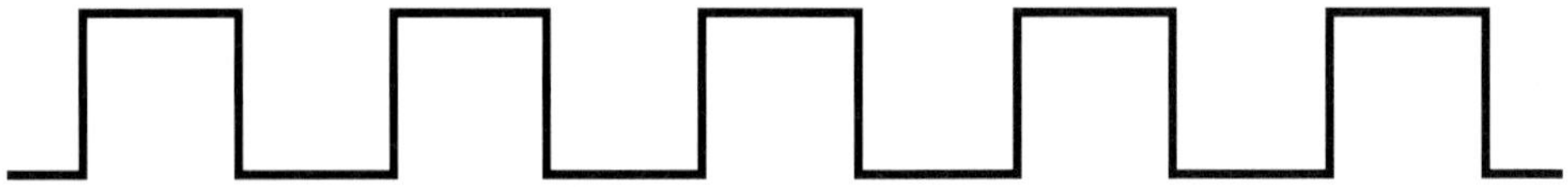

차례

CHAPTER 01

임베디드 시스템의 기본 개념 (Embedded System)

이번 장에 대하여

이번 장에서는 '임베디드 시스템의 기본 개념'에 대해서 알아보도록 한다.

임베디드 시스템에 대한 정의를 내리기는 쉽지 않으나 소규모 컴퓨터라 생각하면 될 것이다.

임베디드 시스템은 우리 주변에 널리 퍼져 있는데, 임베디드 시스템이 무엇인지 다양한 종류의 임베디드 환경은 무엇이 있는지, 우리가 사용하려는 AVR 이외에 마이크로컨트롤러 환경은 무엇이 있는지 알아보고, 끝으로 간략하게 마이크로컨트롤러의 역사에 대해 알아보는 것으로 마치도록 한다.

1 임베디드 시스템이란 무엇인가

1.1 임베디드 시스템의 정의

우리 주변에서 임베디드 시스템(Embedded System)이라는 단어를 한 번쯤은 접해보았을 것이다. 근래에 매우 각광받는 분야라고는 하지만 용어가 없었을 뿐이지 임베디드 시스템은 예전부터 있었다. 그렇다면 과연 임베디드 시스템(Embedded System)이란 무엇인가? 임베디드 시스템에 대한 정의는 여러 의견이 많지만 대개 다음과 같이 정의한다.

정의

임베디드 시스템(Embedded System)이란 **특정한 기능을 수행하기 위해 하드웨어 및 소프트웨어를 최적화하여 설계된(일반 컴퓨터와 비교하여) 저성능의 내장 시스템**이다.

임베디드 시스템과 컴퓨터 시스템은 본질적으로 차이가 없다. 예를 들어 자전거와 자동차가 탈 것이라는 점에서 동일한 것처럼 임베디드 시스템과 컴퓨터 시스템도 연산한다는 점에서는 동일하다. 그렇다면 굳이 임베디드 시스템과 컴퓨터 시스템을 나누는 이유가 무엇일까? 그것은 바로 목적 자체가 다르기 때문이다. 컴퓨터는 익히 알고 있을 것이므로 임베디드 시스템의 예를 하나 들어보자.

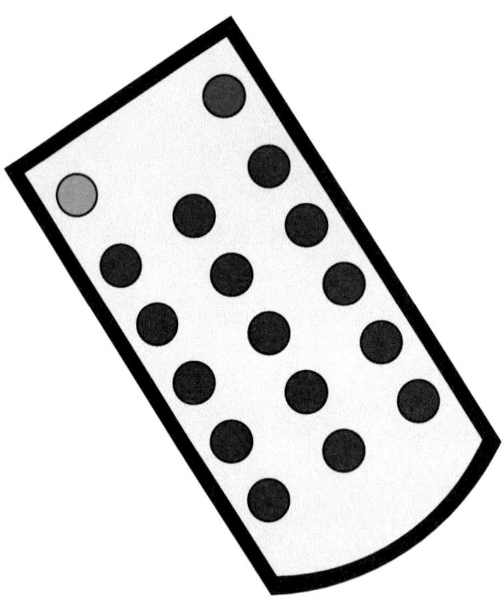

그림 1-1 • 임베디드 시스템의 예 : 가정용 적외선 리모컨

임베디드 시스템인 리모컨은 컴퓨터 시스템과 비교하여 다음과 같은 차이가 있다.

- 특정 목적을 위해 설계되었다는 점
  가전기기를 무선으로 제어하기 위한 목적에 맞추어 하드웨어와 소프트웨어가 설계, 내장되었다.
- 미리 특정한 프로그램이 내장되어 있다는 점
  내부 프로그램을 바꿀 수도 있지만 특별한 경우가 아니고서는 바꾸지 않는다. 프로그램을 바꾸어 다른 기능도 수행할 수 있는 컴퓨터와는 다르게 오로지 특정 프로그램을 무한 반복한다.
- 저성능이라는 점
  리모컨은 일반 컴퓨터의 고성능 프로세서가 필요하지 않기 때문에 특정 기능만을 수행할 수 있는 저성능의 마이크로컨트롤러를 사용한다.
- 일반 컴퓨터와 다른 기능이 요구된다는 점
  임베디드 시스템은 일반 컴퓨터와 다른 기능이 요구되는데 예를 들어 리모컨은 컴퓨터와 다르게 전력소모가 매우 중요하다. 어떤 사용자도 전원 플러그를 꼽지 않고 컴퓨터가 켜지기를 바라지는 않지만 리모컨은 전지를 꼽고 최소한 몇 개월은 사용하기를 바랄 것이다.

이러한 점을 토대로 컴퓨터 시스템과 임베디드 시스템을 비교해보면 [표 1-1]과 같다.

표 1-1 • 컴퓨터 시스템과 임베디드 시스템의 비교

번호	항목	컴퓨터 시스템	임베디드 시스템
1	프로그램의 설치로 기능 변화	가능	가능(하지만 쉽지 않음)
2	설계 목적	범용 목적	특정 목적
3	프로세서 성능	고성능	저성능
4	주요 요구 사항	생략	소형 경량화, 저전력, 안정성, 응답성, 제한된 하드웨어 사양 등
5	프로그램 내장 여부	없음	있음

임베디드 시스템이라도 프로그래밍이 불가능한 것은 아니며, 단지 컴퓨터 시스템에 비해 쉽지 않을 뿐이다. 컴퓨터 시스템에서 CD를 통해 프로그램을 간략하게 설치하는 것과는 다르게 복잡해보이는 장비를 통해서 프로그램을 작성한다는 점이 다를 뿐이다.

근래 등장하는 스마트폰 같은 시스템은 임베디드 시스템의 절정이라 해도 과언이 아니다. 예전에는 임베디드 시스템과 컴퓨터 시스템의 구분이 명확했었는데 스마트폰 같은 경우 과연 임베디드 시스템의 경계가 어디인지 모호해지기까지 한다.

결론적으로 세부적인 점을 제외하고 임베디드 시스템과 컴퓨터 시스템의 차이는 다음과 같다.

'특정한 목적을 수행하기 위해 최적화된 시스템' 이라는 점에서 '범용적인 목적으로 설계된 컴퓨터' 와 많은 차이가 있으나, **'본질적으로 두 시스템 모두 컴퓨터 시스템이라는 점에서 동일하다'** 는 점은 잊지 말기 바란다.

2 임베디드 시스템의 사례

임베디드 시스템이 적용되는 분야를 찾기보다, 적용되지 않는 분야를 찾기가 쉬울 정도로 우리 주변에 임베디드 시스템은 널리 사용되고 있다. 전기가 공급되는 웬만한 가전기기 중 일부(토스터나 스탠드 등)를 제외한 TV, 냉장고, 세탁기, 오디오/비디오 기기, 에어컨, 보일러, 게임기 등은 모두 임베디드 시스템이다.

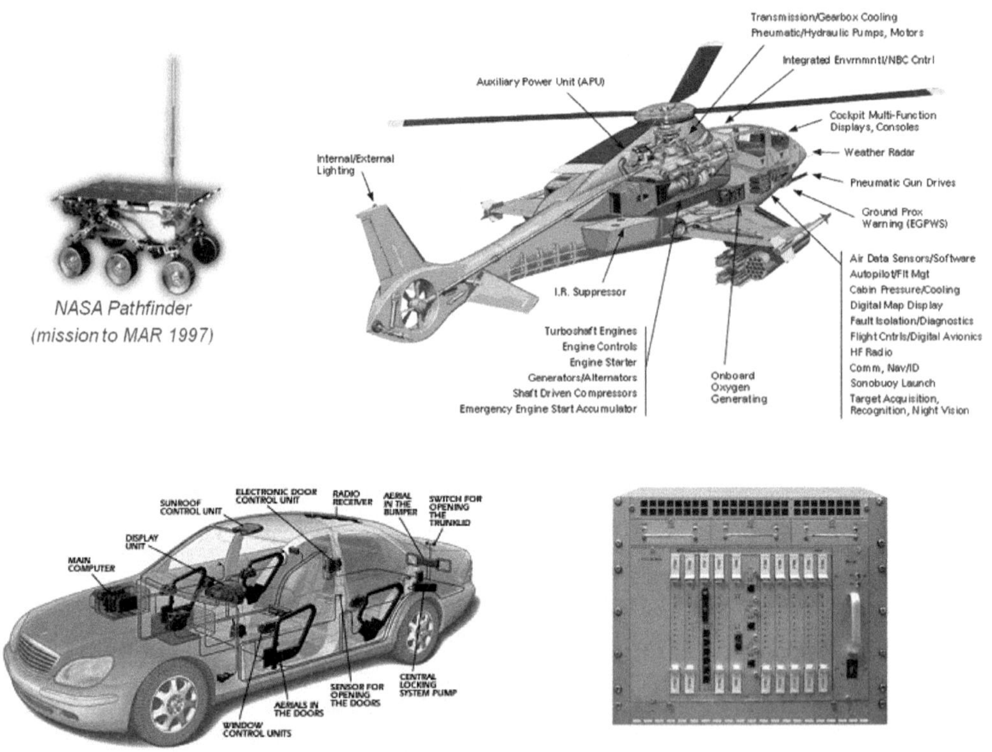

그림 1-2 • 임베디드 시스템의 적용분야

임베디드 시스템은 가정, 사무, 의료, 제어, 네트워크, 물류, 금융, 차량, 항공, 군용 등에 걸쳐 폭넓게 사용되며, [표 1-2]는 임베디드 시스템의 몇 가지 적용 사례일 뿐 모든 사례를 일일이 열거하기는 불가능하므로 참고삼아 보기 바란다.

표 1-2 • 임베디드 시스템의 적용 사례

분야	적용 사례
산업	모터 제어, 로봇 제어, 각종 산업 장비 등
가전	전자레인지, 가스 오븐, 전기 밥솥, 에어컨, 세탁기, 냉장고, 오디오 등
통신	휴대전화, FAX, 전화기, 모뎀, 배터리 충전기, 중계기, PDA 등
사무	복사기, 프린터, 플로터, 하드디스크 구동장치
자동차	엔진 제어, 에어백, 오토 스타터, 연료 분사 제어, 변속기 제어 등
생활	전자 시계, 계산기, 게임기, MP3, 온도조절기 등
네트워크	교환기, 허브, 라우터, 공유기, 게이트웨이 등
게임기	가정용 게임기, 지능형 장난감 등
항공 · 군용	비행기, 우주선, 로켓, GPS, GIS 등
물류	ATM, RFID, 단말기 등
교통	자동차, ITS 등
의료	의료 장비, 수술 로봇 등
제어	공장 자동화, 가정 자동화, 로봇 등
기타	장난감, 조명기기 등

기술의 발전으로 근래에는 사용자들의 요구 수준이 높아짐에 따라 여러 임베디드 시스템에 높은 수준의 기능을 요구하는 성향이 강하다. 예를 들어 예전에는 TV가 단지 시청만 하면 되는 가전기기였으나 점차로 HDTV, 인터넷 TV, 스마트 TV와 같은 기능을 요구함으로써 이에 대한 임베디드 시스템 역시 고성능이 요구되고 있다.

또 하나의 예를 들면 단순한 음성 통화가 목적이었던 전화기가 이제는 PDA, MP3 플레이어, 간단한 문서 작성, 게임기 등의 기능까지 통합하는 스마트폰으로 진화한 사례를 들 수 있다.

3 임베디드 시스템의 개괄적인 구성

임베디드 시스템은 대개 [그림 1-3]과 같이 구성되어 있다. 눈으로 보기에는 물리적인 하드웨어밖에 보이지 않지만 내부적으로 프로그램이 내장되어 있는 경우가 대부분이다.

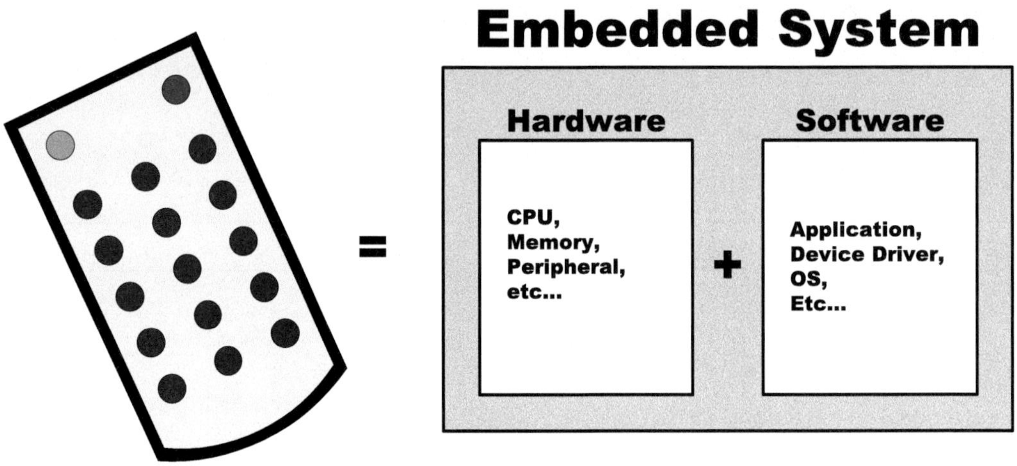

그림 1-3 • 임베디드 시스템의 구성

하드웨어로서 버튼 및 외형과 같은 기구적인 요소와 내부의 전기 전자의 부품과 같이 요소가 있고 눈에 보이지는 않지만 내부적으로 프로그램이 있을 것이다. 사용자가 버튼을 누르면 이 버튼의 입력은 펄스를 통해 내부의 마이크로컨트롤러로 전달되고 마이크로컨트롤러는 이 버튼이 무엇인지 판단한 후에 그에 해당하는 작동을 한다.

예를 들어 5번 채널로 변경하기 위해 사용자가 버튼을 누르면 이 입력은 어떤 펄스를 통해 마이크로컨트롤러로 입력되고 마이크로컨트롤러는 '5번 채널로 변경하라' 라는 입력을 받아들인 후 5번 채널의 데이터를(눈에 보이지는 않지만) 적외선 펄스를 통해 내보낼 것이다.

대개 임베디드 시스템은 구성 요소는 다음과 같다.

- 하드웨어(Hardware) : 마이크로컨트롤러와 주변 회로가 PCB 위에 장착되어 있음
- 소프트웨어(Software) : 주어진 입력에 따라 어떻게 처리해야 할지 정의되어 있는 프로그램

임베디드 시스템은 하드웨어와 소프트웨어로 구성된 경우가 대부분이지만 하드웨어만으로 이루어진 경우도 있으며, 소프트웨어 역시 위와 같이 운용 프로그램만 장착된 경우도 많지만 복잡한 경우 운영체제 + 디바이스 드라이버 + 응용 프로그램이 탑재된 경우도 있다. 다음 장부터 간략하게 컴퓨터 시스템에 대해 알아본 후 임베디드 시스템과 비교하면서 정리해보자.

컴퓨터 시스템은 많은 부품으로 이루어져 있는데, 크게 하드웨어와 소프트웨어로 나눌 수 있다. 우스갯소리로 발로 차서 망가지는 것은 하드웨어이고 이외의 것은 소프트웨어라고 생각하면 될 것이다.

하드웨어는 다시 여러 가지 구성 요소로 나눌 수 있는데, 이 중 가장 중요한 요소는 프로그램을 실행하는 프로세서(Processor)이고, 프로그램이 실행될 때 데이터를 저장하는 주메모리(Main Memory)와 입출력을 담당하는 키보드(Keyboard), 모니터(Monitor) 같은 입출력 장치(Input Output Device) 등이 있다.

소프트웨어는 컴퓨터의 작동과 기능을 제어하는데 우리가 흔하게 접할 수 있는 웹 브라우저(Web Browser), 워드 프로세서(Word Processor), 게임(Game) 같은 응용 프로그램 이외에 하드웨어와 밀접하게 연관된 디바이스 드라이버(Device Driver), 운영체제, 펌웨어 프로그램도 존재한다.

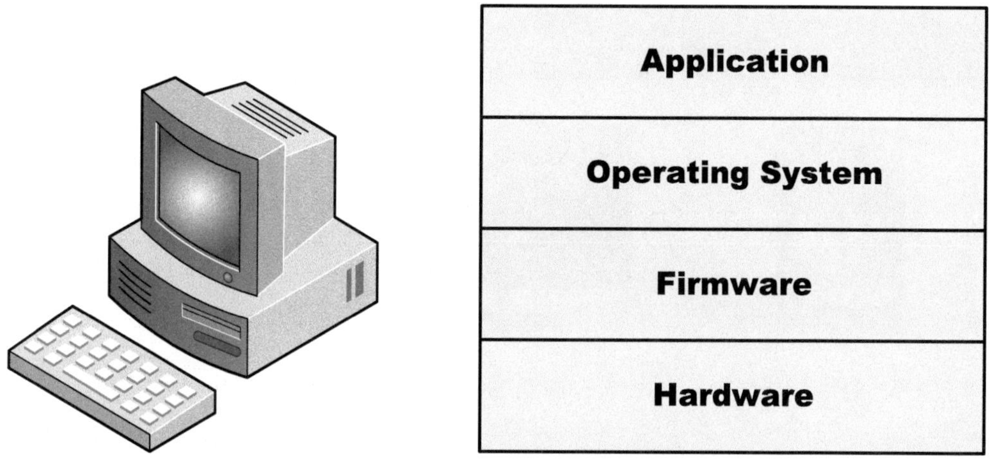

그림 1-4 • 일반적인 컴퓨터의 하드웨어와 소프트웨어 구조

[그림 1-4]는 가장 기본적인 컴퓨터 구조(Computer Architecture)이다. 각 계층(Layer)별로 상세한 설명을 다루기에는 본 과정의 취지를 벗어나는 범위이기 때문에 간단히 다루고 넘어가도록 한다.

3.1 하드웨어

컴퓨터 시스템에서 의미하는 하드웨어(Hardware)란 시스템을 구성하는 모든 물리적 부품을 말한다. 이 시스템에서 모든 부품이 중요하겠지만 가장 중요한 부품은 마이크로프로세서(Microprocessor)라 해도 과언이 아니다. 그러나 자동차에서 엔진이 가장 중요하다고 해도 바퀴나 차체 없이 엔진만으로는 자동차가 움직일 수 없듯이 마이크로프로세서 단독으로 컴퓨터 시스템을 구동할 수 없다. 마이크로프로세서가 구동하기 위해 전원 공급 장치(Power Supply), 그래픽 카드(Graphic Card), 이동식 미디어 기록기(CD, DVD 등), 내장형 기억 장치(HDD),

사운드 카드, 네트워크 장치(모뎀, LAN 카드) 및 입력기기(키보드, 마우스)와 출력기기(모니터, 프린터, 스피커) 등 다양한 부품이 필요하다. 그러나 이 중 마이크로프로세서를 제외하고 다른 부품은 이 책의 논지를 벗어나므로 마이크로프로세서에 대해서만 간략하게 알아볼 것이다.

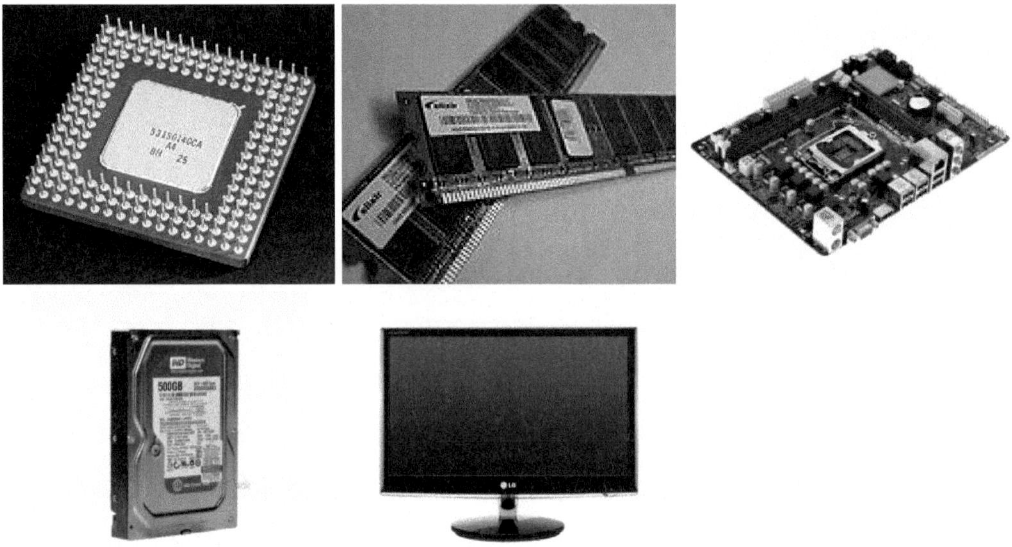

그림 1-5 • 컴퓨터 시스템을 구성하는 하드웨어의 종류 : 프로세서, 메모리, 보조기억장치, 입출력 기기

임베디드 시스템에서 의미하는 하드웨어 역시 컴퓨터 시스템의 하드웨어와 동일하다. 즉 임베디드 시스템과 컴퓨터 시스템의 하드웨어에 대한 근본 개념은 동일하나 구성 항목은 많이 다르다. 임베디드 시스템을 구성하기 위한 최소한의 하드웨어 시스템은 마이크로컨트롤러 단독으로 구동되거나 매우 간단한 주변 회로로 구성되는 경우도 많다.

이러한 근본적인 이유는 마이크로프로세서와 마이크로컨트롤러의 차이점 때문이다. 마이크로컨트롤러는 마이크로프로세서에 비해 성능이 매우 떨어지기 때문에 마이크로프로세서처럼 고성능의 입출력 장치를 지원하지도 못할뿐더러 지원하게끔 설계되어 있지도 않다.

즉 마이크로컨트롤러는 마이크로프로세서와 다르게 메모리를 내장하고 있는 경우가 많고 외부 입출력 장치가 없는 경우가 대부분(키보드나 모니터와 같은 형태의 입출력을 지원하지 않는다는 의미이지 포트를 통한 입출력은 지원한다)이기 때문에 컴퓨터 시스템에 비해 하드웨어가 매우 단순해지는 것이다.

그림 1-6 • 임베디드 시스템을 구성하는 하드웨어의 종류 : 컴퓨터 환경과 다르게 매우 단순하다(NTC의 AVRMEGA128 모듈 AM128PRO).

(1) 외부 인터페이스

참고로 컴퓨터 시스템, 임베디드 시스템에서 외부 인터페이스 차이점에 대해 알아보자. 컴퓨터 시스템은 외부와 연결되어 통신하는 것이 가능한데 이러한 모든 것(버스, 통신)을 통틀어 외부 인터페이스(External Interface)라 한다. 컴퓨터는 키보드나 모니터와 같은 장치를 갖고 있지만 이를 외부 인터페이스라 하기보다 입출력장치라고 부르며, USB(Universal Serial Bus : 범용 직렬 버스), IEEE1394와 같은 것을 외부 인터페이스라고 한다.

이러한 외부 인터페이스로 예전에는 병렬 포트(Parallel Port), 직렬 포트(Serial Port), 버스 방식의 VESA, ISA, EISA 등이 있었으나 최근에는 병렬 포트, 직렬 포트는 점차 사용 빈도가 낮아지며, 버스 역시 PCI 또는 PCI Express(Peripheral Component Interconnect Express)를 많이 사용하는 추세이다.

위에서 언급한 USB, IEEE1394 등은 비록 그 내부 인터페이스 구조에 대해서 잘 이해하고 있지는 않더라도 몇 번씩 들어보았을 것이다.

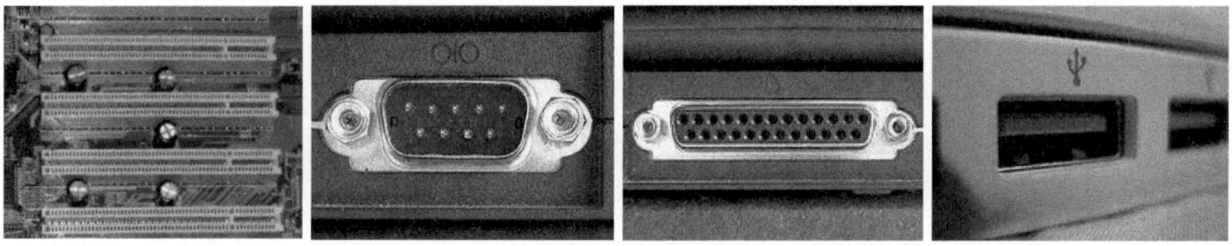

그림 1-7 • 외부 인터페이스의 종류(좌측부터 PCI 버스, 직렬, 병렬, USB 통신 포트)

임베디드 시스템 역시 컴퓨터 시스템과 마찬가지로 외부 인터페이스를 지원하나 USB, IEEE1394, PCI 버스를 지원하는 경우는 극히 드물고 대개의 경우는 간단한 외부 버스 혹은 일반 컴퓨터와는 다른 I^2C, TWI, SPI, USART, CAN 통신 등을 지원한다.

- I^2C
- SPI
- TWI
- USART
- CAN

임베디드 시스템의 외부 인터페이스가 컴퓨터 시스템과 다른 이유, 즉 PCI 버스나 USB를 지원하지 않는 이유는 두 시스템이 다르기 때문이다. 컴퓨터 시스템은 대량의 데이터를 고속으로 전송해야 할 필요성이 있어 외부 인터페이스가 나날이 발전한 반면 임베디드 시스템에서는 소량의 데이터, 배선량의 감소, 장거리 전송 등이 더욱 절실했기 때문에 컴퓨터 시스템과 다른 방향으로 발전한 것이다. 임베디드 시스템은 컴퓨터 인터페이스와 다르게 외부 인터페이스가 명확하게 규정되어 있지 않은 경우가 많기 때문에 많은 부분을 개발자가 직접 작성해야 하는 경우가 많다.

3.2 소프트웨어

컴퓨터 시스템을 구성하는 주요 소프트웨어(Software)를 분류하면 펌웨어 프로그램(Firmware Program), 디바이스 드라이버(Device Driver), 운영체제(Operating System : OS), 응용 프로그램(Application Program)이 있다. 응용 프로그램을 제외하고는 일반 사용자가 접하기 쉽지 않으며, 모든 것에 대해 자세하게 알아볼 수는 없으므로 각각에 대해 간략하게만 알아보자.

(1) 펌웨어

펌웨어(Firmware)는 하드웨어 장치에 포함된 소프트웨어로서 일반 응용 프로그램과는 매우 다르다. 일반 사용자가 그나마 쉽게 접할 수 있는 컴퓨터 시스템의 펌웨어 프로그램의 예로서 메인보드에 탑재되어있는 바이오스(BIOS) 프로그램을 볼 수 있다. 이는 전원 인가 후 컴퓨터 메인보드의 하드웨어 자체 진단 및 검사 후 제어권을 운영체제에 넘겨주는 역할을 한다. 이러한 프로그램은 보통 ROM과 같은 비휘발성 메모리에 영구적으로 저장되기 때문에 펌웨어 프로그램이라 부른다. (볼 수는 없지만) 흔히 접할 수 있는 펌웨어의 종류로 휴대전화, 네비게이션, PMP, MP3, 디지털 카메라 등 일반 가전기기에 내장되어 있는 것들이 있다.

임베디드 시스템의 경우 사용자가 직접 프로그램을 작성하여 플래시(Flash) 메모리나 EEPROM에 적재하여 하드웨어를 동작시키는 경우 이 프로그램이 영구적으로 저장되기 때문에 펌웨어라 부르기도 한다.

펌웨어 프로그램도 프로그램이기 때문에 재작성, 재기록 등이 가능하다. 그러나 이는 개발자가 그렇다는 것이지 일반 사용자가 이를 작성하거나 기록하는 것은 쉽지 않다.

(2) 디바이스 드라이버

디바이스 드라이버(Device Driver) 프로그램은 하드웨어 장치 간에 상호적인 작용을 위하여 개발된 프로그램으로서 이 역시 응용 프로그램과 사뭇 다르다. 디바이스 프로그램을 쉽게 접할 수 있는 예로써 어떤 그래픽 카드를 구입했을 때 해당 제조사에서 제공한 프로그램을 설치하는 경우가 있는데 이것이 디바이스 드라이버 프로그램이다.

운영체제가 모니터에 그림을 그리기 위해서는 그래픽 카드를 제어해야 하는데 그래픽 카드 디바이스 드라이버는 자신의 하드웨어 정보 및 제어 정보를 운영체제에 알려주는 역할을 한다.

보통 소형의 임베디드 시스템의 경우 운영체제를 설치하지 않는 경우가 많기 때문에 당연히 디바이스 드라이버가 존재하지 않는다. 그렇다면 하드웨어를 어떻게 제어하는가? 운영체제가 없다면 개발자가 프로그램을 통해 하드웨어를 직접 제어해야 한다.

중대형의 임베디드 시스템의 경우 운영체제를 설치하면 필수적으로 디바이스 드라이버가 있는데 이러한 경우 개발자는 (컴퓨터 시스템에서 개발하는 것과 유사하게) 직접 하드웨어를 제어하는 것이 아니라 운영체제를 걸쳐 디바이스 드라이버를 통해 하드웨어를 제어하게 된다.

(3) 운영체제

운영체제(Operating System : OS)란 시스템의 자원을 효율적으로 관리하고 배분하여 시스템이 최적의 성능을 가지도록 하는 특수한 프로그램이다. 운영체제 역시 프로그램이기 때문에 응용 애플리케이션이라고 할 수도 있으나 일반 애플리케이션과는 그 목적이 매우 다르고 중요하기 때문에 응용 프로그램과는 별도로 다루는 것이 일반적이다. 운영체제는 매우 많은 종류가 있지만 널리 사용되는 대표적인 운영체제로 마이크로소프트(Microsoft)의 윈도우(Windows) 계열과 Mac OS 그리고 리눅스(Linux) 정도라고 할 수 있을 것이다.

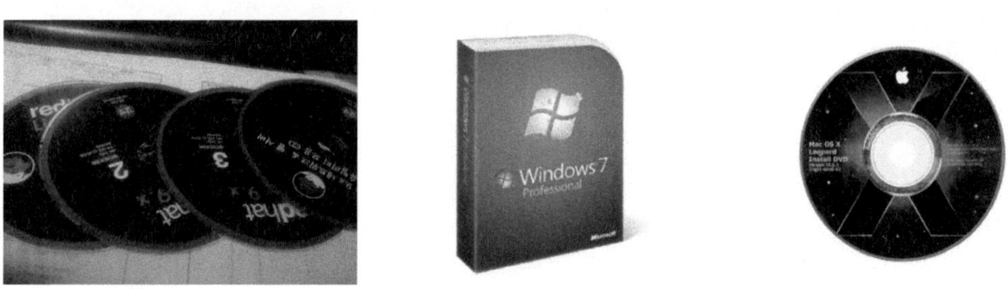

그림 1-8 • 개인용 컴퓨터의 유명한 운영체제, 리눅스와 윈도우 7, 그리고 Mac OS

운영체제의 종류와는 상관없이 가장 중요한 목적은 자원관리와 스케줄링이다. 자원관리란 한정된 시스템 자원을 효율적으로 관리, 배분하는 것을 말하며, 스케줄링이란 여러 작업 순서를 고려하여 효율적으로 배치하는 것을 말한다.

(4) 임베디드 시스템에서 프로그램의 구동방식

운영체제는 컴퓨터 시스템에서 매우 중요한 개념이지만 소형의 임베디드 시스템에서는 운영체제를 탑재하지 않고 하드웨어를 직접 제어하는 경우가 많기 때문에 대개 운영체제를 탑재하지 않는다.

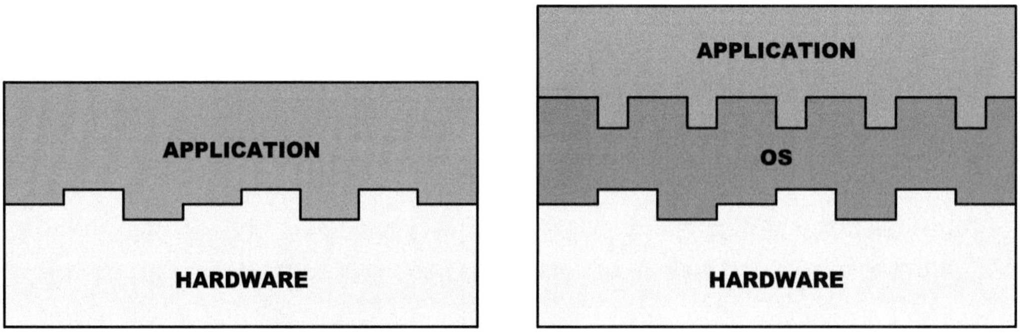

그림 1-9 • 운영체제를 탑재하지 않은 경우와 탑재한 경우의 임베디드 시스템 구조

소형의 임베디드 시스템에서 운영체제가 없는 이유는 첫째 시스템 자체가 워낙 소형이기 때문에 운영체제를 탑재하기가 힘들고, 둘째 운영체제를 탑재하는 것이 오히려 더 번거롭기 때문이다.

소형의 임베디드 시스템은 일반 컴퓨터와 같이 외부 입출력 포트가 많지 않고, 애플리케이션 또한 하나만 돌리는 경우가 대부분이기 때문에 운영체제가 없어도 무방한 경우가 많다.

그러나 경우에 따라서는 마이크로컨트롤러 환경에서도 운영체제를 설치하는 경우가 있는데, 운영체제 설치 유무는 절대적인 기준이 있는 것이 아니라 필요성과 유용성에 따라서 적절하게 선택하면 될 것이다.

4 마이크로컨트롤러에 대하여

4.1 다양한 마이크로컨트롤러의 종류

임베디드 시스템에서 중요한 역할을 하는 마이크로컨트롤러(Microcontroller)는 인텔(Intel), 모토로라(Motorola), 자일로그(Zilog), 필립스(Philips), 마이크로칩(Microchip), 아트멜(Atmel) 등이 각각 수많은 디바이스를 생산하고 있다. 모든 마이크로컨트롤러에 대해 알아본다는 것은 불가능하므로 국내에 나름대로 알려진 마이크로컨트롤러에 대해 간략하게 알아보자.

표 1-3 • 제조사별 중요 마이크로컨트롤러 제품군 요약

번호	제조사	모델명
1	마이크로칩(Microchip)	**PICxx계열**
2	히다치(HITACHI)	H8 계열
3	MIPS	MIPS (VR7701)
4	ARM	ARM 계열
5	자일로그(Zilog)	**Z80 계열**
6	인텔(Intel)	**8051 계열**, 80xxx 계열
7	아트멜(Atmel)	**AVR 계열**
8	삼성(Samsung)	KSxx 계열
9	모토로라(Motorola)	68xxx 계열

참고

- 세계적으로 많이 사용되는 것은 아니지만 국내에서도 마이크로컨트롤러를 생산하고 있다.
- 인텔 계열의 386 역시 임베디드 시스템에 적용되기도 한다.
- xx는 이후 세부 디바이스 번호가 붙는다는 것을 의미하는데 예를 들어 68xxx라는 디바이스는 실제로 없으나 68000, 68020, 68030과 같이 붙고 인텔 역시 80xxx 계열은 80286, 80386, 80486과 같이 붙는다.
- ARM 계열은 디바이스명이 워낙 각양각색이어서 이름을 붙이기도 곤란하여 ARM 계열이라 명명하였다.
- Z80, 8051, AVR 계열 디바이스는 국내에서 주로 사용되는 마이크로컨트롤러 제품군이다.

이 책에서 소개하고 있는 디바이스 이외에도 이루 헤아릴 수 없는 마이크로컨트롤러가 있으며 그 종류와 용도 또한 다양하다. 지금 이 순간에도 수많은 디바이스들이 출시되고 있을 것이다.

(1) 8051 계열

최초로 개발된 마이크로컨트롤러인 8051은 마이크로컨트롤러의 기본 구조에 대한 모델을 제시하였다. 근래의 마이크로컨트롤러가 RISC 구조인 것에 비하여 8051은 CISC 구조이다.

인텔에서 개발된 초기의 8051은 프로그램 메모리로서 ROM을 사용하였는데 ROM의 특성상 수정 불가능한 단점이 있었다. 이러한 불편한 점을 개선하여 다양한 디바이스를 만들었는데 성능 개선을 위해 메모리 용량 증가, 타이머 등 주변 장치를 추가하였다. 이렇게 8051은 종류가 워낙 많지만 기본 코어 구조는 동일하기 때문에 이를 통칭하여 MCS-51(Micro Controller System-51)이라고 부른다.

MCS-51 계열은 1980년대부터 현재까지 산업 전반에 걸쳐 광범위하게 이용되는 제품군이다. 현재 인텔은 8051 제품을 생산하지 않으나 다른 제조사들(Atmel, Infineon Technologies, Maxim Integrated Products, NXP 등)이 라이센스를 구입하여 현재까지도 8051과 호환되는 다양한 제품을 생산하고 있다.

표 1-4 • 8051 호환 칩 제조사 및 디바이스명

번호	제조사	디바이스명
1	아날로그 디바이스(Analog Device)	ADuC8xx Series
2	아트멜(Atmel)	AT89 Series
3	칩콘(Chipcon)	CCxxxx Series
4	사이프러스(Cypress)	EZ-USB FX2 Series
5	맥심/달라스(Maxim/Dallas)	DSxxx Series
6	실리콘 랩(Silicon Lab)	C8051 Series
8	NXP	8051 Compatible Series
9	TI	8051 Compatible Series

위의 칩 메이커 회사들은 독자적인 확장 명령을 추가한다거나, 주력 기능을 강화한다거나, 명령 실행 사이클을 개선한다거나, 메모리 용량을 대폭 증설하는 등 타사의 8051과 차별화된 기능으로 시장에서 승부하고 있다.

(2) PIC 계열(Framily)

8051이 생산된 이후에 마이크로칩은 PIC라는 마이크로컨트롤러를 출시하였다. 원래 PIC는 마이크로컨트롤러가 아닌 마이크로프로세서를 지원하기 위한 소자였다. 마이크로칩에서 생산된 마이크로프로세서는 단종되었으나 이 PIC는 성능이 우수하여 마이크로컨트롤러로 변형되어 사용되었다. PIC는 RISC 구조이고 OTP(One-Time Programmable) ROM을 사용하며, 저가이기 때문에 많은 분야에서 활용되고 있다. 물론 근래에는 플래시 타입도 생산되고 있다.

(3) AVR 계열(Framily)

근래 들어서 시장에 선보인 AVR은 플래시 메모리 제조회사로 유명한 아트멜에서 출시된 8bit 마이크로컨트롤러이다. AVR 역시 PIC와 마찬가지의 RISC 구조인데, 하버드 구조와 파이프라인의 기능을 보강한 고성능의 마이크로컨트롤러이다(고성능이라 하더라도 8051, PIC와 같은 마이크로컨트롤러보다 수십 수백 배의 성능차이가 나는 것은 아니다).

기존의 PIC가 롬라이터 혹은 에뮬레이터를 이용했던 방식과 다르게 AVR은 ISP(In-System Programming) 및 JTAG(Joint Test Action Group) 방식을 이용하여 다운로딩 및 디버깅이 편리한 강점이 있다. 또한 아트멜에서는 AVR Studio라는 개발 툴을 무료로 제공한다. 이와 같이 개발 환경 구축이 저렴하고 편리한 장점 때문에 많이 사용되고 있다.

4.2 마이크로컨트롤러의 내부 구조

앞서 말했듯이 임베디드 시스템에서 핵심적인 역할을 맡고 있는 마이크로컨트롤러는 크게 네 부분으로 분류할 수 있는데, 첫 번째 CPU 코어(Core), 두 번째 핵심 구성 요소인 메모리(RAM 및 ROM), 세 번째 입출력 장치로 사용되는 입출력 포트, 네 번째 여러 가지 주변 장치(타이머/카운터, 통신 모듈, 아날로그 변환기 등)로 구성되어있다.

- CPU Core Block : 마이크로컨트롤러의 핵심적인 연산을 하는 블록
- 메모리 : CPU 연산 시 정보 저장 및 다양한 역할을 하는 저장 장치
- 외부 입출력 장치 : 외부 신호의 입력을 받아들이거나 신호를 외부로 출력하는 역할
- 주변 장치 : 마이크로컨트롤러가 가지고 있는 타이머, 통신 블록

CPU 코어는 모든 마이크로컨트롤러가 갖고 있으나, 이 밖의 여러 주변 장치(Peripheral Device)는 마이크로컨트롤러에 따라 매우 다양하다. 메모리의 종류나 용량 역시 천차만별이고 주변 장치 역시 디바이스에 따라 가지고 있는 경우도 있고, 그렇지 않은 경우도 있고, 한 개가 있는 경우, 2개가 있는 경우 등 많은 차이가 있다.

보통 마이크로컨트롤러는 기본적으로 프로그램 메모리, 데이터 메모리, 인터럽트 제어기, 내/외부 버스, 타이머/카운터(Timer/Counter), 와치독(Watchdog) 타이머, EEPROM, 통신장치 등을 가지고 있으나 주변 장치의 성능 및 개수는 제조사별, 제조사의 계열별로 모두 다르다.

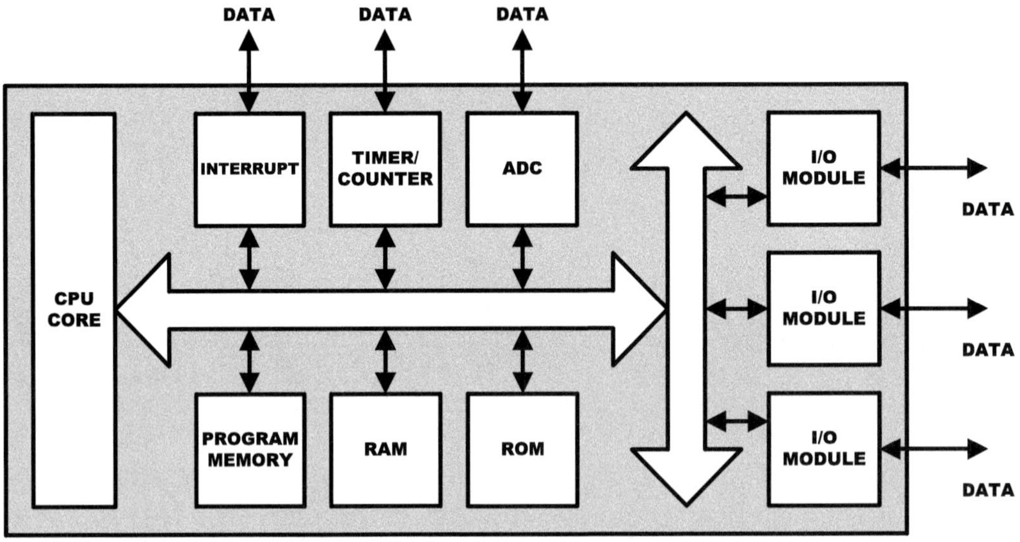

그림 1-10 • 마이크로컨트롤러의 기본적인 구조

예를 들어 A라는 마이크로컨트롤러는 통신 장치가 없지만, B라는 마이크로컨트롤러는 통신 장치가 USART 1개인 경우도 있고, C라는 마이크로컨트롤러는 통신장치가 USART 2개, TWI 1개 등, 많은 경우도 있다.

이러한 정보는 데이터 시트(Data sheet)에 적혀있으므로 마이크로컨트롤러를 선택할 때 꼭 확인해봐야 하며, 이렇게 다양한 수천 개의 디바이스 중 어떠한 디바이스를 선택할지는 프로젝트의 성격이 무엇이냐에 달려있다.

4.3 마이크로컨트롤러의 특징 및 장점

- 마이크로컨트롤러(Microcontroller)란 CPU와 메모리(ROM, RAM), 주변장치(타이머/카운터, 인터럽트, 아날로그 비교기, 아날로그 변환기, SPI, I^2C 통신 등) 및 외부 입출력 포트(I/O 포트)의 기능을 하나로 모은 집적소자를 말한다.
- 주 용도는 여러 장치들의 제어를 목적으로 한다. 따라서 주변 장치들을 제어하는 입출력 능력이 강화되었다. 이에 비해 마이크로프로세서는 범용적인 연산 및 데이터 처리가 목적이다.
- 외부의 요청에 실시간(Real Time)으로 응답해야 하는 분야에 많이 사용된다. 이에 비해 운

영체제가 설치되어 있는 마이크로프로세서는 실시간 처리가 곤란한 경우가 많다.

- 보통 마이크로컨트롤러의 주변 장치로 타이머/카운터, 통신포트 및 인터럽트 처리기 등을 내장하지만, 디바이스에 따라서 이외의 주변 장치를 갖고 있는 경우도 많고, 개수 및 용량도 많이 다르다.
- 마이크로컨트롤러를 사용하면 유연성 및 확장성이 용이하고 제품의 소형화 및 경량화, 개발비 및 부품비 절감의 장점을 가진다.

5 마이크로컨트롤러의 탄생과 역사

5.1 마이크로프로세서의 역사

논란의 여지는 있겠지만 '마이크로프로세서의 역사는 인텔의 역사다' 라고 말할 정도로 마이크로프로세서의 역사에서 인텔의 역할은 매우 중요했다. 물론 현재에는 마이크로프로세서 시장에서의 입지가 약화된 면도 없지 않으나 현재까지 판단하기에는 필자의 역량이 부족하므로 그것은 독자의 판단에 맡기도록 하겠다.

어찌되었건 과거에 인텔이 마이크로프로세서에 지대한 영향을 미쳤다는 점을 부인할 사람은 없으리라고 본다.

마이크로컨트롤러의 역사에 대해 다루는데 왜 마이크로프로세서가 나오는지 의아하겠지만 마이크로컨트롤러 역시 마이크로프로세서의 뿌리에서 갈라져 나온 사촌 정도 되므로 마이크로프로세서의 역사를 간략하게 알아보는 것도 매우 도움이 된다.

1968년 로버트 노이스(Robert Noyce)와 고든 무어(Gordon Moore)가 페어차일드를 떠나 세운 인텔은 SRAM 혹은 DRAM 메모리를 생산하는 소규모 반도체 회사였다. 참고로 로버트 노이스와 고든 무어는 1947년 트랜지스터로 노벨상을 받은 윌리엄 쇼클리(Wiliam Shockley), 존 바딘(John Bardeen), 월터 브래튼(Walter Brattain)이 속한 미국 벨 연구소의 연구원이었다.

인텔은 1969년 일본의 비지컴(Busicom)이라는 회사에서 전자계산기를 위한 집적 회로(Integrated Circuit : IC) 설계를 주문 받았는데 인텔은 기존의 설계와는 다르게 전자계산기만을 위한 집적 회로가 아닌(당시로는 마이크로프로세서라는 용어가 없었음) 범용 목적의 집적 회로를 설계했다. 이 개념이 훌륭하기는 했으나 비지컴의 요구에는 부족한 제품이었던 이유로 비지컴에 판매를 하지는 못했던 듯하다.

그러나 인텔은 이 '범용 목적의 IC 소자'를 폐기하지 않고 시장에 내놓기로 했는데, 이것이 바로 최초의 마이크로프로세서인 4004이다.

4004는 4bit 데이터 버스와 12bit 어드레스 버스, 16핀 DIP(Dual Inline Package) 형태를 가진 마이크로프로세서로서(당시로서는 대단했겠지만) 근래의 마이크로컨트롤러와는 비교할 수 없을 정도의 낮은 성능의 마이크로프로세서였다.

그림 1-11 • 세계 최초의 마이크로프로세서인 4004와 그 내부구조(자료 출처 : intel.com)

4004는 전자계산기용으로 설계되었지만, 하드웨어를 변경하지 않고 프로그램을 변경하면 다른 분야에도 쉽게 적용할 수 있는 강력한 유연성이 있었다. 하지만 비지컴도 인텔 자신도 이 마이크로프로세서에 대해 대단하게 여기지는 않았다. 인텔은 여전히 메모리가 주요 생산품인 소규모 반도체 업체였다.

어쨌든 인텔은 4004의 성능을 향상시킨 4040을 만들고, 다음 해인 1972년 8bit 마이크로프로세서인 8008을 만들어 출시하였으며, 다시 성능을 10배 정도 향상시킨 8080 마이크로프로세서를 개발하게 되었고 이는 엄청난 성공을 거두어 일개 반도체 회사였던 인텔은 일약 굴지의 반도체 업체가 되었다.

이에 다른 업체도 뒤질세라 여러 마이크로프로세서를 출시하였는데, 모토로라는 MC6800, 자일로그는 Z80을 출시하였고, 또 다시 모토로라는 MC6800의 성능을 개량한 MC6802, 모스텍(MOSTEK)은 MC6502를 출시하였다.

1974년 이후부터 마이크로프로세서는 가히 전쟁이라 부를 정도로 엄청난 대기업의 투자 및 자금이 운용되었고 이러한 자금을 바탕으로 엄청난 기술적 진보를 이루게 되었다. 아울러 개인용 컴퓨터(PC) 보급의 확대 역시 마이크로프로세서의 수요에 한 몫을 했다고 보여진다. 이러한 막대한 자금과 업체 간의 경쟁은 마이크로프로세서의 기술적 진보를 더욱 앞당기는 결과를 가져오게 되었다. 이러한 과정이 불과 3~4년 만에 이루어진 일이라니 놀라지 않을 수 없다.

표 1-5 • 인텔 마이크로프로세서의 간략한 개요(자료 출처 : http://www.computermuseum.li)

번호	디바이스명	연도	속도(MHz)	워드 길이(bit)	트랜지스터 수	MIPS
1	4004	1969	0.108	4	2,300	0.06
2	8008	1972	0.2	8	3,500	0.06
3	8080	1974	2	8	6,000	0.64
4	8088	1981	4.47	16	29,000	0.75
5	80286	1982	12	16	134,000	2.66
6	80386	1985	16~33	32	275,000	4
7	80486	1989	20~100	32	1.20 만	70
8	80586 (Pentium)	1993	75~200	32	3백 3십만	126-203
9	Pentium Pro	1995	150~200	32	5백 5십만	300
10	Pentium MMX	1997	166~233	32	4백 5십만	-
11	Pentium II	1997	233~450	32	7백 5십만	-
	이후 생략					

여러 업체가 경쟁하면서 인텔 역시 기존 시장의 우위를 뺏기지 않기 위하여 더욱 더 강화된 성능의 8086, 80186, 80286, 80386... 등으로 80xxx 계열의 마이크로프로세서를 생산하면서 마이크로프로세서 시장에서 독보적인 위치를 구축하였다. 인텔의 경쟁사인 모토로라는 MC68000, 68010, 68020…으로 68xxx 계열의 마이크로프로세서를 생산하였다. 이후의 마이크로프로세서의 역사에 대해서는 독자 여러분이 더욱 잘 알고 있으리라 생각되므로 이쯤에서 마이크로프로세서의 개괄적인 역사에 대해 마치기로 하자.

5.2 마이크로컨트롤러의 역사

정식 명칭이 마이크로컨트롤러 유닛(Microcontroller Unit, 줄여서 마이크로컨트롤러 혹은 MCU라 부름)이라 불리는 마이크로컨트롤러는 CPU 기능에 메모리 장치 및 외부 입출력 장치를 추가하여 구성된 집적 회로 소자이다.

그림 1-12 • 세계 최초의 마이크로컨트롤러인 TI의 TMS1000

마이크로컨트롤러는 마이크로프로세서의 역사를 제외하고 논하기가 곤란한데, 이는 마이크로프로세서가 발전하면서 분화된 것이 마이크로컨트롤러이기 때문이다. 마이크로프로세서가 생산되면서 범용 목적의 마이크로프로세서가 아닌 소형 제어 시스템을 위한 집적 회로의 필요성이 대두되었다. 이러한 필요성을 바탕으로 생겨난 것이 마이크로컨트롤러이다.

최초의 마이크로컨트롤러는 1975년 TI(Texas Instrument)에서 제작된 TMS1000인데, 같은 해 인텔에서도(근래에도 많이 사용되는) 8051이라는 마이크로컨트롤러를 제작하였다.

이후 TI에서는 TMS2000, 3000, 4000…의 제품을 생산하였고, 인텔 역시 8051(MCS-51), 8096(MCS-96), 80960(MCS-960)의 제품을 생산하였다. 이외의 다양한 제조사들이 각각 산업용, 시장에 맞게 다양한 마이크로컨트롤러를 제작, 생산하고 있다.

표 1-6 • 연도별 중요 마이크로컨트롤러 제품군 요약

연도	내용
1971	인텔에서 최초의 마이크로프로세서인 4bit 4004 개발
1973	인텔에서 8bit 마이크로프로세서인 8080 개발
1975	TI에서 최초의 마이크로컨트롤러인 TMS1000 개발 인텔에서 8051 개발
1976	인텔에서 8bit 마이크로컨트롤러 8048(MCS-48) 개발 모토로라에서 8bit 마이크로컨트롤러 MC6801 개발
1978	인텔에서 16bit 8086 마이크로프로세서 개발
1980	인텔에서 8bit 마이크로컨트롤러인 8051(MCS-51) 개발
1982	인텔에서 16bit 마이크로컨트롤러인 MCS-96 개발
1988	인텔에서 32bit 마이크로컨트롤러인 80960 개발

5.3 마이크로컨트롤러와 마이크로프로세서의 비교

마이크로컨트롤러와 마이크로프로세서는 설계 목적 자체가 다르다. 우리가 흔히 접하는 인텔에서 생산하는 마이크로프로세서는 태생 자체가 범용 목적(General Purpose)을 위해 설계된 집적 회로이다. 즉 마이크로프로세서는 문서 작성, 웹 검색, 프로그래밍 작성과 같은 다용도의 작업을 위해 만들어졌다. 역으로 말하자면 프로세서가 **'어떤 특정 기능만을 하도록 설계되어 있지 않다'** 는 말이다.

이에 비해 마이크로컨트롤러는 컨트롤러(Controller)라는 단어 자체가 의미하듯이 '제어' 를 주목적으로 설계된 집적 회로이다. 위의 마이크로프로세서처럼 많은 작업과 범용 목적을 위해 설계된 것이 아닌, 즉 **'어떤 특정 기능을 하도록 설계되어 있다'** 는 말이다. 어떤 특정한 기능이란 주로 하나 혹은 몇 개의 장치를 제어하기 위해 설계되었다는 뜻이며, 자동차 엔진 제어, 센서 제어, 전자 기기 제어와 같이 어떤 기능을 하던지 간에 한두 가지의 기능에 특화되어 있다는 의미이다.

이러한 이유로 마이크로프로세서는 산술 및 논리 연산, 실수 연산, 그래픽 처리 등 일반적인 기능이 강조되지만 마이크로컨트롤러는 전력 소비, 비용 절감, 장치의 제어 등이 강조된다.

또한 마이크로프로세서는 메모리를 내장하지 않은 CPU 코어만을 갖고 있기 때문에 단독으로 동작하기가 어려워 메인보드, 메모리, HDD 등의 주변 장치의 도움이 필요한 반면 마이크로컨트롤러는 메모리, 롬, EEPROM, 주변기기, 입출력 장치를 단일 소자에 내장하여 전원만 공급된다면 단독으로 동작 가능한 경우가 많다.

표 1-7 • 마이크로프로세서와 마이크로컨트롤러의 비교

구분	마이크로프로세서(Microprocessor)	마이크로컨트롤러(Microcontroller)
특징	CPU	CPU + 메모리 + 입출력 장치 + 주변 장치
	범용 목적을 위해 설계되어짐	특정 목적을 위해 설계되어짐
	대개 단일 칩으로 동작이 불가능	대개 단일 칩으로 동작 가능
	많은 주변 장치가 필요함	주변장치가 거의 필요 없거나 단독 동작 가능
	성능, 범용 연산 등 일반적인 기능	소형화, 경량화, 전력 소비, 응답성, 제한된 하드웨어
	범용 목적의 개인 컴퓨터에 널리 사용	기기 제어용으로 많이 사용

그러나 근래에 들어서 마이크로컨트롤러와 마이크로프로세서를 나누는 구분 자체가 점차 애매모호해지고 있는데 이유인즉슨 마이크로컨트롤러에 요구하는 사용자들의 요구 조건이 나날이 높아짐에 따라 이를 수용하기 위해 마이크로컨트롤러 역시 높은 성능을 가져야 하기 때문이

다. 잘 이해가 가지 않는다면 우리 주변의 모바일 기기를 살펴보면 쉽게 알 수 있을 것이다.

끝으로 마이크로프로세서이건 마이크로컨트롤러이건 본질적으로 CPU라는 점에서 동일하다는 점은 잊지 말기 바란다.

마이크로컨트롤러유닛의 정의

마이크로로컨트롤러 유닛이란 입력, 연산, 출력 및 저장을 한다는 점에서 CPU의 모든 기능을 포함한다는 점에서는 동일하지만, CPU 기능만을 특화시킨 마이크로프로세서와는 다르게 CPU+메모리+입출력 장치를 포함하여 특정 목적(보통 기기 제어용)을 위해 만들어진 소자이다.

6 이 장의 간추림

이번 장에서는 컴퓨터 시스템의 개념 및 구조와 마이크로프로세서 및 마이크로컨트롤러에 대해 알아보았다. 또 마이크로컨트롤러의 종류와 구성에 대해 알아본 후 끝으로 마이크로프로세서와 마이크로컨트롤러를 비교해보았다.

- 컴퓨터의 핵심은 프로세서이고, 프로세서는 레지스터부(Register Unit), 연산부(Operation Unit), 제어부(Control Unit)로 구성된다.
- 세계 최초의 마이크로프로세서는 1969년 인텔의 4004이고, 세계 최초의 마이크로컨트롤러는 TI의 TMS1000이다.
- 마이크로프로세서는 범용 목적을 위해 설계된 프로세서인 것에 비해, 마이크로컨트롤러는 제어를 목적으로 설계된 소자이다.
- 마이크로컨트롤러 유닛(Microcontroller Unit : MCU)은 제어를 목적으로 CPU 기능에 메모리(RAM 및 ROM)의 메모리 장치와 주변기기(USART, Timer/Counter, SPI 등) 외부 입출력 장치(I/O 포트)를 추가하여 구성된 집적 회로 소자이다
- 마이크로컨트롤러는 인텔, TI, 아트멜, 마이크로칩 등 다양한 제조사에서 메모리 용량, 주변기기의 유무 및 성능에 따라 8051, PIC, AVR 등 수천 개의 디바이스가 생산되고 있다.
- 마이크로컨트롤러 사용 시 제품의 소형화, 경량화, 부품비 절감과 제품의 수정 시 하드웨어를 변경하지 않거나 혹은 하드웨어를 모두 바꾸지 않아도 되는 유연성이라는 장점을 가진다.

연습문제

1. 다음 보기 중에서 임베디드 시스템에 대한 설명으로 맞는 것은?

① 임베디드 시스템은 프로그래밍이 불가능하다.

② 임베디드 시스템의 프로세서는 일반 PC에서 사용하는 프로세서의 성능과 비슷하거나 뛰어나다.

③ 임베디드 시스템은 가전, 장난감 등에만 사용되며 자동차, 우주, 항공 등에는 적용되지 않는다.

④ 임베디드 시스템에도 운영체제를 탑재할 수 있다.

2. 다음 보기 중에서 컴퓨터의 구조에 관련된 설명으로 틀린 것은?

① 컴퓨터는 입출력 장치, 연산 장치, 메모리 등으로 구성되어 있다.

② 소프트웨어는 펌웨어, 운영체제, 애플리케이션 등이 있다.

③ 마이크로컨트롤러와 마이크로프로세서는 근본 구조가 다르다.

④ 마이크로컨트롤러는 외부 인터페이스로서 I^2C, SPI, UART 등이 있다.

3. 다음 보기 중에서 임베디드 환경에 대한 설명으로 맞지 않는 것은?

① 임베디드 환경은 8051, PIC, AVR 외 다양한 환경이 있다.

② 8051, PIC, AVR 중 속도만을 놓고 볼 때 8051이 가장 우수하다.

③ 임베디드 환경에서 절대적으로 최적의 환경이란 존재하지 않는다.

④ 8051은 인텔에서 제작한 것으로 MCS-51 제품군으로써 널리 사용되어졌다.

4. 다음 보기 중에서 마이크로컨트롤러의 탄생 배경에 대한 설명으로 맞지 않는 것은?

① 최초의 마이크로프로세서는 인텔의 4004이다.

② 최초의 마이크로컨트롤러는 TI의 TMS1000이다.

③ 마이크로컨트롤러는 마이크로프로세서의 근간으로 탄생되었다.

④ 마이크로프로세서는 제어가 주목적이다.

5. 다음 보기 중에서 마이크로컨트롤러에 대한 설명으로 맞지 않는 것은?

① 마이크로컨트롤러는 CPU와 메모리, 주변장치 및 I/O의 기능을 하나로 모은 집적소자를 말한다.

② 마이크로컨트롤러는 제어보다는 범용 연산 및 데이터 처리가 주목적이다.

③ 마이크로컨트롤러 이용 시 제품의 소형화, 경량화, 부품비용의 절감 등의 장점을 가진다.

④ 마이크로컨트롤러 이용 시 유연성 및 확장성이 용이한 장점을 가진다.

생각해보기

❶ 우리 주변에서 활용되고 있는 임베디드 시스템은 어떠한 것들이 있는지 알아보자.

❷ 임베디드 분야에서 사용되는 여러 가지 프로세서에 대해서 알아보고 어떠한 특징이 있는지 개략적으로 알아보자.

❸ 우리가 사용하려는 AVR은 다른 마이크로컨트롤러에 비해 어떠한 장점이 있는지 혹은 어떠한 단점이 있는지 생각해보자.

❹ 마이크로프로세서의 역사에 대해서 관련 사이트를 검색하여 알아보자.

CHAPTER 02

ATmega128의 구조와 기능 (ATmega128 Architecture)

당근이의 **AVR ATmega128** 마이크로컨트롤러

이번 장에 대하여

이번 장에서는 'ATmega128의 구조와 기능'에 대해서 알아보도록 한다.

우리가 사용하려는 ATmega128에 대해서 상세하게 살펴보도록 할 것이다.

이번 장은 실습보다는 주로 이론적인 내용이 많기 때문에 자칫 지루할 수 있으나, 앞으로 AVR을 사용할 때 근간이 되는 내용이므로 정확하게 알아두는 것이 좋다.

모든 내용을 이해할 수 없다면 일단 몇 번 속독한 이후에 중요한 부분만큼은 정확하게 알아두는 것이 좋을 것이다.

모든 내용이 중요하겠지만 이 중에서도 특히 AVR의 내부 구조와 메모리 및 클럭 시스템에 대해서는 명확하게 이해해야 한다. 이에 대한 명확한 이해 없이 AVR을 제어하기는 힘들기 때문이다.

1 ATmega128의 개요

1.1 AVR의 제조사에 대한 소개

AVR을 제조하는 아트멜은 1984년 창립된 미국 새너제이(San Jose)에 소재한 반도체를 주력으로 생산하는 회사이다. 주 제품은 마이크로컨트롤러이며, 이외에 RF 소자, EEPROM, 차량 및 가전 제품용 제품 등을 생산한다. 많은 마이크로컨트롤러가 그러하듯이 아트멜의 제품 역시 컴퓨터, 통신, 네트워킹, 산업, 자동차, 우주항공과 군장비에 포함되어 다양한 응용부품으로 사용된다.

아트멜은 다양한 회사와 경쟁을 벌이고 있는데 ST마이크로일렉트로닉스(STMicroelectronics), 텍사스 인스트루먼트(Texas Instrument), 프리스케일 세미컨덕터(Frescale Semiconductor), 아날로그 디바이스(Analog Device)와 마이크로칩 테크날로지(Microchip Technology) 등이 있다.

아트멜은 8비트 AVR 마이크로컨트롤러 이외에도 32비트 마이크로컨트롤러, ARM 기반의 SAM 계열, 8051 계열의 마이크로컨트롤러, 터치 기술을 적용한 컨트롤러 등 다양한 제품을 양산하고 있다. AVR 마이크로컨트롤러는 아트멜 제품 중 일부일 뿐이다. 관심 있는 독자라면 아트멜 홈페이지(http://www.atmel.com)를 방문하여 살펴보는 것도 재미있을 것이다.

표 2-1 • 아트멜에서 생산되는 여러 생산품 중에서 AVR 8bit RISC 마이크로컨트롤러의 종류

번호	종류	설명
1	Automotive AVR	자동차를 위해 특화 설계된 AVR
2	Lightning AVR	펄스폭변조(PWM)의 기능을 특화 설계한 AVR
3	AVR Z-Link	Zigbee 무선 통신 기능을 특화 설계한 AVR
4	megaAVR	중형 애플리케이션에 적합한 AVR
5	Battery Management AVR	배터리 관리를 특화 설계한 AVR
6	tinyAVR	소형 애플리케이션에 적합한 AVR
7	CAN AVR	CAN 통신의 기능을 가진 AVR
8	USB AVR	USB 통신의 기능을 가진 AVR
9	LCD AVR	LCD 기능을 특화시킨 AVR
10	XMEGA	megaAVR의 기능을 더욱 확장한 AVR

4번은 우리가 사용하려는 ATmega 128이다.

1.2 다양한 AVR의 종류

다른 프로세서나 마이크로컨트롤러와 마찬가지로 AVR도 다양한 계열이 있는데 이러한 계열을 보통 계열 혹은 패밀리(Family)라고 한다. 인텔도 '80286, 386, 486, 펜티엄..' 패밀리가 있듯이 AVR도 여러 패밀리가 있다.

AVR은 크게 3가지 종류의 패밀리가 있는데 tiny 계열과 mega 계열, 그리고 xmega 계열이 있다. 각각의 계열 뒤에는 12, 13, 24, 25…와 같은 디바이스 번호가 할당된다. 아트멜 홈페이지(http://Atmel.com)에 접속해보면 다음과 같이 모든 종류의 AVR 계열의 디바이스들을 보여준다. 모든 AVR을 나타내기에는 상당히 방대하므로 몇 가지 종류만 적어보았다.

(1) tinyAVR 계열

tinyAVR 계열은 디바이스명이 ATiny…로 시작되고, 내부 프로그램 메모리가 1~2KByte이며, 패키지(Package)는 8, 20 혹은 32핀의 PDIP, SOIC, TQFP, MLF 형태로 제작된다. 핀 수가 매우 작고, 외부 메모리 접근 버스가 없기 때문에 소규모 애플리케이션의 매우 간단한 기능을 수행할 때 주로 사용된다.

그림 2-1 • ATtiny 계열의 마이크로컨트롤의 AVR 디바이스

(2) megaAVR 계열

megaAVR 계열은 디바이스명이 ATmega…로 시작되고, 내부 프로그램 메모리가 4~128KByte이며, 패키지는 28, 32, 40, 44, 64핀의 PDIP, TQFP, PLCC, MLF 형태로 제작된다. 대개의 경우 외부 메모리 접근 버스를 지원하고, 메모리 용량이 커서 중규모 애플리케이션의 복잡한 기능을 수행할 수 있다.

그림 2-2 • ATmega 계열의 AVR 디바이스

(3) XMega 계열

아트멜은 AT90S 계열이 많이 단종된 이후에 megaAVR 계열의 성능을 더욱 올려 XMEGA 계열을 추가하였다. megaAVR보다 더욱 강력한 성능을 가지며, 자세한 내용은 데이터 시트를 참고하기 바란다.

그림 2-3 • ATXmega 계열의 AVR 디바이스

1.3 megaAVR 계열 중 일부분에 대한 소개

표 2-2 • megaAVR 패밀리의 종류

Device	Flash (Kbytes)	EEPROM (Kbytes)	SRAM (Bytes)	Max I/O Pins	F.max (MHz)	Vcc (V)	10-bit ADC Ch.	Analog Comp.	16-bit Timers	8-bit Timers	BOD	Ext Int.	H/W Multiplier	Int.	ISP	On Chip OSC	PWM ch.	RTC	Self Program Memory	SPI
ATmega128	128	4	4096	53	16	2.7~5.5	8	Yes	2	2	Yes	8	Yes	34	Yes	Yes	8	Yes	Yes	1
ATmega1280	128	4	8192	86	16	1.8~5.5	16	Yes	4	2	Yes	32	Yes	57	Yes	Yes	16	Yes	Yes	1+USART
ATmega1281	128	4	8192	54	16	1.8~5.5	8	Yes	4	2	Yes	17	Yes	48	Yes	Yes	9	Yes	Yes	1+USART
ATmega1284P	128	4	16K	32	20	1.8~5.5	Yes	Yes	2	2	Yes	3	Yes	35	Yes	Yes	6	Yes	Yes	Yes
ATmega162	16	0.5	1024	35	16	1.8~5.5	–	Yes	2	2	Yes	3	Yes	28	Yes	Yes	6	Yes	Yes	1
ATmega164P	16	0.5	1024	32	20	1.8~5.5	8	Yes	1	2	Yes	32	Yes	31	Yes	Yes	6	Yes	Yes	1+USART
ATmega165P	16	0.5	1024	54	16	1.8~5.5	8	Yes	1	2	Yes	17	Yes	23	Yes	Yes	4	Yes	Yes	1+USI
ATmega168	16	0.5	1024	23	20	1.8~5.5	8	Yes	1	2	Yes	26	Yes	26	Yes	Yes	6	Yes	Yes	1+USART
ATmega168P	16	0.5	1024	23	20	1.8~5.5	8	Yes	1	2	Yes	26	Yes	26	Yes	Yes	6	Yes	Yes	1+USART
ATmega16A	16	0.5	1024	32	16	2.7~5.5	8	Yes	1	2	Yes	3	Yes	20	Yes	Yes	4	Yes	Yes	1
ATmega2560	256	4	8192	86	16	1.8~5.5	16	Yes	4	2	Yes	32	Yes	57	Yes	Yes	16	Yes	Yes	1+USART
ATmega2561	256	4	8192	54	16	1.8~5.5	8	Yes	4	2	Yes	17	Yes	48	Yes	Yes	9	Yes	Yes	1+USART
ATmega324P	32	1	2048	32	20	1.8~5.5	8	Yes	1	2	Yes	32	Yes	31	Yes	Yes	6	Yes	Yes	1+USART
ATmega324PA	32	1	2048	32	20	1.8~5.5	8	Yes	1	2	Yes	32	Yes	31	Yes	Yes	6	Yes	Yes	1+USART
ATmega325	32	1	2048	54	16	1.8~5.5	8	Yes	1	2	Yes	17	Yes	23	Yes	Yes	4	Yes	Yes	1+USI
ATmega3250	32	1	2048	69	16	1.8~5.5	8	Yes	1	2	Yes	17	Yes	32	Yes	Yes	4	Yes	Yes	1+USI
ATmega3250P	32	1	2048	69	20	1.8~5.5	8	Yes	1	2	Yes	17	Yes	32	Yes	Yes	4	Yes	Yes	1+USI
ATmega325P	32	1	2048	54	20	1.8~5.5	8	Yes	1	2	Yes	17	Yes	23	Yes	Yes	4	Yes	Yes	1+USI
ATmega328P	32	1	2048	23	20	1.8~5.5	8	Yes	1	2	Yes	26	Yes	26	Yes	Yes	6	Yes	Yes	1+USART
ATmega32A	32	1	2048	32	16	2.7~5.5	8	Yes	1	2	Yes	3	Yes	19	Yes	Yes	4	Yes	Yes	1
ATmega48PA	4	0.25	512	23	20	1.8~5.5	8	Yes	1	2	Yes	26	Yes	26	Yes	Yes	6	Yes	Yes	1+USART
ATmega64	64	2	4096	54	16	2.7~5.5	8	Yes	2	2	Yes	8	Yes	34	Yes	Yes	8	Yes	Yes	1
ATmega640	64	4	8192	86	16	1.8~5.5	16	Yes	4	2	Yes	32	Yes	57	Yes	Yes	16	Yes	Yes	1+USART
ATmega644	64	2	4096	32	20	1.8~5.5	8	Yes	1	2	Yes	32	Yes	31	Yes	Yes	6	Yes	Yes	1+USART
ATmega644P	64	2	4096	32	20	1.8~5.5	8	Yes	1	2	Yes	32	Yes	31	Yes	Yes	6	Yes	Yes	1+USART

1.4 ATmega128의 세부 특징

- **고성능(High-performance), 저전력(Low Power)의 8비트 마이크로컨트롤러**
- **진보된 RISC(Reduced Instruction Set Computer) 구조**
  - 대부분 단일 클럭에서 실행되는 강력한 133개의 명령어
  - 16MHz에서 거의 16MIPS로 동작됨
  - 모든 연산이 정적연산(Static Operation)을 지원
  - 8비트의 32개로 구성된 범용 목적 레지스터(General Purpose Register)와 추가된 주변장치 제어 레지스터
  - 2사이클 내에서 수행되는 강력한 곱셈기(Multiplier)를 내장
- **메모리(Memory)**
  - 프로그램을 읽고 쓸 수 있는 128KByte의 플래시 프로그램 메모리 내장(Flash program)
  - 4Kbytes의 EEPROM(Electrically erasable programmable read-only memory) 내장
  - 4Kbytes의 내부(Internal) SRAM 내장
  - 플래시프로그램 메모리는 1,000번, EEPROM은 100,000번 읽기/쓰기 가능
  - 데이터 유지는 상온에서 약 20년
  - 락 비트(Lock bit)에 의존하지 않는 부트 코드 영역(Boot Code Section) 제공
  - 64Kbytes까지 확장 가능한 외부 메모리(Option)
  - 소프트웨어 보안에 의한 프로그래밍 락(Programming Lock) 제공
  - ISP를 위한 SPI(Serial Peripheral Interface) 제공
- **JTAG (IEEE 표준 1149.1 호환) 인터페이스 지원**
  - JTAG 표준에 따르는 바운더리 스캔(Boundary-Scan)과 호환
  - 온-칩 디버그(On-Chip Debug : OCD) 지원
  - JTAG 인터페이스를 통한 플래시, EEPROM, 퓨즈, 락 비트 설정
- **주변 장치(Peripheral Feature)**
  - 2개의 8비트 타이머/카운터와 2개의 16 bit 타이머/카운터 지원
  - 외부 오실레이터(External Oscillator)에 의한 실시간 카운터(Real Time Counter : RTC)
  - 6개의 PWM(Pulse With Modulation) 채널
  - 8채널, 10비트의 ADC(Analog To Digital Converter) 내장(8 Single Ended Channel, 7 Differential Channel)
  - 바이트(byte) 중심의 TWI(Two-Wired Interface) 통신 지원
  - 프로그래밍 가능한 직렬 USART 지원
  - SPI 지원

- 프로그래밍 가능한 와치독 타이머 지원
- 아날로그 비교기(Analog Comparator) 지원

• **특수 기능(Special Function)**
- 파워-온 리셋(Power-on Reset)과 프로그래밍 가능한 브라운 아웃(Brown out) 검출
- RC 오실레이터(Oscillators)에 의한 내부 발진 지원
- 외부/내부 인터럽트 소스 지원
- 6개의 슬립 모드(Sleep Mode) 지원
  ① IDLE ② ADC Noise Reduction ③ Power-save ④ Power-down ⑤ Standby
  ⑥ Extended Standby

• **입출력 및 패키지 타입(I/O and Package Type)**
- 53개의 입출력 가능한 핀
- 64핀의 TQFP(Thin QuAd Flat Package)와 QFN(QuAd Flat No-Lead)/MLF(Micro Lead Frame) 타입 지원

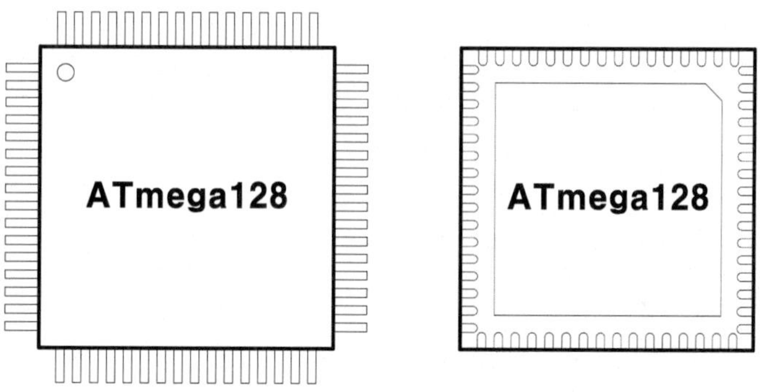

그림 2-4 • ATmega128의 패키지 형태

• **작동 전압(Operating Voltage)**
- 2.7 ~ 5.5V ATmega128L
- 4.5 ~ 5.5V ATmega128

• **동작 속도(Speed Grades)**
- 0 ~ 8MHz ATmega128L
- 0 ~ 16MHz ATmega128

1.5 용어 설명

정의

MIPS

Million instruction per second의 약자로서 컴퓨터가 '1초당 100만 개의 명령어(instruction)를 몇 회 수행할 수 있는가'를 나타내는 단위로 컴퓨터의 성능을 나타내는 기준이 된다. 예를 들어 10MIPS라면, 1초당 100만개의 명령어를 10회 수행할 수 있다는 의미이므로 100만 x 10 = 1,000만 개의 명령어를 수행할 수 있다는 뜻이다.

MIPS가 높을수록 컴퓨터의 성능이 우수하다고 볼 수는 있지만 절대적인 기준은 될 수 없다. 예를 들어 10MIPS와 8MIP 두 개의 컴퓨터가 있다고 할 때 MIPS가 높은 10MIP가 반드시 우수하다고만 볼 수 없는 것이 어떤 명령어를 수행하느냐, 어떠한 환경이냐에 따라서 어떠한 경우는 8MIPS의 컴퓨터가 더 빠를 수 있기 때문이다. 따라서 MIPS는 컴퓨터의 속도를 판단하는 참고자료 정도로 생각하면 된다.

FLOPS

Floating-point operations per second의 약자로서 MIPS가 1초당 100만 개의 명령어를 몇 회 수행하느냐를 보는 것이라면 '1초당 부동 소수점 연산 명령어를 몇 회 수행할 수 있는가'를 나타내는 단위로 이 역시 컴퓨터의 성능을 나타내는 기준이 된다. MIPS에 비해서 신뢰성은 더 우수한 편이지만 이 역시 절대적인 기준이라고 볼 수 없으므로 참고자료로 생각하면 된다.

RISC와 CISC

마이크로프로세서를 구성하는 많은 요소 중 명령어 세트(Instruction Set)가 있는데 RISC는 Reduced Instruction Set Computer의 약자로서 축약된 명령어 세트를 가지는 컴퓨터이고, 이와 반대되는 CISC는 Complex Instruction Set Computer로서 복잡한 명령어 세트를 가지는 컴퓨터라고 생각하면 된다.

CISC는 명령어 개수가 많아 명령어 선택의 폭이 넓으므로 소프트웨어 작성이 용이한 장점이 있지만 RISC는 명령어 개수가 적어 소프트웨어 작성 시 CISC보다 불편하다.
그러나 명령어 사이즈가 고정적인 RISC는 CISC 구조에 비해 파이프라인 등에 강점을 가져 빠른 처리 속도를 자랑한다.

이 두 가지 구조 모두 서로 장단점이 있으며, 어느 구조가 절대적으로 우수하다고 쉽게 말할 수는 없다. 관심 있는 독자는 RISC와 CISC에 대해 찾아보는 것도 좋은 공부가 될 것이다.

당근이의 한마디 데이터 시트를 정독하라.

항상 데이터 시트를 정독하라

데이터 시트의 첫 번째 페이지에 나오는 ATmega128의 특징(Feature)은 ATmega128의 모든 기능을 축약, 정리하여 적어놓은 것으로 반드시 정독하기 바란다. 이해가 되지 않는다면 외우기라도 한다. 초보자의 경우 예를 들어 JTAG이 무엇인지, SPI가 무엇인지, 와치독은 또 무엇인지 이해가 안가고 답답한 부분이 당연히 많을 것이다.

그러나 첫술에 배부를 수 없듯이 한 번 보고 이해하는 사람은 없다. 실력 있고 노련한 개발자는 하늘에서 떨어져서 그렇게 된 것이 아니라 이러한 어려움을 참고 극복한 사람이라는 것을 명심하기 바란다. 초보자의 경우 데이터 시트의 양이 워낙 방대하므로 지레 겁을 먹고 데이터 시트는 덮어두고 책이나 인터넷만을 찾는 경우가 많은데, 이는 바람직한 방법이 아니다.

또한 이해가 가지 않아 질문을 하더라도 '데이터 시트의 어떤 부분이 이해가 가지 않습니다'와 같이 구체적이고 명확하게 질문을 해야 도움을 받을 수 있다. 'AVR이 어렵습니다, 어떻게 공부하죠?'와 같은 막연한 질문은 '열심히 공부하세요.'와 같은 막연한 답변만을 들을 뿐이다.

항상 AVR 자체에 대한 모든 궁금증 및 의문은 데이터 시트를 정독하기를 권한다.

AVR이 모든 면에서 우수한 것은 아니다!

간혹 초보자의 경우 제품의 성능에만 초점을 맞추어 판단하는 경우가 많은데, AVR이 다른 마이크로컨트롤러에 비해 모든 면에서 우수하다고 말할 수는 없다. 이는 자동차를 선택할 때 배기량이나 엔진만을 보고 선택하지 않는 것과 마찬가지이다.

전력 소모를 따진다면 AVR에 비해 전력 소모가 적은 마이크로컨트롤러도 있고, 가격적인 면에서 저렴한 마이크로컨트롤러도 있다.

이렇듯 마이크로컨트롤러를 선택할 때 오로지 성능만을 가지고 판단하는 것은 위험하며, 프로젝트를 수행할 때 경제성과 수급의 용이성, 편리성, 개발 환경 구축 등 많은 문제를 고려해야 한다.

마이크로컨트롤러가 4MHz에서 동작하면 충분함에도 불구하고 20MHz만을 찾는다던가, $2의 마이크로컨트롤러면 충분한데도 $5의 마이크로컨트롤러를 고집하는 것은 어리석은 짓이다.

결론적으로 성능 면에서 최상의 마이크로컨트롤러를 찾는 노력보다 현재의 프로젝트에 가장 최적인 마이크로컨트롤러를 찾는 것이 더욱 현명한 노력일 것이다.

자동차를 선택할 때 벤츠가 가장 훌륭한 차가 아니라 나의 상황에 적합한 차가 가장 훌륭한 차인 것과 마찬가지이다.

당근이의 한마디 AVR의 간략한 특징

보다 전문적인 내용으로 들어가기 이전에 'AVR이 과연 어떠한 특징이 있는가'에 대해 간략하게 요약해보았다. 분명한 것은 AVR이 다른 마이크로컨트롤러와 비교하여 차별화된 전략이나 성능이 있었기 때문에 많이 사용되고 있다는 점이다. 그러한 차이가 무엇인지 알아보자.

ATmega128 마이크로컨트롤러는 아트멜의 진보된 RISC 구조에 기반한 저전력의 CMOS 8bit 마이크로컨트롤러이다. 단일 클럭(Clock)에서 수행되는 강력한 명령어(Instruction)로 ATmega128은 1MHz당 1MIPS에 이르는 성능으로 스피드와 전력 소비에 최적화된 설계가 되어있다. AVR은 하버드 구조로 되어있어 기존의 폰 노이만(Von Noeumann) 구조보다 더욱 효율적이다.

AVR은 다른 마이크로컨트롤러와 마찬가지로 자체에 컴퓨터의 모든 기능을 내장하고 있다. 또한 매우 많은 주변기기(타이머/카운터, SPI, I2C, SPI, USART, ADC 등)를 내장하고 있을뿐더러 부가 기능이 필요하면 매우 다양한 확장(TTL 회로를 이용한 확장, 메모리의 확장, 버스를 이용한 확장 등)도 가능한데 이를 요약해보면 다음과 같다.

- AVR 계열은 여타 마이크로컨트롤러에 비해(평균 1.7CPS로) 상당히 빠른 편에 속한다.
- RISC 구조인데도 명령어 개수가 상당히 많은 편(약 130개)이다. PIC는 약 40개 정도이다.
- 하버드 구조이기 때문에 프로그램 메모리와 데이터 메모리가 구분되어 있다. 다른 마이크로컨트로러는 하버드 구조가 아닌 폰 노이만 구조도 많다.
- 다른 마이크로컨트롤러보다 진보된 JTAG이라는 디버그 환경을 지원한다. 다른 마이크로컨트롤러는 JTAG을 지원하지 않는 경우도 많다.
- 매우 다양한 주변 장치를 지원한다. 타이머/카운터, ADC와 통신(SPI, USART, TWI) 등을 지원한다.
- AVR은 다른 마이크로컨트롤러보다 가격이 높은 편에 속한다.
- AVR 계열은 내부 구조가 대개 비슷하다. 즉 각 디바이스 간 큰 차이가 없다는 뜻이다.

데이터 시트에 나오지 않는 AVR의 장점으로는 다음과 같은 것들이 있다.

- ISP의 기능은 매우 저렴한 가격으로 만들 수 있고 또한 우수하다.
- AVR의 성능은 (절대적이지는 않으나) 동급의 마이크로컨트롤러보다 우수한 편이다.
- C언어를 잘 지원한다.
- 개발 툴이 무료이기 때문에 소프트웨어 개발 환경 구축에 비용이 들지 않는다.
- 가격대비 메모리 용량이 크다.
- 인터넷에서 자료를 얻기가 쉽다.

참고로 몇몇 사람들은 마이크로컨트롤러의 판단 기준이 오로지 속도와 메모리 용량 몇 가지 기술적인 요인만을 따지곤 하는데 이는 꼭 맞다고 볼 수는 없다. 마이크로컨트롤러는 속도나 메모리와 같은 기술적 요인 이외에 개발 환경 구축의 용이성, 비용, 수급, 적당한 가격대비 성능, 전력, 다수의 입출력 핀의 유무 등이 중요한 요소가 될 수도 있기 때문이다.

2 ATmega128의 구조

2.1 ATmega128의 외부 구조

ATmega128은 앞서 얘기했듯이 64핀의 TQFTP/MLF/QFN의 패키지가 있다. 보통 TQFP 타입을 많이 사용하는데 패키지 타입이 다르더라도 모두 동일한 기능과 성능을 가지며, 단지 실제 제품을 만들 때 전체적인 크기나 PCB(Print Circuit Board)에 부착하는 방법이 조금 다를 뿐이다. 전체 핀의 기능과 설명은 [그림 2-5]와 같다.

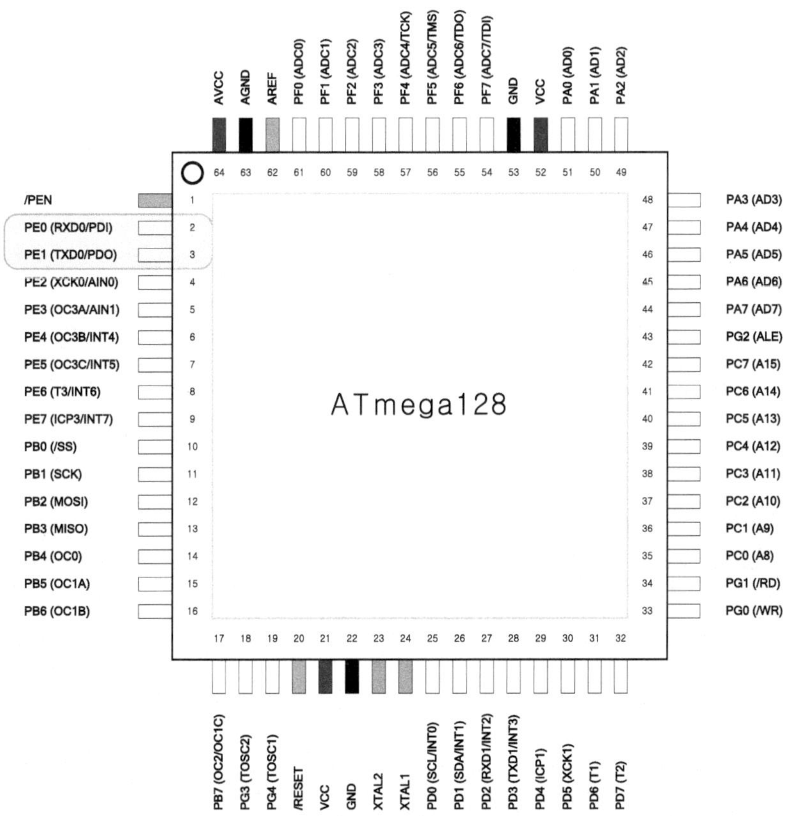

그림 2-5 • ATmega128의 전체 핀

위의 핀에 대한 이해 및 제어가 ATmega128에 대한 이해라 하더라도 과언이 아니다. 처음부터 모든 핀의 기능과 구조에 대해 설명하면 이해하기 쉽지 않을 것이기 때문에 앞으로 각각의 핀과 핀에 연결된 내부 구조에 대해서 상세하게 다루어 보도록 하자.

처음에는 ATmega128이 이렇게 생겼다는 점, 각각의 핀들의 기능이 있다는 점(핀 옆에 있는 단어들이 핀의 기능을 의미) 정도만 훑어보도록 한다. 핀 옆의 단어에 소괄호가 있는 것은 '해당 핀이 소괄호 안의 기능도 같이 할 수 있다'는 것도 참고하기 바란다. 예를 들어 우측 상단의 PA3(AD3)라는 의미는 '일반 범용 포트로 사용 가능하고 어드레스로 3번으로도 가능하다'는 뜻이다.

위에서 설명한 ATmega128의 핀을 종류별로 묶어 보면 [표 2-3]과 같다. 전원 공급을 위한 VCC 및 GND 핀이 있고 리셋 및 클럭 입력을 위한 핀, ADC를 위한 AVCC 및 AREF는 ADC를 위한 전원 및 참조 전압(Reference Voltage)이 공급되는 핀이다.

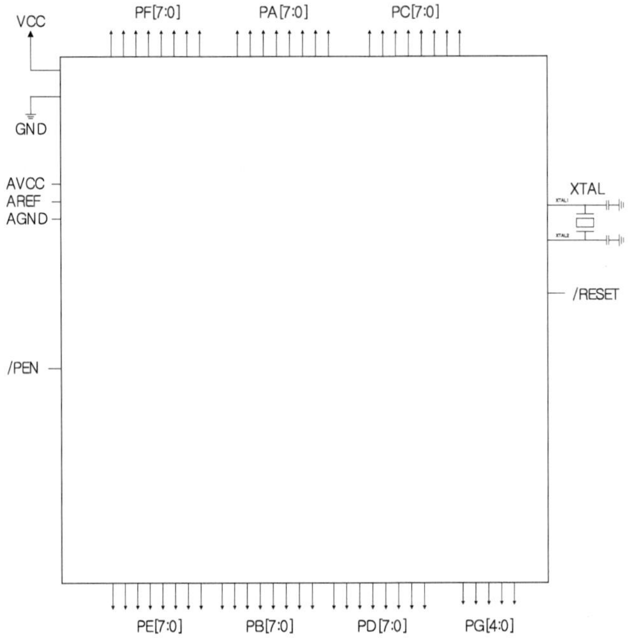

그림 2-6 • ATmega128의 외부 구조

표 2-3 • ATmega128의 전체 핀 요약

번호	분 류	핀 이름	개수	설명
1	전원 관련 핀	VCC, GND	4	AVR 구동전원(Logic Power Supply) 핀
2	리셋 관련 핀	/RESET	1	리셋 입력 핀
3	클럭 관련 핀	XTAL1, XTAL2	2	외부 클럭 관련 핀
4	ADC 관련 핀	AVCC, AREF, AGND	3	ADC 전원 공급, 레퍼런스 전압 입력
5	외부 입/출력 핀	PORTA7 ~ PORTA0	8	PORTA 범용 입/출력 핀
		PORTB7 ~ PORTB0	8	PORTB 범용 입/출력 핀
		PORTC7 ~ PORTC0	8	PORTC 범용 입/출력 핀
		PORTD7 ~ PORTD0	8	PORTD 범용 입/출력 핀
		PORTE7 ~ PORTE0	8	PORTE 범용 입/출력 핀
		PORTF7 ~ PORTF0	8	PORTF 범용 입/출력 핀
		PORTG4 ~ PORTG1	5	PORTG 범용 입/출력 핀
6	PEN	PEN	1	프로그래밍 이네이블 핀
		계	64	

ATmega128에서 제어 가능한 핀은 외부 입/출력 관련 핀이다.

2.2 ATmega128의 전체 핀에 대한 세부 설명

표 2-4 • ATmega128의 전체 핀 요약 : 번호별

번호	포트명	범용포트	부가기능1	부가기능2	설명
1	/PEN				Programming Enable
2	PORTE	PE0	RXD0	PDI	UART0 Receive Pin / Programming Data Input
3		PE1	TXD0	PDO	UART0 Transmit Pin / Programming Data Output
4		PE2	AIN0	XCK0	Analog Comparator Positive Input / USART0 external clock input/output
5		PE3	AIN1	OC3A	Analog Comparator Negative Input / Output Compare and PWM Output A for Timer/Counter3
6		PE4	INT4	OC3B	External Interrupt4 Input / Output Compare and PWM Output B for Timer/Counter3
7		PE5	INT5	OC3C	External Interrupt5 Input / Output Compare and PWM Output C for Timer/Counter3
8		PE6	INT6	T3	External Interrupt6 Input / Timer/Counter1 Clock Input
9		PE7	INT7	ICP3	External Interrupt7 Input / Timer/Counter3 Input Capture Trigger
10	PORTB	PB0	/SS		SPI Slave Select Input
11		PB1	SCK		SPI Bus Serial Clock
12		PB2	MOSI		SPI Bus Master Output/Slave Input
13		PB3	MISO		SPI Bus Master Input/Slave Output
14		PB4	OC0		Output Compare and PWM Output for Timer/Counter0
15		PB5	OC1A		Output Compare and PWM Output A for Timer/Counter1
16		PB6	OC1B		Output Compare and PWM Output B for Timer/Counter1
17		PB7	OC2	OC1C	Output Compare and PWM Output for Timer/Counter2 / Output Compare and PWM Output C for Timer/Counter1
18	PORTG	PG3	TOSC2		RTC Oscillator Timer/Counter0
19		PG4	TOSC1		RTC Oscillator Timer/Counter0
20	/RESET		/RESET		/RESET
21			VCC		Digital Supply Voltage
22			GND		Ground
23			XTAL2		Oscillator Output
24			XTAL1		Oscillator Input
25	PORTD	PD0	INT0	SCL	External Interrupt0 Input / TWI Serial Clock
26		PD1	INT1	SDA	External Interrupt1 Input / TWI Serial Data
27		PD2	INT2	RXD1	External Interrupt2 Input / USART1 Receive Pin
28		PD3	INT3	TXD1	External Interrupt3 Input USART1 Transmit Pin
29		PD4	ICP1		Timer/Counter1 Input Capture Trigger
30		PD5	XCK1		USART1 External Clock Input/Output
31		PD6	T1		Timer/Counter1 Clock Input
32		PD7	T2		Timer/Counter2 Clock Input

(계속 1/2)

번호	포트명	범용포트	부가기능1	부가기능2	설명
33	PORTG	PG0	/WR		Write Strobe to external memory
34		PG1	/RD		Read Strobe to external memory
35	PORTC	PC0	A8		External memory interface address 8
36		PC1	A9		External memory interface address 9
37		PC2	A10		External memory interface address 10
38		PC3	A11		External memory interface address 11
39		PC4	A12		External memory interface address 12
40		PC5	A13		External memory interface address 13
41		PC6	A14		External memory interface address 14
42		PC7	A15		External memory interface address 15
43	PORTG	PG2	ALE		Address Latch Enable to external memory
44	PORTA	PA7	AD7		External memory interface address and data bit 7
45		PA6	AD6		External memory interface address and data bit 6
46		PA5	AD5		External memory interface address and data bit 5
47		PA4	AD4		External memory interface address and data bit 4
48		PA3	AD3		External memory interface address and data bit 3
49		PA2	AD2		External memory interface address and data bit 2
50		PA1	AD1		External memory interface address and data bit 1
51		PA0	AD0		External memory interface address and data bit 0
52			VCC		Digital Supply Voltage
53			GND		Ground
54	PORTF	PF7	ADC7	TDI	ADC Input Channel7 / JTAG Test Data Input
55		PF6	ADC6	TDO	ADC Input Channel6 / JTAG Test Data Output
56		PF5	ADC5	TMS	ADC Input Channel5 / JTAG Test Mode Select
57		PF4	ADC4	TCK	ADC Input Channel4 / JTAG Test Clock
58		PF3	ADC3		ADC Input Channel 3
59		PF2	ADC2		ADC Input Channel 2
60		PF1	ADC1		ADC Input Channel 1
61		PF0	ADC0		ADC Input Channel 0
62			AREF		Analog Supply Voltage
63			AGND		Analog Ground
64			AVCC		Analog Reference Voltage

T/C : Timer/Counter, O/C : Output Compare, A/C : Analog Comparator (마침 2/2)

표 2-5 • ATmega128의 전체 핀 요약 : 기능별

번호	포트명	범용포트	부가기능1	부가기능2	설명
1			/PEN		Programming Enable
52			VCC		Digital Supply Voltage
21			VCC		Digital Supply Voltage
22			GND		Ground
53			GND		Ground
20			/RESET		/RESET
23			XTAL2		Oscillator Output
24			XTAL1		Oscillator Input
62			AREF		Analog Supply Voltage
63			AGND		Analog Ground
64			AVCC		Analog Reference Voltage
44	PORTA	PA7	AD7		External memory interface address and data bit 7
45		PA6	AD6		External memory interface address and data bit 6
46		PA5	AD5		External memory interface address and data bit 5
47		PA4	AD4		External memory interface address and data bit 4
48		PA3	AD3		External memory interface address and data bit 3
49		PA2	AD2		External memory interface address and data bit 2
50		PA1	AD1		External memory interface address and data bit 1
51		PA0	AD0		External memory interface address and data bit 0
10	PORTB	PB0	/SS		SPI Slave Select Input
11		PB1	SCK		SPI Bus Serial Clock
12		PB2	MOSI		SPI Bus Master Output/Slave Input
13		PB3	MISO		SPI Bus Master Input/Slave Output
14		PB4	OC0		Output Compare and PWM Output for Timer/Counter0
15		PB5	OC1A		Output Compare and PWM Output A for Timer/Counter1
16		PB6	OC1B		Output Compare and PWM Output B for Timer/Counter1
17		PB7	OC2	OC1C	Output Compare and PWM Output for Timer/Counter2 / Output Compare and PWM Output C for Timer/Counter1
35	PORTB	PC0	A8		External memory interface address 8
36		PC1	A9		External memory interface address 9
37		PC2	A10		External memory interface address 10
38		PC3	A11		External memory interface address 11
39		PC4	A12		External memory interface address 12
40		PC5	A13		External memory interface address 13
41		PC6	A14		External memory interface address 14
42		PC7	A15		External memory interface address 15

(계속 1/2)

번호	포트명	범용포트	부가기능1	부가기능2	설명
25		PD0	INT0	SCL	External Interrupt0 Input / TWI Serial Clock
26		PD1	INT1	SDA	External Interrupt1 Input / TWI Serial Data
27		PD2	INT2	RXD1	External Interrupt2 Input / USART1 Receive Pin
28		PD3	INT3	TXD1	External Interrupt3 Input USART1 Transmit Pin
29		PD4	ICP1		Timer/Counter1 Input Capture Trigger
30		PD5	XCK1		USART1 External Clock Input/Output
31		PD6	T1		Timer/Counter1 Clock Input
32		PD7	T2		Timer/Counter2 Clock Input
2		PE0	RXD0	PDI	UART0 Receive Pin / Programming Data Input
3		PE1	TXD0	PDO	UART0 Transmit Pin / Programming Data Output
4		PE2	AIN0	XCK0	Analog Comparator Positive Input / USART0 external clock input/output
5		PE3	AIN1	OC3A	Analog Comparator Negative Input / Output Compare and PWM Output A for Timer/Counter3
6		PE4	INT4	OC3B	External Interrupt4 Input / Output Compare and PWM Output B for Timer/Counter3
7		PE5	INT5	OC3C	External Interrupt5 Input / Output Compare and PWM Output C for Timer/Counter3
8		PE6	INT6	T3	External Interrupt6 Input / Timer/Counter1 Clock Input
9		PE7	INT7	ICP3	External Interrupt7 Input / Timer/Counter3 Input Capture Trigger
54	PORTF	PF7	ADC7	TDI	ADC Input Channel7 / JTAG Test Data Input
55		PF6	ADC6	TDO	ADC Input Channel6 / JTAG Test Data Output
56		PF5	ADC5	TMS	ADC Input Channel5 / JTAG Test Mode Select
57		PF4	ADC4	TCK	ADC Input Channel4 / JTAG Test Clock
58		PF3	ADC3		ADC Input Channel 3
59		PF2	ADC2		ADC Input Channel 2
60		PF1	ADC1		ADC Input Channel 1
61		PF0	ADC0		ADC Input Channel 0
33	PORTG	PG0	/WR		Write Strobe to external memory
34		PG1	/RD		Read Strobe to external memory
43		PG2	ALE		Address Latch Enable to external memory
18		PG3	TOSC2		RTC Oscillator Timer/Counter0
19		PG4	TOSC1		RTC Oscillator Timer/Counter0

T/C : Timer/Counter, O/C : Output Compare, A/C : Analog Comparator (마침 2/2)

2.3 AVR 내부 구조 블록 다이어그램(Block Diagram)

ATmega128의 내부 구조는 [그림 2-7]과 같다.

ATmega128은 하버드 구조를 따르고 있기 때문에 내부 버스가 프로그램 버스와 데이터 버스로 분리되어 있고 데이터 버스 우측의 그림에 각종 주변 장치(타이머/카운터, 와치독 등)가 연결되어 있음을 알 수 있다.

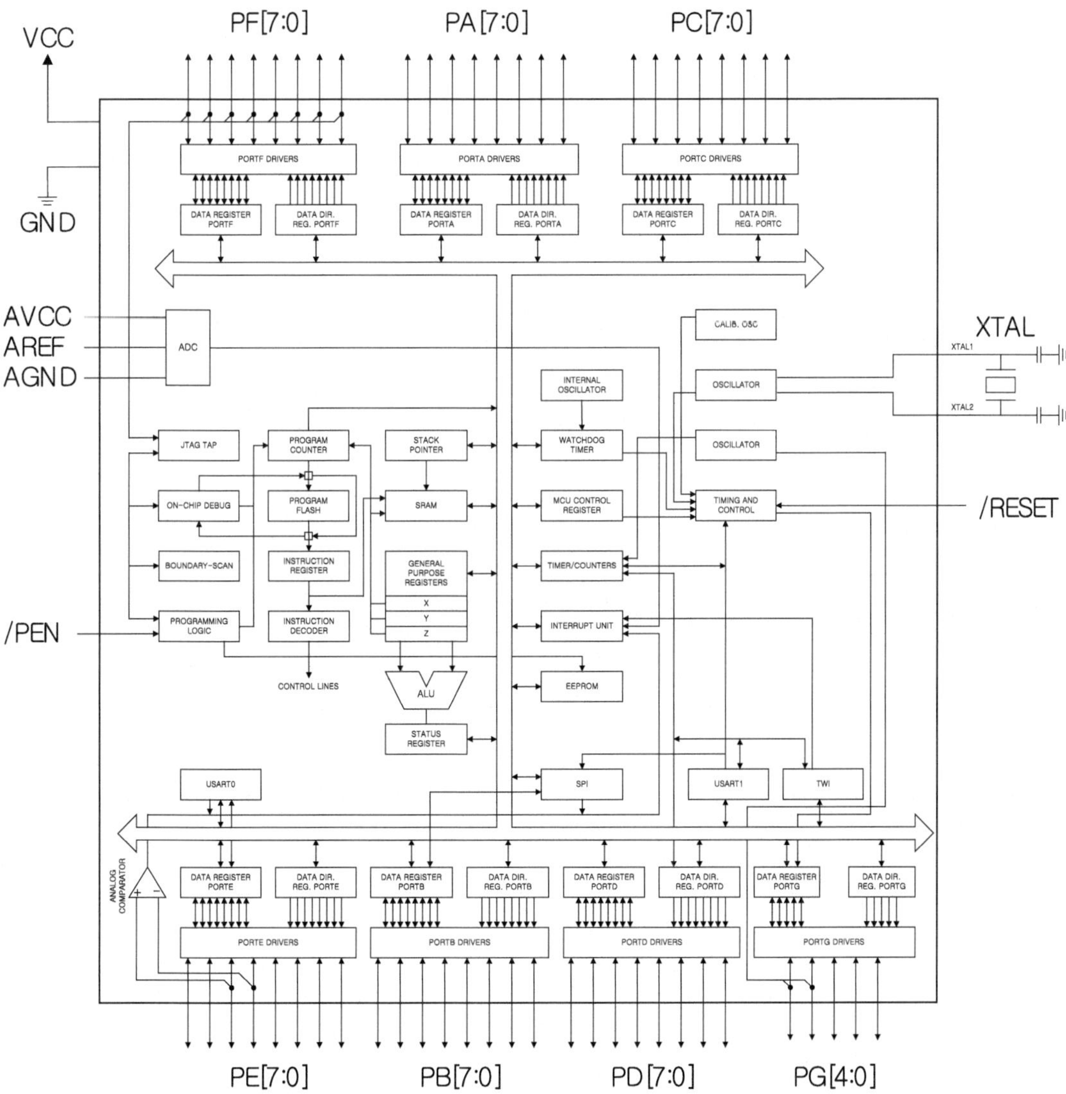

그림 2-7 • ATmega128의 내부 구조

2.4 CPU 코어에 대하여

앞의 블록도 중에서 CPU 코어는 ATmega128의 핵심적인 부분으로서 PC(Program Counter)가 지시하는 플래시 메모리의 명령어를 인출(Fetch)하고, 해독(Decode)하는 부분과 실행(Execution)하는 ALU(Arithmetic and Logic Unit)로 구성되어 있고 연산 결과 혹은 피연산자를 저장하는 32개의 범용 레지스터(General Purpose Register)와 ALU의 연산 결과(0으로 나눈다던가 하는 연산)가 저장되는 상태 레지스터(Status Register) 그리고 SP(Stack Pointer)의 명령 처리 관련 부분 등으로 구성되어 있다.

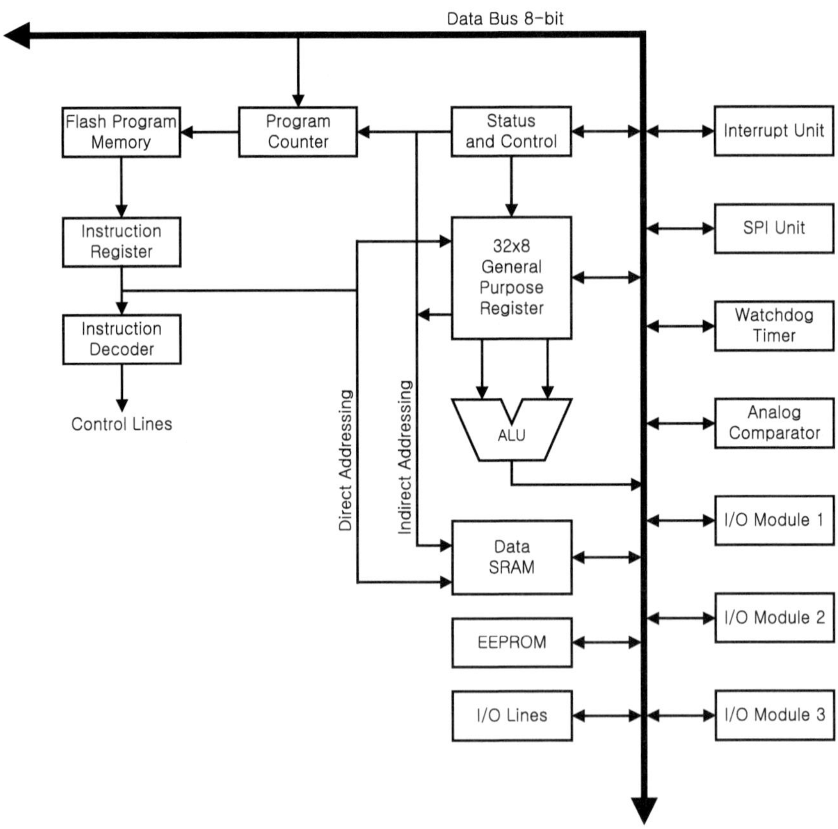

그림 2-8 • ATmega128의 CPU 코어 블록 다이어그램

2.5 산술 논리 장치(Arithmetic Logical Unit : ALU)와 상태 레지스터에 대한 설명

고성능의 AVR ALU는 32개의 레지스터와 직접 연결되어 있으면 레지스터 연산은 단일 클럭에서 수행된다. ALU는 3가지 주요한 동작을 하는데, 산술(Arithmetic : +, −, ×, ÷), 논리(Logical : AND, OR, NOT 등의 연산으로 참 혹은 거짓의 값을 반환하는 연산), 비트 연산(Bit-operation : AND, OR, NOT 등의 연산을 비트 단위에서 적용시키는 연산)을 수행한다.

2.6 상태 레지스터

상태 레지스터(Status Register : SREG)란 ALU가 가장 최근에 실행한 연산(산술, 논리 등) 명령의 결과와 상태를 표시하는 레지스터이다.

	BIT	7	6	5	4	3	2	1	0
SREG $3F($5F)		I	T	H	S	V	N	Z	C
	R/W	R/W	R/W	R/W	R/W	R/W	R/W	R/W	R/W
	INIT	0	0	0	0	0	0	0	0

그림 2-9 • 상태 레지스터

- **BIT 7 : I(Global Interrupt Enable)**
  전체 인터럽트(Global Interrupt)를 허용하도록 설정하는 비트로, SEI(Set Enable Interrupt) 혹은 CLI(CLear Interrupt) 명령어로 I 비트를 세트 혹은 클리어할 수 있다. 인터럽트 처리가 시작되면 I 비트는 자동적으로 클리어되며, 나중에 RETI(Return Interrupt)를 만나면 다시 원상태로 복귀된다.

- **BIT 6 : T(Bit Copy Storage)**
  비트 복사(Bit Copy) 명령인 BLD(Bit LoaD) 및 BST(Bit STore)에서 사용된다. 이 비트를 조작 비트의 출발지 혹은 목적지로 사용하는데 BST에서는 레지스터의 지정 비트가 T에 들어가고, BLD에서는 T의 내용이 레지스터의 지정 비트에 들어간다.

- **BIT 5 : H(Half Carry Flag)**
  이 비트는 BCD 연산을 위한 것으로 ADD 혹은 ADC의 연산 결과 3번째 비트로부터 자리 올림(Half Carry)이 발생할 경우 세트된다. 뺄셈의 경우 반 빌림수(Half borrow)가 발생하면 1, 발생하지 않으면 0으로 세트된다.

- **BIT 4 : S(Sign Bit) (S= N XOR V)**
  음수를 나타내는 N 플래그와 오버플로우가 발생했음을 알리는 V 플래그의 XOR 연산 결과가 1이면 세트되고 그렇지 않으면 클리어된다. 이 비트는 부호 없는 정수 및 부호 있는 정수들의 크기를 판단할 때 자주 사용되고, BRGE와 BRLT 명령에서 분기 조건이 이루어지는 기준이 된다.

- **BIT 3 : V(Two's Complement Overflow Flag)**
  2의 보수 연산에서 자리 올림(Overflow)가 발생했음을 나타낸다. 이 플래그는 BRVS와 BRVC 명령에서 분기조건이 이루어지는 기준으로 사용한다.

- **BIT 2 : N(Negative Flag)**
  산술 연산 및 논리 연산의 결과가 음수일 때 (즉 2의 보수를 사용할 경우 최상위 비트가 1이 되었다면) 1로 세트된다. 이 플래그는 BRMI와 BRPL 명령에서 분기조건이 이루어지는 기준으로 사용된다.

- **BIT 1 : Z(Zero Flag)**
  산술 연산 및 논리 연산의 결과가 0이 되면 1로 세트된다. BREQ 및 BRNE 명령에서 분기가 이루어지는 기준으로 사용된다. 제로 플래그는 0이 아닌 1로 세트됨을 유의하기 바란다.

- **BIT 0 : C(Carry Flag)**
  ADD, ADC와 같은 산술 연산의 명령어 실행 결과 자리 올림(Carry)이 발생하면 1로 세트된다. SUB, SUBI와 같은 산술 연산의 명령어 실행 결과 자리 빌림(Borrow)이 발생하면 1로 세트된다. 캐리 플래그에서 주의할 점은 산술 연산의 결과가 아닌 LSL, LSR, ROL, ROR과 같은 시프트 혹은 로테이트(Rotate) 명령에 의해서도 세트가 될 수 있다는 점이다. 캐리 플래그는 BRCS, BRCC, BRSH와 같은 명령에서 분기 조건이 이루어지는 기준으로 사용된다.

2.7 범용 레지스터

범용 레지스터(General Purpose Register)란 프로그램 수행 중 중간 결과나 데이터를 일시적으로 저장하는 데 사용되는 레지스터로서 AVR은 [그림 2-10]에서 보는 바와 같이 R0부터 R31까지 32개의 8비트 범용 레지스터를 갖고 있다.

이 레지스터는 R0 ~ R15와 R16 ~ R31로 나뉘어져 있는데, 몇몇 명령어는 R0 ~ R15에 접근하지 못하는 명령어도 있다. R26 ~ R31은 일반 레지스터의 기능 이외에 별도의 기능을 가지는데, 2개씩 쌍이 되어 주소를 지정하는 포인터 레지스터의 용도로 사용할 수도 있다.

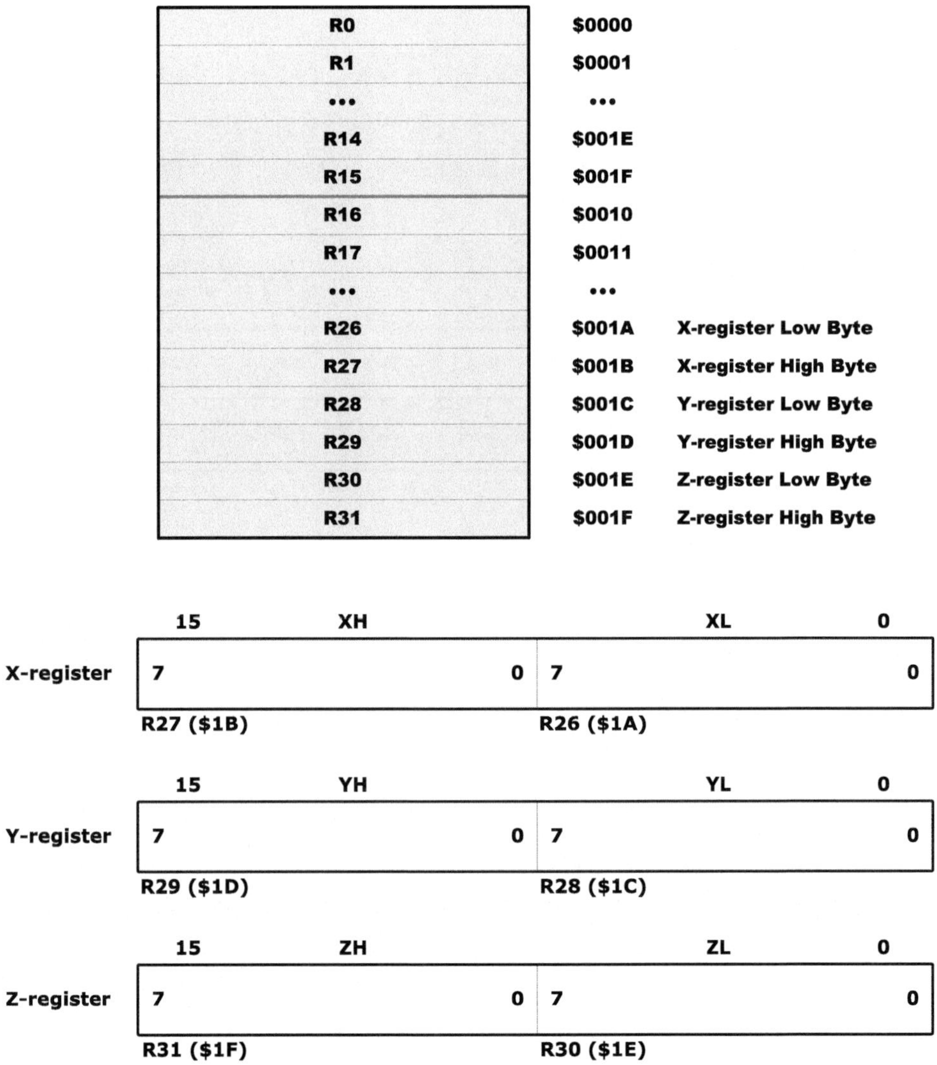

그림 2-10 • 32개의 범용 레지스터와 X ,Y, Z 레지스터

32개의 범용 레지스터 중에서 R26부터 R31의 6개의 레지스터는 각각 2개가 결합하여 3개(=6/2)의 16비트 레지스터인 X 레지스터, Y 레지스터, Z 레지스터로 사용될 수 있다. 이 16비트 레지스터들은 주로 데이터 메모리의 16비트 어드레스를 간접 지정하는 어드레스 포인터(Address pointer)로 사용되며, 또한 Z 레지스터는 LPM/ELPM/SPM 명령에서 프로그램 메모리 영역의 상수를 액세스하는 데 사용되기도 한다.

2.8 스택 포인터

스택 포인터(Stack Pointer) 레지스터의 주된 목적은 서브루틴 호출이나 인터럽트가 발생하였을 때 다시 돌아올 복귀 주소를 저장하는 데 사용된다. 이외에 C언어의 지역 변수를 저장, 혹은 어셈블리어에서 임시 데이터를 저장하는 용도로도 사용된다. 스택 포인터는 메모리의 상위 번지에서 차례대로 하위 번지로 저장된다.

	BIT	15	14	13	12	11	10	9	8
SPH $3E($5E)		SP15	SP14	SP13	SP12	SP11	SP10	SP9	SP8
SPL $3D($5D)		SP7	SP6	SP5	SP4	SP3	SP2	SP1	SP0
		7	6	5	4	3	2	1	0
	R/W	R/W	R/W	R/W	R/W	R/W	R/W	R/W	R/W
		R/W	R/W	R/W	R/W	R/W	R/W	R/W	R/W
	INIT	0	0	0	0	0	0	0	0
		0	0	0	0	0	0	0	0

그림 2-11 • 스택 포인터 상위 바이트(SPH)와 하위 바이트(SPL)

스택 포인터는 항상 스택의 상단(TOP)을 가리키는 16비트 레지스터로서, 이는 데이터 저장이 가능한 스택의 번지를 의미한다. PUSH 명령어를 사용하면 1byte의 데이터를 SP가 가리키는 스택 메모리 번지에 저장하고 나서 SP 값을 1만큼 감소시키며, POP 명령을 사용하면 먼저 SP 값을 1만큼 증가시킨 후에 SP가 가리키는 스택 메모리 번지에서 1바이트의 데이터를 꺼낸다.

2.9 명령어 수행 타이밍(Instruction Execution Timing)

다음 그림은 하버드 구조로 이루어진 명령어 패치와 실행 시간을 나타낸 것이다. CPU가 한 주기의 시스템 클럭 동안 한 개의 명령어를 실행하도록 함으로써 1MHz당 1MIPS의 처리 속도에 해당하는 높은 성능을 가진다.

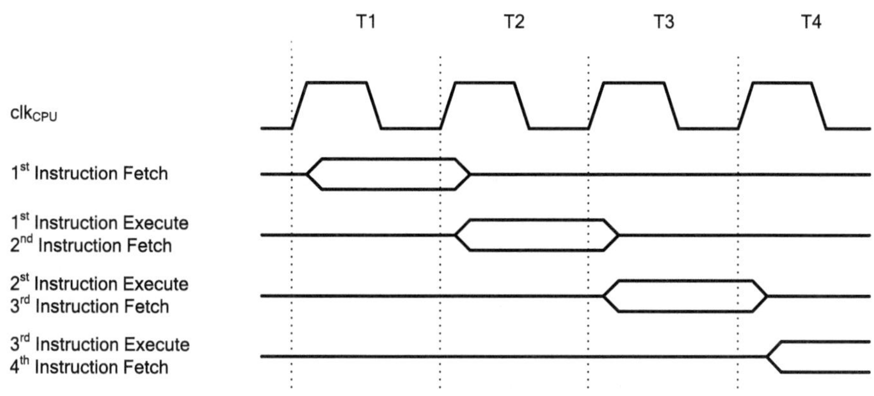

그림 2-12 • 명령어 패치와 명령어 실행

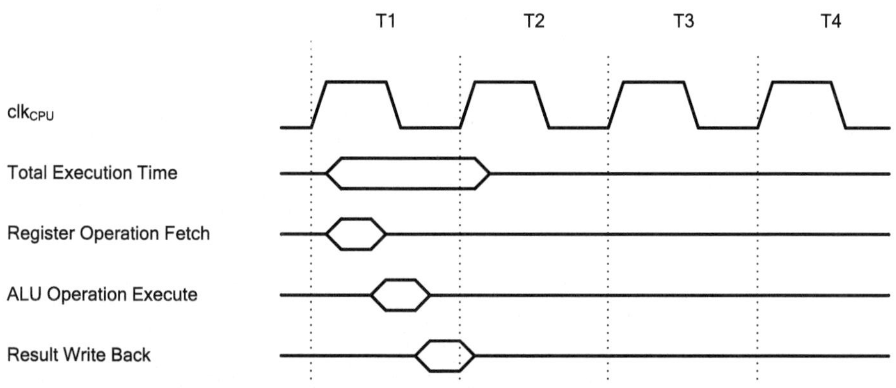

그림 2-13 • 단일 클럭의 ALU 동작

3 ATmega128의 메모리 구조

3.1 ATmega128의 메모리 개요

ATmega128의 메모리는 기능적으로 2가지로 나뉘고, 물리적으로 4가지로 나뉜다. 기능적으로는 프로그램 메모리(Program Memory)와 데이터 메모리(Data Memory)로 나뉘며, 물리적으로는 내부 플래시 메모리, 내부 SRAM, 내부 EEPROM, 외부 SRAM으로 나뉜다. 이를 나타내 보면 [그림 2-14]와 [표 2-6]과 같다.

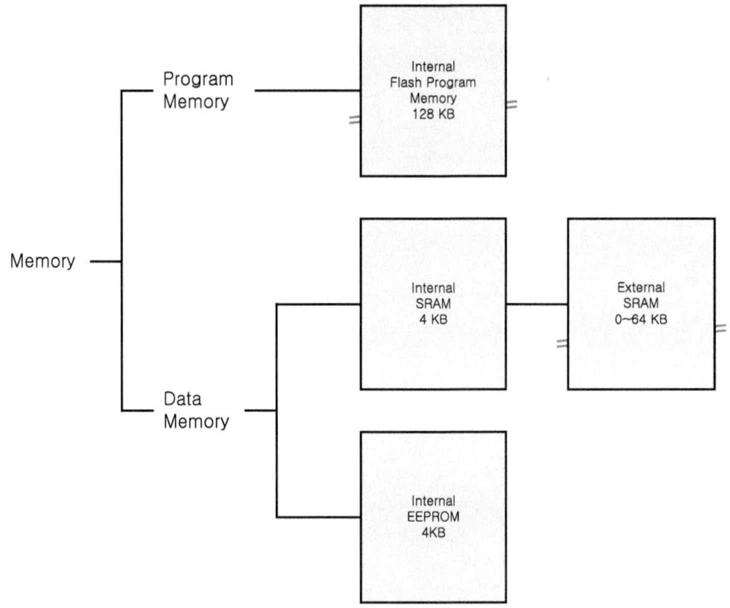

그림 2-14 • ATmega128의 전체 메모리

표 2-6 • ATmega128의 메모리

번호	기능별 (Functional)	물리적 (Physical)	내/외부 (In/External)	휘발성 (Volatile)	용량 (Capacity:KB)
1	Program Memory	Flash Memory	Internal	No	128
2	Data Memory	SRAM	Internal	Yes	4
3		SRAM	External	Yes	64
4		EEPROM	Internal	No	4

- 내부 플래시 메모리는 사용자가 작성한 프로그램 자체가 인텔의 HEX 포맷 형태(ROM 및 그 외의 형태)로 다양한 방법(ISP, JTAG, 병렬 프로그래밍)을 통해 적재된다.
- 내부 SRAM은 사용자가 작성한 프로그램이 동작할 때 필요한 여러 가지 정보가 동적 생성된다.
- 외부 SRAM은 SRAM이 부족하거나 그 밖의 이유로 확장할 경우 사용한다.
- 내부 EEPROM에는 영구적으로 저장할 필요가 있는 데이터를 저장한다.

당근이의 한마디 **메모리에 대한 추가 설명**

데이터를 영구 저장해야 할 경우

개발할 때 주로 사용되는 메모리는 프로그램 메모리와 내부 SRAM이며 대개의 경우 두 가지 메모리만으로도 충분히 개발이 가능하지만 다음과 같은 상황이 생기기도 한다.

- 정보를 영구히 저장해야 할 필요가 있을 때 → 플래시 메모리 혹은 EEPROM 사용
- 내부 SRAM이 부족하거나 확장해야 할 필요가 있을 때 → 외부 확장 메모리 사용

ATmega128은 내부 SRAM 용량을 확장시키기 위하여 0~64Kbytes 미만의 메모리를 외부에 추가로 연결할 수 있는데 이는 사용 빈도가 높지 않으므로 다루지 않는다. 또한 EEPROM에 저장하는 방법은 별도의 장에서 살펴볼 것이다.

하버드 구조에 대한 설명

하버드 구조 이전의 폰 노이만 구조란 하나의 메모리에 데이터 메모리와 프로그램 메모리가 같이 있는 구조이다. 그러나 AVR은 폰 노이만 구조가 아닌 하버드 구조를 채택하여 프로그램 메모리와 데이터 메모리가 별도로 구성된다.

하버드 구조란 프로그램 메모리와 데이터 메모리가 분리되어 있는 구조를 말하는데 프로그램 메모리에는 인스트럭션이, 데이터 메모리에는 데이터가 적재되므로 메모리와의 대역폭이 증가하여 성능이 향상되는 장점이 있다.

또한 프로그램 메모리와 데이터 메모리와의 버스 폭이 동일하지 않아도 되기 때문에 AVR 역시 프로그램 메모리와는 16비트, 데이터 메모리와는 8비트의 버스로 연결된다.

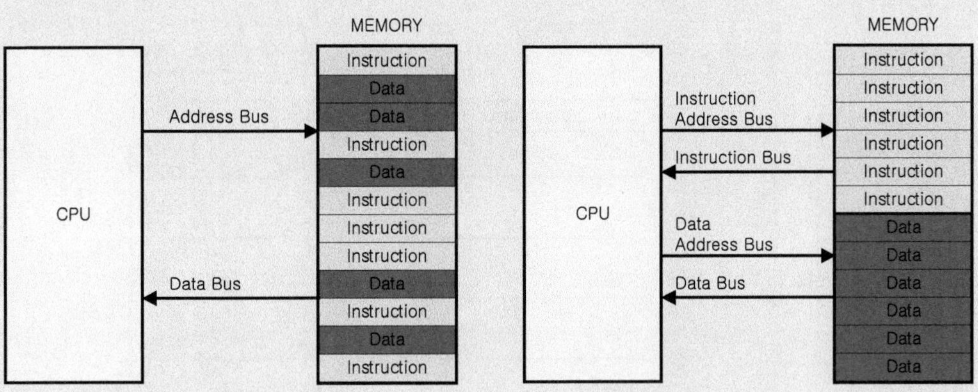

그림 2-15 • 하버드 구조와 폰 노이만 구조

메모리 영역의 주소 지정 방법

메모리 영역의 주소를 지정하기 위한 10가지 방법은 다음과 같다.

- 즉시 데이터 지정(Immediate Addressing)
- 레지스터 직접 번지 지정(Register Direct Addressing)
- I/O 직접 번지 지정(I/O Direct Addressing)
- 데이터 직접 번지 지정(Data Direct Addressing)
- 데이터 간접 번지 지정(Data Indirect Addressing)
- 동작 후 자동 증가 기능이 있는 데이터 간접 번지 지정(Data Indirect Addressing with Post-increment)
- 동작 전 자동 감소 기능이 있는 데이터 간접 번지 지정(Data Indirect Addressing with Pre-decrement)
- 변위가 있는 데이터 간접 번지 지정(Data Indirect Addressing with Displacement)
- 프로그램 메모리 상수 번지 지정(Program Memory Constant Addressing)
- 자동 증가 기능이 있는 프로그램 메모리 상수 번지 지정(Program Memory Constant Addressing with Post-increment)

C언어 사용자는 메모리 지정 방식에 대해 특별히 고려하지 않아도 컴파일러에서 알아서 처리해준다.

메모리 읽기/쓰기 타이밍

SRAM에서 데이터 메모리 접근 타이밍(Data Memory Access Times)의 읽기, 쓰기는 다음과 같다.

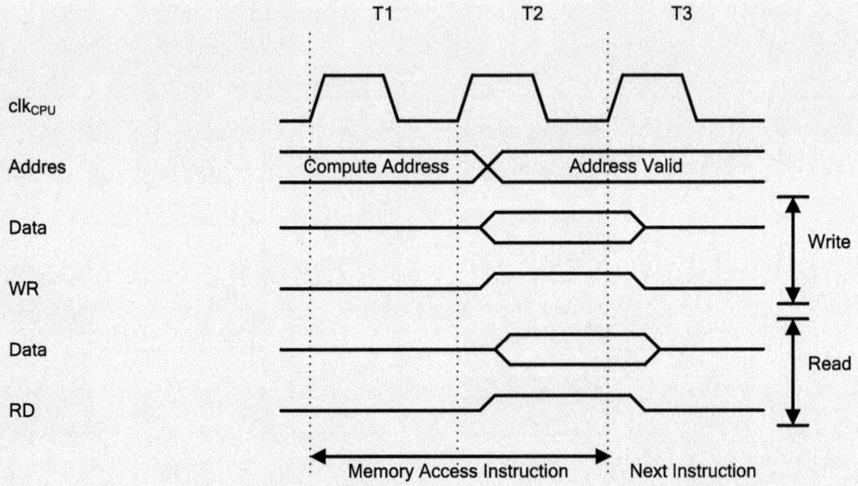

그림 2-16 • SRAM 읽기/쓰기 타이밍

3.2 플래시 프로그램 메모리(Flash Program Memory)

ATmega128은 128KBytes의 프로그램 메모리(Program Memory)를 가지는데 AVR은 8bit의 마이크로컨트롤러이지만 명령어는 8비트가 아닌 16/32bit 구조이다. 따라서 프로그램 메모리의 각 번지도 16bit 구조로 되어 있어 128K × 1Bytes = 128KBytes가 아닌 64K × 2Bytes = 128KBytes의 메모리 구조를 가진다. 그러므로 인스트럭션이 16bit인 경우는 하나의 번지, 32bit의 경우 2개의 번지를 차지한다.

프로그램 메모리는 두 부분으로 나뉘는데, 첫 번째는 부트 프로그램 영역(Boot Program Section) 혹은 부트 로더 영역(Boot Loader Section)이고, 두 번째는 응용 프로그램 영역(Application Program Section)이다. 부트 로더를 사용하지 않는 한 주로 사용되는 영역은 응용 프로그램 영역이 된다.

이 플래시 메모리 영역은 ISP, JTAG, 병렬 프로그래밍을 이용하여 사용자가 손쉽게 읽거나 쓰거나 지우는 것이 가능한데 재기록 횟수는 약 10,000번이다.

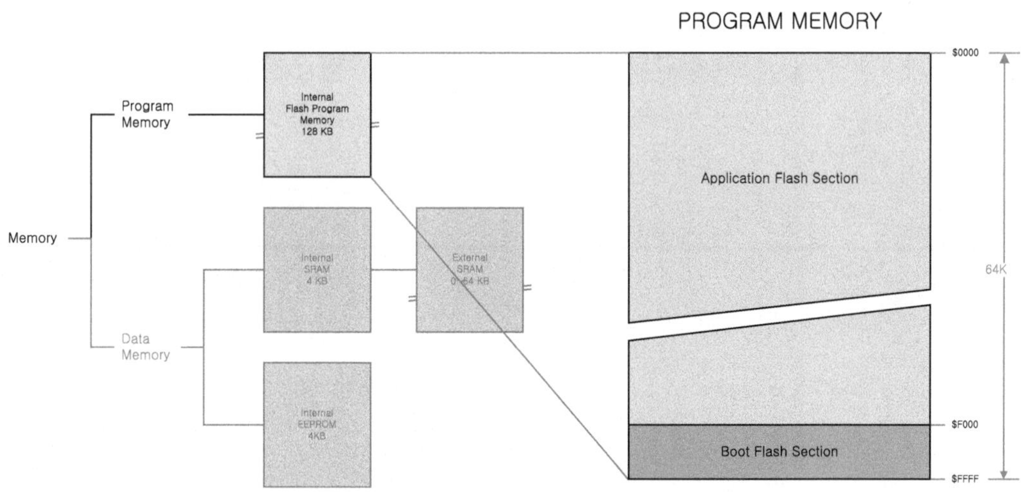

그림 2-17 • 프로그램 메모리

3.3 SRAM 데이터 메모리(SRAM Data Memory)

ATmega128의 메모리 중 데이터 메모리는 두 가지로 나뉘는데, 첫 번째는 내부 SRAM(Internal SRAM)이고, 두 번째는 내부 EEPROM(Internal EEPROM)이다. 먼저 SRAM에 대해서 살펴보도록 하자. ATmega128의 데이터 메모리는 2,144바이트(=32+64+2048)로서 3개의 영역으로 구분되며 다음과 같다.

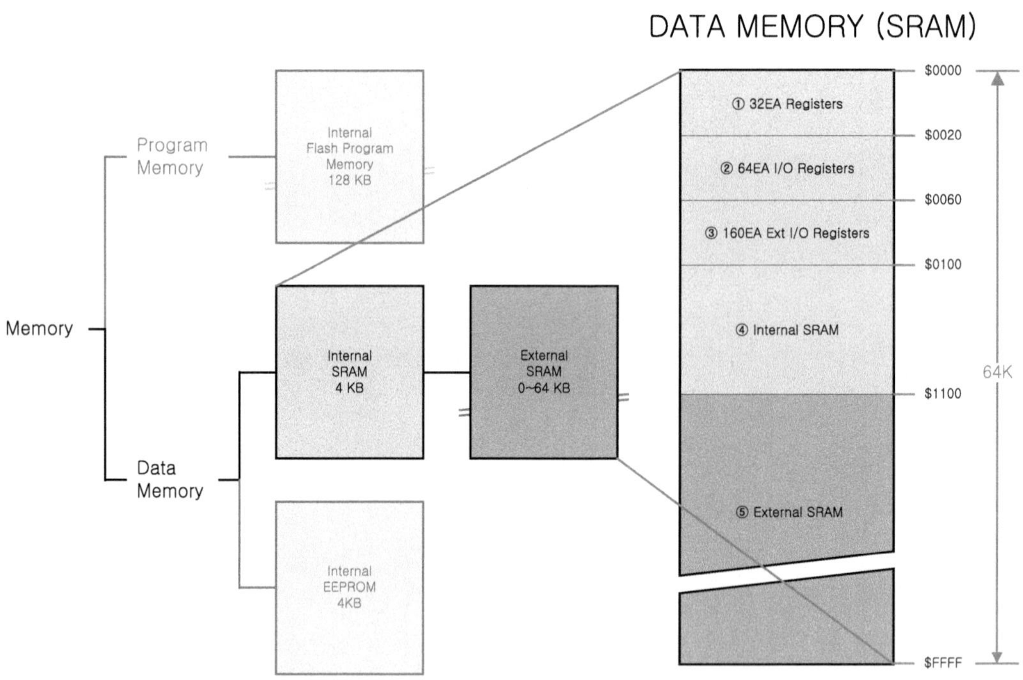

그림 2-18 • ATmega128의 데이터 메모리 중 SRAM

표 2-7 • ATmega128의 메모리 구조

번호	분류	용량 Byte	비고
1	레지스터 파일 영역(General purpose working registers)	32	32 EA × 8 bit
2	I/O 레지스터 영역(I/O Registers)	64	
3	내부 데이터 SRAM 영역(Internal data SRAM)	2048	

3.4 EEPROM 데이터 메모리(EEPROM Data Memory)

ATmega128에는 1KB의 EEPROM이 내장되어 있다. 이 EEPROM은 10,000번까지 데이터를 쓸 수 있으며, EEPROM 메모리는 다른 데이터 메모리 어드레스 영역과는 별개의 영역에 위치한다. EEPROM은 EEARH/L, EEDR, EECR 레지스터에 의해 1byte씩 액세스할 수 있다. EEPROM의 레지스터 및 읽기, 쓰기는 12장에서 다룬다.

3.5 입출력 메모리

입출력 메모리(I/O Memory)는 I/O 레지스터와 연결되어 있는데 이 I/O 레지스터란 각종 I/O 모듈(타이머/카운터, SPI, USART 등)을 제어하기 위한 레지스터로서 ATmega128은 두 가지 종류의 I/O 레지스터를 제공한다.

- 64개의 기본 I/O 레지스터
- 160개의 확장 I/O 레지스터

I/O 레지스터라고 적혀있지만 확장 I/O 레지스터와 구별하기 편하게 하기 위해 이번 장에서만 기본 I/O 레지스터라 부르도록 하겠다. 224개의 레지스터 중 119개의 레지스터는 예약되어 있어 사용 불가능하며, 105개의 레지스터만 사용 가능하다.

(1) 기본 I/O 레지스터

기본 I/O 레지스터의 실제 존재하는 주소는 0x0020 ~ 0x005F이지만 접근(Access)할 때는 0x0000 - 0x003F로 해야 한다. 접근 시 사용하는 명령어는 IN/OUT 명령어이다. C언어를 사용할 경우 컴파일러가 주소에 맞게 알아서 처리해준다.

(2) 확장 I/O 레지스터

확장 I/O 레지스터란 ATmega128에 추가된 I/O 모듈을 제어하기 위한 레지스터로서 0x0060 - 0x00FF에 존재한다. 기본 I/O 레지스터 명령어는 IN/OUT인 것에 비해 확장 I/O 레지스터는 외부 데이터 메모리처럼 LD/LDS/LDD 혹은 ST/STS/STD 명령어를 사용해야 한다.

3.6 입출력 메모리의 요약

I/O 레지스터를 주소가 기능별로 분류해보면 [표 2-8]과 같다. 총 224개의 레지스터 중에서 타이머/카운터 관련 레지스터가 가장 많은 점이 눈에 띈다. ADC, USART 등 I/O 관련 레지스터의 세부 설명은 내용이 많기 때문에 해당 장에서 설명하도록 한다.

표 2-8 • 기능별로 분류한 ATmega128의 I/O 레지스터

대분류	중분류	소분류	개수
CPU 관련		SREG, SPL, SPH, RAMPZ, MCUCR, XMCRB, XMCRA, OSCCAL, XDIV, MCUCSR, WDTCR, ACSR, SPMCSR, OCDR	14 EA
포트 입/출력 관련		PINA, DDRA, PORTA, PINB, DDRB, PORTB, PINC, DDRC, PORTC, PIND, DDRD, PORTD, PINE, DDRE, PORTE, PINF, DDRF, PORTF, PING, DDRG, PORTG	21 EA
I/O 모듈	인터럽트 관련	EICRA, EICRB, EIFR, EIMSK	4 EA
	타이머 관련	ASSR, OCR0, TCNT0, TCCR0, TIFR, TIMSK, SFIOR, ICR1L, ICR1H, OCR1BL, OCR1BH, OCR1AL, OCR1AH, TCNT1L, TCNT1H, TCCR1C, TCCR1B, TCCR1A, OCR1CL, OCR1CH, OCR2, TCNT2, TCCR2, ICR3L, ICR3H, OCR3CL, OCR3CH, OCR3BL, OCR3BH, OCR3AL, OCR3AH, TCNT3L, TCNT3H, TCCR3B, TCCR3A, TCCR3C, ETIFR, ETIMSK	38 EA
	ADC 관련	ADCL, ADCH, ADCSRA, ADMUX	4 EA
	SPI 통신 관련	SPCR, SPSR, SPDR	3 EA
	USART 통신 관련	UBRR0L, UBRR0H, UCSR0C, UCSR0B, UCSR0A, UDR0, UBRR1H, UBRR1L, UCSR1C, UCSR1B, UCSR1A, UDR1	12 EA
	EEPROM 관련	EECR, EEDR, EEARL, EEARH	4 EA
	TWI 통신 관련	TWBR, TWSR, TWAR, TWDR, TWCR	5 EA

3.7 입출력 메모리의 주소별 분류

표 2-9 • 주소별 ATmega128 기본 I/O 레지스터

번호	주소	레지스터명	BIT7	BIT6	BIT5	BIT4	BIT3	BIT2	BIT1	BIT0
1	$00 ($20)	PINF	PINF7	PINF6	PINF5	PINF4	PINF3	PINF2	PINF1	PINF0
2	$01 ($21)	PINE	PINE7	PINE6	PINE5	PINE4	PINE3	PINE2	PINE1	PINE0
3	$02 ($22)	DDRE	DDE7	DDE6	DDE5	DDE4	DDE3	DDE2	DDE1	DDE0
4	$03 ($23)	PORTE	PORTE7	PORTE6	PORTE5	PORTE4	PORTE3	PORTE2	PORTE1	PORTE0
5	$04 ($24)	ADCL	ADC Data Register Low byte							
6	$05 ($25)	ADCH	ADC Data Register High byte							
7	$06 ($26)	ADCSRA	ADEN	ADSC	ADFR	ADIF	ADIE	ADPS2	ADPS1	ADPS0
8	$07 ($27)	ADMUX	REFS1	REFS0	ADLAR	MUX4	MUX3	MUX2	MUX1	MUX0
9	$08 ($28)	ACSR	ACD	ACBG	ACO	ACI	ACIE	ACIC	ACIS1	ACIS0
10	$09 ($29)	UBRR0L	USART0 Baud Rate Register Low							
11	$0A ($2A)	UCSR0B	RXCIE0	TXCIE0	UDRIE0	RXEN0	TXEN0	UCSZ02	RXB80	TXB80
12	$0B ($2B)	UCSR0A	RXC0	TXC0	UDRE0	FE0	DOR0	UPE0	U2X0	MPCM0
13	$0C ($2C)	UDR0	USART0 I/O Data Register							
14	$0D ($2D)	SPCR	SPIE	SPE	DORD	MSTR	CPOL	CPHA	SPR1	SPR0
15	$0E ($2E)	SPSR	SPIF	WCOL						SPI2X
16	$0F ($2F)	SPDR	SPI Data Register							
17	$10 ($30)	PIND	PIND7	PIND6	PIND5	PIND4	PIND3	PIND2	PIND1	PIND0
18	$11 ($31)	DDRD	DDD7	DDD6	DDD5	DDD4	DDD3	DDD2	DDD1	DDD0
19	$12 ($32)	PORTD	PORTD7	PORTD6	PORTD5	PORTD4	PORTD3	PORTD2	PORTD1	PORTD0
20	$13 ($33)	PINC	PINC7	PINC6	PINC5	PINC4	PINC3	PINC2	PINC1	PINC0
21	$14 ($34)	DDRC	DDC7	DDC6	DDC5	DDC4	DDC3	DDC2	DDC1	DDC0
22	$15 ($35)	PORTC	PORTC7	PORTC6	PORTC5	PORTC4	PORTC3	PORTC2	PORTC1	PORTC0
23	$16 ($36)	PINB	PINB7	PINB6	PINB5	PINB4	PINB3	PINB2	PINB1	PINB0
24	$17 ($37)	DDRB	DDB7	DDB6	DDB5	DDB4	DDB3	DDB2	DDB1	DDB0
25	$18 ($38)	PORTB	PORTB7	PORTB6	PORTB5	PORTB4	PORTB3	PORTB2	PORTB1	PORTB0
26	$19 ($39)	PINA	PINA7	PINA6	PINA5	PINA4	PINA3	PINA2	PINA1	PINA0
27	$1A ($3A)	DDRA	DDA7	DDA6	DDA5	DDA4	DDA3	DDA2	DDA1	DDA0
28	$1B ($3B)	PORTA	PORTA7	PORTA6	PORTA5	PORTA4	PORTA3	PORTA2	PORTA1	PORTA0
29	$1C ($3C)	EECR					EERIE	EEMWE	EEWE	EERE
30	$1D ($3D)	EEDR	EEPROM Data Register							
31	$1E ($3E)	EEARL	EEPROM Address Register Low Byte							
32	$1F ($3F)	EEARH					EEPROM Address Register High			
33	$20 ($40)	SFIOR	TSM				ACME	PUD	PSR0	PSR321

(계속 1/2)

번호	주소	레지스터명	BIT7	BIT6	BIT5	BIT4	BIT3	BIT2	BIT1	BIT0
34	$21 ($41)	WDTCR				WDCE	WDE	SDP2	WDP1	WDP0
35	$22 ($42)	OCDR	IDRD/ OCDR7	OCDR6	OCDR5	OCDR4	OCDR3	OCDR2	OCDR1	OCDR0
36	$23 ($43)	OCR2	Timer/Counter2 Output Compare Register							
37	$24 ($44)	TCNT2	Timer/Counter2							
38	$25 ($45)	TCCR2	FOC2	WGM20	COM21	COM20	WGM21	CS22	CS21	CS20
39	$26 ($46)	ICR1L	Timer/Counter Input Capture Register Low Byte							
40	$27 ($47)	ICR1H	Timer/Counter Input Capture Register High Byte							
41	$28 ($48)	OCR1BL	Timer/Counter Output Compare Register B Low Byte							
42	$29 ($49)	OCR1BH	Timer/Counter Output Compare Register B High Byte							
43	$2A ($4A)	OCR1AL	Timer/Counter Output Compare Register A Low Byte							
44	$2B ($4B)	OCR1AH	Timer/Counter Output Compare Register A High Byte							
45	$2C ($4C)	TCNT1L	Timer/Counter – Counter Register Low Byte							
46	$2D ($4D)	TCNT1H	Timer/Counter – Counter Register High Byte							
47	$2E ($4E)	TCCR1B	ICNC1	ICES1		WGM13	WGM12	CS12	CS11	CS10
48	$2F ($4F)	TCCR1A	COM1A1	COM1A0	COM1B1	COM1B0	COM1C1	COM1C0	WGM11	WGM10
49	$30 ($50)	ASSR					AS0	TCN0UB	OCR0UB	TCR0UB
50	$31 ($51)	OCR0	Timer/Counter0 Output Compare Register							
51	$32 ($52)	TCNT0	Timer/Counter0							
52	$33 ($53)	TCCR0	FOC0	WGM00	COM01	COM00	WGM01	CS02	CS01	CS00
53	$34 ($54)	MCUCSR	JTD			JTRF	WDRF	BORF	EXTRF	PORF
54	$35 ($55)	MCUCR	SRE	SRW10	SE	SM1	SM0	SM2	IVSEL	IVCE
55	$36 ($56)	TIFR	OCF2	TOV2	ICF1	OCF1A	OCF1B	TOV1	OCF0	TOV0
56	$37 ($57)	TIMSK	OCIE2	TOIE2	TICIE1	OCIE1A	OCIE1B	TOIE1	OCIE0	TOIE0
57	$38 ($58)	EIFR	INTF7	INTF6	INTF5	INTF4	INTF3	INTF2	INTF1	INTF0
58	$39 ($59)	EIMSK	INT7	INT6	INT5	INT4	INT3	INT2	INT1	INT0
59	$3A ($5A)	EICRB	ISC71	ISC70	ISC61	ISC60	ISC51	ISC50	ISC41	ISC40
60	$3B ($5B)	RAMPZ								RAMPZ0
61	$3C ($5C)	XDIV	XDIVEN	XDIV6	XDIV5	XDIV4	XDIV3	XDIV2	XDIV1	XDIV0
62	$3D ($5D)	SPL	SP7	SP6	SP5	SP4	SP3	SP2	SP1	SP0
63	$3E ($5E)	SPH	SP15	SP14	SP13	SP12	SP11	SP10	SP9	SP8
64	$3F ($5F)	SREG	I	T	H	S	V	N	Z	C

(마침 2/2)

표 2-10 • 주소별 ATmega128 확장 I/O 레지스터

번호	주소	레지스터명	BIT7	BIT6	BIT5	BIT4	BIT3	BIT2	BIT1	BIT0
65	($60)	Reserved								
66	($61)	DDRF	DDF7	DDF6	DDF5	DDF4	DDF3	DDF2	DDF1	DDF0
67	($62)	PORTF	PORTF7	PORTF6	PORTF5	PORTF4	PORTF3	PORTF2	PORTF1	PORTF0
68	($63)	PING				PING4	PING3	PING2	PING1	PING0
69	($64)	DDRG				DDG4	DDG3	DDG2	DDG1	DDG0
70	($65)	PORTG				PORTG4	PORTG3	PORTG2	PORTG1	PORTG0
71	($66)	Reserved								
72	($67)	Reserved								
73	($68)	SPMCSR	SPMIE	RWWSB		RWWSRE	BLBSET	PGWRT	PGERS	SPMEN
74	($69)	Reserved								
75	($6A)	EICRA	ISC31	ISC30	ISC21	ISC20	ISC11	ISC10	ISC01	ISC00
76	($6B)	Reserved								
77	($6C)	XMCRB	XMBK					XMM2	XMM1	XMM0
78	($6D)	XMCRA		SRL2	SRL1	SRL0	SRW01	SRW00	SRW11	
79	($6E)	Reserved								
80	($6F)	OSCCAL	Oscillator Calibration Register							
81	($70)	TWBR	Two-wire Serial Interface Bit Rate Register							
82	($71)	TWSR	TWS7	TWS6	TWS5	TWS4	TWS3		TWS1	TWS0
83	($72)	TWAR	TWA6	TWA5	TWA4	TWA3	TWA2	TWA1	TWA0	TWGCE
84	($73)	TWDR	Two-wire Serial Interface Data Register							
85	($74)	TWCR	TWINT	TWEA	TWSTA	TWSTO	TWWC	TWEN		TWIE
86	($75)	Reserved								
87	($76)	Reserved								
88	($77)	Reserved								
89	($78)	OCR1CL	Timer/Counter1 – Output Compare Register C Low Byte							
90	($79)	OCR1CH	Timer/Counter1 – Output Compare Register C Low Byte							
91	($7A)	TCCR1C	FOC1A	FOC1B	FOC1C					
92	($7B)	Reserved								
93	($7C)	ETIFR			ICF3	OCF3A	OCF3B	TOV3	OCF3C	OCF1C
94	($7D)	ETIMSK			TICIE3	OCIE3A	OCIE3B	TOIE3	OCIE3C	OCIE1C
95	($7E)	Reserved								
96	($7F)	Reserved								
97	($80)	ICR3L	Timer/Counter3 – Input Capture Register Low Byte							
98	($81)	ICR3H	Timer/Counter3 – Input Capture Register High Byte							
99	($82)	OCR3CL	Timer/Counter3 – Output Compare Register C Low Byte							

(계속 1/2)

번호	주소	레지스터명	BIT7	BIT6	BIT5	BIT4	BIT3	BIT2	BIT1	BIT0
100	($83)	OCR3CH	Timer/Counter3 – Output Compare Register C High Byte							
101	($84)	OCR3BL	Timer/Counter3 – Output Compare Register B Low Byte							
102	($85)	OCR3BH	Timer/Counter3 – Output Compare Register B High Byte							
103	($86)	OCR3AL	Timer/Counter3 – Output Compare Register A Low Byte							
104	($87)	OCR3AH	Timer/Counter3 – Output Compare Register A High Byte							
105	($88)	TCNT3L	Timer/Counter3 – Counter Register Low Byte							
106	($89)	TCNT3H	Timer/Counter3 – Counter Register High Byte							
107	($8A)	TCCR3B	ICNC3	ICES3		WGM33	WGM32	CS32	CS31	CS30
108	($8B)	TCCR3A	COM3A1	COM3A0	COM3B1	COM3B0	COM2C1	COM2C0	WGM32	WGM30
109	($8C)	TCCR3C	FOC3A	FOC3B	FOC3C					
110	($8D)	Reserved								
111	($8E)	Reserved								
112	($8F)	Reserved								
113	($90)	UBRR0H					USART0 Baud Rate Register High			
114	($91)	Reserved								
115	($92)	Reserved								
116	($93)	Reserved								
117	($94)	Reserved								
118	($95)	UCSR0C		UMSEL0	UPM01	UPM00	USB0	UCSZ01	UCSZ00	UCPOL0
119	($96)	Reserved								
120	($97)	Reserved								
121	($98)	UBRR1H					USART1 Baud Rate Register High			
122	($99)	UBRR1L	USART1 Baud Rate Register Low							
123	($9A)	UCSR1B	RXCIE	TXCIE1	UDRIE1	RXEN1	TXEN1	UCSZ12	RXB81	TXB81
124	($9B)	UCSR1A	RXC1	RXC1	UDRE1	FE1	DOR1	UPE1	U2X1	MPCM1
125	($9C)	UDR1	USART1 I/O Data Register							
126	($9D)	UCSR1C		UMSEL1	UPM11	UPM10	USBS1	UCSZ11	UCSZ10	UCPOL1
127	($9E)	Reserved								
160	($FF)	Reserved								

(마침 2/2)

3.8 입출력 메모리의 기능별 분류

표 2-11 • 기능별 기본 I/O 레지스터

번호	주소	레지스터명	BIT7	BIT6	BIT5	BIT4	BIT3	BIT2	BIT1	BIT0
64	$3F ($5F)	SREG	I	T	H	S	V	N	Z	C
62	$3D ($5D)	SPL	SP7	SP6	SP5	SP4	SP3	SP2	SP1	SP0
63	$3E ($5E)	SPH	SP15	SP14	SP13	SP12	SP11	SP10	SP9	SP8
60	$3B ($5B)	RAMPZ								RAMPZ0
54	$35 ($55)	MCUCR	SRE	SRW10	SE	SM1	SM0	SM2	IVSEL	IVCE
77	($6C)	XMCRB	XMBK					XMM2	XMM1	XMM0
78	($6D)	XMCRA		SRL2	SRL1	SRL0	SRW01	SRW00	SRW11	
80	($6F)	OSCCAL	Oscillator Calibration Register							
61	$3C ($5C)	XDIV	XDIVEN	XDIV6	XDIV5	XDIV4	XDIV3	XDIV2	XDIV1	XDIV0
53	$34 ($54)	MCUCSR	JTD			JTRF	WDRF	BORF	EXTRF	PORF
34	$21 ($41)	WDTCR				WDCE	WDE	SDP2	WDP1	WDP0
9	$08 ($28)	ACSR	ACD	ACBG	ACO	ACI	ACIE	ACIC	ACIS1	ACIS0
73	($68)	SPMCSR	SPMIE	RWWSB		RWWSRE	BLBSET	PGWRT	PGERS	SPMEN
35	$22 ($42)	OCDR	IDRD/ OCDR7	OCDR6	OCDR5	OCDR4	OCDR3	OCDR2	OCDR1	OCDR0
26	$19 ($39)	PINA	PINA7	PINA6	PINA5	PINA4	PINA3	PINA2	PINA1	PINA0
27	$1A ($3A)	DDRA	DDA7	DDA6	DDA5	DDA4	DDA3	DDA2	DDA1	DDA0
28	$1B ($3B)	PORTA	PORTA7	PORTA6	PORTA5	PORTA4	PORTA3	PORTA2	PORTA1	PORTA0
23	$16 ($36)	PINB	PINB7	PINB6	PINB5	PINB4	PINB3	PINB2	PINB1	PINB0
24	$17 ($37)	DDRB	DDB7	DDB6	DDB5	DDB4	DDB3	DDB2	DDB1	DDB0
25	$18 ($38)	PORTB	PORTB7	PORTB6	PORTB5	PORTB4	PORTB3	PORTB2	PORTB1	PORTB0
20	$13 ($33)	PINC	PINC7	PINC6	PINC5	PINC4	PINC3	PINC2	PINC1	PINC0
21	$14 ($34)	DDRC	DDC7	DDC6	DDC5	DDC4	DDC3	DDC2	DDC1	DDC0
22	$15 ($35)	PORTC	PORTC7	PORTC6	PORTC5	PORTC4	PORTC3	PORTC2	PORTC1	PORTC0
17	$10 ($30)	PIND	PIND7	PIND6	PIND5	PIND4	PIND3	PIND2	PIND1	PIND0
18	$11 ($31)	DDRD	DDD7	DDD6	DDD5	DDD4	DDD3	DDD2	DDD1	DDD0
19	$12 ($32)	PORTD	PORTD7	PORTD6	PORTD5	PORTD4	PORTD3	PORTD2	PORTD1	PORTD0
2	$01 ($21)	PINE	PINE7	PINE6	PINE5	PINE4	PINE3	PINE2	PINE1	PINE0
3	$02 ($22)	DDRE	DDE7	DDE6	DDE5	DDE4	DDE3	DDE2	DDE1	DDE0
4	$03 ($23)	PORTE	PORTE7	PORTE6	PORTE5	PORTE4	PORTE3	PORTE2	PORTE1	PORTE0
1	$00 ($20)	PINF	PINF7	PINF6	PINF5	PINF4	PINF3	PINF2	PINF1	PINF0
66	($61)	DDRF	DDF7	DDF6	DDF5	DDF4	DDF3	DDF2	DDF1	DDF0
67	($62)	PORTF	PORTF7	PORTF6	PORTF5	PORTF4	PORTF3	PORTF2	PORTF1	PORTF0

(계속 1/2)

번호	주소	레지스터명	BIT7	BIT6	BIT5	BIT4	BIT3	BIT2	BIT1	BIT0
68	($63)	PING				PING4	PING3	PING2	PING1	PING0
69	($64)	DDRG				DDG4	DDG3	DDG2	DDG1	DDG0
70	($65)	PORTG				PORTG4	PORTG3	PORTG2	PORTG1	PORTG0
75	($6A)	EICRA	ISC31	ISC30	ISC21	ISC20	ISC11	ISC10	ISC01	ISC00
59	$3A ($5A)	EICRB	ISC71	ISC70	ISC61	ISC60	ISC51	ISC50	ISC41	ISC40
57	$38 ($58)	EIFR	INTF7	INTF6	INTF5	INTF4	INTF3	INTF2	INTF1	INTF0
58	$39 ($59)	EIMSK	INT7	INT6	INT5	INT4	INT3	INT2	INT1	INT0
49	$30 ($50)	ASSR					AS0	TCN0UB	OCR0UB	TCR0UB
50	$31 ($51)	OCR0	Timer/Counter0 Output Compare Register							
51	$32 ($52)	TCNT0	Timer/Counter0							
52	$33 ($53)	TCCR0	FOC0	WGM00	COM01	COM00	WGM01	CS02	CS01	CS00
55	$36 ($56)	TIFR	OCF2	TOV2	ICF1	OCF1A	OCF1B	TOV1	OCF0	TOV0
56	$37 ($57)	TIMSK	OCIE2	TOIE2	TICIE1	OCIE1A	OCIE1B	TOIE1	OCIE0	TOIE0
39	$26 ($46)	ICR1L	Timer/Counter Input Capture Register Low Byte							
40	$27 ($47)	ICR1H	Timer/Counter Input Capture Register High Byte							
89	($78)	OCR1CL	Timer/Counter1 – Output Compare Register C Low Byte							
90	($79)	OCR1CH	Timer/Counter1 – Output Compare Register C Low Byte							
41	$28 ($48)	OCR1BL	Timer/Counter Output Compare Register B Low Byte							
42	$29 ($49)	OCR1BH	Timer/Counter Output Compare Register B High Byte							
43	$2A ($4A)	OCR1AL	Timer/Counter Output Compare Register A Low Byte							
44	$2B ($4B)	OCR1AH	Timer/Counter Output Compare Register A High Byte							
45	$2C ($4C)	TCNT1L	Timer/Counter – Counter Register Low Byte							
46	$2D ($4D)	TCNT1H	Timer/Counter – Counter Register High Byte							
91	($7A)	TCCR1C	FOC1A	FOC1B	FOC1C					
47	$2E ($4E)	TCCR1B	ICNC1	ICES1		WGM13	WGM12	CS12	CS11	CS10
48	$2F ($4F)	TCCR1A	COM1A1	COM1A0	COM1B1	COM1B0	COM1C1	COM1C0	WGM11	WGM10
36	$23 ($43)	OCR2	Timer/Counter2 Output Compare Register							
37	$24 ($44)	TCNT2	Timer/Counter2							
38	$25 ($45)	TCCR2	FOC2	WGM20	COM21	COM20	WGM21	CS22	CS21	CS20
97	($80)	ICR3L	Timer/Counter3 – Input Capture Register Low Byte							
98	($81)	ICR3H	Timer/Counter3 – Input Capture Register High Byte							
99	($82)	OCR3CL	Timer/Counter3 – Output Compare Register C Low Byte							

(마침 2/2)

표 2-12 • 기능별 확장 I/O 레지스터

번호	주소	레지스터명	BIT7	BIT6	BIT5	BIT4	BIT3	BIT2	BIT1	BIT0
100	($83)	OCR3CH	Timer/Counter3 – Output Compare Register C High Byte							
101	($84)	OCR3BL	Timer/Counter3 – Output Compare Register B Low Byte							
102	($85)	OCR3BH	Timer/Counter3 – Output Compare Register B High Byte							
103	($86)	OCR3AL	Timer/Counter3 – Output Compare Register A Low Byte							
104	($87)	OCR3AH	Timer/Counter3 – Output Compare Register A High Byte							
105	($88)	TCNT3L	Timer/Counter3 – Counter Register Low Byte							
106	($89)	TCNT3H	Timer/Counter3 – Counter Register High Byte							
109	($8C)	TCCR3C	FOC3A	FOC3B	FOC3C					
107	($8A)	TCCR3B	ICNC3	ICES3		WGM33	WGM32	CS32	CS31	CS30
108	($8B)	TCCR3A	COM3A1	COM3A0	COM3B1	COM3B0	COM2C1	COM2C0	WGM32	WGM30
33	$20 ($40)	SFIOR	TSM				ACME	PUD	PSR0	PSR321
93	($7C)	ETIFR			ICF3	OCF3A	OCF3B	TOV3	OCF3C	OCF1C
94	($7D)	ETIMSK			TICIE3	OCIE3A	OCIE3B	TOIE3	OCIE3C	OCIE1C
5	$04 ($24)	ADCL	ADC Data Register Low byte							
6	$05 ($25)	ADCH	ADC Data Register High byte							
7	$06 ($26)	ADCSRA	ADEN	ADSC	ADFR	ADIF	ADIE	ADPS2	ADPS1	ADPS0
8	$07 ($27)	ADMUX	REFS1	REFS0	ADLAR	MUX4	MUX3	MUX2	MUX1	MUX0
14	$0D ($2D)	SPCR	SPIE	SPE	DORD	MSTR	CPOL	CPHA	SPR1	SPR0
15	$0E ($2E)	SPSR	SPIF	WCOL						SPI2X
16	$0F ($2F)	SPDR	SPI Data Register							
10	$09 ($29)	UBRR0L	USART0 Baud Rate Register Low							
113	($90)	UBRR0H					USART0 Baud Rate Register High			
118	($95)	UCSR0C		UMSEL0	UPM01	UPM00	USB0	UCSZ01	UCSZ00	UCPOL0
11	$0A ($2A)	UCSR0B	RXCIE0	TXCIE0	UDRIE0	RXEN0	TXEN0	UCSZ02	RXB80	TXB80
12	$0B ($2B)	UCSR0A	RXC0	TXC0	UDRE0	FE0	DOR0	UPE0	U2X0	MPCM0
13	$0C ($2C)	UDR0	USART0 I/O Data Register							
121	($98)	UBRR1H					USART1 Baud Rate Register High			
122	($99)	UBRR1L	USART1 Baud Rate Register Low							
126	($9D)	UCSR1C		UMSEL1	UPM11	UPM10	USBS1	UCSZ11	UCSZ10	UCPOL1
123	($9A)	UCSR1B	RXCIE	TXCIE1	UDRIE1	RXEN1	TXEN1	UCSZ12	RXB81	TXB81
124	($9B)	UCSR1A	RXC1	RXC1	UDRE1	FE1	DOR1	UPE1	U2X1	MPCM1
125	($9C)	UDR1	USART1 I/O Data Register							
29	$1C ($3C)	EECR					EERIE	EEMWE	EEWE	EERE
30	$1D ($3D)	EEDR	EEPROM Data Register							
31	$1E ($3E)	EEARL	EEPROM Address Register Low Byte							
32	$1F ($3F)	EEARH					EEPROM Address Register High			

(계속 1/2)

번호	주소	레지스터명	BIT7	BIT6	BIT5	BIT4	BIT3	BIT2	BIT1	BIT0
81	($70)	TWBR	Two-wire Serial Interface Bit Rate Register							
82	($71)	TWSR	TWS7	TWS6	TWS5	TWS4	TWS3		TWS1	TWS0
83	($72)	TWAR	TWA6	TWA5	TWA4	TWA3	TWA2	TWA1	TWA0	TWGCE
84	($73)	TWDR	Two-wire Serial Interface Data Register							
85	($74)	TWCR	TWINT	TWEA	TWSTA	TWSTO	TWWC	TWEN		TWIE
65	($60)	Reserved								
71	($66)	Reserved								
72	($67)	Reserved								
74	($69)	Reserved								
76	($6B)	Reserved								
79	($6E)	Reserved								
86	($75)	Reserved								
87	($76)	Reserved								
88	($77)	Reserved								
92	($7B)	Reserved								
95	($7E)	Reserved								
96	($7F)	Reserved								
110	($8D)	Reserved								
111	($8E)	Reserved								
112	($8F)	Reserved								
114	($91)	Reserved								
115	($92)	Reserved								
116	($93)	Reserved								
117	($94)	Reserved								
119	($96)	Reserved								
120	($97)	Reserved								
127	($9E)	Reserved								
160	($FF)	Reserved								

(마침 2/2)

4 ATmega128의 클럭 시스템과 배분

4.1 시스템 클럭 및 클럭의 배분

시스템 클럭은 마이크로컨트롤러 동작의 기준이 되는 주파수를 말하는데 AVR은 시스템 클럭을 발생 혹은 입력받는 방법이 매우 다양하고 내부의 각 모듈에 배분하는 방법 역시 다양하다. AVR의 클럭 시스템은 [그림 2-19]와 같다.

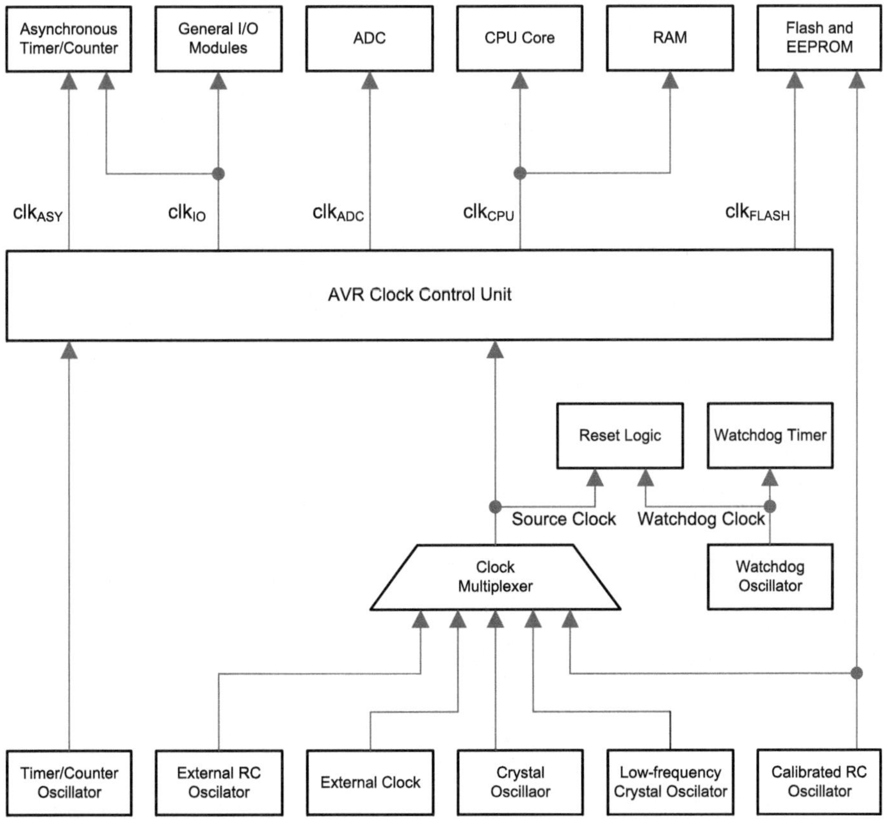

그림 2-19 • AVR의 시스템 클럭과 배분 블록도

위의 그림 중 상단에 있는 모듈(Asynchronous Timer/Counter, General I/O Modules..)에 모두 클럭이 공급되어야만 하는 것은 아니며, 전력 소모를 줄이기 위해 일부 클럭은 차단할 수도 있다. 클럭을 차단하는 방법은 전력 관리 및 슬립 모드에서 살펴보기로 하자.

표 2-13 • 클럭 배분

번호	클럭	설명	비고
1	clk_{ASY}	비동기 타이머/카운터(Asynchronous Timer/Counter)	
2	$clk_{I/O}$	범용 I/O 모듈(General I/O Modules)	
3	clk_{ADC}	아날로그-디지털 변환기(ADC)	
4	clk_{CPU}	CPU 핵심 모듈(Core)	
5 & 6	clk_{FLASH}	플래시 메모리와 EEPROM 메모리	

(1) 비동기 타이머/카운터 : clk_{ASY}

비동기 타이머 클럭은 외부 32kHz의 비동기 클럭의 입력이 인가될 때 사용된다.

(2) 범용 I/O 모듈 : $clk_{I/O}$

I/O 클럭은 I/O 모듈에서 주로 사용되는 클럭이다. 타이머/카운터, SPI 통신 모듈, USART 등이 해당된다. 또 외부 인터럽트의 클럭 소스가 된다. 단 일부 외부 비동기 클럭을 사용하는 외부 인터럽트는 제외된다.

(3) ADC : clk_{ADC}

ADC 모듈에서 사용하는 클럭으로 디지털 회로에서 발생한 노이즈를 줄이기 위해 clk_{CPU} 클럭 및 $clk_{I/O}$ 클럭을 정지시킬 수 있는데, 이는 더 정밀한 A/D 변환 결과를 얻을 수 있다.

(4) CPU 핵심 모듈 : clk_{CPU}

CPU 클럭은 AVR 코어와 연결되어 있다. 예를 들어 레지스터 파일, 상태 레지스터, 데이터 메모리, 스택 포인터 등을 말한다.

(5) & (6) 플래시 메모리와 EEPROM 메모리 : clk_{FLASH}

플래시 클럭은 플래시 인터페이스의 작동을 제어한다. 플래시 클럭은 보통 CPU 클럭과 동시에 작동된다.

4.2 클럭 소스의 선택

AVR에서 클럭은 5가지 방법을 통해서 입력받을 수 있는데 어떤 형태로 클럭을 입력받을지는 다음 방법 중 하나를 선택하면 된다. 이후 회로를 꾸미고 AVR에게 어떠한 방법으로 클럭이 입력된다는 것을 알려줘야 하는데 이는 퓨즈 비트의 CKSEL[3:0](Clock Select) 비트를 통해서 한다.

표 2-14 • 클럭 소스의 선택 및 퓨즈 비트의 CKSEL 값

번호	내부/외부	클럭 소스	CKSEL[3:0]
1	외부	크리스털 혹은 세라믹 레조네이터(External Crystal or Ceramic Resonator)	1111 ~ 1010
2	외부	저주파 크리스털(External Low-frequency Crystal)	1001
3	외부	RC 오실레이터(External RC Oscillator)	1000 ~ 0101
4	내부	RC 오실레이터(Calibrated Internal RC Oscillator)	0100 ~ 0001
5	외부	클럭(External Clock)	0000

당근이의 한마디 **클럭 소스 선택에 대하여**

AVR의 클럭 기본 설정값에 대하여

AVR은 공장 출하 시 클럭의 기본 설정이 CKSEL=0001, SUT=10으로 되어 있다. CKSEL 값의 의미는 '내부 RC 오실레이터 중 1MHz를 사용한다'는 의미이며, SUT 값 10의 의미는 '가장 큰 기동시간을 갖는다'는 의미이다. 이대로 사용해도 사용상 지장은 없으나 사용자가 원한다면 물론 다른 설정으로 바꾸어 사용할 수 있다.

간혹 작성한 프로그램의 타이밍이 이상한 경우(예를 들어 LED 점멸 시간이 지나치게 긴 경우) 퓨즈 비트 세팅을 다시 한 번 살펴보기 바란다.

어떤 클럭 소스를 사용하는 것이 좋은가

위의 클럭 소스의 선택 테이블을 살펴보면 '4 내부 RC 오실레이터'를 사용하는 것이 가장 편리해 보이나 사실 '1 외부 크리스털'을 많이 사용한다. 내부 RC 오실레이터를 사용하지 않는 이유는 첫 번째로 속도가 느리고, 두 번째로 정확도가 떨어지기 때문이다. 이러한 이유 때문에 아트멜에서도 내부 클럭 사용을 권장하지 않는다.

오차가 작은 크리스털을 사용하는 것이 좋다.

(당연한 이야기겠지만) 외부 크리스털이라 하더라도 오차가 있기 때문에 가급적 오차가 작은 크리스털을 사용하는 것이 좋으나 이러한 크리스털은 매우 고가이기 때문에 잘 사용되지는 않는다. 만일 상당히 정확한 클럭을 원한다면 오차가 적은 크리스털을 선택하는 것도 좋은 방법일 것이다.

4.3 모든 클럭 설정

표 2-15 • ATmega128 클럭 설정

번호		S1*	S0*	C3**	C2**	C1**	C0**	Clock Source	Start-up	time	기타
1	External Clock	0	0	0	0	0	0	Ext. Clock 6 CK	+0ms		
2		0	1	0	0	0	0	Ext. Clock 6 CK	+4.1 ms		
3		1	0	0	0	0	0	Ext. Clock 6 CK	+65 ms		
4		1	1	0	0	0	0	Reserved			
5	Internal RC Osc	0	0	0	0	0	1	Int. RC Osc. 1MHz	6 CK	+0 ms	
6		0	1	0	0	0	1	Int. RC Osc. 1MHz	6 CK	+4.1 ms	
7		1	0	0	0	0	1	Int. RC Osc. 1MHz	6 CK	+65 ms	default
8		1	1	0	0	0	1	Reserved			
9		0	0	0	0	1	0	Int. RC Osc. 2MHz	6 CK	+0 ms	
10		0	1	0	0	1	0	Int. RC Osc. 2MHz	6 CK	+4.1 ms	
11		1	0	0	0	1	0	Int. RC Osc. 2MHz	6 CK	+65 ms	
12		1	1	0	0	1	0	Reserved			
13		0	0	0	0	1	1	Int. RC Osc. 4MHz	6 CK	+0 ms	
14		0	1	0	0	1	1	Int. RC Osc. 4MHz	6 CK	+4.1 ms	
15		1	0	0	0	1	1	Int. RC Osc. 4MHz	6 CK	+65 ms	
16		1	1	0	0	1	1	Reserved			
17		0	0	0	1	0	0	Int. RC Osc. 8MHz	6 CK	+0 ms	
18		0	1	0	1	0	0	Int. RC Osc. 8MHz	6 CK	4.1 ms	
19		1	0	0	1	0	0	Int. RC Osc. 8MHz	6 CK	65 ms	
20		1	1	0	1	0	0	Reserved			
21	Externall RC Osc	0	0	0	1	0	1	Ext. RC Osc. ≤0.9 MHz	18 CK	+0 ms	
22		0	1	0	1	0	1	Ext. RC Osc. ≤0.9 MHz	18 CK	+4.1 ms	
23		1	0	0	1	0	1	Ext. RC Osc. ≤0.9 MHz	18 CK	+65 ms	
24		1	1	0	1	0	1	Ext. RC Osc. ≤0.9 MHz	6 CK	+4.1 ms	
25		0	0	0	1	1	0	Ext. RC Osc. 0.9-3.0 MHz	18 CK	+0 ms	
26		0	1	0	1	1	0	Ext. RC Osc. 0.9-3.0 MHz	18 CK	+4.1 ms	
27		1	0	0	1	1	0	Ext. RC Osc. 0.9-3.0 MHz	18 CK	+65 ms	
28		1	1	0	1	1	0	Ext. RC Osc. 0.9-3.0 MHz	6 CK	+4.1 ms	
29		0	0	0	1	1	1	Ext. RC Osc. 3.0-8.0 MHz	18 CK	+0 ms	
30		0	1	0	1	1	1	Ext. RC Osc. 3.0-8.0 MHz	18 CK	+4.1 ms	
31		1	0	0	1	1	1	Ext. RC Osc. 3.0-8.0 MHz	18 CK	+65 ms	
32		1	1	0	1	1	1	Ext. RC Osc. 3.0-8.0 MHz	6 CK	+4.1 ms	
33		0	0	1	0	0	0	Ext. RC Osc. 8.0-12 MHz	18 CK	+0 ms	
34		0	1	1	0	0	0	Ext. RC Osc. 8.0-12 MHz	18 CK	+4.1 ms	
35		1	0	1	0	0	0	Ext. RC Osc. 8.0-12 MHz	18 CK	+65 ms	
36		1	1	1	0	0	0	Ext. RC Osc. 8.0-12 MHz	6 CK	+4.1 ms	

(계속 1/2)

번호		S1*	S0*	C3**	C2**	C1**	C0**	Clock Source	Start-up	time	기타
37		0	0	1	0	0	1	Ext. Low-Freq. Crystal	1024 CK	+4.1 ms	
38		0	1	1	0	0	1	Ext. Low-Freq. Crystal	1024 CK	+65 ms	
39		1	0	1	0	0	1	Ext. Low-Freq. Crystal	32768 CK	+65 ms	
40		1	1	1	0	0	1	Reserved			
41		0	0	1	0	1	0	Ext. Crystal/Resonator Low Freq	258 CK	+4.1 ms	
42		0	1	1	0	1	0	Ext. Crystal/Resonator Low Freq	258 CK	+65 ms	
43		1	0	1	0	1	0	Ext. Crystal/Resonator Low Freq	1024 CK	+0 ms	
44		1	1	1	0	1	0	Ext. Crystal/Resonator Low Freq	1024 CK	+4.1 ms	
45		0	0	1	0	1	1	Ext. Crystal/Resonator Low Freq	1024 CK	+65 ms	
46		0	1	1	0	1	1	Ext. Crystal/Resonator Low Freq	16384 CK	+0 ms	
47		1	0	1	0	1	1	Ext. Crystal/Resonator Low Freq	16384 CK	+4.1 ms	
48		1	1	1	0	1	1	Ext. Crystal/Resonator Low Freq	16384 CK	+65 ms	
49		0	0	1	1	0	0	Ext. Crystal/Resonator Medium Freq	258 CK	+4.1 ms	
50	External Crystal Ceramic Resonator	0	1	1	1	0	0	Ext. Crystal/Resonator Medium Freq	258 CK	+65 ms	
51		1	0	1	1	0	0	Ext. Crystal/Resonator Medium Freq	1024 CK	+0 ms	
52		1	1	1	1	0	0	Ext. Crystal/Resonator Medium Freq	1024 CK	+4.1 ms	
53		0	0	1	1	0	1	Ext. Crystal/Resonator Medium Freq	1024 CK	+65 ms	
54		0	1	1	1	0	1	Ext. Crystal/Resonator Medium Freq	16384 CK	+0 ms	
55		1	0	1	1	0	1	Ext. Crystal/Resonator Medium Freq	16384 CK	+4.1 ms	
56		1	1	1	1	0	1	Ext. Crystal/Resonator Medium Freq	16384 CK	+64 ms	
57		0	0	1	1	1	0	Ext. Crystal/Resonator High Freq	258 CK	+4.1 ms	
58		0	1	1	1	1	0	Ext. Crystal/Resonator High Freq	258 CK	+65 ms	
59		1	0	1	1	1	0	Ext. Crystal/Resonator High Freq	1024 CK	+0 ms	
60		1	1	1	1	1	0	Ext. Crystal/Resonator High Freq	1024 CK	+4.1 ms	
61		0	0	1	1	1	1	Ext. Crystal/Resonator High Freq	1024 CK	+65 ms	
62		0	1	1	1	1	1	Ext. Crystal/Resonator High Freq	16384 CK	+0 ms	
63		1	0	1	1	1	1	Ext. Crystal/Resonator High Freq	16384 CK	+4.1 ms	
64		1	1	1	1	1	1	Ext. Crystal/Resonator High Freq	16384 CK	+65 ms	Used

* S : SUT / ** C : CKSEL

(마침 2/2)

4.4 클럭 소스의 종류

(1) 외부 크리스털 혹은 세라믹 레조네이터

클럭 소스 입력 중에서 외부 크리스털 혹은 레조네이터(External Crystal or Ceramic Resonator)를 사용하는 경우 [그림 2-20]과 같이 입력단자 XTAL1과 출력단자 XTAL2에 연결하면 된다. 퓨즈 비트 설정이 올바르게 되어 있다면 AVR의 내장된 발진 회로에 의해 클럭 주파수가 발생한다.

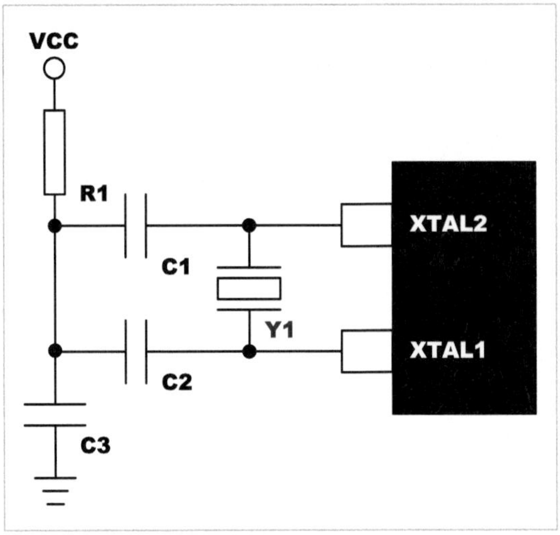

그림 2-20 • 크리스털 오실레이터의 연결

크리스털 주파수에 따른 퓨즈비트 CKSEL[3:1] 값과 커패시터 C1, C2의 용량은 [표 2-16]과 같다. CKSEL[3:1]이 101일 때는 크리스털이 아닌 세라믹 레조네이터에서만 사용되는 모드이다.

표 2-16 • 크리스털 오실레이터 동작 모드

번호	CKOPT	CKSEL[3:1]	주파수 범위(MHz)	C1, C2의 용량
1	1	101	0.4 ~ 0.9	-
2	1	110	0.9 ~ 3.0	12 ~ 22pF
3	1	111	3.0 ~ 8.0	12 ~ 22pF
4	0	101, 110, 111	1.0-	12 ~ 22pF

클럭에 따른 CKSEL 비트 설정 이외에 퓨즈 비트의 CKOPT가 있는데 이는 설정함에 따라 출력전압을 크거나 작게 할 수 있다. 두 가지 모두 클럭의 속도에 영향을 주는 것은 아니며, 출력전압이 높을 경우 노이즈에 강한 장점이 있고, 출력 전압이 낮을 경우 발진 주파수에 제한을 받으나 소비 전력이 감소하는 장점이 있다.

CKSEL 비트는 SUT1 ~ 0비트와 함께 [표 2-17]과 같이 스타트-업 시간(start-up time)을 선택하는데 사용된다.

표 2-17 • 크리스털 오실레이터의 스타트-업 시간

번호	CKSEL	SUT1..0	기동 시간	리셋 시 추가 지연시간	사용 분야
1	0	00	258	4.1ms	Ceramic resonator, fast rising power-
2	0	01	258	65ms	Ceramic resonator, slowly rising power
3	0	10	1K	-	Ceramic resonator, BOD enabled
4	0	11	1K	4.1ms	Ceramic resonator, fast rising power
5	1	00	1K	66ms	Ceramic resonator, slowly rising power
6	1	01	16K	-	Crystal Oscillator, BOD enabled
7	1	10	16K	4.1ms	Crystal Oscillator, fast rising power
8	1	11	16K	65ms	Crystal Oscillator, slowly rising power

(2) 외부 저주파 크리스털

클럭 소스 입력 중에서 외부 저주파 크리스털(External Low-frequency Crystal)을 사용하는 경우 보통 외부 32.768kHz의 낮은 주파수 크리스털을 사용하는데 이때 CKSEL[3:0]을 '1001' 로 설정해야 한다.

CKOPT bit를 '0' 으로 설정하면 내부의 커패시터 36pF가 사용되며, 외부의 커패시터 C1과 C2는 사용하지 말아야 한다. 이와 같이 저주파 크리스털 오실레이터가 사용되는 경우의 스타트-업 시간은 SUT[1:0] 비트에 따라 [표 2-18]의 설정을 참고하도록 한다.

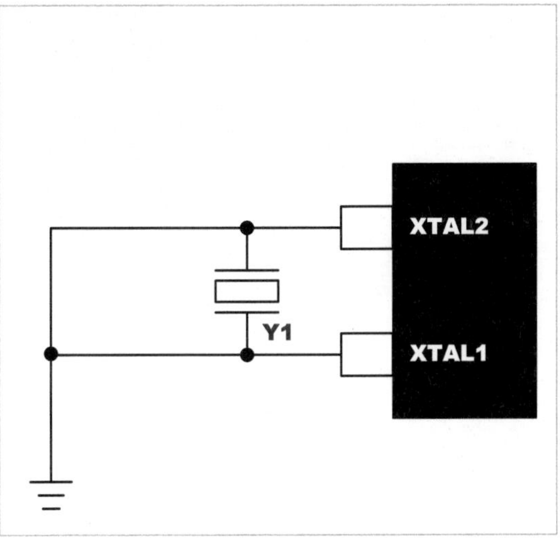

그림 2-21 • 외부 저주파 크리스털 연결

표 2-18 • 외부 저주파 크리스털의 스타트-업 시간(Start-up Time)

번호	SUT1..0	기동시간	리셋 시 추가 지연시간	사용 분야
1	00	1K CK	4.1 ms	Fast rising power or BOD enable
2	01	1K CK	65 ms	Slowly rising power
3	10	32K CK	65 ms	Stable frequency at start-up
4	11	Reserved		

(3) 외부 RC 오실레이터

정밀한 용도로는 부적합하지만 클럭 소스 입력 중에서 외부 RC 오실레이터(External RC Oscillator)를 사용하는 경우 [그림 2-22]와 같이 외부의 RC 소자를 접속한 발진 회로를 사용할 수 있다. 이때의 발진 주파수 f = 1/(3RC)로 결정되며, C는 22pF 이상을 사용해야 한다. CKOPT bit를 '0'으로 설정하면 외부의 XTAL1과 GND 단자 사이에 외부의 커패시터 대신에 내부의 36pF 커패시터가 사용되며, 이때 외부에 별도의 커패시터는 사용하지 말아야 한다. 각 주파수 범위에 따라 CKSEL3~0 비트의 설정값을 나타내면 [표 2-19]와 같다.

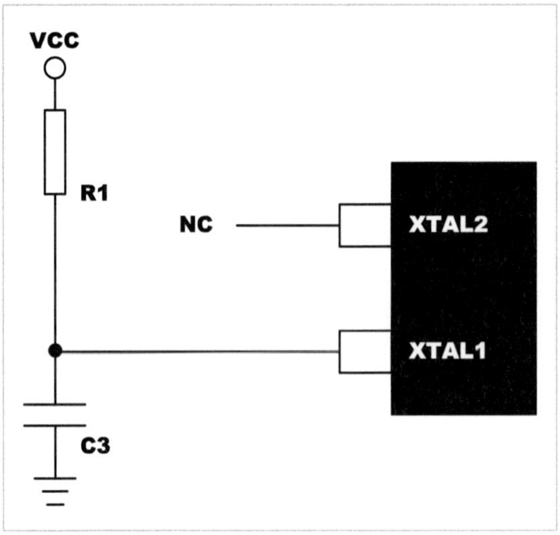

그림 2-22 • 외부 RC의 연결

표 2-19 • 외부 RC 사용할 때 동작 모드

번호	CKSEL3..0	주파수 범위(MHz)
1	0101	≤ 0.9
2	0110	0.9 – 3.0
3	0111	3.0~8.0
4	1000	8.0~12.0

표 2-20 • 외부 RC를 사용할 때 스타트 타임

번호	SUT1..0	기동시간	리셋 시 추가 지연시간	사용 분야
1	00	18 CK	-	BOD enable
2	01	18 CK	4.1 ms	Fast rising power
3	10	18 CK	65 ms	Slowly rising power
4	11	6 CK	4.1 ms	Fast rising power or BOD Enable

(4) 내부 RC 오실레이터

클럭 소스 입력 중에서 내부 RC 오실레이터(Calibrated Internal RC Oscillator)를 사용하는 경우 1.0, 2.0, 4.0, 8.0MHz의 고정된 클럭 중에서 하나를 선택할 수 있으며, [표 2-21]과 같이 CKSEL[3:0] 비트를 사용하여 선택하면 된다. 이때 반드시 CKOPT bit는 '1'로 설정해야 하며, XTAL1과 XTAL2 단자에는 아무것도 연결하면 안된다. ATmega128은 초기값으로 CKSEL3..0 비트가 '0001'로 설정되어 있어서 내부 RC 오실레이터에 의하여 1MHz + 3%의 주파수로 동작하게 된다. 이와 같이 내부 RC 오실레이터가 사용되는 경우의 기동 시간은 SUT[1:0] 비트에 따라 [표 2-22]와 같이 선택된다.

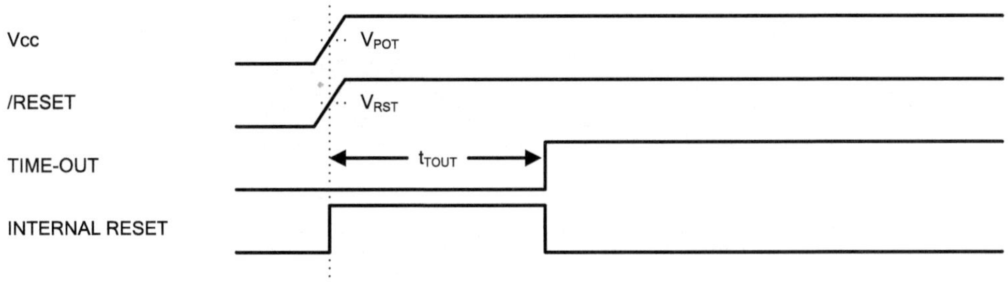

그림 2-23 • 내부 RC 오실레이터 사용

표 2-21 • CKSEL을 이용한 주파수 선택

번호	CKSEL3..0	고정 주파수(MHz)
1	0001	1.0
2	0010	2.0
3	0011	4.0
4	0100	8.0

표 2-22 • 내부 RC 오실레이터의 스타트-업 시간

번호	SUT1..0	기동시간	리셋 시 추가 지연시간	사용 분야
1	00	6 CK	-	BOD enable
2	01	6 CK	4.1ms	Fast rising power
3	10	6 CK	65ms	Slowly rising power
4	11	Reserved		

(5) 외부 클럭

클럭 소스 입력 중에서 외부 클럭(External Clock)을 사용하는 경우 외부 클럭을 XTAL1 단자에 연결하며, XTAL2 단자는 연결하지 않는다. 이때의 CKSEL[3:0] 비트는 '0000' 으로 설정하며, CKOPT 비트를 '0' 으로 설정하면 외부의 XTAL1과 GND 사이에 내부의 36pF 커패시터가 연결된다. 이와 같이 외부 클럭이 사용되는 경우의 스타트-업 시간은 SUT1~0 SUT[1:0] 비트에 따라 다음과 같이 설정하면 된다.

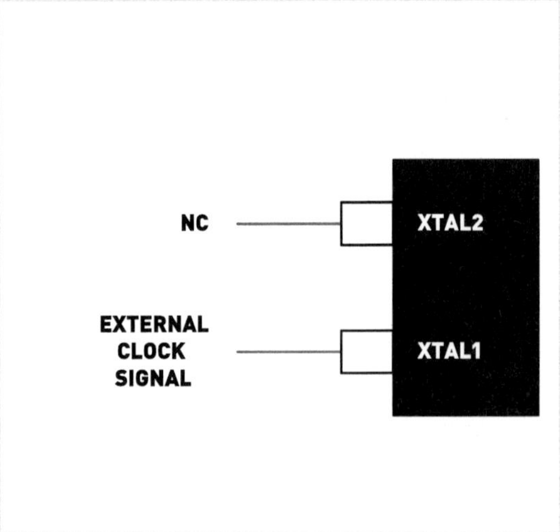

그림 2-24 • 외부 클럭의 연결

표 2-23 • 외부 클럭을 사용할 때 스타트-업 시간

번호	SUT1..0	기동시간	리셋 시 추가 지연시간	사용 분야
1	00	6 CK	-	BOD enable
2	01	6 CK	4.1 ms	Fast rising power
3	10	6 CK	65 ms	Slowly rising power
4	11	Reserved		

타이머/카운터 오실레이터 핀인 TOSC1과 TOSC2에 크리스털을 직접 연결하여 사용할 수 있다. 이때 외부에 커패시터는 연결하지 않으며, 주파수는 32.768kHz에 최적화되어 있다.

5 ATmega128의 전원 관리 및 슬립 모드

5.1 ATmega128의 슬립 모드

슬립 모드(Sleep Mode)는 AVR 내의 모듈 중 사용하지 않는 모듈의 전원 공급을 차단함으로써 전력을 절감하는 기능이다. AVR은 총 6가지의 다양한 슬립 모드를 지원함으로써 원하는 모듈만 전원을 공급/차단할 수 있다. 슬립 모드로 전환하기 위해서는 다음과 같은 과정을 거친다.

- MCUCR SE(Sleep Enable) 비트를 세트한다.
- MCUCR의 SM2, 1, 0 비트에 적절한 값을 대입하여 6가지 슬립 모드 중 원하는 슬립 모드를 선택한다.
- SLEEP 명령어를 실행한다.

표 2-24 • ATmega128의 6가지 슬립 모드

번호	슬립 모드(Sleep Mode)
1	아이들 모드(Idle Mode)
2	ADC 노이즈 감소 모드(ADC Noise Reduction Mode)
3	파워-다운 모드(Power-down Mode)
4	파워-세이브 모드(Power-save Mode)
5	스탠바이 모드(Standby Mode)
6	확장 스탠바이 모드(Extended Standby Mode)

그러나 마이크로컨트롤러가 슬립 상태라 하더라도 인터럽트가 발생하면 마이크로컨트롤러는 깨어나는데(Wake-up) 이때 스타트-업 시간을 제외한 4사이클이 지난 후에 인터럽트를 수행하고, 다시 슬립 모드로 진입한다. 또한 슬립 모드 상태라도 리셋이 발생하면 슬립 모드에서 깨어난 후 정상적인 리셋이 동작한다.

5.2 MCUCR

MCUCR(MCU Control Register)은 CPU의 전반적인 동작(외부 메모리, 슬립 모드, 인터럽트 벡터)에 관한 설정을 하는 레지스터이다. MCUCR의 각 비트에 대한 설명은 [표 2-25]와 같다.

BIT	7	6	5	4	3	2	1	0
MCUCR $35($55)	SRE	SRW10	SE	SM1	SM0	SM2	IVSEL	IVCE
R/W	R/W	R/W	R/W	R/W	R/W	R/W	R/W	R/W
INIT	0	0	0	0	0	0	0	0

그림 2-25 • MCU Control Register

표 2-25 • 각 비트에 대한 설명

비트	설명
7	외부 메모리 사용 Enable 비트
6	외부 메모리 사용 시 타이밍 설정
5	Sleep Enable 비트
4	슬립 모드를 설정하는 비트
3	슬립 모드를 설정하는 비트
2	슬립 모드를 설정하는 비트
1	인터럽트의 레벨(Level) 혹은 엣지(Edge) 기준을 설정하는 비트
0	인터럽트의 레벨(Level) 혹은 엣지(Edge) 기준을 설정하는 비트

- BIT [7:6] : 외부 메모리를 사용할 때 설정하는 비트이다. 슬립 모드와는 관련이 없다.
- BIT 5 : SE(Sleep Enable) : SE를 세트하면 슬립 모드로 진입한다.
- BIT [4:2] : SM2..0 [표 2-25]와 같이 슬립 모드를 선택하는 비트이다.
- BIT [1:0] : 인터럽트 벡터의 위치를 변경하는 비트이다. 슬립 모드와는 관련이 없다.

표 2-26 • 슬립 모드

번호	슬립 모드	SM2	SM1	SM0	비고
1	Idle Mode	0	0	0	
2	ADC Noise Reduction Mode	0	0	1	
3	Power-down Mode	0	1	0	
4	Power-save Mode	0	1	1	
	Reserved	1	0	0	
	Reserved	1	0	1	
5	Standby Mode	1	1	0	
6	Extended Standby Mode	1	1	1	

Standby와 Extended Standby 모드는 외부 클럭(혹은 레조네이터) 입력을 받을 때만 유효하다.

표 2-27 • 슬립 모드에 따른 활성 클럭 영역과 wake-up 소스

슬립 모드 (Sleep Mode)	활성화된 클럭 (Active Clock domains)					오실레이터		슬립 모드 해제방법 (Wake-up Sources)					
모드	clk_{CPU}	clk_{FLASH}	clk_{IO}	clk_{ADC}	clk_{ASY}	Main Clock Source Enabled	Timer Osci Enabled	INT7..0	TWI Address Match	Timer0	SPM/EEPROM Ready	ADC	Other I/O
Idle			x	x	x	x	x	x	x	x	x	x	X
ADC Noise Reduction				x	x	x	x	x	x	x	x	X	
Power-down								x	X				
Power-save					x		x	x	x	x			
Standby						x		x	x				
Extended Standby					x	x	x	x	x	x			

(1) 아이들 모드(Idle Mode)

SM2..0 비트를 '000' 으로 설정하고, SLEEP 명령어를 사용하면, 마이크로컨트롤러는 아이들 모드(Idle Mode)로 진입한다.

이 모드에서 CPU는 동작을 멈추고, SPI, USART, 아날로그 비교기, ADC, TWI, 타이머/카운터, 와치독, Interrupt System은 계속 동작한다.

(2) ADC 노이즈 감소 모드(ADC Noise Reduction Mode)

SM2..0 비트를 '001'로 설정하고 SLEEP 명령어를 사용하면 마이크로컨트롤러는 ADC 노이즈 감소 모드(ADC Noise Reduction Mode)로 진입한다. 이 모드에서 CPU는 동작을 멈추고, ADC, 외부 인터럽트, TWI, Timer/Counter2, 와치독은 계속 동작한다. 이 모드는 ADC의 성능을 개선하기 위해서 잡음을 덜 받게 만드는 데 목적이 있다. 만일 ADC가 enable되어 있으면 이 모드로 진입할 때 자동적으로 변환을 시작한다.

(3) 파워-다운 모드(Power Down Mode)

SM2..0 비트를 '010'으로 설정하고 SLEEP 명령어를 사용하면 마이크로컨트롤러는 파워-다운 모드(Power-down Mode)로 진입한다. 이 모드에서 외부 오실레이터는 작동이 정지되고, TWI, 와치독, 외부 인터럽트는 계속 동작한다. 이 모드에서는 모든 클럭이 정지하고 단지 비동기 모듈 클럭만 동작한다. 만일 외부 인터럽트가 발생하여 파워-다운 모드가 해제될 때 클럭이 안정적으로 공급될 때까지의 시간이 필요하다.

(4) 파워-세이브 모드(Power-Save Mode)

SM2..0 비트를 '011'로 설정하고, SLEEP 명령어를 사용하면 마이크로컨트롤러는 파워-세이브 모드(Power-save Mode)로 진입한다.

이 모드는 파워-다운 모드와 유사하지만 한 가지 차이점이 있다. ASSR 레지스터의 AS0 비트를 세트하여 Timer/Counter2를 비동기 클럭으로 사용하면, 슬립 모드 동안에도 Timer/Counter2는 동작한다는 점이다.

SREG의 I 비트를 '1'로 설정하고, TIMSK 레지스터의 Timer/Counter2에 관련된 인터럽트 비트를 실정하여 타이머 오버 플로우 또는 출력 비교 인터럽트가 발생하면 슬립 모드에서 이 모드에서 clk_{ASY} 클럭만 남고 나머지 모든 클럭은 동작을 멈추게 된다.

(5) 스탠바이 모드(Standby Mode)

외부 크리스털 혹은 레조네이터 클럭이 사용하는 경우에 한해서 SM2..0 비트를 '110'으로 설정하고 SLEEP 명령어를 사용하면 마이크로컨트롤러는 스탠바이 모드(Standby Mode)로 진입한다. 이 모드는 오실레이터가 동작하는 점을 제외하고는 파워-다운 모드와 동일하다. 스탠바이 모드가 해제되어 정상 동작하는데 6개의 클럭 사이클 내에서 복귀하게 된다.

(6) 확장 스탠바이 모드(Extended Standby Mode)

외부 크리스털 혹은 레조네이터 클럭이 사용하는 경우에 한해서 SM2..0 비트를 '111'로 설정하고 SLEEP 명령어를 사용하면 마이크로컨트롤러는 확장 스탠바이 모드(Extended Standby Mode)로 진입한다. 이 모드는 오실레이가 동작하는 점을 제외하고는 파워-세이브 모드와 동일하다. 확장 스탠바이 모드 역시 해제되어 정상 동작하는데 6개의 클럭 사이클 내에서 복귀하게 된다.

6 ATmega128의 시스템 제어 및 리셋

6.1 ATmega128의 리셋

ATmega128은 리셋될 때 모든 I/O 레지스터 값이 기본값으로 초기화되며, 프로그램은 리셋 벡터로부터 시작된다. ATmega128 리셋 회로의 블록 다이어그램은 [그림 2-26]과 같다.

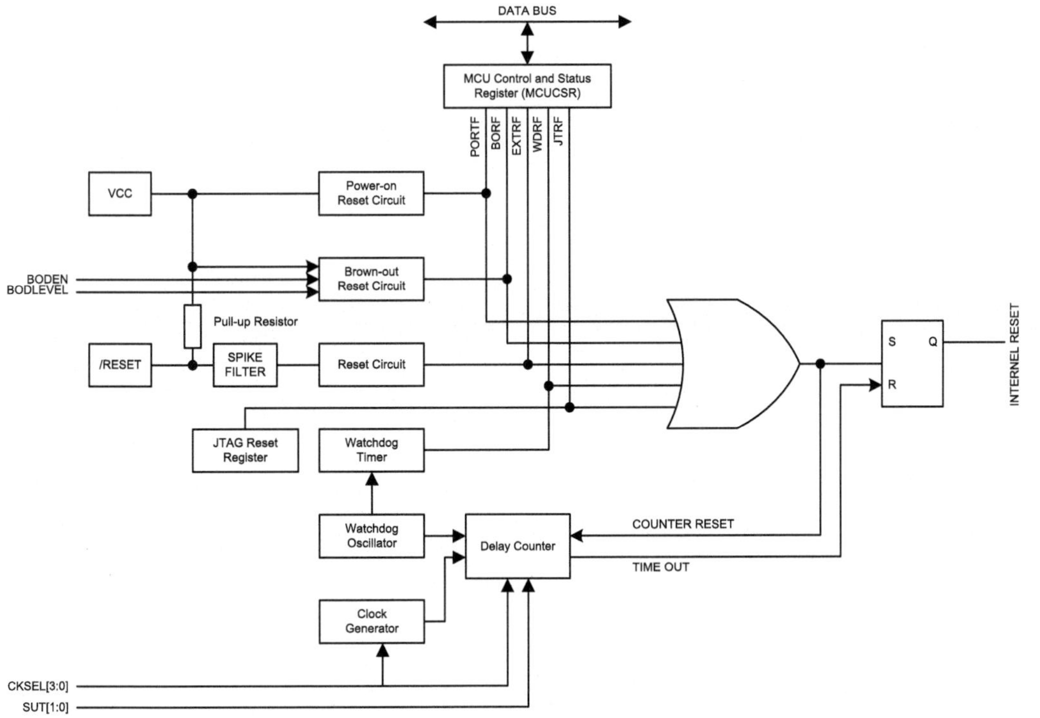

그림 2-26 • 리셋 블록 다이어그램

표 2-28 • AVR의 리셋 소스

번호	클럭	설명
1	파워-온 리셋(Power-on Reset)	입력 전압 Vcc가 일정 전압 이하로 떨어지면 리셋된다.
2	외부 리셋(External Reset)	/RESET 핀에 LOW 입력이 들어오면 리셋된다.
3	브라운-아웃 검출 리셋 (Brown-out Detection Reset)	BOD 입력 전압이 일전 전압 아래로 떨어지면 리셋된다.
4	와치독 리셋(Watchdog Reset)	와치독 타임아웃이 발생하면 리셋된다.

(1) 파워-온 리셋(Power-on Reset)

공급 전압 Vcc가 문턱전압(V_{POT} : Power-on Reset Threshold Voltage) 이하로 낮아지면 내부 감지 회로에 의해 리셋이 발생한다.

[그림 2-27]을 살펴보면 /RESET이 활성화된 이후에도 t_{TOUT} 시간 동안 리셋이 유지됨을 알 수 있다. 만일 t_{TOUT} 시간 동안에 리셋이 발생한다면 리셋은 다시 활성화된다.

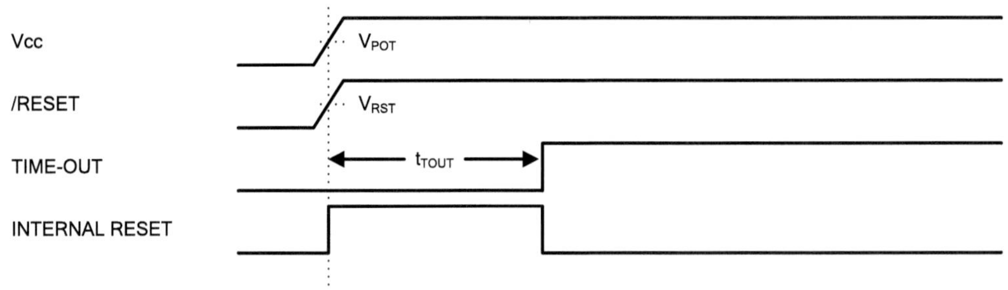

그림 2-23 • /RESET 핀을 VCC에 연결하고 시작한 경우

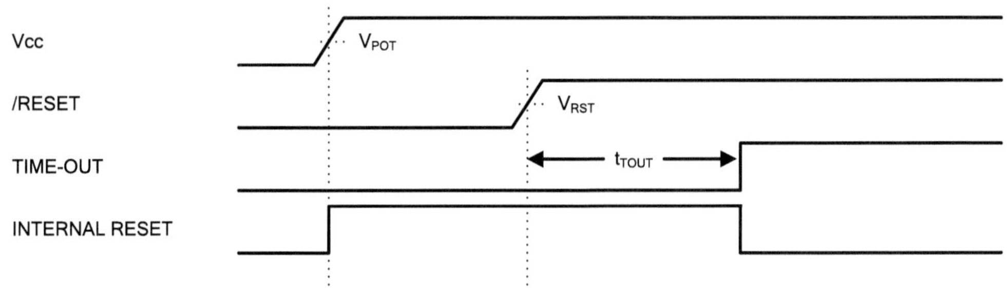

그림 2-27 • /RESET 핀을 외부 리셋 신호에 연결하고 시작한 경우

(2) 외부 리셋(External Reset)

외부 /RESET 핀의 로우 레벨 입력이 리셋 문턱전압(V_{RST} : Reset Threshold Voltage) 이하 상태로, 시간이 최소 시간(1.5us) 이상이 되면 마이크로컨트롤러는 리셋된다. 파워-온 리셋의 타이밍 다이어그램과 마찬가지로 리셋된 이후에도 t_{TOUT} 시간 동안 리셋은 유지된다.

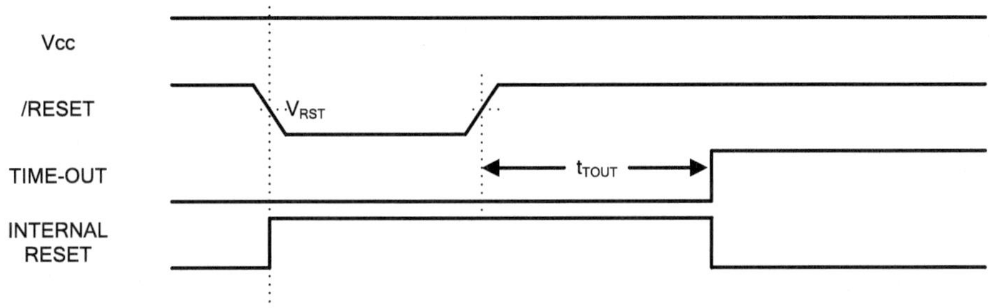

그림 2-28 • 외부 리셋의 동작

(3) 브라운-아웃 검출 리셋(Brown-out Detection Reset)

브라운-아웃 검출기(Brown-out detector)가 브라운-아웃 문턱 전압(V_{BOT} : Brown-out Reset Threshold Voltage) 이하 상태로, 최소 시간(2us) 이상이 되면 마이크로컨트롤러는 리셋된다. 단 브라운-아웃 검출기가 활성화되어 있어야 한다. 검출 전압 레벨 V_{BOT}는 퓨즈 비트에서 BODLEVEL로 선택하는데, 2.7 혹은 4.0V로 지정한다. BOD(Brown-out Detection) 기능은 퓨즈 비트의 BODEN 비트로 동작을 설정 혹은 금지한다.

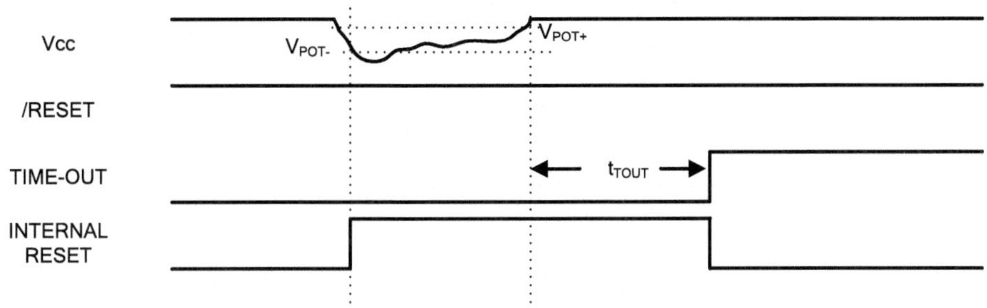

그림 2-29 • 브라운-아웃 검출 리셋 동작

(4) 와치독 리셋

와치독 타이머의 지정한 시간이 경과하면 1클럭 주기의 리셋 펄스를 발생시켜 마이크로컨트롤러를 리셋시킨다. 단 와치독 타이머가 활성화되어 있어야 한다. 와치독 리셋(Watchdog Reset) 역시 리셋이 활성화된 이후에도 t_{TOUT} 시간 동안 리셋이 유지됨을 알 수 있다.

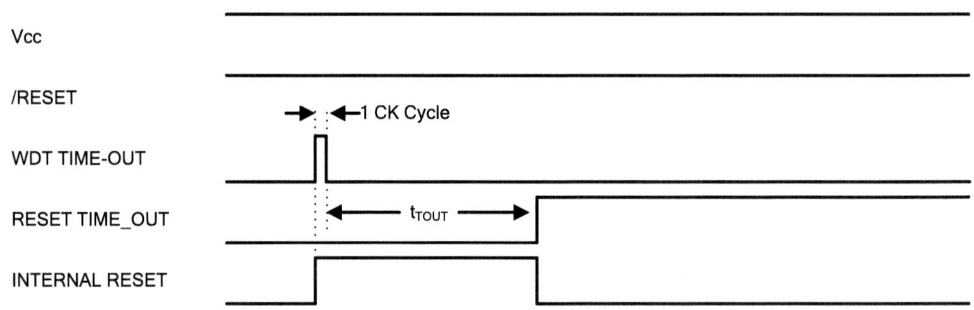

그림 2-30 • 와치독 리셋 동작

6.2 MCUCSR

MCU가 어떠한 이유로 리셋되었는지를 알아보기 위해서 MCUCSR(MCU Control and Status Register)의 비트를 읽어보면 알 수 있다.

BIT	7	6	5	4	3	2	1	0
MCUCSR $3C($5C)	-	-	-	JTRF	WDRF	BORF	EXTRF	PORF
R/W	R/W	R	R	R/W	R/W	R/W	R/W	R/W
INIT	0	0	0	See Bit Description				

그림 2-31 • MCU Control and Status Register

- BIT 7 : Reserved
- BIT 6 : Reserved
- BIT 5 : Reserved
- BIT 4 : JTRF (JTAG Reset)
- BIT 3 : WDRF (Watchdog Reset)
- BIT 2 : BORF (Brown-out Reset)

- BIT 1 : EXTRF (External Reset)
- BIT 0 : PORF (Power-on Reset)

각각에 해당하는 리셋이 발생하면 해당 비트는 1로 세트된다. 예를 들어 외부 리셋이 발생하면 BIT 1이 1로 세트된다. 단 파워-온 리셋이 발생하면 나머지 비트는 모두 클리어된다.

7 ATmega128의 와치독 타이머

7.1 와치독의 개념

와치독(Watchdog)이란 '집 지키는 강아지', '경비견' 이라는 뜻으로 마이크로컨트롤러를 지킨다는 의미이다.

와치독 타이머 초기에 정해진 시간 간격 안에 값을 클리어해주어야 한다. 마이크로컨트롤러는 원래 작업을 하다 와치독 타이머의 타임아웃이 되기 전에 값을 클리어해주고, 다시 원래 작업을 하다가 와치독 타이머의 타임아웃 되기 전에 값을 클리어해준다. 마이크로컨트롤러는 이 과정을 반복하는데 과연 왜 그럴까? 와치독 타이머는 마치 마이크로컨트롤러가 하는 작업을 방해하는 것처럼 보인다. 하지만 실상은 마이크로컨트롤러의 안정성을 향상시키는 기술이다.

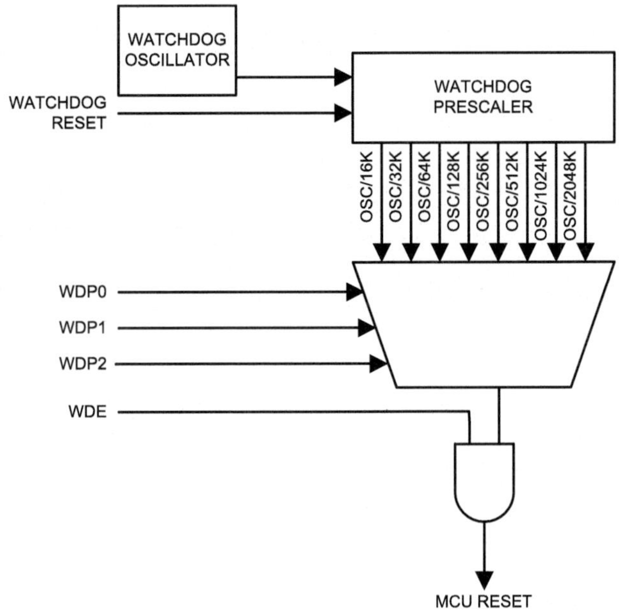

그림 2-32 • 와치독 타이머의 블록 다이어그램

마이크로컨트롤러는 당연히 정상적인 동작을 하도록 설계되어 있지만, 외부의 잡음이 발생하거나 기타 이유로 인하여 멈추거나 비정상적인 동작을 할 여지가 있다. 예를 들어 마이크로컨트롤러가 멈춘다면 모든 기능이 정지되고, 당연히 와치독 타이머 또한 갱신시킬 수 없다. 이럴 경우 와치독 타이머는 마이크로컨트롤러를 리셋시켜버린다. 따라서 와치독 타이머는 외부 클럭과 별도로 내부의 독립적인 클럭을 사용한다. 와치독 타이머가 외부 클럭과 연동되어있을 때 외부 클럭이 불안정하게 동작하면 와치독 역시 불안정하게 동작되므로 와치독은 외부 크리스털과 분리된 내부의 1MHz 타이머를 사용한다.

7.2 WDTCR(Watchdog Timer Control Register)

- BIT 7 : Reserved

BIT	7	6	5	4	3	2	1	0
WDTCR $21($41)	-	-	-	WDCE	WDE	SDP2	WDP1	WDP0
R/W	R	R	R	R/W	R/W	R/W	R/W	R/W
INIT	0	0	0	0	0	0	0	0

그림 2-33 • Watchdog Timer Control Register

- BIT 6 : Reserved
- BIT 5 : Reserved
- BIT 4 : WDCE(Watchdog Timer Control Register)
- BIT 3 : WDE(Watchdog Change Enable)
- BIT 2 : WDP2(Watchdog Prescaler2)
- BIT 1 : WDP1(Watchdog Prescaler1)
- BIT 0 : WDP0(Watchdog Prescaler0)

WDCE 비트는 와치독을 해제하거나 타임아웃을 변경할 때 사용하고, WED는 와치독을 설정 또는 해제하는 데 사용된다. 나머지 WDP2, WDP1, WDP0 비트는 와치독의 타임 아웃 시간을 설정하는 데 사용되며, 그에 해당한 설정은 [표 2-29]와 같다.

표 2-29 • 와치독 타이머의 분주비 설정

번호	WDP2	WDP1	WDP0	와치독 분주비	타임아웃(VCC=3.0)	타임아웃(VCC=5.0)
1	0	0	0	16,384 (16K)	17.1 ms	16.3 ms
2	0	0	1	32,768 (32K)	34.3 ms	32.5 ms
3	0	1	0	655,36 (64K)	68.5 ms	65 ms
4	0	1	1	131,072 (128K)	0.14 ms	0.13 sec
5	1	0	0	262,144 (256K)	0.27 ms	0.26 sec
6	1	0	1	524,288 (512K)	0.55 ms	0.52 sec
7	1	1	0	1,048,576 (1,024K)	1.1 sec	1.0 sec
8	1	1	1	2,097,152 (2,048K)	2.2 sec	2.1 sec

7.3 와치독 타이머의 설정과 해제

와치독 타이머를 설정하는 것은 간단하나 와치독 타이머를 해제하는 것은 조금 복잡하다. 이는 와치독 타이머가 마이크로컨트롤러의 안전한 동작 유무와 긴밀한 관계가 있기 때문이다. 와치독을 작동 해제하는 어셈블리어 및 C언어 예제 코드는 다음과 같다.

```
; <코드> 와치독 타이머를 작동시키는 어셈블리어 예제

WDT_off:
; Write logical one to WDTOE and WDE
ldi r16, (1<<WDTOE)|(1<<WDE)
out WDTCR, r16
; Turn off WDT
ldi r16, (0<<WDE)
out WDTCR, r16
ret
```

```
/* <코드> 와치독 타이머를 작동 시키는 C언어 예제 */

void WDT_off(void)
{
/* Write logical one to WDTOE and WDE */
WDTCR = (1<<WDTOE) | (1<<WDE);
/* Turn off WDT */
WDTCR = 0x00;
}
```

8 메모리 락 비트와 퓨즈 비트에 대하여

8.1 소개

AVR은 메모리 락 비트(Memory Lock Bit)와 퓨즈 비트(Fuse bit)라는 것을 가지고 있다. 메모리 락 비트는 메모리의 내용을 보호하기 위한 비트이며, 퓨즈 비트는 해당 디바이스의 각종 설정을 위한 비트이다. AVR이 갖고 있는 기능 중 예를 들어 디버깅을 위한 JTAG을 사용하고 싶다거나, 혹은 클럭 설정을 변경하고 싶다면 퓨즈 비트를 통해서 변경하면 된다.

퓨즈비트로 클럭 설정을 어떻게 하는지 예를 들어 보자. AVR은 다양한 클럭 소스를 입력받을 수 있는데, 입력을 받지 않을 수도, 받을 수도 있으며 받는다면 저주파를 받을지, 고주파를 받을지 선택할 수 있다.이러한 퓨즈 비트는 CKSEL3, CKSEL2, CKSEL1, CKSEL0 네 개의 비트로 하는데 111이면 외부 클럭 입력, 000이면 외부 클럭 이런 식으로 설정하면 된다는 뜻이다. 본인의 환경에 맞게 CKSEL 값을 적당하게 설정하고 사용하면 된다.

ATmega128은 1바이트의 메모리 락 비트와 3 바이트의 퓨즈 비트를 가지고 있다. 이러한 비트 설정으로 프로그램 및 메모리 락을 걸 수도 있고, 각종 클럭 설정, 부트 사이즈(Boot Size), 스타트-업 타임(Start-up Time) 설정, 저전압 검출 등 다양한 설정이 가능하다.

초보자가 메모리 락을 설정하는 경우는 거의 없으며 딱히 설정할 필요도 없기 때문에 이 부분은 간략하게 알아보고 기본설정 값을 그대로 사용하기로 하자. 그러나, 퓨즈 비트는 AVR을 사용하기 위해 반드시 알아야 한다. 만일 비트 설정을 임의대로 했을 경우 AVR이 오동작하거나 아예 동작하지 않을 수가 있으므로 각 비트에 대해 정확하게 이해하고 주의하여 설정하기 바란다.

메모리 락 및 퓨즈 비트 설정은 아래와 같이 크게 3부분으로 나뉜다. 앞서 언급했던 바와 같이 1,2는 간략하게 알아보도록 하고 3. 퓨즈 비트 관련 설정을 상세하게 알아보도록 하자.

표 2-30 • 메모리 락 비트와 퓨즈 비트

번호	항목	비트수	설명
1	Flash Lock Bit(플래시 락 비트)	4	프로그램 코드의 락 설정
2	Boot Lock Bit(부트 락 비트)	2	부트 프로그램의 락 설정
3	Fuse Bits(퓨즈 비트)	16	AVR의 각종 환경(클럭 외) 퓨즈 비트 설정

8.2 메모리 락 비트

메모리 락은 크게 플래시 락 비트(Flash Lock Bit)와 부트 락 비트(Boot Lock Bit))로 나뉘는데 플래시 락 비트는 프로그램의 읽기(Read) 혹은 쓰기(Write)를 막는 목적으로 사용되고, 부트 락 비트(Boot Lock Bit)는 실행 프로그램이 응용 프로그램 혹은 부트로더 영역을 접근하는 것을 막는 목적으로 사용된다.

표 2-31 • ATmega128의 메모리 락 비트와 부트 락 비트

번 호	항 목	비트 수	설 명
1	플래시 락 비트Flash Lock Bit	4	프로그램 코드의 잠금lock 설정
2	부트 락 비트Boot Lock Bit	2	부트 프로그램의 잠금lock 설정

메모리 락 비트는 아래 그림에서 1,0 비트에 해당한다. AVR의 프로그램 코드는 플래시 메모리에 적재되는데 플래시 락 비트 설정을 통하여 프로그래밍을 금지하거나 EEPROM의 프로그래밍을 금지할 수 있다. 심지어는 퓨즈비트 설정도 금지할 수 있으므로 주의해서 설정해야 한다.

표 2-32 • ATmega128의 메모리 락 비트(Memory Lock Bit)의 구성

비트	비트 이름	기 능	기본값
7	-	Unused	1
6	-	Unused	1
5	BLB12	Boot Lock Bit 12	1
4	BLB11	Boot Lock Bit 11	1
3	BLB02	Boot Lock Bit 02	1
2	BLB01	Boot Lock Bit 01	1
1	LB2	Lock Bit 2	1
0	LB1	Lock Bit 1	1

8.3 부트락 비트

부트락 비트는 다음 그림에서 5,4,3,2 비트에 해당한다. 부트로더 역시 사용하는 경우는 별로 없으므로 기본 설정을 그대로 사용하도록 한다. 이와 관련된 자세한 내용을 알고 싶다면 데이터 시트를 살펴보기 바란다.

표 2-33 • ATmega128의 부트 락 비트Boot Lock Bit의 구성

비트	비트 이름	기 능	기본값
7	-	Unused	1
6	-	Unused	1
5	BLB12	Boot Lock Bit 12	1
4	BLB11	Boot Lock Bit 11	1
3	BLB02	Boot Lock Bit 02	1
2	BLB01	Boot Lock Bit 01	1
1	LB2	Lock Bit 2	1
0	LB1	Lock Bit 1	1

8.4 퓨즈 비트

퓨즈 비트(Fuse Bit)는 마이크로컨트롤러의 각종 시스템 설정을 위한 비트이다. 퓨즈비트의 예를 들어 보자면 클럭을 어떻게 입력 받을 것인가? 입력을 받는다면 내부 클럭을 입력 받을 것인가? 외부 클럭을 입력 받을 것인가? 또 외부 클럭을 입력 받는다면 몇 MHz의 주파수를 입력 받을 것인가? 하나의 예를 더 들어 보자면 부트 로더를 사용할 것인가, 말 것인가? 사용한다면 용량은 얼마로 할 것인가? 등등을 설정하는 비트이다.

당근이의 한마디

- 퓨즈 비트는 무작위로 설정했을 때 AVR이 오동작하거나 아예 동작하지 않을 수가 있으므로 각 비트에 대해 충분히 이해한 후에 주의하여 설정하기 바란다.
- AVR을 사용하기 위해 반드시 알아야 하고 AVR을 처음 접하는 초보자가 특히 클럭 설정에서 실수하여 AVR이 동작하지 않는 경우가 많으므로 정확하게 이해하도록 한다.
- 퓨즈 비트는 해당 비트를 쓰면(=Write= Programmed) 0, 지우면(=Erase=Unprogrammed) 1로 설정된다. (쓸 때 1, 지울 때 0이 아님을 주의하기 바란다.) - Programmed = 프로그램드 = 0 = Check = 체크 = 설정- Unprogrammed = 언프로그램드 = 1 = Uncheck = 언체크 = 해제
- 칩을 지우는 명령어 erase를 수행해도 퓨즈비트는 지워지지 않는다. 또한 메모리 락 비트를 사용하여 퓨즈 비트를 변경할 수 없도록 보호할 수도 있다. 따라서 퓨즈 비트의 변경을 원치 않을 때는 먼저 퓨즈 비트를 내가 원하는 값으로 설정한 이후에 메모리 락 비트를 나중에 설정해야 하는 것도 주의하기 바란다.
- 내가 원하는 대로 설정한 다음에 Ok를 누른다고 설정이 적용되지 않는다. 반드시 Write를 눌러야 한다.

이러한 퓨즈 비트(Fuse Bit)는 상위 바이트(High Byte)와 하위 바이트(Low Byte)로 나뉘는 경우도 있는데 ATmega128은 2바이트가 아닌 확장 퓨즈 바이트, 상위 바이트, 하위 바이트 3바이트로 나뉜다. 이제 각각의 퓨즈 바이트에 대해 차근 차근 알아보도록 하자.

(1) 확장 퓨즈 바이트(Extended Fuse Byte)

표 2-34 • 확장 퓨즈 바이트의 비트 구성

비트	비트 이름	기 능	기본 값
7	-	Unused	1
6	-	Unused	1
5	-	Unused	1
4	-	Unused	1
3	-	Unused	1
2	-	Unused	1
1	M103C	ATmega103 Compatible Mode	0 (Programmed)
0	WDTON	Watchdog Timer Active	1 (Unprogrammed)

- BIT[7:2] : 사용되지 않는 비트이다.
- BIT 1 : 디버그(Debug) 관련 비트 설정

비트 1은 "ATmega128을 ATmega103 호환 모드로 사용하겠느냐"의 의미이다. 보통 ATmega103 호환모드를 사용하지 않으므로 해제하고 나서 사용하도록 한다. ATmega103 호환 모드가 필요한 경우 당연히 설정하고 써야 한다. ATmega128은 공장 출하 시 M103C 호환모드로 설정되어 있다. 이러한 경우 128로 동작시키고자 할 때 비정상적으로 동작해 보이는 것처럼 보일 수 있다. 따라서 ATmega128로 사용할 경우 반드시 이 설정을 해제해 주어야 한다.

- BIT 0 : 디버그(Debug) 관련 비트 설정

비트 0은 "와치독 타이머를 사용하겠느냐"는 의미이다. 사용할 경우 0, 사용하지 않을 경우 1로 설정한다. 기본값은 1로 사용하지 않겠다(Disable)고 설정되어 있다. 하지만 WDTON은 소프트웨어적으로 사용유무를 결정할 수 있다.

(2) 퓨즈 상위 바이트(Fuse High Byte)

표 2-35 • 퓨즈 상위 바이트의 비트 구성

비트	비트 이름	기 능	기본 값
7	OCDEN	On Chip Debug Enable	1
6	JTAGEN	JTAG Enable	0
5	SPIEN	SPI Enable	0
4	CKOPT	Clock Option	1
3	EESAVE	EEPROM Save	1
2	BOOTSZ1	Boot Size 1	0
1	BOOTSZ0	Boot Size 0	0
0	BOOTRST	Boot Reset	1

- BIT 7 : OCD 관련 비트 설정

비트 7과 비트 6 두 비트는 디버그 관련 설정 비트이다. OCD는 기본적으로 사용하지 않도록 설정되어 있고 JTAG은 사용하도록 설정되어 있다. OCD는 "On Chip Debug 기능을 사용하겠느냐"는 의미이다. 사용할 경우 0, 사용하지 않을 경우 1로 설정하면 된다.

- BIT 6 : JTAGEN 관련 비트 설정

"JTAG 기능을 사용하겠느냐"는 의미이다. 사용할 경우 0, 사용하지 않을 경우 1로 설정하면 된다. 주의할 점은 JTAGEN을 사용할 경우 PORTF의 JTAG에 관련된 핀을 범용 입출력 핀으로 사용하지 못한다는 점이다. 따라서 이 점을 주의해서 설정해야 한다.

- BIT 5 : SPIEN 관련 비트 실정

SPI를 통한 직렬 프로그래밍의 가능 여부를 설정하는 비트이다. 당연히 설정되어 있을 것이다.

- BIT 4 : CKOPT 관련 비트 설정

클럭의 세기(진폭의 변화)를 강하게 하여 주변의 노이즈에 강하게 한다. 일반 작업 환경에서는 설정하든 해제하든 별 의미가 없다.

- BIT 3 : EEPROM 비트 설정

프로그램 시에도 EEPROM을 보호하는 기능을 한다.

- BIT [2:0] : 부트 사이즈(Boot size) 설정

부트 사이즈를 설정한다. 부트 로더와 관련된 내용이므로 다루지는 않는다. 자세한 내용은 데이터시트를 참조하기 바란다.

(3) 퓨즈 하위 바이트(Fuse Low Byte)

표 2-36 • 퓨즈 하위 바이트의 비트 구성

비트	비트 이름	기 능	기본 값
7	BODLEVEL	Brown Out Detector Trigger Level Select	1
6	BODEN	Brown Out Detector Enable	1
5	SUT1	Start-up Time	1
4	SUT0	Start-up Time	0
3	CKSEL3	Clock Select3	0
2	CKSEL2	Clock Select2	0
1	CKSEL1	Clock Select1	0
0	CKSEL0	Clock Select0	1

• BIT [7:6] : BOD(Brown Out Detect) 관련 설정

BOD란 브라운 아웃 디텍트의 약자로 "저전압을 검출하여 일정 전압 이하로 떨어지면 마이크로컨트롤러를 리셋하여 오동작하는 것을 방지"하는 기술이다. BODEN은 "Brown Out Detector 기능을 사용하겠느냐"를 설정하는 비트이고, BODLEVEL은 "BOD 기능을 사용하되 어떤 전압 레벨을 사용하겠느냐"는 의미이다. 본인의 환경에 맞게 적절하게 설정하면 되는데 보통 저전압으로 떨어지는 열악한 환경이 아닌 경우 기본 설정 그대로 사용한다. 만일 입력 전압이 불안정하다고 예상될 경우 사용하면 된다.

• BIT [5:4] : 스타트-업(Start-up) 관련 비트 설정

대개의 마이크로컨트롤러는 전원 인가 후 시스템 클록이 안정적으로 발생하기까지 일정 시간이 필요하다. 이를 기동 시간(Start up Time)이라 하여 SUT1, SUT0으로 설정한다. 이 비트는 보통 CKSEL3,2,1,0과 같이 설정한다.

• BIT[3:0] : 클럭 비트 설정

AVR은 다음과 같이 다양한 클럭 소스를 입력 받을 수 있다. ATmega128의 클럭 입력은 내부 클럭을 사용할 수도 있고, 외부 RC 오실레이터, 외부 레조네이터를 사용할 수도 있다(이에 대해서는 "ATmega128의 클럭 시스템과 배분"에서 자세하게 설명하였으므로 중복을 피하기 위해 설명은 생략한다). 보통 AVR을 외부 크리스털 입력과 함께 최대 주파수인 16 MHz로 사용하는 것이 일반적이다.

표 2-37 • 클럭 비트 설정

종류	클럭 소스	주파수(MHz)	CKSEL3..0
1	External Crystal/Ceramic Resonator		1111~1010
2	External Low-frequency Crystal		1001
3	External RC Oscillator	8.0 ~ 12.0	1000
		3.0 ~ 8.0	0111
		0.9 ~ 3.0	0110
		0.1 0.9	0101
4	Calibrated Internal RC Oscillator	8.0	0100
		4.0	0011
		2.0	0010
		1.0	0001
5	External Clock		0000

8.5 제품 표시 바이트

Atmel사의 모든 마이크로컨트롤러에는 모델의 종류를 표시하는 3바이트의 코드가 내장되어 있다. 이 제품 표시 바이트(Signature Bytes)는 보호 기능이 설정된 경우에도 읽을 수 있다. 모델에 따른 제품 표시 바이트는 아래와 같다. 모델이 매우 많기 때문에 몇 가지 모델 정도만 표시하였다.

표 2-38 • 제품 표시 바이트0x00

번지	0x01 번지	0x02 번지	모델(Model)
0x1E Atmel 제품	0x97 (64KB Flash Model)	0x01	ATmega103
		0x02	ATmega128
		0x03	ATmega1280
		0x04	ATmega1281
	0x96 (64KB Flash Model)	0x01	-
		0x02	ATmega64
		0x04	ATmega640
	0x95 (32KB Flash Model)	0x01	ATmega1283
		0x02	ATmega128
	0x94 (16KB Flash Model)	0x01	ATmega161
		0x02	ATmega163
		0x03	ATmega16
		0x04	ATmega162
		0x05	ATmega169

8.6 다양한 툴에서 퓨즈 비트 설정하기

아래는 다양한 툴에서 메모리 락 비트, 부트락 비트, 퓨즈 비트를 설정하는 화면을 보여준다. 간혹 몇몇 독자들은 프로그램이 달라지면 어떻게 설정하는지 당황하는 경우가 종종 있는데 보이는 화면은 다르더라도 설정하는 값의 의미는 동일하므로 당황하지 말기 바란다.

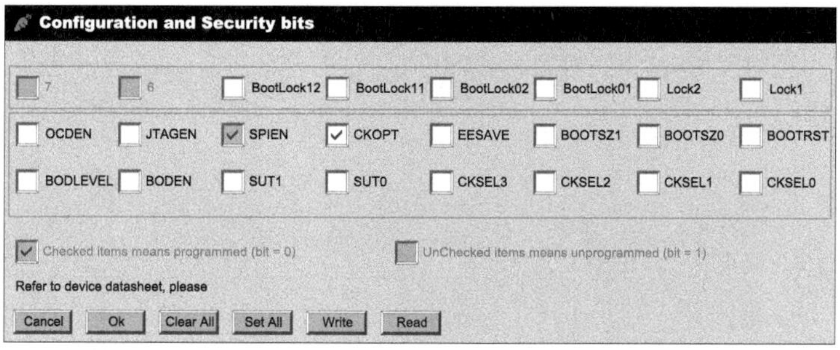

그림 2-34 • Ponyprog2000에서 퓨즈비트 설정 대화창

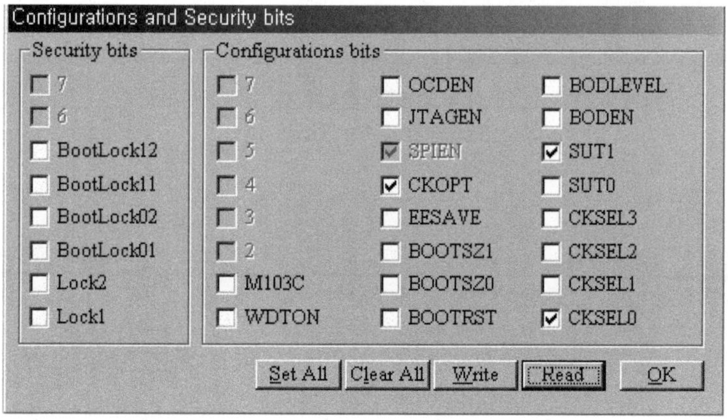

그림 2-35 • Toastprog2005에서 퓨즈비트 설정 대화창

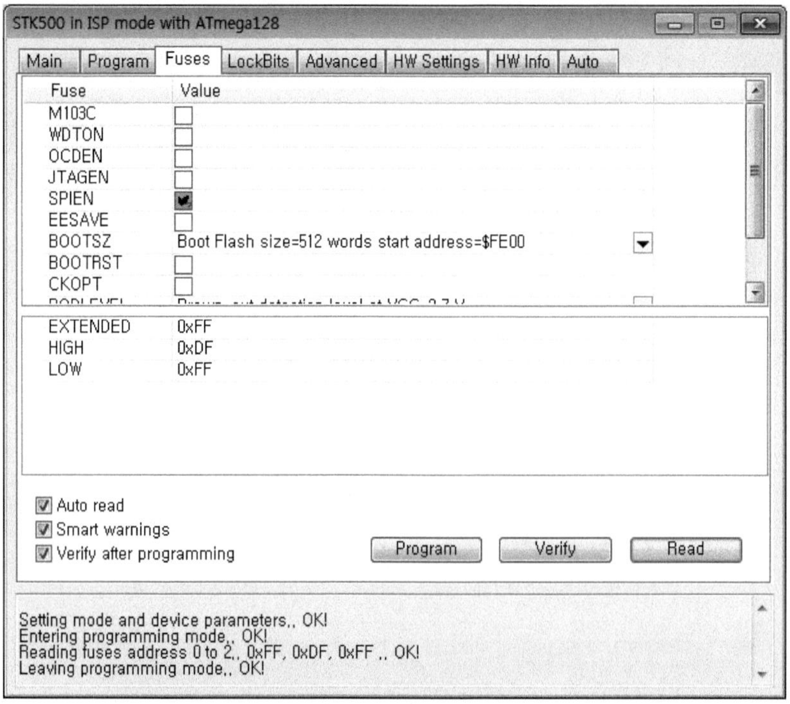

그림 2-36 • AVRStudio 4.18에서 퓨즈비트 설정 대화창

당근이의 한마디 **다른 디바이스에 있는 재미있는 퓨즈 비트**

이러한 메모리 락 비트와 퓨즈 비트는 디바이스마다 약간씩 다르다. 예를 들어 ATmega128은 M103C 비트라는 것이 있지만, 다른 디바이스는 없는 경우도 있고, 또 ATmega48은 RSTDISBL이라는 비트가 있지만 다른 디바이스는 없는 경우도 있다.

모든 디바이스의 메모리 락 비트와 퓨즈 비트를 살펴볼 수는 없지만 몇몇 위험하기도 하고 재미있는 퓨즈 비트를 살펴보자.

RSTDISBL : Reset Disabled

AVR의 시리즈 중 일부는 외부 리셋핀을 범용 입출력 핀으로 사용 가능한데 이를 사용할 것인지 아닐 것인지를 결정하는 비트이다. 기본적으로 설정되어 있지 않으며 일반적인 경우로도 설정하지 않는 것이 좋다.

"Reset 핀을 범용 입출력 핀으로 사용할 경우 포트가 늘어나서 더 좋지 않느냐"고 말할 수 있는데 한 번 설정하면 Reset 핀이 범용 입출력 핀으로 바뀌기 때문에 프로그램을 더 이상 쓸 수 없게 되는 재미있는 상황이 발생한다(필자 역시 이런 뼈아픈 경험이 있었던 적이 있었다). 따라서 특별한 이유가 없다면 설정하지 않고 사용하는 것이 정신 건강상 유리할 것이다.

M103C 호환모드 설정 비트 :

ATmega128에서는 103 호환 모드 설정 시 오동작할 우려가 있음에 유의하라. 다운로드는 되지만 의도대로 AVR이 동작하지 않는다.

JTAGEN 비트 :

ATmega128에서 JTAGEN을 설정할 경우 JTAG 관련 포트가 GPIO로 동작되지 않는다. 이상하게 동작한다(당연한 얘기지만).

CLK_DIV_8비트 :

ATmega48에는 CLK_DIV_8이라는 퓨즈 비트가 있는데, 이는 원래 클럭을 8분주하여 느리게 한다는 의미이다. LED 점등이 매우 늦어서 왜 그런지 한참 고민했던 경험이 있다.

9 이 장의 간추림

- ATmega128은 아트멜의 진보된 RISC 구조에 기반한 저전력의 CMOS 8비트 마이크로컨트롤러이다.
- ATmega128은 전원 및 리셋 관련 핀과 클럭 및 ADC 관련 핀 그리고 병렬 I/O핀 총 64핀으로 이루어져있으며, 이 중에서 범용 입출력 포트로 사용 가능한 포트는 53핀이다.
  ATmega128은 하버드 구조를 따르고 있기 때문에 내부 버스가 프로그램 버스와 데이터버스로 분리되어있다(하버드 구조란 프로그램 메모리와 데이터 메모리가 분리되어 있는 구조를 말한다).
- ATmega128은 세 개의 메모리를 가지는데 128KB의 플래시 메모리, 4KB의 내부 SRAM, 4KB의 내부 EEPROM을 내장한다.
- 프로그램 메모리는 부트 프로그램 영역(Boot Program Section)과 응용 프로그램 영역(Application Program Section)으로 나뉜다.
- ATmega128의 데이터 메모리는 총 2,144바이트로서, 레지스터 파일 영역, I/O 레지스터 영역, 내부 데이터 SRAM 영역으로 나뉜다.
- ATmega128에는 1KB의 EEPROM이 내장되어 있는데, 여기에 10,000번까지 데이터를 쓸 수 있다.
- AVR은 총 6가지의 다양한 슬립 모드를 지원함으로써 사용자가 원치 않는 혹은 필요한 모듈만 전원을 공급하거나 혹은 하지 않을 수 있다.

- ATmega128은 리셋 시 모든 I/O 레지스터 값이 초기값으로 변경되고 프로그램은 리셋 벡터로부터 시작된다.
- 마이크로컨트롤러는 와치독 타이머를 통해서 안전성을 향상시켰다.

연습문제

1. 다음 보기 중에서 AVR에 대한 설명으로 맞지 않는 것은?

① AVR은 아트멜이라는 미국 반도체 회사에서 생산하는 제품이다.

② 대개의 AVR 1MHz당 1MIPS에 이르는 성능으로 동작 속도가 빠른 편이다.

③ 모든 AVR은 RISC 구조를 가지므로 명령어 개수가 50개 미만이다.

④ 근래에는 AT90 시리즈는 단종되어 시장에 나오지 않는다.

2. 다음 보기 중에서 ATmega128의 외부 구조에 대한 설명으로 맞지 않는 것은?

① ATmega128의 모든 핀은 64개이고 제어 가능한 핀(I/O)은 53개이다.

② XTAL1, XTAL2는 외부 클럭을 입력받는 용도로 사용되는 핀이다.

③ AVCC, AREF, AGND는 ADC 사용을 위한 핀이다.

④ PORTA, PORTB 등은 범용 목적 I/O 핀으로서 동시 입출력이 가능하다.

3. 다음 보기 중에서 ATmega128의 내부 구조에 대한 설명으로 맞지 않는 것은?

① ATmega128은 하버드 구조로서 버스가 프로그램 버스와 데이터 버스로 분리되어 있다.

② 상태 레지스터란 ALU가 가장 최근에 실행한 연산의 결과가 저장되는 레지스터이다.

③ ATmega128은 32개의 범용 레지스터를 갖고 있어 보통은 일반 레지스터의 기능을 수행한다.

④ 스택 포인터는 인터럽트 발생 시 인터럽트의 위치가 어디인지 저장해놓기 위한 레지스터이다.

4. 다음 보기 중에서 ATmega128의 메모리 구조에 대한 설명으로 맞지 않는 것은?

① ATmega128의 메모리는 데이터 메모리와 플래시 메모리로 나누어 2종류의 물리적 메모리가 있다.

② 작성된 프로그램이 올라가는 메모리는 플래시 메모리이다.

③ 포트 출력을 위해서 사용되는 것이 입출력 메모리이다.

④ ATmega128은 64KB의 외부 메모리를 지원한다.

5. 다음 보기 중에서 ATmega128의 클럭 시스템에 대한 설명으로 맞지 않는 것은?

① ATmega128에서 클럭이 필요한 모듈은 총 6개이다.

② ATmega128의 클럭 소스는 총 5개이다.

③ 내부 RC 오실레이터 발진은 외부 크리스털을 연결할 필요가 없고 정확하여 널리 사용된다.

④ AVR은 초기 공장 출하 시 내부 클럭으로 설정되어 있다.

6. 다음 보기 중에서 ATmega128의 퓨즈 비트에 대한 설명으로 맞지 않는 것은?

① 퓨즈 비트는 ATmega128의 메모리 내용을 보호하기 위한 비트이다.

② JTAGEN은 디버깅 관련 비트로서 JTAG 설정을 ON/OFF하는 비트이다.

③ SPIEN 은 프로그래밍을 위한 SPI를 ON/OFF하는 비트이다.

④ CKSEL은 ATmega128의 각종 클럭 설정을 위한 비트이다.

생각해보기

❶ 아트멜 홈페이지에 접속하여 여러 가지 제품에 대해 살펴보고 어떠한 특징이 있는지 알아보자.

❷ 폰 노이만 구조와 하버드 구조가 어떻게 다른지 알아보자.

❸ AVR의 가장 중요한 특징은 무엇인지 토론해보자.

CHAPTER 03

임베디드 시스템 개발 환경 만들기 (Embedded System)

이번 장에 대하여

이번 장에서는 '임베디드 시스템 개발 환경 구축'에 대해서 알아보도록 한다.

임베디드 시스템에서 개발 환경 구축하기가 50%라고 할 정도로 개발 환경 구축하기가 용이하지 않다.

보통의 컴퓨터는 훌륭한 운영체제와 지원 및 공통적인 프로그램이 많으나 임베디드 시스템은 천차만별인 프로세서와 개별적인 통합 개발 환경, 각자 다른 컴파일러가 존재하기 때문이다.

AVR도 하나의 프로세서가 아니기 때문에 디바이스를 골라야 하고 개별적인 하드웨어 환경과 소프트웨어적인 개발 환경을 선택해야 하는데 어느 것을 선택해야 할지 모르기 때문이다.

1 임베디드 시스템 개발 환경에 대한 이해

1.1 전기 밥통의 사례

당근닷컴 주식회사에서 생산하는 간단한 기능을 하는 전기 밥솥을 예로 들어보자. 전기 밥솥은 전원을 인가하면 녹색 LED가 점등되면서 스위치가 위로 올라와 있는 '보온 상태'가 기본 상태인데, 밥을 짓기 위해서 쌀을 씻은 후 뚜껑을 열어 밥통에 넣은 후 스위치를 아래로 내리면 적색 등이 점등되면서 '취사 상태'로 바뀐다. 취사 상태로 전환하면 히터를 가열하여 쌀을 찐 후 취사가 완료 되면 스위치는 자동으로 위로 올라가며 적색 등은 꺼지고 녹색등이 점등되면서 다시 '보온 상태'로 전환한다.

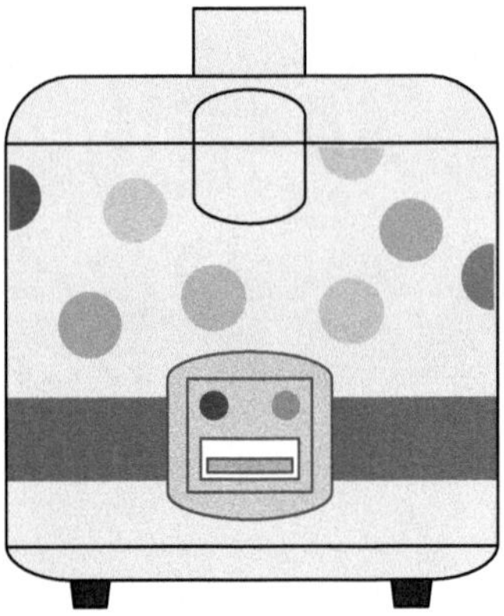

그림 3-1 • 당근닷컴㈜에서 생산하는 전기 밥솥

표 3-1 • 전기 밥솥의 상태

상태	설명
보온 상태	히터를 20°C에 맞춰 밥을 보온한다.
취사 상태	히터를 100°C에 놓은 후 취사 상태를 유지한다. 20분이 경과되면 자동으로 보온 상태로 전환한다.

이러한 전기 밥솥도 입력(Input)과 출력(Output), 기억 및 연산(Process) 과정을 가진 임베디드 시스템 중의 하나라고 볼 수 있다.

한 개의 스위치밖에 없으나 스위치 입력이 존재하고 컴퓨터의 모니터와 같이 LCD는 아니나 두 개의 LED를 통해 현재 상태를 출력할 수 있다. 또한 현재 상태를 기억하거나 히터를 가열하는 신호를 보내는 등 각종 연산을 수행한다.

예를 들어 입력에 따라 히터를 20분간 100°C로 가열한다거나 혹은 20분이 지나면 취사 상태에서 보온 상태로 전환하는 연산을 수행한다.

1.2 내부 임베디드 시스템을 살펴보기

이러한 임베디드 시스템의 내부를 살펴보면 다음과 같은 제어 장치를 볼 수 있는데 이것이 전기 밥통을 제어하는 핵심 기능을 수행한다.

그림 3-2 • 간단한 임베디드 시스템의 제작 예

일반적인 컴퓨터 시스템에서 개발 환경 구축은 입출력 장치로서 모니터와 키보드를 제공하는데 위와 같은 임베디드 시스템에서는 보드만 덩그러니 있는 경우가 대부분이며, 이렇다 할만한 입출력 장치는 찾아볼 수 없다.

- 우리가 작성한 프로그램을 어떻게 넣을까?
- 입력은 어떻게 받아들이고 출력은 어떻게 나타낼까?
- 혹시 프로그램을 넣었는데 제대로 동작하지 않을 경우 어떻게 디버깅을 해야 할까?

임베디드 시스템이 일반 컴퓨터에 비해 상당히 열악한 환경(매우 작은 메모리, 매우 느린 속도)을 갖고 있기 때문에 임베디드 시스템 자체에서 개발이 불가능하다. 따라서 전기밥솥에 해당하는 프로그램을 컴퓨터에서 작성한 후 이를 임베디드 시스템에 이식하는 방법을 사용한다. 이러한 방법이나 환경을 크로스 개발 환경(Cross Development Environment)이라 말하는데 이와 대조적으로 네이티브 개발 환경(Native Development Environment)이라는 것이 있다.

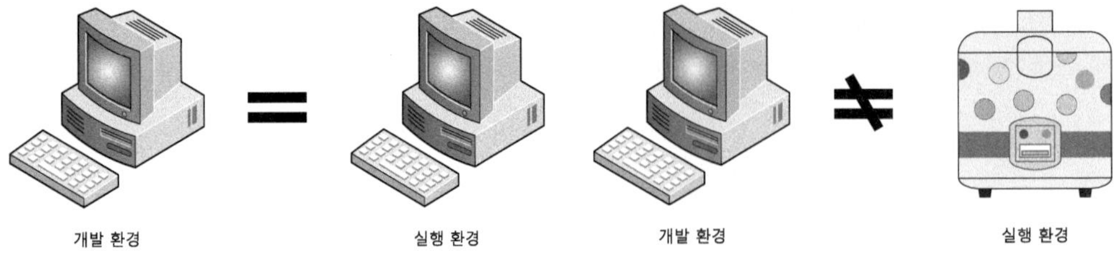

그림 3-3 • 네이티브 개발 환경과 크로스 개발 환경

일반 컴퓨터에서는 개발 환경과 실행 환경이 동일한 경우를 네이티브 개발 환경이라 하고, 임베디드 시스템과 같이 개발 환경과 실행 환경이 서로 다른 경우를 크로스 개발 환경이라 한다.

2 일반적인 임베디드 시스템 개발 환경

이제 임베디드 시스템 개발을 위한 일반적인 개발 환경에 대해 알아보도록 하자. 다음의 예는 일반적 경우로서 반드시 이렇게 구성해야만 동작된다는 뜻은 아니다.

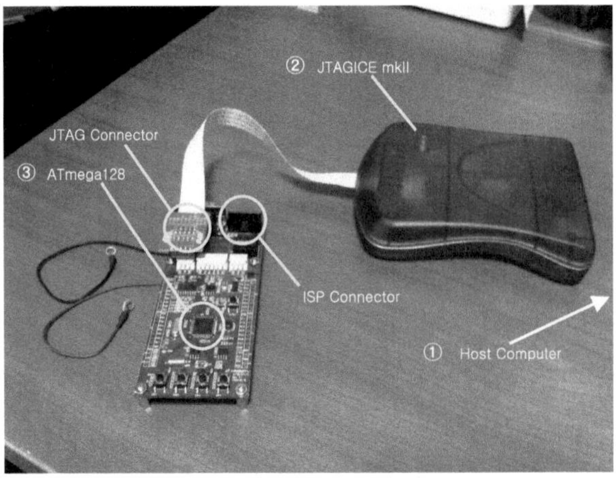

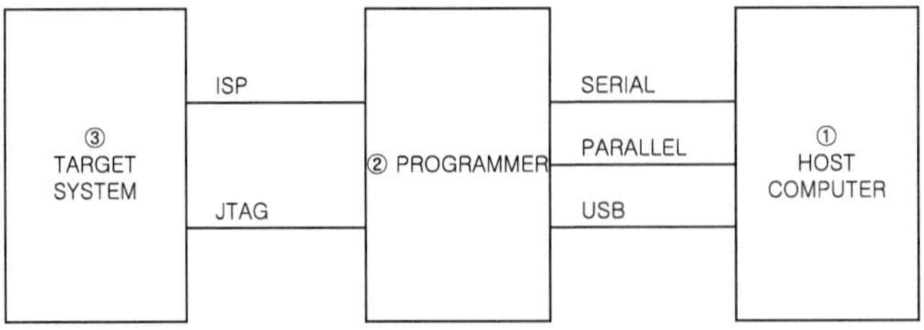

그림 3-4 • 임베디드 시스템 개발 환경

(1) 호스트 컴퓨터

우리가 타겟 시스템에 맞게 소스 코드를 개발하는 컴퓨터를 호스트 컴퓨터라 부른다. 호스트 컴퓨터라고 별도의 컴퓨터가 있는 것은 아니고 우리가 사용하는 컴퓨터에 개발 환경 구축을 위한 소프트웨어를 설치하면 된다.

호스트 컴퓨터는 타겟 시스템에 맞게 통합 개발 환경 프로그램, 에디터 프로그램, 컴파일러 프로그램, 터미널 프로그램, 디버그 프로그램을 설치하면 된다. 컴퓨터 시스템의 경우 이러한 모든 프로그램이 하나로 되어 있는 경우가 많은데 임베디드 시스템의 경우 나누어져 있는 경우가 대부분이다.

(2) 프로그래머

다운로더라고도 불리는 프로그래머는 타겟 보드에 우리가 작성한 프로그램(정확하게는 타겟 시스템에 맞게 컴파일된 hex 혹은 rom 코드)을 다운로드하는 장치를 말하는데 시리얼 통신, 패러럴 통신, USB 통신을 이용한 다양한 프로그래머가 있다. 통신 방식이 다르다 하더라도 프로그래머가 고유의 기능은 동일하다는 점에 오해가 없기를 바란다.

예를 들어 USB Programmer는 USB 통신 방식을 이용하는 프로그래머이고, Parallel Programmer는 병렬 통신방식을 이용하는 프로그래머이다. 두 프로그래머가 통신 방식은 다르지만 프로그래머라는 기능은 동일하다는 의미이다.

(3) 타겟 시스템

타겟 시스템은 우리가 실제로 개발하기 위한 타겟 보드를 말한다. 임베디드 보드 혹은 레퍼런스 보드, 타겟 보드 등 여러 다른 말로 부르기도 하는데 용어의 일관성을 위해서 타겟 시스템이라 칭한다. 이 책에서는 타겟 시스템이 다른 경우가 없지만 후일 개발 시에는 PIC, AVR, DSP, ARM 등 다양한 타겟 시스템을 접하게 될 것이다.

이러한 개발 환경 구축의 목적은 '타겟 시스템을 구동하기 위한 소스를 컴파일하고 이를 프로그래머를 통해 다운로드한 후 디버깅 과정을 거쳐 정상적으로 동작하는 프로그램을 만들기 위한 과정' 이다.

임베디드 시스템 개발 환경은 간편하게 소프트웨어만을 설치하는 일반 컴퓨터 환경과 사뭇 다른데, 하드웨어에 대한 이해가 반드시 선행되어야만 하기 때문이다. 타겟 보드의 CPU가 무엇이고 어떠한 특성을 갖는지 어떠한 방식으로 디버깅 혹은 다운로드해야 하는지에 대해 반드시 숙지해야 한다. 이러한 과정을 거치지 않고서는 타겟 보드를 운용할 수가 없다.

그러나 초보자의 경우, 소프트웨어 개발 툴 및 하드웨어의 디바이스 및 환경이 매우 다양하다는 점으로 인해 어떻게 환경을 구축해야 하는지 판단하기가 어렵다. 따라서 본 장에서는 일반적인 임베디드 시스템 개발 환경 구축에 대해 알아본 이후에 다양한 개발 환경 구축의 사례를 살펴보고, 최종적으로 우리가 사용할 AVR 개발 환경 구축에 대해 알아보도록 하자.

당근이의 한마디 **다운로더와 프로그래머의 차이는?**

보통 타겟 보드에 프로그램을 적재하는 장치의 정식 명칭을 '프로그래머(Programmer)' 라고 하는데, 프로그램을 다운로드한다는 의미에서 다운로더(Downloader)라고 부르기도 한다. 프로그래머나 다운로더는 AVR에서만 사용되는 용어가 아니고, 일반적인 임베디드 환경에서 널리 사용되는 단어이다. AVR은 프로그램을 적재할 때 ISP를 이용하므로, 'USB ISP Programmer' 혹은 'Parallel ISP Programmer', 혹은 'USB JTAG-ICE' 와 같이 불러야 맞을 것이다(JTAG 및 ISP에 대한 설명은 추후 다시 하도록 한다). 그러나 호칭이 너무 길고 굳이 모두 부르지 않아도 문맥상 의미를 쉽게 이해할 수 있으므로 간편하게 '프로그래머' 혹은 '다운로더' 라고 호칭한다.

2.1 일반적인 임베디드 시스템 소프트웨어 개발 환경

임베디드 시스템의 소프트웨어 개발 환경은 보통 에디터(Editor), 크로스 컴파일러(Cross Compiler), 프로그래머(Programmer), 디버거(Debugger) 및 시뮬레이터 혹은 에뮬레이터(Simulator or Emulator)로 구성된다.

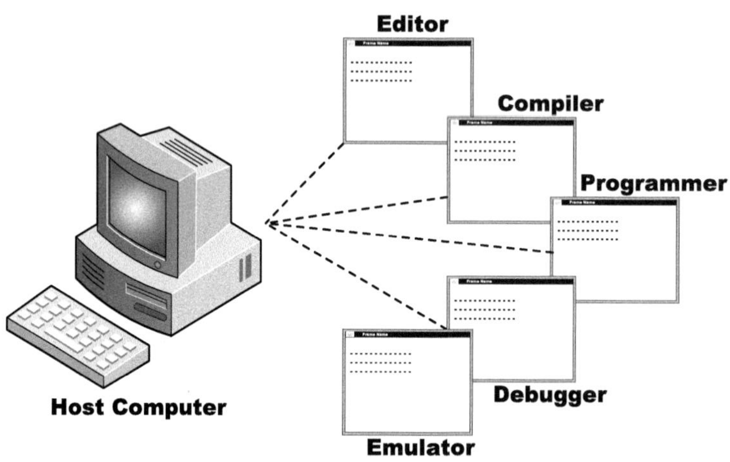

그림 3-5 • 일반적인 개발 환경

(1) 에디터

에디터(Editor)란 주로 코드를 편집하기 위한 프로그램이다. 말 그대로 소스 코드의 입력, 검색, 찾기 등의 기능을 하는 프로그램으로 워드 프로세서를 떠올리면 될 것이다.

에디터 프로그램을 사용해도 무방하지만 소스 코드는 반드시 텍스트 형태로 저장해야 한다는 점은 잊지 말기 바란다. 특별한 경우가 아니라면 프로그램 작성을 위해 개발된 에디터를 사용하는 것이 좋다.

(2) 크로스 컴파일러

임베디드 시스템에 컴파일러란 크로스 컴파일러(Cross Compiler)를 의미하지만, 보통 컴파일러라 약해서 칭한다. 에디터에서 작성한 소스 코드를 타겟 시스템의 프로세서에 맞는 기계어 코드를 생성하는 것이 주목적이다.

(3) 프로그래머

다운로더라고 불리는 프로그래머(Programmer)는 컴파일 되어 기계어로 변경된 후 rom 혹은 hex의 포맷의 파일을 타겟 시스템에 적재하는 프로그램이다.

(4) 디버거

디버거(Debugger)는 작성한 프로그램의 오류를 찾고 고치는 데 도움을 주기 위한 프로그램이다. 소스 코드를 한 라인씩 실행하면서 버그를 찾는 싱글 스텝 트레이스(Single step trace) 또는 특정 변수의 값을 추적(trace)하는 기능, 특정 위치에서 실행을 멈추는 브레이크 포인트(break point) 등 다양한 기능이 있다.

(5) 시뮬레이터 혹은 에뮬레이터(Simulator or Emulator)

마이크로컨트롤러 대신하여 흉내내는 기능을 한다. 실제 타겟 시스템은 없지만 사용자가 작성한 프로그램을 마치 마이크로컨트롤러가 있는 것처럼 실행하는 기능을 한다.

엄청난 용량의 메모리와 고성능의 CPU를 탑재한 일반 컴퓨터에서는 소프트웨어 개발 환경이 그렇게 다양하지는 않다. 일반 컴퓨터에서의 소프트웨어 개발 환경은 대개 IDE(Integrated Development Environment)라 하여, 소스 편집, 컴파일러 및 디버거, 도움말 등이 하나의 툴에 모두 모여 있는 경우가 대부분이다.

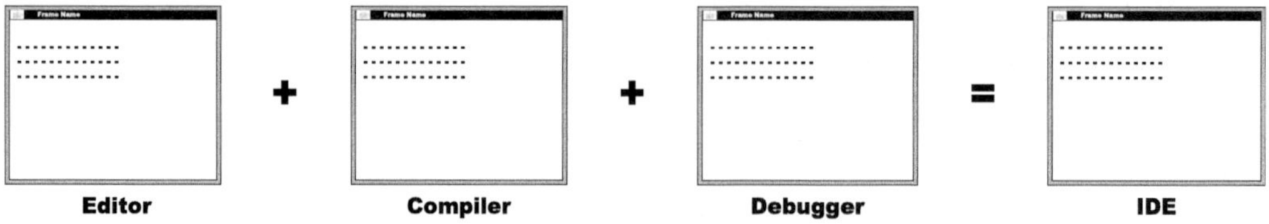

그림 3-6 • IDE 개발 환경

예를 들어 마이크로소프트의 비쥬얼 스튜디오(Visual Studio)는 하나의 프로그램이 이러한 모든 기능을 지원하므로 매우 편리하다. C++, VB, C#, Visual Java, ASP와 같은 여러 언어를 지원함과 동시에 각각의 언어마다 에디팅, 디버깅, 컴파일 등 거의 모든 기능을 지원한다.

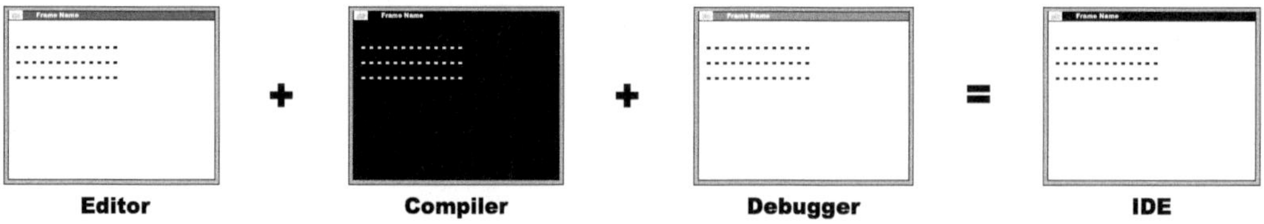

그림 3-7 • 임베디드 개발 환경

그러나 임베디드 시스템에서는 이러한 기능이 통합되어 있는 경우도 있고, 분리되어 있는 경우도 있다. 이 역시 프로젝트의 성격에 맞게 적절한 개발 툴을 선택하여 사용하면 될 것이다.

어떠한 툴이 가장 좋고 어떠한 툴이 가장 나쁘다와 같은 편협한 사고보다는 '이러한 툴이 있구나', '이 툴은 이러한 장점이 있고, 이러한 단점이 있구나' 와 같은 열린 사고로 본인의 환경에 가장 최적인 환경을 구축하면 될 것이다.

또한 개발 툴은 툴일 뿐 그 이상도 이하도 아니다. 어떠한 툴을 사용하던 AVR에 대한 이해를 하고자 함이지, 툴 자체를 배우는 것이 목적이 아니기 때문이다. 집을 짓기 위해 망치의 사용법을 배우는 것이지, 망치 자체에 대해 공부하고자 함이 아닌 것과 마찬가지이다. 다음 개발 환경에 대한 의견은 여러 툴에 대한 개인적인 의견일 뿐이며, 어떤 절대적 기준으로 작성한 것이 아님을 밝힌다.

3 임베디드 시스템의 몇 가지 사례

이제 몇 가지 임베디드 시스템의 개발 환경에 대해 간략하게 살펴보도록 하자. 마이크로컨트롤러는 여러 회사에서 다양한 제품을 생산하기 때문에 당연히 여러 형태의 타겟 보드가 만들어 지고, 아울러 호스트 컴퓨터와 연결하는 방법이 병렬 포트 및 직렬 포트, USB 포트를 통해서 이루어지기 때문에 다양한 모습의 개발 환경을 가지게 된다. 모든 회사의 모든 개발 환경을 살펴볼 수는 없기 때문에 몇 가지만 살펴보도록 하자.

(1) 마이크로칩의 PIC 계열 임베디드 시스템의 구성

그림 3-8 • PIC 계열 임베디드 시스템의 예(자료 출처 : www.microchips.com)

(2) 아트멜의 AVR 계열 임베디드 시스템의 구성

그림 3-9 • AVR 계열 임베디드 시스템의 예(자료 출처 : www.atmel.com)

(3) STMicro의 ARM 계열 임베디드 시스템의 구성

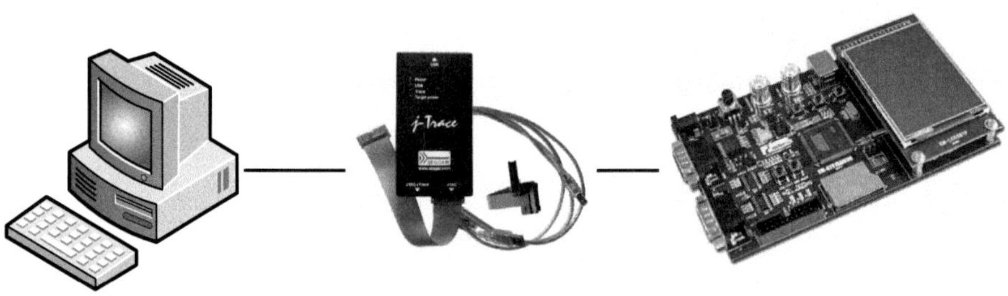

그림 3-10 • ARM 계열의 임베디드 시스템의 예(출처 : www.embeddedstar.com)

어떠한 임베디드 환경이 구축할지는 개발자 판단이며, 각각의 타겟 시스템 및 타겟 CPU가 장단점이 있듯이 절대적으로 우수한 임베디드 시스템 환경이란 존재하지 않는다. 또한 동일한 디바이스를 사용한다 하더라도 개발자가 구축한 형태에 따라서 개발 환경이 달라질 수밖에 없다. 이러한 점은 다양한 여러 개발 환경 중의 하나를 택할 수 있다는 자유스러운 점에서는 장점을 가진 반면, 초보자의 경우 혼란을 가져오기 쉽다는 단점이 있다. 그러나 이는 어디까지나 방법적인 문제이며, 본질적인 환경 자체가 변하는 것은 아니다.

4 하드웨어 개발 환경에 대하여

임베디드 시스템에서 타겟 시스템은 반드시 필요하며, 이러한 하드웨어를 구축하는 방법에 대해서 설명하고자 한다. 이러한 방법은 본인이 직접 제작하거나 시판되는 제품을 구입하는 등의 방법이 있는데 초보자의 경우 시판되는 제품을 구입하는 것이 여러모로 유리하다. 이러한 방법에 대해 살펴보도록 하자.

(1) 직접 제작하는 방법

본인이 직접 자작하는 방법은 인터넷 및 서적의 회로를 통해서 만능기판 및 브레드 보드에 구매한 부품을 납땜 혹은 삽입하여 제작하는 방법이다. 이러한 방법의 장점은 첫 번째 PCB 비용이 들지 않고, 부품 비용만 필요하므로 매우 저렴하게 제작할 수 있다는 점, 두 번째 본인이 직접 결선 혹은 납땜해야 하므로 회로도에 대한 이해를 높일 수 있다는 장점이 있다.

그러나 이 방법은 대량 생산이 거의 불가능하다. 왜냐하면 한두 개 정도는 쉽게 제작할 수 있으나, 수량이 많아질 경우 일일이 작업하기가 불가능하기 때문이다. 따라서 보통 특정 디바이스를 테스트하는 용도로 극소량을 제작할 때 주로 사용된다.

초보자의 경우 이러한 방법을 추천하지 않는다. 왜냐하면 부품에 대한 지식이 부족하고 부품을 구입하기 또한 쉽지 않기 때문이다. 그리고 노력 끝에 제작하였다 하더라도 오동작할 경우 대처하기가 어렵기 때문이다.

겉으로 보기에는 별 이상이 없어 보이지만 동작이 되지 않는 경우 납땜을 잘못한 것인지, 부품을 잘못 삽입했는지, 부품 자체가 불량인지, 프로그램을 잘못 설치한 것인지, 혹은 설정이 잘못된 것인지 변수가 너무 많아 판단하기가 쉽지 않다는 점 때문이다.

그림 3-11 • 자작하는 경우

본인이 직접 제작하는 과정은 다음과 같다.

1. 회로도를 직접 설계하거나, 서적 혹은 인터넷을 통해 구한다.
2. 회로도에 맞는 부품을 구매한다.
3. 브레드 보드 및 만능기판을 이용하여 삽입 혹은 납땜한다.
4. 완성된 보드를 테스트한 후 사용한다.

(2) 상용 키트를 구매하는 방법

두 번째 방법은 판매하는 상용 키트를 구매하는 방법이다. 인터넷 등에서 판매되는 키트는 그 종류가 다양하고 가격도 천차만별이다. 이러한 방법의 장점은 제품의 품질에 대하여 판매하는 회사가 보장하므로 어느 정도 믿고 사용할 수 있다는 점이다. 그러나, 단점으로 첫 번째 직접 제작하는 것보다 가격이 고가이고, 두 번째 내가 만들고자 하는 키트와 방향이나 설계가 다를 수 있다는 점이다. 예를 들어 나는 모터 관련 회로가 필요 없지만 출시되는 제품이 모두 모터 회로가 들어있다면 별다른 선택을 할 수가 없다.

그림 3-12 • 아트멜에서 판매되는 AVR 개발 보드(자료 출처 : http://www.atmel.com)

(3) PCB 설계와 제작

본인이 직접 PCB를 제작하는 방법이다. PCB 제작은 초보자가 바로 접근하기에는 무리가 있지만, 개괄적인 내용만 설명해보면 다음과 같다. 이러한 방법도 두 가지로 나뉜다.

- 동판 재료를 구매하여 부식 및 홀 가공으로 PCB 자체를 직접 제작하는 방법
- CAD를 통해 아트웍 작업 후 PCB 업체에 의뢰하여 제작하는 방법

초보자의 경우 간혹 인터넷에서 PCB를 자작하는 경우의 사례를 보고 호기심에 시도해보려 하는 사람이 많은데, 매우 많은 비용(재료비 및 장비 구입비)이 소모되고 실패할 확률이 높으므로 호기심만으로 시도하기에는 어려운 점이 많다.

하드웨어를 구축하는 몇 가지 방법을 살펴보았다. 그렇다면 어떻게 하드웨어를 구축해야 하는지 고민이 될 텐데, 결론적으로 정답은 없다라고 말할 수 있다. 어떠한 경우에는 직접 제작해야 할 경우도 있고, 상용 제품을 구매해야 할 경우 및 PCB를 제작해야 하는 경우도 있다. 다만 초보자의 경우에는 위에서 언급한 이유로 인해 상용 키트를 추천하는 바이다.

5 프로그래머 선택 가이드

위에서 설명한 내용에 따라 타겟 보드를 결정하였으면 이제 프로그래머에 대해 알아보자. 타겟 시스템만으로는 호스트 컴퓨터의 프로그램을 다운로드할 수 없기 때문에 타겟 시스템과 호스트 컴퓨터를 연결할 장비가 필요하다. 이러한 프로그래머는 여러 가지 종류가 있는데 이 중 몇 가지를 살펴보도록 하자. 참고로 AVR에서 주로 사용되는 방법은 ISP 혹은 JTAG를 이용하는 방법이다.

5.1 롬-라이터를 이용하는 방법

타겟 시스템이 롬(ROM)을 갖고 있는 경우, 롬-라이터(ROM-Writer)를 통해 롬에 프로그램을 다운로드하는 방법이다. 호스트 컴퓨터에서 롬-라이터 장비를 통해 프로그램을 다운로드한 후 마이크로컨트롤러를 뽑아 다시 타겟 시스템에 꼽는 방법이다. 매번 마이크로를 삽입, 빼는 불편한 과정이 있어 번거롭고, 시간이 소모되는 단점이 있다.

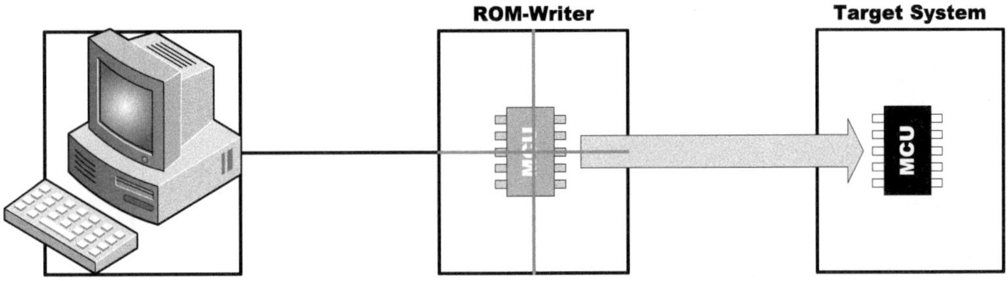

그림 3-13 • 롬-라이터를 이용하는 방법

5.2 ICE를 이용하는 방법

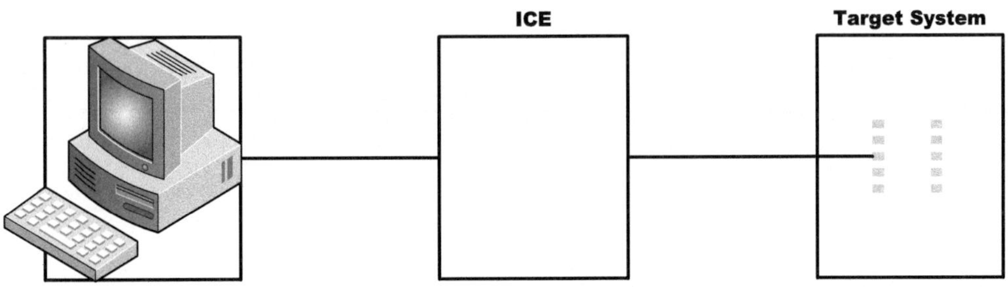

그림 3-14 • ICE를 이용하는 방법

ICE(In-Circuit Emulator)는 마이크로컨트롤러에 프로그램을 다운로드하거나, RAM 혹은 ROM에 적재하는 방법이 아니다. 타겟 시스템의 마이크로컨트롤러를 제거한 후 마이크로컨트롤러의 각 핀을 ICE 장비에 연결하고, 이 ICE 장비가 호스트 컴퓨터와 연결되는 방법이다. 마이크로컨트롤러가 없기 때문에 어떻게 개발을 할까 의문이 들지 모르겠으나, ICE라는 장비가 마이크로컨트롤러를 대신해서 에뮬레이트 해준다. 즉 에뮬레이터가 타겟 보드의 마이크로컨트롤러 역할을 대신하는 것이다.

5.3 ISP를 이용하는 방법

ISP(In-System Programmer)는 마이크로컨트롤러 내부에 플래시 메모리(Flash Memory)가 내장되어 있어 이 부분에 프로그램을 적재하는 방식이다. ISP는 마이크로컨트롤러가 ISP 방식을 지원해야만 가능하다. ISP 프로그래머와 호스트 컴퓨터가 연결되는 방식은 USB, 병렬 포트(Parallel Port), 직렬 포트(Serial Port) 등 다양하므로 프로젝트의 성격에 맞는 ISP 프로그래머를 선택하면 된다.

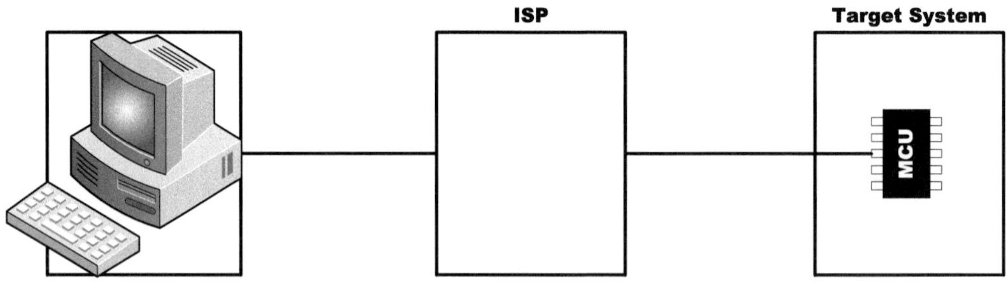

그림 3-15 • ISP를 이용하는 방법

5.4 JTAG를 이용하는 방법

ISP 이외에 JTAG(Joint Test Action Group)를 이용하여 프로그램을 다운로드할 수도 있다. JTAG은 프로세서의 내부 동작을 알 수 있는 도구로서 IEEE 표준 1149.1a-1993 Standard Test Access Port and Boundary Scan Architecture로 규정되어 있다.

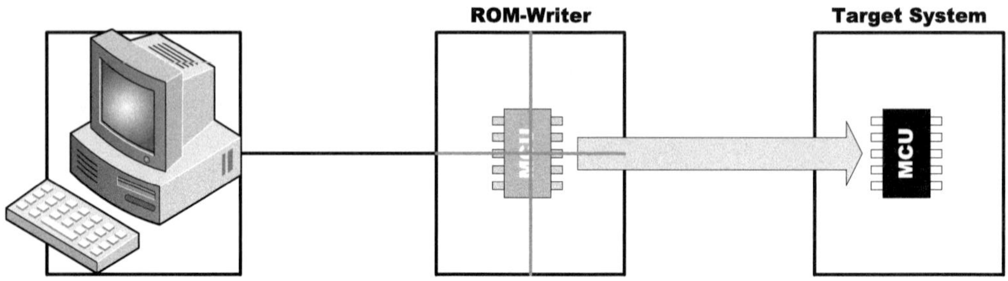

그림 3-16 • JTAG를 이용하는 방법

앞의 그림에서 ISP와 JTAG를 살펴보면 두 가지 방법이 동일한 것처럼 보이지만 ISP와 JTAG는 매우 중요한 차이점이 있는데 바로 디버깅 유무이다. ISP는 프로그램의 다운로드 기능만 지원할 뿐 디버깅을 지원하지 못한다. 그러나 JTAG는 프로그램의 다운로드 기능과 함께 강력한 디버깅 기능을 지원한다.

6 소프트웨어 개발 환경에 대하여

(1) AVR 스튜디오

AVR 스튜디오(AVR Studio)는 AVR 제조 회사인 아트멜에서 제공하는 무료 개발 환경이다. 칩 제조사가 지원한다는 점에서 가장 업데이트가 빠르고 칩에 대한 많은 지원을 예상할 수 있다.

또한 여러 컴파일러들이 수십-수백만 원을 호가함에도 불구하고 AVR 스튜디오는 무료로 지원한다는 점 또한 많은 개발자들에게 환영받을 만하다. 소스를 편집, 복사, 찾기 검색하는 편집 기능이야 다른 툴에서도 지원하는 당연한 것이지만, AVR 스튜디오의 장점은 무엇보다 JTAG 및 에뮬레이터 기능을 지원한다는 점이다. 그러나 JTAG을 사용하기 위해서는 ISP가 아닌 JTAG 장비를 갖추어야 한다는 점은 명심하기 바란다.

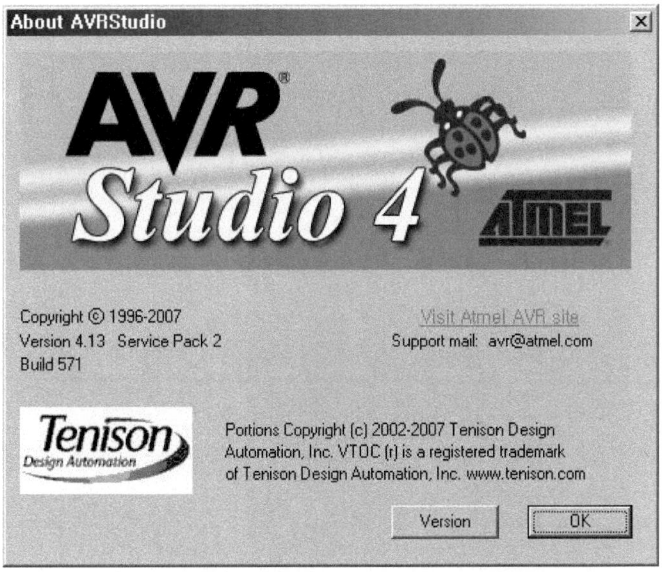

그림 3-17 • AVR Studio 4.13

(2) 포니프로그 2000(PonyProg 2000)

PonyProg 프로그램은 비단 AVR 뿐만 아니라 PIC 등 다른 마이크로컨트롤러 개발자들도 많이 사용하는 다운로드 툴인데 일반적인 에디팅 기능은 제공하지 않고 오로지 다운로드 기능만 지원한다.

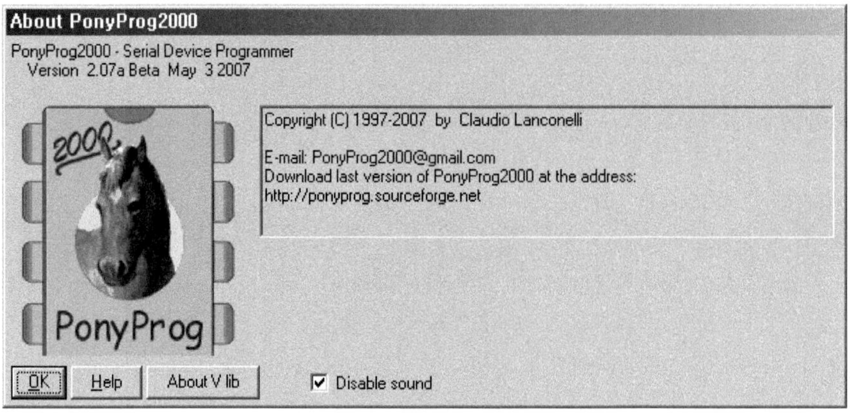

그림 3-18 • PonyProrg 2000

(3) WinAVR

텍스트 에디터를 지원하며, 간단하게 make 파일을 만들 수 있다는 점, 컴파일을 지원하는 매우 심플한 AVR 개발 툴이다. AVR 스튜디오는 WinAVR의 모든 기능을 내장하고 있으므로 WinAVR만 사용하는 경우는 드물다. 또한 아쉽게도 WinAVR은 프로그램의 다운로드 기능을 지원하지 않으므로 다운로드를 하기 위해서는 다른 다운로드 프로그램이 필요하다.

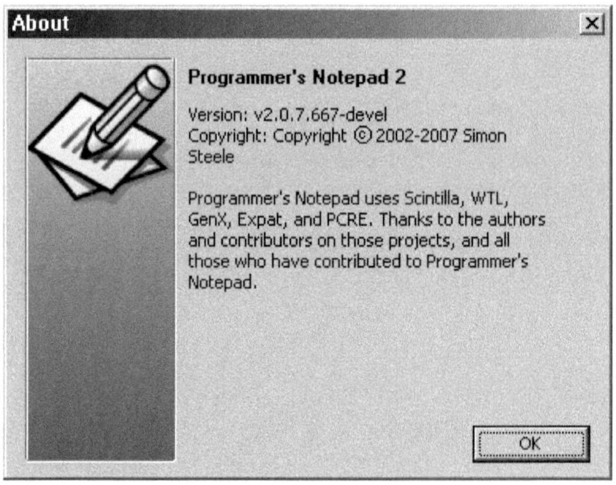

그림 3-19 • Win AVR

(4) 코드비전

AVR 스튜디오와 함께 AVR을 처음 접하는 유저가 널리 사용하는 툴이다. 편집의 기본 기능을 지원함은 물론이고, 다운로드 및 시리얼 통신 터미널도 자체 내장하는 특징이 있다. 또한 여러 강력한 라이브러리를 제공하여 개발하기 편리한 장점도 있다. 그러나 코드비전(CodeVision)에서 지원하는 C언어는 GCC가 아닌, CCS-C이기 때문에 AVR 스튜디오와 100% 호환되지는 않는다는 불편한 점이 있다.

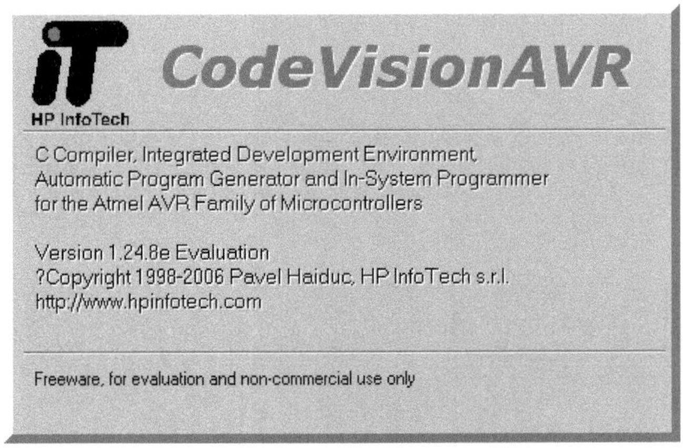

그림 3-20 • CodeVision 1.24.8

(5) IAR

AVR 툴 중에 가장 강력하다는 평판을 얻고 있는 IAR은 코드 생성(Code generation)과 코드 최적화(Code Optimization)의 막강한 기능을 갖고 있다. 그러나 무료로 제공되지 않은 점이 상당히 아쉽다.

그림 3-21 • IAR

7 추천하는 개발 환경

앞 장을 통하여 임베디드 시스템의 하드웨어, 소프트웨어 및 프로그래머에 대해 알아보았다.

임베디드 시스템 개발 환경 구축이 어려운 이유는 이처럼 다양한 시스템 중 하나를 선택한 후 정확하게 설정해주어야 한다는 점이다. 이러한 점이 전문가에는 별로 어렵지 않겠지만 초보자는 도대체 어디서부터 시작해야 할지 갈피를 잡기 어렵다.

그러나 앞서 살펴본 바와 같이 임베디드 시스템 개발 환경의 개념은 모두 동일하다. 외부 구성이 상이한 점은 있을 것이다. 예를 들어 AVR은 프로그래머로서 MK-II를 쓰지만 PIC 계열을 PICKIT3를 쓴다던가 하는 식으로 말이다. 그러나 어떠한 임베디드 시스템이건 기본 구조는 비슷하므로 [그림 3-22]의 환경을 머릿속에 두고 구축하면 개발 환경 구축이 어렵지만은 않을 것이다.

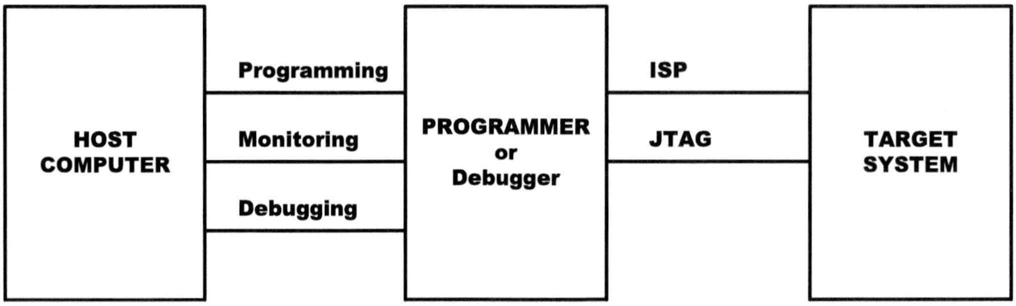

그림 3-22 • 임베디드 시스템 개발 환경

필자 역시 처음 임베디드 시스템을 접할 때 수많은 하드웨어와 소프트웨어, 설정 방법 등에 대해서 참으로 난감했지만 이제는 적응되어 익숙하게 사용하고 있다. 처음이 어려울 뿐이지 하다 보면 그리 어렵지 않을 것이라는 자신감으로 두려워하지 말고 시도해보자.

개인적으로 필자의 환경은 소프트웨어는 AVR 스튜디오, 프로그래머는 JTAG 두 가지를 사용한다. IAR의 기능이 좋기는 하나 상당히 고가이고 굳이 IAR을 쓸 필요성을 느끼지 않기 때문이다.

8 프로그래밍 과정에 대하여

하드웨어 및 소프트웨어 환경이 모두 구축되었다면 사용자가 작성한 프로그램이 어떻게 호스트 컴퓨터에서 타겟 시스템으로 이식되는지 간략하게 알아보도록 하자.

(1) 호스트 컴퓨터에서 컴퓨터 언어로 프로그램을 작성한다.

호스트 컴퓨터에서 설치되어 있는 에디터 프로그램을 이용하여 프로그램을 작성한다. 개발 툴은 타겟 시스템이 무엇이냐에 따라 종류가 매우 다양하고, 작성하는 프로그래밍 언어 역시 어셈블리어 혹은 C언어가 될 수도 있다. 어셈블리 언어이건 C언어이건 개발자의 성향 혹은 프로젝트의 특징에 맞게 선택하면 된다. 그림은 호스트 컴퓨터에서 test.c라는 C언어 소스 파일을 작성하는 과정을 보여준다.

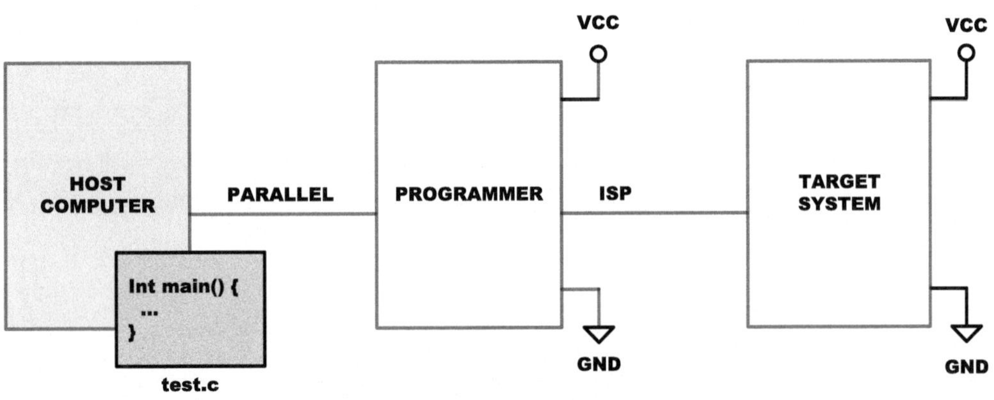

그림 3-23 • 프로그램 작성 과정

(2) 작성된 소스를 타겟 보드의 프로세서에 맞게 컴파일한다.

호스트 컴퓨터에서 설치되어 있는 컴파일러를 통해 타겟 보드의 프로세서에 맞게 컴파일한다. 컴파일하는 방법은 보통 개발 툴에서 '컴파일' 버튼 혹은 단축키를 누르면 간단히 수행된다. 단 컴파일하기 전 반드시 타겟 시스템에 맞는 프로세서를 설정해야 한다. [그림 3-24]는 호스트 컴퓨터에서 컴파일이 수행되는 모습을 추상적으로 나타낸다.

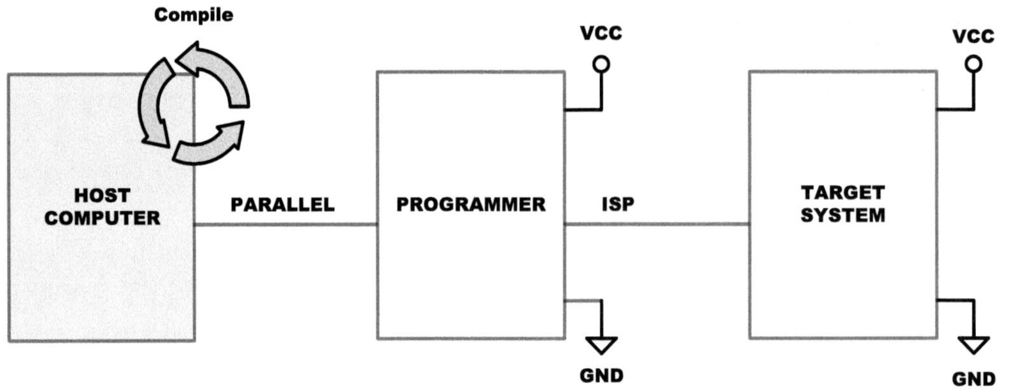

그림 3-24 • 컴파일 과정

(3) 컴파일이 이상 없다면 기계어 코드가 생성된다.

소스 코드에 에러가 없다면 컴파일러는 오브젝트 코드라는 기계어 코드를 생성한다. AVR은 기계어 코드를 바로 프로그래밍할 수 없으므로 rom 혹은 hex 형태 포맷의 파일을 생성하고 부가적으로 list 파일, map 파일, hex 형태의 파일 등을 생성한다. 프로그래밍하기 위해 hex 파일은 반드시 있어야 하지만 나머지 파일은 선택적이다. 또한 (당연한 말이지만) AVR이 아닌 프로세서는 위와 형태가 다른 기계어 코드 및 파일들을 생성한다.

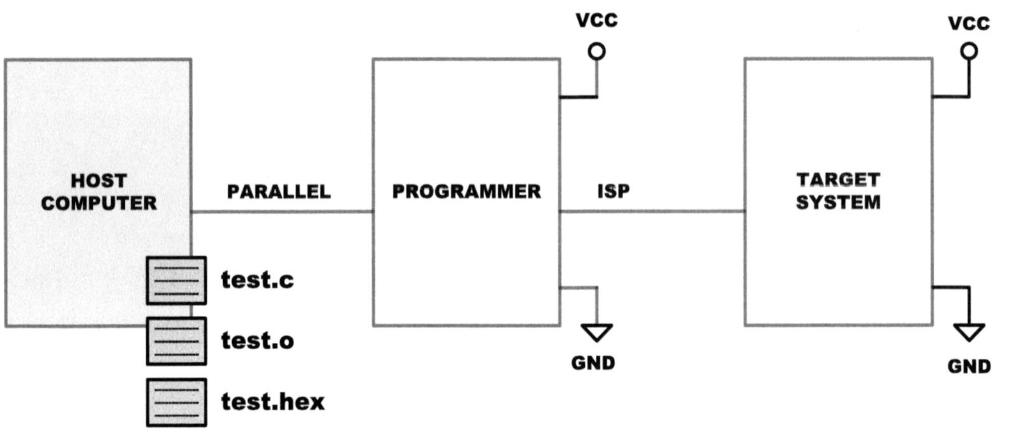

그림 3-25 • 기계어 코드 생성 과정

(4) 생성된 파일 프로그래머를 통해 타겟 보드에 다운로드한다.

호스트 컴퓨터와 타겟 보드가 정상적으로 연결되어 있다면 우리가 만든 hex 파일을 프로그래머 툴에서 쓰기(write) 기능을 통해 타겟 보드에 적재할 수 있다. 이 hex 파일은 프로그래머를 거쳐 타겟 시스템의 프로그램 메모리에 적재된다.

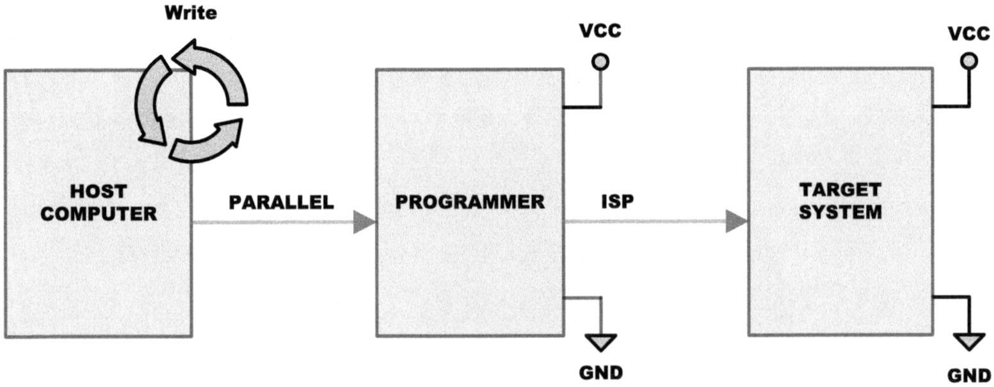

그림 3-26 • 다운로드 과정

(5) 다운로드가 종료되면 다운로드된 기계어 코드가 동작한다.

다운로드가 종료되면 타겟 시스템은 자체적으로 리셋을 수행한 후 다운로드 된 코드를 차례대로 수행한다.

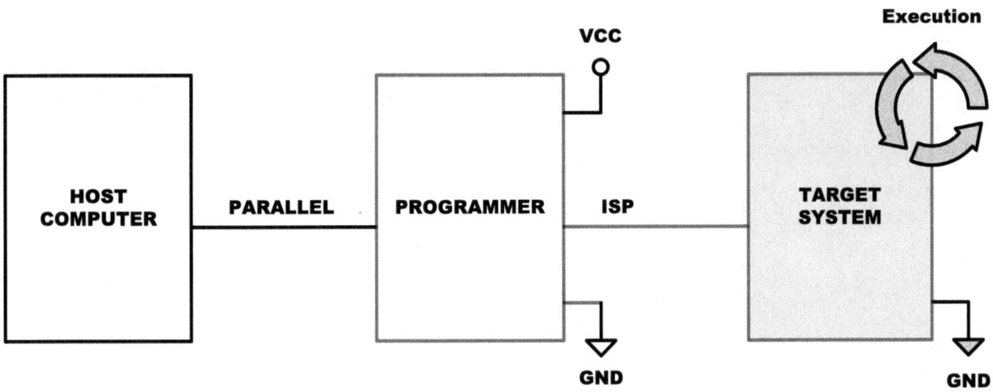

그림 3-27 • 타겟 시스템에서 실행 과정

당근이의 한마디 **임베디드 시스템에서 디버깅의 어려움**

임베디드 시스템 개발 환경을 구축한다는 말은 위와 같이 하드웨어적으로 호스트 컴퓨터, 프로그래머, 타겟 보드와의 연결, 소프트웨어적으로는 개발 툴의 설치 및 운용 등을 구축한다는 의미이다. 모든 환경이 구축되었다면 이제 개발자는 고객이 원하는 프로그램을 작성한 후 다운로드하여 동작 상태를 검증하고 판매 혹은 납품하면 될 것이다.

문제는 이 과정이 단 한 번에 끝날리가 만무하다는 것이다. 고객의 요구가 변경된다거나 혹은 프로그램의 오류로 정상 동작하지 않는 경우 필연적으로 디버깅 과정을 거쳐 하는데 입출력 장치가 없다시피 한 임베디드 시스템은 디버깅이 매우 어렵기 때문이다.

한가지 예를 들어보자. 어떤 변수의 값이 1111_0000이면 정상인데 프로그램이 오동작하여 이 값을 확인해 보고 싶을 때 어떻게 할 것인가? 물론 8개의 LED를 연결하여 눈으로 살펴볼 수도 있을 것이다. 하지만 이러한 변수가 여러 개라면? 변수 확인을 위해서 수십 개, 수백 개의 LED를 연결할 수도 없는 노릇이다.

즉 프로그램이 복잡해지면 질수록 디버깅의 필요성은 절실해진다. 간략하게 디버깅을 하는 방법으로 아래와 같은 것도 있다.

1. 변수값을 어떤 규칙을 갖고 LED에 출력해본다.
2. 오실로스코프로 확인해본다.
3. 직렬 통신을 이용해 변수값을 출력한다.

그러나 이러한 방법보다 훨씬 좋은 방법은 JTAG이라는 전문 디버깅 포트를 이용하는 방법이다.

JTAG은 boundary scan 기술을 사용하여 주변기기와 메모리와 마이크로컨트롤러 사이의 연결상태를 점검하여 실시간으로 하드웨어와 소프트웨어를 디버깅 할 수 있는 기술이다.

현재로서는 JTAG을 갖고 있는 마이크로컨트롤러가 흔치는 않으며 AVR도 모든 디바이스가 JTAG 인터페이스를 지원하지는 않는다. 하지만 시스템 설계 시에 많은 장점이 있기 때문에 점차 보편화되어가고 있다.

9 이 장의 간추림

(1) 일반적인 하드웨어 개발 환경

임베디드 환경은 일반 컴퓨터 환경에 비해 매우 열악하므로 타겟 시스템 자체가 컴파일러 등 개발 환경을 가지기 어렵다. 따라서 강력한 호스트 컴퓨터의 도움을 받아 개발하는 경우가 대부분이다.

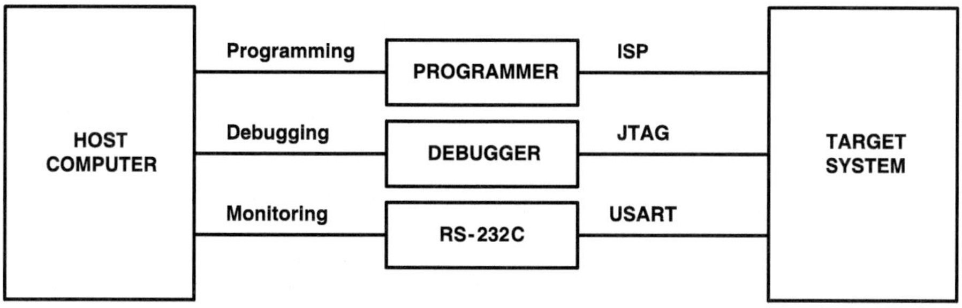

그림 3-28 • 임베디드 시스템 개발 환경

임베디드 환경의 하드웨어는 보통 호스트 컴퓨터, 프로그래머, 타겟 시스템으로 이루어지는데, 이렇게 개발 환경과 실행 환경이 다른 경우를 크로스 개발 환경이라 칭한다. 호스트 컴퓨터는 일반 컴퓨터가 주로 사용되고 타겟 시스템은 사용되는 디바이스에 따라 매우 다양하다. 본 교재에서는 프로그래머로 병렬 ISP 프로그래머를 사용하고 타겟 시스템으로는 ATmega128 개발 보드를 사용한다.

(2) 다양한 개발 환경 사례

앞서 살펴본 바와 같이 디바이스는 제조사 별로 매우 다양하므로 타겟 시스템 역시 매우 다양하다. 그러나 디바이스나 타겟 시스템의 모양이 다르다고 하여 개발 환경 자체가 일반적인 하드웨어 개발 환경과 크게 다른 것은 아니다. 다양한 개발 환경은 3.2 절을 참조하도록 하자.

(3) 소프트웨어 개발 환경

디바이스가 다양한 것처럼 소프트웨어도 다양한데, AVR은 코드비전, IAR, WinAVR, AVR 스튜디오 등 다양한 툴을 지원한다. 대개의 툴은 에디터, 컴파일러, 다운로드의 기능을 가진 통합 개발 환경을 가진다. 어떠한 툴이 가장 좋다는 절대적인 기준은 없으므로 본인의 선택하에 적절한 툴을 선택하여 사용하면 될 것이다.

연습문제

1. 다음 보기 중에서 임베디드 개발 환경에 대한 설명으로 맞지 않는 것은?

① 보통 임베디드 개발 환경은 H/W와 S/W가 동시에 필요한 경우가 많다.

② 하드웨어에서 필요한 것은 호스트 컴퓨터, 프로그래머, 타겟 시스템이다.

③ 프로그래머란 호스트컴퓨터에서 컴파일된 코드를 타겟 시스템에 옮기는 장치이다.

④ 많은 임베디드 환경에서 타겟 시스템은 달라도 프로그래머는 동일하다

2. 다음 보기 중에서 하드웨어 환경을 구축하기 위한 적절한 행동이 아닌 것은?

① 초보자의 경우 시판되는 믿을 만한 하드웨어를 구매한다.

② 전문가의 경우 데이터시트에서 제공하는 어플리케이션 노트를 참고하여 제작한다.

③ 초보자의 경우 인터넷에서 회로도를 구해 본인이 직접 설계 후 제작 조립한다.

④ 전문가의 경우 직접 회로도를 그려 직접 부품을 구매해 제작한다.

3. 다음 보기 중에서 타겟 시스템에 프로그램을 적재하기 위한 툴이 아닌 것은?

① SPI

② JTAG

③ ROM-WRITER

④ ISPI

4. 다음 보기 중에서 AVR의 소프트웨어 개발 환경이 아닌 것은?

① IAR

② AVR Studio

③ Ponyprog

④ Codevision

5. 다음 보기 중에서 소프트웨어 개발 환경을 구축하기 위한 적절한 행동인 것은?
   ① 주변 사람의 환경을 무조건 따라 한다.
   ② AVR Studio가 무료이므로 무조건 AVR Studio를 사용한다.
   ③ 본인의 환경과 여건에 맞는 툴을 선택한다.
   ④ 무조건 성능이 좋은 툴을 선택한다.

6. 하드웨어 구축 환경에 필요한 3가지 항목을 적고 그 역할에 대해서 적으시오.

생각해보기

❶ 다양한 (하드웨어/소프트웨어) 임베디드 시스템의 개발 환경에 대해 알아보자.

❷ 시중에서 판매하는 여러 가지 환경에 대해 어떠한 것이 적합한지 토론해보자.

CHAPTER 04

당근 보드 사용하기

당근이의 **AVR ATmega128** 마이크로컨트롤러

이번 장에 대하여

이번 장에서는 '당근 보드의 활용하기'에 대해서 알아보도록 한다.

앞서 배웠던 임베디드 시스템 개발 환경 구축을 참고하여 스스로 만들어보는 것도 좋으나 처음부터 본인이 하드웨어를 회로설계하여 제작하고 소프트웨어 환경을 만드는 것은 쉽지 않다.

많은 교재들이 실험 키트를 공급하는 이유가 바로 이러한 점 때문이다.

필자가 제작한 ATmega128 교육용 키트는 애칭으로 당근 보드라 부르는데 초보자가 겪어야 할 여러 가지 시간적, 기술적 애로 사항을 해결하고자 공급하는 것이므로 본인의 실력 유무에 따라서 독자적으로 만들 수도 있을 것이다.

이번 장에서는 당근 보드를 이용하여 LED를 간단하게 점등하는데 내부적인 구조나 프로그램보다 일단은 개발 환경 구축에 대한 전체적인 감을 잡는 데 주목적을 두자.

1 당근 보드에 대한 소개

1.1 당근 보드 소개

Carroty ATmega128 Training Kit(이하 '당근 보드')는 아트멜의 AVR 계열 중의 하나인 ATmega 계열(Family) 중에서 ATmega128의 구조와 기능을 익히기 위해 설계된 소형의 보드이다. 이 제품은 마이크로컨트롤러를 처음 다루는 초급 엔지니어를 대상으로 제작된 것이다.

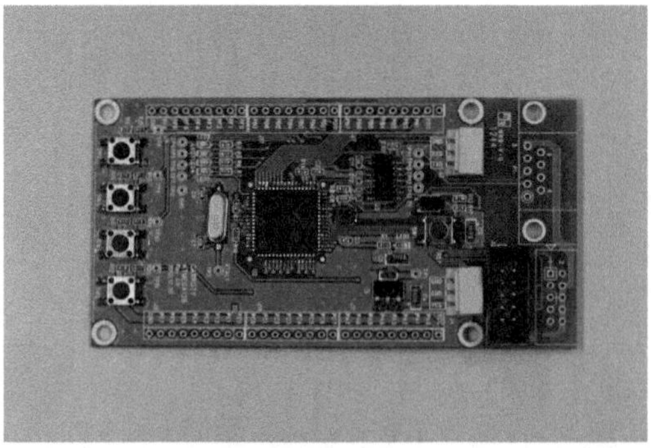

그림 4-1 • Carroty Training Kit의 외관과 구성 항목

당근 보드는 소프트웨어 개발 환경을 구축한 다음 컴퓨터 연결 후 프로그램 소스의 컴파일, 다운로드의 모든 과정을 쉽고 간편하게 실습할 수 있다. 또한 JTAG를 이용하여 컴파일된 프로그램을 USB 포트를 통해서 손쉽게 다운로드할 수 있다.

- AVR 계열 중 실무에 많이 적용되는 ATmega128을 채택하였다.
- 하나의 세트에 AVR 기초 지식 습득에 필요한 장비를 모두 넣었으며, 소형으로 제작되었다.

본 키트는 교육에 필요한 모든 장비를 하나의 세트로 구성하여 별도의 추가 구매 비용이 없다. 또한 소형으로 설계되어 로봇에 탑재하거나 센서 네트워크로 구성하기 용이하다.

표 4-1 • 당근 보드의 구성

번호	항목	설명
1	Carroty ATmega128 Board	ATmega128을 탑재한 소형 보드
2	케이블	다운로드용 케이블
3	직렬 케이블	USART 통신용 케이블
4	5x2 Flat 케이블	ISP 케이블
5	직류 전원 어댑터	220V 입력 6V/1A 출력 DC 출력장치

1.2 당근 보드 블록도

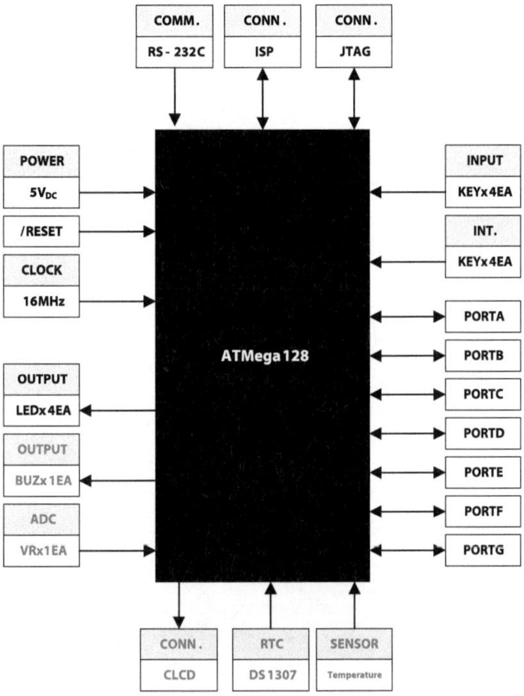

그림 4-2 • Carroty Main Board 블록도

표 4-2 • Carroty Main Board의 특징

번호	항목	사양	비고
1	마이크로컨트롤러	ATmega128-16AI	
2	시스템 클럭	16MHz 외부 클럭 입력	
3	리셋	1개의 리셋 스위치	
4	I/O 및 센서	4개의 외부 출력 LED	
5		4개의 외부 입력스위치	
6		2개의 외부 인터럽트 스위치	
7		RS-232 통신을 위한 MAX232DIP Setting	
11	커넥터	전원 커넥터	
12		RS-232C 커넥터	
13		프로그램 다운로드를 위한 ISP 커넥터	5x2 표준ISP
14		PORTA, PORTB, PORTC, PORTD 확장 핀	
15	테스트포인트	GND 및 XTAL1 및 통신 테스트 포인트	
16	전원 공급	6V/1A 어댑터	
17	PCB 외형	양면 에폭시	

1.3 당근 보드 회로도

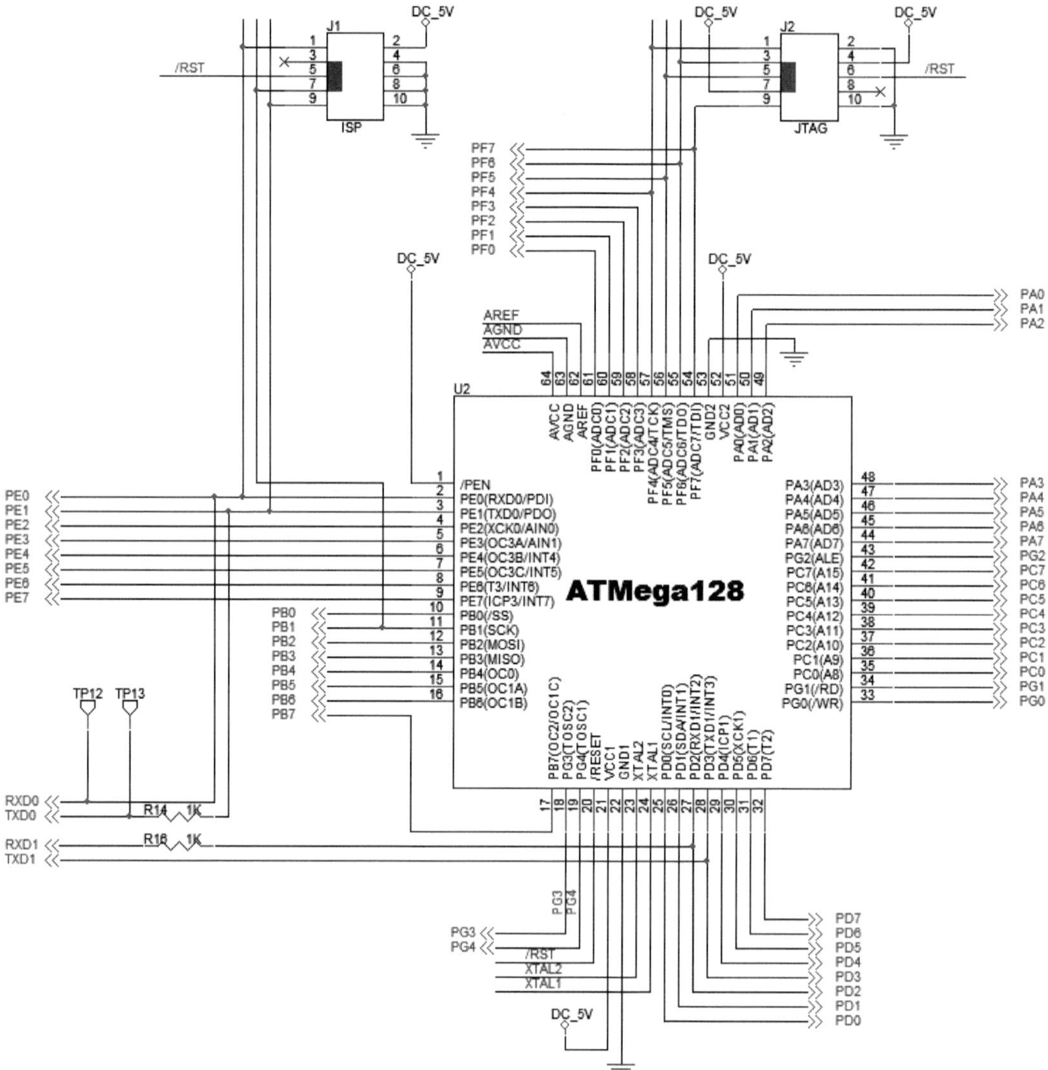

그림 4-3 • Main CPU

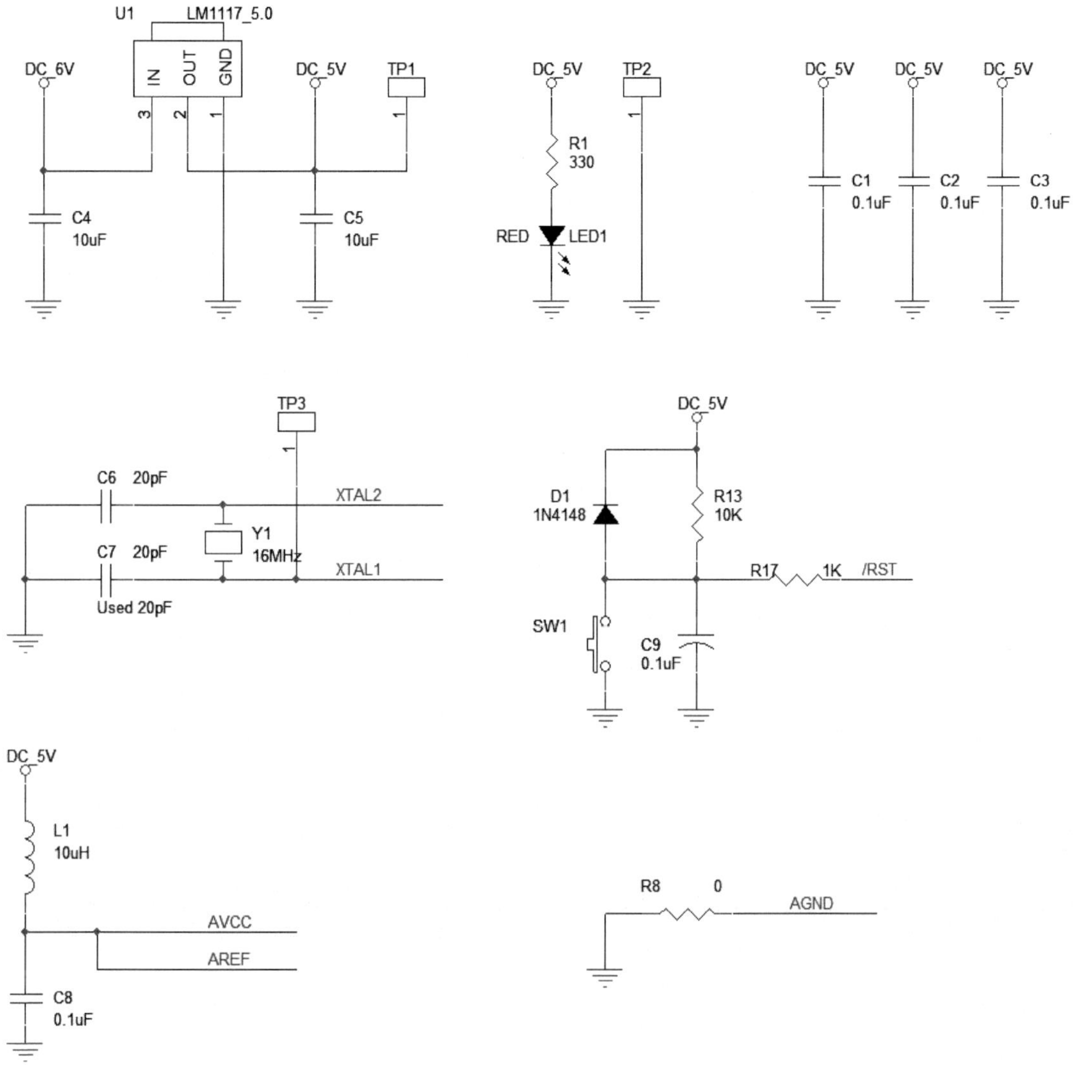
U1
LM1117_5.0
IN
OUT
GND
DC_6V
DC_5V
TP1
C4
10uF
C5
10uF
R1
330
RED
LED1
TP2
C1
0.1uF
C2
0.1uF
C3
0.1uF
TP3
C6
20pF
C7
20pF
Used 20pF
Y1
16MHz
XTAL2
XTAL1
D1
1N4148
R13
10K
R17
1K
/RST
SW1
C9
0.1uF
L1
10uH
AVCC
AREF
C8
0.1uF
R8
0
AGND

그림 4-4 • 주변회로

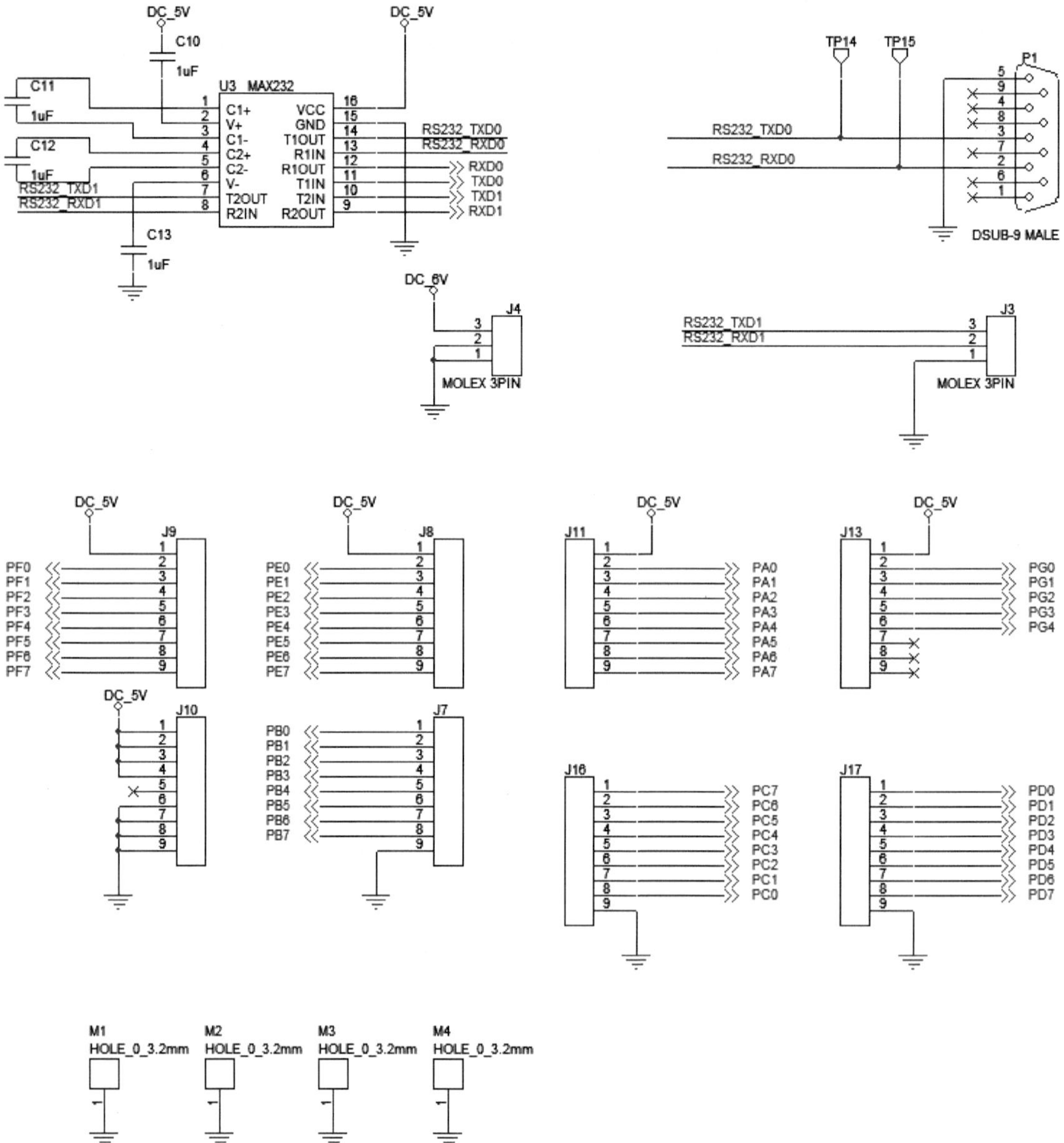

그림 4-5 • RS232/RS485부 및 주변회로

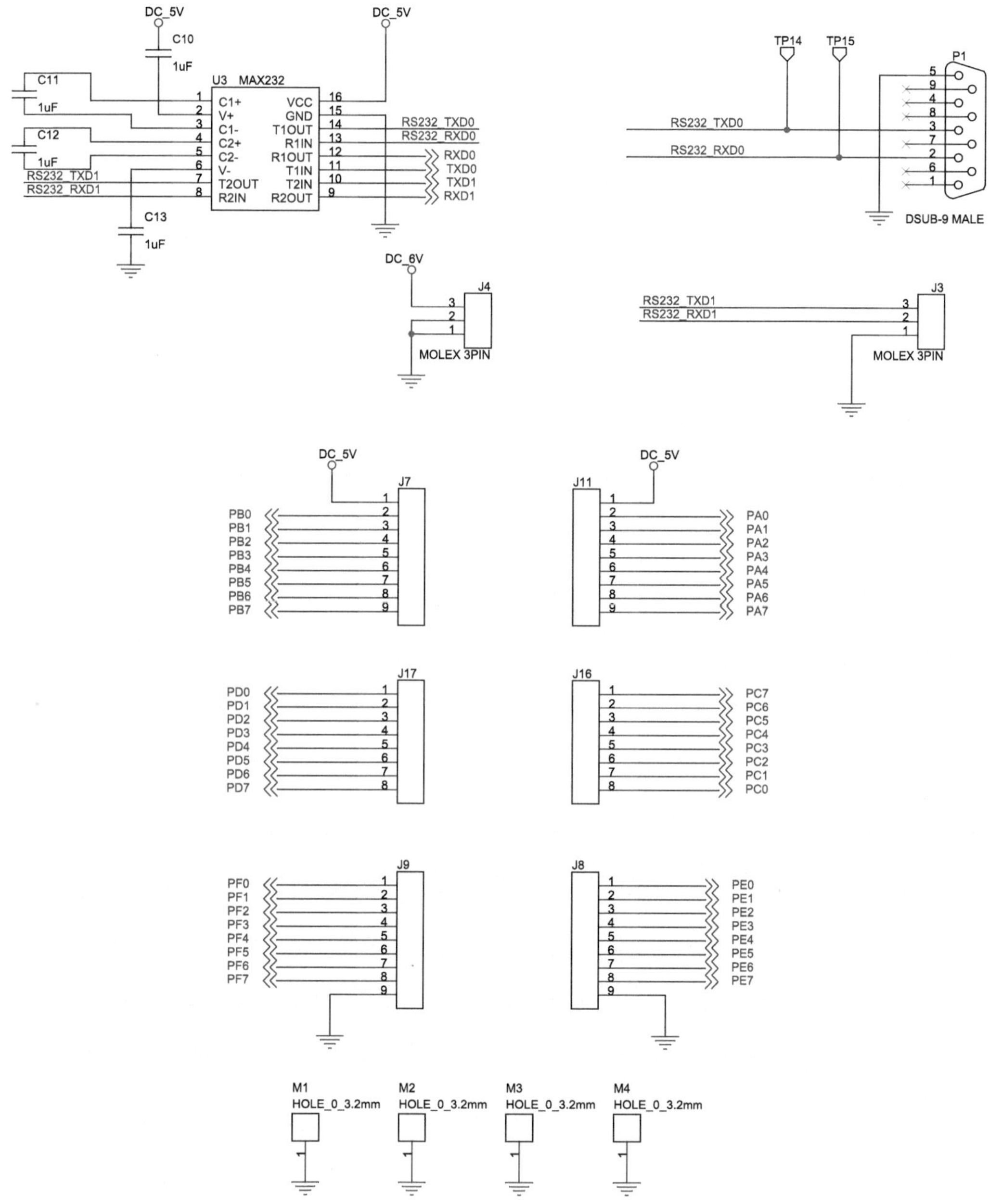
DC_5V
C10
1uF
C11
1uF
C12
1uF
U3 MAX232
C1+
V+
C1-
C2+
C2-
V-
T2OUT
R2IN
VCC
GND
T1OUT
R1IN
R1OUT
T1IN
T2IN
R2OUT
RS232_TXD0
RS232_RXD0
RXD0
TXD0
TXD1
RXD1
RS232_TXD1
RS232_RXD1
C13
1uF
DC_6V
J4
MOLEX 3PIN
TP14
TP15
P1
DSUB-9 MALE
J3
MOLEX 3PIN
J7
J11
PB0
PB1
PB2
PB3
PB4
PB5
PB6
PB7
PA0
PA1
PA2
PA3
PA4
PA5
PA6
PA7
J17
J16
PD0
PD1
PD2
PD3
PD4
PD5
PD6
PD7
PC7
PC6
PC5
PC4
PC3
PC2
PC1
PC0
J9
J8
PF0
PF1
PF2
PF3
PF4
PF5
PF6
PF7
PE0
PE1
PE2
PE3
PE4
PE5
PE6
PE7
M1
HOLE_0_3.2mm
M2
HOLE_0_3.2mm
M3
HOLE_0_3.2mm
M4
HOLE_0_3.2mm

그림 4-6 • 스위치/LED

1.4 당근 보드 부품 목록

표 4-3 • 당근 보드의 모든 부품 목록

항목	수량	부품 번호(REFERANCE)	부품 규격	패키지
1	9	C1, C2, C3, C4, C9, C10, C11, C14, C15	0.1 uF	SMD 1608
2	4	C5, C6, C7, C8	1 uF	SMD 1608
3	2	C12, C13	22 pF	SMD 1608
4	1	D1	1N4001	SMD 1608
5	1	D2	LED	SMD 1608
6	1	D3	1N4148	SMD 1608
7	1	JP1	JUMPER	
8	4	J1, J2, J3, J4	CONN TRBLK 9	DIP
9	2	J5, J6	CONN TRBLK 4	DIP
10	2	J7, J8	ISP CONN 5X2	DIP
11	1	J9	CONN JACK PWR	
12	1	J10	MOLEX 3PIN	DIP
13	1	J11	MOLEX 6PIN	DIP
14	9	LED1, LED2, LED3, LED4, LED5, LED6, LED7, LED8, LED9		SMD 1608
15	1	L1	10 uH	SMD 1608
16	6	M1, M2, M3, M4, M5, M6	HOLE	
17	1	P1	CONNECTOR DB25	
18	1	P2	D-SUB9	
19	7	R1,R2,R3,R4,R18,R19,R24	10 KΩ	SMD 1608
20	6	R5,R6,R9,R11,R20,R21	330 Ω	SMD 1608
21	9	R7,R8,R10,R12,R14,R15,R16,R17,R25	1 KΩ	SMD 1608
22	1	R13	33 Ω	SMD 1608
23	2	R22, R23	0 Ω	SMD 1608
24	5	S/W1,S/W2,S/W3,S/W4, SW5	TACT S/W	SMD
25	2	TIP1, TP2	TEST POINT	DIP
26	1	U1	MAX232	SMD
27	1	U2	MAX485	SMD
28	1	U3	74HC244	SMD
29	1	U4	ATMEGA128	SMD
30	1	Y1	16 MHz	SMD

2 프로그램 설치하기(소프트웨어 개발 환경 구축)

당근 보드를 활용하기 위해서 두 가지 프로그램이 필요한데 가장 기본적으로 AVR 통합 개발 환경 프로그램으로 AVR Studio와 C언어로 개발하기 위해 WinAVR 프로그램이 필요하다.

그러나 항상 2가지 프로그램이 필요한 것은 아니며, 경우에 따라서 설치프로그램이 달라질 수도 있다. 예를 들어 AVR Studio만 설치할 수도 있고 다운로드 프로그램으로 toastprog와 같은 국산 프로그램을 사용할 수도 있다. 그러나 모든 프로그램에 대해서 설명할 수는 없으므로 당근 보드는 일단 세 가지 프로그램을 기준으로 설명할 것이다.

표 4-4 • 당근 보드 사용 시 필요한 프로그램 목록

번호	프로그램명	제공하는 회사(URL)	설명
1	AVR Studio ver 4.18	아트멜(http://Atmel.com)	AVR 통합 개발 환경
2	WinAVR	(http://sourceforge.net)	C언어로 개발하기 위해 필요

- AVR 스튜디오는 아트멜에서 제공하는 무료 IDE 툴이다. 어셈블리 언어 및 C언어를 지원하며, JTAG을 이용하면 타겟보드를 실시간으로 디버깅할 수 있는 강력한 기능까지 가지고 있다.
- AVR 스튜디오는 AVR을 생산하는 아트멜에서 배포하고 있으나, WinAVR과 PonyProg 2000은 특정한 회사에서 공급하는 것이 아니지만, 위의 URL에 접속하여 다운로드하면 된다.
- 프로그램을 다운받을 때는 가능한 최신 버전을 다운로드한다(x.x와 x는 버전을 의미).
- C언어로 프로그램하기 위해서는 반드시 WinAVR을 설치해야 한다.
- 설치 시 '내 문서' 혹은 '바탕 화면' 에 설치하지 않고, 반드시 영문 폴더명으로 설치한다. 한글 폴더명은 설치과정 중 이상이 없어도 나중에 컴파일 등에서 문제가 발생할 수 있다.

2.1 AVR 스튜디오 다운로드 및 설치하기

1. http://www.Atmel.com 아트멜 사이트에 접속한 후 상단의 Product 메뉴를 선택한다.
2. 여러 메뉴 중에서 Microcontrollers 중 AVR ®8-bit RISC를 선택한다.
3. 좌측 음영 부분의 메뉴에서 Tool & Software를 선택한다.
4. 상단 메뉴에서 Design Software를 선택하면 Design Software 카테고리로 이동한다.
5. 여기에서 AVR Studio 4를 선택하면 해당 카테고리로 이동한다.
6. 여기에서 가장 최신 AVR 스튜디오를 다운로드한다.

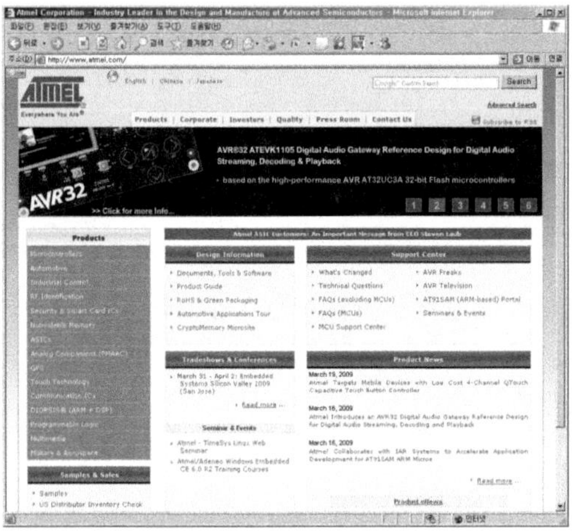

아트멜 홈페이지 접속 후 Product 선택

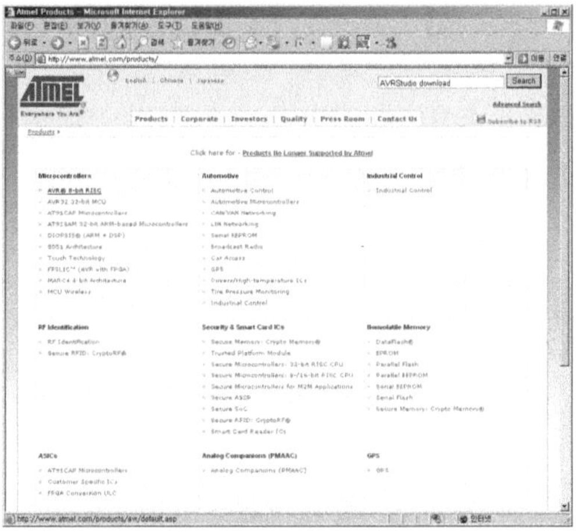

AVR ®8-bit RISC를 선택

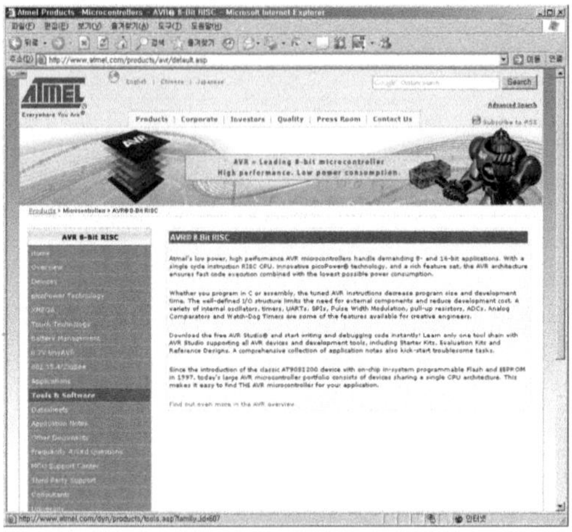

Tool & Software 선택

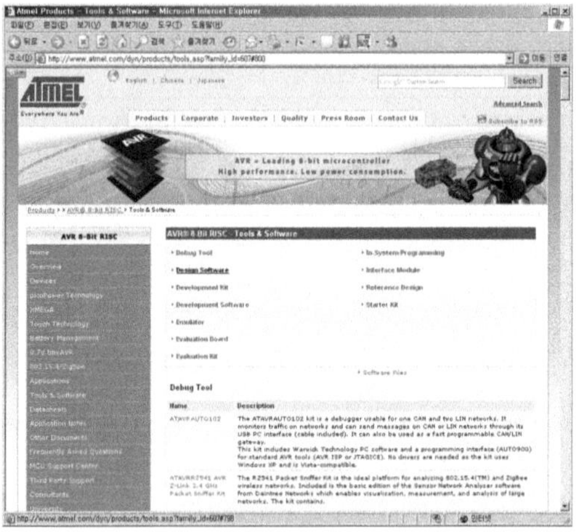

Design Software 선택

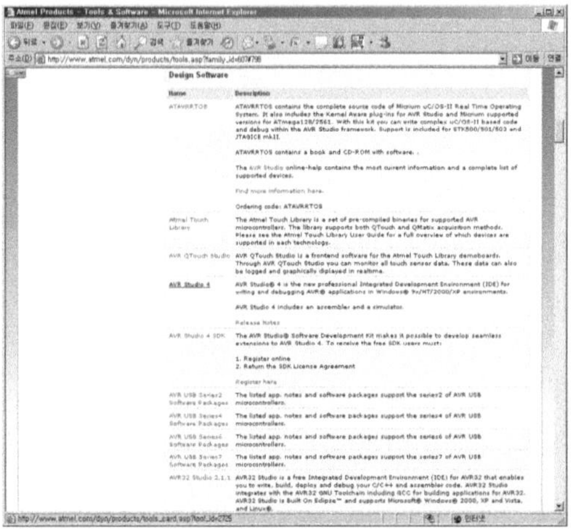

AVR Studio 선택

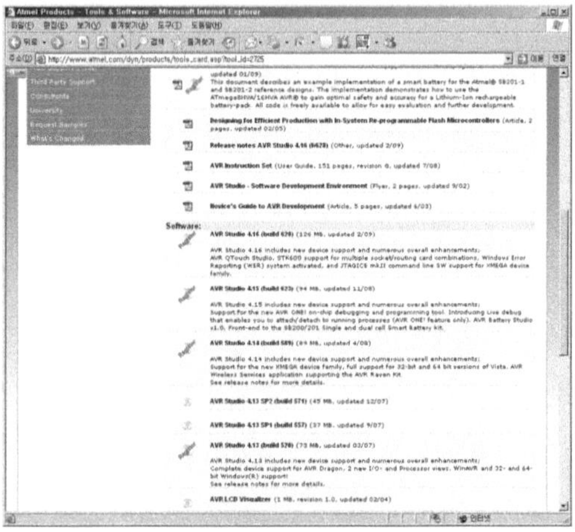

가장 최신 버전을 다운로드한다.
다운로드할 때 사용자 정보를 반드시 입력해야 한다.

2.2 WinAVR 다운로드 및 설치하기

1. http://winavr.sourceforge.net에 접속한다.
2. 좌측 Navigation에서 [Home], [Help], [Download], [News], [Links] 메뉴 중에서 [Download]를 선택한다.
3. 최신 버전은 소스포지에 있다는 말과 함께 위치를 알려주므로 링크를 클릭한다.

   소스포지 사이트에서 http://sourceforge.net 검색하여 다운로드해도 되지만 검색하기가 까다롭다.
4. WinAVR 다운로드 페이지(http://sourceforge.net/projects/winavr/files/)로 이동 후 상단에 있는 가장 최신 버전을 클릭한다.
5. WinAVR-20100110-install.exe 파일을 클릭하면 페이지가 이동하면서 약간의 광고가 보여진 후에 다운로드가 진행될 것이다.

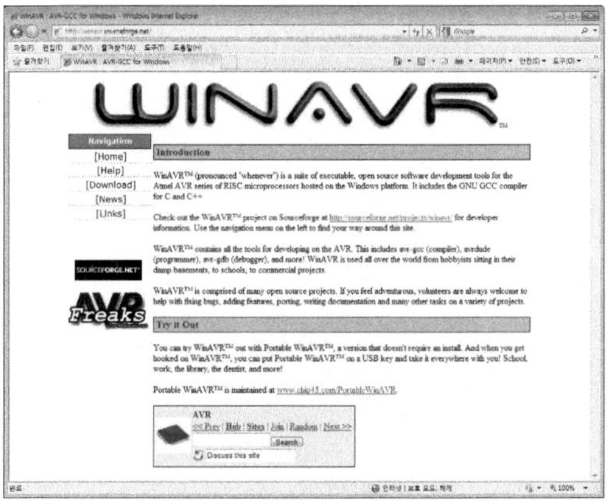

❶ http://winavr.sourceforge.ne 홈페이지에 접속한다.

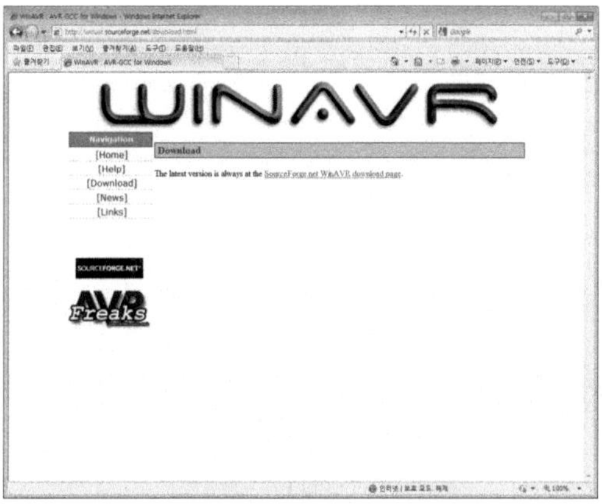

❷ 소스포지 사이트로 이동한다.

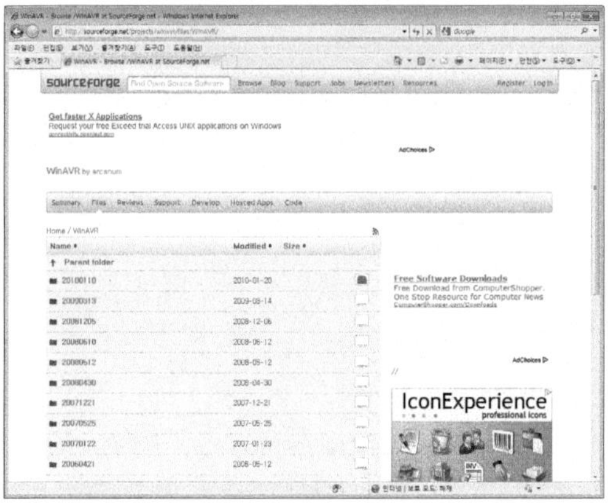

❸ 최신 버전을 선택한다.

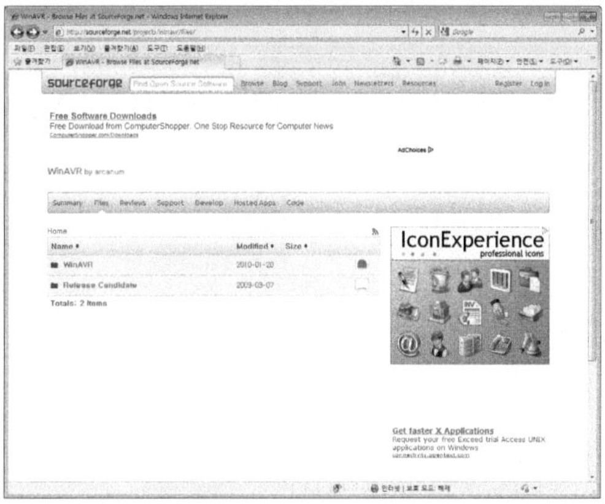

❹ WinAVR을 선택한다.

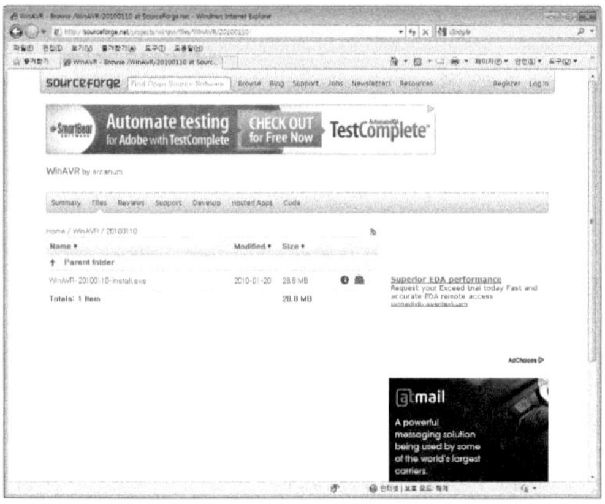

❺ WinAVR-20100110-install.exe을 선택하면 약간의 광고가 보여진 후 다운로드될 것이다.

2.3 AVR 스튜디오 설치하기

해당 파일을 다운로드한 후 더블 클릭하면 압축을 풀면서 자동으로 설치가 된다. 설치 디렉토리 및 설치 옵션 등 몇 가지 항목을 질문하는데, 특별한 이유가 없다면 모두 기본 설정으로 설치하도록 한다.

❶ AVR 스튜디오 설치 시작

❷ AVR 스튜디오 설치 중

❸ AVR 스튜디오 설치 완료

프로그램이 설치될 디렉토리는 디폴트로 C:\Program Files\Atmel\AVR Tools\로 설정되어있는데, 특별한 경우가 아니라면 위의 설정을 그대로 따른다. 위와 같이 하여 AVR 스튜디오의 설치를 마친다. 프로그램이 모두 설치되었으면 바탕 화면에 AVR 스튜디오 바로가기를 만들어 두는 것이 개발에 편리하다.

위의 개발 툴(PonyProrg던 WinAVR이던 AVR 스튜디오 간에) 설치 시 간혹 설치될 디렉토리를 변경하는 경우가 있는데, 그 중 내 문서 혹은 바탕 화면에 설치하는 사람이 종종 있다. 바탕 화면 및 내 문서에 설치하면 안된다는 규정은 없으나 위의 폴더에는 가급적 설치를 삼가하는 것이 좋다.

왜냐하면 AVR 스튜디오에서 컴파일할 때 한글 및 공백 때문에 make 파일이 제대로 생성되지 않아 컴파일이 안되는 경우도 있기 때문이다. 부득이하게 폴더를 변경할 경우는 영문 폴더 및 공백이 없는 폴더를 생성하여 설치하는 것이 바람직하다.

2.4 WinAVR 설치하기

WinAVR 설치 역시 크게 어려움은 없으므로 간략하게 알아보도록 하자.

그림 4-7 • WinAVR 설치 초기화면

처음 설치 시 언어를 선택하라는 문구가 나오므로 Korean(한국어)를 선택하도록 하자.

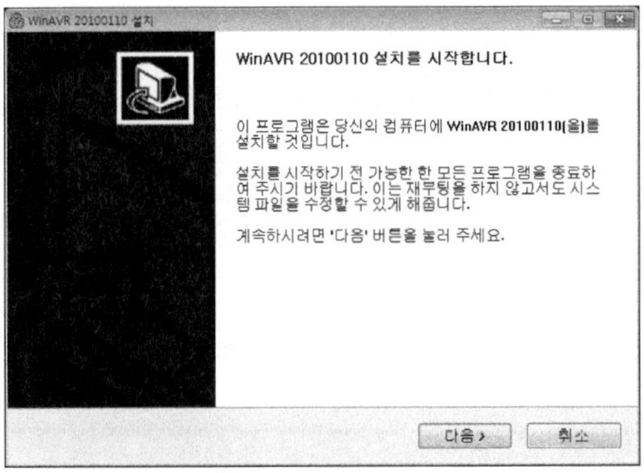

❶ WinAVR 설치를 시작할 때 '다음'을 클릭한다.

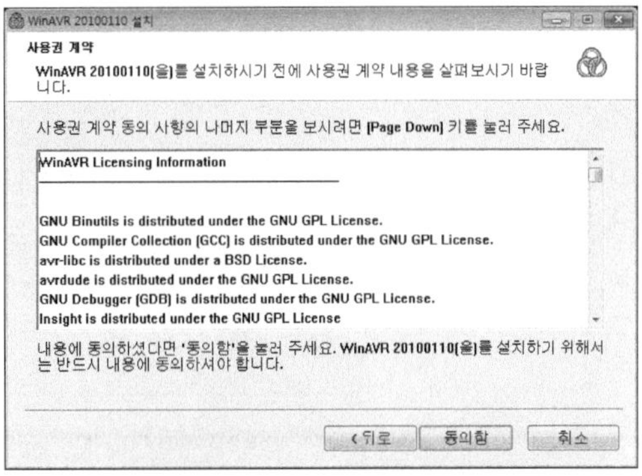

❷ 〈그림〉 사용권 계약에 '동의함'을 클릭한다.

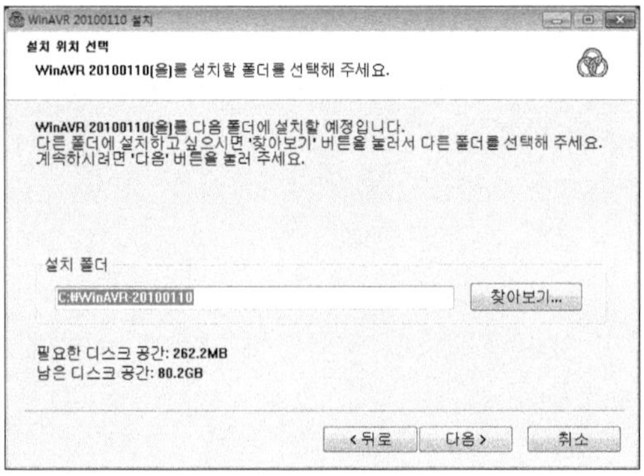

❸ WinAVR을 설치할 폴더를 지정한다.

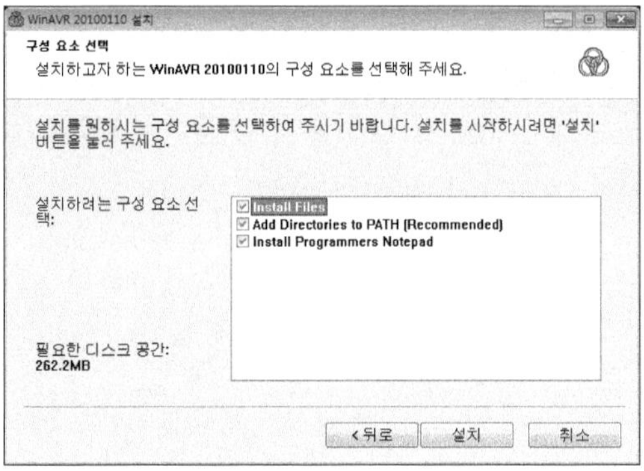

❹ 설치할 항목을 지정한다.

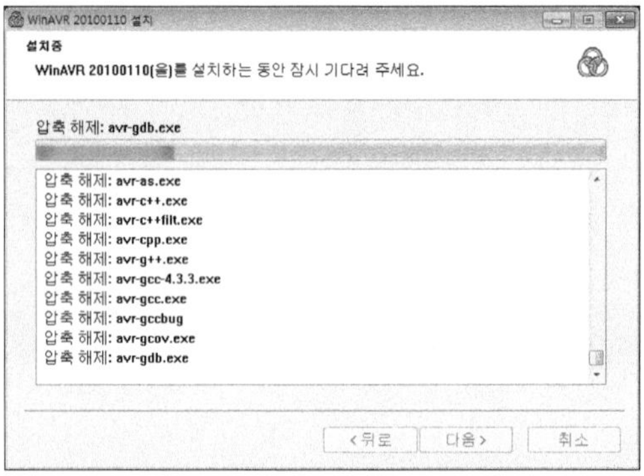

❺ WinAVR이 설치되는 중이다.

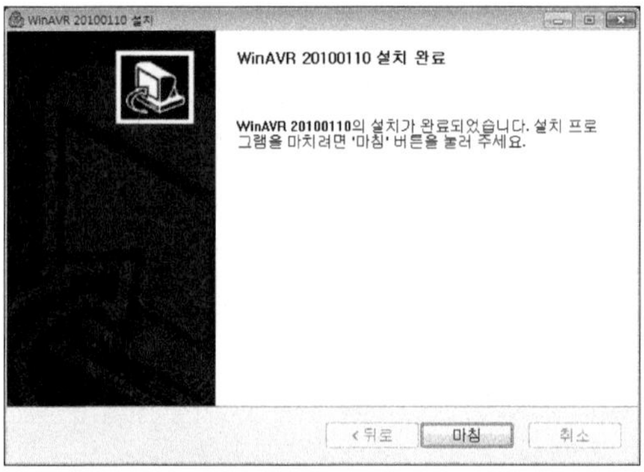

❻ 설치가 완료되었다는 문구와 함께 마침을 클릭하면 된다.

2.5 WinAVR 폴더의 위치에 대해서

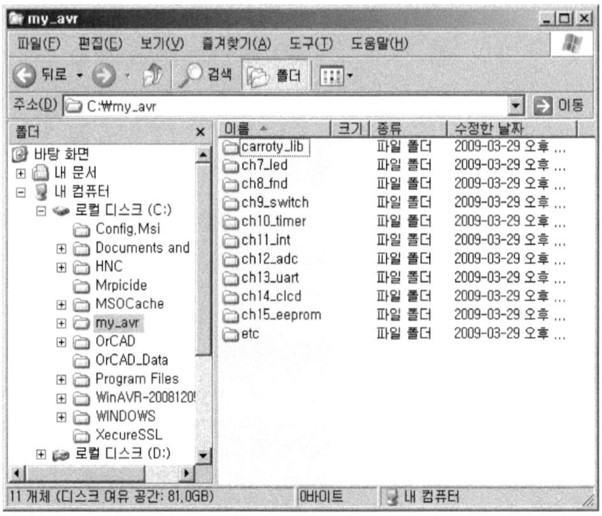

그림 4-8 • AVR 예제 파일의 위치

종종 WinAVR 설치 시 기본 폴더가 아닌 본인만의 특정한 폴더에 선택하는 경우가 종종 있는데, 이러한 경우 제대로 설치되지 않거나 설치되었다 하더라도 프로그램 동작 시 오류(보통 컴파일 오류)가 나는 경우가 종종 있다.

대개의 경우 '바탕 화면' 혹은 'Program Files'과 같이 한글 문자가 있거나, 공백 문자가 있는 경우 이러한 문제가 발생하는 것으로 보아 설치 시 꼭 특정 폴더에 설치하고 싶다면 공백과 한글이 없는 폴더에 설치하기를 바란다.

보통 PC용 프로그램은 공백이나 한글에 대해 크게 문제가 없으나 임베디드 관련 컴파일러는 간혹 문제를 일으키는 경우가 있으므로 참고하기 바란다.

3 테스트 및 간단한 예제 실행하기

이제 설치된 프로그램을 이용하여 간단하게 LED를 점등해보자. 프로그램이 어떻게 운용되는지에 대해서는 추후에 설명하도록 하고 먼저 어떻게 동작시키는지에 대해서만 알아보도록 하자.

당근 보드는 이미 연결이 잘 되어 있다고 가정한다.

시작 메뉴의 프로그램에서 Atmel AVR Tools에서 AVR Studio 4를 선택하여 AVR Studio 4를 실행한다. 바탕 화면에 바로가기 아이콘을 만들어 놓았으면 편리하게 이를 더블 클릭하여 실행하면 된다.

3.1 AVR 스튜디오의 실행

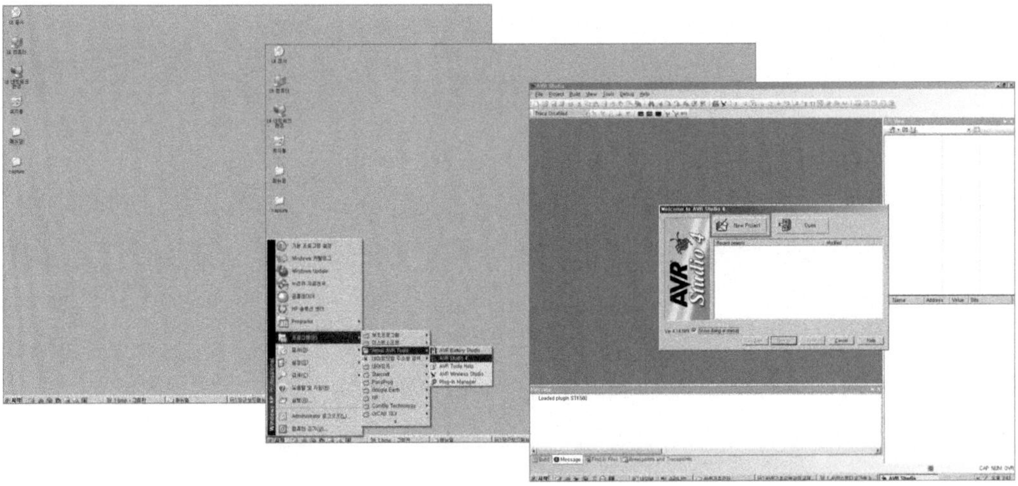

AVR 스튜디오를 시작한다.

3.2 새로운 프로젝트의 생성

프로그램을 처음 작성하므로 프로젝트 생성을 위해 상단메뉴의 Project에서 New Project를 선택한다.

이제 새로 나타난 대화창에서 작성할 프로그램 언어를 선택한다. C로 작성할 때는 AVR GCC를 선택하고, 어셈블리어로 작성할 때는 Atmel AVR Assembler를 선택한다. Location에서 프로젝트를 생성할 폴더를 입력하고, 프로젝트 이름을 선택한 후 Next를 선택한다. 한글 폴더명의 경우 컴파일 시 제대로 되지 않을 수 있으므로 반드시 영문 폴더명만을 사용하기 바란다.

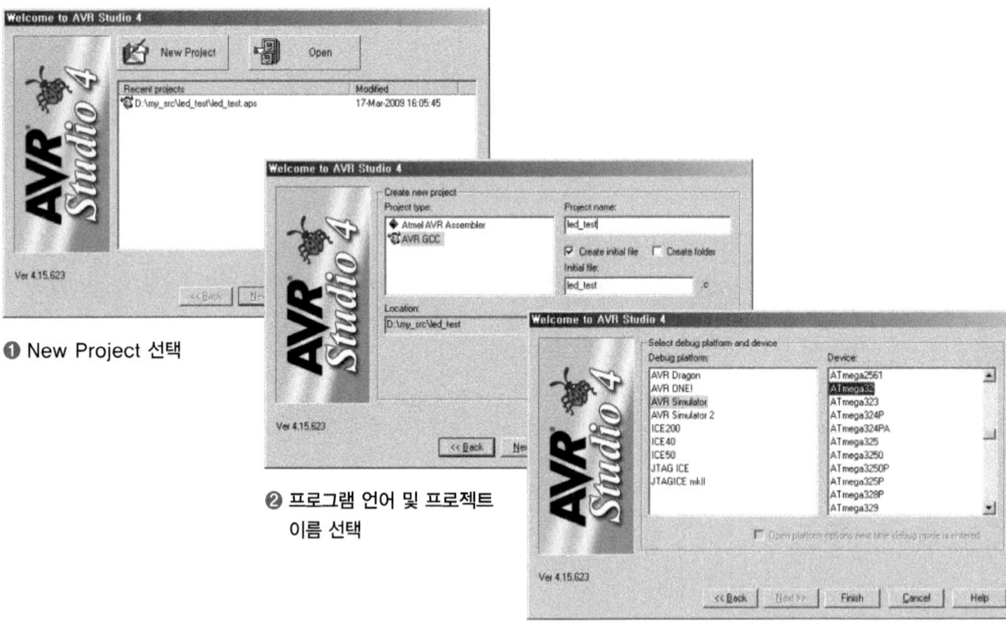

❶ New Project 선택

❷ 프로그램 언어 및 프로젝트 이름 선택

❸ 디바이스 선택

AVR Studio에서 새로운 프로젝트의 생성하기

3.3 소스 입력

프로젝트 파일이 생성된 후 [그림 4-9]와 같이 소스를 입력할 수 있는 창이 뜬다. 좌측에는 소스 파일의 구조가 트리(tree) 형태로 나열되어 있다. 후에 프로젝트가 방대해질 경우 여기에 여러 가지 소스 및 헤더파일을 첨부하면 될 것이다. 우측에는 ATmega128의 타이머(Timer), A/D 변환기와 같은 모든 주변기기가 나타난다. 화면 하단의 메시지 창에는 컴파일(Compile) 및 빌드(build) 시의 각종 경고 혹은 컴파일 에러 등이 표기된다.

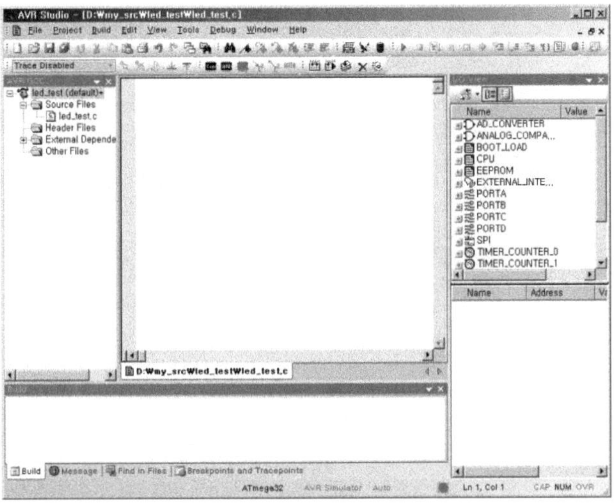

그림 4-9 • AVR Studio 실행 화면

3.4 LED를 점등하는 간단한 예제 입력

이제 대화 창에서 다음과 같은 예제를 타이핑해보자.

```
#include <avr/io.h>

#define TIME 20000

int main(void) {
   DDRB= 0xFF;

   volatile unsigned int i= 0;
   volatile unsigned int j= 0;

   while(1) {
     PORTB= 0xFF;
     for(i= 0; i<TIME; i++) {}
       PORTB= 0x00;
     for(j= 0; j<TIME; j++) {}
   }
   return 0;
}
```

3.5 컴파일 이후 다운로드

예제를 정상적으로 타이핑한 후 F7을 누르면 컴파일(Compile) 및 빌드(build)가 진행되고 이후 hex 파일이 생성될 것이다. 이를 ATmega128에 다운로드하면 LED가 점멸되는 것을 볼 수 있을 것이다.

소스가 잘못되었으면 화면 하단에 메시지가 출력된다. 메시지는 컴파일이 성공적으로 이루어졌는지, 코드 사이즈 용량에 대한 정보가 나타나고 아울러 적색 동그라미의 에러 혹은 노란 동그라미의 경고메시지가 출력된다. 별 이상이 없으면 녹색 동그라미가 출력되면서 컴파일이 정상적으로 이루어졌음을 알 수 있다.

노란 동그라미는 경고로서 해당 소스 코드를 수정하지 않아도 컴파일은 되나 최대한 수정하여 경고 메시지도 제거하는 것이 좋고, 적색 동그라미는 에러로서 소스에 문법적 에러가 있음을 나타내는 것인데, 이를 수정하지 않으면 컴파일이 이루어지지 않는다. 노란 동그라미 및 적색 동그라미 우측에 어떠한 경고인지 에러인지 메시지가 출력되므로 이를 보고 수정하면 된다.

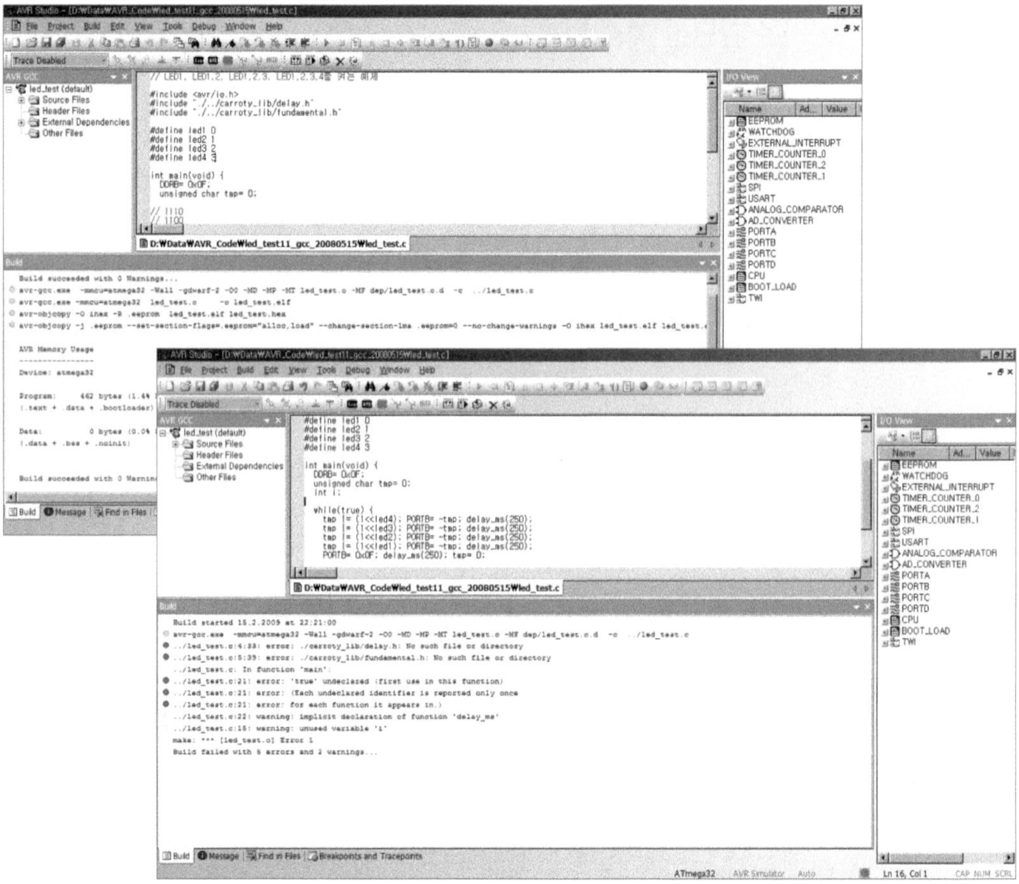

그림 4-10 • 에러 메시지를 수정한 후 정상적으로 컴파일된 경우

소스가 경고 및 에러가 전혀 없다면, [그림 4-10]의 아래쪽 그림과 같이 .hex 파일이 생성된다. 처음에는 prj 파일 및 소스만 존재하나 컴파일이 이루어지면 여러 파일들이 생성되는 것을 알 수 있다. 이 중에서 hex 파일을 Write 버튼을 클릭하여 다운로드한다.

4 이 장의 간추림

- 당근 보드는 초 · 중급자를 위한 AVR 학습용 소형의 개발 키트로서 Carroty Main Board와 각종 센서 및 FND가 장착되어 있다.
- 당근 보드는 아트멜의AVR 계열 중 ATmega128 MCU를 사용하는데, ATmega128에 대한 설명은 2장을 참조하기 바란다.
- 당근 보드 이용 시 AVR 스튜디오, WinAVR, PonyProg 세 가지 프로그램이 필요한데, 이 세 가지 프로그램은 모두 무료이며, 설치 또한 매우 간단하다.

연습문제

1. 다음 보기 중에서 AVR에 대한 설명으로 맞지 않는 것은?

① AVR은 아트멜이라는 미국 반도체 회사에서 생산하는 제품이다.

② 대개의 AVR 1MHz당 1MIPS에 이르는 성능으로 동작 속도가 빠른 편이다.

③ 모든 AVR은 RISC 구조를 가지므로 명령어 개수가 50개 미만이다.

④ 근래에는 AT90 시리즈는 단종되어 시장에 나오지 않는다.

2. 다음 보기 중에서 ATmega128의 외부 구조에 대한 설명으로 맞지 않는 것은?

① ATmega128의 모든 핀은 64개이고 제어 가능한 핀(I/O)은 53개이다.

② XTAL1, XTAL2는 외부 클럭을 입력받는 용도로 사용되는 핀이다.

③ AVCC, AREF, AGND는 ADC 사용을 위한 핀이다.

④ PORTA, PORTB 등은 범용 목적 I/O 핀으로서 동시 입출력이 가능하다.

3. 다음 보기 중에서 ATmega128의 내부 구조에 대한 설명으로 맞지 않는 것은?

① ATmega128은 하버드 구조로서 버스가 프로그램 버스와 데이터 버스로 분리되어 있다.

② 상태 레지스터란 ALU가 가장 최근에 실행한 연산의 결과가 저장되는 레지스터이다.

③ ATmega128은 32개의 범용 레지스터를 갖고 있어 보통은 일반 레지스터의 기능을 수행한다.

④ 스택 포인터는 인터럽트 발생 시 인터럽트의 위치가 어디인지 저장해놓기 위한 레지스터이다.

4. 다음 보기 중에서 ATmega128의 메모리 구조에 대한 설명으로 맞지 않는 것은?

① ATmega128의 메모리는 데이터 메모리와 플래시 메모리로 나누어 2종류의 물리적 메모리가 있다.

② 작성된 프로그램이 올라가는 메모리는 플래시 메모리이다.

③ 포트 출력을 위해서 사용되는 것이 입출력 메모리이다.

④ ATmega128은 64KB의 외부 메모리를 지원한다.

5. 다음 보기 중에서 ATmega128의 클럭 시스템에 대한 설명으로 맞지 않는 것은?

① ATmega128에서 클럭이 필요한 모듈은 총 6개이다.

② ATmega128의 클럭 소스는 총 5개이다.

③ 내부 RC 오실레이터 발진은 외부 크리스털을 연결할 필요가 없고 정확하여 널리 사용된다.

④ AVR은 초기 공장 출하 시 내부 클럭으로 설정되어 있다.

6. 다음 보기 중에서 ATmega128의 퓨즈 비트에 대한 설명으로 맞지 않는 것은?

① 퓨즈 비트는 ATmega128의 메모리 내용을 보호하기 위한 비트이다.

② JTAGEN은 디버깅 관련 비트로서 JTAG 설정을 ON/OFF하는 비트이다.

③ SPIEN은 프로그래밍을 위한 SPI를 ON/OFF하는 비트이다.

④ CKSEL은 ATmega128의 각종 클럭 설정을 위한 비트이다.

생각해보기

❶ AVR 계열에는 ATiny…, ATmega…, Xmega 등 많은 디바이스가 존재한다. 이렇게 많은 디바이스가 있는 이유가 무엇인지, 또 어떤 디바이스가 가장 적당한지에 대해 생각해보자.

❷ 여러 가지 많은 개발 키트가 존재하는데 과연 어떠한 개발 키트가 나에게 적당할까 생각해보자. 그리고 만일 내가 개발 키트를 만든다면 어떻게 만들까에 대해서도 생각해보자.

CHAPTER 05

프로그래밍 언어 (Programming Language)

당근이의 **AVR ATmega128** 마이크로컨트롤러

이번 장에 대하여

이번 장에서는 'C언어'에 대해서 알아보도록 한다.

임베디드 시스템에서 하드웨어, 소프트웨어 개발 환경 못지 않게 중요한 것은 바로 마이크로컨트롤러를 제어하는 프로그래밍 언어이다.

대표적으로 어셈블리어와 C언어가 있는데 근래 들어 C언어가 압도적으로 많이 사용하고 있기는 하나, 어셈블리어도 C언어 못지 않게 중요하다.

C언어 그 자체만으로 책 한 권의 분량이 나올 정도로 방대하기 때문에 모든 내용을 다룰 수는 없지만 C언어의 기본적인 내용과 마이크로컨트롤러에서 적용하는 기법에 대해 간략하게 알아보도록 할 것이다.

1 프로그래밍 언어의 개요

이 책에서는 각종 예제에서 C언어를 이용하여 실습을 하기는 하지만 C언어의 문법이나 활용에 대해서 다루지는 않는데 첫 번째 이유로 본 교재가 마이크로컨트롤러를 다루기 때문이고 두 번째로 C언어를 다루기에는 양이 매우 방대하기 때문이다. 그러나 초보자의 경우 도대체 C언어를 처음 접해보았다거나 이해가 되지 않는 분들도 있고, 작성 시 어려움을 겪는 분들이 많아서 다음과 같은 내용을 위주로 간략하게 다루어볼 것이다.

- 프로그래밍 언어란 무엇인가? 어떠한 언어들이 있는가?
- 이 중 C언어란 무엇인가? C언어의 특징 및 간략한 문법 설명에 대해서
- 프로세서는 우리가 짠 코드를 어떻게 이해할 수 있는가? : 컴파일이란 무엇인가?
- C언어에서 함수의 구조에 대하여
- 마이크로컨트롤러에서 자주 사용되는 연산에 대해서 : 비트 연산의 유용성

1.1 프로그램이란 무엇인가

정의

컴퓨터 프로그램(Computer Program)이란, 컴퓨터에 의해 실행되는 순차적인 일련의 명령어 집합이다.

대부분의 프로그램들은 하드 디스크 등의 영구 매체에 파일로 저장되어 있다가 사용자가 실행시키면 메모리로 적재된 이후에 프로세서에서 실행되고 입출력 장치로 각종 결과를 출력한다. 물론 입출력을 하지 않는 경우도 있는데, 입력만 받아 저장하는 경우도 있고 출력만 하는 경우도 있지만, 이는 특별한 경우이므로 제외하자.

AVR의 경우는 프로그램이 플래시 메모리에 적재되어 있다가 플래시 메모리에서 우리가 작성한 소스 코드를 읽어 이를 프로세서에서 실행하고 결과를 출력한다. 사용자가 작성한 코드가 어떠한 코드냐에 따라서 포트로 출력도 하고, 혹은 포트에서 입력도 받고 혹은 타이머/카운터를 가동하던가, 다양한 작업을 수행할 것이다. 이렇게 프로세서에게 어떤 작업을 지시하는 것이 바로 프로그래밍 언어(Programming Language)이다.

프로그래밍 언어는 크게 저급 언어(Low Level Language)와 고급 언어(High Level Language)로 나뉘는데 이러한 언어로 다음과 같은 종류가 있다.

- 저급 언어 : 기계어(Machine Language), 어셈블리어(Assembly Language) 등
- 고급 언어 : PASCAL, FORTRAN, COBOL, C언어 등

참고로 저급 언어와 고급 언어의 기준은 특정 언어가 우수하다거나 좋다는 의미가 아니라 하드웨어의 표현에 가까울수록 저급 언어라 하고 인간의 표현에 가까울수록 고급 언어라 한다.

그래서 하드웨어를 직접 제어하고자 할 때는 어셈블리어와 같은 저급 언어를 사용하고 인간의 표현에 적합한 시스템을 개발할 때는 고급 언어를 쓰는 분류도 있었다. 그러나 근래에 들어 언어를 저급과 고급으로 나누는 것이 거의 의미가 없어졌으며, 필요에 따라서 저급과 고급을 택해서 쓰면 될 것이다.

또한 이전의 프로그래밍 언어는 과학 계산 목적의 FORTRAN 언어, 상업 계산 목적의 COBOL 언어, 객체지향적 언어 SMALLTALK와 같이 분류하기도 하였지만 근래에 들어서 이러한 분류는 거의 의미가 없어졌다. 현재 사용되는 대다수의 모든 언어는 과학계산, 상업용, 객체지향 등 다양한 개념을 포괄적으로 흡수하면서 범용으로 설계해도 충분할 정도의 강력한 성능을 자랑한다.

이전의 저급 언어를 사용했던 이유는 매우 제한된 하드웨어 사양 때문이었다. 적은 메모리 용량과 느린 속도 때문에 고급 언어 사용을 포기하고 저급 언어를 사용하기도 했었다. 그러나 근래의 컴퓨터는 이전에 비해 엄청난 메모리 용량과 속도를 가지므로 이전과 같이 성능 개선을 위해 저급 언어가 사용되는 경우는 드물다.

그렇다면 '이제는 저급 언어는 배우지 않아도 되겠구나' 라고 생각할지 모르겠으나 천만의 말씀이다.

하드웨어를 직접 제어하는 저급 언어의 중요성은 감소되지 않는다. 임베디드 시스템에서는 일반 컴퓨터 환경과는 다르게 하드웨어를 직접 다루어야 할 필요성이 있으므로 저급 언어는 여전히 중요하다.

그렇다면 임베디드 환경에 적합한 프로그래밍 언어는 무엇인가? 결론부터 말하자면 C/C++ 어셈블리어이다. 이 언어에 대해서는 후에 좀 더 살펴보기로 하고 [표 5-1]을 통해서 어떠한 언어들이 있는지 가벼운 마음으로 살펴보자. '참으로 많은 언어가 있구나' 라는 정도만 느껴도 될 것이다. [표 5-1]에 적힌 언어가 모든 프로그래밍 언어는 아니라는 점도 참고로 알아두자.

표 5-1 • 알파벳 순으로 정리한 여러 프로그래밍 언어들

알파벳	프로그래밍 언어
A	ABC, Ada, ALGOL, AWK, APL, AutoLISP
B	B, BASIC, BCPL
C	C, C++, C#, Caml, CLU, COBOL, CORAL, CPL
D	Delphi
E	Eiffel, Erlang
F	Flow-Matic, Forth, Fortran
G	GTK
H	Haskell, Haskel
I	Icon
J	J, Java, JavaScript
L	Lisp, Lua
M	Mainsail, M (MUMPS), ML, Modula, MATLAB, MFC
O	Oberon, Objective-C, OpenGL
P	Pascal, Perl, PHP, PL/I, Plankalkul, PostScript, Prolog, Python
R	Rexx, Ruby, Rebol
S	Sail, Sather, Scheme, Self, Sh, Simula, Smalltalk, SNOBOL, SGML
T	Tcl/Tk
U	URI
V	VB.NET

1.2 중요 언어에 대한 간략한 설명

(1) C와 C++

- 1972년 Bell연구소의 연구원 데니스 리치(Dennis Ritche)에 의해 만들어짐
- 운영체제를 제작하기 위해 만들어진 언어
- 현재까지도 매우 널리 사용되는 언어
- 모듈성, 효율성, 이식성이 우수, 단순하고 강력한 특징이 있음
- C언어의 한계를 극복하고자 객체지향 개념을 포함한 C++이 등장함
- MS는 자사의 플랫폼을 위에 C언어를 접목하여 MFC를 출시함

(2) Java

- 1995년 선 마이크로시스템(Sun Microsystems)의 제임스 고슬링(James Gosling)에 의해 만들어짐
- 소형 가전기기 및 모바일 등 임베디드 기기에서 사용하고자 만들어짐
- 객체지향언어, 플랫폼 독립적, 견고하고 보안에 강력, 동적인 특징을 가지고 있음

당근이의 한마디 **C언어에 대한 보충 설명**

보통 초보자의 경우 C언어가 하나만 있다고 생각하기 쉬운데, 데니스 리치에 의해 만들어진 C언어는 처음에는 하나였다! C언어가 개발된 후에 C언어의 편리한 기능과 강력한 성능 때문에 전세계적으로 폭넓게 사용되었다. 그러나 이후 많은 회사들이 자사 나름대로 C언어의 문법을 정의하고 규정하였는데, 이는 같은 언어인데도 호환되지 않는 문제가 발생하여 미국 표준협회인 ANSI에서 ANSI-C라는 표준을 만들기에 이르렀다. 그러나 이후에도 ANSI-C 언어의 형식을 지키면서도 다시 변형이 생겨 같은 C언어라 하더라도 약간씩 차이가 존재하는 C언어가 있다.

이렇게 말하면 어떠한 C언어를 배워야 할지 의문이 들텐데, 결론부터 말하자면 모든 C언어는 비슷하다. 즉 표준어인 서울 말이 있다면, 전라도 사투리와 경상도 사투리가 있는 식이다. 약간의 사소한 차이는 있을지라도 C언어의 근간은 비슷하다는 말이다. 고로 경상도 사투리를 배우건 전라도 사투리를 배우건 한국말이라는 점에서는 동일하므로 하나만 정확하게 배우면 된다.

참고로 이 책에서 우리가 사용하는 C언어는 gcc이며, 이는 GNU Compiler Collection이라는 곳에서 지원하는 C언어 정도라고 이해해두면 좋을 것이다.

널리 사용되는 언어 중 C++과 Java 이외에 임베디드 시스템에서 매우 중요한 어셈블리어가 있다.

앞서 언급했듯이 C언어는 표준인 ANSI-C와 그 외(변형되었지만 기본은 거의 동일한) 다양한 C언어가 있다 하였는데, 어셈블리어의 경우는 얘기가 완전 다르다. 즉 어셈블리어 A와 어셈블리어 B는 전혀 다르다. 따라서 AVR에서 사용되는 어셈블리어는 다른 프로세서에서 적용시키기가 거의 불가능하다는 뜻인데 그 이유는 무엇일까? 다음 페이지에서 알아보도록 하자.

1.3 기계어에 대해서

앞서 여러 언어를 살펴보았지만 **프로세서가 이해할 수 있는 언어는 오로지 기계어(Machine Language) 하나뿐이다.** 즉 C언어로 프로그램을 작성하건, FOTRAN으로 작성하건, LISP로 작성하건 간에 프로세서가 이해하는 언어는 오로지 기계어뿐이라는 뜻이다. 그렇다면 과연 기계어는 무엇일까? 다음 코드는 기계어 코드의 일부를 나타낸다.

```
00000001001010111000000000100000
```

참고로 보통 비트 형태를 표기할 때 4비트씩 묶어서 표기한다. 이것은 공백을 표기할 경우 보기가 좋다는 점 이외에 특별한 의미는 없다. 아무래도 위 코드의 표기보다는 다음과 같이 표기하는 것이 보기 편하지 않은가?

```
0000 0001 0010 1011 1000 0000 0010 0000
```

그러나 위의 코드나 아래 코드나 어떤 의미인지 이해할 수 없는 점은 마찬가지이다. 위의 코드는 어떤 의미인가. 위 코드는 특정한 프로세서에서 '32비트 레지스터 두 개를 더하라'는 뜻이다. 이러한 일련의 비트만을 보고 어떻게 더하라는 의미인지 알 수 있을까? 위의 비트열만을 보고는 알 수가 없고, 위의 비트열이 어떤 구조로 되어있는지 알고 있어야 '더하라'는 의미인지 알 수 있다.

조금 더 설명하자면 좌측 16비트는 명령어이고 그 다음의 8비트는 레지스터, 그 다음의 8비트는 또 레지스터를 의미한다.

표 5-2 • 기계어를 해독하는 예

기계어	설명
0000 0001 0010 1011	더해라
1000 0000	1000 0000 레지스터의 내용과
0010 0000	0010 0000 레지스터의 내용을

이러한 명령어를 인스트럭션(Instruction)이라 부르고 인스트럭션의 집합을 인스트럭션 셋(Instruction Set)이라 부른다. 프로세서는 오로지 이러한 명령어 셋만 이해할 수 있다. 참고로 프로세서는 ADD 역시 이해하지 못하며 정확하게는 0000 0001 0010 1011의 기계어만 알아들을 수 있다는 점을 확실히 하기 바란다.

이러한 명령어 셋은 프로세서를 설계할 때부터 고려된다. 즉 위의 '더하라'라는 일련의 명령어 셋이 이미 정해져 있다는 뜻이다. 만일 명령어 셋이 어떤 형식으로 구성되어 있는지 모른다면 위의 코드가 어떤 의미를 가지는지 당연히 알 수 없다. 바꿔 말하면 명령어 구조를 알고 있어야 위 명령어가 무엇을 의미하는지 알 수 있다는 뜻이다. 명령어 구조는 앞의 16비트는 명령어이며, 뒤의 8비트 두 개는 피연산자라는 구조를 알고 있어야 한다는 말이다. 32비트가 너무 길기 때문에 간략하게 가상적으로 명령어 셋이 구성되는 형태를 [그림 5-1]에 나타내었다.

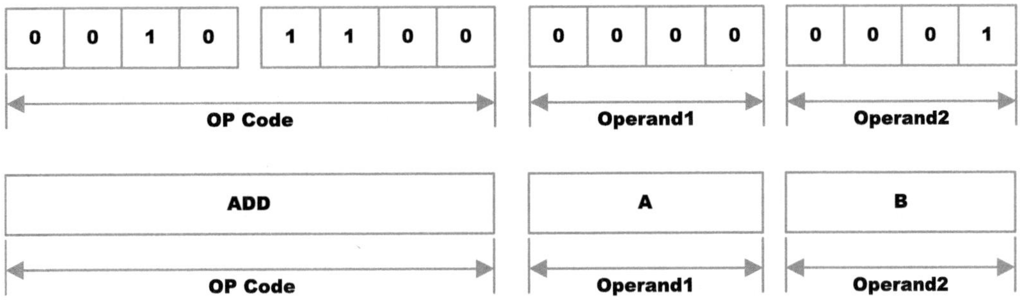

그림 5-1 • 명령어의 구조

표 5-3 • 기계어의 구조

항목	설명
OP Code	Operation Code의 약자로서 프로세서가 이해하는 명령어(instruction)
Operand	피연산자로서 OP Code에 의해 연산의 대상이 되는 리터럴(Literal : 상수, 데이터) 혹은 주소, 레지스터 번호를 기술하는 부분

Operand는 한 개일 수도, 두 개일 수도 혹은 없을 수도, 혹은 값일 수도, 주소일 수도 있다. 다양한 명령에 따라 다양한 오퍼랜드가 존재하므로 모든 명령어가 위와 같은 형태가 아니라는 점만 기억해두기 바란다.

그러나 명령어 구조를 알고, 위 명령어의 의미를 모두 이해했다 하더라도 위와 같은 명령어를 쓰면서 프로그래밍하기란 쉽지 않으며, 기계어를 쓰기는 정말이지 헷갈리기 일쑤이다. 바로 이러한 점이 저급 언어를 공부하는 데 어려움이 된다.

끝으로 이러한 명령어 셋은 프로세서를 제조하는 회사마다 당연히 다르다. 즉 인텔, MIPS, ARM, PowerPC 등 프로세서가 다르면 명령어 셋 역시 다르다는 뜻이다. 예를 들어 프로세스에게 '더해라' 라는 명령을 내린다면 일련의 이진수로 된 명령어를 전송해야 하는데, 인텔은 1010, MIPS는 1100 등과 같이 다를 수 있다는 뜻이다. 여기까지의 내용을 요약해보면 다음과 같다.

- **프로세서가 이해할 수 있는 언어는 오로지 기계어뿐이다.**
- 기계어 코드는 컴퓨터에게는 해석이 필요하지 않고 바로 읽어들일 수 있다.
- 인스트럭션은 프로세서 초기부터 설계되고, 각 제조사마다 (당연히) 다르다.
- 어떤 프로세서의 기계어이건 간에 기계어는 보기도 쉽지 않고, 프로그램 짜기도 쉽지 않다.

1.4 어셈블리 언어와 컴파일의 의미

이러한 기계어 코드의 단점을 해결하기 위하여 어셈블리 언어(Assembly Language)가 등장하였다. 어셈블리 언어는 기계어를 대신하는 단어를 사용하는 방식이다. '더해라' 라는 인스트럭션 대신에 'ADD' 와 같은 단어(Nemonic)를 제공한다. 이제 위의 코드보다는 한결 보기가 편해졌다.

```
ADD R0 R1
```

위의 코드는 'R0 레지스터 값과 R1 레지스터의 값을 더한 후 R0에 넣어라' 라는 위의 기계어 코드를 어셈블리언어로 작성한 것이다.

'기계어를 대신한다' 는 의미를 조금 더 설명하자면 어셈블리 언어는 기계어와 정확하게 1:1로 대응된다는 점이다. 이 점은 매우 중요한데, 예를 들어 C언어는 한 줄의 코드가 한 줄의 어셈블리 언어로 바뀌지 않을 수도 있기 때문이다(왜 중요한지는 후에 포트 입출력에서 시간 지연 루틴(delay) 문을 살펴보면 자연스럽게 알 수 있을 것이다).

결론적으로 어셈블리어를 제대로 이용하려면 반드시(혹은 어쩔 수 없이) 명령어 셋을 모두 알아야 하며, 이는 프로세서의 구조에 대한 이해가 선행되어야 한다. JMP할 경우 어디까지 JMP를 해야 할지 알아야 하며, 있지도 않은 레지스터에 값을 할당할 수는 없기 때문이다. 예를 들어 31개의 레지스터를 갖고 있는 ATmega128에 40번째 레지스터의 값을 읽겠다라고 명령을 내리면 당연히 에러가 날 것이다.

그러나 프로세서는 어셈블리어 언어 역시 이해할 수 없다(이해할 수 있는 언어는 기계어뿐이라고 했다). 따라서 어셈블리 언어로 작성된 프로그램은 다시 기계어 코드로 바꿔주어야 한다.

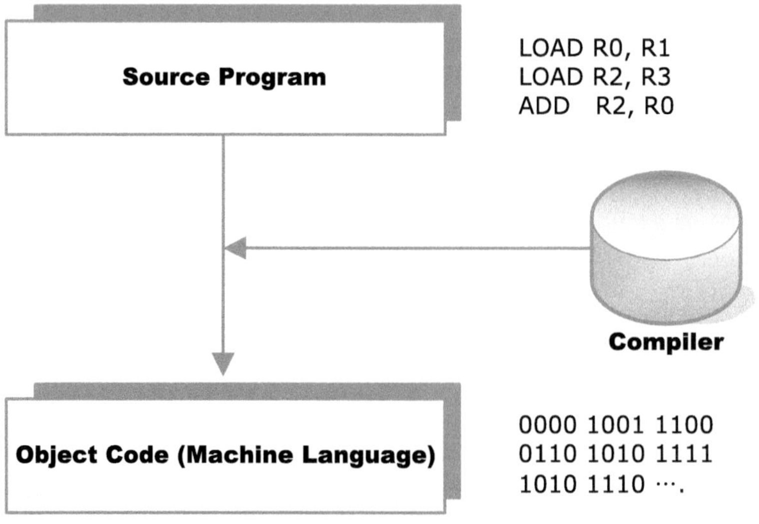

그림 5-2 • 어셈블리 언어를 기계어로 바꾸는 과정

[그림 5-2]는 어셈블리 언어를 기계어로 바꾸는 과정을 나타낸다. **바로 이 과정을 '컴파일(Compile)' 이라고 하며, 컴파일을 해주는 프로그램을 컴파일러라고 한다.**

1.5 C언어는 어셈블리 언어와 무엇이 다른가

비록 어셈블리 언어가 기계어와 비교해볼 때 많은 장점이 있다고는 하나 기계어와 1:1 대응된다는 점에서 기계어와 전혀 다를 바가 없다. 즉 여전히 프로그램 짜기가 쉽지 않다는 점이다. 그러나 이보다 훨씬 중요한 점은 프로세서가 변경되면 즉 다른 프로세서로 개발하게 되면 똑같은 프로그램을(보통 어셈블리어는 이런 경우가 많다) 처음부터 완전히 다시 짜야 된다는 뜻이다.

이것이 문제가 될까? 그렇다. 10줄, 100줄일 경우는 문제가 되지 않는다. 그러나 100,000줄, 1,000,000만 줄이라면? 상상만 해도 끔찍할 것이다.

C언어는 이러한 어셈블리 언어의 문제점을 (완벽하지는 못해도) 해결 가능하다. 이러한 이유는 C언어가 특정 프로세서에 종속적이지 않게끔 설계되어졌기 때문이다. 예를 들어 인텔 계열의 프로세서인 80xx 계열에서 작동하는 C 프로그램을 MIPS의 프로세서에서도 작동시킬 수 있다는 말이다. 물론 C언어도 어셈블리어를 포함해서 쓸 수 있는데 이러한 경우는 예외다(이러한 경우를 인라인 어셈블리라고 한다).

또한 C언어로 작성하면 프로세서의 내부구조를 잘 몰라도 어느 정도 프로그램을 작성하는 데 지장이 없는데 이러한 이유는 바로 컴파일러(Compiler)가 그 역할을 대신해주기 때문이다. 컴파일러는 C언어를 해당 프로세서가 이해할 수 있는 기계어로 변환시켜준다.

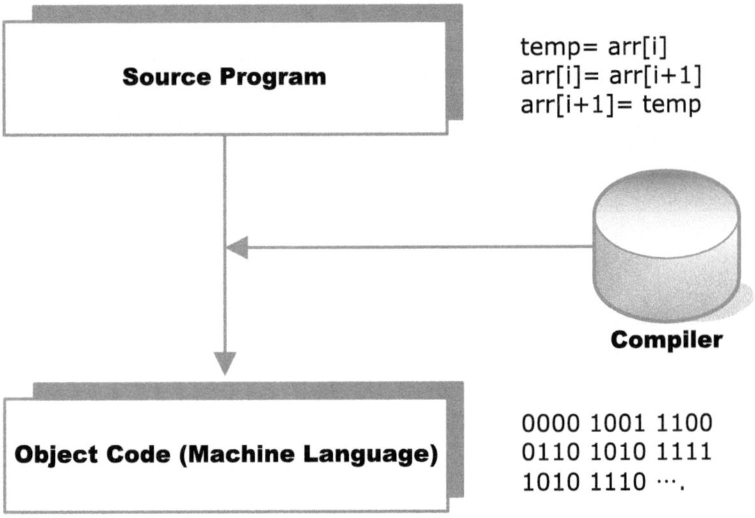

그림 5-3 • C언어의 컴파일 과정

이제 프로그래밍 언어가 무엇인지, 기계어가 무엇인지, 어셈블리 언어가 무엇이며, 컴파일이 무엇이고 왜 필요한지 이해할 수 있을 것이다. 아울러 C언어가 어셈블리언어에 비해 무엇이 좋은지도 알게 되었다.

결론적으로 C언어가 가능한 것은 어셈블리어로도 가능하며, (불편하기는 하지만) 이 역도 성립한다. 그러나 이 두 가지 언어는 임베디드 시스템에도 모두 중요한데 이유인즉슨 어셈블리 언어가 프로세서 내부 구조를 이해하는 가장 좋은 방법이기 때문이다(사실 이 이외에 다른 방법이 있지도 않다).

끝으로 AVR에서 사용되는 몇 가지 명령어에 대해서 살펴보고 마치도록 하겠다. [표 5-4]는 AVR 마이크로컨트롤러 중에서 ATmega128의 산술 및 논리 연산 명령(Arithmetic and Logical Instruction) 중 일부를 나타내었다.

산술 연산이란 더하기, 곱하기, 빼기, 나누기를 말하며, 논리연산이란 AND, OR, NOT, XOR 등을 의미한다.

물론 이외에도 분기, 데이터 전송, 비트 연산, MCU 제어 등 133개의 명령어가 존재하나 모두 알아보기는 어려우므로 나머지 명령어에 대한 설명은 생략하도록 하겠다. 모든 명령어에 대해서 궁금하다면 데이터시트를 참조하도록 한다.

표 5-4 • 산술 및 논리 명령어(Arithmetic and Logical Instruction)

번호	Mnemonics	Operands	설명	Operation	Flag	#Clks
1	ADD	Rd, Rr	Add two Registers	Rd ← Rd + Rr	Z, C, N, V, H	1
2	ADC	Rd, Rr	Add with Carry two Registers	Rd ← Rd + Rr + C	Z, C, N, V, H	1
3	ADIW	Rdl K	Add Immediate to Word	Rdh: ← RdlRdh:Rdl + K	Z, C, N, V, S	2
…	…	…	…	…	…	…
35	FMULS	Rd, Rr	Fractional Multiply Signed	R1:R0←(Rd x Rr) <<1	Z,C	2
36	FMULSU	Rd, Rr	Fractional Multiply Signed with Unsigned	R1:R0←(Rd x Rr) <<1	Z,C	2

- 번호 1의 ADD는 'Rd와 Rr 값을 더한 후 Rd에 넣어라' 라는 의미이고, Flag는 이 ADD 연산 후 상태 레지스터에서 Z,C,N,V,H 비트가 관여하며, 1클럭의 수행시간이 걸린다는 의미이다(상태레지스터는 후에 다루기로 한다).
- 번호 2의 ADC는 위의 ADD와 동일하지만 자리올림값 C를 추가로 더한다는 점이 다르다.

표 5-5 • 데이터 전송 명령어(Data Transfer Instruction)

번호	Mnemonics	Operands	설명	Operation	Flag	#Clks
65	MOV	Rd, Rr	Move Between Registers	Rd←Rr	None	1
66	MOVW	Rd, Rr	Copy Register Word	Rd+1; Rd←Rr+1:Rr	None	1
67	LDI	Rd, K	Load Immediate	Rd←K	None	1
…	…	…	…	…	…	…
101	PUSH	Rr	Push Register on Stack	STACK ← Rr	None	2
102	POP	Rd	Pop Register from Stack	Rd←STACK	None	2

- 번호 65의 MOV는 'Rr 값을 Rd에 넣어라' 라는 의미이고 관여하는 플래그는 없으며, 한 클럭의 수행시간이 걸린다는 의미이다.

2 C언어의 개요

C언어는 1972년에 벨(Bell) 연구소의 데니스 리치(Dennis Ritchie)라는 개발자가 UNIX 운영체제 개발을 위해 설계된 고급 언어(High Level Language)이다. C언어는 최초의 블록 구조의 언어인 알골(ALGOL) 언어를 모태로 만들어졌으며, BCPL(Basic Combined Programming Language)에서 발전한 B언어를 개선한 것이다. C언어는 DEC의 소형 컴퓨터인 PDP-11에 최초로 탑재되었다.

당시의 컴퓨터 환경에서는 하드웨어를 강력하게 제어할 수 있는 운영체제의 필요성이 절실하게 요구되었는데 그러한 언어는 어셈블리어뿐이었다. 어셈블리어가 기계어에 비해 많은 장점이 있기는 하지만, 어셈블리어 역시 기계어와 일대일 대칭이 되는 기계어의 다른 형태의 언어이기 때문에 ①하드웨어 의존도가 매우 높았다. 이 말인즉슨 프로세서가 변경되면 동일한 기능을 하는 프로그램이라 하더라도 처음부터 다시 작성해야 하는 번거로움이 많았다. 즉 동일한 기능의 운영체제라 하더라도 프로세서가 바뀌면 운영체제는 처음부터 다시 설계되어야 했다. 또한 어셈블리어는 인간보다는 컴퓨터에 맞추어 설계되었기 때문에 개발자들이 쉽게 배우거나 적용하기가 어려웠다. 따라서 ②컴퓨터보다는 인간의 기술 표현에 더욱 가까운 언어의 필요성이 대두되었다. 이와 동시에 ③하드웨어를 강력하게 제어할 수 있어야 한다는 어셈블리어의 장점도 수용해야만 했다.

결론적으로 새로 만들어질 언어는 다음과 같은 특성이 요구되었다. ①하드웨어가 변경되어도 코드를 다시 작성할 필요가 없을 것, ②하드웨어 보다는 인간의 표현에 가까우면서 동시에

③하드웨어를 강력하게 제어할 수 있을 것, 이러한 특징을 갖고 개발된 언어가 바로 C언어이다. 이러한 이유로 C언어는 다음 페이지에 나오는 것과 같은 특징을 갖는다.

앞서 C언어의 장점에 대해서만 주로 말하였지만 C언어 역시 단점이 존재한다. C언어는 간단하고 강력하지만 위험한 언어이다. C언어는 태생적으로 하드웨어를 강력하게 제어할 수 있도록 설계되었다고 말하였다. 이 말을 역으로 해석해보면 자칫 실수하여 하드웨어를 잘못 제어할 경우 오동작할 우려가 있다는 말이다. 예를 들어 C언어에서 메모리 접근을 마구 해댔다간 어떠한 일이 발생할지 아무로 모른다. 어떤 경우 별탈 없이 컴퓨터가 작동될 수도 있고, 어떤 경우 운영체제가 멈출지도 모른다. C언어라고 하여 장점만 존재하는 것이 아니고 단점 역시 존재한다는 점을 명심하여 사용한다면 훌륭한 도구가 될 것이다.

참고삼아 자바(Java)와 같은 언어는 하드웨어를 직접 접근할 수 없으므로 프로그램의 안정성이 높은 장점을 가지지만 C언어에 비해 효율성은 떨어지며, 하드웨어를 직접 제어하고자 하는 개발자에게 자바는 불편할 수도 있을 것이다.

그렇다면 어떤 언어를 선택해야 할까? 만일 하드웨어 제어 및 시스템 프로그램을 개발하려면 C, C++과 같은 언어를, 플랫폼 독립적인 프로그램을 짜려면 Java를, 간단한 로직이고 빠르게 프로그램을 짜려면 Visual Basic 혹은 PowerBuilder를 사용하면 될 것이다. 딱히 어떤 프로그래밍 언어가 어떤 프로젝트에 100% 부합된다고 말할 수는 없기 때문에 프로젝트의 방향 및 취지 혹은 개발자의 취향에 맞춰 언어를 선택하면 될 것이다.

2.1 C언어의 특징과 장단점

C언어는 태생 자체가 운영체제를 개발하기 위한 언어이기 때문에 다음과 같은 하드웨어 제어를 위한 특징 및 이외의 다양한 특징을 많이 가지고 있다.

- **고급 및 저급 언어 간 특징을 모두 갖고 있다.**
  C언어는 하드웨어를 제어하는 저급 언어(Low Level Language)와 인간의 표현에 가까운 고급 언어(High Level Language)의 특성을 모두 갖는다.
- **하드웨어에 접근이 매우 용이하다.**
  보통의 언어는 하드웨어에 직접 접근이 불가능한 경우가 많은데, C언어는 메모리, 주변 기기, I/O 장치와의 접근이 매우 용이하며, 배열과 포인터를 이용하여 주소 지정 및 연산이 매우 편리하다(이는 매우 편리한 기능이지만 동시에 매우 위험한 기능이기도 하다는 점을 유념하자).
- **C언어는 아주 단순하다.**
  C언어의 키워드(keyword)는 30개가 채 되지 않으며(C언어의 버전 및 종류에 따라 약간씩

다름), 입출력 명령조차 존재하지 않는다. 이러한 불편한 점은 표준 라이브러리를 제공함으로써 해결하고 있다(키워드 혹은 예약어(reserved word)란 C언어 내부적으로 약속되어 사용자가 임의로 사용할 수 없는 단어를 뜻한다).

표 5-6 • C언어의 키워드 혹은 예약어

auto	break	case	char	continue	default
do	double	else	enum	extern	float
for	goto	if	int	long	register
return	union	unsigned	void	while	

- **풍부한 연산자를 제공한다.**
  C언어는 다른 언어에서 볼 수 없는 다양하고 강력한 연산자를 지원한다. 이러한 연산자로는 증가, 감소, 배정, 조건, 포인터, 비트 연산자 등이 있다.
- **데이터 형이 매우 다양하다.**
  문자형(char), 정수형(int, long), 실수형(float, double)과 함께 signed, unsigned, long, short 등을 결합해 다양한 데이터 형을 제공한다.
- **전처리기가 존재한다.**
  컴파일 이전에 존재하는 전처리기로 인해 텍스트 수준의 처리를 실행한다.
- **구조적 프로그래밍 언어이다.**
  C언어는 구조적 프로그래밍 언어로서 모듈식 구현이 용이한 언어이다. 모듈은 보통 파일 혹은 파일 내부의 함수로 구성된다.

2.2 간단한 Hello, World와 C언어의 기본 구조

많은 프로그래밍 언어 중 첫 번째로 C언어를 살펴보도록 하자. 문법적인 세세한 내용에 대한 설명은 생략하고, 이러한 방식으로 프로그램을 작성한다는 정도만 살펴보도록 하자.

프로그램의 실행은 main으로 시작되며, main 함수의 내부에서 printf 함수를 호출한다. main 함수는 여러 함수 중에서 특별한 기능을 하는데, 프로그램의 시작점(entry point) 기능을 한다. 즉 여러 함수가 있다 하더라도 운영체제는 main 함수를 제일 먼저 호출한다.

```
#include <io.h>
void main() {
   printf("Hello");
}
```

앞의 코드를 그림으로 나타내보면 [그림 5-4]와 같다.

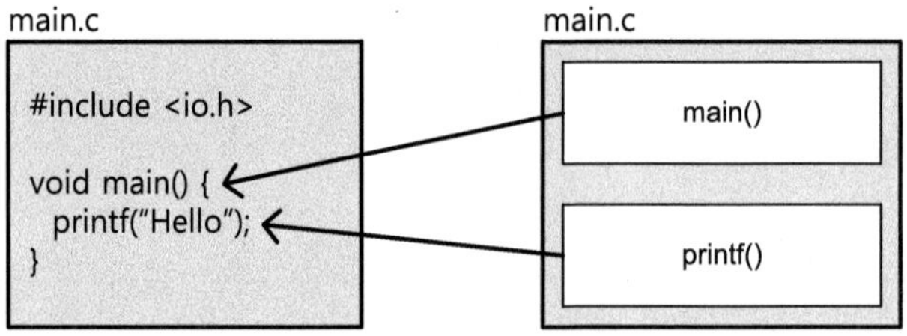

그림 5-4 • Hello 소스 코드의 구조

위의 소스는 매우 간단한 구조만을 나타내었는데 보통 C언어 프로그램은 [그림 5-5]와 같은 구조를 가진다. C언어는 함수 구조의 언어이므로 함수는 한 개 혹은 그 이상일 수 있다.

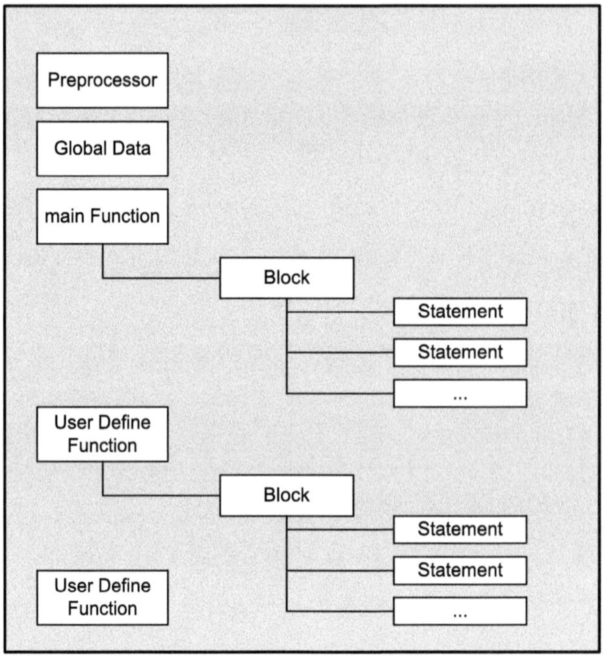

그림 5-5 • 함수 구조의 C언어의 구조

하나의 소스는 전처리기(Proprocessor)문과 전역 데이터(Global Data : 전역 변수 혹은 전역 함수)와 함수로 구성된다. 함수는 블록(Block)으로 구성되고, 블록은 문장(Statement)으로 구성된다. 문장은 선언문, 대입문, 함수 호출문, 제어문, NULL문, 블록으로 나뉜다.

이외에 C언어의 구성요소에는 주석(Comments), 상수(Constant), 예약어(Reserved Word), 식별자(Identifier)가 있다. 다음 코드는 위의 구조를 토대로 C언어의 기본 형태를 적은 것이다. 모든 소스가 이런 식으로 구성되어 있지는 않을 수도 있지만 대개 이런 식으로 구성되어 있다는 것을 참고하기 바란다. 각각에 해당하는 내용은 매우 많은 설명이 필요하므로 생략하도록 하겠다.

```
/* 복잡하게 보이는 C언어의 구조 */

#ifndef  // 전처리부를 작성
#endif
#include <stdio.h>  // 헤더 파일을 포함
#include <conio.h>
#include "my_header1.h" // 사용자 정의 헤더 파일을 포함
#include "my_header2.h"
#define PAI 3.141592 // 상수의 선언
#define ROOT2 1.414
#define MAX(x,y) ((x)>(y) ? (x) : (y)) // 매크로 함수의 선언
#define MIN(x,y) ((x)>(y) ? (x) : (y))
extern int index; // 전역 변수 선언
static int score; // 정적 변수의 선언
int sum(int x, int y); // 각종 함수의 선언
int sub(int x, int y);
int sum(int x, int y) { // 함수의 정의
// 생략
}
int sub(int x, int y) {
// 생략
}
int main(void) { // main 함수의 시작
   // 변수의 선언
   int result1= sum(2,3);
   int result2= sub(3,5);
   // 제어문
   // 입출력 함수 등
   return 0;
}
```

C언어는 Hello, World와 같이 5줄로 된 간단한 프로그램도 있을 수 있고, 위의 코드와 같이 방대한 분량으로 구성된 코드도 있다. 소스의 줄 수, 함수의 개수에 제한이 있는 것이 아니다. 또

한 소스의 양과 프로그램의 복잡도와는 아무런 관계가 없다. C언어를 처음 접하는 경우 소스의 양이 많아질 경우 복잡해서 어렵다라고 고민하는 경우가 많은데, 거듭 말하자면 C언어는 함수 구조의 반복이므로 기본적인 문법 구조와 함수 구조에 대해 명확하게 이해하고 있다면 소스의 양과 관계없이 충분히 이해할 수 있을 것이다.

재미 삼아 아주 간단한 한 줄짜리 프로그램을 작성해보면 다음과 같다. 다음 소스는 최소한의 문법적인 구조를 만족하여 아무런 이상 없이 컴파일되지만, 기능이 없으므로 아무런 동작도 하지 않는다.

```
/* 간단하지만 아무런 기능도 하지 않는 간단한 C언어 예제 */

void main(void) {
}
```

이러한 기본적인 문법 이외에 저수준/고수준 입출력, 구조체(Structure)와 공용체(Union), 네트워크와 같은 분야가 있으나 초보자에게는 사용빈도가 낮으므로 설명은 생략한다.

2.3 함수의 문법 구조

여러 기본 문법 중에서 다수의 학생이 함수의 구조를 잘 파악하지 못하는 경우가 많아 이에 대해 개략적으로 설명하도록 한다. C언어는 함수(모듈 펑션, 프로시져라고 부르기도 한다) 위주의 언어이다. 참고 삼아 C++이나 Java와 같은 객체지향 언어는 클래스(Class) 위주의 언어이고, 특히 Java에서는 클래스 내부의 함수를 메소드(method)라 부르기도 한다. 어찌됐든 C언어에서 함수 구조를 파악하는 것은 기본이다. 먼저 함수 사용 시 문법 구조에 대해서 알아보자.

```
/* 함수의 문법 구조 */

return_data_type function_name (data_type arg1, data_type arg2,..data_typen argn) {
// function body
// return value;
}
```

위의 문법은 이해하기가 쉽지 않으므로 그림으로 나타내 보면 훨씬 이해하기 편하다. 사각형, 삼각형, 원 세 개의 인자(argument)를 받아서 육각형의 결과를 돌려주는(return) 함수이다.

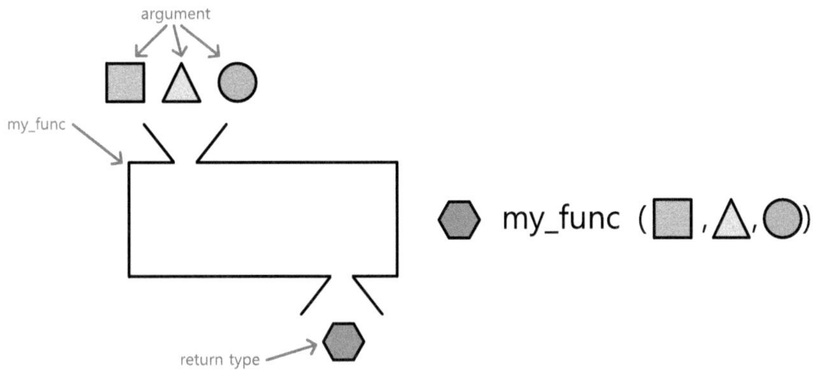

그림 5-6 • 세 개의 인자를 받아 하나를 돌려주는 함수의 그림과 코드 표현

만일 육각형, 사각형, 삼각형, 원이라는 데이터 형이 존재한다면, 앞의 소스는 다음과 같을 것이다.

```
육각형 my_function(사각형 x, 삼각형 y, 원 z) { // … 생략
```

이제 육각형 대신에 float, 사각형 대신에 int, 삼각형 대신에 char, 원 대신에 byte를 대입해보자.

```
float my_function(int x, char y, byte z) { // … 생략
```

사실 함수의 문법 구조는 아무것도 아니다. 위의 오각형, 삼각형, 사각형을 본인이 원하는 데이터 형으로 바꾸어도 되고, 개수를 줄이거나 늘여도 무방하다. 이제 다른 모양의 함수 구조를 살펴보도록 하자. 보통의 함수는 위에서 살펴본 바와 같이 무언가(argument)를 받고 결과를 돌려준다(return).

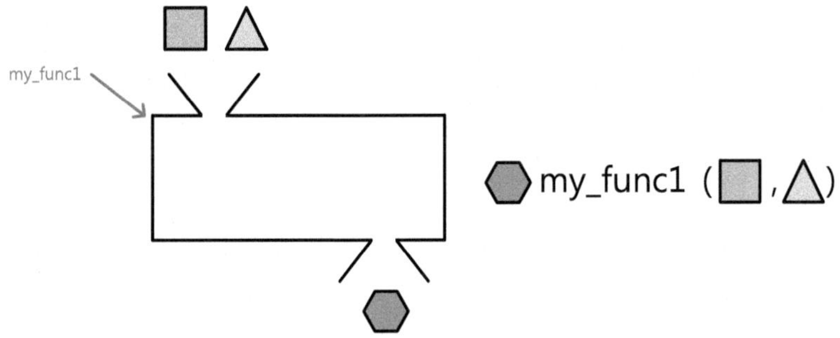

그림 5-7 • 두 개의 인자를 받아 하나를 돌려주는 함수의 그림과 코드 표현

그러나 모든 함수가 항상 무언가를 받을 필요는 없다. 그냥 값을 돌려주기만 하는 경우도 있다. 이러한 경우 다음 그림과 같다.

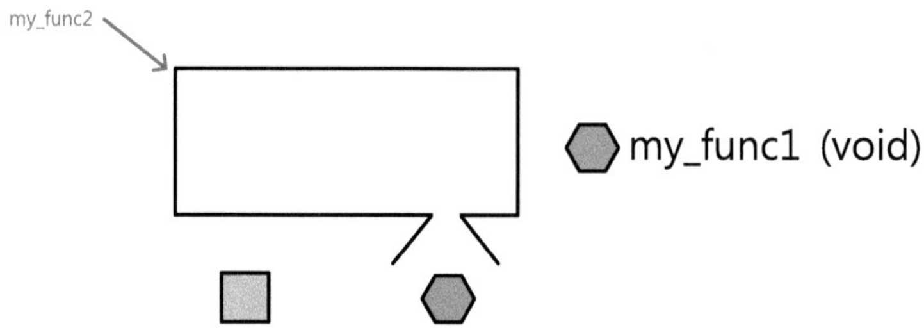

그림 5-8 • 인자를 받지 않고 하나만 돌려주는 함수의 그림과 코드 표현

또한 값을 받기만 하는 경우도 있다. 이런 경우 돌려줄 값을 적는 부분에 아무것도 안 적는 것이 아니라 void라고 꼭 명기해야 한다.

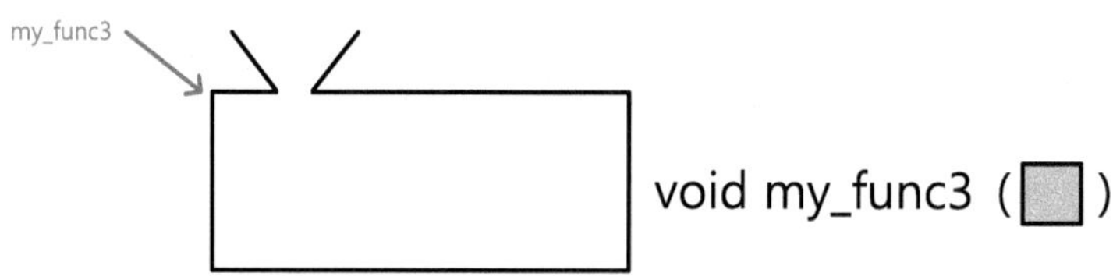

그림 5-9 • 인자를 하나만 받고 돌려주는 값이 없는 함수의 그림과 코드 표현

이제 다음과 같은 다양한 함수들이(설사 내부가 이해가 가지 않는다 하더라도) 문법적인 면은 충분히 이해할 수 있을 것이다(뒷부분의 함수 내용은 생략하였음).

```
char my_function() { // …
// 인자로 아무것도 받지 않고 char 형을 돌려주는 함수

int sum (int x, int y, int z) { // …
// 정수형 변수 x, y, z 세 개를 받아서 정수형을 돌려주는 함수
// 함수 내용이 없기 때문에 어떠한 기능인지는 모르나, 함수 이름으로 미루어 보아
// 합을 구하는 함수라고 추정해볼 수 있다.

void main(void) { // …
// 프로그램의 진입점 역할을 하는 main 함수
// 인자를 받지도 않고, 리턴되는 데이터도 없다.
```

```
int compare_elements (char **p1, char **p2) { // ...
// char형 다차원 포인터 두 개를 받아서 int형을 돌려주는 함수
// 역시 함수 내용이 없기 때문에 어떠한 기능인지 모르나, 함수 이름으로 미루어 보아
// 두 개의 요소를 비교하는 함수라 추정해볼 수 있다.

void sort_strings (char **array, int nstrings) { // ...
// 어떤 기능의 함수인지 적어보자.

size_t strspn (const char *string, const char *skipset) { // ...

int fsetpos (FILE *stream, const fpos_t position) { // ...

int setvbuf (FILE *stream, char *buf, int mode, size_t size) { // ...
```

2.4 C언어의 컴파일 과정

이제 Hello, World가 어떤 과정을 거쳐 동작되는지 알아보자. C언어 역시 기계어가 아니므로 기계어로 변경하기 위한 컴파일 과정을 거친다. 앞서 어셈블리 언어에서는 간략하게 언급하였는데, 실상 C언어의 컴파일 과정은 매우 복잡하다. 전체적인 흐름을 살펴보도록 하자.

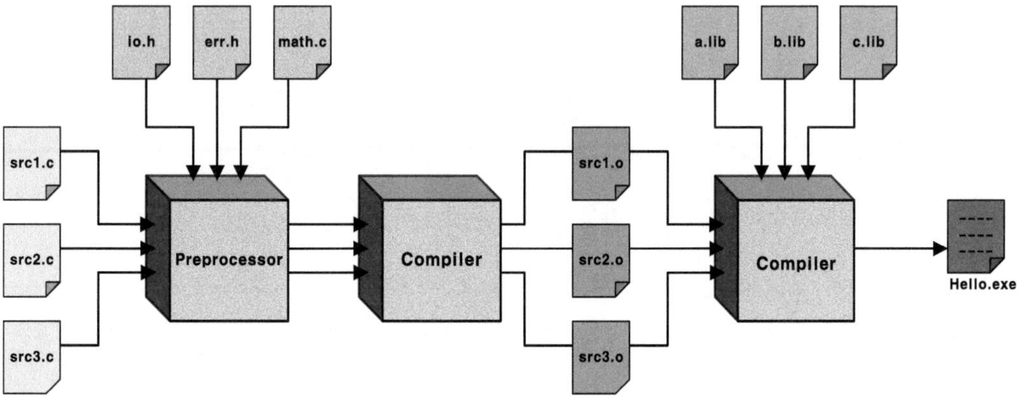

그림 5-10 • C언어의 컴파일 과정

(1) 전처리

소스파일 내부에 있는 전처리(Preprocess) 명령을 수행하는 과정이다. 소스 파일 내부에서 #으로 시작되는 문장들은 C언어 코드가 아닌 전처리 명령어들의 집합이다. 전처리기(Preprocessor)가 이 명령어들을 수행하게 된다. 전처리 명령어는 주로 소스 파일을 컴파일 하기 전에 해당 헤더파일을 포함할지 안 할지, 컴파일을 할지 말지를 결정하는 등의 역할을 한다.

(2) 컴파일

소스파일을 컴파일러(Compiler)를 이용해 기계어(Machine Language)로 번역하는 과정이다. 컴파일(Compile) 시에는 각종 문법 에러를 검사하게 되는데, C언어의 문법에 맞지 않으면 컴파일 에러나 경고를 발생한다. 컴파일 에러가 없다면 기계어로 번역된 목적 코드(object code)라 불리는 '*.obj' 파일을 생성한다.

(3) 링크

보통 하나의 C언어 소스 파일이 하나의 기계어 코드를 만드는 것으로 족하나, 대형 프로그램의 경우에는 다수의 소스 파일을 동시에 컴파일해야 하는 경우가 있다(마이크로컨트롤러 환경에서는 이러한 경우가 별로 없다). 컴파일 과정에서 생성된 목적 코드를 여러 개 모아서 링커(Linker)를 통해 하나의 목적 코드로 만드는 과정이다. 링크(Link) 과정이 끝나서 하나의 목적 코드가 생성된 이후에 실행 가능한 파일인 .exe 형태를 만들 수도 있다(임베디드 시스템 환경에서는 exe 형태의 파일이 필요 없을 수도 있다).

3 마이크로컨트롤러에서 자주 사용되는 C언어를 이용한 비트 연산

마이크로컨트롤러에서는 일반 컴퓨터 프로그래밍과 다르게 비트 연산이 매우 많다. 비트 연산이 왜 많은지 왜 필요한지는 병렬 I/O 포트 제어를 살펴봐도 금방 알 수 있겠지만 그 필요성에 대해서는 추후 느껴보도록 하고, 일단 특정 비트를 제어하는 방법부터 알아보도록 하자.

일단 전체 8비트 레지스터 중에서 우리가 원하는 비트만 값을 세트, 클리어, 검사 등의 작업을 하는 게 매우 중요하다고 알아두기 바란다.

참고로 특정 비트를 1로 만드는 것을 '세트' 한다 하고, 특정 비트를 0으로 만드는 것을 '클리어' 한다고 표현한다는 점도 다시 한 번 상기하도록 하자.

- 특정 비트를 세트
- 특정 비트를 클리어
- 특정 비트를 반전
- 특정 비트를 검사
- 특정 비트를 추출
- 비트 연산을 편하게

3.1 가상의 레지스터와 비트연산

(1) 레지스터에 값을 대입하기

어떤 가상의 REG0이 있고 이 REG0은 다음과 같은 특징이 있다.

- 이 레지스터는 8비트이다.
- 각각의 비트는 읽을 수도 쓸 수도 있지만, 개별적으로(즉 비트별로) 읽고 쓰기는 불가능하다. 어떤 마이크로컨트롤러는 비트별 연산이 가능한 경우도 있지만 AVR은 그렇지 못하다. 즉 읽고 쓰기 위해서는 8비트 단위로 읽고 써야 한다.
- 전원 인가 후 초기값은 0이다.

	BIT	7	6	5	4	3	2	1	0
REG0 $10		DAT7	DAT6	DAT5	DAT4	DAT3	DAT2	DAT1	DAT0
	R/W	R/W	R/W	R/W	R/W	R/W	R/W	R/W	R/W
	INIT	0	0	0	0	0	0	0	0

그림 5-11 • LED8개와 연결된 가상의 REG0 레지스터

- 이 REG0은 8개의 LED와 연결되어 있는데 각각의 LED는 BIT 7, 6, 5, 4, 3, 2, 1, 0과 연결되어 있다. 따라서 첫 번째 LED를 켜기 위해서는 REG=1;이 아닌 REG=0을 대입하면 된다.
- 각각의 비트를 세트(Set), 클리어(Clear)하면 연결된 각각의 LED가 ON, OFF된다고 가정하자. 회로도의 연결에 따라 세트, 클리어할 때 LED가 OFF, ON될 수도 있다.
- 예를 들어 DAT7을 세트하면 일곱 번째 LED가 켜지고, DAT4를 세트하면 네 번째 LED가 켜지며, DAT3을 클리어하면 세 번째 LED가 꺼진다고 가정하자.

이제 간단하게 몇 가지 실습을 해보도록 하자. 첫 번째 LED를 점등하기 위해서 레지스터에 얼마를 대입하면 될까? 다음의 코드와 같이 매우 간단하다.

```
REG0 = 00000001;                // 첫 번째 LED를 ON시킨다.
```

8번째와 첫 번째 LED를 점등하기 위해서 레지스터에 얼마를 대입하면 될까? 다음과 같이 적으면 된다.

```
REG0 = 10000001;                // 여덟 번째와 첫 번째 LED를 ON시킨다.
```

이제 조금 더 복잡하게 LED를 점등해보도록 하자. 여덟 번째, 다섯 번째, 두 번째 LED을 점등하기 위해서 레지스터에 얼마를 넣으면 될까? 이진수로 10010010을 넣으면 될 것이다(이해가 가지 않는다면 위의 레지스터 직접 숫자를 기입해보도록 하자).

```
REG0 = 10010010;                // 여덟 번째, 다섯 번째, 두 번째 LED를 ON시킨다.
```

참고로 이진수 10과 16진수 10은 서로 구별할 수 없기 때문에 수학적으로도 10(2), 10(16)과 같이 표기한다. 그러나 프로그래밍 언어에서는 10(2), 10(16)과 같이 표현할 수 없기 때문에 C 언어는 이진수 앞에 0b, 16진수는 0x를 붙여 표기한다. 단 십진수는 매우 많이 사용되기 때문에 아무런 접두사를 붙이지 않는다.

표 5-7 • 2진수 10010010을 각각의 진법으로 표기 : 대소문자는 상관없음

번호	진법	표현	유래	비고
1	2	0b10010010	Binary	
2	8	0o222	Octal	
3	10	146	Decimal	0D 표기하지 않음
4	16	0x92	Hexadecimal	

따라서 정확한 코드는 다음 코드 중의 하나가 될 것이다. 이 중 2진수, 8진수, 10진수로 적는다고 하여도 결과는 모두 동일하다.

```
REG0 = 0b10010010;              // 2진수로 대입할 경우
REG0 = 0o222;                   // 8진수로 대입할 경우
REG0 = 146;                     // 10진수로 대입할 경우
REG0 = 0x92                     // 16진수로 대입할 경우
```

다만 마이크로컨트롤러에서는 2진수, 16진수가 여러모로 편리하기 때문에 이 두 수 체계가 많이 사용되는데 16진수가 더욱 편리하기 때문에 16진수가 많이 사용된다.

참고로 본문 중에 매우 빈번하게 나오는 문장 중 세트(Set)와 클리어(Clear)가 있다. 예를 들어 '…레지스터의 세 번째 비트를 세트하시오' 와 같은 말이 나오는데 이는 '세 번째 비트를 1로 놓는다' 는 뜻이다. 반대로 클리어는 해당 비트를 0으로 놓는다는 뜻이다.

다른 표현으로는 '1을 대입한다', '1로 설정한다' 와 같은 표현이 있겠지만 세트와 클리어가 가장 정확하게 표현한다고 판단되기 때문에 앞으로는 위와 같이 표현할 것이다.

'여덟 번째, 다섯 번째, 두 번째 비트를 세트하시오' 라는 문장은 다음과 같은 코드를 의미한다.

```
REG0 = 10010010;              // 여덟 번째, 다섯 번째, 두 번째 비트를 세트한다.
```

(2) 특정 비트만을 세트하기

이제 위의 LED는 모두 ON되어 있는 상태에서 세 번째 LED를 ON하고 싶다고 가정하자. 그렇다면 다음과 같이 하면 될까?

```
REG0 = 0b10010010;            // 여덟 번째, 다섯 번째, 두 번째 LED를 ON시킨다.
REG0 = 0b00000100;            // 추가로 세 번째 LED를 ON시킨다.
```

사용자가 원하는 것은 여덟, 다섯, 두 번째의 LED가 켜지고 나서 추가로 세 번째 LED가 ON 되는 것을 원했지만 위의 코드를 수행하고 나서 아쉽게도 다른 LED는 모두 꺼지고 세 번째 LED만 ON되어 있다.

이렇게 기존의 LED의 점등 상태를 유지한 채(기존 레지스터의 상태를 유지한 채) 세 번째 LED만 켜기 위해서는 어떻게 해야 할까? 여기서 간단한 비트 연산이 필요하게 된다.

```
REG0 = REG0 | 0b0000100;   // 기존의 LED의 상태를 유지한 채 세 번째 LED만 ON시킨다.
```

REG0 = 0b10010010이고 우리가 원하는 세 번째 LED만 점등시키고 싶은 0b00000100 값을 OR 시키면 정확하게 세 번째 LED도 점등하게 된다.

	1	0	0	1	0	0	1	0
OR	0	0	0	0	0	1	0	0
	1	0	0	1	0	1	1	0

이렇듯 우리가 원하는 비트를 세트 하고 싶을 때 기존 값과 내가 원하는 비트를 OR 연산을 사용하면 된다. 마이크로컨트롤러에서는 다음과 같은 연산이 빈번하게 사용되는데 REG0= XXXXXXXX 값이고 (예를 들어) 세 번째 LED를 점등하고 싶다면 기존 XXXXXXXX 값은 유지한 채 세 번째 비트만 세트해준다(X란 0인지 1인지 모르겠다는 뜻이지 X라는 값이 있다는 뜻이 아니다. X는 0 혹은 1 둘 중의 하나이다).

	X	X	X	X	X	X	X	X
OR	0	0	0	0	0	1	0	0
	X	X	X	X	X	1	X	X

참고로 C언어에서는 위와 같은 표현보다 다음과 같은 표현을 더 많이 사용한다. 표현이 다르다 뿐이지 결과는 동일하다.

```
REG0 |= 0b0000100;
```

이렇게 특정 비트를 세트할 수도 있다면 반대로 특정 비트만을 클리어할 수도 있다.

(3) 특정 비트만을 클리어하기

예를 들어 위의 8, 5, 3, 2 LED가 켜져 있는 상태에서 여덟 번째 LED만 꺼보도록 하자. 즉 7비트를 클리어시켜보도록 하자. 이러한 경우 다음과 같이 코드를 작성하면 될 것이다.

```
REG0 = REG0 & 0b01111111; // 앞에 켜져 있는 LED 상태는 유지한 채 여덟 번째 LED를 끈다.
```

	1	0	0	1	0	0	1	0
AND	0	1	1	1	1	1	1	1
	0	0	0	1	0	0	1	0

이 역시 C언어에서는 다음과 같은 표현을 더 즐겨 사용한다.

```
REG0 &= 0b01111111;
```

이렇듯 마이크로컨트롤러에서 레지스터 설정을 하다 보면 기존의 비트 설정은 그대로 두고 내가 원하는 비트만 세트 혹은 클리어해야 될 경우가 많다. 이러한 이유로 특정 비트만을 조작하는 것이 매우 중요하므로 반드시 정확하게 알아두기 바란다. 또한 특정 비트 값을 반전, 검사, 추출도 매우 빈번하게 사용되는데 이에 대해 알아보도록 하자.

(4) 특정 비트 값을 조사 혹은 알아내기

특정 비트 값을 조사하는 것을 '마스크를 씌운다' 라고 표현하기도 하는데 마스크란 특정 비트의 값이 1인지 0인지 알아보는 것이다. REG0에서 예를 들어 4비트가 1인지 0인지 알고 싶다고 하자. 이럴 경우 마스크를 씌우면 비트의 상태를 알 수 있다. 클리어와 다른 점은 상태만을 알뿐 레지스터의 값을 변동시키지는 않는다.

```
REG0 & 0b00001000;
```

	1	0	0	1	0	0	1	0
AND	0	0	0	0	1	0	0	0
	0	0	0	0	0	0	0	0

REG0의 4 비트 값이 0이라면 결과값은 0이 되고, 1이라면 1이 된다. 어렵지는 않으나 매우 자주 사용되므로 잘 익혀두기 바란다.

(5) 특정 비트열을 추출

특정 비트 값을 추출하는 것도 많이 사용되지만 하위 4비트를 추출한다거나 상위 4비트 이렇게 추출하는 경우도 많다. 이런 경우 다음과 같이 하면 된다.

```
REG0 & 0b00001111;          // 하위 4비트 값을 추출하는 경우
```

	1	0	0	1	0	0	1	0
AND	0	0	0	0	1	1	1	1
	0	0	0	0	0	0	1	0

(6) 특정 비트를 반전

특정 비트를 반전 시키는 것도 자주 사용되는데 이는 다음과 같다. 4비트를 반전시키는 경우는 다음과 같다.

```
REG0 ^ 0b00010000;          // 4비트를 반전시키는 경우
```

반전시키고자 하는 연산은 XOR인데 XOR은 두 피연산자가 같으면 0, 다르면 1로 설정된다. 4비트를 반전시키고자 하였으므로 1 ^ 1 = 0이 되기 때문에 1 값이 0으로 바뀐 것을 알 수 있다. 나머지 비트에 대해서도 연산해보면 쉽게 이해가 갈 것이다.

	1	**0**	**0**	**1**	**0**	**0**	**1**	**0**
XOR	**0**	**0**	**0**	**1**	**0**	**0**	**0**	**0**
	0	**0**	**0**	**0**	**0**	**0**	**1**	**0**

3.2 sbi와 cbi

이제 비트 연산이 왜 필요한지, 어떻게 하는지 이해했을 것이다. 아직까지 이해가 잘 가지 않는 독자는 내가 원하는 비트를 세트, 클리어, 추출 등을 여러 번 연습해보면서 공학용 계산기와 비교해보면 될 것이다. 이는 단순 계산 문제일 뿐 복잡한 것은 없기 때문에 훈련이 조금 필요할 뿐이다.

이제 다음과 같은 코드가 어떤 의미인지 쉽게 이해할 수 있을 것이다. 16진수를 많이 사용한다 했으므로 16진수로 표기해보았다.

```
REG0 |= 0x92;              // BIT 7, 4, 1 Set
REG0 &= 0x01;              // BIT 1 Clear
```

그런데 보통 위와 같이 적기보다는 아래와 같이 적는 경우가 많다.

```
REG0 |= 0x01<<DATA7;        // BIT 7 Set
REG0 |= 0x01<<DATA4;        // BIT 4 Set
REG0 |= 0x01<<DATA1;        // BIT 1 Set
REG0 &= ~(0x01<<DATA4);     // BIT 4 Clear
REG0 &= ~(0x01<<DATA1);     // BIT 1 Clear
```

REG0 |= 0x01<<DATA7은 1을 DATA7만큼 이동시키라는 뜻이다. 쉽게 말해서 0b10000000을 OR 하여 대입하라는 뜻이다. 마지막 줄의 REG0 &= ~(0x01<<DATA1); 은 조금 복잡한데 1을 DATA1만큼 이동시킨 후 NOT 연산을 한 후 REG0과 AND 연산을 하라는 뜻이다. 위 코드의 실행 결과 최상위 DATA7 비트만 Set되어 있다는 것을 쉽게 알 수 있을 것이다. 위의 코드는 간략하게 다음과 같이 적기도 한다.

```
REGO |= (0x01<<DATA7) || (0x01<<DATA4) || (0x01<<DATA2)   // BIT 7, 4, 1 Set
REGO &= ~((0x01<<DATA4) && (0x01<<DATA1));                 // BIT 4, 1 Clear
```

특정 비트를 세트 클리어 하기 위해서 매번 위와 같이 코드를 적는 것은 불편하기 때문에 다음과 같이 sbi와 cbi라는 함수를 만들어 사용한다. sbi와 cbi는 특정 비트를 세트 혹은 클리어 하는 기능을 편리하게 사용하기 위한 매크로 함수로서 함수 원형은 다음과 같다.

```
#define sbi(x,y) (x< |= (1<<y))
#define cbi(x,y) (x &= ~(1<<y))
```

위 함수를 이용하여 첫 번째 코드를 다시 적어보면 다음과 같다.

```
sbi(REGO, DATA7);
sbi(REGO, DATA4);
sbi(REGO, DATA1);
cbi(REGO, DATA4);
cbi(REGO, DATA1);
```

앞의 코드를 살펴보면 네 가지 코드가 모두 동일한 결과를 가져오는 것을 눈치챘을 것이다. 이렇게 말하면 다음과 같은 질문을 많이 받게 되는데, 실제 프로그래밍 작성 시에는 '세, 네 번째 코드가 가장 효율적이기 때문' 이다.

- '모두 똑같은 코드인데 왜 세, 네 번째는 복잡하게 코드를 적는가? 첫 번째가 가장 쉽지 않는가?'
- '복잡하게 생각하지 말고 그냥 0b10010010 이런 식으로 대입하면 되지 않는가?

첫 번째 코드는 0x92가 어떤 비트를 세트하고 있는지 계산을 해야 한다. 암산이 빠르다면 7, 4, 1비트가 세트되어 있는지 쉽게 알 수 있지만 7, 4, 1비트가 어떤 의미의 비트인지 알아내려면 데이터 시트를 참조해야 한다(모든 레지스터가 LED와 연결되어 쉽게 눈으로 확인할 수 있는 것은 아니다).

그러나 세 번째 코드는 'DATA7, 4, 1비트가 세트된 후 다시 4, 2비트가 클리어된다' 는 것을 쉽게 이해할 수 있다. 즉 결과는 동일하지만 가독성이나 이해도는 후자가 더 높다는 점이다.

대개의 마이크로컨트롤러는 레지스터가 매우 많고, 비트 자체가 의미가 있다. 레지스터에 2진수로 바로 대입할 경우 후에 코드를 볼 때 특정 비트가 무엇을 하는 비트인지 알아내야 한다. 물론 데이터시트를 참조하면 쉽게 알 수 있지만 프로그래밍에서 사용한 수백 개의 레지스터의 비트 값을 일일이 데이터 시트에서 찾아본다는 것은 매우 비효율적일 것이다.

2진수 값을 그대로 대입하건 16진수를 대입하건, sbi, cbi 함수를 이용하건 어떤 방식이든 본인이 편한 대로 작성하면 되지만, 대개의 프로그래머가 이런 방식을 쓴다는 것쯤은 알고 있어야 한다. 물론 필자도 이렇게 쓰고 있으며, 숙달되면 나름대로 편하다.

3.3 헤더파일 분리

프로그램을 작성하다보면 혹은 프로그램이 대형화되다 보면 반복적인 함수 등의 이유로 헤더 파일을 만들어야 할 일이 반드시 생긴다.

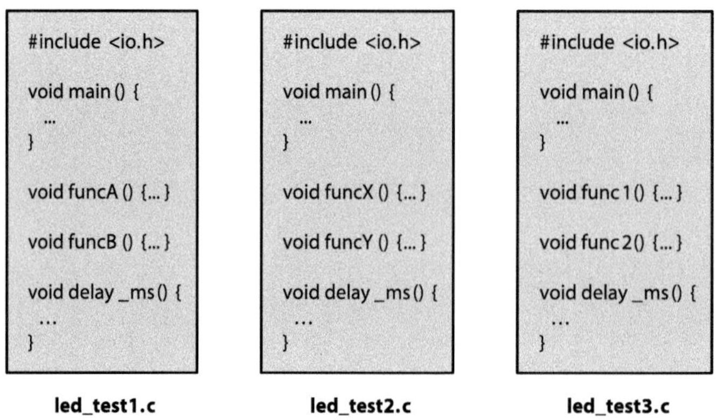

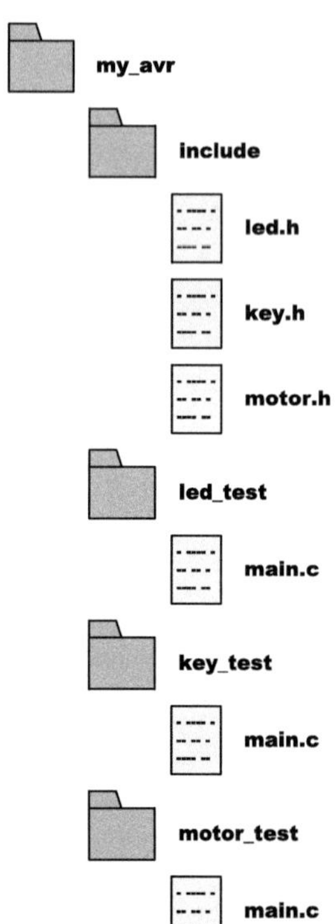

좌측의 트리는 필자의 컴퓨터의 하드디스크 디렉토리 경로이다.

보통 필자는 예제를 my_avr이라는 폴더 아래에 작성한다(좌측 그림의 밝은 부분).

my_avr이라는 폴더 안에 led_test, key_test, motor_test 등과 같이 만들어 놓고, 자주 쓰는 헤더파일을 외부에 놓는 것이 좋다.

led_test.c에서 key.h를 포함하기 위해서는 소스 코드의 첫머리 부분에 다음과 같이 적으면 된다.

```
#include "my_led.h"
```

당근이의 한마디 **프로그래밍 실력 향상을 위하여**

이 절의 내용은 마이크로컨트롤러와 관련은 별로 없지만 초보 프로그래머에게 도움이 되기를 바라는 마음으로 적어본다. 또한 필자의 주관적인 견해일 뿐 반드시 옳다고 볼 수 없으므로 참고삼아 보기 바란다. 필자가 마이크로컨트롤러 및 C언어에 대해서 강의하다 보면 다음과 같은 질문을 많이 받는다.

- C언어를 배우려면 (혹은 잘하려면) 어떻게 해야 하나요?
- 기본적인 문법 구조는 알겠는데, 막상 프로그램을 짜려면 어떻게 해야 할지 모르겠어요.
- 프로그램이 복잡해지면 어떻게 대처해야 할지 모르겠어요.
- 코드가 동작하기는 하는데 비율적인 것 같아요.

어떻게 하면 C언어를 능수능란하게 구현할 수 있을까라는 질문을 하는 학생들은 두 부류가 있는 듯 하다.

- 첫 번째 : 노력을 덜 들이고 남들과 같은 실력이 될까라고 생각하는 태도가 불량한 학생
- 두 번째 : 정말 잘하고 싶긴 한데 어떻게 해야 할지 모르는 학생

첫 번째 부류의 학생에게 하고 싶은 말은 'C언어를 잘하는 데 특별한 비결은 없다' 라고 단언한다. 주변에 능수능란하게 프로그램을 작성하는 개발자들도 처음부터 그렇게 잘하지는 못했고, 어느 한 순간에 그렇게 된 것도 아니다. 그들도 처음에 Hello, World를 작성했고, if-else를 익혔고, for, do-while을 공부했다. 수많은 연습과 노력을 통해서 그렇게 성장한 것이지 하루 아침에 고수가 된 것이 아니라는 말이다. 첫 번째 부류의 학생들은 적당히 공부하고 실력을 쌓겠다는 생각 자체를 버리기 바란다.

두 번째 부류의 학생들 중 잘하고 싶은데 공부 방법을 모르는 학생들이 있다. 이러한 경우 본인이 생각하는 해결책은 다음과 같다.

- 첫 번째 : 가장 빠른 해결책은 먼저 주변의 프로그래머에게 자문을 구하는 것이 좋다. 주변에 실력 있는 프로그래머가 있다면, 자신의 상황을 잘 전달하고 어떻게 공부하면 좋을지 물어보는 것이 가장 좋은 방법이다. 주의할 점은 실력이 있다고 자부하는 어설픈 프로그래머가 초보자를 혼란의 길에 빠뜨릴 우려도 있으므로 한 두 명이 아닌 여러 명에게 물어보기 바란다.
- 두 번째 : 주변에 이러한 실력 있는 프로그래머를 접하기가 힘들다면 대안으로 C 관련 강의/동영상/서적을 많이 참조하기 바란다. 근래에는 C언어 관련 자료가 너무 많아서 오히려 혼란스러울 정도이다. 초보자의 경우 어느 책을 골라야 할지조차도 쉽지 않은 상황이다. 자료를 선택할 때는 가급적 본인이 보기 편한

책과 예제가 많은 서적으로 골라 많이 작성해보는 것이 중요하다. 남들이 훌륭하다고 말하는 책들을 덜컥 사놓고 이해가 가지 않는다고 좌절감을 느끼면서 자신을 탓하는 경우를 왕왕 봤는데, 이는 기초 영문법조차 떼지 못한 이가 주변에서 영문학책이 훌륭하다고 충동구매를 하여 좌절감만 느끼는 경우와 동일하다. 이런 경우 기초 영어 회화가 더 적당하지 않은지, 물론 영문학책을 들고 다니는 사람한테는 창피할지 몰라도 자신의 실력이 느는 것이 더 중요하지 않을까?

- 또 책 고르느라 고민 중이기만 한 학생도 많이 보았는데 이 또한 한 달 내내, 두 달 내내 고민만 하지 말고 수일 내로 열심히 알아본 후 구매하고 프로그램 작성 실력을 늘리는 게 중요하지 않을까 생각한다.

초보자의 경우 무엇보다 예제를 많이 작성해볼 것을 권한다. 예제의 작성 개수는 실력의 밑거름이 된다고 할 수 있다. 본인이 보기에는 평범해 보이고, 눈으로 보면 다 이해가 갈 것 같지만, 막상 작성해보라고 하면 머뭇거리는 학생들이 많다. 예제를 많이 짜보지 않아서 그렇다. 예제를 어느 정도 작성하다 보면 컴파일 에러도 생기지 않고 문법 구조에도 자신감이 생기는데, 이후에는 본인이 생각하는 바를 시도해보는 것이 좋다. 물론 처음 시도에 바로 될 리야 없겠지만, 하루 이틀 하다가 포기하지 말고 최대한 노력하기 바란다.

예제를 많이 작성해보면 다른 사람의 프로그램을 문법적으로 읽을 수는 있으나 이해하기는 곤란한 경우가 생긴다. 또한 본인이 프로그램을 작성해보려고 하면 두리뭉술한 경우가 있다. 이러한 경우 알고리즘 분야를 공부해도 좋다. C언어는 문제 해결을 위한 도구일 뿐 문제를 해결해주는 방법이 아니다. 이러한 문제 해결 방법은 '알고리즘' 분야로서 이에 관련된 책을 보는 것도 좋다.

한 가지 재미있는 예를 들어보자. 프로그래밍 언어를 잘 모르는 회계사 A와 프로그래밍 언어는 능숙한 프로그래머 B가 있다. A는 프로그래밍 언어 대해서는 하나도 모르지만, 회계 지식이 풍부했고, B는 프로그래밍은 능숙했으나, 회계업무의 지식에 대해 몰랐다. 회계 프로그램을 작성한다고 가정할 때 A와 B 중 누가 프로그램을 더 잘 작성했을까? 간단하게 생각해보면 프로그래밍 언어를 잘 아는 B가 잘 작성했으리라 생각할 것이다. 그러나 사실 B보다는 A가 더 잘 작성한다.

프로그래머에게 회계 업무는 머리 아픈 숫자의 연속이다. 그에 반면 회계사는 자신의 업무와 직결되는, 즉 프로그램을 잘 만들면 효율적으로 계산도 할 수 있고 편리하고 일찍 퇴근할 수도 있다. 이 말의 요지는 '문제에 대해 잘 파악하고 있는 사람'이 좋은 프로그래머가 된다는 뜻이다.

결론적으로 프로그램을 작성한다는 것은 언어에 대한 지식만으로 저절로 되는 것이 아니다. 프로그래밍 언어는 문제를 해결할 수 있는 도구일 뿐이지 문제를 해결해 주는 마법 지팡이가 아니다. 프로그램이란 어떤 문제에 대한 해결책을 이렇게 처리해라 저렇게 처리해라 하는 식으로 컴퓨터에게 명확하게 지시하는 것을 말한다. 우리가 명확하게 지시할 때(즉 프로그램을 정확하고 올바르게 작성할 때) 컴퓨터는 명확한 답을 도출한다. 프로그램을 명확하게 작성하지 못하면 결과 또한 당연히 제대로 된 결과가 나올리 만무하다.

따라서 프로그램을 잘 작성하느냐 못하느냐는 프로그래밍 언어를 잘하느냐 못하느냐는 문제를 넘어서 우리에게 주어진 문제를 명확하게 이해한 후 컴퓨터가 이해할 수 있는 언어로 잘 변형하는 능력에 달린 것이다.

4 이 장의 간추림

- 컴퓨터 프로그램(computer program)은 컴퓨터에 의해 실행되는 순차적인 일련의 명령어 집합이다.
- C언어 이외에도 다양한 언어(C++, 비쥬얼 베이직, Java, Pascal, Fortran 등)가 존재하나 임베디드 시스템에서 가장 널리 사용되는 언어는 어셈블리 언어 혹은 C언어이다.
- 어셈블리 언어는 프로세서의 내부구조를 이해하는 것은 매우 많은 도움이 된다.
- 어셈블리 언어의 명령어는 명령 코드(Operation Code)와 오퍼랜드(Operand)로 구성된다.
- C언어는 1971년에 벨 연구소의 데니스 리치(Dennis Ritchie)와 켄 톰슨(Ken Thompson)이라는 개발자가 UNIX 운영체제 개발을 위해 설계된 고급 언어이다.
- C언어는 컴퓨터에 맞추어 설계된 어셈블리언어와 반대로 인간의 기술 표현에 가까운 언어이다.
- C언어가 컴파일될 때 전처리, 컴파일, 링크의 동작을 거친다.
- C언어의 기본적인 문법에는 if-else와 switch-case 문같은 제어문과 while, for 그리고 do-while 문같은 반복문이 있다.
- 함수를 선언하는 법은 함수 상단에 선언하는 방법과 헤더파일로 분리해놓은 다음 그 파일을 include하는 방법이 있다.
- 배열과 포인터, 구조체를 사용하면 좀 더 효율적인 코드를 작성할 수 있다.
- C언어 코드를 작성할 때는 나중에 봤을 때 이해가 빠르도록 변수명과 줄 맞추기에 신경을 써야 할 것이다.
- C언어 코드가 원하는 동작을 제대로 하기 위해서는 변수 초기화는 필수이며, 레지스터 세팅 혹은 연산할 때 값이 잘못 대입되지 않도록 해야 할 것이다.

연습문제

1. 다음 보기 중에서 C언어에 대한 설명으로 맞지 않는 것은?

① C언어는 운영체제를 만들기 위한 언어로 탄생하였다.

② 1972년 데니스 리치가 만들었다.

③ C언어는 하드웨어 접근이 용이한 저수준 언어이면서도 인간과 친숙한 고수준 언어이다.

④ C언어의 연산자는 그 수가 적어 매우 간단하다.

2. 다음 보기 중에서 C언어 프로그램 개발 시 반드시 필요한 항목이 아닌 것은?

① Compiler

② JTAG

③ Linker

④ Editor

3. 다음 보기 중에서 AVR에서 C언어 컴파일/링크 시 생성되는 파일이 아닌 것은?

① OBJECT 파일

② MAP 파일

③ EXE 파일

④ LST 파일

4. 컴파일이란 고급 언어를 컴퓨터가 이해할 수 있는 언어인 ( )로 번역하는 과정이다. ( ) 안에 들어갈 적절한 단어는 무엇인가?

① C언어

② 어셈블리어

③ Hex 포맷

④ 기계어

생각해보기

❶ 컴퓨터 프로그래밍 언어는 C언어 이외에도 다양한 언어가 있는데 이들은 각각 어떠한 목적으로 만들어졌고 활용될까? 이 점에 대해 생각해보자.

❷ C언어와 근래에 널리 사용되는 C++ 언어는 어떠한 차이가 있을까?

❸ 마이크로컨트롤러에서 사용되는 C언어와 일반 PC에서 사용되는 C언어(C++이 아님)는 어떠한 차이가 있을까?

❹ 프로그램을 잘 작성하기 위해서 필요한 기술이나 정보는 무엇일까?

CHAPTER 06

병렬 입/출력 포트 (Parallel I/O Port)

이번 장에 대하여

이번 장에서는 '병렬 입/출력 포트'에 대해서 알아보도록 한다.

마이크로컨트롤러를 제어한다는 것이 결론적으로 포트로부터 어떤 신호를 받고 포트로 어떤 신호를 출력하는 것을 제어한다는 의미이므로, 포트 제어는 매우 기본적이면서 중요하다.

물론 포트 제어 자체는 그리 어렵지 않으나, AVR이 내부에 갖고 있는 주변 장치들(USART, ADC, I2C, Interrupt)은 일반 범용 포트보다 제어가 까다롭다.

주변 장치들에 대한 제어는 다음 장부터 살펴보고, 이번 장에서는 일반 범용 포트의 제어에 대해서만 확실하게 이해하도록 한다.

끝으로 입/출력 자체는 쉬운데, delay는 까다롭기 때문에 확실하게 이해하기 바란다.

1 개요

1.1 포트의 개념 및 역할

일반 컴퓨터와는 다르게 마이크로컨트롤러는 키보드나 모니터와 같은 고성능의 입/출력 장치가 존재하지 않는다. 마이크로컨트롤러를 처음 접하는 개발자는 어떻게 입력을 하고 출력을 하는지 궁금할 것이다. 마이크로컨트롤러도 하나의 컴퓨터라고 하였으므로 입력과 출력이 반드시 존재하는데 이러한 기능을 하는 것이 포트(Port)이다. 포트는 외부의 입력을 받아들일 수도 있고, 어떤 값을 외부로 출력할 수도 있다. 이러한 의미로 '범용 목적 입/출력 포트(General Purpose Input/Output Port)' 라 하고, 줄여서 GPIO라 하기도 한다.

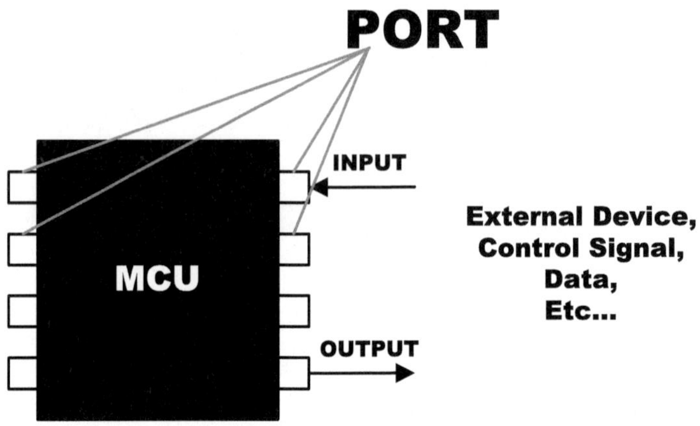

그림 6-1 • 마이크로컨트롤러에서 포트의 개념

또한 포트는 GPIO 기능 이외에 부가 기능(Alternate Function)으로 사용할 수도 있다. 예를 들어 ATmega128의 2번, 3번 핀은 PE0 및 PE1의 GPIO로 사용할 수도 있지만, 레지스터 설정을 변경할 경우 통신의 송수신 포트로도 사용 가능하다.

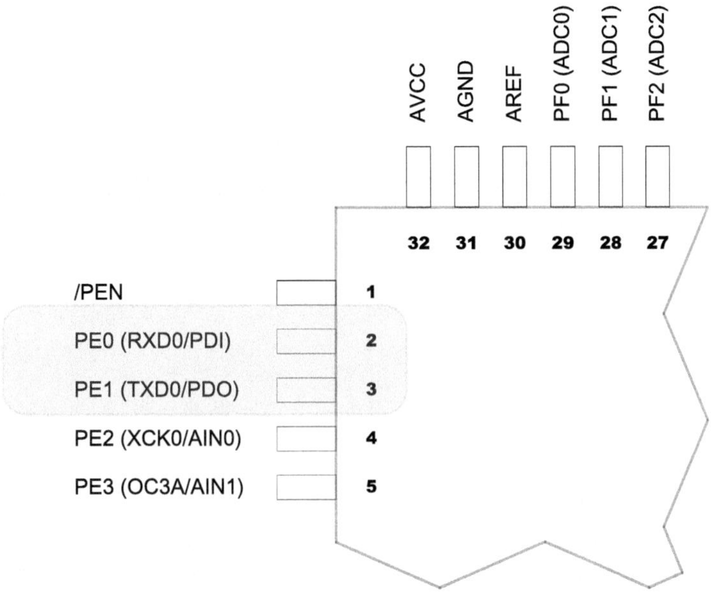

그림 6-2 • GPIO이외의 부가기능을 갖는 포트

마이크로컨트롤러는 외부의 모든 입력을 포트를 통해서 받고 출력 또한 포트를 거쳐서 외부로 나가므로 '마이크로컨트롤러를 제어하는 것은 포트를 제어하는 것이다' 라고 해도 지나친 말이 아닐 것이다.

요약 | 포트의 개념

- MCU는 외부와 인터페이스하기 위해 포트를 사용한다.
- 또한 양방향 입력 및 출력이 가능하다.
- 각각의 포트에 속한 핀은 범용 목적 I/O(GPIO)와 부가기능으로 동작 가능하다.

이제 범용 입/출력 포트가 어떠한 역할을 하는지 쉽게 이해할 수 있을 것이다. 범용 입/출력 포트는 말 그대로 CPU의 데이터버스와 외부 장치의 사이에 있어 데이터를 전달해주는 역할을 한다. 그런데 여기서 중요한 점은 CPU와 외부 장치를 바로 연결하지 않고 왜 범용 입/출력 포트를 거치느냐 하는 점이다.

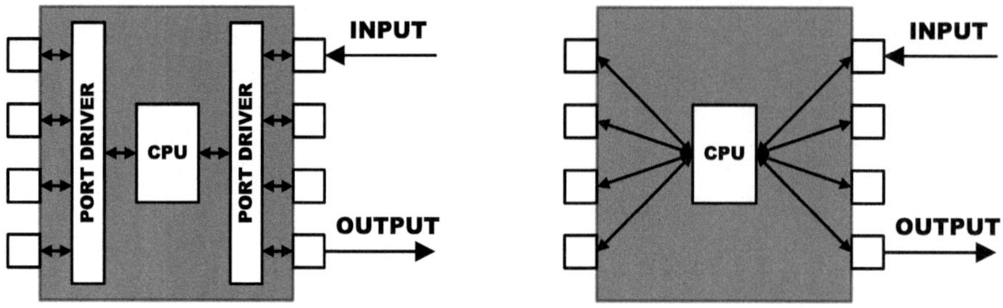

그림 6-3 • CPU와 직접 연결되는 경우와 포트 드라이버를 거쳐서 연결되는 경우

CPU와 포트를 직접 연결하지 않고 포트 드라이버를 사용하는 이유는 외부 장치와 전송 속도, 전압 레벨, 전송 시간 간격이 맞지 않기 때문이다. 따라서 이러한 것을 조절하기 위해서 병렬 입/출력 인터페이스가 필요한 것이다.

혹자는 애초에 외부인터페이스의 이러한 모든 조건을 고려하여 마이크로컨트롤러를 설계하면 어떻겠느냐고 반문할 수 있을 텐데, 대개의 경우 프로세서는 고속, 저전압을 목표로 하기 때문에 저속인 외부 인터페이스와 전송 속도 등을 맞추기가 어렵다. 이러한 이유로 이를 중간에서 조절하기 위한 회로가 필요한데 이것이 병렬 입/출력 인터페이스이다.

끝으로 이러한 포트는 디바이스마다 개수 및 기능이 다른데, 어떠한 마이크로컨트롤러는 포트의 개수가 8개일 수도 있지만 다른 마이크로컨트롤러는 64개일 수도 있다는 말이다. 포트의 수가 많다는 것은 제어할 수 있는 개수가 많아지는 장점이 있기는 하지만 대개 가격과 비례하므로 무조건 포트가 많다고 좋은 것은 아니다.

그림 6-4 • 포트가 8개인 ATtiny13 디바이스와 포트가 64개인 ATmega128 디바이스

1.2 포트 입/출력 프로그램 작성하기

먼저 포트 입/출력을 어떻게 하는지 개념적으로 알아보도록 하자. 다음 코드는 개념적으로 작성한 것이기 때문에 이렇게 코드를 작성해서는 안되지만 '아 이렇게 동작되겠구나' 라는 정도

로만 이해하기 바란다. [그림 6-5]와 같이 가상의 마이크로컨트롤러가 있는 경우 입/출력을 해보자.

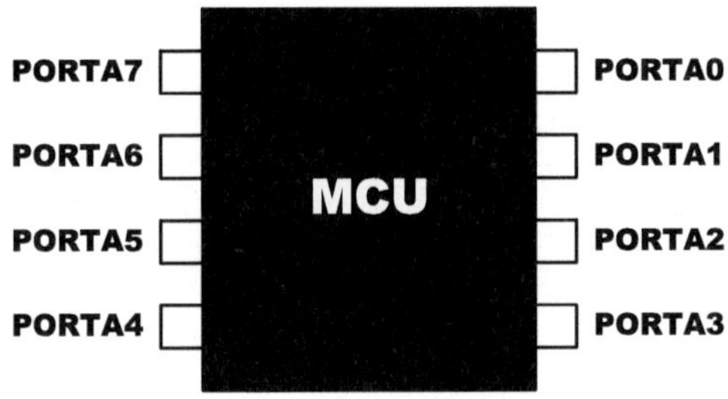

그림 6-5 • 가상의 마이크로컨트롤러

(1) 출력의 경우

1. PORTA7 = 1을 출력하고 싶은 경우 : PORTA = 0x80
2. PORTA7, PORTA6, PORTA5, PORTA4 = 1을 출력하고 싶은 경우 : PORTA= 0xF0
3. PORTA에 모두 HIGH를 출력하고 싶은 경우 : PORTA= 0xFF

표 6-1 • PORTA에 출력하는 예

번호	PORTA7	PORTA6	PORTA5	PORTA4	PORTA3	PORTA2	PORTA1	PORTA0
1	1	0	0	0	0	0	0	0
2	1	1	1	1	0	0	0	0
3	1	1	1	1	1	1	1	1

위의 항목 중 1 항목을 살펴보면 80이라고 되어 있는데 왜 10000000이 아니고 80이냐고 반문할 수도 있겠지만 이진수 10000000 은 16진수로 80이기 때문에 위와 같이 표기해도 무방하다.

(2) 입력의 경우

입력의 경우는 출력보다 조금 더 까다로운데 입력되는 포트와 우리가 체크하기를 원하는 비트를 AND 연산하면 된다.

1. PORTA의 7번째 입력값을 알고 싶은 경우 : PINA & 0x80
2. PORTA의 1번째 입력값을 알고 싶은 경우 : PINA & 0x01
3. PORTA의 모든 입력값을 알고 싶은 경우 : PINA & 0xFF

표 6-2 • PORTA에 입력을 받는 예

번호	PORTA7	PORTA6	PORTA5	PORTA4	PORTA3	PORTA2	PORTA1	PORTA0
1	1	0	0	0	0	0	0	0
2	1	1	1	1	0	0	0	0
3	1	1	1	1	1	1	1	1

끝으로 포트는 입력 및 출력 어느 쪽으로도 사용이 가능하지만 입출력을 동시에 사용하는 것은 불가능하기 때문에 입력 혹은 출력 어느 것으로 사용할지 먼저 결정해주어야 한다. 이는 방향 레지스터라는 것으로 설정하는데 추후 설명하도록 하겠다.

2 ATmega128의 범용 목적 입/출력 포트의 특징

2.1 특징(Feature)

- ATmega128은 총 64개의 핀을 가지고 있는데 이 중에서 GPIO로 사용 가능한 핀은 53개이다.
  - 8비트의 크기를 갖는 A-F까지의 포트 48개
  - 5비트의 크기를 갖는 G포트 5개
- 하나의 포트는 D 플립-플롭(Flip-Flop) 8개가 병렬로 구성된 래치(Latch)이다(단 G포트만 5비트).
  - 래치이기 때문에 값을 변경하지 않는 한 출력이 계속 유지된다.
  - 병렬로 구성되어 있기 때문에 병렬 입/출력 포트(Parallel I/O Port)라고 부르기도 한다.
  - 모든 포트 핀은 개별적으로 내부 풀-업(Pull-up) 저항 사용이 가능하다.
- 포트가 일반 범용 포트로 사용될 경우 Read-Modify-Write 기능을 수행한다.
  - 이는 입/출력 방향의 변경 없이 동시에 입/출력 포트로 사용이 가능함을 의미한다.
  - Read-Modify-Write는 어셈블리 명령어 SBI와 CBI 명령어로 구현 가능하다.
  - 소스 전류(Source Current)와 싱크 전류(Sync Current)의 최대 허용 범위는 40mA로서 동일하다.
- 포트는 GPIO 이외에 다른 기능(별도 기능)으로 사용 가능하다.
  - 자세한 내용은 별도 기능(Alternate Function)을 참조하기 바란다.
- 각 포트에 대한 I/O 메모리 어드레스는 [표 6-3]과 같이 3개로 구성되어 있다.

표 6-3 • PORTx에 대한 레지스터

번호	레지스터	기능
1	DDRx	포트의 데이터 입력/출력 방향을 설정
2	PORTx	포트에 데이터를 출력
3	PINx	포트의 데이터를 입력

x는 A, B, C, D,..., G를 의미한다.

– 총 레지스터는 A-F까지 7개의 포트 × 3 = 21개의 레지스터이다.

2.2 ATmega128의 GPIO 포트에 대한 개요

우리가 다루는 ATmega128에서 범용 I/O 포트로 사용 가능한 핀을 알아보자. ATmega128은 총 64개의 핀이 있는데 모든 핀을 GPIO로 사용 가능한 것은 아니다. 전원의 VCC, GND 및 그 외의 몇몇 핀은 GPIO로써 사용이 불가능하고 그 외의 핀을 사용해야 한다.

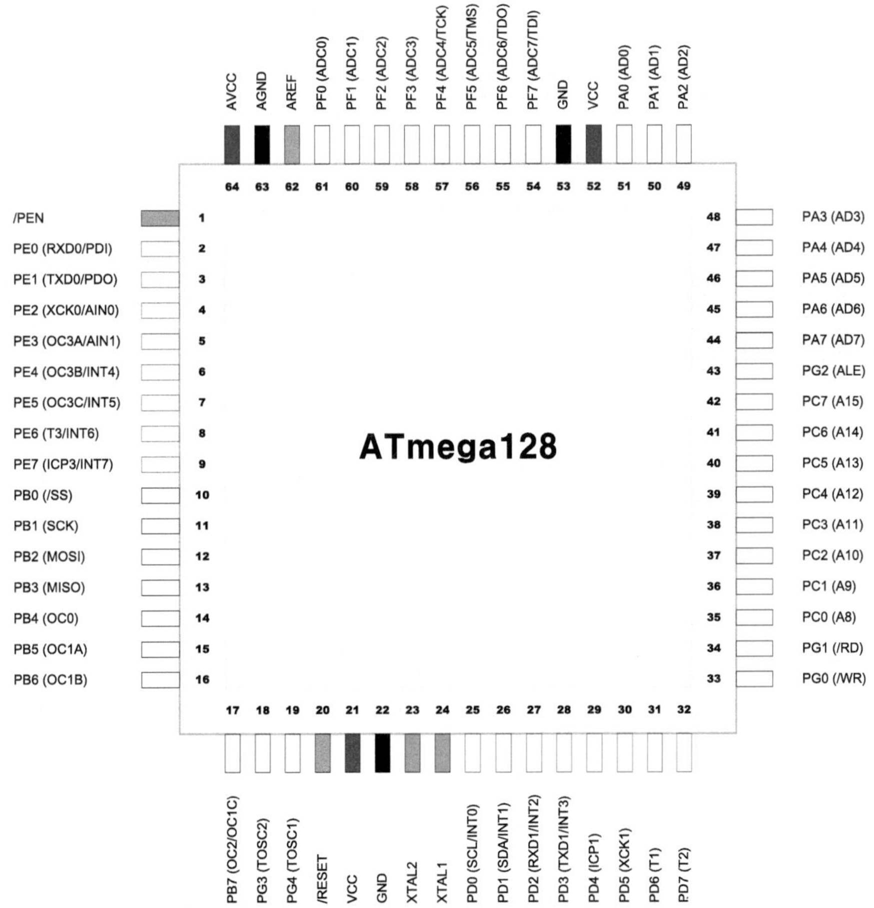

그림 6-6 • GPIO 포트 핀디스크립션

표 6-4 • ATmega128의 범용 입/출력 포트

번호	포트	설명	개수
1	PORTA[7:0]	범용 입/출력 포트 A	8
2	PORTB[7:0]	범용 입/출력 포트 B	8
3	PORTC[7:0]	범용 입/출력 포트 C	8
4	PORTD[7:0]	범용 입/출력 포트 D	8
5	PORTE[7:0]	범용 입/출력 포트 E	8
6	PORTF[7:0]	범용 입/출력 포트 F	8
7	PORTG[4:0]	범용 입/출력 포트 G	5

각각의 핀에 대해 자세하게 설명하면 너무 복잡해지기 때문에 여기선 모든 핀이 GPIO가 되지 않는다는 것만 알아두자. 추후 다시 설명할 것이다.

2.3 내부 구조

GPIO의 내부 구조(Architecture)는 [그림 6-7]과 같다. 앞서 말했듯이 CPU 내부의 데이터 버스와 포트가 직접 연결되지 않고 포트 드라이버를 거쳐 연결된 것을 알 수 있다.

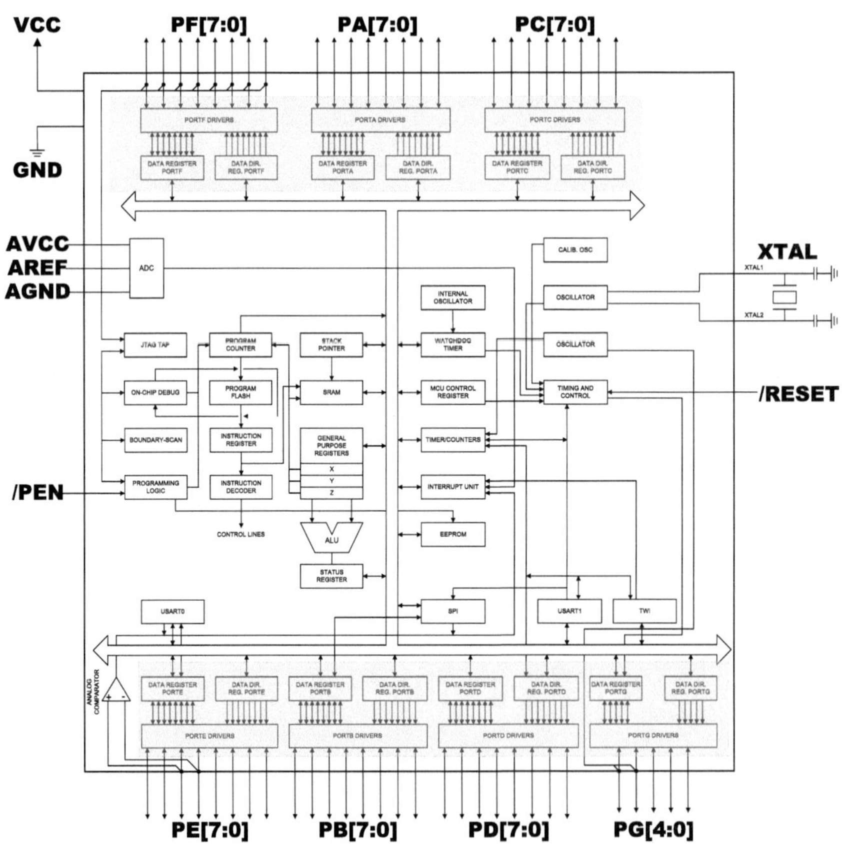

그림 6-7 • 병렬 포트 드라이버

2.4 AVR의 I/O 포트

AVR의 각 포트는 출력 전류(Source current) 및 입력 전류(Sink drive) 능력이 대칭적이며, LED를 직접 구동할 수 있을 정도로 충분한 40mA의 전류를 공급한다. 모든 핀은 개별적으로 20~100kΩ의 내부 풀-업 저항의 사용 여부를 선택할 수 있고, 다음 그림과 같이 VCC와 GND 사이에 보호용 다이오드가 연결되어 있다.

PORTA~PORTD가 GPIO로 사용될 경우 read-modify-write 동작이 가능하다. 즉 SBI(Set Bit in I/O Register) 및 CBI(Clear Bit in I/O Register) 명령을 사용하여 핀의 입/출력 방향을 개별적으로 변경할 때 다른 포트의 입/출력 방향 여부와 관계없이 변경 가능하다는 뜻이다.

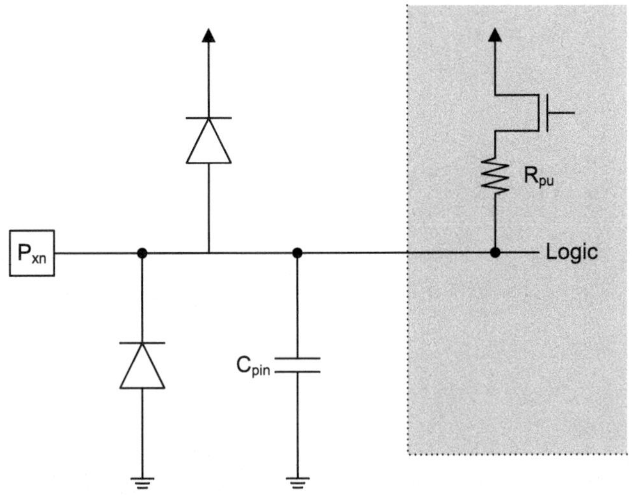

그림 6-8 • 포트 중 하나의 병렬 입/출력 핀의 구조

Read-modify-write 명령이란 목적지의 피연산자가 포트가 되는 명령, 즉 연산의 결과가 포트에 저장되는 명령을 말한다. Read-modify-write로 PORTx에 데이터를 출력할 경우 CPU는 먼저 PORTx의 모든 HIGH, LOW 상태를 읽어 들이고(Read) 이 상태를 수정(Modify)한 후에 PORTx의 래치에 기록(Write)한다. 쉽게 말해서 데이터를 출력할 때 바로 출력하는 것이 아니라 핀의 모든 상태를 읽어들이고 다시 쓴다는 뜻이다.

2.5 범용 디지털 I/O로서의 포트

I/O 포트는 내부 풀-업 저항을 가지고 있으며, 하나의 I/O 포트의 구조는 [그림 6-9]와 같다.

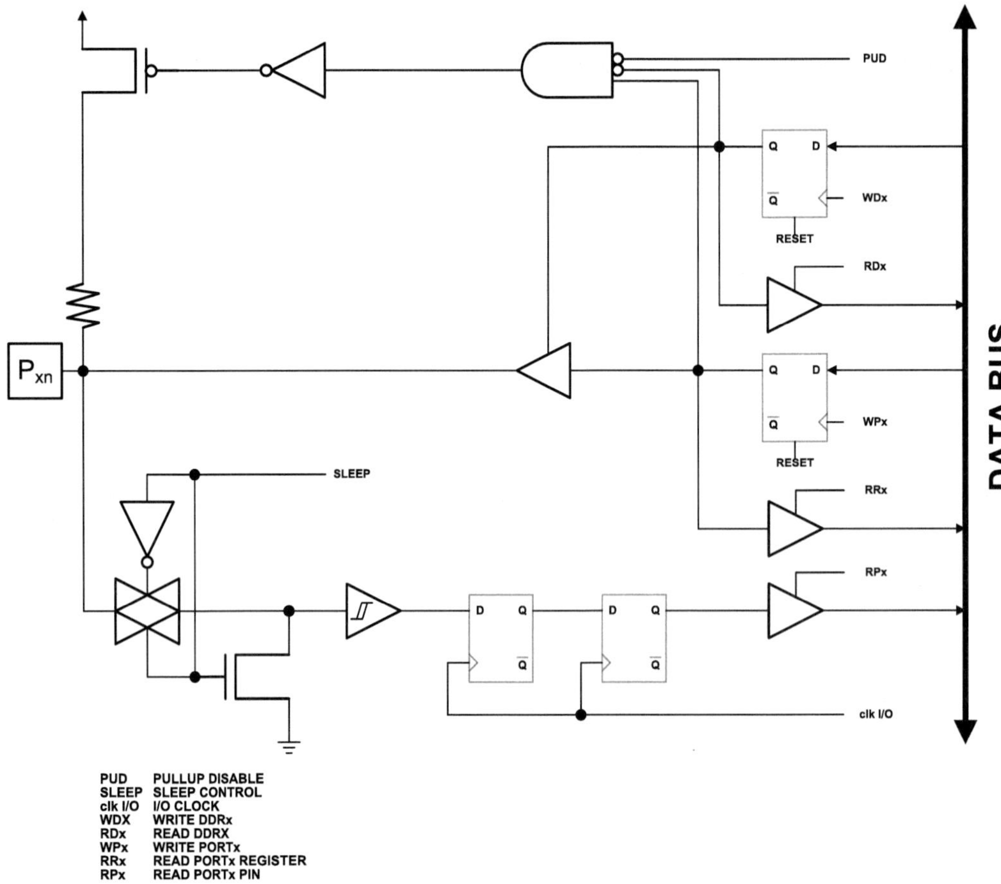

그림 6-9 • 병렬 I/O 포트의 구조

이와 같은 병렬 I/O 포트를 제어하기 위해서 포트당 각각 3개의 레지스터 DDxn, PORTxn, PINxn가 존재하는데 각각의 레지스터가 하는 역할은 [표 6-5]와 같다.

표 6-5 • 병렬 I/O 포트 제어 레지스터

레지스터	기능	초기값
DDRx	포트의 데이터 입/출력 방향을 설정한다(1=Output/ 0=Input).	0000_0000
PORTx	포트에 데이터를 출력한다(단 DDRx가 출력으로 설정되어 있는 경우).	0000_0000
PINx	포트의 데이터를 입력받는다(단 DDRx가 입력으로 설정되어 있는 경우).	High-Z

3 레지스터 설정

3.1 전체 I/O 레지스터 중 사용되는 레지스터

표 6-6 • ATmega128에서 포트 I/O에 사용되는 레지스터

번호	주소	레지스터명	BIT7	BIT6	BIT5	BIT4	BIT3	BIT2	BIT1	BIT0
64	$3F ($5F)	SREG	I	T	H	S	V	N	Z	C
62	$3D ($5D)	SPL	SP7	SP6	SP5	SP4	SP3	SP2	SP1	SP0
63	$3E ($5E)	SPH	SP15	SP14	SP13	SP12	SP11	SP10	SP9	SP8
60	$3B ($5B)	RAMPZ								RAMPZ0
54	$35 ($55)	MCUCR	SRE	SRW10	SE	SM1	SM0	SM2	IVSEL	IVCE
77	($6C)	XMCRB	XMBK					XMM2	XMM1	XMM0
78	($6D)	XMCRA		SRL2	SRL1	SRL0	SRW01	SRW00	SRW11	
80	($6F)	OSCCAL	Oscillator Calibration Register							
61	$3C ($5C)	XDIV	XDIVEN	XDIV6	XDIV5	XDIV4	XDIV3	XDIV2	XDIV1	XDIV0
53	$34 ($54)	MCUCSR	JTD			JTRF	WDRF	BORF	EXTRF	PORF
34	$21 ($41)	WDTCR				WDCE	WDE	SDP2	WDP1	WDP0
9	$08 ($28)	ACSR	ACD	ACBG	ACO	ACI	ACIE	ACIC	ACIS1	ACIS0
73	($68)	SPMCSR	SPMIE	RWWSB		RWWSRE	BLBSET	PGWRT	PGERS	SPMEN
35	$22 ($42)	OCDR	IDRD/ OCDR7	OCDR6	OCDR5	OCDR4	OCDR3	OCDR2	OCDR1	OCDR0
26	$19 ($39)	PINA	PINA7	PINA6	PINA5	PINA4	PINA3	PINA2	PINA1	PINA0
27	$1A ($3A)	DDRA	DDA7	DDA6	DDA5	DDA4	DDA3	DDA2	DDA1	DDA0
28	$1B ($3B)	PORTA	PORTA7	PORTA6	PORTA5	PORTA4	PORTA3	PORTA2	PORTA1	PORTA0
23	$16 ($36)	PINB	PINB7	PINB6	PINB5	PINB4	PINB3	PINB2	PINB1	PINB0
24	$17 ($37)	DDRB	DDB7	DDB6	DDB5	DDB4	DDB3	DDB2	DDB1	DDB0
25	$18 ($38)	PORTB	PORTB7	PORTB6	PORTB5	PORTB4	PORTB3	PORTB2	PORTB1	PORTB0
20	$13 ($33)	PINC	PINC7	PINC6	PINC5	PINC4	PINC3	PINC2	PINC1	PINC0
21	$14 ($34)	DDRC	DDC7	DDC6	DDC5	DDC4	DDC3	DDC2	DDC1	DDC0
22	$15 ($35)	PORTC	PORTC7	PORTC6	PORTC5	PORTC4	PORTC3	PORTC2	PORTC1	PORTC0
17	$10 ($30)	PIND	PIND7	PIND6	PIND5	PIND4	PIND3	PIND2	PIND1	PIND0
18	$11 ($31)	DDRD	DDD7	DDD6	DDD5	DDD4	DDD3	DDD2	DDD1	DDD0
19	$12 ($32)	PORTD	PORTD7	PORTD6	PORTD5	PORTD4	PORTD3	PORTD2	PORTD1	PORTD0
2	$01 ($21)	PINE	PINE7	PINE6	PINE5	PINE4	PINE3	PINE2	PINE1	PINE0
3	$02 ($22)	DDRE	DDE7	DDE6	DDE5	DDE4	DDE3	DDE2	DDE1	DDE0
4	$03 ($23)	PORTE	PORTE7	PORTE6	PORTE5	PORTE4	PORTE3	PORTE2	PORTE1	PORTE0
1	$00 ($20)	PINF	PINF7	PINF6	PINF5	PINF4	PINF3	PINF2	PINF1	PINF0

(계속 1/2)

번호	주소	레지스터명	BIT7	BIT6	BIT5	BIT4	BIT3	BIT2	BIT1	BIT0
66	($61)	DDRF	DDF7	DDF6	DDF5	DDF4	DDF3	DDF2	DDF1	DDF0
67	($62)	PORTF	PORTF7	PORTF6	PORTF5	PORTF4	PORTF3	PORTF2	PORTF1	PORTF0
68	($63)	PING				PING4	PING3	PING2	PING1	PING0
69	($64)	DDRG				DDG4	DDG3	DDG2	DDG1	DDG0
70	($65)	PORTG				PORTG4	PORTG3	PORTG2	PORTG1	PORTG0
75	($6A)	EICRA	ISC31	ISC30	ISC21	ISC20	ISC11	ISC10	ISC01	ISC00
59	$3A ($5A)	EICRB	ISC71	ISC70	ISC61	ISC60	ISC51	ISC50	ISC41	ISC40
57	$38 ($58)	EIFR	INTF7	INTF6	INTF5	INTF4	INTF3	INTF2	INTF1	INTF0
58	$39 ($59)	EIMSK	INT7	INT6	INT5	INT4	INT3	INT2	INT1	INT0
49	$30 ($50)	ASSR					AS0	TCN0UB	OCR0UB	TCR0UB
50	$31 ($51)	OCR0	Timer/Counter0 – Output Compare Register							
51	$32 ($52)	TCNT0	Timer/Counter0							
52	$33 ($53)	TCCR0	FOC0	WGM00	COM01	COM00	WGM01	CS02	CS01	CS00
55	$36 ($56)	TIFR	OCF2	TOV2	ICF1	OCF1A	OCF1B	TOV1	OCF0	TOV0
56	$37 ($57)	TIMSK	OCIE2	TOIE2	TICIE1	OCIE1A	OCIE1B	TOIE1	OCIE0	TOIE0
39	$26 ($46)	ICR1L	Timer/Counter – Input Capture Register Low Byte							
40	$27 ($47)	ICR1H	Timer/Counter – Input Capture Register High Byte							
89	($78)	OCR1CL	Timer/Counter1 – Output Compare Register C Low Byte							
90	($79)	OCR1CH	Timer/Counter1 – Output Compare Register C Low Byte							
41	$28 ($48)	OCR1BL	Timer/Counter – Output Compare Register B Low Byte							
42	$29 ($49)	OCR1BH	Timer/Counter – Output Compare Register B High Byte							
43	$2A ($4A)	OCR1AL	Timer/Counter – Output Compare Register A Low Byte							
44	$2B ($4B)	OCR1AH	Timer/Counter – Output Compare Register A High Byte							
45	$2C ($4C)	TCNT1L	Timer/Counter – Counter Register Low Byte							
46	$2D ($4D)	TCNT1H	Timer/Counter – Counter Register High Byte							
91	($7A)	TCCR1C	FOC1A	FOC1B	FOC1C					
47	$2E ($4E)	TCCR1B	ICNC1	ICES1		WGM13	WGM12	CS12	CS11	CS10
48	$2F ($4F)	TCCR1A	COM1A1	COM1A0	COM1B1	COM1B0	COM1C1	COM1C0	WGM11	WGM10
36	$23 ($43)	OCR2	Timer/Counter2 – Output Compare Register							
37	$24 ($44)	TCNT2	Timer/Counter2							
38	$25 ($45)	TCCR2	FOC2	WGM20	COM21	COM20	WGM21	CS22	CS21	CS20
97	($80)	ICR3L	Timer/Counter3 – Input Capture Register Low Byte							
98	($81)	ICR3H	Timer/Counter3 – Input Capture Register High Byte							
99	($82)	OCR3CL	Timer/Counter3 – Output Compare Register C Low Byte							

(마침 2/2)

표 6-7

번호	주소	레지스터명	BIT7	BIT6	BIT5	BIT4	BIT3	BIT2	BIT1	BIT0
100	($83)	OCR3CH	Timer/Counter3 – Output Compare Register C High Byte							
101	($84)	OCR3BL	Timer/Counter3 – Output Compare Register B Low Byte							
102	($85)	OCR3BH	Timer/Counter3 – Output Compare Register B High Byte							
103	($86)	OCR3AL	Timer/Counter3 – Output Compare Register A Low Byte							
104	($87)	OCR3AH	Timer/Counter3 – Output Compare Register A High Byte							
105	($88)	TCNT3L	Timer/Counter3 – Counter Register Low Byte							
106	($89)	TCNT3H	Timer/Counter3 – Counter Register High Byte							
109	($8C)	TCCR3C	FOC3A	FOC3B	FOC3C					
107	($8A)	TCCR3B	ICNC3	ICES3		WGM33	WGM32	CS32	CS31	CS30
108	($8B)	TCCR3A	COM3A1	COM3A0	COM3B1	COM3B0	COM2C1	COM2C0	WGM32	WGM30
33	$20 ($40)	SFIOR	TSM				ACME	PUD	PSR0	PSR321
93	($7C)	ETIFR			ICF3	OCF3A	OCF3B	TOV3	OCF3C	OCF1C
94	($7D)	ETIMSK			TICIE3	OCIE3A	OCIE3B	TOIE3	OCIE3C	OCIE1C
5	$04 ($24)	ADCL	ADC Data Register Low byte							
6	$05 ($25)	ADCH	ADC Data Register High byte							
7	$06 ($26)	ADCSRA	ADEN	ADSC	ADFR	ADIF	ADIE	ADPS2	ADPS1	ADPS0
8	$07 ($27)	ADMUX	REFS1	REFS0	ADLAR	MUX4	MUX3	MUX2	MUX1	MUX0
14	$0D ($2D)	SPCR	SPIE	SPE	DORD	MSTR	CPOL	CPHA	SPR1	SPR0
15	$0E ($2E)	SPSR	SPIF	WCOL						SPI2X
16	$0F ($2F)	SPDR	SPI Data Register							
10	$09 ($29)	UBRR0L	USART0 Baud Rate Register Low							
113	($90)	UBRR0H					USART0 Baud Rate Register High			
118	($95)	UCSR0C		UMSEL0	UPM01	UPM00	USB0	UCSZ01	UCSZ00	UCPOL0
11	$0A ($2A)	UCSR0B	RXCIE0	TXCIE0	UDRIE0	RXEN0	TXEN0	UCSZ02	RXB80	TXB80
12	$0B ($2B)	UCSR0A	RXC0	TXC0	UDRE0	FE0	DOR0	UPE0	U2X0	MPCM0
13	$0C ($2C)	UDR0	USART0 I/O Data Register							
121	($98)	UBRR1H					USART1 Baud Rate Register High			
122	($99)	UBRR1L	USART1 Baud Rate Register Low							
123	($9A)	UBRR1B	RXC1E1	TXC1	UDRE1	FE1	DOR1	UPE1	U2X1	UCPOL1
126	($9D)	UCSR1C		UMSEL1	UPM11	UPM10	USBS1	UCSZ11	UCSZ10	UCPOL1
124	($9B)	UCSR1A	RXC1	RXC1	UDRE1	FE1	DOR1	UPE1	U2X1	MPCM1
125	($9C)	UDR1	USART1 I/O Data Register							
29	$1C ($3C)	EECR					EERIE	EEMWE	EEWE	EERE
30	$1D ($3D)	EEDR	EEPROM Data Register							
31	$1E ($3E)	EEARL	EEPROM Address Register Low Byte							

(계속 1/2)

번호	주소	레지스터명	BIT7	BIT6	BIT5	BIT4	BIT3	BIT2	BIT1	BIT0
32	$1F ($3F)	EEARH					EEPROM Address Register High			
81	($70)	TWBR	Two-wire Serial Interface Bit Rate Register							
82	($71)	TWSR	TWS7	TWS6	TWS5	TWS4	TWS3		TWS1	TWS0
83	($72)	TWAR	TWA6	TWA5	TWA4	TWA3	TWA2	TWA1	TWA0	TWGCE
84	($73)	TWDR	Two-wire Serial Interface Data Register							
85	($74)	TWCR	TWINT	TWEA	TWSTA	TWSTO	TWWC	TWEN		TWIE
65	($60)	Reserved								
71	($66)	Reserved								
72	($67)	Reserved								
74	($69)	Reserved								
76	($6B)	Reserved								
79	($6E)	Reserved								
86	($75)	Reserved								
87	($76)	Reserved								
88	($77)	Reserved								
92	($7B)	Reserved								
95	($7E)	Reserved								
96	($7F)	Reserved								
110	($8D)	Reserved								
111	($8E)	Reserved								
112	($8F)	Reserved								
114	($91)	Reserved								
115	($92)	Reserved								
116	($93)	Reserved								
117	($94)	Reserved								
119	($96)	Reserved								
120	($97)	Reserved								
127	($9E)	Reserved								
160	($FF)	Reserved								

(마침 2/2)

3.2 사용되는 레지스터 각각에 대한 요약

ATmega128은 범용 입/출력 포트 관련된 레지스터로 하나의 포트는 PINx, DDRx, PORTx가 있다. 예를 들어 포트 A를 범용 입/출력 포트로 사용한다면 PINA, DDRA, PORTA 세 레지스터를 설정해야 하는데, PINx는 입력받는 값이 존재하는 레지스터이고 PORTx는 출력하는 값이 존재하는 레지스터이다. 하나의 포트는 입력 혹은 출력으로 사용이 가능하기 때문에 이를 결정하기 위해서 DDRx 레지스터에 값을 설정함으로써 입력 혹은 출력을 결정한다.

포트를 범용 입/출력 포트가 아닌 다른 용도로도 사용이 가능한데 이를 부가 기능(혹은 별도 기능)이라 하며, 포트마다 그 기능이 정의되어 있다. 예를 들어 PORTA를 범용 입/출력 포트로 사용하지 않고 부가 기능을 사용한다면 주소 출력 핀으로 사용 가능하다. 끝으로 포트에 풀-업 설정이 가능한데 이는 SFIOR 레지스터의 PUD 비트를 통해 설정한다.

표 6-8 • 포트에 풀-업을 설정하는 SFIOR 레지스터

번호	레지스터	설명(Description)
-	SFIOR	포트의 풀-업 저항을 설정하는 레지스터

표 6-9 • 병렬 포트 관련 레지스터

번호	레지스터	설명(Description)
1	PINA	포트 A 입력 레지스터
2	DDRA	포트 A 데이터 방향 설정 레지스터
3	PORTA	포트 A 데이터 레지스터
4	PINB	포트 B 입력 레지스터
5	DDRB	포트 B 데이터 방향 설정 레지스터
6	PORTB	포트 B 데이터 레지스터
7	PINC	포트 C 입력 레지스터
8	DDRC	포트 C 데이터 방향 설정 레지스터
9	PORTC	포트 C 데이터 레지스터
10	PIND	포트 D 입력 레지스터
11	DDRD	포트 D 데이터 방향 설정 레지스터
12	PORTD	포트 D 데이터 레지스터
13	PINE	포트 E 입력 레지스터
14	DDRE	포트 E 데이터 방향 설정 레지스터
15	PORTE	포트 E 데이터 레지스터
16	PINF	포트 F 입력 레지스터
17	DDRF	포트 F 데이터 방향 설정 레지스터
18	PORTF	포트 F 데이터 레지스터
19	PING	포트 G 입력 레지스터
20	DDRG	포트 G 데이터 방향 설정 레지스터
21	PORTG	포트 G 데이터 레지스터

(1) SFIOR 레지스터(풀-업 설정)

ATmega128의 I/O 포트는 모두 양방향의 내부 풀-업을 가진 포트이다. 모든 입력은 슈미트 트리거(shmitt trigger)이고, 출력은 버퍼(Buffer)되어 있다. AVR 포트에서 신경 써야 할 점은 내부 풀-업이 어느 때 작동하느냐 하는 점인데 이는 [표 6-10]을 참조하면 된다. 즉 SFIOR 레지스터의 PUD(Pull-Up Disable) 비트가 0인 상태에서 DDRx가 입력이고, PORTx에 1을 출력하면 내부 풀-업이 동작한다. 이외의 경우에 풀-업은 작동되지 않는다.

표 6-10 • 병렬 I/O 핀의 동작 설정

DDRxn	PORTxn	PUD	I/O	Pull-up	설명
0	0	x	Input	No	Hi-z
0	1	0	Input	Yes	내부 풀-업
0	1	1	Input	No	Hi-z
1	0	x	Output	No	Low 출력(Sink)
1	1	x	Output	No	High 출력(Source)

풀-업 저항에 관련된 레지스터는 이외에도 SFIOR(Special Function IO Register)가 있는데 이 레지스터의 PUD 비트를 세트하면 DDRxn과 PORTx의 설정 유무와 관계없이 모든 풀-업 저항이 disable 된다.

BIT	7	6	5	4	3	2	1	0
SFIOR $20($40)	TSM	-	-	-	ACME	PUD	PSR0	PSR321
R/W	R/W	R	R	R	R/W	R/W	R/W	R/W
INIT	0	0	0	0	0	0	0	0

그림 6-10 • SFIOR 레지스터

참고로 SFIOR(Special Function I/O Register)의 나머지 비트에 ADC 트리거 모드 설정(ADTS2, ADTS1, ADTS0), 아날로그 비교기 멀티플렉서 설정(ACME), 프리스케일러 리셋 타이머/카운터2(PSR2), 프리스케일러 리셋 타이머/카운터1과 0(PSR10) 및 포트의 풀-업 여부를 결정하는 레지스터이다. 이 비트에 대한 상세한 설명은 ADC 및 타이머에서 하도록 한다.

(2) PINx 레지스터

PINx 레지스터는 DDRx가 입력으로 설정되어 있는 경우 비트별 상태(HIGH 혹은 LOW)를 읽어들인다. 참고로 DDRx가 출력으로 설정되어 있는 경우 PINx가 아닌 PORTx를 읽어도 의미가 없다.

PINx								
BIT	7	6	5	4	3	2	1	0
	PINx7	PINx6	PINx5	PINx4	PINx3	PINx2	PINx1	PINx0
R/W	R	R	R	R	R	R	R	R
INIT	N/A	N/A	N/A	N/A	N/A	N/A	N/A	N/A

그림 6-11 • PINx 레지스터

입력으로 설정되어 있을 경우 내부 풀-업 저항 사용할 수 있는데 포트 레지스터에 '1'을 설정하면 된다. 내부 풀-업 저항은 PORTx의 설정 말고도, SFIOR 레지스터의 PUD 비트도 관여하는데 이에 대해서는 이미 설명하였다.

```
DDRA = 0x00;        // 모든 포트를 입력으로 설정한다.
PORTA = 0xFF;       // PORTA에 FF를 출력하는 것이 아닌 PORTA 모든 핀에 내부 풀-업 저항을 사용하겠다.
```

그런데 PORTx에 '0'을 설정하면 내부 풀-업 저항이 연결되지 않는다.

```
DDRA = 0x00;        // 모든 포트를 입력으로 설정한다.
PORTA = 0x00;       // 내부 풀-업 저항이 연결되지 않고, 3-state 상태가 된다.
```

(3) DDRx 레지스터

PORTx는 모두 입력 혹은 출력으로 사용 가능하고 각 포트의 비트는 핀과 일대일로 연결되어 있다. 즉 'PA7에 1을 출력하고 싶다' 면 'PORTA에 1XXX_XXXX를 대입하면 된다' 는 뜻이다. 하나 더 해보면 'PC3에 0을 출력하고 싶다' 면 'PORTC에 XXXX_0XXX를 대입하면 된다' 는 뜻이다.

그런데 입력 및 출력으로 사용하기 위해서는 먼저 DDRx를 설정해야 한다. 입력으로 사용 시 DDRx를 0으로, 출력으로 사용 시 DDRx를 1로 설정한다.

DDRx	BIT	7	6	5	4	3	2	1	0
		DDRx7	DDRX6	DDRx5	DDRx4	DDRx3	DDRx2	DDRx1	DDRx0
	R/W	R/W	R/W	R/W	R/W	R/W	R/W	R/W	R/W
	INIT	0	0	0	0	0	0	0	0

그림 6-12 • DDRx 레지스터

DDRx의 해당 비트를 '1' 혹은 '0' 으로 설정할 때 SBI, CBI 또는 OUT 명령을 사용한다. 간단한 어셈블리어 및 C언어 코드를 살펴보면 다음과 같다.

```
SBI DDRA, 7;        // PORTA의 bit 7을 출력 모드로 설정
SBI PORTA, 7;       // PORTA의 bit 7에 1을 출력
```

```
DDRD = 0xFF;        // PORTD의 모든 bit를 출력 모드로 설정
PORD = 0x23;        // PORTD에 0x23을 출력
```

```
DDRA = 0x00;        // PORTA의 모든 bit를 입력 모드로 설정
```

```
DDRB = 0xF0;        // PORTD의 상위 bit는 출력 모드, 하위 bit는 입력 모드로 설정
```

(4) PORTx 레지스터

PORTx는 DDRx가 출력으로 설정되어 있는 경우 비트별로 데이터가 출력된다. 데이터를 출력하는 경우 PORTx의 래치에 저장되어 해당 핀으로 출력된다.

DDRx	BIT	7	6	5	4	3	2	1	0
		DDRx7	DDRX6	DDRx5	DDRx4	DDRx3	DDRx2	DDRx1	DDRx0
	R/W	R/W	R/W	R/W	R/W	R/W	R/W	R/W	R/W
	INIT	0	0	0	0	0	0	0	0

그림 6-13 • PORTx 레지스터

3.3 포트 입/출력에 대한 개념

포트 입/출력에 관여하는 레지스터는 DDRx, PORTx, PINx 총 3개의 레지스터인데, 처음 접하는 경우 매우 헷갈린다. PORTx 레지스터는 쉽게 이해하는 반면 DDRx는 조금 헷갈려 한다. PINx는 입력이므로 그다지 어렵지 않다.

간단하게 출력이나 입력만 하자면 몇 번의 연습을 통해 이해하기도 하지만, 레지스터 설정이 조금 복잡해지면(예를 들어 풀-업 설정) 초보자의 경우 머리가 지끈지끈하게 아프기 마련이다. '포트를 입력으로 설정하고 포트를 읽으면 어떻게 될까?' 즉 'DDRx=0000_0000으로 설정하고 PINx를 읽으면 PINx는 무슨 값인가?' 는 쉽게 이해하지만 'DDRx=0000_0000으로 설정하고 PORTx=1111_1111을 출력하면 PINx는 무슨 값인가?' 라는 질문에 선뜻 대답하기는 어렵다.

이에 대한 이해를 돕기 위해 레지스터 설정에 따른 개념을 [그림 6-14]의 스위치를 예로 들어 쉽게 설명해보도록 한다.

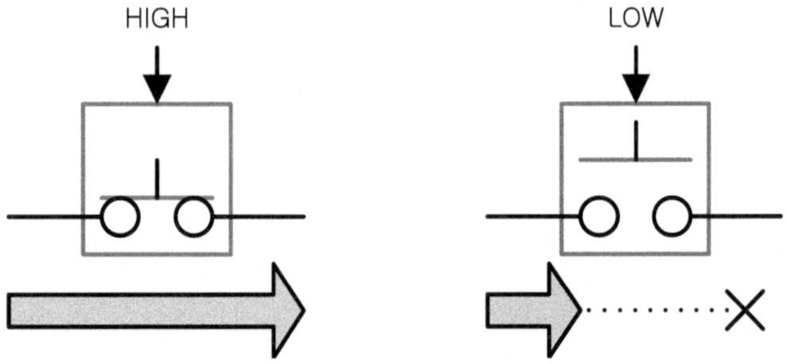

그림 6-14 • LOW와 HIGH 입력에 따른 스위치의 변화

(1) 기본 설정(Default Configuration)

AVR에서 포트 입/출력의 레지스터에 대한 개념은 다음과 같은데, 먼저 전원 인가 후 초기 모드(default mode)에서 DDRx는 입력으로 [그림 6-15]와 같다.

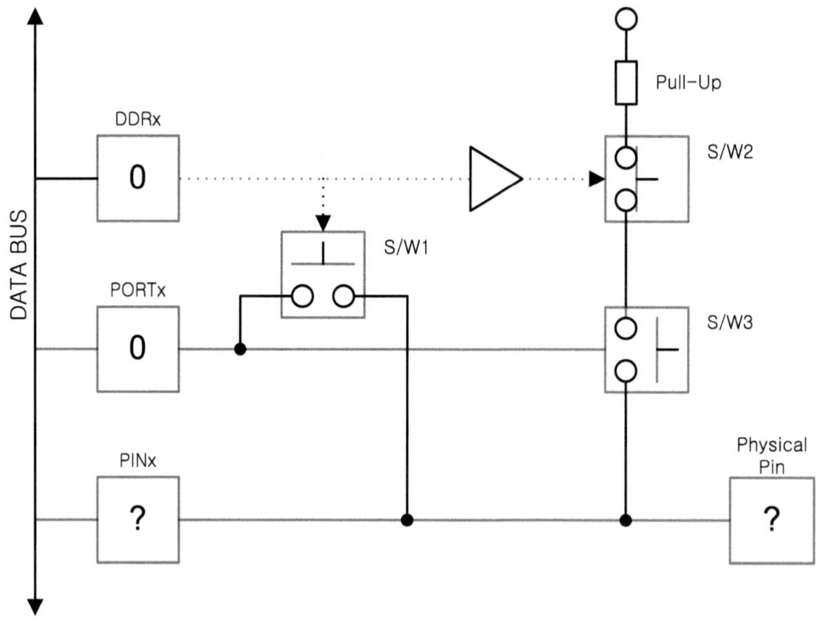

그림 6-15 • 기본 설정

점선으로 된 부분은 제어 신호선이다. 쉽게 말하자면 위의 설명에서 '손으로 누르는 동작' 이라고 보면 된다. DDRx는 0이므로 S/W1은 OFF되고, S/W2는 앞에 NOT이 존재하기 때문에 ON이 된다. 따라서 PORTx는 Physical Pin과 전혀 연결되지 않는다. 즉 PINx의 상태는 Physical Pin의 상태가 되는 것이다.

(2) 입력의 경우(Switch on Pull-up)

마지막으로 입력의 경우를 살펴보도록 하자. DDRx는 LOW이므로 S/W1은 OFF, S/W2는 ON 된다. 이때 PORTx에 1을 출력하면 S/W3은 ON되므로 Physical Pin은 풀-업과 연결된다.

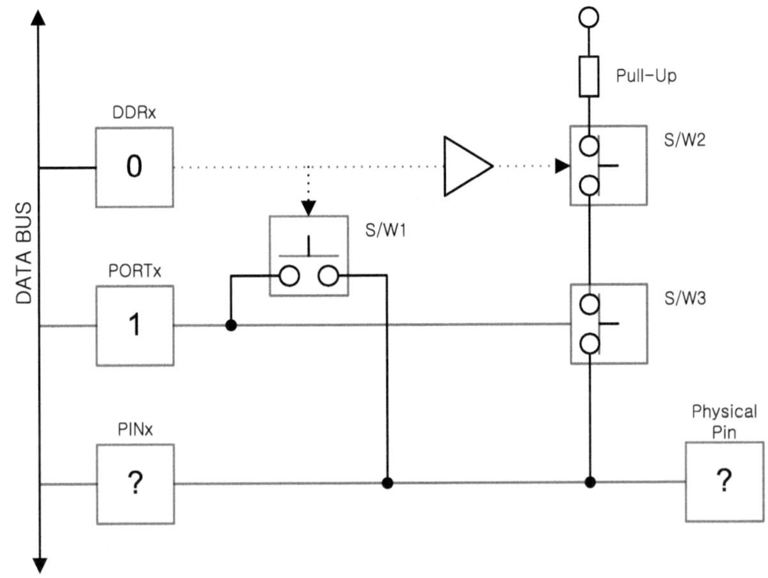

그림 6-16 • 입력의 경우

(3) 출력의 경우(Port Output)

이제 출력의 경우를 살펴보도록 하자. 출력에서 DDRx는 HIGH이므로 S/W1은 ON되고, S/W2는 OFF된다. 따라서 PORTx는 PINx, Phsical Pin과 모두 연결되고 동일한 1의 값이 출력된다. 또한 S/W2는 OFF되므로 풀-업과의 연결은 끊어진다.

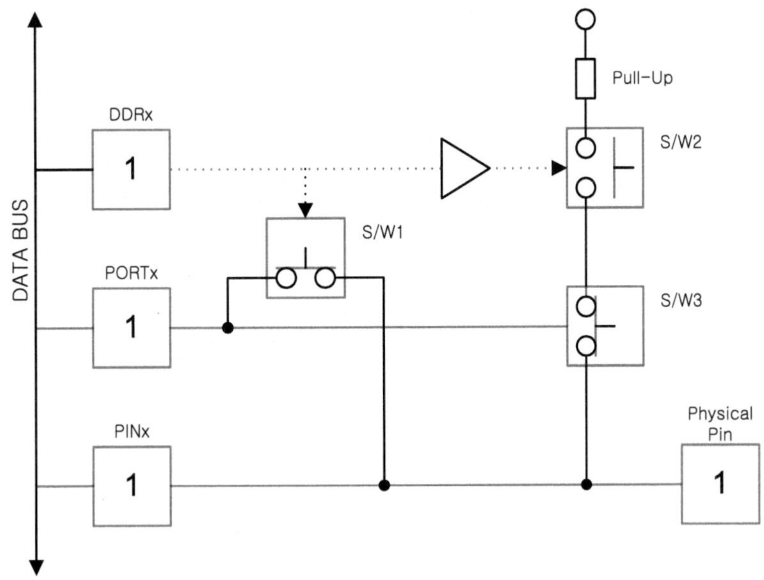

그림 6-17 • 출력의 경우

3.4 포트별 관련 레지스터 및 부가(별도) 기능

(1) 포트 A 관련 레지스터 및 부가(별도) 기능(Alternate Functions of Port A)

포트 A는 범용 I/O 포트 기능 이외에 외부 메모리 확장 시 주소 및 데이터 버스 기능을 동시에 할 수 있는 기능을 가진다. 포트 A의 별도 기능을 요약하면 [표 6-11]과 같다.

표 6-11 • 포트A의 별도 기능

Port Pin	별도 기능(Alternate Function)	설명
PA7	AD7(External memory interface address and data bit 7)	외부 메모리 주소 및 데이터 비트 7
PA6	AD6(External memory interface address and data bit 6)	외부 메모리 주소 및 데이터 비트 6
PA5	AD5(External memory interface address and data bit 5)	외부 메모리 주소 및 데이터 비트 5
PA4	AD4(External memory interface address and data bit 4)	외부 메모리 주소 및 데이터 비트 4
PA3	AD3(External memory interface address and data bit 3)	외부 메모리 주소 및 데이터 비트 3
PA2	AD2(External memory interface address and data bit 2)	외부 메모리 주소 및 데이터 비트 2
PA1	AD1(External memory interface address and data bit 1)	외부 메모리 주소 및 데이터 비트 1
PA0	AD0(External memory interface address and data bit 0)	외부 메모리 주소 및 데이터 비트 0

- **입력 핀 주소 A(Input Pins Address A)**

DDRx	BIT	7	6	5	4	3	2	1	0
		DDRx7	DDRX6	DDRx5	DDRx4	DDRx3	DDRx2	DDRx1	DDRx0
	R/W	R/W	R/W	R/W	R/W	R/W	R/W	R/W	R/W
	INIT	0	0	0	0	0	0	0	0

그림 6-18 • PINA 레지스터

- **데이터 방향 레지스터 A(Data Direction Register A)**

DDRA 1A($3A)	BIT	7	6	5	4	3	2	1	0
		DDA7	DDA6	DDA5	DDA4	DDA3	DDA2	DDA1	DDA0
	R/W	R/W	RW	R/W	R/W	R/W	R/W	R/W	R/W
	INIT	0	0	0	0	0	0	0	0

그림 6-19 • DDRA 레지스터

• 데이터 레지스터 A(Data Register A)

BIT	7	6	5	4	3	2	1	0
PORTA $1B($3B)	PORTA7	PORTA6	PORTA5	PORTA4	PORTA3	PORTA2	PORTA1	PORTA0
R/W	R/W	R/W	R/W	R/W	R/W	R/W	R/W	R/W
INIT	0	0	0	0	0	0	0	0

그림 6-20 • PORTA 레지스터

(2) 포트 B 관련 레지스터 및 부가(별도) 기능(Alternate Functions of Port B)

포트 B는 범용 I/O 포트 기능 이외에 타이머/카운터 및 SPI 인터페이스를 위한 기능을 가진다. 포트 B의 별도 기능을 요약하면 [표 6-12]와 같다.

표 6-12 • 포트 B의 별도 기능

Port Pin	별도 기능(Alternate Function)	설명
PB7	OC2 & OC1C	Output Compare and PWM Output for Timer/Counter2 Output Compare and PWM Output C for Timer/Counter1
PB6	OC1B	Output Compare and PWM Output B for Timer/Counter1
PB5	OC1A	Output Compare and PWM Output A for Timer/Counter1
PB4	OC0	Timer/Counter0 Output Compare Match Output
PB3	MISO	SPI Bus Master Input/Slave Output
PB2	MOSI	SPI Bus Master Output/Slave Input
PB1	SCK	SPI Bus Serial Clock
PB0	/SS	SPI Slave Select Input

• 입력 핀 주소 B(Input Pins Address B)

BIT	7	6	5	4	3	2	1	0
PINB $16($36)	PINB7	PINB6	PINB5	PINB4	PINB3	PINB2	PINB1	PINB0
R/W	R	R	R	R	R	R	R	R
INIT	N/A	N/A	N/A	N/A	N/A	N/A	N/A	N/A

그림 6-21 • PINB 레지스터

• **데이터 방향 레지스터 B(Data Direction Register B)**

	BIT	7	6	5	4	3	2	1	0
DDRB $17($37)		DDB7	DDB6	DDB5	DDB4	DDB3	DDB2	DDB1	DDB0
	R/W	R/W	RW	R/W	R/W	R/W	R/W	R/W	R/W
	INIT	0	0	0	0	0	0	0	0

그림 6-22 • DDRB 레지스터

• **데이터 레지스터 B(Data Register B)**

	BIT	7	6	5	4	3	2	1	0
PORTB $18($38)		PORTB7	PORTB6	PORTB5	PORTB4	PORTB3	PORTB2	PORTB1	PORTB0
	R/W	R/W	R/W	R/W	R/W	R/W	R/W	R/W	R/W
	INIT	0	0	0	0	0	0	0	0

그림 6-23 • PORTB 레지스터

(3) 포트 C 관련 레지스터 및 부가(별도) 기능(Alternate Functions of Port C)

포트 C는 범용 I/O 포트 기능 이외에 외부 메모리 확장 시 주소 버스 기능을 동시에 할 수 있는 기능을 가진다. 포트 C의 별도 기능을 요약하면 [표 6-13]과 같다. 포트 A는 하위 주소 버스를, 포트 C는 상위 주소 버스의 기능을 가진다.

표 6-13 • 포트 C의 별도 기능

Port Pin	별도 기능(Alternate Function)	설명
PC7	A15(External memory interface address bit 15)	외부 메모리 주소 비트 15
PC6	A14(External memory interface address bit 14)	외부 메모리 주소 비트 14
PC5	A13(External memory interface address bit 13)	외부 메모리 주소 비트 13
PC4	A12(External memory interface address bit 12)	외부 메모리 주소 비트 12
PC3	A11(External memory interface address bit 11)	외부 메모리 주소 비트 11
PC2	A10(External memory interface address bit 10)	외부 메모리 주소 비트 10
PC1	A9(External memory interface address bit 9)	외부 메모리 주소 비트 9
PC0	A8(External memory interface address bit 8)	외부 메모리 주소 비트 8

• **입력 핀 주소 C(Input Pins Address C)**

	BIT	7	6	5	4	3	2	1	0
PINC $13($33)		PINC7	PINC6	PINC5	PINC4	PINC3	PINC2	PINC1	PINC0
	R/W	R	R	R	R	R	R	R	R
	INIT	N/A	N/A	N/A	N/A	N/A	N/A	N/A	N/A

그림 6-24 • PINC 레지스터

• **데이터 방향 레지스터 C(Data Direction Register C)**

	BIT	7	6	5	4	3	2	1	0
DDRC $14($34)		DDC7	DDC6	DDC5	DDC4	DDC3	DDC2	DDC1	DDC0
	R/W	R/W	RW	R/W	R/W	R/W	R/W	R/W	R/W
	INIT	0	0	0	0	0	0	0	0

그림 6-25 • DDRC 레지스터

• **데이터 레지스터 C(Data Register C)**

	BIT	7	6	5	4	3	2	1	0
PORTC $15($35)		PORTC7	PORTC6	PORTC5	PORTC4	PORTC3	PORTC2	PORTC1	PORTC0
	R/W	R/W	R/W	R/W	R/W	R/W	R/W	R/W	R/W
	INIT	0	0	0	0	0	0	0	0

그림 6-26 • PORTC 레지스터

(4) 포트 D 관련 레지스터 및 부가(별도) 기능(Alternate Functions of Port D)

포트 A는 범용 I/O 포트 기능 이외에 타이머/카운터 및 인터럽트 입력, USART 인터페이스, TWI 인터페이스 등의 기능을 가진다. 포트 D의 별도 기능을 요약하면 [표 6-13]과 같다.

표 6-14 • 포트 D의 별도 기능

Port Pin	별도 기능(Alternate Function)	설명
PD7	T2	Timer/Counter2 Clock Input
PD6	T1	Timer/Counter1 Clock Input
PD5	XCK1	USART1 External Clock Input/Output
PD4	ICP1	Timer/Counter1 Input Capture Pin
PD3	INT3 & TXD1	External Interrupt3 & USART1 Transmit Data
PD2	INT2 & RXD1	External Interrupt2 & USART1 Receive Data
PD1	INT1 & /SDA	External Interrupt1 & TWI Serial Data
PD0	INT0 & /SCL	External Interrupt0 & TWI Serial Clock

- **입력 핀 주소 D(Input Pins Address D)**

PIND $10($30)	BIT	7	6	5	4	3	2	1	0
		PIND7	PIND6	PIND5	PIND4	PIND3	PIND2	PIND1	PIND0
	R/W	R	R	R	R	R	R	R	R
	INIT	N/A	N/A	N/A	N/A	N/A	N/A	N/A	N/A

그림 6-27 • PIND 레지스터

- **데이터 방향 레지스터 D(Data Direction Register D)**

DDRD $11($31)	BIT	7	6	5	4	3	2	1	0
		DDD7	DDD6	DDD5	DDD4	DDD3	DDD2	DDD1	DDD0
	R/W	R/W	RW	R/W	R/W	R/W	R/W	R/W	R/W
	INIT	0	0	0	0	0	0	0	0

그림 6-28 • DDRD 레지스터

• **데이터 레지스터 D(Data Register D)**

	BIT	7	6	5	4	3	2	1	0
PORTD $12($32)		PORTD7	PORTD6	PORTD5	PORTD4	PORTD3	PORTD2	PORTD1	PORTD0
	R/W	R/W	R/W	R/W	R/W	R/W	R/W	R/W	R/W
	INIT	0	0	0	0	0	0	0	0

그림 6-29 • PORTD 레지스터

(5) 포트 E 관련 레지스터 및 부가(별도) 기능(Alternate Functions of Port E)

포트 E는 범용 I/O 포트 기능 이외에 타이머/카운터 및 인터럽트 입력, USART 인터페이스, 아날로그 비교기, ISP 등의 기능을 가진다. 포트 D의 별도 기능을 요약하면 [표 6-15]와 같다.

표 6-15 • 포트 E의 별도 기능

Port Pin	별도 기능(Alternate Function)	설명
PE7	INT7 & ICP3	External Interrupt 7 Input & Timer/Counter3 Input Capture
Pin	PE6	INT6 & T3 External Interrupt 6 Input & Timer/Counter3 Clock Input
PE5	INT5 & OC3C	External Interrupt 5 Input & Output Compare and PWM Output C for Timer/Counter3
PE4	INT4 & OC3B	External Interrupt 4 Input & Output Compare and PWM Output B for Timer/Counter3
PE3	AIN1 & OC3A	Analog Comparator Negative Input & Output Compare and PWM Output A for Timer/Counter3
PE2	AIN0 & ACK0	Analog Comparator Positive Input & USART0 External Clock Input/Output
PE1	PD0 & TXD0	Programming Data Output & USART0 Transmit Data
PE0	PD1 & RXD0	Programming Data Input &USART0 Receive Data

- **입력 핀 주소 E(Input Pins Address E)**

	BIT	7	6	5	4	3	2	1	0
PINE $01($21)		PINE7	PINE6	PINE5	PINE4	PINE3	PINE2	PINE1	PINE0
	R/W	R	R	R	R	R	R	R	R
	INIT	N/A	N/A	N/A	N/A	N/A	N/A	N/A	N/A

그림 6-30 • PINE 레지스터

- **데이터 방향 레지스터 E(Data Direction Register E)**

	BIT	7	6	5	4	3	2	1	0
DDRE $02($22)		DDE7	DDE6	DDE5	DDE4	DDE3	DDE2	DDE1	DDE0
	R/W	R/W	RW	R/W	R/W	R/W	R/W	R/W	R/W
	INIT	0	0	0	0	0	0	0	0

그림 6-31 • DDRE 레지스터

- **데이터 레지스터 E(Data Register E)**

	BIT	7	6	5	4	3	2	1	0
PORTE $03($23)		PORTE7	PORTE6	PORTE5	PORTE4	PORTE3	PORTE2	PORTE1	PORTE0
	R/W	R/W	R/W	R/W	R/W	R/W	R/W	R/W	R/W
	INIT	0	0	0	0	0	0	0	0

그림 6-32 • DDRE 레지스터

(6) 포트 F 관련 레지스터 및 부가(별도) 기능(Alternate Functions of Port F)

포트 A는 범용 I/O 포트 기능 이외에 아날로그 변환 기능, JTAG 인터페이스 기능을 가진다. 포트 F의 별도 기능을 요약하면 [표 6-16]과 같다.

표 6-16 • 포트 F의 별도 기능

Port Pin	별도 기능(Alternate Function)	설명
PF7	ADC7 & TDI	ADC Input Channel7 & JTAG Data Input
PF6	ADC6 & TDO	ADC Input Channel6 & JTAG Data Output
PF5	ADC5 & TMS	ADC Input Channel5 & JTAG
PF4	ADC4 & TCK	ADC Input Channel4 & JTAG Clock
PF3	ADC3	ADC Input Channel3
PF2	ADC2	ADC Input Channel2
PF1	ADC1	ADC Input Channel1
PF0	ADC0	ADC Input Channel0

• 입력 핀 주소 F(Input Pins Address F)

PINF $00($20)	BIT	7	6	5	4	3	2	1	0
		PINF7	PINF6	PINF5	PINF4	PINF3	PINF2	PINF1	PINF0
	R/W	R	R	R	R	R	R	R	R
	INIT	N/A	N/A	N/A	N/A	N/A	N/A	N/A	N/A

그림 6-33 • PINF 레지스터

• 데이터 방향 레지스터 F(Data Direction Register F)

DDRF ($61)	BIT	7	6	5	4	3	2	1	0
		DDF7	DDF6	DDF5	DDF4	DDF3	DDF2	DDF1	DDF0
	R/W	R/W	RW	R/W	R/W	R/W	R/W	R/W	R/W
	INIT	0	0	0	0	0	0	0	0

그림 6-34 • DDRF 레지스터

- **데이터 레지스터 F(Data Register F)**

PORTF ($62)								
BIT	7	6	5	4	3	2	1	0
	PORTF7	PORTF6	PORTF5	PORTF4	PORTF3	PORTF2	PORTF1	PORTF0
R/W	R/W	R/W	R/W	R/W	R/W	R/W	R/W	R/W
INIT	0	0	0	0	0	0	0	0

그림 6-35 • PORTF 레지스터

(7) 포트 G 관련 레지스터 및 부가(별도) 기능(Alternate Functions of Port G)

포트 G는 범용 I/O 포트 기능 이외에 외부 메모리 제어신호(RD, WR, ALE) 및 RTC 입력을 받는 기능을 가진다. 포트 G의 별도 기능을 요약하면 [표 6-17]과 같다.

표 6-17 • 포트 G의 별도 기능

Port Pin	별도 기능(Alternate Function)	설명
PG7	Not Exist	
PG6	Not Exist	
PG5	Not Exist	
PG4	TOSC1	RTC Oscillator Timer/Counter0
PG3	TOSC2	RTC Oscillator Timer/Counter0
PG2	ALE	Address Latch Enable to external memory
PG1	/RD	Read strobe to external memory
PG0	/WR	Write strobe to external memory

- **입력 핀 주소 G(Input Pins Address G)**

PING ($63)								
BIT	7	6	5	4	3	2	1	0
	-	-	-	PING4	PING3	PING2	PING1	PING0
R/W	R	R	R	R	R	R	R	R
INIT	0	0	0	N/A	N/A	N/A	N/A	N/A

그림 6-36 • PING 레지스터

• **데이터 방향 레지스터 G(Data Direction Register G)**

	BIT	7	6	5	4	3	2	1	0
DDRG ($64)		-	-	-	DDG4	DDG3	DDG2	DDG1	DDG0
	R/W	R/W	RW	R/W	R/W	R/W	R/W	R/W	R/W
	INIT	0	0	0	0	0	0	0	0

그림 6-37 • DDRG 레지스터

• **데이터 레지스터 G(Data Register G)**

	BIT	7	6	5	4	3	2	1	0
PORTG $65)		-	-	-	PORTG4	PORTG3	PORTG2	PORTG1	PORTG0
	R/W	R/W	R/W	R/W	R/W	R/W	R/W	R/W	R/W
	INIT	0	0	0	0	0	0	0	0

그림 6-38 • DDRG 레지스터

4 예제 및 실험 : H/W

이제 앞서 배웠던 것을 토대로 하여 LED 점등 및 스위치 입력을 해보자. 출력을 실험하기 위하여 LED 회로를, 입력을 실험하기 위하여 스위치 회로를 구성해볼 것이다.

포트 입/출력 시 신경을 써야 할 부분은 ①메모리 주소의 이해, ②레지스터 설정, ③타이밍, ④전류이다. 물론 프로그램 언어에 대해 숙지하고 있어야 함은 물론이다.

LED 점등이 쉬우면 쉽다 말할 수 있고 어려우면 매우 어렵다고 말할 수 있다. LED 점등은 레지스터 설정만 알면 누구나 쉽게 가능한데, 이보다는 아래 사항이 더 중요하다.

- 점등하기 위한 정확한 타이밍 조절을 위한 AVR 내부 구조의 이해
- 포트 출력을 하기 위한 메모리 주소의 이해
- LED 회로 제작을 위한 약간의 전자공학적인 지식

4.1 핀 디스크립션

ATmega128에서 범용 입/출력 관련된 핀은 [그림 6-39]와 같다. 범용 입/출력 기능은 모두 동일하기 때문에 53핀을 모두 실험해볼 필요는 없고 이 중에서 일부 핀만 실험해보자.

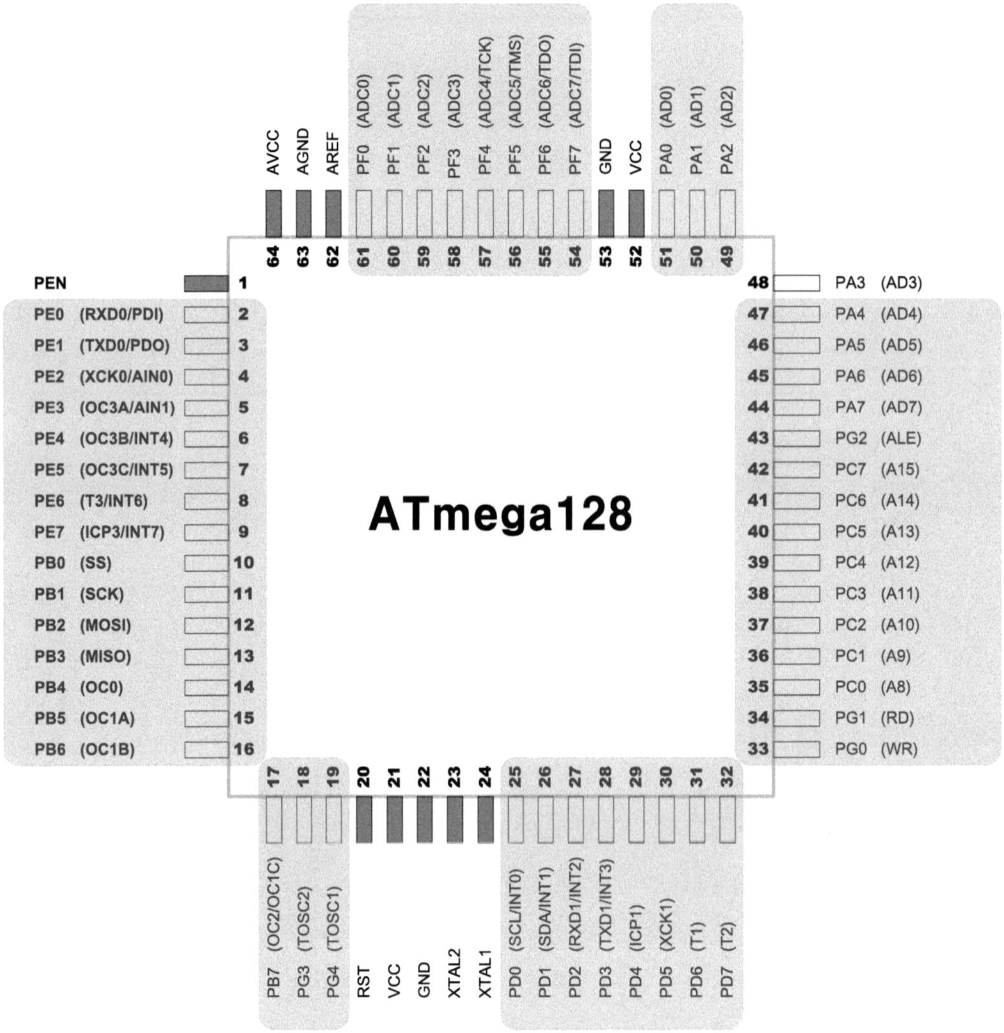

그림 6-39 • 병렬 포트 관련 핀

4.2 LED 출력을 위한 회로도

포트 출력을 실험하기 위하여 [그림 6-40]과 같이 LED 출력 회로를 구성한다. 고휘도 LED가 아닌 주변에서 흔히 접할 수 있는 일반적인 LED는 AVR로도 쉽게 제어가 가능하다. LED 제어 시 가장 고려해야 할 사항은 전압과 전류량인데 AVR의 포트(Port) 출력의 전압과 전류는 충분히 LED를 드라이브할 수 있다. 고휘도 LED는 전류소모가 매우 크기 때문에 별도의 제어 회로를 꾸며야 한다.

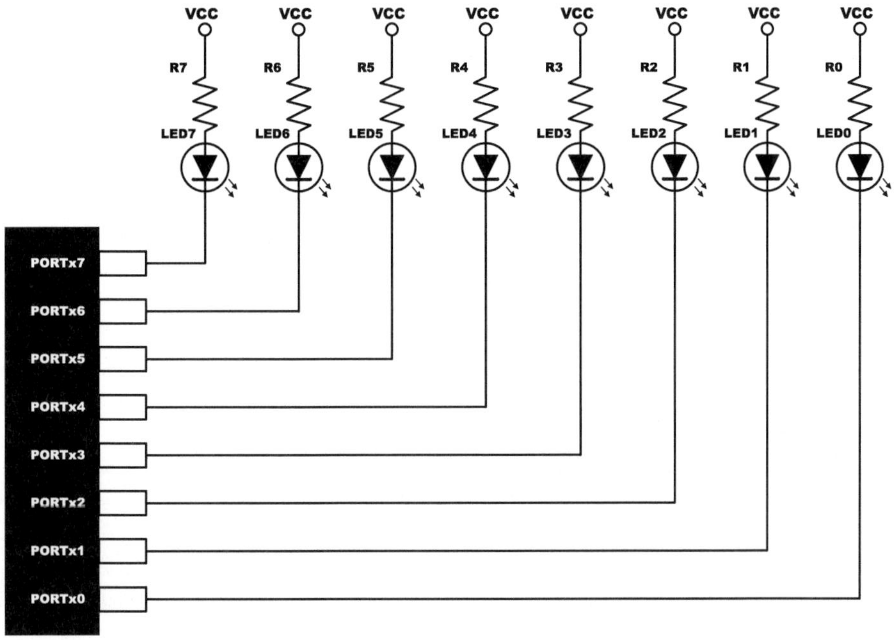

그림 6-40 • 포트 출력 실험을 위한 회로도

[그림 6-41]은 LED 점등을 위한 회로도를 나타낸다. LED는 일반 전구가 아닌 다이오드이므로 다이오드의 성질을 그대로 가지고 있어 순방향 인가 시 전류가 흘러 점등되고 역방향 인가 시 점등되지 않는다.

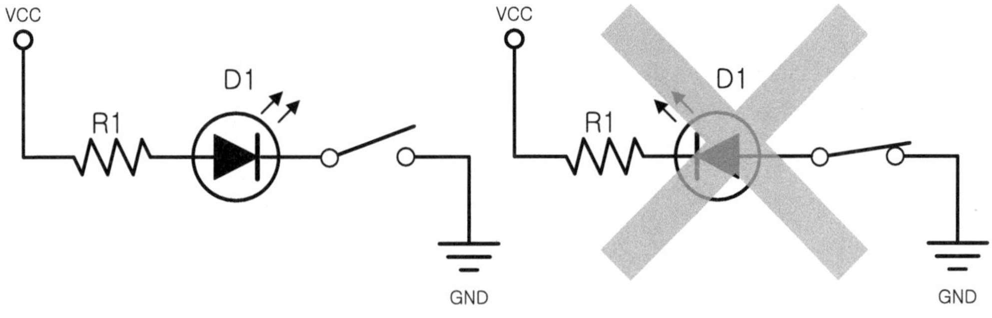

그림 6-41 • LED의 순방향 연결과 역방향 연결

LED가 여러 개 있을 경우에 점등하는 방법은 전원(VCC)이 공통으로 묶여 있는 공통 양극 방식(Common Anode Type)과 접지(GND)가 공통으로 묶여 있는 공통 음극 방식(Common Cathode Type)이 있다. 두 가지 방법 모두 LED를 점등할 수는 있으나 공통 양극 방식은 LOW 출력하여 LED를 점등하고, 공통 양극 방식은 HIGH를 출력하여 LED를 점등한다는 점이 다르다.

HIGH의 신호로서 LED를 켠다라고 생각하면 이해가 더 편할지는 모르나, 이는 사람의 생각일 뿐 마이크로컨트롤러의 입장에서는 HIGH로 점등하든 LOW로 점등하든 아무 상관이 없다. LOW의 신호로써 LED를 점등하는 방식도 많이 사용하므로 착오가 없길 바란다.

4.3 LED 데이터 시트

표 6-18 • LED 부품명

Part No.	LX50330
Emitting Color	Green/Yellow/Red
Lens' Color	Green/Yellow/Red

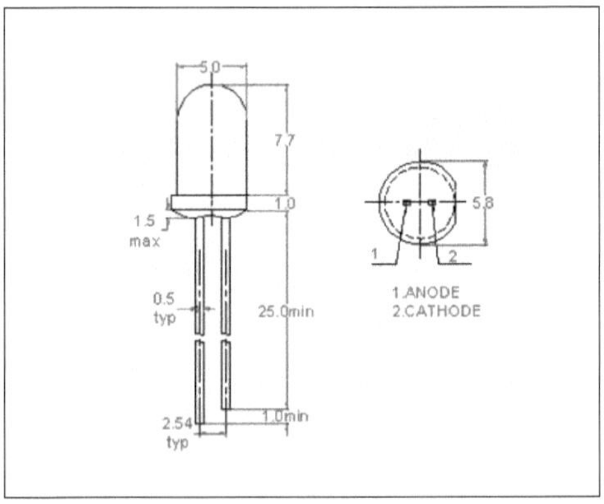

표 6-19 • Absolute Maximum Rating of Each Segment (Ta = 25℃)

Parameter	Symbol	Maximum Rating	Unit
Power Dissipation	P_M	80	mW
Continuous Forward Current	I_F	**30**	mA
Reverse Voltage	V_R	6	V
Operation Temperature	T_{opr}	−25°C ~ 85°C	°C
Storage Temperature	T_{stg}	−40°C ~ 100°C	°C
Soldering Temperature : 2.0mm from Body for 3 seconds at 260°C			

표 6-20 • Electron-Optical Characteristics of Each Segment (Ta=25℃)

Parameter	Symbol	Min.	Typ.	Max	Unit	Test Condition
Luminous Intensity	I_V	65	75		Mcd	$I_F = 20mA$
Forward Voltage	V_F		**2.2**	**2.5**	V	$I_F = 20mA$
Reverse Current	I_R			50	μA	$V_R = 5V$
Peak Wavelength	λ_p		575		Nm	$I_F = 20mA$
Viewing Angle	2θ1/2		35		deg	$I_F = 20mA$

4.4 저항값 결정하기

LED에 연결되는 저항의 값은 얼마로 해야 할까? 먼저 저항값을 구하기 전에 그 유명하다는 옴의 법칙을 알아보도록 하자.

정의 | 옴의 법칙(Ohm's law)

옴의 법칙(Ohm's law)이란 전류의 세기(I)는 두 점 사이의 전위차(V)에 비례하고 전기저항(R)에 반비례한다는 법칙이다. 즉 전류(I)는 전압(V)에 비례하고 저항(R)에 반비례한다라고 해석해도 된다.

$$I = \frac{V}{R} \quad \text{혹은} \quad V = IR \quad \text{혹은} \quad R = \frac{V}{I}$$

1826년 독일의 물리학자 G.S. Ohm(Georg Simon Ohm 1789~1854)이 발견한 것으로서 전기회로 내에서 전류, 전압, 저항 사이의 관계를 나타내는 매우 중요한 법칙이다. 옴의 법칙은 쉽게 말해서 저항이 커질수록 전류를 적게 흐르고 저항이 작아질수록 전류는 많이 흐르며, 전압이 높을수록 전류는 많이 흐르고, 전압이 낮을수록 전류는 적게 흐른다는 말을 '전류는 전압에 비례하고 저항에 반비례한다' 라고 표현한 것이다.

이를 물에 비교해보자면 물의 높이(V)를 높일수록 흐르는 물이 많아지고, 물이 흐르는 파이프에 돌멩이(R)을 넣을수록 물이 적게 흐르는 것과 마찬가지이다.

혹자는 전자공학에서 옴의 법칙만 알면 모두 해결할 수 있다고 너스레를 떨기도 하나 이는 옴의 법칙이 그만큼 중요하다는 뜻이지 '옴의 법칙만 알면 전자공학을 모두 이해할 수 있구나' 라고 착각해서는 안 된다.

그러나 옴의 법칙은 내부로 들어가면 갈수록 매우 복잡하다. 왜냐하면 전류가 흐름에 따라 발생하는 열, 저항에 부딪히는 전류의 흐름으로 저항의 값이 바뀔 수 있기 때문이다. 하나 더 말해보면 옴의 법칙은 전도체일 경우에만 해당되지 비전도체의 경우에는 해당되지 않는다.

그러나 실제 학자들이 자주 쓰는 옴의 법칙은 위와 같이 쓰지 않고 옴의 법칙을 시간의 흐름에 따라서 다음과 같이 표현한다고 한다.

정의 | 옴의 법칙

$$J = \sigma E$$

J : 전류밀도(단위 면적당 전류), σ : 전도도, E : 전기장

하지만 우리가 다루는 간단한 회로에서는 이렇게 복잡하게 까지 생각할 필요는 없고 V = IR로 충분할 것이다. 전류의 흐름이나 양성자 중성자를 따지기 이전에 먼저 옴의 법칙을 숙지하고 직렬, 병렬 회로에서의 저항, 전류, 전압 등을 구하는 연습을 하는 게 우선일 것이다.

이제 옴의 법칙에 대해 배웠으므로 [그림 6-42]와 같은 LED가 있다고 가정할 경우에 저항을 얼마로 해야 할지 계산해보자.

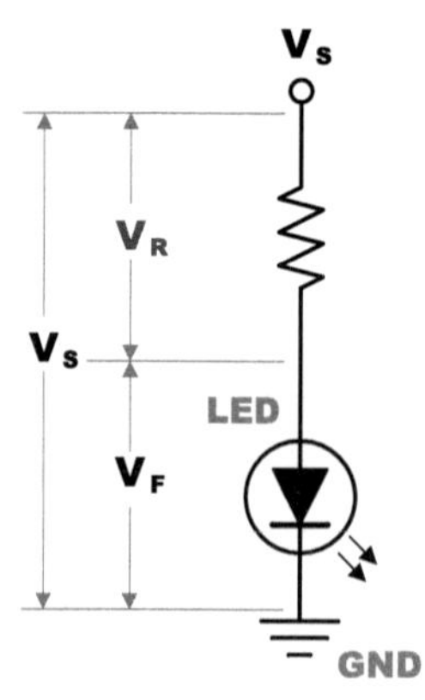

그림 6-42 • LED 및 저항 연결

표 6-21 • LED 점등을 위한 회로 설계

번호	항목	값	비고
1	공급전압(V_S)	5V	
2	공급전류(I_S)	20mA	
3	소모전압(V_F)	2.5V	
4	소모전류(I_F)	10mA	

F는 Forward, S는 Supply를 의미한다.

Vs의 전압이 5V라면 저항에 걸리는 전압 VR은 VS-VF = 5 - 2.5V = 2.5V가 될 것이다. 옴의 법칙에 따라서 R = V/I이므로 R = 2.5V/10mA = 250 Ω의 저항을 연결하면 된다. 또한 저항은 오차가 있는데 5%의 오차가 있다고 가정할 때 262.5 - 237.5 Ω의 저항을 연결하면 된다.

그런데 위의 수식을 계산할 때 계산 값은 128.7 Ω과 같이 나왔는데 이 값의 저항이 판매하지 않는 경우도 가끔 있다. 이런 경우 128.7보다 높은 쪽의 저항을 달면 될 것이다. 이제 [표 6-22]와 같은 경우 저항을 얼마로 해야 할지 연습해보도록 하자.

표 6-22 • 전류 및 전압의 변화에 따른 저항값

번호	V_S	V_F	I_F	V_S-V_F	R= (V_S-V_F)/I_F
1	5V	2.5V	10mA	2.5V	250 ohm
2	5V	3V	15mA		
3	5V	3V	20mA		
4	3.3V	2.5V	10mA		
5	3.3	2.0V	5mA		

4.5 스위치 입력을 위한 회로도

포트 입력을 실험하기 위하여 [그림 6-43]과 같이 스위치 입력 회로를 구성한다.

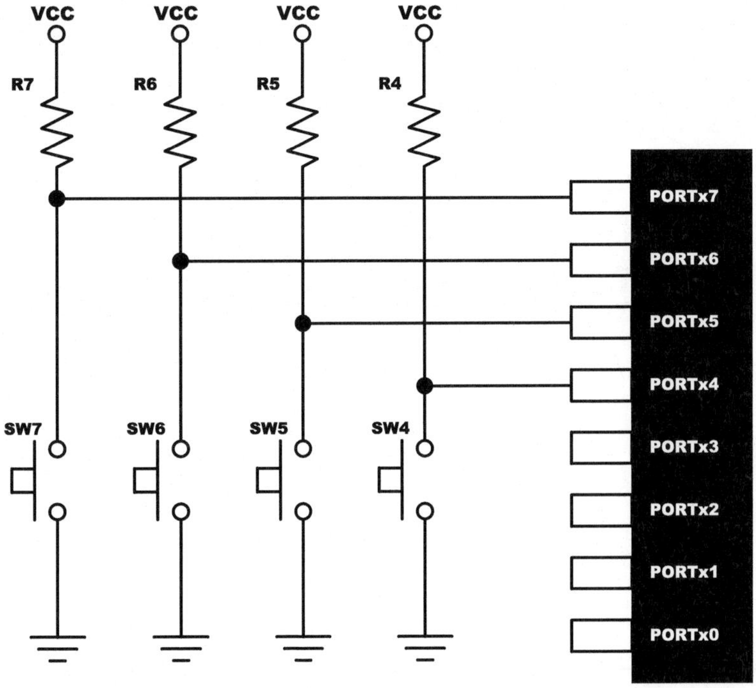

그림 6-43 • 포트 입력 실험

스위치의 명칭은 각각 S/W1, S/W2, S/W3, S/W4인데 차례대로 PD2, PD3, PD4, PD5이 풀-업(pull-up)되어 연결되어 있으며, 스위치가 OFF이면(눌려져 있지 않으면) HIGH, 스위치가 ON이면(눌려지면) LOW 값을 가진다. 따라서 사용자는 LOW 입력을 감지하여 스위치의 ON을 알 수 있다.

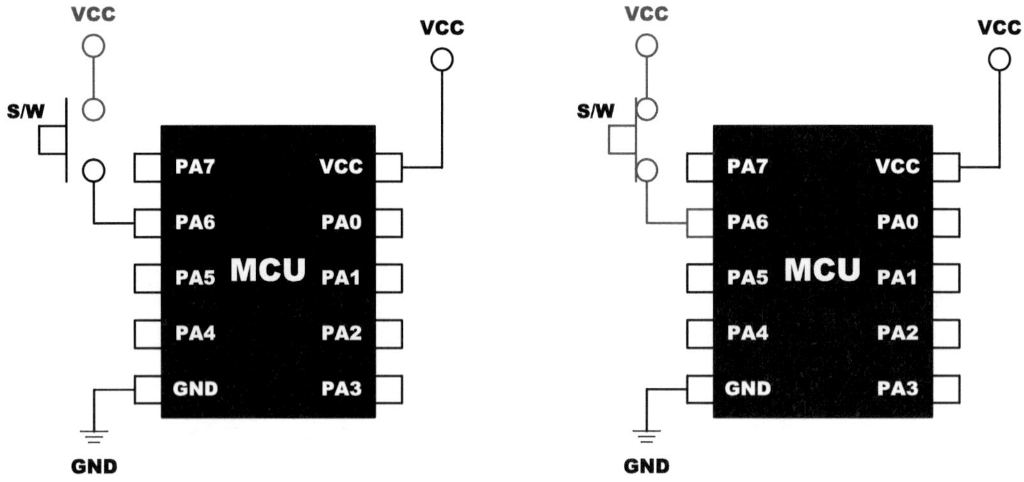

그림 6-44 • 스위치를 누를 때 포트 A에 HIGH가 입력되는 회로도

스위치 입력받을 때 채터링이 발생하는 것을 주의해야 한다. 채터링이란 스위치를 누르거나 뗄 때 바로 HIGH 및 LOW가 인가되는 것이 아니라, 수 uS 동안 HIGH, LOW가 반복되는 현상을 말한다. 즉 스위치를 한 번만 눌렀음에도 불구하고 여러 번 누른 것과 동일한 결과가 발생한다는 뜻이다.

이렇게 값이 안정되지 않는 이유는 내부에 존재하는 기계적 구조 혹은 스프링의 탄성 혹은 접점 면의 불균일성 때문이고, 이 채터링이 발생하는 시간은 키 접점부분의 구조, 산화, 부식, 먼지 등으로 인해 조금씩 달라질 수 있다. 디바운싱을 제거하는 방법으로는 크게 하드웨어적인 방법과 소프트웨어적인 방법이 있다.

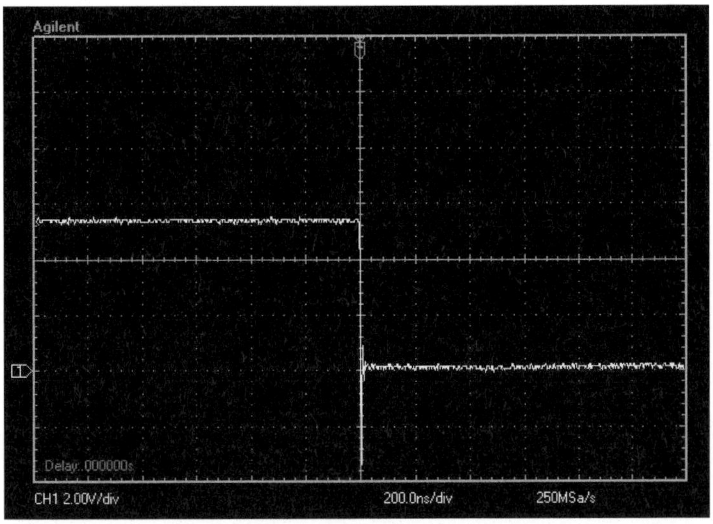

그림 6-45 • 채터링 현상

(1) 채터링을 하드웨어적으로 제거하기

- R/S 플립/플롭을 사용하는 방법
- LPF(Low Pass Filter)와 슈미트 트리거(Schmitt Trigger) 회로를 이용하는 방법

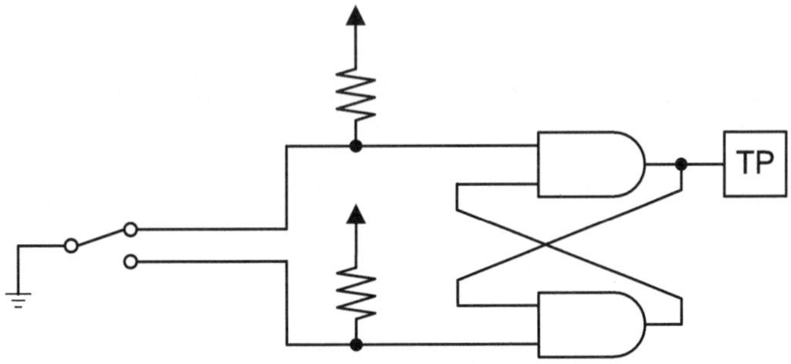

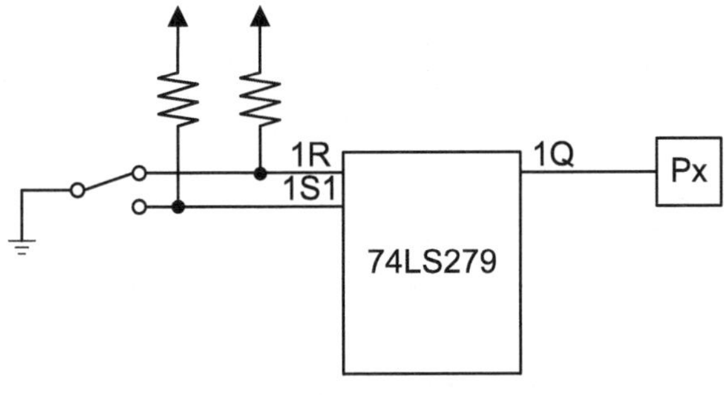

그림 6-46 • R/S 플립/플롭을 이용하여 채터링을 제거하는 방법

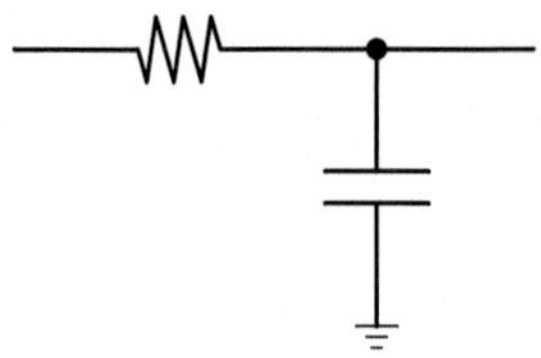

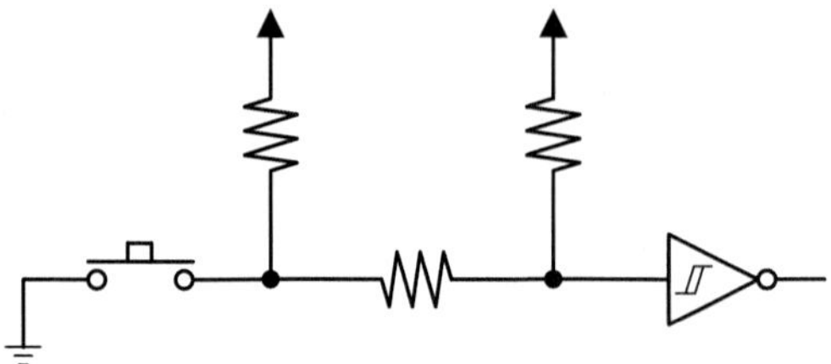

그림 6-47 • LPF와 적분 및 적분과 트리거 회로를 이용하여 채터링을 제거하는 방법

이러한 하드웨어적인 방법은 채터링을 완벽하게 제거할 수 있는 장점이 있으나, 첫 번째로 부가적인 회로가 필요하고, 두 번째로 추가 비용이 발생하기 때문에 널리 사용되는 않는다. 따라서 하드웨어적으로 채터링을 제거하는 방법보다 소프트웨어적으로 제거하는 방법이 많이 사용된다.

(2) 채터링을 소프트웨어적으로 제거하기

• 일정한 시간 간격으로 두고 스위치 값을 반복해서 읽은 후 확정하는 방법

소프트웨어적으로 채터링을 제거하는 원리는 매우 간단하다. 위의 스위치 회로에서 부가적인 회로는 필요 없으며 값을 2회 이상 읽어들여서 값이 동일하면 스위치가 눌려졌음을 판단하는 방식이다.

예를 들어 채터링의 유지 시간이 수십 us라면 처음에 LOW로 떨어짐을 감지하고 난 이후 다시 수십 uS + 약간의 딜레이 이후에도 여전히 LOW라면 스위치가 입력되었음을 확신할 수 있다는 원리이다. 이것은 소프트웨어적인 처리가 조금 번거로운 대신에 부가적인 회로가 필요하지 않으므로 널리 이용되는 방법이다.

```
unsigned char up_key= 0;

void up_key_input(void) {
   up_key= PINA&0x0F;
   if(up_key==0xFE) {
     delay_ms(20);
```

```
      if(up_key==0xFE) {
        beep();
        // code here...
      }
   }
}

unsigned char power_flag= 0;
unsigned char power_key= 0;

ISR(INT1_vect) {
   power_key_flag= 1;
}

void power_ext_int_input(void) {
   if(power_key_flag==1) { // 키가 눌려졌다.
      delay_ms(20);
      if(power_key_flag==1) { // 여전히 키가 눌려졌다.
        power_key_flag= 0;
        power_key= 1; // 키가 눌려진것으로 판단
        beep();
        // code here...

      }
   }
}
```

5 예제 및 실험 : S/W

이제 다양한 방법으로 LED 점등에 대한 실험을 하도록 하자. LED를 점등하기, LED를 점멸(Blink : 깜박깜박)하기, LED를 순차적으로 점등하기, LED를 이동(Shift)하기 등을 배워보자. LED 점등은 시각적으로 판별이 편리해 많은 마이크로컨트롤러 서적이 첫 실습 예제로서 LED 점등을 다룬다.

또 책에서 제공하는 방법만 학습하지 말고, 다양한 방법으로 LED 점등을 실습해보면 좋을 것이다. LED 출력 시 사용되는 레지스터는 앞장에서 언급한 PORTx, DDRx 두 개뿐이고, 설명 또한 앞장에서 언급했으므로 생략하도록 하겠다.

[예제 6-1]은 LED를 한 번 켜는 예제이다. 예제를 수행해보면 모든 LED가 밝게 켜짐을 알 수 있다. 매우 간단하므로 손쉽게 실험해볼 수 있을 것이다.

예제 6-1 | LED를 한 번 켜는 예제

```
#include <avr/io.h>
int main(void) {
  DDRB= 0b11111111;
  PORTB= 0b00000000;
  return 0;
}
```

[예제 6-1]은 LED가 영구히 점등되어 있는 것으로서 별로 재미가 없다. 이제 LED를 점멸해 보자. PORTA= LOW이면 LED가 점등되므로 PORTA=HIGH를 인가하면 LED가 소등될 것이다. [예제 6-2]를 작성한 후 실행해보자. 의도했던 대로 되는가? 아래 [예제 6-2]는 프로그램이 아무리 실행되어도 LED는 켜지지 않는데 이유는 무엇일까?

예제 6-2 | LED를 한 번 켠 이후에 끄는 예제

```
#include <avr/io.h>
int main(void) {
  DDRB= 0b11111111;
  PORTB= 0b00000000;
  PORTB= 0b11111111;
  return 0;
}
```

[예제 6-2]에서 LED는 점등이 된 후에 바로 꺼진다. 이후에 프로그램은 바로 종료되어 버리기 때문에 LED 점등을 확인할 수가 없다. 그렇다면 LED의 ON, OFF, ON, OFF…를 무한 반복하면 LED가 점멸되지 않을까?

예제 6-3 | LED를 무한히 점멸하는 예제

```
#include <avr/io.h>
int main(void) {
  DDRB = 0b11111111;
  while(1) {
    PORTB = 0b00000000;
    PORTB = 0b11111111;
  }
  return(0);
}
```

[예제 6-3]은 무한 루프를 돌면서 LED를 ON, OFF, ON, OFF...를 반복하는 예제이다. 실행해 보면 깜박깜박 점멸할 것이라 예상했던 바와 다름을 알 수 있다. 이유가 무엇일까? 위의 프로그램은 논리적으로는 맞지만 한가지 간과한 것이 있다. 그것이 무엇일까?

[그림 6-48]을 보면 이 파형은 LED의 출력을 오실로스코프 장비로 측정한 것으로 우리의 의도대로 HIGH와 LOW가 반복됨을 알 수 있다. 그런데 왜 LED가 점멸되지 않는 것일까?

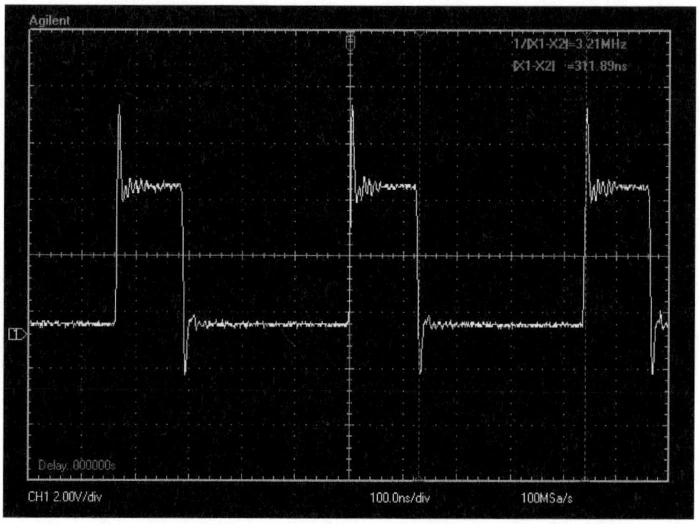

그림 6-48 • 짧은 주기를 갖는 LED 점멸

이유는 동작 속도가 너무 빠르기 때문이다. [그림 6-48]의 파형의 단위를 유심히 살펴보면 HIGH가 약 120ns, LOW가 약 300ns 정도 임을 알 수 있다. 원래 프로그램 의도대로 HIGH,

LOW가 출력되는 것은 맞으나, 너무 빨라서 점멸되는 것처럼 보이지 않을 뿐이다.

그렇다면 적당한 (예를 들면 0.5초) 간격으로 LED를 점등하게 하려면 어떻게 해야 할까? 원리는 간단하다. HIGH인 시간 간격과 LOW인 시간 간격을 늘려주면 되는 것이다. 아래 예제를 살펴 보도록 하자.

```
// 코드 생략
PORTB= 0b00000000;
// 시간 지연 코드 예를 들면 delay(5);
PORTB= 0b11111111;
// 시간 지연 코드 예를 들면 delay(5);
```

예제 6-4 | LED를 0.5초 간격으로 점등하는 예제

LED의 점멸 주기를 정확하게 맞추는 코드이다. 제법 복잡하기는 하지만 꼭 이해하고 넘어가도록 하자.

```
#include <avr/io.h>

void delay_us(unsigned char time_us) { // time delay(us)
  register unsigned char i;
  for(i = 0; i < time_us; i++) {        // 4 cycle
    asm volatile("PUSH R0 ");           // + 2 cycle
    asm volatile("POP R0 ");            // + 2 cycle
    asm volatile("PUSH R0 ");           // + 2 cycle
    asm volatile("POP R0 ");            // + 2 cycle
    asm volatile("PUSH R0 ");           // + 2 cycle
    asm volatile("POP R0 ");            // + 2 cycle
    // 16 cycle * 62.5 ns = 1000 ns = 1 us at 16.000MHZ
  }
}
void delay_ms(unsigned int time_ms) {    // time delay(ms)
  register unsigned int i;
  for(i = 0; i < time_ms; i++) {
    delay_us(250);
    delay_us(250);
    delay_us(250);
    delay_us(250);
  }
}
int main(void) {
  DDRB= 0xF0;
```

```
    while(1) {
      PORTB= 0xF0;
      delay_ms(100);
      PORTB= 0x00;
      delay_ms(200);
    }
    return(0);
}
```

- **delay_ms()에 대한 설명**

  main 함수에서 delay_ms(500)을 호출하면 매개변수값이 500이므로 time_ms=500이 대입되고 delay_ms 함수로 들어간 후 LOOP로 진입한다. 루프 진입 후 delay_us 함수 250회 호출 → delay_us 함수 250회 호출 → delay_us 함수 250회 호출 → delay_us 함수 호출, 이렇게 4회 호출되는 것이 500번 수행된다.

- **delay_us 함수에 대한 설명**

  delay_us 함수를 호출할 때 time_us가 250이므로 250회 동안 push, pop을 수행함을 알 수 있다. 이 부분이 중요한데, for 루프가 4클럭을, PUSH가 2클럭을, POP이 2클럭의 수행 시간이 걸린다. PUSH, POP은 단지 R0값을 스택에 넣었다 뺐다 하는 것으로 그 이상의 전혀 의미는 없다. 이러한 작업을 하는 이유는 어디선가는 시간을 소모해야 하기 때문이다. PUSH, POP 대신에 NOP(No Opertion)을 넣어도 된다.

  우측의 주석에 적혀있는 바와 같이 총 클럭 수는 16개이므로 16MHz AVR 마이크로컨트롤러의 경우 정확하게 1us의 시간이 소모됨을 알 수 있다. 결론적으로 delay_us는 1us를 지연(delay)하는 함수이다.

  또한 delay_us 함수로 1초를 지연하기 위해서는 1,000,000을 입력해야 하는 것이 불편하므로 delay_ms 함수를 만들어 사용한다.

  이러한 원리로써 원하는 시간을 정확하게 지연할 수 있는데, 지연시키고자 하는 시간을 delay_ms(value)의 value에 할당하면 된다. 예를 들어 LED를 0.5초 깜박이려면 delay_ms(500)과 같이 입력하면 된다.

마이크로컨트롤러에서 자주 사용되는 시간 지연(time delay) 구문은 아래와 같은 용도 이외에도 매우 자주 사용된다.

- 위의 경우처럼 LED를 사람의 눈으로 볼 수 있게 천천히 점등하는 경우
- 고속인 마이크로컨트롤러에 비해 저속인 주변기기와의 동작 타이밍을 맞추는 경우
- 키 입력 루틴에서 디바운싱(Debouncing)을 구현하는 등의 용도

후에 배우게 될 타이머/카운터도 정확한 시간을 측정할 수 있는데, 그렇다면 이 딜레이 루틴과 어떤 차이가 있을까? 타이머 역시 시간 지연 루틴과 마찬가지로 정확한 시간을 맞출 수 장점이 있으나 아래와 같은 단점도 있다.

- 시스템 간 호환성을 떨어뜨리는 점
- 간단한 딜레이 루프에 비해 프로그램이 복잡해지는 점

따라서 매우 정밀한 시간 지연이 요구되지 않는 경우에, 간단한 시간 지연 루틴으로 대신하는 것이 일반적이다. 매우 정밀한 시간 지연이 요구되지 않는 경우란 LED 점등과 같이 깜박이는 것만을 개략적으로 나타낼 때를 의미한다. 또는 적당한 시간 간격의 키 입력에도 사용한다(키 입력을 1초에 수십 회씩 할 수 있는 사람은 없을 것이다).

당근이의 한마디 **volatile 키워드에 대하여**

volatile이라는 단어를 사전에서 찾아보면 '변덕스러운', '불안한', '휘발성'이라는 뜻을 가지고 있다. 이와 대조적으로 constant는 '끊임없는', '거듭되는', '변함없는'이라는 뜻을 가지고 있다.

C언어에서 상수를 정의할 때는 constant를 사용하는데 constant로 선언하면 한 번 값을 대입한 이후 변경이 불가능하다. constant는 수학의 상수값, 외부기기의 주소 혹은 메모리 주소 등에 적용하면 편리할 것이다.

그렇다면 constant와 대조적인 volatile의 용도는 과연 무엇일까? 먼저 아래 코드를 보자.

아래 코드는 0x38 주소에 마지막 비트를 1, 0, 1, 0로 출력하겠다는 의미이다. 만일 LED가 연결되어있다면 ON, OFF, ON, OFF가 반복되어 점멸될 것이다.

```
*(unsigned char *) 0x38 = 0x01;
*(unsigned char *) 0x38 = 0x00;
*(unsigned char *) 0x38 = 0x01;
*(unsigned char *) 0x38 = 0x00;
```

하지만 실제 수행해보면 LED는 전혀 깜박이지 않고 꺼져있다. 왜 이런 일이 발생할까?(점멸 속도가 빨라서 그런 것이 아니다)

이유인즉슨 컴파일러 때문인데 컴파일러가 컴파일 시에 위의 코드를 분석한 후 0x38에 값을 넣는데 어차피 결론적으로는 0만 담기므로 위의 3줄은 빼버리고 마지막 줄만 수행한다. 일반적으로 이러한 최적화는 상당히 유용하지만, I/O 관련은 이렇게 하면 곤란하다.

따라서 사용자는 volatile 코드를 추가하여 다음과 같이 고쳐야 한다.

```
*(volatile unsigned char *) 0x38 = 0x01;
```

```
*(volatile unsigned char *) 0x38 = 0x00;
*(volatile unsigned char *) 0x38 = 0x01;
*(volatile unsigned char *) 0x38 = 0x00;
```

이렇게 할 경우 최적화를 수행하지 않고 계속 같은 주소에 값을 출력하므로 우리가 원하는 대로 LED가 점멸하는 것을 볼 수 있다. 결론적으로 volatile는 'volatile로 선언된 변수에 대해서는 최적화를 수행하지 마라' 라는 의미를 가진다. 즉 '내가 만든 코드를 컴파일러가 건들지 말고 시킨 대로만 컴파일해라' 라는 뜻이기도 하다.

일반 포트로 키를 입력받는 프로그램을 작성해보자. 포트 입력을 받기 위해서는 방향 레지스터를 0으로 설정하고 입력받으면 된다. [예제 6-5] 코드에서는 DDRD = 0xC3으로 설정함으로 입력으로 받아들인다.

예제 6-5 | 스위치 입력 예제

```
#include <avr/io.h>
#include 'fundamental.h'
int main() {
  DDRB = 0xF0; // PORTB의 7~4비트를 출력으로 쓰겠음(LED가 연결 되어있음)
  DDRD = 0xC3; // PORTD의 5~2비트를 입력으로 쓰겠음(S/W가 연결 되어있음) 11000011 = 0xC3
  while(true) {
    PORTB = PIND<<2; // 스위치는 PE01, 2, 3이 아니고 PE2, 3, 4, 5임
    //PORTB= (PIND & 0x3C)>>2; // 위나 아래나 동일한 결과를 출력한다.
  }
}
```

스위치는 PD5, 4, 3, 2에 연결되어 있기 때문에 DDRD = 0x00과 같이 설정해도 되고, 정확하게 5, 4, 3, 2포트만 입력으로 설정하려면 DDRD = 0bxx00_00xx;을 대입하면 된다. 입력으로 설정한 후에 PIND의 입력을 그대로 PORTB로 출력한다. 즉 스위치 입력 한 개마다 LED 한 개를 대응시켜 S/W1 → LED1, S/W2 → LED2, S/W3 → LED3, S/W4 → LED4와 같은 식으로 구동하려고 한다.

- **POTB= PIND; : LED 두 개가 항상 켜져 있다.**

표 6-23 • 키 입력 포트와 LED 출력 포트가 다른 경우

비트	7	6	5	4	3	2	1	0
키 입력 포트 PORTD					Use	Use	Use	Use
LED 출력 포트 PORTB			Use	Use	Use	Use		

- **POTB= PIND>>2; : 스위치와 LED가 일대일로 대응이 된다.**

표 6-24 • 키 입력 포트와 LED 출력 포트가 같은 경우

비트	7	6	5	4	3	2	1	0
키 입력 포트 PORTD					Use	Use	Use	Use
LED 출력 포트 PORTB			Use	Use	Use	Use	Use	Use

그런데 앞서 언급했다시피 LED1에 대응하는 포트가 PD0이 아닌 PD2이므로 제대로 동작하지 않을 것이다. 따라서 입력받는 PD 포트를 옆으로 두 칸 살짝 이동시켜준다.

보통 스위치 입력은 여러 개인 경우가 많기 때문에 각각의 스위치 입력에 따라 분기하면 된다. [예제 6-6]은 if-else로 분기하는 경우의 프로그램이다. LED를 켜는 것 이외에 복잡한 작업도 수행할 수 있으나 스위치 입력을 배우는 것이 목적이므로 최대한 간단하게 작성하여 보았다.

예제 6-6 | 스위치 입력을 받은 후 if-else 문으로 분기하는 예제

```
#include <avr/io.h> // 기본적인 입/출력을 쓸 수 있게 도와주는 헤더파일
#include "carroty_lib/fundamental.h"
#include "carroty_lib/led.h"
#include "carroty_lib/key.h"

int main() {
  unsigned char key=0x00;
  DDRB= 0xF0; // PORTB의 7~4비트를 출력으로 쓰겠음(LED가 연결 되어있음)
  DDRD= 0xC3; // PORTD의 5~2비트를 입력으로 쓰겠음(SW가 연결 되어있음)

  while(true) {

    key = (PINE & KEY_MASK); // PORTD의 S/W가 연결된 상위 4비트
```

```
    if(key==KEY_1) { PORTB = LED1_ON; } // key1 pressed...
    else if(key==KEY_2) { PORTB = LED2_ON; } // key2 pressed...
    else if(key==KEY_3) { PORTB = LED3_ON; } // key3 pressed...
    else if(key==KEY_4) { PORTB = LED4_ON; } // key4 pressed...
    else { PORTB = LED_FULL_OFF; }
  }
}
```

예제 6-7 | 스위치 입력을 받은 후 swich-case 문으로 분기하는 예제

위의 예제는 if-else를 이용하는 것인데 완전히 동일하게 swich-case 문을 이용하여 작성해 보았다.

```
#include <avr/io.h> // 기본적인 입/출력을 쓸 수 있게 도와주는 헤더파일
#include "carroty_lib/fundamental.h"
#include "carroty_lib/led.h"
#include "carroty_lib/key.h"

int main() {
  unsigned char key=0x00;
  DDRB= 0xF0; // PORTB의 7~4비트를 출력으로 쓰겠음(LED가 연결 되어있음)
  DDRD= 0xC3; // PORTD의 5~2비트를 입력으로 쓰겠음(SW가 연결 되어있음)

  while(true) {

    key= (PINE & KEY_MASK); // PORTD의 S/W가 연결된 상위 4비트
    switch(key) {
      case KEY_1 : { PORTB= LED1_ON; break; } // key1 pressed...
      case KEY_2 : { PORTB= LED2_ON; break; } // key2 pressed...
      case KEY_3 : { PORTB= LED3_ON; break; } // key3 pressed...
      case KEY_4 : { PORTB= LED4_ON; break; } // key4 pressed...
      default : { LED_FULL_OFF; break; }
    }
  }
}
```

default 문(앞의 예제에서는 마지막의 else 문)이 있고 없는 것에 따라서, LED 출력이 유지되고 안되고의 차이가 있는데 이는 사실 별 게 아니다. key=(PIND & 0x3C);로 검사하여 KEY_1 이면 분기한 이후에 LED를 유시하려고 하나, default가 있다면 다시 검사할 때(while 문 때문

에 계속 검사) 다시 case 문으로 들어가지 못하고 default 문으로 빠져버리기 때문에 LED가 꺼지는 것이다.

예제 6-8 | 스위치 입력에 따라서 한 번만 카운트를 하는 프로그램

이번에는 스위치를 누르고 있어도 하나씩 증가한다. 다운로드한 후 실행해보자. 스위치를 천천히 혹은 빨리 눌렀다 뗐다 하는 등 여러 가지 테스트를 해보자. 제대로 동작하는가? 여러 번 실행시켜 보아도 처음 생각한 의도대로 잘 작동하는 것을 알 수 있다. 앞의 예제와 다른 점은 key_input 함수가 많이 변경되었다는 점이다. 이에 대한 설명은 생략하지만 한번 곰곰이 생각해보기 바란다. 키 포인트는 key_flag 변수이다.

```
#include <avr/io.h> // 기본적인 입/출력을 쓸 수 있게 도와주는 헤더파일
#include "carroty_lib/fundamental.h"
#include "carroty_lib/fnd.h"
#include "carroty_lib/key.h"
#include "carroty_lib/delay.h"

unsigned char key_input(void);
unsigned char get_fnd(unsigned char number);
unsigned char key_flag= 0;

int main() {
  unsigned char key= 0;
  unsigned char count= 0;
  DDRB = 0xF0; // PORTB의 7~4비트를 출력으로 쓰겠음(LED가 연결 되어있음)
  DDRC = 0xF0; // FND
  DDRD = 0xC3; // PORTD의 5~2비트를 입력으로 쓰겠음(S/W가 연결 되어있음)

  while(true) {
    key = key_input();
    if(key==KEY_1) { }       // key1 pressed... // skip...
    else if(key==KEY_2) { } // key2 pressed... // skip...
    else if(key==KEY_3) { } // key3 pressed... // skip...
    else if(key==KEY_4) {   // key4 pressed...
      PORTB = get_fnd(++count);
      PORTC = FND_SEL_4;
    }
  }
  return (1);
}
```

```
unsigned char key_input(void) {
  unsigned char key;
  key= (PIND & KEY_MASK);
  if(key==0x3C) {
    if(key_flag==0) { return key; }
    else {
      delay_ms(10);
      key_flag= 0;
      return key;
    }
  }
  else {
    if(key_flag != 0) { return 0x3C; }
    else {
      key_flag= 1;
      delay_ms(10); // beeep
      return key;
    }
  }
}
unsigned char get_fnd(unsigned char number) {
  switch(number) {
    case 0 : return NUMBER_0; break; // 1 -> NUMBER_0, 2 -> NUMBER_2, ...
    case 1 : return NUMBER_1; break;
    case 2 : return NUMBER_2; break;
    case 3 : return NUMBER_3; break;
    case 4 : return NUMBER_4; break;
    case 5 : return NUMBER_5; break;
    case 6 : return NUMBER_6; break;
    case 7 : return NUMBER_7; break;
    case 8 : return NUMBER_8; break;
    case 9 : return NUMBER_9; break;
  }
  return NUMBER_F;
}
```

6 이 장의 간추림

- 마이크로컨트롤러에서 모든 입력과 출력은 포트를 경유하고, GPIO로서의 포트 제어는 매우 기본적이고 중요하므로 철저히 이해하도록 하자.
- **I/O 포트는 CPU와 입/출력 장치를 연결해 주는 병렬 입/출력 인터페이스이다.**
- ATmega128은 총 64개의 핀이 존재하고 병렬 I/O로서 PORT A, B, C, D, E, F, G 7개의 포트가 존재하는데 이 중 53개의 핀만이 병렬 I/O로서 사용 가능하다.
- 각 병렬 I/O 포트는 모두 양방향 입/출력이 가능하며 LED를 드라이브하기에 충분한 전류를 흘려보낼 수 있다.
- 각 병렬 I/O 포트는 병렬 I/O 이외의 다른 부가 기능도 가능하다. 부가 기능은 양이 많으므로 본문을 참고하기 바란다.
- 포트 입/출력에 관련된 레지스터는 DDRx, PORTx, PINx가 있으며 각각 데이터 방향 레지스터x, 포트 레지스터x, 핀레지스터x이다.
  - DDRx : 입/출력 방향을 결정하는 데 사용된다.
  - PORTx : 출력으로 설정된 경우 데이터를 출력하고, 입력으로 설정된 경우 풀-업에 관련된다.
  - PINx : 핀의 상태를 읽어들이는 데 사용된다.
- 풀-업은 SFIOR 레지스터의 PUD 비트로 설정할 수 있다.

연습문제

1. 마이크로컨트롤러에서 CPU와 주변장치 사이의 통신이 이루어지는 창구 역할을 하는 것은 무엇인가?

① 메모리

② 레지스터

③ 포트

④ 타이머

2. 다음 그림과 같이 LED를 점등하기 위해서 LED에 흐르는 전류를 20mA라고 가정했을 때 저항값과 저항에서 소비되는 전류를 구하시오.

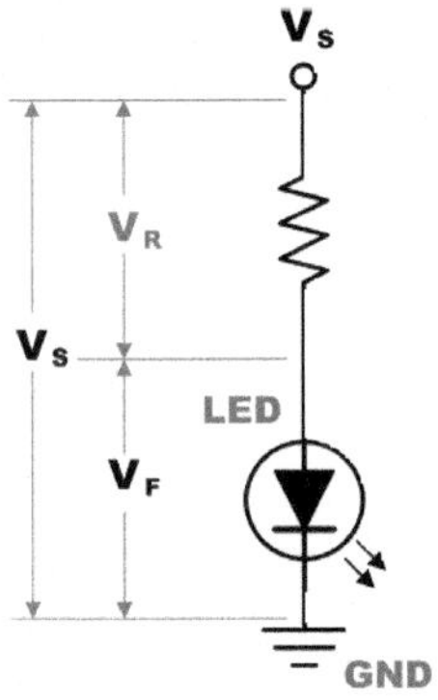

① 저항값 : 330 / 전류 20mA

② 저항값 : 330 / 전류 20mA

③ 저항값 : 330 / 전류 20mA

④ 저항값 : 330 / 전류 20mA

3. 다음 프로그램은 PORTA의 하위 4비트를 출력으로 설정한 후 출력하는 프로그램이다. (　　) 안에 들어갈 내용은 무엇인가?

```
#include <avr/io.h>

int main(void) {
  DDRA = (     );
  While(1) {
    PORTA = (     );
    PORTA = (     );
  }
}
```

① 0xF0 / 0x0F/ 0xFF

② 0x0F / 0x0F/ 0x00

③ 0xF0 / 0x0F/ 0x00

④ 0x0F / 0xF0/ 0x00

4. 다음 프로그램은 PORTA의 하위 4비트를 입력으로 설정한 후 입력에 따라서 PORTB의 LED에 출력하는 프로그램이다. 프로그램에 이상이 없는지 적으시오.

```
#include <avr/io.h>

int main(void) {
  DDRA = (0xF0);
  while(1) {
    if(PINA==0x0x1) { PORtB = 0x01; }
    else if(PINA==0x0x2) { PORtB = 0x02; }
    else if(PINA==0x0x4) { PORtB = 0x04; }
    else if(PINA==0x0x8) { PORtB = 0x08; }
  }
}
```

생각해보기

❶ 포트 제어 시에 마이크로컨트롤러에서 설정하는 레지스터 이외에 중요한 요소는 타이밍과 전류가 있는데 이것이 왜 중요한지 생각해보자.

❷ 보통 마이크로컨트롤러의 포트는 여러 개에서 수십 개까지 있는 경우가 대부분이다. 예를 들어 우리가 사용하는 ATmega128의 경우 사용할 수 있는 최대 포트 수는 53개인데, 100여 개 혹은 1,000개의 신호를 만들어내서 제어하려면 어떻게 해야 할지 생각해보자. 입력도 마찬가지이다.

❸ 지연 문에 대해 다음과 같은 점을 생각해보자.

- delay 함수로도 정확한 시간을 측정할 수 있다면 왜 굳이 타이머/카운터를 사용할까?
- delay 함수의 장점은 무엇인가? 또 단점은 무엇인가?
- 함수 호출에 따른 오버헤드는?
- delay 함수로도 정확한 시간을 측정할 수 있다면 왜 굳이 타이머/카운터를 사용할까?
- 타이머의 장점은 무엇인가? 또 단점은 무엇인가?

CHAPTER 07

인터럽트 (Interrupt)

이번 장에 대하여

이번 장에서는 '인터럽트(Interrupt)'에 대해서 알아보도록 한다.

인터럽트는 '방해하다', '중단시키다'라는 의미를 가지고 있으며, 프로세서가 어떤 작업 중 요청이 들어오면, 요청에 대한 처리를 하고 이전 작업을 계속하는 것을 말한다. 인터럽트에 대한 의미나 개념은 매우 쉽고 C언어를 사용해서 프로그램을 작성할 경우 몇 줄 정도의 코드만으로도 인터럽트 처리가 가능하다.

그러나 인터럽트의 내부 구조 및 동작 원리는 제법 어렵고, 후일 여러 개의 인터럽트를 사용할 때에는 복잡한 문제가 숨어 있다. 이 모든 것에 대해 설명하기란 쉽지 않지만 기본적인 개념은 충분히 설명하도록 하겠다.

1 인터럽트의 개요

1.1 인터럽트의 개념

인터럽트는 사전적으로 '방해하다', '중단시키다' 라는 의미를 가지고 있다. 이 말뜻 그대로 컴퓨터가 어떤 주 작업(Main Task)을 하던 중에 방해하는 원인이 생겨 작업이 멈추는 것을 의미한다. 그러나 주 작업이 멈춘다 하더라도 방해되는 원인이 사라지면 다시 복귀하여 원래 주 작업을 수행하는 기법을 인터럽트(Interrupt)라고 한다. 인터럽트에 대한 정의는 아래와 같다.

정의

예외(Exception) 혹은 트랩(Trap)이라고도 불리는 인터럽트는 발생한 요청을 처리하기 위하여 정상적인 프로그램 실행 순서를 벗어나 발생한 요청을 처리하고 다시 원래의 프로그램으로 복귀하는 기법을 말한다. 이러한 요청은 사용자에 의해서 발생할 수도 있고, 하드웨어 내부 혹은 외부에서 발생할 수도 있다.

인터럽트의 개념을 집에서 책을 읽는 경우로 비유해보자. 책을 읽는 것을 주 작업이라고 한다면 특별히 방해받지 않는 한 계속 책을 읽을 것이다. 그러나 초인종이 울린다거나 전화벨이 울린다면 읽고 있던 책에 책갈피를 꽂고(혹은 기억하고) 초인종이나 전화벨에 대한 처리를 할 것이다. 처리가 끝나면 자리로 돌아와 이전에 읽었던 페이지부터 다시 책을 읽을 것이다. 이처럼 인터럽트의 개념 자체는 특별히 어려운 것은 아니다. [표 7-1]을 채워보자.

표 7-1 • 인터럽트에서 중요한 요소

번호	항목
1	무엇이 인터럽트를 발생시켰는가?
2	인터럽트 발생 시 어떤 처리를 할 것인가?
3	인터럽트가 동시에 발생했을 때 어떻게 처리할 것인가?

인터럽트를 발생하는 요인은 전화벨 혹은 초인종이 된다는 것은 쉽게 알 수 있다. 그렇다면 초인종이 울리거나 전화벨이 울릴 때 어떻게 처리해야 할까? 예를 들어 초인종이 울렸을 때 주문한 음식이 왔다면 대금을 치르고 음식을 받으면 될 것이고, 친구가 놀러 왔다면 현관을 열어주면 되고, 모르는 사람이라면 누구인지 물어봐야 할 것이다. 이렇듯 어떤 인터럽트가 발생했을 때 어떻게 처리할지는 코드를 어떻게 작성하느냐에 따라 다르다.

마지막으로 초인종과 전화벨이 동시에 울리는 경우는 어떻게 할 것인가? 보통의 경우라면 전화를 받고 현관으로 나가는 방법도 있을 것이고, 어떤 경우는 전화벨을 무시하고 문을 열어주고 나중에 전화번호를 확인해서 거는 방법도 있겠다. 그러나 이것은 사람한테 해당하는 경우이고 프로세서는 우선순위가 정해져 있어 두 개의 인터럽트가 동시에 발생하면 우선순위가 높은 인터럽트를 먼저 수행한다.

만일 초인종의 인터럽트가 1번, 전화벨의 인터럽트가 2번인데 두 개가 동시에 발생했다면 우선순위가 높은 초인종이 먼저 수행된다는 뜻이다.

이렇듯 인터럽트에서 중요한 점은 세 가지이다. 첫 번째 어떠한 장치가 인터럽트를 발생했는지, 두 번째 인터럽트 발생 시 어떻게 처리할지, 세 번째 동시에 발생하는 인터럽트는 어떻게 처리할 것인가 하는 점이다. 이를 각각 인터럽트 소스, 인터럽트 벡터, 인터럽트 우선순위라 부른다.

표 7-2 • 인터럽트에서 중요한 세가지 요소

번호	인터럽트에서 중요한 요소	설명
1	인터럽트 소스(Interrupt Source)	어떤 장치가 인터럽트를 발생했는가?
2	인터럽트 벡터(Interrupt Vector)	인터럽트 발생 시 어떤 처리를 할 것인가?
3	인터럽트 우선순위(Interrupt Priority)	인터럽트가 두 개 이상 발생 시 어떻게 처리할 것인가?

이러한 인터럽트는 프로세서가 다루기 어려운 부분인데 왜냐하면 언제 발생할지 알 수 없기 때문이다. 인터럽트와 함수는 구조와 호출 방법이 매우 유사한 특징이 있는데, 함수 호출은 언제 호출될지 알 수 있는 반면 인터럽트는 언제 호출될지 알 수가 없다.

이러한 인터럽트의 개념을 시간의 흐름에 따른 그래프로 나타내면 [그림 7-1]과 같다. 앞서 설명한 바와 같이 책을 읽는 주 작업이 진행되다가 초인종이 울리는 인터럽트가 발생하면 해당 인터럽트 처리를 한 이후 다시 주 작업으로 돌아온다는 것을 나타낸 것이다.

이러한 인터럽트의 개념을 코드로 나타내면 다음과 같다. 초인종이 울리거나 전화가 걸려올 때 어떠한 작업을 할지는 사용자가 정해주면 된다.

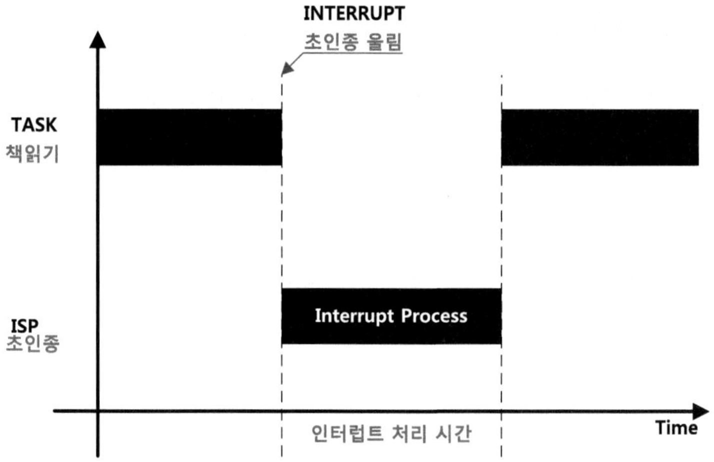

그림 7-1 • 초인종이 울리는 인터럽트 처리 : 수평 방향

```
인터럽트(초인종) { // 초인종이 울릴 때 발생하는 인터럽트
    // 초인종이 울릴 때 할 일을 적는다.
}
인터럽트(전화벨) { // 전화벨이 울릴 때 발생하는 인터럽트
    // 전화벨이 울릴 때 할 일을 적는다.
}
void main(void) {
    while(true) {
        책 읽기(); // 주 작업
    }
}
```

위의 코드는 책 읽는 주 작업 수행 중에 초인종과 전화벨 인터럽트를 처리하는 의사코드를 의미한다. 이를 좀 더 C언어답게 표현해보면 다음과 같을 것이다. 하지만 실제로 이와 같이 작성하면 에러가 나는데 AVR은 초인종(DoorBell), 전화벨(Ring)과 같은 인터럽트는 없기 때문이다. 다음 코드는 인터럽트를 이런 식으로 작성한다는 용도로만 참고하기 바란다.

```
#include <avr/io.h>
#include <avr/interrupt.h>
interrupt (interrupt_DoorBell) {
    // 초인종 인터럽트가 걸렸을 때 수행해야 할 일 do something!
}
interrupt (interrupt_Ring) {
    // 전화벨 인터럽트가 걸렸을 때 수행해야 할 일 do something!
```

```
}
int main (void) {
    // 전체 인터럽트를 disable 시킴 global interrupt disable cli();
    // 초인종 인터럽트에 관련된 설정
    // 전화벨 인터럽트에 관련된 설정
    // 전체 인터럽트를 enable 시킴 sei();
    // 기타 다른 코드 another code here
    while(true) {
      readBook();
    }
}
```

1.2 인터럽트의 종류

인터럽트는 여러 종류로 나눌 수 있으나 크게 인터럽트 발생 원인에 따라, 인터럽트 발생 시 차단가능 여부, 인터럽트를 확인(혹은 검출)하는 방법에 따라서 [그림 7-3]과 같이 나뉜다.

그림 7-2 • 인터럽트의 종류 : 음영은 AVR의 인터럽트 종류를 나타냄

- 첫 번째 인터럽트의 발생 원인에 따라서 하드웨어(Hardware) 인터럽트와 소프트웨어(Software) 인터럽트로 나뉘는데 하드웨어 인터럽트는 다시 외부(External) 인터럽트와 내부(Internal) 인터럽트로 나눈다.

외부 인터럽트는 전원, 입출력 장치, 주변장치 등과 같은 외부 장치에 의해 발생하는 인터럽트로 전원 이상(Power Fail Interrupt), CPU 동작 이상(Machine Check Interrupt), 타이머 오버플로우(Timer Overflow), A/D 변환 완료, 시리얼 통신 수신 완료 등과 같은 인터럽트가 있다.

내부 인터럽트는 존재하지 않는 인스트럭션의 실행(실행이 불가능함), 0으로 나눗셈을 시도하는 경우(정의되지 않은 연산), 잘못된 메모리 참조 등과 같은 인터럽트를 말한다.

소프트웨어 인터럽트는 프로그램의 동작 중에 발생하는 것으로서 프로그램 동작 도중 오류나 예외 상태의 발생으로 인한 인터럽트이다.

보통 인터럽트라 하면 내부 인터럽트가 아닌 외부 인터럽트를 말한다. AVR은 내부 인터럽트를 지원하지 않으므로 모든 인터럽트가 외부 인터럽트이다.

- 두 번째 인터럽트의 차단 가능 여부에 따라 나뉘는데 인터럽트가 발생했을 때 무시할 수 있는(즉 차단할 수 있는) 인터럽트인 차단 가능 인터럽트(INT : maskable INTerrupt)와 차단 불가능한 인터럽트(NMI : Non-Maskable Interrupt)로 나뉜다.

  AVR은 차단 불가능한 인터럽트(NMI)를 지원하지 않는다. 따라서 모든 인터럽트가 차단 가능하다.

- 세 번째로 인터럽트를 확인(혹은 검출)하는 방법에 따라서 폴링(Polling) 방식과 벡터(Vector) 방식으로 나뉜다. 폴링 방식은 차례대로 장치를 검사하기 때문에 하드웨어 구조가 단순하여 쉽게 만들 수 있고, 우선순위 또한 쉽게 바꿀 수 있는 장점이 있다. 그러나 모든 장치를 검사해야 하기 때문에 장치의 수에 영향을 받으며, 응답속도 또한 느린 단점이 있다. 벡터 방식은 하드웨어 구조가 복잡하여 만들기 쉽지 않지만 응답 속도가 매우 빠르고 장치수에 영향을 거의 받지 않는 장점이 있다.

  이러한 이유로 빠른 응답속도가 요구되는 마이크로컨트롤러는 대개 인터럽트 벡터 방식을 적용하고 있으며, AVR 역시 이 방식을 채택하고 있다.

표 7-3 • 폴링 방식과 벡터 방식

항목	폴링 방식	벡터 방식
하드웨어 구조	단순하다	복잡하다
응답 속도	느리다	빠르다
주변장치 개수	영향받음	영향받지 않음
우선순위 변경	쉽다	어렵다

인터럽트 종류에서 AVR의 인터럽트를 요약해보면 다음과 같다. 참고로 차단 불가능한 인터럽트를 지원하는 프로세서도 있다는 것을 알아두자.

> **요약**
>
> - AVR의 모든 인터럽트는 하드웨어 인터럽트 중 외부 인터럽트이다.
> - AVR은 차단 불가능한 인터럽트(NMI)를 지원하지 않는다(즉 모든 인터럽트가 차단 가능하다).
> - AVR의 인터럽트 구현 방식은 폴링이 아닌 벡터 방식이다.

앞서 말했듯이 AVR은 인터럽트를 차단 가능한데, 다시 허용하는 것도 가능하다. 전체 인터럽트를 모두 허용, 차단할 수도 있고, 개별적으로 특정 인터럽트만 허용, 차단 하는 것도 가능하다. 개별적으로 허용, 차단하는 경우는 각각의 레지스터 설정을 바꾸어 주어야 하지만 전체 인터럽트를 허용, 차단하는 방법은 EI(Enable Interrupt), DI(Disable Interrupt)라는 명령어를 사용하면 된다.

AVR에서 EI는 SEI(Set Global Interrupt Flag, Global Interrupt Enable) 명령어를 실행하면 되고 DI는 CLI(Clear Global Interrupt Flag, Global Interrupt Disable) 명령어을 실행하면 된다. 위의 명령어 대신 SREG 레지스터의 I 비트를 세트, 클리어해도 같은 결과를 가져오며, C언어에서 sei(), cli() 함수를 사용해도 같은 결과를 가져온다.

```
asm("SEI");                          asm('CLI');
SREG = 0x80;                         SREG = 0x00;
sei();                               cli();
```

1.3 인터럽트 처리 과정

앞서 말한 초인종과 전화벨에 대한 인터럽트의 비유와 간단한 그래프를 떠올려보자. 인터럽트가 발생했을 때 프로세서는 어떻게 처리하는지, 인터럽트 처리할 때의 걸리는 시간은 어떻게 되는지에 대해 알아보도록 하자. 과연 CPU는 어떻게 인터럽트를 처리하는지, 이전의 데이터를 어떻게 저장하고 복원하는지, 그리고 그 시간은 어떻게 되는지에 대해 알아보도록 하자. 현재 작업(TASK)이 진행 중에 있을 때 인터럽트 요청이 들어오면 다음과 같이 처리된다.

1. 어떤 작업을 수행하던 도중에 인터럽트 요청 신호가 발생하면
2. 현재 진행 중인 작업을 중단하고
3. 현재 진행 중인 상태를 저장한다.
4. 인터럽트를 요청한 장치를 식별하는 인터럽트 처리 과정을 수행한다.

5. 인터럽트 서비스 루틴을 수행한다.
6. 인터럽트 서비스 루틴의 처리가 종료되면 인터럽트 처리 전의 상태로 복구한다.
7. 중단된 작업을 다시 수행한다.

프로세서는 어떤 작업(Main Task)를 수행하는 도중에 인터럽트가 발생해도 명령어(Instruction)가 수행되는 중간에 멈추지는 않는다. 최소한 현재 진행 중인 명령어는 모두 완료된다(이는 어셈블리어에 대한 약간의 이해가 필요하다).

명령어의 수행이 완료되면 현재 작업을 중단하고 진행 중인 상태를 저장하는데 현재 수행 중인 명령어의 PC(Program Counter)를 메모리의 스택(Stack)에 저장한다.

이후에 어떤 장치가 인터럽트를 발생했는지 파악한 후에 인터럽트 서비스 루틴(Interrupt Service Routine)으로 점프한다. A 인터럽트는 메모리 주소 0x010, B 인터럽트는 메모리 주소 0x20, C 인터럽트는 메모리 주소 0x30과 같이 인터럽트 서비스 루틴의 번지는 대개 정해져 있어 각각의 인터럽트에 맞게 점프한다.

인터럽트 서비스 루틴에서 (사용자가 작성한 프로그램대로 수행한 후) 인터럽트 서비스 루틴은 종료된다.

이제 메모리의 스택에 저장했던 PC를 꺼내와서 인터럽트 처리 전의 작업을 다시 수행한다.

이를 조금 더 이해하기 쉽게 책 읽는 것으로 비유해보면 다음과 같다.

1. 책을 읽는 도중 어떤 중단 요인(인터럽트)이 발생하면
2. 현재 진행 중인 작업(책 읽기)을 중단하고
3. 현재 진행 중인 상태를 저장한다.
4. 중단 원인이 무엇인지를 확인한다.
5. 초인종에 대한 처리 루틴을 수행한다.
6. 초인종에 대한 처리가 종료되면 기억했던 이전 상태(페이지와 줄 수)로 되돌아와
7. 다시 책을 읽는다.

책을 읽는 작업을 수행하는 도중 인터럽트가 발생한다 해도 '안녕하세요' 라는 문장이 있다면 '안녕하' 까지 읽는 것은 아니다. 최소한 '안녕하세요' 는 모두 읽고 나서 인터럽트에 대해 대응할 것이다.

'안녕하세요' 까지 읽었다면 현재 작업을 중단하고 현재 페이지와 줄 번호를 기억한다. 이후 초인종이 울렸는지 전화벨이 울렸는지를 확인한 후 그에 맞게 처리(처리를 어떻게 할지는 사용자가 작성한 프로그램에 달려있다)를 하고 나면 인터럽트 서비스 루틴이 종료된다. 이제 페이지와 줄 번호를 다시 떠올려 인터럽트 발생 전의 작업을 하는 것과 유사하다.

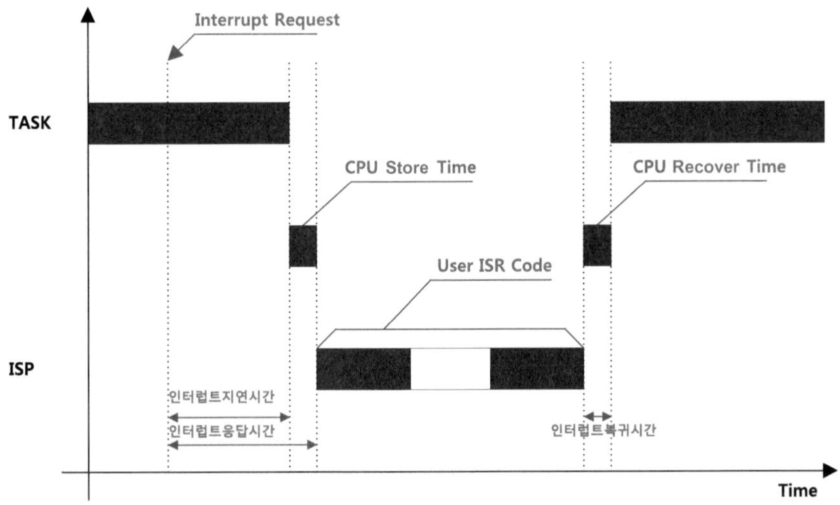

그림 7-3 • 인터럽트의 처리과정

인터럽트에서 중요한 점은 '인터럽트 요청이 들어온다고 해서 바로 처리가 되지는 않는다' 는 점이다. 즉 인터럽트가 요청된 이후 실제 인터럽트 코드가 수행되기까지의 '인터럽트 응답 시간' 이 존재한다. 이는 쉽게 이해할 수 있는데 초인종이 울린다고 했을 때 초인종이 울리는 바로 그 순간 현관문을 열어줄 수 없어 밖에 있는 사람은 약간은 기다려야 하는 것과 마찬가지이다. 그런데 이 '약간' 이라는 시간이 심각한 문제를 일으킬 수 있다.

프로세서에서 이 인터럽트 응답시간은 보통 수 us에서 수십 us 정도가 소모되는데 이렇게 차이가 있는 이유는 첫 번째 클럭 속도와 두 번째 사용자가 작성한 프로그램에 영향을 받기 때문이다. 대개의 경우 프로세서의 속도는 충분히 빨라서 특별한 경우가 아니라면 인터럽트를 처리하기 충분하다. 예를 들어 키 입력을 인터럽트로 받는다면 사람이 아무리 빨리 키를 누른다고 하더라도 프로세서는 이를 충분히 처리하고도 남는다.

그러나 모든 인터럽트가 키 입력은 아니며, 타이머/카운터, 통신, 아날로그 변환, 외부 입력 등의 인터럽트가 고속으로 동시 다발적으로 발생한다면 인터럽트 응답시간이 문제가 된다. 좀 더 정확하게 표현하자면 인터럽트가 동시에 발생해서 문제가 된다는 것이 아니라 인터럽트 응답시간보다 더 빠른 시간으로 인터럽트 요청이 들어온다면 문제가 된다는 것이다. 이것이 항상 문제를 일으키는 것이 아니라 언제 문제를 일으킬지 모른다는 점 때문에 더욱 골치 아프다.

이에 대한 얘기는 제법 복잡하기 때문에 이쯤에서 설명은 마치기로 하지만 인터럽트를 사용할 때 응답시간이 매우 중요하다는 것은 꼭 기억해두기 바란다. 참고로 번거롭기는 하겠지만 인터럽트의 응답시간을 정확하게 계산할 수 있기는 하다.

인터럽트에서 한 가지 더 염두에 두어야 할 점은 [그림 7-4]와 같은 경우이다. [그림 7-4]는 인터럽트 서비스 루틴 A 수행 중에 B가 요청되는 경우이다. 즉 초인종을 누르러 가는 중에 라면 물이 끓어 넘치는 경우라고 할 수 있겠다.

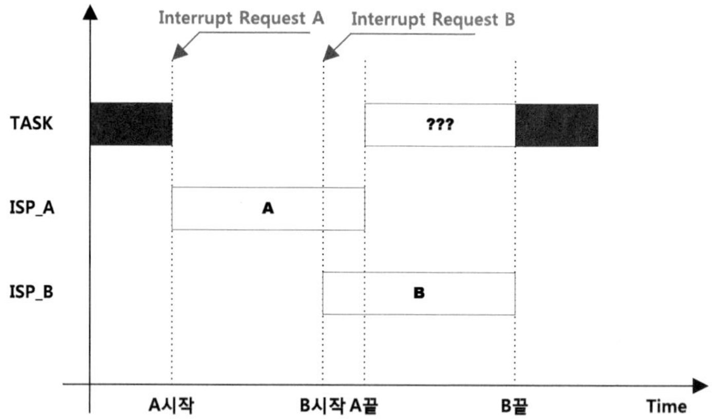

그림 7-4 • 인터럽트 수행 중 다른 인터럽트가 발생할 경우

위 그림에서 A라는 인터럽트 서비스 루틴이 채 끝나기도 전에 B 인터럽트의 요청이 들어오는 경우이다. 이에 대한 답은 두 가지 중의 하나인데 현재 수행 중인 A의 작업 중에 들어오는 인터럽트는 무시하고 A를 수행하고 나서 B를 수행하던가, 아니면 A 작업 중이더라도 잠깐 멈추고 B를 수행하고 다시 A를 수행하는 경우이다.

전자는 라면 물이 넘쳐도 초인종에 해당하는 작업을 완료하고 라면을 다시 보러 오는 경우이고, 후자는 초인종에 해당하는 작업을 하러 가는 중이라도 라면에 대한 작업을 완료하고 초인종에 대한 작업을 처리하는 경우이다. AVR은 과연 어떤 경우에 해당하는가?

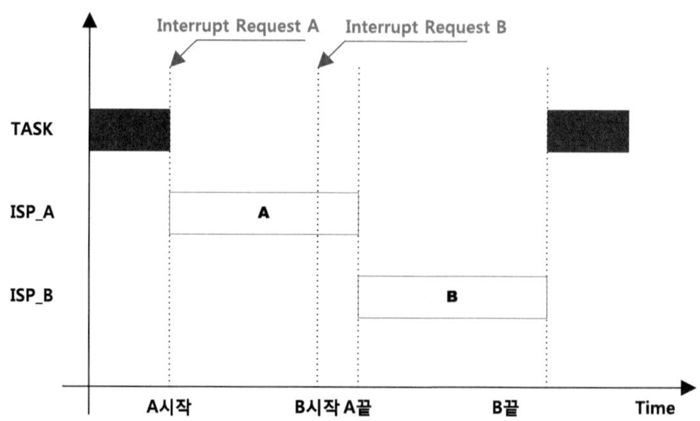

그림 7-5 • 먼저 들어온 인터럽트를 처리하는 경우

이에 대한 답은 [그림 7-5]에 이미 나와 있는데 AVR의 경우에는 어떤 인터럽트 루틴이 동작 중이라면 다른 인터럽트의 요청이 온다 하더라도 현재 작업을 완료한 이후에 해당 인터럽트를 처리하게 되어 있다.

즉 초인종에 해당하는 작업 중에 라면 물이 넘쳐도 본체만체하고 초인종 작업을 완료한 이후에 라면에 해당하는 처리를 한다는 것이다.

하지만 항상 그런 것은 아니다. 어떤 인터럽트 루틴을 수행하기 전에 전역 인터럽트를 해제시키면 [그림 7-6]과 같은 경우도 가능하다는 뜻이다.

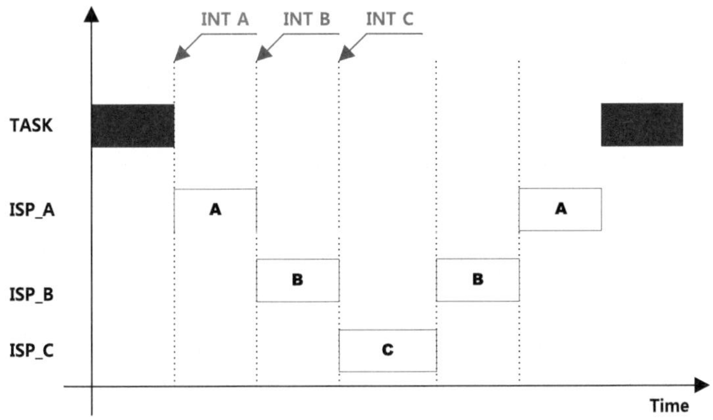

그림 7-6 • 인터럽트가 계속 누적되는 경우

2 ATmega128의 인터럽트

2.1 ATmega128의 리셋 벡터와 인터럽트 벡터

ATmega128는 리셋 벡터(Reset Vector)를 포함하여 총 35개의 인터럽트 벡터(Interrupt Vector)를 가지고 있는데 리셋 1개, 외부 인터럽트가 8개, 각종 통신 관련 인터럽트 8개, 그 외 ADC, EEPROM, 아날로그 비교기(Analog Comparator)가 4개 있으며 타이머/카운터 관련 인터럽트가 14개로 가장 많다.

대개의 프로세서는 전원 관련 인터럽트가 최우선적으로 놓이는데, ATmega128 역시 리셋 관련 인터럽트가 가장 최우선적으로 놓이고, 이후 외부 인터럽트, 타이머 관련 인터럽트, 기타 등등의 인터럽트 순으로 놓임을 알 수 있다. 번호가 낮을수록 우선 순위가 높다는 것을 의미한다.

현재 각각의 인터럽트가 무엇을 의미하는지 설명하기는 양이 많으므로 해당 챕터가 나올 때마다 설명하기로 하겠다.

표 7-4 • 인터럽트의 종류와 개수

번호	인터럽트 종류	개수	우선 순위
1	리셋 인터럽트	1	높다
2	외부 인터럽트	8	↕
3	타이머/카운터 인터럽트	14	
4	각종 통신 관련 인터럽트	8	
5	그 밖의 인터럽트	4	낮다
계		35	

2.2 ATmega128의 인터럽트 벡터 위치 변경

인터럽트 벡터의 시작 주소는 원래 고정되어 있지만 특별한 이유로 설정을 바꾸어 시작 위치를 변경할 수도 있다. 만일 변경하고자 한다면 퓨즈 비트의 BOOTRST와 GICR 레지스터의 IVSEL bit에 값을 세트 혹은 클리어하면 된다. 그러나 인터럽트 벡터 위치를 바꿀 특별한 이유는 없으므로 아래와 같이 BOOTRST=1, IVSEL=0인 경우를 사용할 것이다.

표 7-5 • BOOTRST및 IVSEL에 따른 인터럽트 벡터 주소의 변경

BOOTRST	IVSEL	Reset Address	Interrupt Vector Start Address
1	0	$0000	$0002
1	1	$0000	Boot Reset Address + $0002
0	0	Boot Reset Address	$0002
0	1	Boot Reset Address	Boot Reset Address + $0002

표 7-6 • ATmega128의 모든 인터럽트 벡터(벡터 번호별 분류)

벡터 번호	종류	벡터주소	인터럽트 소스	인터럽트 정의
0	Reset	$0000	RESET	POR*, BOD**, Watchdog & JTAG Reset
1		$0002	INT0	External Interrupt Request 0
2		$0004	INT1	External Interrupt Request 1
3		$0006	INT2	External Interrupt Request 2
4	External	$0008	INT3	External Interrupt Request 3
5		$000A	INT4	External Interrupt Request 4
6		$000C	INT5	External Interrupt Request 5
7		$000E	INT6	External Interrupt Request 6
8		$0010	INT7	External Interrupt Request 7
9		$0012	TIMER2 COMP	Timer/Counter2 Compare Match

(계속 1/2)

벡터번호	종류	벡터주소	인터럽트 소스	인터럽트 정의
10		$0014	TIMER2 OVF	Timer/Counter2 Overflow
11		$0016	TIMER1 CAPT	Timer/Counter1 Capture Event
12	Timer/Counter	$0018	TIMER1 COMPA	Timer/Counter1 Compare Match A
13		$001A	TIMER1 COMPB	Timer/Counter1 Compare Match B
14		$001C	TIMER1 OVF	Timer/Counter1 Overflow
15		$001E	TIMER0 COMP	Timer/Counter0 Compare Match
16		$0020	TIMER0 OVF	Timer/Counter0 Overflow
17	SPI	$0022	SPI / STC	Serial Transfer Complete
18		$0024	USART0 / RX	USART0, Rx Complete
19	USART	$0026	USART0 / UDRE	USART0 Data Register Empty
20		$0028	USART0 / TX	USART0, Tx Complete
21	ADC	$002A	ADC	ADC Conversion Complete
22	EEPROMM	$002C	EE READY	EEPROM Ready
23	Analog Comp	$002E	ANALOG COMPC	Analog Comparator
24		$0030	TIMER1 COMPC	Timer/Counter1 Compare Match C
25		$0032	TIMER3 CAPT	Timer/Counter3 Capture Event
26	Timer/Counter	$0034	TIMER3 CAMPA	Timer/Counter3 Match A
27		$0036	TIMER3 CAMPB	Timer/Counter3 Match B
28		$0038	TIMER3 CAMPC	Timer/Counter3 Match C
29		$003A	TIMER3 OVF	Timer/Counter3 Overflow
30		$003C	USART1 / RX	USART1, Rx Complete
31	USART	$003E	USART1 / UDRE	USART1 Data Register Empty
32		$0040	USART1 / TX	USART1, Tx Complete
33	TWI	$0042	TWI	Two-wire Serial Interface
34		$0044	SPM READY	Store Program Memory Ready

* POR : Power on Reset
** BOD : Brown out Reset

(마침 2/2)

표 7-7 • ATmega128의 모든 인터럽트 벡터(기능별 분류)

벡터번호	종류	벡터주소	인터럽트 소스	인터럽트 발생 조건
0	Reset	$0000	RESET	Power-on, Brown-out, Watchdog Reset, JTAG Reset
1		$0002	INT0	External Interrupt Request 0
2		$0004	INT1	External Interrupt Request 1
3		$0006	INT2	External Interrupt Request 2
4	External	$0008	INT3	External Interrupt Request 3
5		$000A	INT4	External Interrupt Request 4
6		$000C	INT5	External Interrupt Request 5

(계속 1/2)

벡터번호	종류	벡터주소	인터럽트 소스	인터럽트 발생 조건
7		$000E	INT6	External Interrupt Request 6
8		$0010	INT7	External Interrupt Request 7
9		$0012	TIMER2 COMP	Timer/Counter2 Compare Match
10		$0014	TIMER2 OVF	Timer/Counter2 Overflow
11		$0016	TIMER1 CAPT	Timer/Counter1 Capture Event
12		$0018	TIMER1 COMPA	Timer/Counter1 Compare Match A
13		$001A	TIMER1 COMPB	Timer/Counter1 Compare Match B
14		$001C	TIMER1 OVF	Timer/Counter1 Overflow
15		$001E	TIMER0 COMP	Timer/Counter0 Compare Match
16	Timer/Counter	$0020	TIMER0 OVF	Timer/Counter0 Overflow
24		$0030	TIMER1 COMPC	Timer/Counter1 Compare Match C
25		$0032	TIMER3 CAPT	Timer/Counter3 Capture Event
26		$0034	TIMER3 CAMPA	Timer/Counter3 Match A
27		$0036	TIMER3 CAMPB	Timer/Counter3 Match B
28		$0038	TIMER3 CAMPC	Timer/Counter3 Match C
29		$003A	TIMER3 OVF	Timer/Counter3 Overflow
17	SPI	$0022	SPI / STC	Serial Transfer Complete
18		$0024	USART0 / RX	USART0, Rx Complete
19		$0026	USART0 / UDRE	USART0 Data Register Empty
20	USART	$0028	USART0 / TX	USART0, Tx Complete
30		$003C	USART1 / RX	USART1, Rx Complete
31		$003E	USART1 / UDRE	USART1 Data Register Empty
32		$0040	USART1 / TX	USART1, Tx Complete
21	ADC	$002A	ADC	ADC Conversion Complete
22	EEPROMM	$002C	EE READY	EEPROM Ready
23	Analog Comp	$002E	ANALOG COMPC	Analog Comparator
33	TWI	$0042	TWI	Two-wire Serial Interface
34		$0044	SPM READY	Store Program Memory Ready

(마침 2/2)

위의 인터럽트 서비스 루틴은 mega128.h 파일 내에 다음과 같이 정의되어 있다. 좌측에는 인터럽트 이름이 적혀있고, 우측에는 벡터 주소가 적혀있다.

```
/* Interrupt vectors */

/* External Interrupt Request 0 */
#define INT0_vect                   _VECTOR(1)
#define SIG_INTERRUPT0              _VECTOR(1)
```

```
/* External Interrupt Request 1 */
#define INT1_vect                   _VECTOR(2)
#define SIG_INTERRUPT1              _VECTOR(2)

/* External Interrupt Request 2 */
#define INT2_vect                   _VECTOR(3)
#define SIG_INTERRUPT2              _VECTOR(3)

/* External Interrupt Request 3 */
#define INT3_vect                   _VECTOR(4)
#define SIG_INTERRUPT3              _VECTOR(4)

/* External Interrupt Request 4 */
#define INT4_vect                   _VECTOR(5)
#define SIG_INTERRUPT4              _VECTOR(5)

/* External Interrupt Request 5 */
#define INT5_vect                   _VECTOR(6)
#define SIG_INTERRUPT5              _VECTOR(6)

/* External Interrupt Request 6 */
#define INT6_vect                   _VECTOR(7)
#define SIG_INTERRUPT6              _VECTOR(7)

/* External Interrupt Request 7 */
#define INT7_vect                   _VECTOR(8)
#define SIG_INTERRUPT7              _VECTOR(8)

/* Timer/Counter2 Compare Match */
#define TIMER2_COMP_vect            _VECTOR(9)
#define SIG_OUTPUT_COMPARE2         _VECTOR(9)

/* Timer/Counter2 Overflow */
#define TIMER2_OVF_vect             _VECTOR(10)
#define SIG_OVERFLOW2               _VECTOR(10)

/* Timer/Counter1 Capture Event */
#define TIMER1_CAPT_vect            _VECTOR(11)
#define SIG_INPUT_CAPTURE1          _VECTOR(11)

/* Timer/Counter1 Compare Match A */
#define TIMER1_COMPA_vect           _VECTOR(12)
#define SIG_OUTPUT_COMPARE1A        _VECTOR(12)
```

```
/* Timer/Counter Compare Match B */
#define TIMER1_COMPB_vect          _VECTOR(13)
#define SIG_OUTPUT_COMPARE1B       _VECTOR(13)

/* Timer/Counter1 Overflow */
#define TIMER1_OVF_vect            _VECTOR(14)
#define SIG_OVERFLOW1              _VECTOR(14)

/* Timer/Counter0 Compare Match */
#define TIMER0_COMP_vect           _VECTOR(15)
#define SIG_OUTPUT_COMPARE0        _VECTOR(15)

/* Timer/Counter0 Overflow */
#define TIMER0_OVF_vect            _VECTOR(16)
#define SIG_OVERFLOW0              _VECTOR(16)

/* SPI Serial Transfer Complete */
#define SPI_STC_vect               _VECTOR(17)
#define SIG_SPI                    _VECTOR(17)

/* USART0, Rx Complete */
#define USART0_RX_vect             _VECTOR(18)
#define SIG_USART0_RECV            _VECTOR(18)
#define SIG_UART0_RECV             _VECTOR(18)

/* USART0 Data Register Empty */
#define USART0_UDRE_vect           _VECTOR(19)
#define SIG_USART0_DATA            _VECTOR(19)
#define SIG_UART0_DATA             _VECTOR(19)

/* USART0, Tx Complete */
#define USART0_TX_vect             _VECTOR(20)
#define SIG_USART0_TRANS           _VECTOR(20)
#define SIG_UART0_TRANS            _VECTOR(20)

/* ADC Conversion Complete */
#define ADC_vect                   _VECTOR(21)
#define SIG_ADC                    _VECTOR(21)

/* EEPROM Ready */
#define EE_READY_vect              _VECTOR(22)
#define SIG_EEPROM_READY           _VECTOR(22)
```

```
/* Analog Comparator */
#define ANALOG_COMP_vect            _VECTOR(23)
#define SIG_COMPARATOR              _VECTOR(23)

/* Timer/Counter1 Compare Match C */
#define TIMER1_COMPC_vect           _VECTOR(24)
#define SIG_OUTPUT_COMPARE1C        _VECTOR(24)

/* Timer/Counter3 Capture Event */
#define TIMER3_CAPT_vect            _VECTOR(25)
#define SIG_INPUT_CAPTURE3          _VECTOR(25)

/* Timer/Counter3 Compare Match A */
#define TIMER3_COMPA_vect           _VECTOR(26)
#define SIG_OUTPUT_COMPARE3A        _VECTOR(26)

/* Timer/Counter3 Compare Match B */
#define TIMER3_COMPB_vect           _VECTOR(27)
#define SIG_OUTPUT_COMPARE3B        _VECTOR(27)

/* Timer/Counter3 Compare Match C */
#define TIMER3_COMPC_vect           _VECTOR(28)
#define SIG_OUTPUT_COMPARE3C        _VECTOR(28)

/* Timer/Counter3 Overflow */
#define TIMER3_OVF_vect             _VECTOR(29)
#define SIG_OVERFLOW3               _VECTOR(29)

/* USART1, Rx Complete */
#define USART1_RX_vect              _VECTOR(30)
#define SIG_USART1_RECV             _VECTOR(30)
#define SIG_UART1_RECV              _VECTOR(30)

/* USART1, Data Register Empty */
#define USART1_UDRE_vect            _VECTOR(31)
#define SIG_USART1_DATA             _VECTOR(31)
#define SIG_UART1_DATA              _VECTOR(31)

/* USART1, Tx Complete */
#define USART1_TX_vect              _VECTOR(32)
#define SIG_USART1_TRANS            _VECTOR(32)
#define SIG_UART1_TRANS             _VECTOR(32)

/* 2-wire Serial Interface */
```

```
#define TWI_vect                    _VECTOR(33)
#define SIG_2WIRE_SERIAL            _VECTOR(33)

/* Store Program Memory Read */
#define SPM_READY_vect              _VECTOR(34)
#define SIG_SPM_READY               _VECTOR(34)

#define _VECTORS_SIZE 140
// 중략

/#endif * _AVR_IOM128_H_ */
```

2.3 ATmega128의 인터럽트 처리 과정

마이크로컨트롤러의 인터럽트 처리 과정의 전체적인 맥락은 비슷하지만 세부적인 구조는 종류에 따라 상당히 다르다. 모든 마이크로컨트롤러의 인터럽트 처리 과정에 대해서 설명할 수는 없으므로 AVR에 국한시켜 설명해보면 다음과 같다.

1. **인터럽트 요청 신호검출**
   프로그램 수행 도중 인터럽트 요청이 발생할 경우 해당 장치의 인터럽트 플래그가 세트된다. 이 인터럽트 플래그는 인터럽트 서비스 루틴이 수행되면 자동으로 클리어된다.
2. **인터럽트 요청 허용 여부 판단**
   CPU는 해당 장치의 인터럽트 마스크 레지스터의 비트와 SREG의 전역 인터럽트 비트를 보고 허용 여부를 결정한다. 또한 동시에 발생한 인터럽트에 대해서 우선순위를 결정한다.
3. **인터럽트 벡터 주소로 점프**
   AVR은 인터럽트 벡터 주소가 하드웨어적으로 정해져 있어 해당 주소로 점프한다. 당연한 얘기겠지만 아무 주소로 점프하는 것이 아니라 해당 장치마다 고유 주소가 있어 그곳으로 점프한다는 점을 잊지 말기 바란다.
4. **복귀 정보 저장**
   CPU는 현재의 동작 중인 프로그램의 위치인 프로그램 카운터(Program Counter) 값을 메모리의 스택(Stack)에 저장한다. 또한 인터럽트 수행 중 다른 인터럽트의 허용을 막기 위해 '일시적으로' 인터럽트 금지 상태로 설정한다.
5. **인터럽트 서비스 루틴의 수행**
   CPU가 인터럽트 서비스 루틴으로 점프하여 프로그램을 수행한다. 인터럽트 서비스 루틴 수행 중에 다른 인터럽트를 허용하고자 한다면 여기서 '일시적으로' 금지된 인터럽트 상태를 바꾸어 주어야 한다.

6. 주 프로그램으로 복귀

인터럽트 수행이 종료되어 RETI 명령어를 만나면 스택에서 프로그램 카운터를 찾아와 다시 원래 수행하던 주 프로그램으로 복귀한다. 또한 '일시적으로' 금지된 인터럽트 상태도 해제된다.

복귀 정보를 저장할 때 AVR은 PC만 스택에 저장하고 레지스터는 저장하지 않는다는 것도 꼭 알아두기 바란다. C언어 사용자는 컴파일러가 알아서 해주므로 상관없지만 어셈블리어 사용자는 사용자가 직접 레지스터를 저장해야 한다. 또한 C언어를 사용하여 인터럽트 함수를 호출한다면 컴파일러에 의해 레지스터의 정보는 자동 저장되며 인터럽트가 끝나는 RETI 명령에서 다시 복구된다. 이렇듯 C언어는 저장 및 복귀 코드를 자동으로 생성해주는 편리한 장점이 있다.

3 레지스터 설정

3.1 전체 I/O 레지스터 중 사용되는 레지스터

표 7-8 • ATmega128에서 외부 인터럽트에 관련된 레지스터

번호	주소	레지스터명	BIT7	BIT6	BIT5	BIT4	BIT3	BIT2	BIT1	BIT0
64	$3F ($5F)	SREG	I	T	H	S	V	N	Z	C
62	$3D ($5D)	SPL	SP7	SP6	SP5	SP4	SP3	SP2	SP1	SP0
63	$3E ($5E)	SPH	SP15	SP14	SP13	SP12	SP11	SP10	SP9	SP8
60	$3B ($5B)	RAMPZ								RAMPZ0
54	$35 ($55)	MCUCR	SRE	SRW10	SE	SM1	SM0	SM2	IVSEL	IVCE
77	($6C)	XMCRB	XMBK					XMM2	XMM1	XMM0
78	($6D)	XMCRA		SRL2	SRL1	SRL0	SRW01	SRW00	SRW11	
80	($6F)	OSCCAL	Oscillator Calibration Register							
61	$3C ($5C)	XDIV	XDIVEN	XDIV6	XDIV5	XDIV4	XDIV3	XDIV2	XDIV1	XDIV0
53	$34 ($54)	MCUCSR	JTD			JTRF	WDRF	BORF	EXTRF	PORF
34	$21 ($41)	WDTCR				WDCE	WDE	SDP2	WDP1	WDP0
9	$08 ($28)	ACSR	ACD	ACBG	ACO	ACI	ACIE	ACIC	ACIS1	ACIS0
73	($68)	SPMCSR	SPMIE	RWWSB		RWWSRE	BLBSET	PGWRT	PGERS	SPMEN
35	$22 ($42)	OCDR	IDRD/ OCDR7	OCDR6	OCDR5	OCDR4	OCDR3	OCDR2	OCDR1	OCDR0

(계속 1/3)

번호	주소	레지스터명	BIT7	BIT6	BIT5	BIT4	BIT3	BIT2	BIT1	BIT0
26	$19 ($39)	PINA	PINA7	PINA6	PINA5	PINA4	PINA3	PINA2	PINA1	PINA0
27	$1A ($3A)	DDRA	DDA7	DDA6	DDA5	DDA4	DDA3	DDA2	DDA1	DDA0
28	$1B ($3B)	PORTA	PORTA7	PORTA6	PORTA5	PORTA4	PORTA3	PORTA2	PORTA1	PORTA0
23	$16 ($36)	PINB	PINB7	PINB6	PINB5	PINB4	PINB3	PINB2	PINB1	PINB0
24	$17 ($37)	DDRB	DDB7	DDB6	DDB5	DDB4	DDB3	DDB2	DDB1	DDB0
25	$18 ($38)	PORTB	PORTB7	PORTB6	PORTB5	PORTB4	PORTB3	PORTB2	PORTB1	PORTB0
20	$13 ($33)	PINC	PINC7	PINC6	PINC5	PINC4	PINC3	PINC2	PINC1	PINC0
21	$14 ($34)	DDRC	DDC7	DDC6	DDC5	DDC4	DDC3	DDC2	DDC1	DDC0
22	$15 ($35)	PORTC	PORTC7	PORTC6	PORTC5	PORTC4	PORTC3	PORTC2	PORTC1	PORTC0
17	$10 ($30)	PIND	PIND7	PIND6	PIND5	PIND4	PIND3	PIND2	PIND1	PIND0
18	$11 ($31)	DDRD	DDD7	DDD6	DDD5	DDD4	DDD3	DDD2	DDD1	DDD0
19	$12 ($32)	PORTD	PORTD7	PORTD6	PORTD5	PORTD4	PORTD3	PORTD2	PORTD1	PORTD0
2	$01 ($21)	PINE	PINE7	PINE6	PINE5	PINE4	PINE3	PINE2	PINE1	PINE0
3	$02 ($22)	DDRE	DDE7	DDE6	DDE5	DDE4	DDE3	DDE2	DDE1	DDE0
4	$03 ($23)	PORTE	PORTE7	PORTE6	PORTE5	PORTE4	PORTE3	PORTE2	PORTE1	PORTE0
1	$00 ($20)	PINF	PINF7	PINF6	PINF5	PINF4	PINF3	PINF2	PINF1	PINF0
66	($61)	DDRF	DDF7	DDF6	DDF5	DDF4	DDF3	DDF2	DDF1	DDF0
67	($62)	PORTF	PORTF7	PORTF6	PORTF5	PORTF4	PORTF3	PORTF2	PORTF1	PORTF0
68	($63)	PING				PING4	PING3	PING2	PING1	PING0
69	($64)	DDRG				DDG4	DDG3	DDG2	DDG1	DDG0
70	($65)	PORTG				PORTG4	PORTG3	PORTG2	PORTG1	PORTG0
75	($6A)	EICRA	ISC31	ISC30	ISC21	ISC20	ISC11	ISC10	ISC01	ISC00
59	$3A ($5A)	EICRB	ISC71	ISC70	ISC61	ISC60	ISC51	ISC50	ISC41	ISC40
57	$38 ($58)	EIFR	INTF7	INTF6	INTF5	INTF4	INTF3	INTF2	INTF1	INTF0
58	$39 ($59)	EIMSK	INT7	INT6	INT5	INT4	INT3	INT2	INT1	INT0
49	$30 ($50)	ASSR					AS0	TCN0UB	OCR0UB	TCR0UB
50	$31 ($51)	OCR0	Timer/Counter0 Output Compare Register							
51	$32 ($52)	TCNT0	Timer/Counter0							
52	$33 ($53)	TCCR0	FOC0	WGM00	COM01	COM00	WGM01	CS02	CS01	CS00
55	$36 ($56)	TIFR	OCF2	TOV2	ICF1	OCF1A	OCF1B	TOV1	OCF0	TOV0
56	$37 ($57)	TIMSK	OCIE2	TOIE2	TICIE1	OCIE1A	OCIE1B	TOIE1	OCIE0	TOIE0
39	$26 ($46)	ICR1L	Timer/Counter Input Capture Register Low Byte							
40	$27 ($47)	ICR1H	Timer/Counter Input Capture Register High Byte							
89	($78)	OCR1CL	Timer/Counter1 – Output Compare Register C Low Byte							
90	($79)	OCR1CH	Timer/Counter1 – Output Compare Register C Low Byte							
41	$28 ($48)	OCR1BL	Timer/Counter Output Compare Register B Low Byte							

(계속 2/3)

번호	주소	레지스터명	BIT7	BIT6	BIT5	BIT4	BIT3	BIT2	BIT1	BIT0
42	$29 ($49)	OCR1BH	Timer/Counter – Output Compare Register B High Byte							
43	$2A ($4A)	OCR1AL	Timer/Counter – Output Compare Register A Low Byte							
44	$2B ($4B)	OCR1AH	Timer/Counter – Output Compare Register A High Byte							
45	$2C ($4C)	TCNT1L	Timer/Counter – Counter Register Low Byte							
46	$2D ($4D)	TCNT1H	Timer/Counter – Counter Register High Byte							
91	($7A)	TCCR1C	FOC1A	FOC1B	FOC1C					
47	$2E ($4E)	TCCR1B	ICNC1	ICES1		WGM13	WGM12	CS12	CS11	CS10
48	$2F ($4F)	TCCR1A	COM1A1	COM1A0	COM1B1	COM1B0	COM1C1	COM1C0	WGM11	WGM10
36	$23 ($43)	OCR2	Timer/Counter2 – Output Compare Register							
37	$24 ($44)	TCNT2	Timer/Counter2							
38	$25 ($45)	TCCR2	FOC2	WGM20	COM21	COM20	WGM21	CS22	CS21	CS20
97	($80)	ICR3L	Timer/Counter3 – Input Capture Register Low Byte							
98	($81)	ICR3H	Timer/Counter3 – Input Capture Register High Byte							
99	($82)	OCR3CL	Timer/Counter3 – Output Compare Register C Low Byte							

(마침 3/3)

표 7-9 • ATmega128의 기능별 레지스터

번호	주소	레지스터명	BIT7	BIT6	BIT5	BIT4	BIT3	BIT2	BIT1	BIT0
100	($83)	OCR3CH	Timer/Counter3 – Output Compare Register C High Byte							
101	($84)	OCR3BL	Timer/Counter3 – Output Compare Register B Low Byte							
102	($85)	OCR3BH	Timer/Counter3 – Output Compare Register B High Byte							
103	($86)	OCR3AL	Timer/Counter3 – Output Compare Register A Low Byte							
104	($87)	OCR3AH	Timer/Counter3 – Output Compare Register A High Byte							
105	($88)	TCNT3L	Timer/Counter3 – Counter Register Low Byte							
106	($89)	TCNT3H	Timer/Counter3 – Counter Register High Byte							
109	($8C)	TCCR3C	FOC3A	FOC3B	FOC3C					
107	($8A)	TCCR3B	ICNC3	ICES3		WGM33	WGM32	CS32	CS31	CS30
108	($8B)	TCCR3A	COM3A1	COM3A0	COM3B1	COM3B0	COM2C1	COM2C0	WGM32	WGM30
33	$20 ($40)	SFIOR	TSM				ACME	PUD	PSR0	PSR321
93	($7C)	ETIFR			ICF3	OCF3A	OCF3B	TOV3	OCF3C	OCF1C
94	($7D)	ETIMSK			TICIE3	OCIE3A	OCIE3B	TOIE3	OCIE3C	OCIE1C
5	$04 ($24)	ADCL	ADC Data Register Low byte							
6	$05 ($25)	ADCH	ADC Data Register High byte							
7	$06 ($26)	ADCSRA	ADEN	ADSC	ADFR	ADIF	ADIE	ADPS2	ADPS1	ADPS0
8	$07 ($27)	ADMUX	REFS1	REFS0	ADLAR	MUX4	MUX3	MUX2	MUX1	MUX0

(계속 1/3)

번호	주소	레지스터명	BIT7	BIT6	BIT5	BIT4	BIT3	BIT2	BIT1	BIT0
14	$0D ($2D)	SPCR	SPIE	SPE	DORD	MSTR	CPOL	CPHA	SPR1	SPR0
15	$0E ($2E)	SPSR	SPIF	WCOL						SPI2X
16	$0F ($2F)	SPDR	SPI Data Register							
10	$09 ($29)	UBRR0L	USART0 Baud Rate Register Low							
113	($90)	UBRR0H					USART0 Baud Rate Register High			
118	($95)	UCSR0C		UMSEL0	UPM01	UPM00	USB0	UCSZ01	UCSZ00	UCPOL0
11	$0A ($2A)	UCSR0B	RXCIE0	TXCIE0	UDRIE0	RXEN0	TXEN0	UCSZ02	RXB80	TXB80
12	$0B ($2B)	UCSR0A	RXC0	TXC0	UDRE0	FE0	DOR0	UPE0	U2X0	MPCM0
13	$0C ($2C)	UDR0	USART0 I/O Data Register							
121	($98)	UBRR1H					USART1 Baud Rate Register High			
122	($99)	UBRR1L	USART1 Baud Rate Register Low							
126	($9D)	UCSR1C		UMSEL1	UPM11	UPM10	USBS1	UCSZ11	UCSZ10	UCPOL1
123	($9A)	UCSR1B	RXCIE	TXCIE1	UDRIE1	RXEN1	TXEN1	UCSZ12	RXB81	TXB81
124	($9B)	UCSR1A	RXC1	RXC1	UDRE1	FE1	DOR1	UPE1	U2X1	MPCM1
125	($9C)	UDR1	USART1 I/O Data Register							
29	$1C ($3C)	EECR					EERIE	EEMWE	EEWE	EERE
30	$1D ($3D)	EEDR	EEPROM Data Register							
31	$1E ($3E)	EEARL	EEPROM Address Register Low Byte							
32	$1F ($3F)	EEARH					EEPROM Address Register High			
81	($70)	TWBR	Two-wire Serial Interface Bit Rate Register							
82	($71)	TWSR	TWS7	TWS6	TWS5	TWS4	TWS3		TWS1	TWS0
83	($72)	TWAR	TWA6	TWA5	TWA4	TWA3	TWA2	TWA1	TWA0	TWGCE
84	($73)	TWDR	Two-wire Serial Interface Data Register							
85	($74)	TWCR	TWINT	TWEA	TWSTA	TWSTO	TWWC	TWEN		TWIE
65	($60)	Reserved								
71	($66)	Reserved								
72	($67)	Reserved								
74	($69)	Reserved								
76	($6B)	Reserved								
79	($6E)	Reserved								
86	($75)	Reserved								
87	($76)	Reserved								
88	($77)	Reserved								
92	($7B)	Reserved								
95	($7E)	Reserved								

(계속 2/3)

번호	주소	레지스터명	BIT7	BIT6	BIT5	BIT4	BIT3	BIT2	BIT1	BIT0
96	($7F)	Reserved								
110	($8D)	Reserved								
111	($8E)	Reserved								
112	($8F)	Reserved								
114	($91)	Reserved								
115	($92)	Reserved								
116	($93)	Reserved								
117	($94)	Reserved								
119	($96)	Reserved								
120	($97)	Reserved								
127	($9E)	Reserved								
160	($FF)	Reserved								

(마침 3/3)

3.2 사용되는 레지스터 각각에 대한 요약

외부 인터럽트에 관련된 레지스터로 먼저 MCUCR 및 SREG 2개와 퓨즈 비트의 BOOTRST 비트가 있다. 이 중 인터럽트 벡터의 위치를 변경한다면 MCUCR 및 퓨즈 비트를 설정해야 하지만 보통 인터럽트 벡터의 위치를 변경하는 경우는 드물기 때문에 MCUCR 및 퓨즈 비트는 잘 사용하지 않는다. 그러나 인터럽트를 사용하기 위해서 SREG의 I 비트는 매우 빈번하게 사용되므로 잘 이해해두는 것이 좋다. 이 두 개의 레지스터 (1) MCUCR과 (2)SREG는 이미 설명했기 때문에 이번 장에서 설명하지는 않는다.

표 7-10 • 외부 인터럽트 관련 레지스터 1/2

번호	레지스터	설명
1	MCUCR	인터럽트 벡터의 시작 위치를 설정
2	SREG	I 비트의 세트/클리어로 전체 인터럽트 허용/차단

ATmega128은 모두 8개의 외부 인터럽트를 지원하는데 이와 관련된 외부 인터럽트 레지스터는 EICRA, EICRB, EIMSK, EIFR 총 4개가 있다. 외부인터럽트 3, 2, 1, 0의 동작을 설정하기 위해서 EICRA, 외부 인터럽트 7, 6, 5, 4의 동작을 설정하기 위해서 EICRB를 설정하면 된다. 또한 외부 인터럽트 7-0 각각을 허용하기 위해 EIMSK, 외부 인터럽트의 상태를 나타내는 EIFR 레지스터가 있다. 이를 요약해보면 다음과 같다.

표 7-11 • 외부 인터럽트 관련 레지스터 2/2

번호	레지스터	설명
1	EICRA	외부 인터럽트 3~0의 인터럽트 센스 컨트롤 설정
2	EICRB	외부 인터럽트 7~4의 인터럽트 센스 컨트롤 설정
3	EMISK	개별 인터럽트 허용 여부를 설정
4	EIFR	개별 인터럽트의 상태를 나타냄

(1) EICRA

EICRA(External Interrupt Control Register A) 레지스터는 외부 인터럽트 3, 2, 1, 0 동작에 관한 설정을 하는 레지스터이다. EICRA 레지스터의 각 비트 및 비트에 대한 설명은 [그림 7-8]과 같다.

BIT	7	6	5	4	3	2	1	0
EICRA ($6A)	ISC31	ISC30	ISC21	ISC20	ISC11	ISC10	ISC01	ISC00
R/W	R/W	R/W	R/W	R/W	R/W	R/W	R/W	R/W
INIT	0	0	0	0	0	0	0	0

그림 7-7 • EICRA 레지스터

표 7-12 EICRA 레지스터의 각 비트에 대한 설명

비트	약어 풀이	설명	설명
7	Interrupt Sense Control3 1	외부 인터럽트 3의 트리거 방식을 설정	O
6	Interrupt Sense Control3 0	외부 인터럽트 3의 트리거 방식을 설정	O
5	Interrupt Sense Control2 1	외부 인터럽트 2의 트리거 방식을 설정	O
4	Interrupt Sense Control2 0	외부 인터럽트 2의 트리거 방식을 설정	O
3	Interrupt Sense Control1 1	외부 인터럽트 1의 트리거 방식을 설정	O
2	Interrupt Sense Control1 0	외부 인터럽트 1의 트리거 방식을 설정	O
1	Interrupt Sense Control0 1	외부 인터럽트 0의 트리거 방식을 설정	O
0	Interrupt Sense Control0 0	외부 인터럽트 0의 트리거 방식을 설정	O

ISC란 Interrupt Sense Control의 약자로 인터럽트를 어떤 시점에서 잡을지를 결정한다. 외부 인터럽트의 변화는 HIGH, LOW의 레벨 변화 및 HIGH → LOW, LOW → HIGH의 엣지 변화로 입력되는데 어떠한 입력의 변화가 인터럽트를 발생할지를 결정하는 비트이다.

표 7-13 • ISC 비트에 대한 설명

번호	ISCn1	ISCn0	설명
1	0	0	INTn핀의 low level 입력이 인터럽트를 트리거한다.
2	0	1	(reserved)
3	1	0	INTn 핀의 falling edge가 인터럽트를 비동기적으로 트리거한다.
4	1	1	INTn 핀의 rising edge가 인터럽트를 비동기적으로 트리거한다.

예를 들어 ISC21 =1, ISC20= 0 이라고 설정한다면 '외부 인터럽트 2의 폴링 엣지 시에 인터럽트를 발생한다' 는 뜻으로 EICRA= 0x30; 혹은 EICRA= 0b00110000; 과 같이 표현될 것이다.

(2) EICRB

EICRB(External Interrupt Control Register B) 레지스터는 외부 인터럽트 7, 6, 5, 4 동작에 관한 설정을 하는 레지스터이다. EICRB 레지스터의 각 비트 및 비트에 대한 설명은 [그림 7-9]와 같다.

BIT	7	6	5	4	3	2	1	0
EICRB $3A($5A)	ISC71	ISC70	ISC61	ISC60	ISC51	ISC50	ISC41	ISC40
R/W	R/W	R/W	R/W	R/W	R/W	R/W	R/W	R/W
INIT	0	0	0	0	0	0	0	0

그림 7-8 • EICRB 레지스터

표 7-14 • EICRB 레지스터의 각 비트에 대한 설명

비트	약어 풀이	설명	설명
7	Interrupt Sense Control7 1	외부 인터럽트 7의 트리거 방식을 설정	O
6	Interrupt Sense Control7 0	외부 인터럽트 7의 트리거 방식을 설정	O
5	Interrupt Sense Control6 1	외부 인터럽트 6의 트리거 방식을 설정	O
4	Interrupt Sense Control6 0	외부 인터럽트 6의 트리거 방식을 설정	O
3	Interrupt Sense Control5 1	외부 인터럽트 5의 트리거 방식을 설정	O
2	Interrupt Sense Control5 0	외부 인터럽트 5의 트리거 방식을 설정	O
1	Interrupt Sense Control4 1	외부 인터럽트 4의 트리거 방식을 설정	O
0	Interrupt Sense Control4 0	외부 인터럽트 4의 트리거 방식을 설정	O

EICRB의 ISC와 EICRA의 ISC는 한 가지를 제외하고는 동일하다. 그 한 가지란 EICRB는 상승, 하강 엣지 시에 인터럽트를 발생시킬 수 있는 반면 EICRA는 해당 비트가 예약되어 이 동작을 수행하지 못한다는 점이다.

표 7-15 • ISC 비트에 대한 설명

번호	ISCn1	ISCn0	설명
1	0	0	INTn핀의 low level 입력이 인터럽트를 트리거한다.
2	0	1	INTn핀의 상승 혹은 하강 엣지가 인터럽트를 트리거한다.
3	1	0	INTn 핀의 falling edge가 인터럽트를 비동기적으로 트리거한다.
4	1	1	INTn 핀의 rising edge가 인터럽트를 비동기적으로 트리거한다.

인터럽트 4, 5, 6, 7 중 하나를 잡는 코드는 EICRA와 동일하다. 예를 들어 ISC41=1, ISC40=1이라고 설정한다면 '외부 인터럽트 4의 라이징 엣지 시에 인터럽트를 발생한다'는 뜻으로 EICRA = 0x03; 혹은 EICRA = 0b00000011;과 같이 표현될 것이다.

(3) EIMSK

EIMSK(External Interrupt Mask Register) 레지스터는 INT7~0을 개별적으로 허용하는 레지스터이다. 세트할 경우 인터럽트가 허용되며, 클리어할 경우 인터럽트가 금지된다. 단 EIMSK로 인터럽트를 허용 상태로 놓아도 SREG의 I 비트가 세트되어야만 허용 상태가 된다. EIMSK 레지스터의 각 비트에 대한 설명은 [그림 7-10]과 같다.

EIMSK $39($59)	7	6	5	4	3	2	1	0
BIT	INT7	INT6	INT5	PIN4	PIN3	PIN2	PIN1	PIN0
R/W	R/W	R/W	R/W	R/W	R/W	R/W	R/W	R/W
INIT	0	0	0	0	0	0	0	0

그림 7-9 • EIMSK 레지스터

(4) EIFR

EIFR(External Interrupt Flag Register) 레지스터는 INT7~0 핀에 인터럽트 신호가 입력되어 해당 인터럽트가 발생(트리거)했음을 표시하는 레지스터이다. 이 비트들은 인터럽트 처리가 시작되고 나서 서비스 루틴으로 점프하게 되면 클리어된다. EIFR 레지스터의 각 비트에 대한 설명은 다음과 같다.

	BIT	7	6	5	4	3	2	1	0
EIFR $38($58)		INTF7	INTF6	INTF5	INTF4	INTF3	INTF2	INTF1	INTF0
	R/W	R/W	R/W	R/W	R/W	R/W	R/W	R/W	R/W
	INIT	0	0	0	0	0	0	0	0

그림 7-10 • EIFR 레지스터

4 예제 및 실험 : H/W

4.1 핀디스크립션

ATmega128에서 외부 인터럽트에 관련된 핀과 사용되는 핀은 [그림 7-12]와 같다. 외부 인터럽트는 거의 동일하기 때문에 8핀을 모두 실험해 볼 필요 없이 이 중에서 INT7, 6, 5, 4만 실험해보도록 하자.

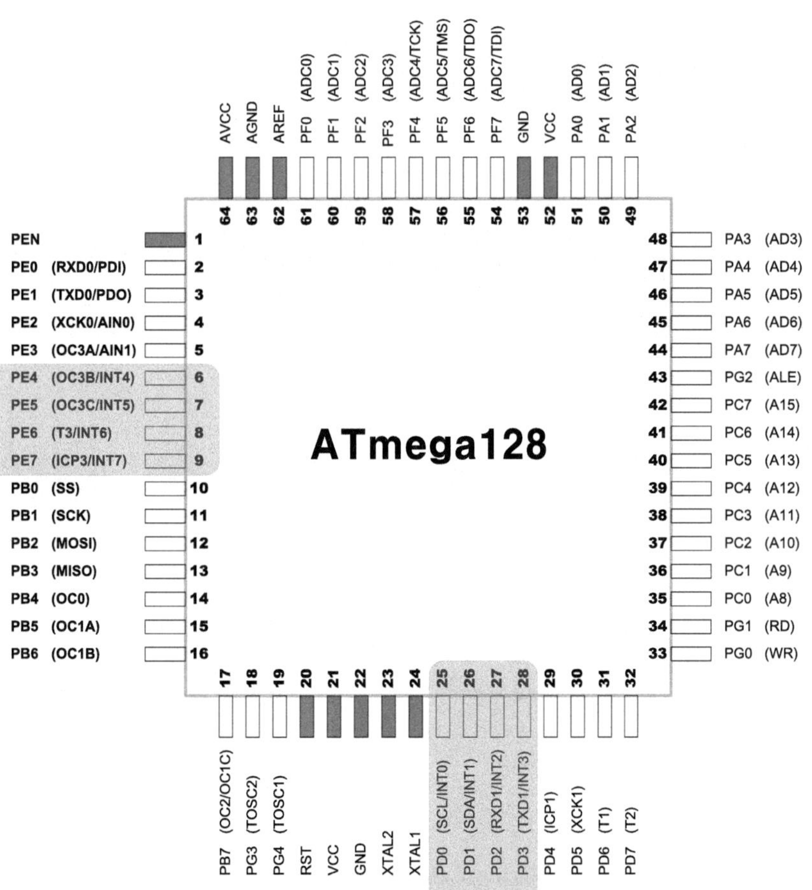

그림 7-11 • 외부 인터럽트 관련 핀

4.2 회로도

외부 인터럽트 실험을 위한 회로도는 [그림 7-13]과 같다. 스위치 입력 회로와 동일한데, S/W1과 S/W2가 각각 외부 인터럽트0, 외부 인터럽트1에 연결되어 있다.

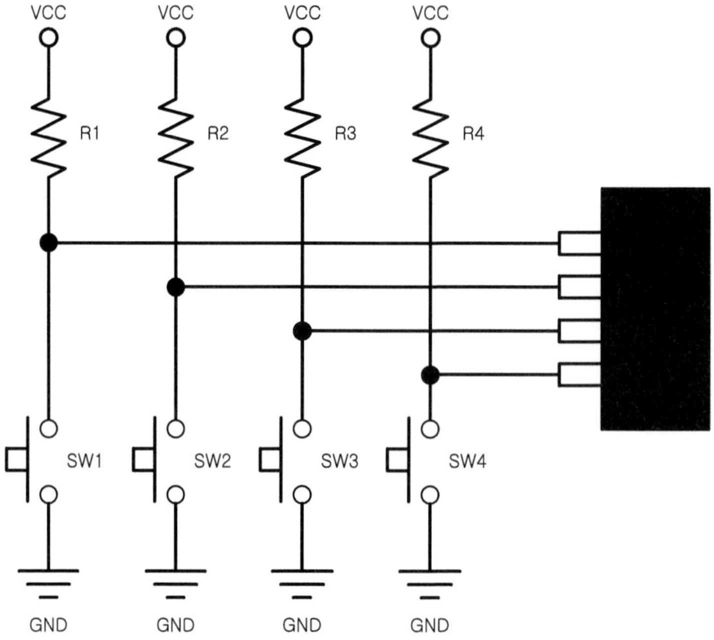

그림 7-12 • 외부 인터럽트 실험을 위한 회로도

외부 인터럽트에 대한 회로도는 병렬 포트의 입출력에서 스위치를 입력받는 회로와 동일하므로 설명은 생략한다.

5 예제 및 실험 : S/W

5.1 예제에 대한 설명

내부적으로는 복잡할지 몰라도 AVR에서 인터럽트 사용은 매우 간단하다. 인터럽트 벡터 이름에는 어떤 인터럽트를 잡을 것인지를 적으면 된다. 앞서 살펴본 인터럽트 벡터 테이블을 참조하라.

예제 7-1 | 이전에 작성했던 폴링 방식의 스위치 입력 예제

먼저 이전의 스위치 입력 예제를 보면 다음과 같다. 스위치가 언제 눌려질지 모르므로, 무한 루프로 대기하면서 계속 스위치가 눌려져 있는지 점검하는 방식이다. 앞서 언급했듯이 스위치는 PD0, 1, 2, 3에 연결된 것이 아니고 PD2, 3, 4, 5에 연결되어 있다. PD0과 PD1은 USART 통신의 RXD, TXD이기 때문에 여기에 연결하면 곤란하다. 통신 중에 스위치를 누르면 데이터가 깨질 우려가 있기 때문이다.

```
#include <avr/io.h>

#include "global.h"
#include "delay.h"
#include "key.h"
#include "led.h"

int main(void) {
  unsigned char key = 0;
  DDRB = 0xFF;
  DDRE = 0xC3;

  while(true) {
    key = PIND<<2;
    switch(key) {
      case (KEY1) : PORTB = LED1_ON; break;
      case (KEY2) : PORTB = LED2_ON; break;
      case (KEY3) : PORTB = LED3_ON; break;
      case (KEY4) : PORTB = LED4_ON; break;
      default : PORTB= 0xFF; break;
    }
  }
  return 0;
}
```

예제 7-2 | 외부 인터럽트를 사용한 예제

다음은 인터럽트가 발생하면 LED를 점등하는 예제이다. 스위치를 입력받아 LED를 점등하는 위의 [예제 7-2]와 결과는 동일하나 프로그램 구조는 틀리다(무한 루프가 없음을 유심하게 살펴보자). 스위치 입력 예제는 무한히 반복하면서 폴링 방식으로 받는 것이고 이것은 인터럽트 방식으로 받는 예제이다.

```
#include <avr/io.h>
#include <avr/interrupt.h>

#include "global.h"
#include "delay.h"
#include "key.h"
#include "led.h"

/* Interrupt Service Routine */
isr(SIG_INTERRUPT4) { PORTB = LED1_ON; } // INT4 interrupt function
isr(SIG_INTERRUPT5) { PORTB = LED2_ON; } // INT5 interrupt function

int main(void) {

  DDRB = 0xF0;        // PORTB의 7~4비트를 출력으로 쓰겠음(LED가 연결 되어있음)
  PORTB = 0x0F;       // PORTB 초기화
  MCUCR = 0x0A;       // int0, int1 하강엣지에서 인터럽트 요청
  EICRB = 0x08;       // Falling Edge detect
  EIMSK = 0x30;       // enable INT5, 4
  EIFR = 0xFF;        // clear interrupt flag
  sei();              // Global Interrupt Enable (글로벌 인터럽트 허용)
                      //SREG |= 0x80;
  while(1);
  return 0;
}
```

- 스위치 입력 즉 포트 입력을 사용하는 데 DDRD= 0x00;을 사용했는가?
- 위의 예제에서 MCUCR= 0x0F 주석을 풀고 컴파일한 후 실행해보자. 0x0A와 어떻게 다른가?
- 또 sei(); 코드를 주석 처리 후 컴파일한 후 실행해보자. 어떻게 되는가?
- 또 sei(); 와 SREG |= 0x80;은 어떻게 다른가?

예제 7-3 | 어떤 작업 수행 중 인터럽트가 발생하는 경우의 예제

다음은 인터럽트의 기본 개념을 이해하기 위해서, 어떤 작업을 수행하고 있다가 인터럽트가 걸리면 인터럽트를 수행한 후 다시 원래의 작업으로 돌아오는 것을 보여주는 예제이다.

인터럽트 발생 시 LED를 점등

1. main 함수에서는 LED 2와 LED 3이 번갈아 켜지고 있다.
2. 외부 인터럽트와 연결된 스위치 PD2(INT0) PD3(INT1) 위의 LED가 켜지거나 아래 LED가 켜진다.
3. 잠시 후 다시 main 함수로 돌아와 LED가 번갈아 켜진다.

```
#include <avr/io.h>
#include <avr/interrupt.h>

#include "global.h"
#include "delay.h"
#include "key.h"
#include "led.h"

ISR(INT4_vect) { PORTB= LED1_ON; } // LED1 ON
ISR(INT5_vect) { PORTB= LED4_ON; } // LED4 ON

int main() {
  DDRB = 0xF0;           // PORTB의 0~3비트를 출력으로 쓰겠음(LED가 연결 되어있음)
  PORTB = 0x0F;          // PORTB 초기화
  EICRB = 0x08;          // Falling Edge detect
  EIMSK = 0x30;          // enable INT5, 4
  EIFR = 0xFF;           // clear interrupt flag
  MCUCR = 0x0A;          // int0, int1 하강 엣지에서 인터럽트 요청
  GICR = 0xC0;           // int0, int1 enable
  sei();                 // Global Interrupt Enable(글로벌 인터럽트 허용)
  while(true) {
    PORTB = (LED2_ON); // ○●○○
      delay_ms(250);
      PORTB = (LED3_ON); // ○○●○
      delay_ms(250);
  }
  return 0;
}
```

6 이 장의 간추림

- 인터럽트란 발생한 이벤트를 처리하기 위하여 원래의 프로그램 실행 순서에서 벗어나 이벤트를 처리하고 다시 원래의 프로그램으로 복귀하는 기법을 말한다.
- 인터럽트는 발생하는 장치에 따라 하드웨어 인터럽트와 소프트웨어 인터럽트, 인터럽트가 발생한 장치를 찾아내는 방식에 따라 폴링과 벡터 방식, 발생한 인터럽트를 무시할 수 있는지 아닌지에 따라 NMI와 INT로 나뉜다.
- ATmega는 차단 불가능한 인터럽트(NMI : Non Maskable Interrupt)를 지원하지 않는다. 즉 모든 인터럽트가 차단 가능하다.
- 전체 인터럽트를 허용 혹은 금지할 수 있는데 EI 혹은 DI 명령을 사용한다. 이는 C언어로 SEI, 혹은 CLI 함수를 사용해도 되고 SREG의 최상위 비트를 세트 혹은 클리어해도 된다.
- ATmega는 폴링(Polling) 방식이 아닌 벡터(Vector) 방식을 사용한다.
- ATmega는 인터럽트 우선순위가 하드웨어적으로 정해져 있다. 따라서 동시에 요청되면 우선순위에 따라 수행된다.
- 인터럽트 처리 과정은 인터럽트 발생 시 현재 상태를 저장한 후 인터럽트를 수행하고 다시 기존의 상태를 복원한다.
- ATmega128에서 인터럽트 관련 레지스터로 EICRA, EICRB, EMISK, EIFR이 관여한다.
- ATmega128은 총 35개의 인터럽트 벡터를 가지고 있다.

연습문제

1. ATmega128의 인터럽트의 종류에 해당하는 것으로 맞는 것은?

① 내부 인터럽트/차단 가능 인터럽트/폴링형 인터럽트

② 내부 인터럽트/차단 가능 인터럽트/폴링형 인터럽트

③ 외부 인터럽트/차단 가능 인터럽트/벡터형 인터럽트

④ 외부 인터럽트/차단 불가능 인터럽트/벡터형 인터럽트

2. 인터럽트 처리 과정에 해당하는 내용으로 맞지 않는 것은?

① 인터럽트 요청이 허용될 경우 SREG의 I비트가 0으로 클리어되어 모든 인터럽트가 금지 상태가 된다.

② ATmega128의 인터럽트 우선순위는 고정되어 있어 사용자가 변경 불가능하다.

③ ATmega128이 인터럽트 요청에 응답하는 데 최소 6사이클이 필요하다.

④ 인터럽트가 종료되면 SREG가 1로 복구되지만 레지스터의 내용은 복구되지 않는다.

3. 외부 인터럽트에 해당하는 내용으로 맞지 않는 것은?

① 외부 인터럽트의 상승/하강 엣지 중 택일하여 검출할 수 있다.

② 외부 인터럽트는 레벨의 변화를 검출하지는 못한다.

③ 외부 인터럽트는 외부 입력 핀을 통해 받을 수 있다.

④ 외부 인터럽트 사용 시 개별 인터럽트를 허용 상태로 변경해야 한다.

4. 외부 인터럽트 관련 레지스터가 아닌 것은?

⑤ EICRA

⑥ EICRB

⑦ EICRC

⑧ EMISK

5. 인터럽트 처리 과정에 대해 최대한 상세하게 쓰시오.

연습문제

6. ATmega128의 인터럽트 벡터에 대해 최대한 많이 적고 간략하게 설명을 적어보자.
   (인터럽트 벡터 번호나 벡터 번지를 쓸 필요는 없으며, 좌측의 번호는 일련번호일 뿐이다).

   예1) INT0 / 외부 인터럽트 요청 0번

   예2) USART1 RXC / USART 수신 완료 인터럽트

생각해보기

❶ 인터럽트가 무엇인지 다시 한 번 요약해보고 AVR이 아닌 다른 마이크로컨트롤러는 어떻게 인터럽트를 다루는지 알아보도록 하자. 예를 들어 PIC 계열과 8051은 어떠한 방식으로 인터럽트를 처리하는지 알아보도록 하자.

❷ 인터럽트 수행 과정 중 인터럽트가 발생한다면 어떻게 될까? 즉 인터럽트 처리 루틴이 모두 끝나기도 전에 다른 인터럽트가 발생한다면 어떻게 될까? 먼저 들어온 인터럽트가 처리된 후 나중에 들어온 인터럽트가 처리될까? 아니면 기존의 인터럽트 수행이 멈추고 나중에 들어온 인터럽트가 처리된 후 기존의 인터럽트가 처리될까? 이러한 점에 대해 생각해보자.

CHAPTER 08

타이머/카운터 (Timer/Counter)

당근이의 **AVR ATmega128** 마이크로컨트롤러

이번 장에 대하여

이번 장에서는 '타이머/카운터'에 대해서 알아보도록 한다.

마이크로컨트롤러의 주변 장치 중 재미있는 타이머/카운터에 대해 알아보자.

타이머/카운터는 말 그대로 일정 시간이 경과하면 이를 알려주는 기능으로 쉽게 말해서 알람 시계를 생각하면 된다. 물론 알람 시계보다는 복잡하지만 기본 개념은 유사하다.

AVR의 타이머/카운터는 일정 시간이 경과되는 것을 알려주는 기능 이외에 많은 부가 기능을 가지는데, 타이머/카운터가 어려운 이유는 바로 이런 점 때문이 아닐까 싶다.

이러한 부가 기능은 이번 장에서 알아보도록 하겠지만, 모든 기능을 처음부터 자유자재로 쓰기는 어렵지만 최소한 내가 원하는 시간이 출력될 수 있도록 하는 기능만은 꼭 알아두기 바란다.

1 개요

1.1 타이머/카운터의 개요

타이머/카운터는 마이크로컨트롤러에서 매우 중요한 부분으로서 거의 모든 제어 분야에 적용된다고 할 수 있다. 이러한 타이머/카운터는 시간 지연 함수(delay)를 이용하여 동일하거나 유사하게 구현할 수도 있지만 다음과 같은 점 때문에 여러모로 한계가 있다.

- 앞에서 작성한 시간 지연 코드가 뒷부분 코드의 시간에 영향을 준다는 점
- 인터럽트가 발생하지 않아 처리가 불편한 점
- PWM 작성 시 소프트웨어적으로 처리해야 한다는 점
- 외부 입력을 받아들이기 곤란한 점

물론 위와 같은 불편한 점은 계산을 통해서 혹은 소프트웨어적인 처리를 통해서 해결이 가능하기는 하지만 타이머/카운터를 사용하는 것이 더욱 강력하고 편리하다. 어떠한 경우에 시간 지연 함수를 쓰고 어떠한 경우에 타이머/카운터를 써야 할지는 대개 개발자의 몫이지만 두 방법의 차이점과 장단점을 알고 적절한 경우에 알맞게 사용하면 될 것이다.

AVR의 타이머/카운터는 다른 마이크로컨트롤러에 비해 많은 기능을 가지고 있는 반면 배우기가 그리 쉽지 않다.

- 타이머/카운터가 4개인데다가 관련된 레지스터가 40여 개 정도로 그 수가 매우 많다.
- 인터럽트도 각각의 타이머/카운터마다 다르며 그 종류(Overflow, Output Compare 등) 또한 많다.
- 각각의 타이머/카운터는 다양한 모드(Normal, CTC, Fast PWM 등)를 지원한다.
- 외부 입출력 핀들도 많다. 어떤 타이머 카운터는 입력을 받아들이기도 하고, 출력을 내보내기도 한다.
- PWM의 개념을 정확하게 이해하고 있어야 한다.
- 시스템의 클럭의 계산 및 분주 비의 개념을 정확하게 이해하고 있어야 한다.

이렇게 관련 레지스터, 인터럽트, 타이머/카운터 모드가 다양하다는 점은 폭넓은 선택과 강력한 기능을 제공한다는 점에서는 바람직하지만 초보자가 보기에는 도대체 어떤 타이머/카운터를 써야 할지, 어떤 모드, 어떤 인터럽트를 사용해야 할지 선택하기가 쉽지 않을 것이다. 위의 사항 중 어느 하나라도 정확하게 이해하지 못하고 있다면 타이머/카운터는 원하는 대로 동작하지 않을 것이다.

타이머/카운터는 이해가 불가능한 어려운 것이 아니며 이해만 한다면 힘들게 시간지연 함수를 짜는 대신 몇 개의 레지스터 셋팅으로 원하는 바를 쉽게 구현하는 강력한 기능이다. 어렵다고 회피하기보다 최대한 받아들이려는 자세로 공부하다 보면 이해할 수 있을 것이다.

1.2 알람 시계로 비유

먼저 타이머/카운터를 쉽게 이해하기 위해 알람 시계(Alarm Clock)를 예로 들어 설명해보겠다. 알람 시계는 특정 시간을 맞추어 놓으면 해당 시간이 될 때마다 울리는 시계이다. 예를 들어 아침에 일찍 출근 혹은 등교하기 위해 아침 7시에 맞춰 놓으면 매일 7시에 울리는 알람 소리를 듣고 기상하는 것과 마찬가지이다.

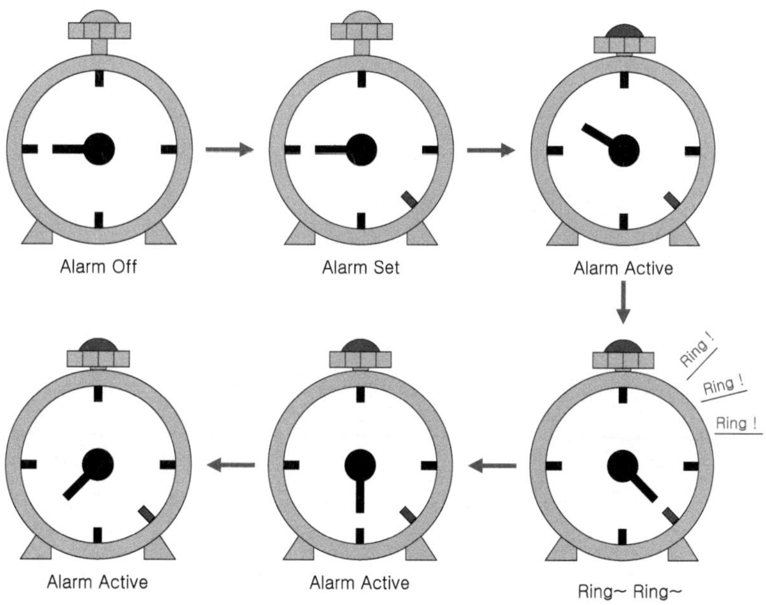

그림 8-1 ◦ 정해진 시간마다 울리는 알람 시계

이 과정을 파형으로 나타내보면 [그림 8-2]와 같다. 설명의 편의를 위해서 클럭을 초 단위가 아닌 1시간이라고 가정하면 1시간 간격으로 증가할 것이다. 7시 → 8시 → 9시 → ⋯ → 3시 → 4시 → 5시 → Ring → 6시 → 7시 → ⋯ 이런 과정이 반복되며, 알람 시계를 끄지 않는 한 5시가 될 때마다 벨 소리(Ring)가 울리는 과정이 무한 반복될 것이다.

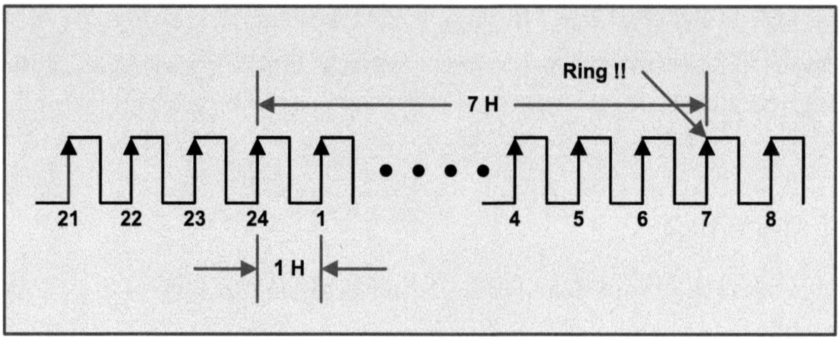

그림 8-2 • 알람 시계의 동작 파형

타이머/카운터도 기본 원리는 알람 시계와 동일하다. 알람 시계의 설정을 7시 혹은 사용자가 원하는 시간마다 설정할 수 있듯이 타이머/카운터도 인터럽트(벨이 울리는 시간)가 발생하는 시간을 조절할 수 있다.

알람 시계와 타이머/카운터가 다른 점은 시계의 클럭인 1초는 변하지 않는 상수인 반면 타이머/카운터의 클럭은 하드웨어적으로 혹은 소프트웨어적으로 바꿀 수 있다는 점이다.

(1) 타이머와 카운터의 분류

타이머/카운터(Timer/Counter)는 입력되는 파형(Wave)의 변화(transition)를 감지하는 기능을 한다는 점에서 동일하지만 입력되는 파형이 어디에서 오느냐는 점에 따라 타이머 혹은 카운터로 나눈다. 입력되는 파형이 ①과 같이 시스템 클럭에서 들어오면 타이머(Timer), ②와 같이 외부에서 들어오면 카운터라 한다.

타이머와 카운터는 내부 구조 및 동작 원리가 거의 동일하고 하나의 구조 안에 들어 있으므로 굳이 타이머와 카운터를 분리해서 말하지는 않는다. 또한 '타이머/카운터 0' 이라고 부르기가 너무 길기 때문에 종종 T/C0과 같이 부르기도 한다.

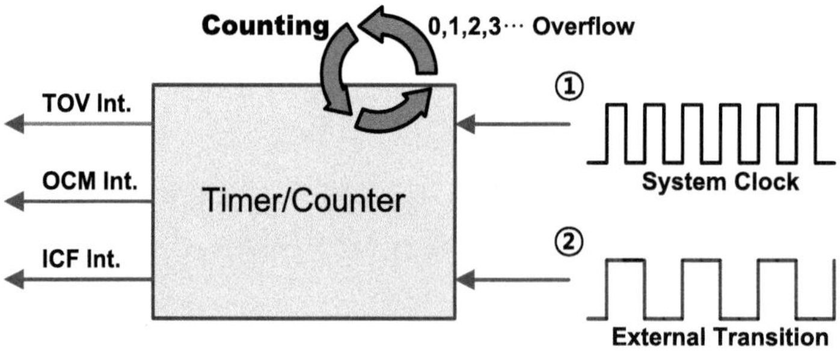

그림 8-3 • 타이머와 카운터의 분류

타이머/카운터는 우리가 원하는 시간 간격을 갖는 파형을 생성할 수 있으며 외부 입력을 계수(係數 : 숫자를 셈)할 수도 있고, 펄스 폭이 변화되는 PWM 신호를 발생할 수 있는 기능을 가진다. 시간 지연 함수로도 이러한 기능이 안 된다고 볼 수는 없지만 어떤 경우는 만들기가 매우 복잡하거나 혹은 불가능한 경우도 있다. 타이머/카운터는 입력의 변화(Transition)를 세다가 사용자가 설정해 준 인터럽트를 발생하는데 이 중 많이 사용되는 인터럽트는 다음과 같다.

- 사용자가 설정한 값과 같은 경우 발생하는 인터럽트 : Output Compare Match 인터럽트
- 최대값을 넘어서 발생하는 인터럽트 : Timer Overflow 인터럽트

타이머/카운터는 최대값(MAX)에 도달하면 타이머 오버플로우라는 인터럽트를 발생하는데 이는 최대값을 넘었다는 의미이다. 8비트 타이머/카운터의 경우 최대값은 0xFF가 될 것이다. 16비트는 당연히 0xFFFF가 된다.

한 가지 주의할 점은 8비트 타이머/카운터의 최대값이 0xFF라고 해서 0xFF가 될 때 타이머 오버플로우 인터럽트가 발생하는 게 아니고 0xFF를 넘어서 0x00이 되는 순간 발생한다는 점을 잊지 말기 바란다.

이러한 타이머 오버플로우 인터럽트(Timer Overflow Interrupt) 이외에 사용자가 설정한 값과 카운트 값이 같으면 발생하는 출력 비교 인터럽트(Output Compare Interrupt)라는 것도 있다. 이외에도 출력 파형의 펄스 폭 측정, 펄스 폭 변조(PWM : Pulse With Modulation), 입력 캡처(Input Capture) 기능, 출력 비교(Output Compare)와 같은 다양한 기능도 가진다.

이러한 기능들은 타이머/카운터의 부수적인 기능으로 주목적은 입력 파형의 변화를 감지하여 개발자가 원하는 특정한 주기(Period) 및 주파수(Frequency)을 출력하는 것임을 잊지 말기 바란다.

1.3 입력을 1ms로 가정한 파형

알람 시계를 타이머/카운터와 비교하여 나타내면 [그림 8-4]와 같다. [그림 8-4]에서 Clock은 1ms 주기로 입력되고 Count는 입력되는 개수를 세는 값이다. 예를 들어 3번의 클럭이 입력되면 Count 값은 3이고, 100번의 클럭이 입력되면 Count 값은 당연히 100이다.

타이머가 8비트인 경우 0x00 ~ 0xFF까지 셀 수 있는데 최대값 MAX인 0xFF 이후는 당연히 셀 수가 없다. 따라서 0xFF+1번째 클럭에서 타이머 오버플로우 인터럽트가 발생한다. 같은 원리로 16비트 타이머/카운터의 경우 0xFFFF+1번째 클럭에서 타이머 오버플로우 인터럽트가 발생하고 이를 일반화시켜 표기하면 MAX+1번째에서 인터럽트가 발생하는 것을 알 수가 있다.

따라서 8비트 타이머/카운터의 경우 MAX+1=0x100(=255+1=256)번째 클럭에서, 16비트 타이머/카운터의 경우 MAX+1=0x10000(=65535+1=65536)번째 클럭에서 타이머 오버플로우 인터럽트가 발생한다. 따라서 각각 256ms, 65536ms의 주기를 갖는 인터럽트가 발생한다.

타이머/카운터에서 조금 더 깊이 들어가보면 위의 계산대로 MAX+1번째인 256ms 마다 발생해야 하지만 약간의 지연시간 Δt이 존재하는데 이는 하드웨어적인 지연 및 인터럽트 서비스 루틴 처리 등에 시간이 걸리기 때문이다. 보통 하드웨어적인 지연은 무시하지만 인터럽트 서비스 루틴에 의한 지연 시간은 예측하기가 곤란하므로 노멀 모드(Normal Mode)인 타이머 오버플로우 인터럽트 보다는 CTC 모드에서의 출력 비교 인터럽트를 사용하는 것이 좋다.

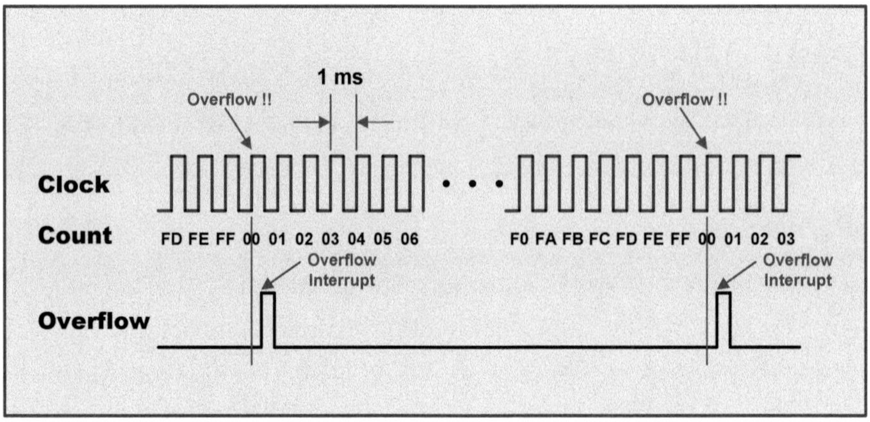

그림 8-4 • 타이머 오버플로우(Timer Overflow)

위와 같은 타이머/카운터 회로는 D 플립-플롭을 이용하여 구현할 수도 있다. 물론 AVR의 타이머/카운터 기능보다 기능은 부족하지만 학습적인 효과는 좋을 것이다. 논리소자를 이용하여 시뮬레이션 혹은 실제로 구현해보는 것도 괜찮은 방법이다.

2 ATmega128의 타이머/카운터

2.1 각각의 타이머/카운터에 대한 요약

AVR의 타이머/카운터는 타이머/카운터 0, 타이머/카운터 1, 타이머/카운터 2, 타이머/카운터 3으로서 총 4개가 있다.

이 타이머/카운터를 여러 방법으로 분류할 수 있겠지만 비트 수에 따라 분류하는 것이 가장 일반적이기 때문에 8비트 타이머/카운터인 타이머/카운터 0과 타이머/카운터 2 그리고 16비트 타이머/카운터인 타이머/카운터 1과 타이머/카운터 3으로 분류하자.

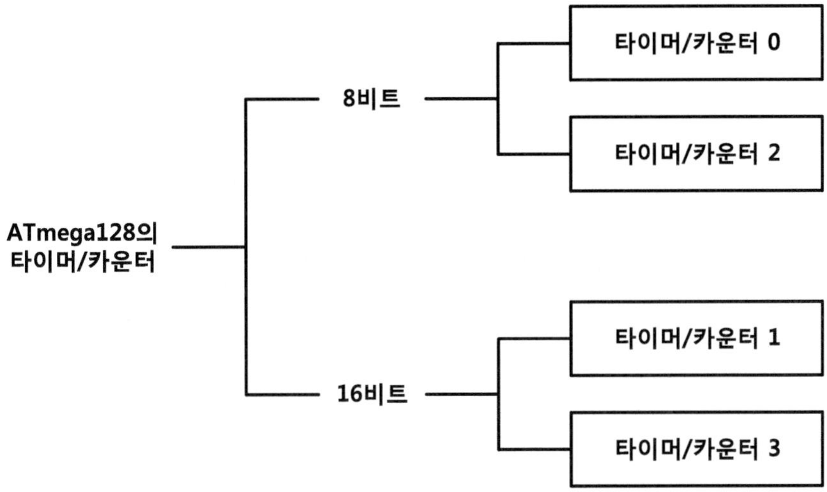

그림 8-5 • 비트 수에 따른 ATmega128의 타이머/카운터 분류

8비트 타이머/카운터와 16비트 타이머/카운터의 큰 차이점은 16비트 타이머 카운터는 0xFF까지 셀 수 있는 8비트 타이머에 비해 0xFFFF까지 셀 수 있기 때문에 당연히 계수의 범위가 늘어나고 이러한 이유로 저주파 발생이 가능해진다는 점이다. 또한 16비트 타이머/카운터는 8비트 타이머/카운터에는 없는 외부 입력을 받을 수 있는 입력 캡처 기능이 있다.

8비트 타이머/카운터 0과 2는 한 가지 차이점을 빼고 동일한데, 그 차이점이란 타이머/카운터 0은 타이머/카운터 2에 비해 외부 입력을 받아들일 수 있다는 점이다.

16비트 타이머카운터 1과 3은 거의 동일하기 때문에 하나로 묶어 설명하도록 하겠다. 굳이 차이점이라면 ATmega128을 예전 디바이스인 ATmega103 호환 모드로 사용할 경우 타이머/카운터3을 사용할 수 없지만 이 호환 모드를 사용하지 않을 것이기 때문에 차이점은 없다고 보아도 무방하다.

동기 모드인 타이머로 사용할 때는 시스템 클럭 주파수를 입력받으며, 비동기 모드인 카운터로 사용할 때는 TOSC1 입력을 통해 클럭 주파수를 입력받는다. 이때 주의할 사항은 시스템 클럭 주파수의 50% 미만의 주파수를 입력해야 하는데 보통 RTC(RealtimeClock) 클럭인 32.768kHz를 입력한다.

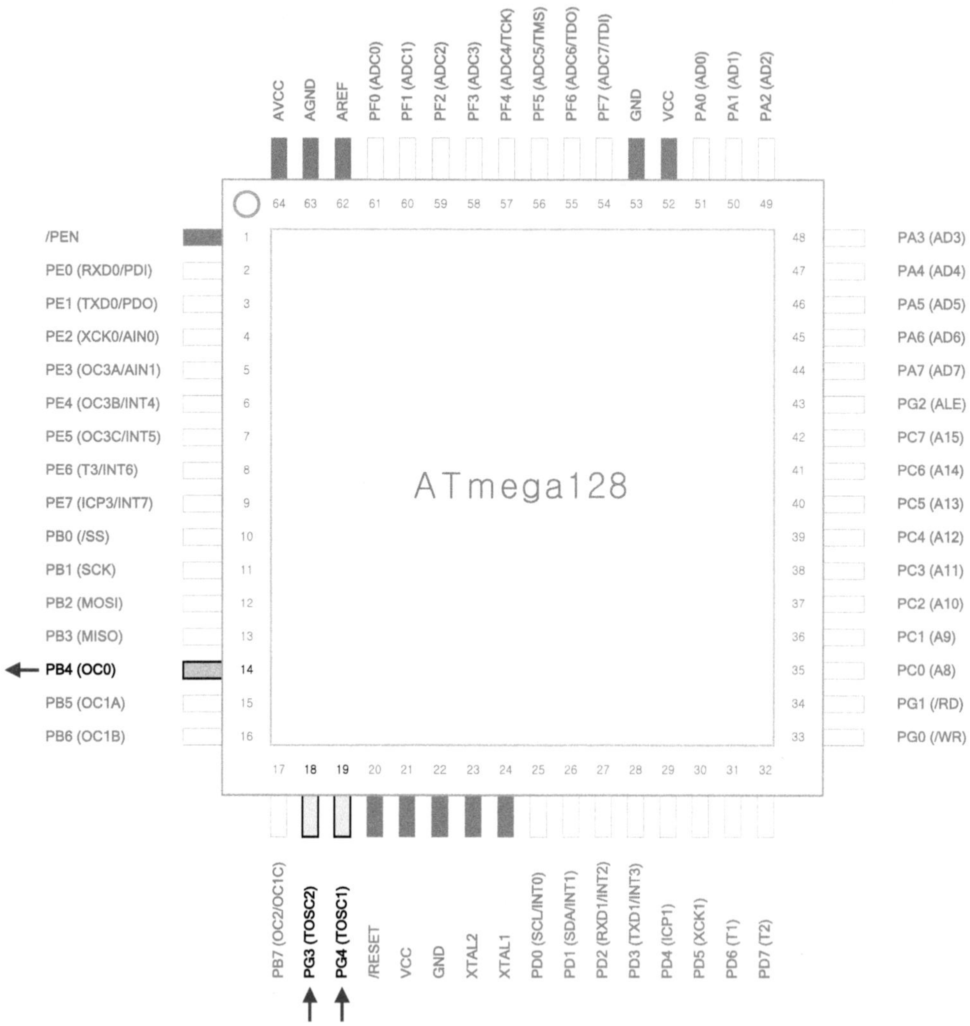

그림 8-6 • Timer/Counter 0

표 8-1 • 타이머/카운터 0 요약

번호	항목		지원
1	비트 수		8 bit
2	PWM		1 EA
3	입력	내부 타이머(clk_{CPU}) 지원	○
		외부 카운터($clk_{I/O}$) 지원	×
4	지원모드	Normal	○
		CTC	○
		Fast PWM	○

4	지원모드	Phase Correct PWM	○
		Phase & Freq Correct PWM	×
5	인터럽트	Overflow	○
		Output Compare Match	○
		Input Capture	×
6	기타	비동기 동작 모드 지원	-

- **레지스터(Registers)**

T/C0 관련 레지스터로 [표 8-2]와 같은 레지스터가 있다. 내용이 많기 때문에 추후 자세히 살펴보기로 한다.

표 8-2 • 타이머/카운터 0 레지스터

번호	레지스터명	기능
1	TCCR0	동작 모드(Normal, CTC, ..) 및 분주비(1, 8, ..)를 설정하는 레지스터
2	TCNT0	카운터 값을 저장하고 있는 레지스터
3	OCR0	TCNT*와 비교하기 위한 카운터 값이 저장되어 있는 레지스터
4	ASSR	외부 클럭 입력 유무 설정 및 비동기 모드를 설정하는 레지스터

* TCNT는 항상 R/W가 가능하나 동작 중 값을 수정할 때 문제를 발생할 여지가 있다.

- **인터럽트(Interrupts)**

발생하는 인터럽트는 출력 비교 일치(Output Compare Match) 인터럽트와 타이머 오버플로우(Timer Overflow) 인터럽트가 있다.

표 8-3 • 타이머/카운터 0 인터럽트

번호	Vector No	Interrupt	Interrupt Name	
1	15($001E)	OCF0(Output Compare Flag 0)	TIMER0_COMP_vect	SIG_OUTPUT_COMPARE0
2	16($0020)	TOV0(Timer Overflow0)	TIMER0_OVF_vect	SIG_OVERFLOW0

타이머/카운터 2는 PWM 및 비동기(Asynchronous) 동작 모드를 가지는 8비트 업/다운(Up/down) 카운터로서, 분주기(Prescaler)를 통해서 내부 클럭을 입력받는 타이머(Timer)와 외부 클럭을 입력받는 카운터(Counter) 기능이 있다. 타이머/카운터의 주요 구조 및 기능은 다음과같다.

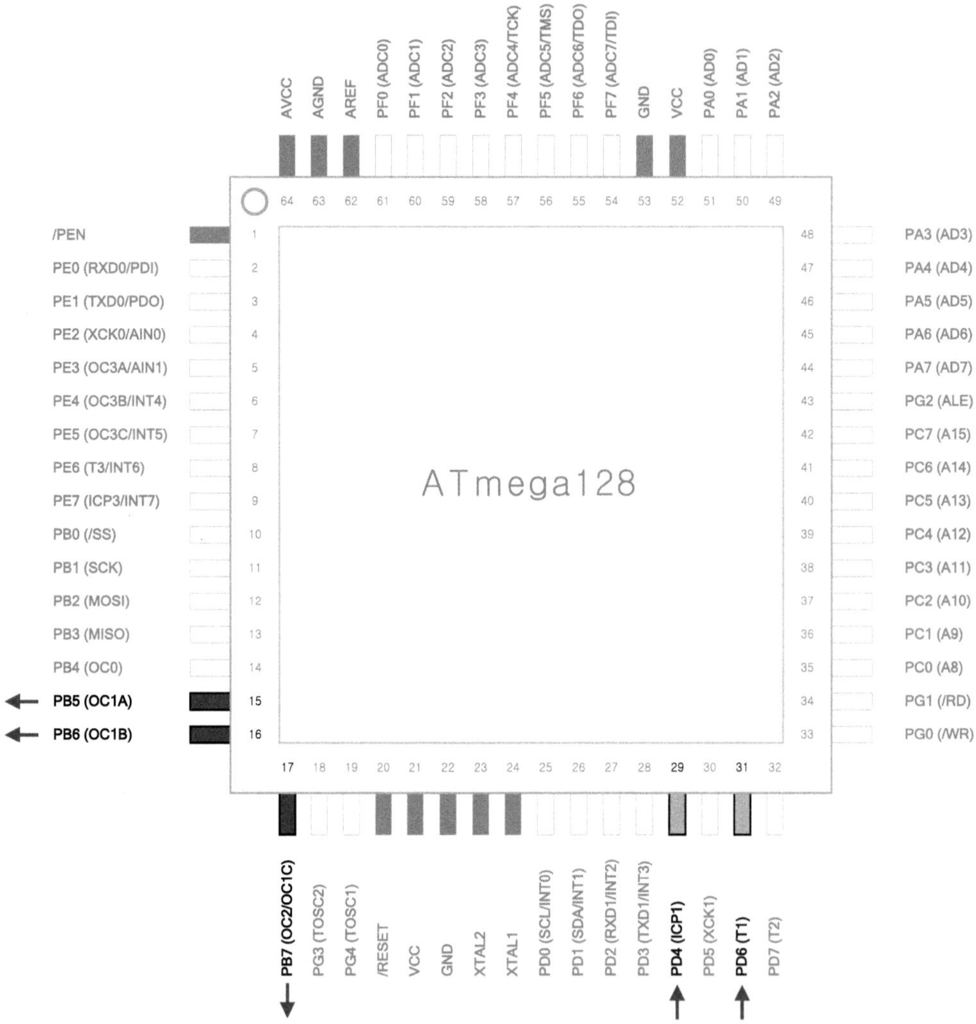

그림 8-7 • Timer/Counter 2

표 8-4 • 타이머/카운터 2 요약

번호	항목		지원
1	비트 수		8 bit
2	PWM		1 EA
3	입력	내부 타이머(clk_{CPU}) 지원	○
		외부 카운터($clk_{I/O}$) 지원	×
4	지원모드	Normal	○
		CTC	○
		Fast PWM	○

4	지원모드	Phase Correct PWM	○
		Phase & Freq Correct PWM	×
5	인터럽트	Overflow	○
		Output Compare Match	○
		Input Capture	×
6	기타	비동기 동작 모드 지원	-

동기 모드인 타이머로 사용 시에는 시스템 클럭 주파수를 입력받는데 이때 특별히 주의사항은 없지만 비동기 모드인 카운터 사용 시 입력핀은 TOSC1인데 이때 클럭 주파수의 50% 미만의 주파수를 입력해야 한다. 그런데 보통은 TOSC1, TOSC2 단자에 RTC(Real time Clock) 클럭인 32.768kHz를 입력한다.

- **레지스터(Registers)**

  T/C2 관련 레지스터로 [표 8-5]와 같은 레지스터가 있다. 내용이 많기 때문에 추후 세세히 살펴보기로 한다.

표 8-5 • 타이머/카운터 2 레지스터

번호	레지스터명	기능
1	TCCR2	동작 모드(Normal, CTC, ..) 및 분주비(1, 8, ..)를 설정하는 레지스터
2	TCNT2	카운터 값을 저장하고 있는 레지스터
3	OCR2	TCNT*와 비교하기 위한 카운터값이 저장되어 있는 레지스터

* TCNT는 항상 R/W가 가능하나 동작 중 값을 수정할 때 문제를 발생할 여지가 있다.

- **인터럽트(Interrupts)**

  발생하는 인터럽트는 출력 비교 일치(Output Compare Match) 인터럽트와 타이머 오버플로우(Timer Overflow) 인터럽트가 있다.

표 8-6 • 타이머/카운터 2 인터럽트

번호	Vector No	Interrupt	Interrupt Name	
1	15($001E)	OCF0(Output Compare Flag 0)	TIMER0_COMP_vect	SIG_OUTPUT_COMPARE0
2	16($0020)	TOV0(Timer Overflow0)	TIMER0_OVF_vect	SIG_OVERFLOW0

타이머/카운터 1과 3은 PWM 및 비동기(Asynchronous) 동작 모드를 가지는 16비트 업/다운(Up/down) 카운터로서, 분주기(Prescaler)를 통해서 내부 클럭을 입력받는 타이머(Timer)와 외부 클럭을 입력 받는 카운터(Counter) 기능이 있다. 타이머/카운터의 주요 구조 및 기능은 다음과 같다.

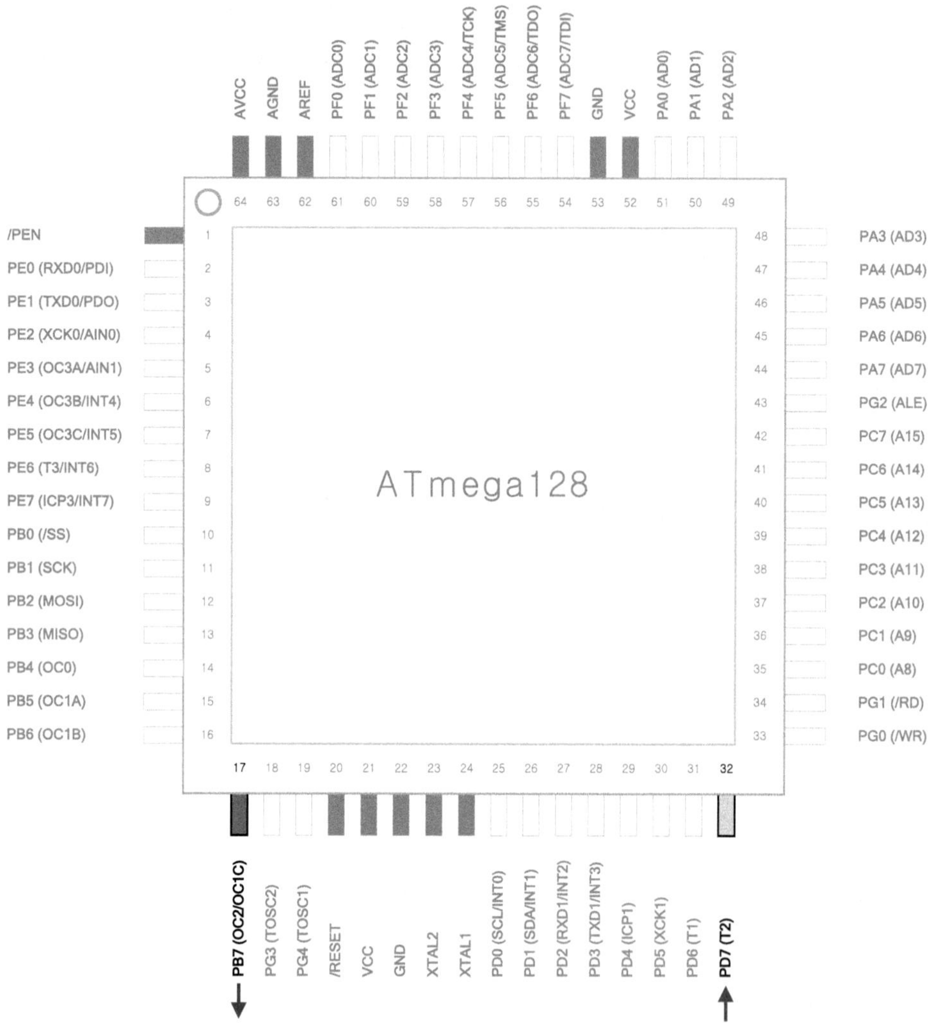

그림 8-8 • Timer/Counter 1

표 8-7 • 타이머/카운터 1 요약

번호	항목		지원
1	비트 수		8 bit
2	PWM		1 EA
3	입력	내부 타이머(clk_{CPU}) 지원	○
		외부 카운터($clk_{I/O}$) 지원	×
4	지원모드	Normal	○
		CTC	○
		Fast PWM	○

4	지원모드	Phase Correct PWM	○
		Phase & Freq Correct PWM	×
5	인터럽트	Overflow	○
		Output Compare Match	○
		Input Capture	×
6	기타	비동기 동작 모드 지원	-

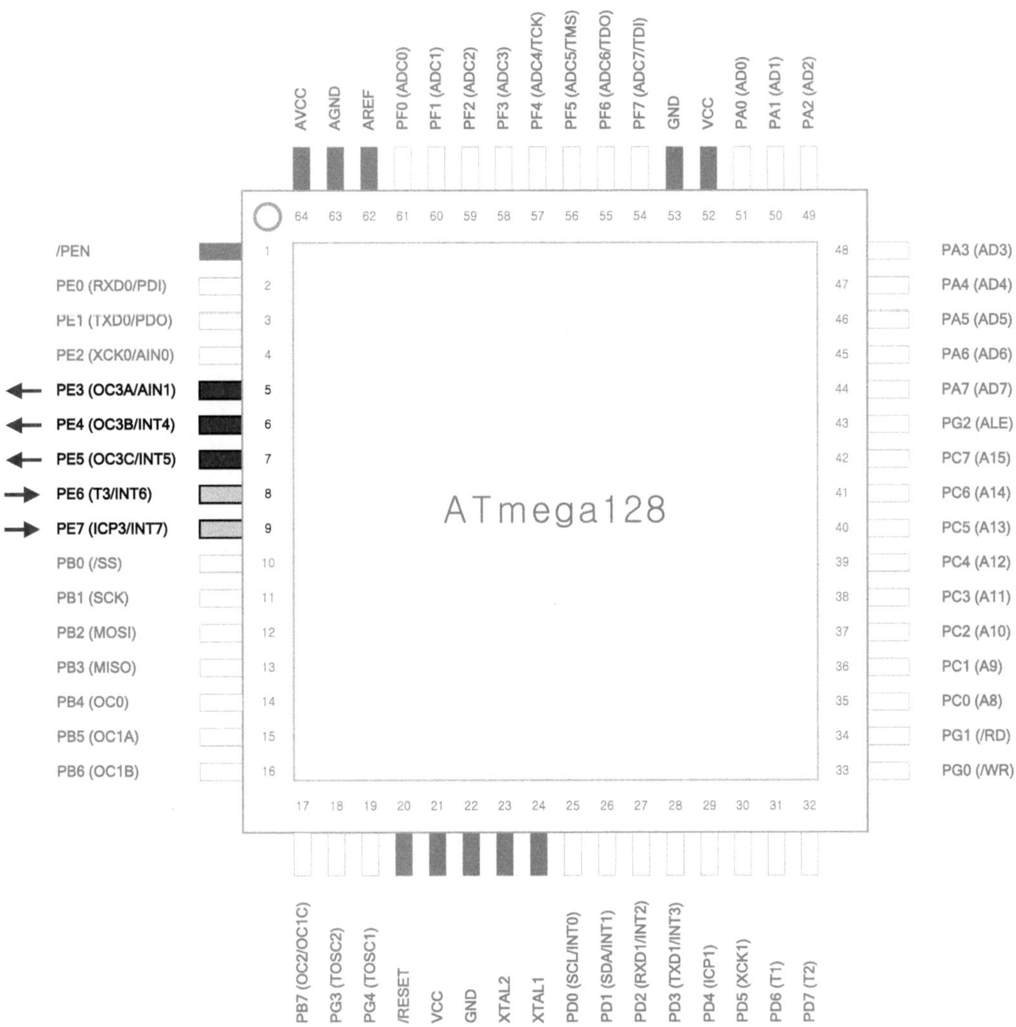

그림 8-9 • Timer/Counter 3

표 8-8 • • 타이머/카운터 3 요약

번호	항목		지원
1	비트 수		8 bit
2	PWM		1 EA
3	입력	내부 타이머(clk_{CPU}) 지원	○
		외부 카운터($clk_{I/O}$) 지원	×
4	지원모드	Normal	○
		CTC	○
		Fast PWM	○
		Phase Correct PWM	○
		Phase & Freq Correct PWM	×
5	인터럽트	Overflow	○
		Output Compare Match	○
		Input Capture	×
6	기타	비동기 동작 모드 지원	-

• **레지스터(Registers)**

T/C1과 T/C3 관련 레지스터로 [표 8-9]와 같은 레지스터가 있다. 내용이 많기 때문에 추후 자세히 살펴보기로 한다.

표 8-9 • 타이머/카운터 1과 3 레지스터

번호	T/C1 레지스터	T/C3 레지스터	기능
1	TCCR1A	TCCR3A	동작 모드(Normal, CTC, ..) 및 분주비(1, 8, ..) 설정하는 레지스터
2	TCCR1B	TCCR3B	
3	TCCR1C	TCCR3C	
4	TCNT1H	TCNT3H	타이머/카운터 값이 들어있는 레지스터
5	TCNT1L	TCNT3L	
6	OCR1AH	OCR3AH	TCNT*와 비교하여 비교일치 인터럽트를 발생시키기 위한 값이 들어있는 레지스터
7	OCR1AL	OCR3AL	
8	OCR1BH	OCR3BH	
9	OCR1BL	OCR3BL	
10	OCR1CH	OCR3CH	
11	OCR1CL	OCR3CL	
12	ICR1H	ICR3H	인풋 캡쳐 관련 레지스터
13	ICR1L	ICR3L	

* TCNT는 항상 R/W가 가능하나 동작 중 값을 수정할 때 문제를 발생할 여지가 있다.

- **인터럽트(Interrupts)**

발생하는 인터럽트는 입력 캡처(Input Capture) 인터럽트와 출력 비교 일치(Output Compare Match) 인터럽트와 타이머 오버플로우(Timer Overflow) 인터럽트가 있다.

표 8-10 • 타이머/카운터 1 인터럽트

번호	Vector No	Interrupt	Interrupt Name	
1	11($000B)	ICF1(InputCaptureFlag1)	TIMER1_CAPT_vect	SIG_INPUT_CAPTURE1
2	12($000C)	OCF1A (OutputCompareFlag1A)	TIMER1_COMPA_vect	SIG_OUTPUT_COMPARE1A
3	13($000D)	OCF1B (OutputCompareFlag1B)	TIMER1_COMPB_vect	SIG_OUTPUT_COMPARE1B
4	24($0018)	OCF1C (OutputCompareFlag1C)	TIMER1_COMPC_vect	SIG_OUTPUT_COMPARE1C
5	14($000E)	TOV1(Timer Overflow1)	TIMER1_OVF_vect	SIG_OVERFLOW1

표 8-11 • 타이머/카운터 3 인터럽트

번호	Vector No	Interrupt	Interrupt Name	
1	25($0019)	ICF3(InputCaptureFlag3)	TIMER3_CAPT_vect	SIG_INPUT_CAPTURE3
2	26($001A)	OCF3A (OutputCompareFlag3A)	TIMER3_COMPA_vect	SIG_OUTPUT_COMPARE3A
3	27($001B)	OCF3B (OutputCompareFlag3B)	TIMER3_COMPB_vect	SIG_OUTPUT_COMPARE3B
4	28($001C)	OCF3C (OutputCompareFlag3C)	TIMER3_COMPC_vect	SIG_OUTPUT_COMPARE3C
5	29($001D)	TOV3(Timer Overflow3)	TIMER3_OVF_vect	SIG_OVERFLOW3

2.2 ATmega128의 타이머/카운터 총정리

표 8-12 • ATmega128의 4개의 타이머/카운터 요약 및 비교

번호	Item	Timer/Counter0	Timer/Counter1	Timer/Counter2	Timer/Counter3
1	bit	8	16	8	16
2	Timer Input	clk_{CPU}	clk_{CPU}	clk_{CPU}	clk_{CPU}
3	Counter Input	clk_{CPU} or TOSC1	T1	T2	T3
4	Prescaler	1 $(=2^0)$	1	1	1
		8 $(=2^3)$	8	8	8
		32 $(=2^5)$	~~32~~	~~32~~	~~32~~
		64 $(=2^6)$	64	64	64
		128 $(=2^7)$	~~128~~	~~128~~	~~128~~
		256 $(=^{28})$	256	256	256
		1024 $(=2^{10})$	1024	1024	1024
5	Registers	TCCR0	TCCR1A	TCCR2	TCCR3A
			TCCR1B		TCCR3B
			TCCR1C		TCCR3C
		TCNT0	TCNT1H	TCNT2	TCNT3H
			TCNT1L		TCNT3L
		OCR0	OCR1AH	OCR2	OCR3AH
			OCR1AL		OCR3AL
			OCR1BH		OCR3BH
			OCR1BL		OCR3BL
5			OCR1CH		OCR3CH
			OCR1CL		OCR3CL
		~~ICR0~~	ICR1H ICR1L	~~ICR2~~	ICR3H ICR3L
		SFIOR	SFIOR	SFIOR	SFIOR
		TIMSK	TIMSK	TIMSK	TIMSK
			ETIMSK		ETIMSK
		TIFR	TIFR	TIFR	TIFR
			ETIFR		ETIFR
		ASSR			
6	Operation Mode	Normal	Normal	Normal	Normal
		CTC	CTC	CTC	CTC
		Fast PWM	Fast PWM	Fast PWM	Fast PWM
		Phase Correct PWM	Phase Correct PWM	Phase Correct PWM	Phase Correct PWM
		~~P&F Correct PWM*~~	P&F Correct PWM*	~~P&F Correct PWM*~~	P&F Correct PWM*

(계속 1/2)

번호	Item	Timer/Counter0	Timer/Counter1	Timer/Counter2	Timer/Counter3
7	Input Pin	~~T0~~	T1	T2	T3
		~~ICP0~~	ICP1	~~ICP2~~	ICP3
		TOSC1			
		TOSC2			
8	Output Pin	OC0	OC1A	OC2	OC3A
			OC1B		OC3B
			OC1C		OC3C
9	Interrupt	Overflow	Overflow	Overflow	Overflow
		OCM**	OCM** A	OCM**	OCM** A
			OCM** B		OCM** B
			OCM** C		OCM** C
			Input Capture		Input Capture
10	비고	RTC, T/C 모두 분주 가능	입력캡처기능		입력캡처기능

(마침 2/2)

* P&F Correct PWM : Phase and Frequency Correct PWM / ** OCM : Output Compare Match

2.3 전체 I/O 레지스터 중 사용되는 레지스터

표 8-13 • ATmega128의 I/O 레지스터 1/2 : 기능별 분류

번호	주소	레지스터명	BIT7	BIT6	BIT5	BIT4	BIT3	BIT2	BIT1	BIT0
64	$3F ($5F)	SREG	I	T	H	S	V	N	Z	C
62	$3D ($5D)	SPL	SP7	SP6	SP5	SP4	SP3	SP2	SP1	SP0
63	$3E ($5E)	SPH	SP15	SP14	SP13	SP12	SP11	SP10	SP9	SP8
60	$3B ($5B)	RAMPZ								RAMPZ0
54	$35 ($55)	MCUCR	SRE	SRW10	SE	SM1	SM0	SM2	IVSEL	IVCE
77	($6C)	XMCRB	XMBK					XMM2	XMM1	XMM0
78	($6D)	XMCRA		SRL2	SRL1	SRL0	SRW01	SRW00	SRW11	
80	($6F)	OSCCAL	Oscillator Calibration Register							
61	$3C ($5C)	XDIV	XDIVEN	XDIV6	XDIV5	XDIV4	XDIV3	XDIV2	XDIV1	XDIV0
53	$34 ($54)	MCUCSR	JTD			JTRF	WDRF	BORF	EXTRF	PORF
34	$21 ($41)	WDTCR				WDCE	WDE	SDP2	WDP1	WDP0
9	$08 ($28)	ACSR	ACD	ACBG	ACO	ACI	ACIE	ACIC	ACIS1	ACIS0
73	($68)	SPMCSR	SPMIE	RWWSB		RWWSRE	BLBSET	PGWRT	PGERS	SPMEN
35	$22 ($42)	OCDR	IDRD/ OCDR7	OCDR6	OCDR5	OCDR4	OCDR3	OCDR2	OCDR1	OCDR0
26	$19 ($39)	PINA	PINA7	PINA6	PINA5	PINA4	PINA3	PINA2	PINA1	PINA0
27	$1A ($3A)	DDRA	DDA7	DDA6	DDA5	DDA4	DDA3	DDA2	DDA1	DDA0

(계속 1/4)

번호	주소	레지스터명	BIT7	BIT6	BIT5	BIT4	BIT3	BIT2	BIT1	BIT0
28	$1B ($3B)	PORTA	PORTA7	PORTA6	PORTA5	PORTA4	PORTA3	PORTA2	PORTA1	PORTA0
23	$16 ($36)	PINB	PINB7	PINB6	PINB5	PINB4	PINB3	PINB2	PINB1	PINB0
24	$17 ($37)	DDRB	DDB7	DDB6	DDB5	DDB4	DDB3	DDB2	DDB1	DDB0
25	$18 ($38)	PORTB	PORTB7	PORTB6	PORTB5	PORTB4	PORTB3	PORTB2	PORTB1	PORTB0
20	$13 ($33)	PINC	PINC7	PINC6	PINC5	PINC4	PINC3	PINC2	PINC1	PINC0
21	$14 ($34)	DDRC	DDC7	DDC6	DDC5	DDC4	DDC3	DDC2	DDC1	DDC0
22	$15 ($35)	PORTC	PORTC7	PORTC6	PORTC5	PORTC4	PORTC3	PORTC2	PORTC1	PORTC0
17	$10 ($30)	PIND	PIND7	PIND6	PIND5	PIND4	PIND3	PIND2	PIND1	PIND0
18	$11 ($31)	DDRD	DDD7	DDD6	DDD5	DDD4	DDD3	DDD2	DDD1	DDD0
19	$12 ($32)	PORTD	PORTD7	PORTD6	PORTD5	PORTD4	PORTD3	PORTD2	PORTD1	PORTD0
2	$01 ($21)	PINE	PINE7	PINE6	PINE5	PINE4	PINE3	PINE2	PINE1	PINE0
3	$02 ($22)	DDRE	DDE7	DDE6	DDE5	DDE4	DDE3	DDE2	DDE1	DDE0
4	$03 ($23)	PORTE	PORTE7	PORTE6	PORTE5	PORTE4	PORTE3	PORTE2	PORTE1	PORTE0
1	$00 ($20)	PINF	PINF7	PINF6	PINF5	PINF4	PINF3	PINF2	PINF1	PINF0
66	($61)	DDRF	DDF7	DDF6	DDF5	DDF4	DDF3	DDF2	DDF1	DDF0
67	($62)	PORTF	PORTF7	PORTF6	PORTF5	PORTF4	PORTF3	PORTF2	PORTF1	PORTF0
68	($63)	PING				PING4	PING3	PING2	PING1	PING0
69	($64)	DDRG				DDG4	DDG3	DDG2	DDG1	DDG0
70	($65)	PORTG				PORTG4	PORTG3	PORTG2	PORTG1	PORTG0
75	($6A)	EICRA	ISC31	ISC30	ISC21	ISC20	ISC11	ISC10	ISC01	ISC00
59	$3A ($5A)	EICRB	ISC71	ISC70	ISC61	ISC60	ISC51	ISC50	ISC41	ISC40
57	$38 ($58)	EIFR	INTF7	INTF6	INTF5	INTF4	INTF3	INTF2	INTF1	INTF0
58	$39 ($59)	EIMSK	INT7	INT6	INT5	INT4	INT3	INT2	INT1	INT0
49	$30 ($50)	ASSR					AS0	TCN0UB	OCR0UB	TCR0UB
50	$31 ($51)	OCR0	Timer/Counter0 – Output Compare Register							
51	$32 ($52)	TCNT0	Timer/Counter0							
52	$33 ($53)	TCCR0	FOC0	WGM00	COM01	COM00	WGM01	CS02	CS01	CS00
55	$36 ($56)	TIFR	OCF2	TOV2	ICF1	OCF1A	OCF1B	TOV1	OCF0	TOV0
56	$37 ($57)	TIMSK	OCIE2	TOIE2	TICIE1	OCIE1A	OCIE1B	TOIE1	OCIE0	TOIE0
39	$26 ($46)	ICR1L	Timer/Counter – Input Capture Register Low Byte							
40	$27 ($47)	ICR1H	Timer/Counter – Input Capture Register High Byte							
89	($78)	OCR1CL	Timer/Counter1 – Output Compare Register C Low Byte							
90	($79)	OCR1CH	Timer/Counter1 – Output Compare Register C Low Byte							
41	$28 ($48)	OCR1BL	Timer/Counter – Output Compare Register B Low Byte							
42	$29 ($49)	OCR1BH	Timer/Counter – Output Compare Register B High Byte							
43	$2A ($4A)	OCR1AL	Timer/Counter – Output Compare Register A Low Byte							
44	$2B ($4B)	OCR1AH	Timer/Counter – Output Compare Register A High Byte							
45	$2C ($4C)	TCNT1L	Timer/Counter – Counter Register Low Byte							

(계속 2/4)

번호	주소	레지스터명	BIT7	BIT6	BIT5	BIT4	BIT3	BIT2	BIT1	BIT0
46	$2D ($4D)	TCNT1H	Timer/Counter – Counter Register High Byte							
91	($7A)	TCCR1C	FOC1A	FOC1B	FOC1C					
47	$2E ($4E)	TCCR1B	ICNC1	ICES1		WGM13	WGM12	CS12	CS11	CS10
48	$2F ($4F)	TCCR1A	COM1A1	COM1A0	COM1B1	COM1B0	COM1C1	COM1C0	WGM11	WGM10
36	$23 ($43)	OCR2	Timer/Counter2 – Output Compare Register							
37	$24 ($44)	TCNT2	Timer/Counter2							
38	$25 ($45)	TCCR2	FOC2	WGM20	COM21	COM20	WGM21	CS22	CS21	CS20
97	($80)	ICR3L		Timer/Counter3 – Input Capture Register Low Byte						
98	($81)	ICR3H		Timer/Counter3 – Input Capture Register High Byte						
99	($82)	OCR3CL	Timer/Counter3 – Output Compare Register C Low Byte							
100	($83)	OCR3CH	Timer/Counter3 – Output Compare Register C High Byte							
101	($84)	OCR3BL	Timer/Counter3 – Output Compare Register B Low Byte							
102	($85)	OCR3BH	Timer/Counter3 – Output Compare Register B High Byte							
103	($86)	OCR3AL	Timer/Counter3 – Output Compare Register A Low Byte							
104	($87)	OCR3AH	Timer/Counter3 – Output Compare Register A High Byte							
105	($88)	TCNT3L	Timer/Counter3 – Counter Register Low Byte							
106	($89)	TCNT3H	Timer/Counter3 – Counter Register High Byte							
109	($8C)	TCCR3C	FOC3A	FOC3B	FOC3C					
107	($8A)	TCCR3B	ICNC3	ICES3		WGM33	WGM32	CS32	CS31	CS30
108	($8B)	TCCR3A	COM3A1	COM3A0	COM3B1	COM3B0	COM2C1	COM2C0	WGM32	WGM30
33	$20 ($40)	SFIOR	TSM				ACME	PUD	PSR0	PSR321
93	($7C)	ETIFR			ICF3	OCF3A	OCF3B	TOV3	OCF3C	OCF1C
94	($7D)	ETIMSK			TICIE3	OCIE3A	OCIE3B	TOIE3	OCIE3C	OCIE1C
5	$04 ($24)	ADCL	ADC Data Register Low byte							
6	$05 ($25)	ADCH	ADC Data Register High byte							
7	$06 ($26)	ADCSRA	ADEN	ADSC	ADFR	ADIF	ADIE	ADPS2	ADPS1	ADPS0
8	$07 ($27)	ADMUX	REFS1	REFS0	ADLAR	MUX4	MUX3	MUX2	MUX1	MUX0
14	$0D ($2D)	SPCR	SPIE	SPE	DORD	MSTR	CPOL	CPHA	SPR1	SPR0
15	$0E ($2E)	SPSR	SPIF	WCOL						SPI2X
16	$0F ($2F)	SPDR	SPI Data Register							
10	$09 ($29)	UBRR0L	USART0 Baud Rate Register Low							
113	($90)	UBRR0H					USART0 Baud Rate Register High			
118	($95)	UCSR0C		UMSEL0	UPM01	UPM00	USB0	UCSZ01	UCSZ00	UCPOL0
11	$0A ($2A)	UCSR0B	RXCIE0	TXCIE0	UDRIE0	RXEN0	TXEN0	UCSZ02	RXB80	TXB80
12	$0B ($2B)	UCSR0A	RXC0	TXC0	UDRE0	FE0	DOR0	UPE0	U2X0	MPCM0
13	$0C ($2C)	UDR0	USART0 I/O Data Register							
121	($98)	UBRR1H					USART1 Baud Rate Register High			
122	($99)	UBRR1L	USART1 Baud Rate Register Low							

(계속 3/4)

번호	주소	레지스터명	BIT7	BIT6	BIT5	BIT4	BIT3	BIT2	BIT1	BIT0
126	($9D)	UCSR1C		UMSEL1	UPM11	UPM10	USBS1	UCSZ11	UCSZ10	UCPOL1
123	($9A)	UCSR1B	RXCIE	TXCIE1	UDRIE1	RXEN1	TXEN1	UCSZ12	RXB81	TXB81
124	($9B)	UCSR1A	RXC1	RXC1	UDRE1	FE1	DOR1	UPE1	U2X1	MPCM1
125	($9C)	UDR1	USART1 I/O Data Register							
29	$1C ($3C)	EECR					EERIE	EEMWE	EEWE	EERE
30	$1D ($3D)	EEDR	EEPROM Data Register							
31	$1E ($3E)	EEARL	EEPROM Address Register Low Byte							
32	$1F ($3F)	EEARH					EEPROM Address Register High			
81	($70)	TWBR	Two-wire Serial Interface Bit Rate Register							
82	($71)	TWSR	TWS7	TWS6	TWS5	TWS4	TWS3		TWS1	TWS0
83	($72)	TWAR	TWA6	TWA5	TWA4	TWA3	TWA2	TWA1	TWA0	TWGCE
84	($73)	TWDR	Two-wire Serial Interface Data Register							
85	($74)	TWCR	TWINT	TWEA	TWSTA	TWSTO	TWWC	TWEN		TWIE
65	($60)	Reserved								
71	($66)	Reserved								
72	($67)	Reserved								
74	($69)	Reserved								
76	($6B)	Reserved								
79	($6E)	Reserved								
86	($75)	Reserved								
87	($76)	Reserved								
88	($77)	Reserved								
92	($7B)	Reserved								
95	($7E)	Reserved								
96	($7F)	Reserved								
110	($8D)	Reserved								
111	($8E)	Reserved								
112	($8F)	Reserved								
114	($91)	Reserved								
115	($92)	Reserved								
116	($93)	Reserved								
117	($94)	Reserved								
119	($96)	Reserved								
120	($97)	Reserved								
127	($9E)	Reserved								
160	($FF)	Reserved								

(마침 4/4)

2.4 사용되는 레지스터 각각에 대한 요약

TIMSK와 TIFR 및 ETIMSK와 ETIFR은 각각의 타이머/카운터에 관여하기 때문에 항상 추가된다. 비트 설정에 따라서 어느 타이머/카운터를 활성화시킬지 결정한다. 비트 설정에 따라서 인터럽트 플래그가 저장되는 레지스터이다.

표 8-14 • 타이머 관련 인터럽트

번호	레지스터	설명
1	SFIOR	타이머/카운터를 동기화시키는 목적으로 사용되는 레지스터
2	TIMSK	타이머/카운터 0, 2를 개별적으로 허용하는 레지스터
3	TIFR	타이머/카운터 0, 2가 발생하는 인터럽트 플래그를 저장하는 레지스터
4	ETIMSK	타이머/카운터 1, 3을 개별적으로 허용하는 레지스터
5	ETIFR	타이머/카운터 1, 3이 발생하는 인터럽트 플래그를 저장하는 레지스터

ATmega128은 모두 8개의 외부 인터럽트를 지원하는데 이와 관련된 외부 인터럽트 레지스터는 EICRA, EICRB, EIMSK, EIFR 총 4개가 있다. 외부 인터럽트 3, 2, 1, 0의 동작을 설정하기 위해서 EICRA, 외부 인터럽트 7, 6, 5, 4의 동작을 설정하기 위해서 EICRB를 설정하면 된다. 또한 외부 인터럽트 7-0 각각을 허용하기 위해 EIMSK, 외부 인터럽트의 상태를 나타내는 EIFR 레지스터가 있다. 이를 요약해보면 다음과 같다.

표 8-15 • 타이머/카운터 2 관련 인터럽트

번호	레지스터	설명
1	TCCR0	타이머/카운터 0 제어 레지스터
2	TCNT0	타이머/카운터 0 레지스터
3	OCR0	타이머/카운터 0 출력 비교 레지스터
4	ASSR	타이머/카운터 0 외부 입력 유무 설정 관련 레지스터

표 8-16 • 타이머/카운터 0 관련 인터럽트

번호	레지스터	설명
1	TCCR2	타이머/카운터 2 제어 레지스터
2	TCNT2	타이머/카운터 2 레지스터
3	OCR2	타이머/카운터 2 출력 비교 레지스터

표 8-17 • 타이머/카운터 1, 3 관련 인터럽트

번호	T/C1 레지스터	T/C3 레지스터	설명
1	TCCR1A	TCCR3A	타이머/카운터n 제어 레지스터
2	TCCR1B	TCCR3B	타이머/카운터n 제어 레지스터
3	TCCR1C	TCCR3C	타이머/카운터n 제어 레지스터
4	TCNT1H	TCNT3H	타이머/카운터n High 레지스터
5	TCNT1L	TCNT3L	타이머/카운터n Low 레지스터
6	OCR1AH	OCR3AH	타이머/카운터n 출력 비교A High 레지스터
7	OCR1AL	OCR3AL	타이머/카운터n 출력 비교A Low 레지스터
8	OCR1BH	OCR3BH	타이머/카운터n 출력 비교B High 레지스터
9	OCR1BL	OCR3BL	타이머/카운터n 출력 비교B Low 레지스터
10	OCR1CH	OCR3CH	타이머/카운터n 출력 비교C High 레지스터
11	OCR1CL	OCR3CL	타이머/카운터n 출력 비교C Low 레지스터
12	ICR1H	ICR3H	입력 캡처n High 레지스터
13	ICR1L	ICR3L	입력 캡처n Low 레지스터

n은 1 혹은 3으로, 타이머/카운터 1 혹은 타이머/카운터 3을 의미한다.

타이머/카운터 0과 타이머/카운터 2의 레지스터는 8비트로 둘이 매우 비슷하다. OCR0가 OCR2로 바뀐다거나, TCCR0가 TCCR2로 되어있는 식이다. 그러나 타이머/카운터 2는 외부 클럭을 입력받는다는 점이 다르기 때문에 ASSR 레지스터가 하나 더 있다. 타이머/카운터 1과 타이머/카운터 3 역시 매우 비슷하다. 레지스터 역시 OCR1AH(High), OCR1AL(Low) 또는 TCNT1H(High), TCNT1L(Low)과 같이 High, Low 쌍으로 구성되어 있다.

타이머/카운터 0은 4개, 타이머/카운터 2는 3개, 타이머/카운터 1과 3은 각각 13개의 레지스터가 있어 총 4+3+13+13은 33개인데, SFIOR, TIMSK, TIFR, ETIMSK, ETIFR 5개를 더하여 총 38개의 레지스터가 있다.

2.5 부연 설명

- T/C0과 T/C2의 차이는 외부 입력의 유무인데, T/C0은 외부 입력이 있지만 T/C2는 외부 입력이 없다는 특징이 있다.
- T/C1과 T/C3의 차이는 퓨즈 비트에서 ATmega103 호환 모드 설정 시 T/C3를 사용할 수 없다는 점인데 이는 T/C1과 T/C3를 묶어서 설명할 때 다루도록 하겠다.
- 또한 T/C0와 T/C1, T/C2, T/C3를 분주비 적용 유무로 나눌 수 있는데 T/C0는 내/외부 모두 프리스케일 적용이 가능하지만 T/C1, 2, 3는 내부만 프리스케일 적용이 가능한 특징이 있다.

- 16비트 T/C는 8비트에 비해 레지스터 개수가 2배 정도로 많다. 이는 타이머/카운터 값을 계수하는 TCNT가 8비트의 경우는 TCNTn 하나로 가능하지만 16비트의 경우는 TCNTnH, TCNTnL 두 개로 나누어지기 때문이다(H와 L은 각각 High, Low를 의미한다).

타이머/카운터가 어떠한 개념인지는 쉽게 이해할 수 있지만 이를 AVR에서 다루기는 그리 쉽지만은 않은데 이유인즉슨 다음과 같은 사항을 모두 결정해주어야 하기 때문이다.

- 8비트로 할지 16비트로 할지
- 내부 클럭을 입력받을지 외부 신호(혹은 클럭)를 입력받을지
- 내부 입력이면 분주비를 할 것인지 말 것인지, 하게 되면 몇 분주로 할 것인지
- 외부 입력이면 어떻게 받아야 하는지 클럭은 얼마로 주어야 하는지
- 다양한 인터럽트 중 어떤 것을 사용해야 할지
- 다양한 동작 모드 중 어떠한 모드를 사용할지, 각 모드는 어떠한 특징이 있는지
- 이러한 것들을 어떻게 설정해야 하는지

포트 출력 시에 사용되는 레지스터는 방향 레지스터와 출력 레지스터 2개뿐이다. 반면 직관적으로 이해하기 쉬운 타이머/카운터는 일단 레지스터 개수만 49개이고, 이중 레지스터 개수가 가장 작은 T/C2만 하더라도 6개이다. 초보자는 일단 레지스터 개수가 많다는 점에서 복잡함을 느끼며, 해당 레지스터가 의미하는 바를 명확하게 알아야 설정이 가능한데 이해하기가 쉽지 않기 때문에 타이머/카운터가 어렵다고 느끼는 경우가 많다.

이전에도 말했듯이 이 책은 마이크로컨트롤러를 배우려는 독자에게 좌절감을 안겨주려는 것이 목적이 아니므로 일단 가장 쉬운 타이머/카운터 사용 예제부터 다룰 것이다. 이러한 이유로 가장 쉬운 '8비트 타이머/카운터에서 내부 클럭을 이용한 일반 모드에서 오버플로우 예제'를 먼저 알아본 이후에 가장 많이 사용되는 CTC 모드에 대해서 서술하도록 하겠다. 이후 나오는 Phase Correct, Phase and Frequency Correct 모드, 입력 캡처 등에 대해서는 이해가 가지 않으면 일단 넘어간 이후에 다시 보도록 한다. 넘어간다는 의미가 중요하지 않아서 넘어간다는 것이 아니라 정독하기가 어렵기 때문에 속독 및 다독을 한 이후에 자신감을 얻어 다시 살펴보라는 의미이다.

타이머/카운터는 보기에는 매우 복잡해 보이지만 유심히 살펴보면 그리 복잡하지는 않으며, 모두 이해하기 어렵다면 일단 8비트 타이머/카운터 하나라도 먼저 수 회 정독한 이후 이 지식을 배경으로 본인이 계산해 보고, 오실로스코프로 확인해보면 더욱 이해가 빠를 것이다.

끝으로 가장 중요한 점 하나만 언급하자. 타이머를 사용하던, 딜레이를 사용하던 마이크로컨트롤러를 사용하는 이유는 내가 원하는 정확한 시그널을 만들기 위한 것이다.

3 타이머/카운터 0과 타이머/카운터 2

ATmega128의 타이머/카운터 0과 타이머/카운터 2는 범용 목적의 단일 채널(Single Chanel), 8비트 타이머/카운터로서 중요 특징은 다음과 같다. 타이머/카운터 0과 타이머/카운터 2는 8비트 카운터로 거의 동일하지만 외부 입력을 받는다는 차이점이 있다. 타이머/카운터 0과 2는 모두 업/다운 카운터로 동작 가능하며 업 카운터로 동작할 때 0xFF의 다음 클럭에서 오버플로우 인터럽트가 발생한다. 또한 카운트 값을 계수하는 TCNT 값이 OCR 값과 비교되면서 두 값이 같아지면 출력 비교 인터럽트가 발생하고 또 이를 OC0 핀에 출력할 수 있다.

3.1 타이머/카운터 0과 타이머/카운터 2의 특징

표 8-18 • 타이머/카운터 0의 특징

번호	특징	설명
1	Single Channel Counter	단일 채널 카운터
2	Clear Timer on Compare Match (Auto Reload)	설정값과 비교 일치 시 타이머 클리어하는 CTC 모드
3	Glitch-free, Phase Correct Pulse Width Modulator (PWM)	글리치가 없는 PC PWM 모드
4	Frequency Generator	주파수 발생기
5	External Event Counter	외부 이벤트 카운터
6	10-bit Clock Prescaler	10비트 클럭 분주기
7	Overflow and Compare Match Interrupt Sources (TOV0 and OCF0)	오버플로우 인터럽트(TOV0)와 비교 일치 인터럽트(OCF0) 발생
8	Allows clocking from External 32 kHz Watch Crystal Independent of the I/O Clock	I/O 입력에 의존적이지 않고 32.768kHz의 입력을 받아 비동기적으로 계수하는 기능

표 8-19 • 타이머/카운터 2의 특징

번호	특징	설명
1	Single Channel Counter	타이머/카운터 0과 동일
2	Clear Timer on Compare Match (Auto Reload)	타이머/카운터 0과 동일
3	Glitch-free, Phase Correct Pulse Width Modulator (PWM)	타이머/카운터 0과 동일
4	Frequency Generator	타이머/카운터 0과 동일
5	External Event Counter	타이머/카운터 0과 동일
6	10-bit Clock Prescaler	타이머/카운터 0과 동일
7	Overflow and Compare Match Interrupt Sources (TOV0 and OCF0)	타이머/카운터0과 동일
8	Allows clocking from External 32 kHz Watch Crystal Independent of the I/O Clock	타이머/카운터 2는 없지만 타이머/카운터 0은 있음

참고로 이 책에서는 고심 끝에 타이머/카운터의 특징을 영어 원문 그대로 실었다. 영어 원문을 한글로 번역할 때 'Glitch-free, Phase Correct Pulse Width Modulator'를 '글리치가 없는 위상 교정 펄스 폭 변조'라고 해석할 수도 있으나, 이렇게 해석할 경우 오히려 영문보다 더 복잡해지는 경우도 있어 아예 원문 그대로 싣는 편이 좋다고 판단하였다.

(1) 용어 설명 1 : BOTTOM, MAX, TOP

앞으로 타이머/카운터 설명할 때 [표 8-20]과 같은 용어가 나오는데 각각의 의미를 미리 알아두기 바란다.

표 8-20 • 타이머 관련 인터럽트

용어	설명	실제 값
BOTTOM	타이머/카운터가 가질 수 있는 최소값	0x00
MAX	타이머/카운터가 가질 수 있는 최대값	0xFF
TOP	타이머/카운터가 도달할 수 있는 최대값 혹은 비교일치 레지스터 OCR의 설정값	사용자가 설정

BOTTOM과 MAX의 개념은 매우 쉽다. 타이머/카운터가 가질 수 있는 최소값은 BOTTOM이라 하고, 최대값은 MAX라 한다. 따라서 8비트 타이머/카운터의 경우라면 BOTTOM = 0x00, MAX = 0xFF이 될 것이고, 16비트 타이머/카운터라면 BOTTOM = 0x0000, MAX = 0xFFFF가 될 것이다. TOP은 카운터가 도달할 수 있는 최대값인데 경우에 따라서 MAX가 되기도 하고 그 이하의 값이 되기도 한다. 예를 들어 8비트 타이머/카운터에서 오버플로우를 0x20이라고 설정하면 0x20이 되거나 비교 일치 레지스터를 0x20이라고 설정하면 바로 그 값이 되는 것이다. 아래 그림은 BOTTOM, MAX, TOP 값의 개념을 나타낸다.

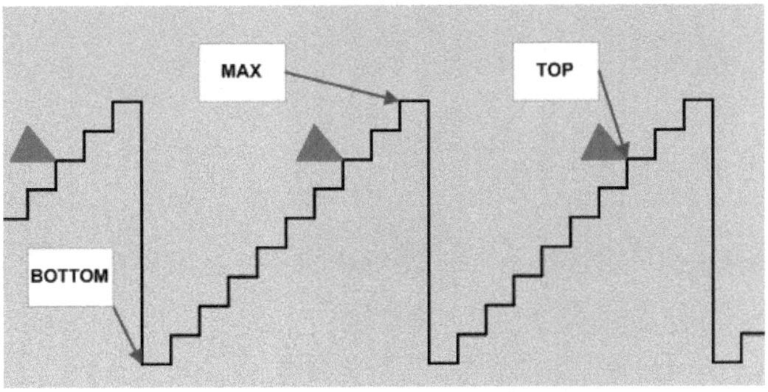

그림 8-10 • BOTTOM, MAX의 개념

(2) 용어 설명 2 : 업 카운터, 다운 카운터, 업 다운 카운터

또한 타이머/카운터의 값은 증가 혹은 감소하는데 0, 1, 2, 3…과 같이 증가하면 업 카운터, 10, 9, 8…과 같이 감소하면 다운 카운터, 4, 5, 6, 5, 4와 같이 증가 후 감소하면 업 다운 카운터라고 한다.

표 8-21 • 카운터의 종류

용어	설명	예
업 카운터	카운터 값이 항상 증가함	0x00 → 0x01 → 0x02 → … → 0xFF → 0x01 → 0x02
다운 카운터	카운터 값이 항상 감소함	0xFF → 0xFE → 0xFD → … → 0x00 → 0xFF → 0xFE
업 다운 카운터	카운터 값이 증가하다가 감소함	0x00 → 0x01 → 0x02 → … → 0x0FF → 0xFE → 0xFD

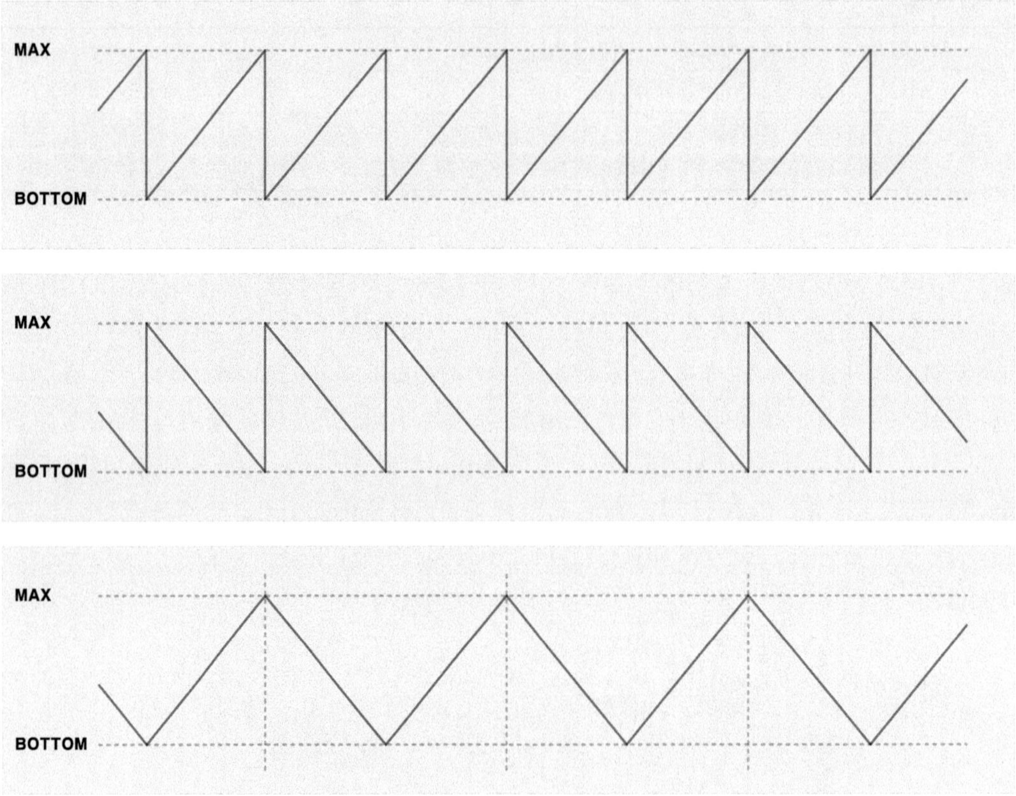

그림 8-11 • 위에서부터 차례로 업 카운터, 다운 카운터, 업 다운 카운터

3.2 타이머/카운터 0과 타이머/카운터 2의 블록 다이어그램

타이머/카운터 0과 타이머/카운터 2의 블록 다이어그램은 [그림 8-12]와 같다. 이 구조를 이해하는 것은 타이머/카운터를 이해하고 동작시키는 데 많은 도움이 되기 때문에 잘 이해하도록 하자.

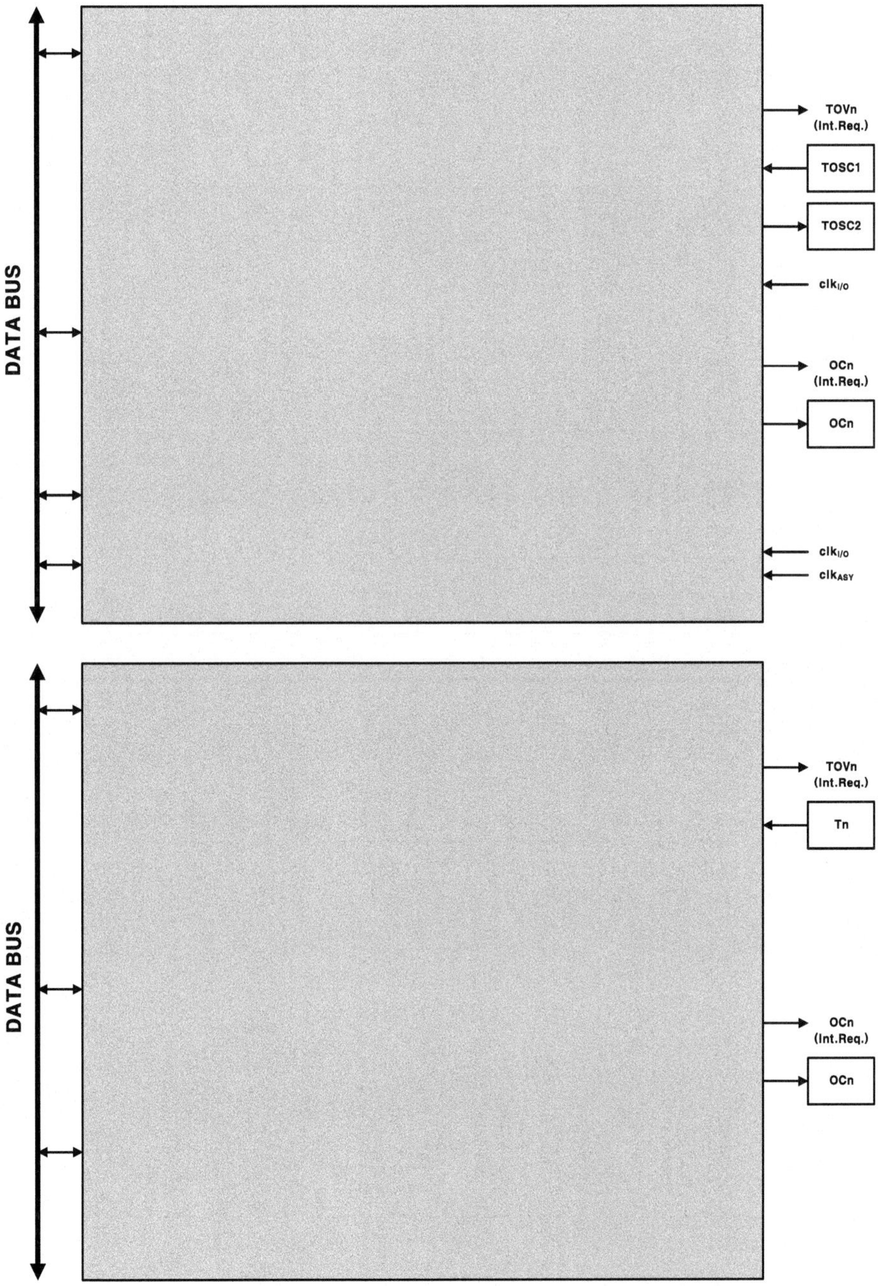

그림 8-12 • 타이머/카운터 0과 타이머/카운터 2 외부 인터페이스 블록도

[그림 8-12]의 블록 다이어그램을 살펴보면 TOSC1과 TOSC2가 있는 것을 제외하고 타이머/카운터 0과 2는 크게 차이가 없는 것을 알 수 있다. ATmega128의 타이머/카운터는 그 구조가 대개 유사하기 때문에 굳이 4개의 모든 구조를 설명할 필요는 없다. 이중 8비트 구조가 16비트에 비해 간단하기 때문에 타이머/카운터 0 혹은 2를 설명하는 것이 좋은데 이중 타이머/카운터 0이 외부 입력을 받아들인다는 점에서 2에 비해 조금 더 복잡하므로 가장 간단한 타이머/카운터 2를 설명하도록 한다.

타이머/카운터 2에 대해 설명한 후 이를 바탕으로 외부 입력이 있는 타이머/카운터 0의 구조를 살펴보고 이를 확장하여 16비트 타이머 카운터를 살펴보면 좋을 것이다.

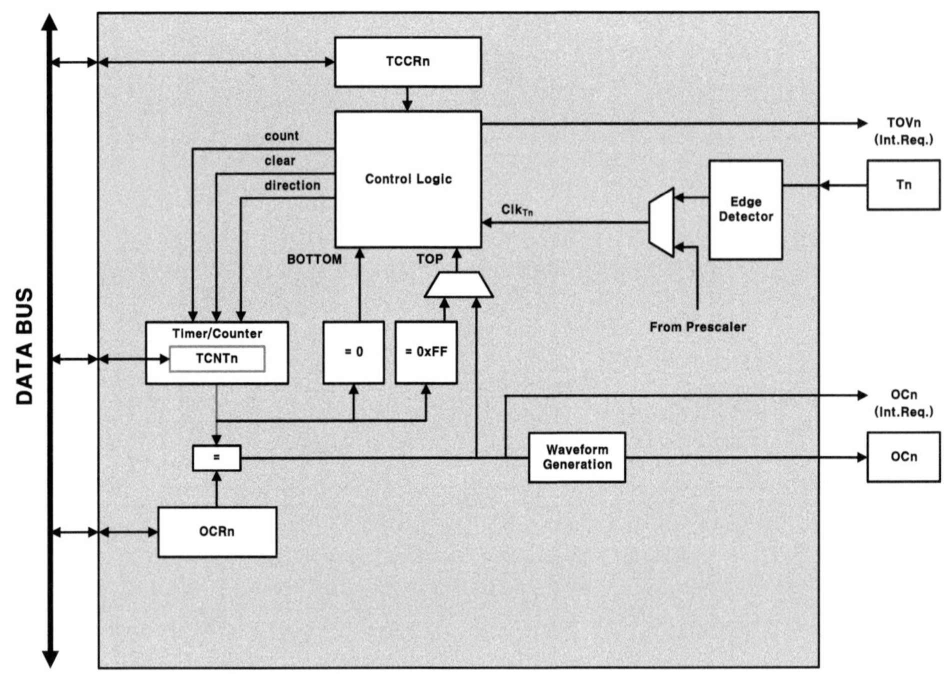

그림 8-13 • 타이머/카운터 0 전체 블록도

(1) 카운터 부

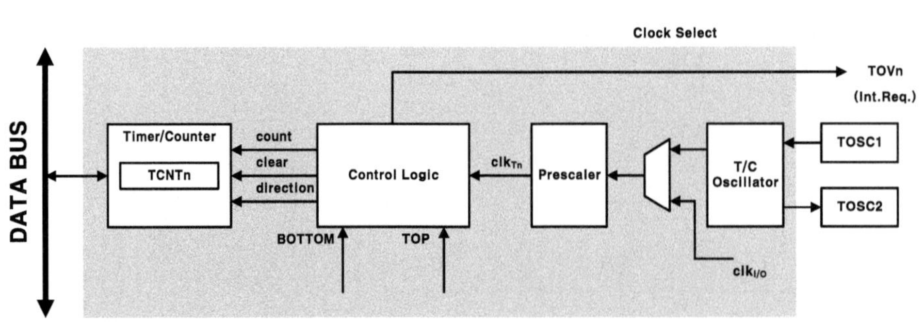

그림 8-14 • 타이머/카운터 0 카운터 블록도

타이머/카운터 0과 2의 카운터부의 구성은 [그림 8-14]와 같으며 클럭의 입력을 어떻게 받을지 결정한다. 타이머/카운터의 클럭은 외부핀 Tn 혹은 분주기(Prescaler)를 통해 입력받을 수 있는데 이 두 개의 클럭 중 하나를 클럭 선택기가 선택하여 컨트롤 로직(Control Logic)으로 입력한다. 이 클럭 선택부의 클럭 선택은 타이머 카운터 컨트롤 레지스터 TCCR의 CS22-CS20 비트에 의해 결정되고 타이머/카운터 오버플로우 인터럽트 TOV는 TCCR 레지스터의 파형 발생 모드 비트 WGMn1, WGMn0에 의해 결정된다. TOV 인터럽트는 MAX인 0xFF에서 0x00으로 값이 바뀔 때 발생한다.

(2) 출력 비교부

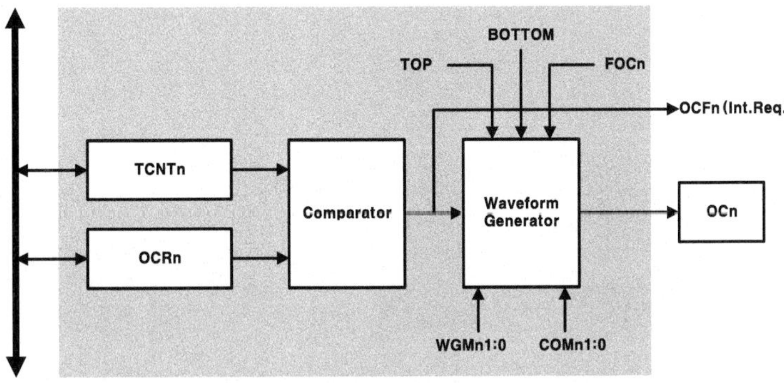

그림 8-15 • 타이머/카운터0 출력 비교부 블럭도

출력 비교부의 구성은 [그림 8-15]와 같으며 증가되는 카운터 값과 사용자가 설정한 값을 비교한 후 인터럽트 발생 혹은 출력으로 내보내는 기능을 한다. 타이머/카운터가 동작 중에 증가(혹은 감소)하는 TCNT와 OCR이 항상 비교되다가 값이 일치(compare match)되면 출력 비교 인터럽트(Output Compare interrupt)를 발생한다. 또한 레지스터 설정에 따라 외부 핀 OCn으로 신호를 출력할 수도 있다.

TCNT 레지스터, OCR 레지스터 값과 적절한 동작 모드를 설정하면 다양한 주파수의 파형을 발생시킬 수 있다.

(3) 비교 일치 출력부

[그림 8-16]의 비교 일치 출력 비교부를 살펴보면 OCn 핀은 병렬 I/O 포트와 기능을 겸하고 있다는 것을 알 수 있다. 따라서 병렬 I/O 포트가 아니라 타이머/카운터의 비교 출력 신호로서 사용하려면 첫 번째 COMn1, 0 비트 설정에 의해 2:1 멀티플렉서 중 하나의 입력을 선택하고 DDRx에 의해 3-state를 DDRx를 통해 출력으로 설정해놓아야 한다.

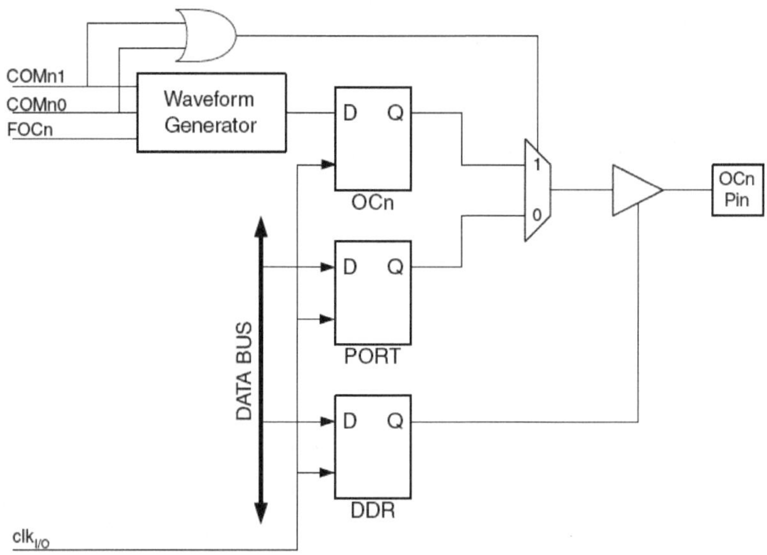

그림 8-16 • 타이머/카운터 0 비교 일치 출력부

(4) 타이머/카운터 0과 타이머/카운터 2의 차이점

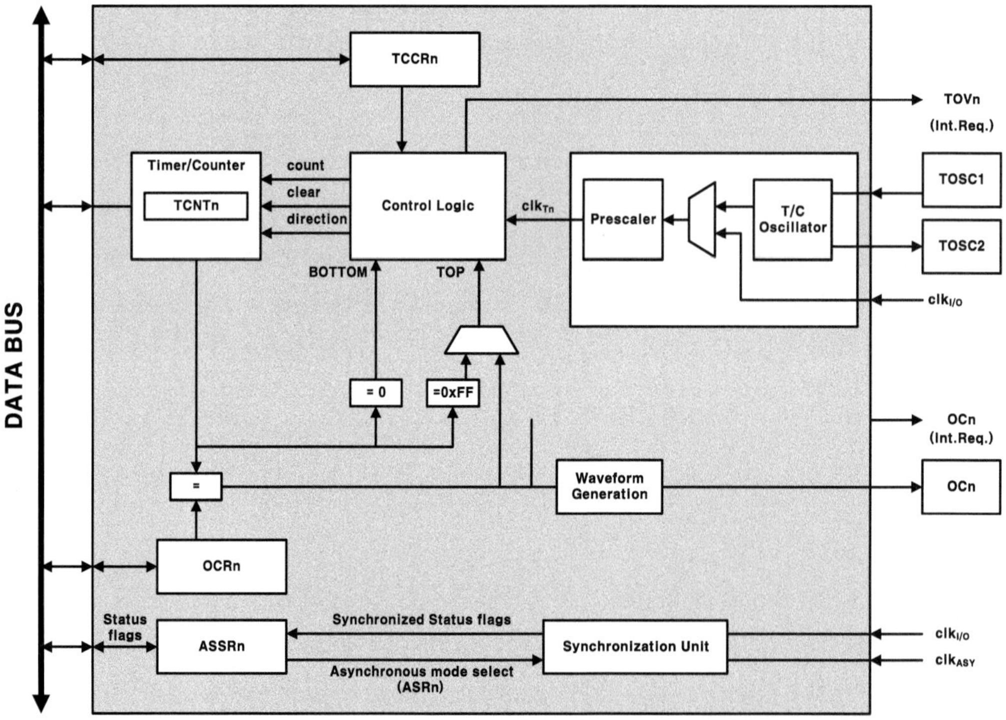

그림 8-17 • 타이머/카운터 0과 2의 차이점

타이머/카운터 0과 타이머/카운터 2는 한 가지 차이점을 빼고는 동일하다고 앞서 말하였다. 위의 블록 다이어그램은 타이머/카운터 0인데 점선으로 쳐진 부분만 서로 다르기 때문에 이 부분에 대해서만 설명하겠다.

첫 번째 상단 부분에 타이머/카운터 2와 같이 T2 단자가 없는 대신에 TOSC1, TOSC2 단자가 있어 32.768kHz의 외부 클럭을 입력받을 수 있다는 점이 다르다.

두 번째 하단 부분에 시스템 클럭에 의해 동기적으로 동작하는 타이머/카운터가 아닌 비동기적인 타이머/카운터 동작을 위한 회로부가 별도로 내장되어 있다는 점이 다르다.

3.3 타이머/카운터 0과 타이머/카운터 2 관련 레지스터

(1) TCCR0와 TCCR2 레지스터

TCCRn(Timer/Counter n Control Register A, n = 0 or 2) 레지스터는 타이머/카운터의 제어에 관련된 설정을 하는 꽤 복잡한 레지스터이다. TCCRn은 크게 4가지의 기능을 갖고 있는데, 강제 출력 비교(Force Output Compare) 선택, 파형 발생 모드(WGM Mode) 선택, 비교 일치 출력 모드(Output Compare Mode) 선택, 클럭 소스(Clock Source) 입력의 선택 기능을 가진다.

	BIT	7	6	5	4	3	2	1	0
TCCR0 $33($53)		FOC0	WGM00	COM01	COM00	WGM01	CS02	CS01	CS00
	R/W	W	R/W	R/W	R/W	R/W	R/W	R/W	R/W
	INIT	0	0	0	0	0	0	0	0

그림 8-18 • 타이머/카운터 컨트롤 레지스터 0 (TCCR0 : Timer/Counter Control Register 0)

	BIT	7	6	5	4	3	2	1	0
TCCR2 $25($45)		FOC2	WGM20	COM21	COM20	WGM21	CS22	CS21	CS20
	R/W	W	R/W	R/W	R/W	R/W	R/W	R/W	R/W
	INIT	0	0	0	0	0	0	0	0

그림 8-19 • 타이머/카운터 컨트롤 레지스터 2 (TCCR2 : Timer/Counter Control Register 2)

각 비트에 대해 설명하기 전에 TCCR0와 TCCR2를 살펴보면 두 레지스터의 비트가 동일하게 보일 수도 있다. 그러나 클럭 소스 입력이 차이가 있는데 타이머/카운터 2는 마지막 CS 비트 설정에 따라 외부 입력을 받아들일 수 있는 반면 타이머/카운터 0은 CS 비트를 설정한다 하더라도, 외부 입력을 받아들일 수 없다. 대신 분주비를 선택할 수 있는 선택의 폭이 조금 더 넓다.

- **BIT 7 : 강제 출력 비교 비트(FOC : Force Output Compare)**
  PWM 모드가 아닌 경우만 유효한 것으로 이 비트를 세트하면 즉시, 강제로 OC 단자에 출력 비교가 일치된 것과 동일한 출력을 내보낸다. 그러나 인터럽트를 발생하지도 않으며, TCNT 레지스터를 클리어하지도 않기 때문에 특별한 경우가 아니라면 0으로 설정한다.
- **BIT 6, 3 : 파형 발생 모드 비트(WGM : Waveform Generate Mode)**
  비트 설정에 따른 파형 발생 모드(Waveform Generation Mode)를 선택한다. 파형 발생 모드는 일반 모드, CTC 모드(Clear Timer on Compare Match Mode), 고속 PWM(Fast PWM), 위상 교정 PWM(Phase Correct PWM) 4가지가 있다. 이 비트 값에 따라 다양한 설정이 있으므로 다음 표에서 다시 설명하도록 한다.
- **BIT [5:4] : 비교 일치 출력 모드 비트(COM : Compare Match Output Mode)**
  COM비트의 설정에 따라 OC 핀의 동작이 결정된다. 이는 타이머/카운터의 동작 모드에 따라 달라진다. 한 가지 유의할 점은 OC 핀으로 출력을 원하는 경우 이미 해당 포트의 출력 방향을 DDRx에서 출력으로 설정해놓아야 한다는 점이다. 이 비트 값에 따라 다양한 설정이 있으므로 다음 표에서 다시 설명하도록 한다.
- **BIT [2:0] : 클럭 선택 비트 (CS : Clock Select)**
  CS 비트에 따라서 타이머 카운터의 클럭을 무엇으로 받을지 결정한다. 클럭 소스 입력을 받을지 받지 않을지, 받으면 어떠한 분주비(Prescale)로 받을지 등을 결정한다. 이 비트 값에 따라 다양한 설정이 있으므로 다음 표에서 다시 설명하도록 한다.

WGM 비트 설정에 따라서 발생하는 동작 모드는 [표 8-22]와 같다. 타이머/카운터 0과 타이머/카운터 2가 동일하므로 하나의 표로 대체하도록 한다.

표 8-22 • WGM 비트 설정에 따른 파형 발생 모드 선택

Mode	WGMn1	WGMn0	T/C Mode of Operation	TOP	Update of OCRn	TOV Flag Set-on
0	0	0	Normal Mode	0xFF	Immediate	MAX → BOTTOM
1	0	1	Phase Correct PWM Mode	0xFF	TOP → TOP-1	BOTTOM → 0x01
2	1	0	CTC Mode	OCRn	Immediate	MAX → BOTTOM
3	1	1	Fast PWM Mode	0xFF	TOP → BOTTOM	MAX → BOTTOM

COM 비트 설정에 따른 OC의 출력은 [표 8-23]과 같이 3 종류로 총 12가지가 있다.

표 8-23 • COM 비트 설정에 따른 OC 출력

Mode	COM01	COM00	설명
Non-PWM Mode	0	0	범용 I/O 포트로 동작(OC 출력 차단됨)
	0	1	비교 일치에서 OC 출력을 토글
	1	0	비교 일치에서 OC = 0으로 클리어
	1	1	비교 일치에서 OC = 1로 세트
Fast-PWM Mode	0	0	범용 I/O 포트로 동작(OC 출력 차단됨)
	0	1	사용되지 않음(Reserved)
	1	0	비교 일치에서 OC = 0으로 클리어, BOTTOM에서 OC를 1로 세트 (비반전 비교 출력 모드)
	1	1	비교 일치에서 OC = 1로 세트, BOTTOM에서 OC를 0으로 클리어 (반전 비교 출력 모드)
Phase Correct PWM Mode	0	0	범용 I/O 포트로 동작(OC 출력 차단됨)
	0	1	사용되지 않음(Reserved)
	1	0	업 카운팅에서 비교 일치 시 OC = 0, 다운 카운팅에서 비교 일치 시 OC = 1
	1	1	업 카운팅에서 비교 일치 시 OC = 1, 다운 카운팅에서 비교 일치 시 OC = 0

CS 비트는 타이머/카운터에서 사용할 클럭을 선택하는데 [표 8-24]와 같이 비트 선택에 따라 다양한 클럭을 선택할 수 있다. 다만 T/C0과 T/C2는 약간 차이가 있는데 표 끝부분에서 TC/2는 외부 입력을 받아들일 수 있는 반면 T/C0은 외부 입력을 받아들일 수 있는 클럭 선택 비트가 없다.

표 8-24 • T/C2에서 CS 비트 설정에 따른 클럭 선택

CS02	CS01	CS00	클럭 소스의 기능
0	0	0	클럭 소스의 입력을 차단*
0	0	1	$clk_{I/O}$ / 1
0	1	0	$clk_{I/O}$ / 8
0	1	1	$clk_{I/O}$ / 32
1	0	0	$clk_{I/O}$ / 64
1	0	1	$clk_{I/O}$ / 128
1	1	0	$clk_{I/O}$ / 256
1	1	1	$clk_{I/O}$ / 1024

* 타이머/카운터 기능이 정지됨

표 8-25 • T/C0에서 CS 비트 설정에 따른 클럭 선택

CS02	CS01	CS00	클럭 소스의 기능
0	0	0	클럭 소스의 입력을 차단*
0	0	1	clk $_{I/O}$ / 1
0	1	0	clk $_{I/O}$ / 8
0	1	1	clk $_{I/O}$ / 32
1	0	0	clk $_{I/O}$ / 64
1	0	1	clk $_{I/O}$ / 128
1	1	0	T2에서 입력 받음**
1	1	1	T2에서 입력 받음***

* 타이머/카운터 기능이 정지됨
** T2 핀에서 입력받되 하강 엣지에서 동작
*** T2 핀에서 입력받되 상승 엣지에서 동작

(2) TCNT0와 TCNT2 레지스터

TCNTn(Timer/Counter Register n, n = 0 or 2) 레지스터는 타이머/카운터의 카운터 값을 저장하고 있는 레지스터이다. 만일 업 카운터라면 0x05, 0x06, 0x07과 같은 값이 변화하면서 저장되어 있을 것이다. 이 레지스터 값은 언제든지 읽거나 쓸 수 있지만, 동작 중에 수정하게 되면 사용자의 의도와 다르게 TCNT 값과 OCR 값을 비교하여 출력 신호를 발생할 수 있으므로 주의하도록 한다. TCNT0와 TCNT2가 동일하기 때문에 TCNT2에 대한 설명은 생략한다.

TCNT0 $32($52)								
BIT	7	6	5	4	3	2	1	0
	TCNT0[7:0]							
R/W	R/W	R/W	R/W	R/W	R/W	R/W	R/W	R/W
INIT	0	0	0	0	0	0	0	0

그림 8-20 • TCNT0 레지스터

TCNT2 $24($44)								
BIT	7	6	5	4	3	2	1	0
	TCNT2[7:0]							
R/W	R/W	R/W	R/W	R/W	R/W	R/W	R/W	R/W
INIT	0	0	0	0	0	0	0	0

그림 8-21 • TCNT2 레지스터

(3) OCR0와 OCR2 레지스터

OCR(Output Compare Register) 레지스터는 타이머/카운터 레지스터 TCNT 값과 비교하여 OC2 단자에 출력을 발생하기 위한 8 비트 값을 저장하는 레지스터이다. OCR0와 OCR2가 동일하기 때문에 OCR2에 대한 설명은 생략한다.

OCR0 $31($51)	BIT	7	6	5	4	3	2	1	0
		OCR0[7:0]							
	R/W	R/W	R/W	R/W	R/W	R/W	R/W	R/W	R/W
	INIT	0	0	0	0	0	0	0	0

그림 8-22 • OCR0 레지스터

OCR2 $23($43)	BIT	7	6	5	4	3	2	1	0
		OCR2[7:0]							
	R/W	R/W	R/W	R/W	R/W	R/W	R/W	R/W	R/W
	INIT	0	0	0	0	0	0	0	0

그림 8-23 • OCR2 레지스터

OCR 레지스터에서 주의할 점이 한 가지 있는데, OCR 레지스터는 이중 버퍼 구조로 되어 있어 사용자가 동작 중에 값을 수정한다 하더라도 바로 바뀌지 않고 TOP 혹은 BOTTOM에 도달했을 때 변경된다. 따라서 글리치(노이즈 신호)가 발생하지 않는다. 그런데 항상 그런 것이 아니고 PWM 모드가 아닌 일반 CTC 모드에서는 이중 버퍼링 구조로 동작하지 않기 때문에 글리치가 발생할 수도 있다는 점을 주의해야 한다.

(4) ASSR(Asynchronous Status Register)

ASSR은 타이머/카운터 0에만 해당되는 레지스터로서 외부 클럭에 의하여 비동기 모드로 동작하는 경우에 관련된 기능을 수행한다.

	BIT	7	6	5	4	3	2	1	0
ASSR $30($50)		-	-	-	-	AS0	TCN0UB	OCR0UB	TCR0UB
	R/W	R	R	R	R	R/W	R	R	R
	INIT	0	0	0	0	0	0	0	0

그림 8-24 • ASSR 레지스터

- **BIT [7:4] : 사용되지 않음(Reserved)**
- **BIT 3 : AS0 (Asynchronous Timer/Counter)**
  타이머/카운터 0의 클럭 소스를 선택하는 비트이다. AS=0으로 설정하면 내부 클럭 clkI/O가 선택되어 동기적으로 동작되고 AS=1로 설정하면 외부 클럭 TOSC1이 선택되어 비동기적으로 동작한다. 한 가지 주의할 점은 AS0의 값을 수정하면 TCNT0, OCR0, TCCR0의 값이 깨질 수 있으며, 그 외 예상치 않은 인터럽트가 발생할 우려가 있으므로 주의해서 사용해야 한다.
- **BIT 2 : TCN0UB(Timer/Count 0 Update Busy)**
  타이머/카운터 0이 비동기적으로 동작하고 있는 경우 TCNT0에 새로운 값이 써질 때 TCN0UB=1로 세트되며 쓰기가 완료되면 TCN0UB=0으로 클리어된다.
- **BIT 1 : OCR0UB(Output Compare Register 0 Update Busy)**
  타이머/카운터 0이 비동기적으로 동작하고 있는 경우 OCR0에 새로운 값이 써질 때 OCR0UB=1로 세트되며 쓰기가 완료되면 OCR0UB=0으로 클리어된다.
- **BIT 0 : TCR0UB(Timer/Counter Control Register 0 Update Busy)**
  타이머/카운터 0이 비동기적으로 동작하고 있는 경우 TCCR0에 새로운 값이 써질 때 TCR0UB=1로 세트되며 쓰기가 완료되면 TCR0UB=0으로 클리어된다.

비동기 모드를 다루는 것은 동기 모드에 비해서 여러모로 까다롭다. 비동기 타이머 사용 시 단지 AS0 비트만 1로 바꾸어서 바로 사용 가능한 것은 아니다. 이러한 경우 예기치 않은 문제가 발생할 수 있어, 인터럽트 금지 후 TCCR0, OCR0, TCNT0 설정, TCN0UB, OCR0UB, TCR0UB의 상태 점검, 이후 인터럽트 허용 상태로 놓는 등 까다로운 절차가 필요하다. 또한 비동기 모드에서 슬립 모드를 사용할 경우는 조금 더 복잡한데 이에 대한 자세한 내용은 이 책의 범위를 넘어서므로 데이터 시트를 참조하기 바란다.

(5) TIMSK 레지스터

TIMSK(Timer/Counter Interrupt Mask Register) 레지스터는 타이머/카운터 0~2가 발생하는 인터럽트를 개별적으로 허용하는 기능을 수행하는 레지스터이다. [그림 8-25]에서는 타이머/카운터 0에 해당하는 TIMSK 비트를 나타내었다.

	BIT	7	6	5	4	3	2	1	0
TIMSK $37($57)		OCIE2	TOIE2	TICIE1	OCIE1A	OCIE1B	TOIE1	OCIE0	TOIE0
	R/W	R/W	R/W	R/W	R/W	R/W	R/W	R/W	R/W
	INIT	0	0	0	0	0	0	0	0

그림 8-25 • TIMSK 레지스터

표 8-26 • TIMSK 비트 설정에 따른 타이머/카운터 허용 여부

비트	내용	해당되는 타이머/카운터
BIT 7	OICE2(Timer/Counter2 Output Compare Match Interrupt Enable)	Timer/Counter2
BIT 6	TOIE2(Timer/Counter2 Overflow Interrupt Enable)	Timer/Counter2
BIT 5	TICIE1(Timer/Counter1 Input Capture Interrupt Enable)	Timer/Counter1
BIT 4	OCIEA(Timer/Counter1 Output Compare Match A Interrupt Enable)	Timer/Counter1
BIT 3	OCIE1B(Timer/Counter1 Output Compare Match B Interrupt Enable)	Timer/Counter1
BIT 2	TOIE1(Timer/Counter1 Overflow Interrupt Enable)	Timer/Counter1
BIT 1	OCIE0(Timer/Counter0 Output Compare Match Interrupt Enable)	Timer/Counter0
BIT 0	TOIE0(Timer/Counter0 Overflow Interrupt Enable)	Timer/Counter0

- **BIT 7 : 타이머/카운터 2 출력 비교 인터럽트 허용 비트(OCIE2 : T/C2 Output Compare Match Interrupt Enable)**

  GIE=1, OCIE2=1로 설정되면 타이머/카운터 2의 출력 비교 인터럽트가 허용 상태로 된다.

- **BIT 6 : 타이머/카운터 2 오버플로우 인터럽트 허용 비트(TOIE2 : Timer/Counter2 Overflow Interrupt Enable)**

  GIE=1, TOIE2=1로 설정되면 타이머/카운터 2의 오버플로우 인터럽트가 허용 상태로 된다.

- **BIT 1 : 타이머/카운터 0 출력 비교 인터럽트 허용 비트(OCIE0 : T/C0 Output Compare Match Interrupt Enable)**

  GIE=1, TOIE0=1로 설정되면 타이머/카운터 0의 오버플로우 인터럽트가 허용 상태로 된다.

- **BIT 0 : 타이머/카운터0 오버플로우 인터럽트 허용 비트(TOIE0 : Timer/Counter0 Overflow Interrupt Enable)**
  GIE=1, TOIE0=1로 설정되면 타이머/카운터 0의 오버플로우 인터럽트가 허용 상태로 된다.

나머지 비트의 기능은 각각의 타이머/카운터를 설명하는 부분에서 설명하도록 하겠다.

(6) TIFR 레지스터

TIFR(Timer/Counter Flag Register) 레지스터는 타이머/카운터 0~2가 발생하는 인터럽트 플래그(Flag)가 저장되는 레지스터이다. [그림 8-26]에서는 타이머/카운터 0에 해당하는 TIFR 비트를 나타내었다.

	BIT	7	6	5	4	3	2	1	0
TIFR $36($57)		OCF2	TOV2	ICF1	OCF1A	OCF1B	TOV1	OCF0	TOV0
	R/W	R/W	R/W	R/W	R/W	R/W	R/W	R/W	R/W
	INIT	0	0	0	0	0	0	0	0

그림 8-26 • TIFR 레지스터

- **BIT 7 : 타이머/카운터 2 출력 비교 플래그 비트(OCF2 : T/C2 Output Compare Flag)**
  타이머/카운터 2에서 TCNT2와 OCR2 값이 같아지면 OCF2=1로 세트되면서 인터럽트를 요청하고 인터럽트가 처리되기 시작할 때 하드웨어에 의해 자동으로 OCF2=0으로 클리어된다.
- **BIT 6 : 타이머/카운터 2 오버플로우 플래그 비트(TOV2 : T/C2 Overflow Flag)**
  타이머/카운터 2에서 오버플로우가 발생하면 TOV2=1로 세트되면서 인터럽트를 요청하고 인터럽트가 처리되기 시작할 때 하드웨어에 의해 자동으로 TOV2=0으로 클리어된다.
- **BIT 1 : 타이머/카운터 0 출력 비교 플래그 비트(OCF0 : T/C0 Output Compare Flag)**
  타이머/카운터 0에서 TCNT0와 OCR0 값이 같아지면 OCF0=1로 세트되면서 인터럽트를 요청하고 인터럽트가 처리되기 시작할 때 하드웨어에 의해 자동으로 OCF0=0으로 클리어된다.
- **BIT 0 : 타이머/카운터 0 오버플로우 플래그 비트(TOV0 : T/C0 Overflow Flag)**
  타이머/카운터 0에서 오버플로우가 발생하면 TOV0=1로 세트되면서 인터럽트를 요청하고 인터럽트가 처리되기 시작할 때 하드웨어에 의해 자동으로 TOV0=0으로 클리어된다.

3.4 타이머/카운터 0과 타이머/카운터 2의 동작 모드

타이머/카운터 0과 타이머/카운터 2는 앞서 살펴본 바와 같이 4개의 동작 모드를 가진다. 참고로 타이머/카운터 1과 3은 PFC PWM(Phase and Frequency Correct PWM Mode) 모드라는 것이 추가된다. 설명의 편의를 위해서 Normal Mode → CTC Mode → Fast PWM Mode → Phase Correct Mode 순으로 설명하겠다.

표 8-27

Mode	WGMn1	WGMn0	T/C Mode	용도
0	0	0	Normal Mode	외부 펄스 입력을 세는 단순한 카운터 용도로 적합
2	1	0	CTC Mode	원하는 시간 간격을 갖는 주기적인 인터럽트 발생시키는데 적합
3	1	1	Fast PWM Mode	다른 PWM에 비해 두 배의 스위칭 주파수를 가질 수 있음 대칭 동작이 필요 없고, 일정 스위칭 주파수에서 듀티비만 가변하는 단순한 경우에 적합
1	0	1	Phase Correct PWM	일정 스위칭 주파수에서 아주 가끔 듀티비를 변경하는 경우에 적합 단, 모드 특성상 비대칭 출력파형을 생성하는 단점을 가지고 있음

(1) 일반 모드(Normal Mode)

가장 간단한 카운터인 일반 모드는 WGMn1,0 = 00으로 설정하면 된다. 계수 증가는 BOTTOM → MAX 순으로 단순하게 증가하는 업 카운터로만 동작되며 타이머/카운터 값이 클리어되지는 않는다. 인터럽트는 TCNT 값이 MAX → BOTTOM이 될 때 인터럽트가 발생하며 외부 펄스 입력을 세는 단순한 카운터 용도로 적합하다.

(2) CTC 모드(Clear Timer on Compare Match Mode)

원하는 시간 간격으로 주기적인 인터럽트를 발생시키는 데 적합한 CTC 모드는 WGMn1, 0 = 10으로 설정하면 된다. 카운터가 BOTTOM에서 설정된 OCR 값과 같아지면 0으로 클리어되면서 인터럽트 발생하기 때문에 BOTTOM → OCR(MAX가 아님)으로 계수 동작을 반복한다. 이를 자동 재적재(Auto Reload)라 한다. CTC 모드의 출력을 OCn 단자로 출력시킬 수도 있는데 그 공식은 다음과 같다. 하지만 이전에 COMn1, COMn0 비트를 01로 설정, DDRx=1로 놓아 출력으로 설정해놓아야 한다.

$$f_{OCn} = \frac{f_{\text{clk\_I/O}}}{2 \cdot N \cdot (1 + OCRn)}$$

N : 프리스케일러 분주비

위의 공식을 살펴보면 CTC 모드에서 최대 주파수는 당연히 OCRn=0, N=1이 될 때 발생한다는 것을 알 수 있으며, 최소 주파수는 당연히 OCRn=0xFF, N=최대 분주비(타이머/카운터0과 타이머/카운터 2의 최대 분주비가 다르기 때문)임을 알 수 있다.

CTC 모드에서 주의할 사항은 첫 번째로 출력비교 인터럽트가 2번 발생해야 한 주기가 발생하기 때문에 인터럽트에 의해 발생한 주파수는 두 배 높게 된다는 점이다. 이것은 그리 어렵지 않다. 두 번째 주의 사항은 이보다 조금 복잡하다. 앞에서 OCR 값을 바꿈으로써 주파수를 바꿀 수 있다고 말했는데 문제는 OCR 값을 타이머 동작 중 아무 때나 바꾸면 문제가 생길 수 있다는 것이다(타이머가 시작하기 전에 바꾸는 것은 아무 상관없다. 문제는 타이머가 동작 중일 때이다).

예를 들어 TCNT=0x10을 계수하고 있는데 OCR=0x20으로 바꾼다면 예상했던 대로 0x20에서 인터럽트가 발생할 것이다. 그런데 TCNT=0x50을 계수하고 있는데 OCR=0x20으로 바꾼다면 TCNT는 출력 비교 인터럽트를 발생할 수 없으므로 0xFF까지 증가한 후 오버플로우 인터럽트를 발생시킨다. 물론 한 주기가 끝난 0x00이 된 후에는 이제 다시 0x20에서 인터럽트를 발생시킬 것이다. 이는 OCR 레지스터가 이중 버퍼링 기능이 없기 때문이다.

고속 PWM 모드에는 이중 버퍼링이 있어 위와 같은 경우(즉 타이머 동작 중에 OCR의 변경) 즉각 변경되지 않고, BOTTOM까지 계수한 후 갱신되어 CTC 모드에 비해 안정적으로 동작하는 특징이 있다.

(3) 고속 PWM 모드

고속으로 PWM 파형을 발생시키는 데 적합한 Fast PWM은 WGMn1, 0 = 11으로 설정하면 된다. 모드 자체가 고속 PWM이 가능하므로 Fast이다. 계수는 BOTTOM → MAX 순으로 단순하게 증가하는 방향으로만 반복 수행하는 단방향 경사 동작(Single-slope operation)이다.

COM 비트 설정에 따라 비반전 비교 출력 모드와 반전 비교 출력 모드 기능을 가진다(반전과 비반전은 출력을 토글시키는 형태라고 생각하면 된다).

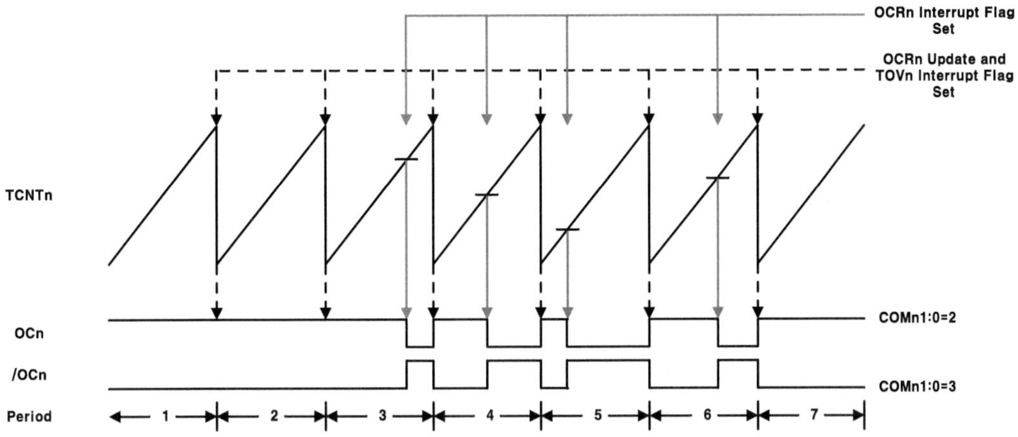

그림 8-27 • 고속 PWM 타이밍도

[그림 8-27]의 타이밍 다이어그램을 보면 주기는 동일한 것을 알 수 있으며, OC(비반전 출력 모드)와 /OC(반진 출력 모드)는 반대로 토글되어 출력됨을 알 수 있다. OC은 COM1:0을 10, /OC는 COMn1:0을 11로 설정하면 된다.

TCNT 값은 BOTTOM → MAX 순으로 증가하다가 OCR 값과 비교하여 같아지면 OC= 0으로 클리어된다. 이후 TCNT=MAX가 되면 타이머 오버플로우 인터럽트가 발생하면서 OC=1로 세트된다.

고속 PWM 모드의 출력을 OCn 단자로 출력시킬 수도 있는데 그 공식은 다음과 같다. 하지만 이전에 COMn1, COMn0 비트를 11로 설정, DDRx=1로 놓아 출력으로 설정해놓아야 한다.

$$f_{OCnPWM} = \frac{f_{\text{clk\_I/O}}}{N \cdot 256}$$

고속 PWM 모드에는 CTC 모드와는 다르게 이중 버퍼링이 있어 OCR 레지스터를 변경한다 하더라도 즉각 갱신되지 않고 현재의 주기가 끝난 후 갱신되기 때문에 CTC모드에 비해 안정적으로 동작하는 특징이 있다.

(4) Phase Correct PWM 모드

높은 분해능의 PWM 출력 파형을 발생하는 데 유용한 PC PWM 모드는 WGMn1, 0 = 01로 설정하면 된다. 이 PC PWM 모드는 주파수는 1/2로 떨어지지만 분해능이 2배인 16비트로 높아지기 때문에 Phase Correct PWM이라 부른다. 계수는 BOTTOM → MAX → BOTTOM 순으로 업 카운터, 다운 카운터의 기능을 동시에 가지는 양방향 경사 동작(Dual-slope operation)이다.

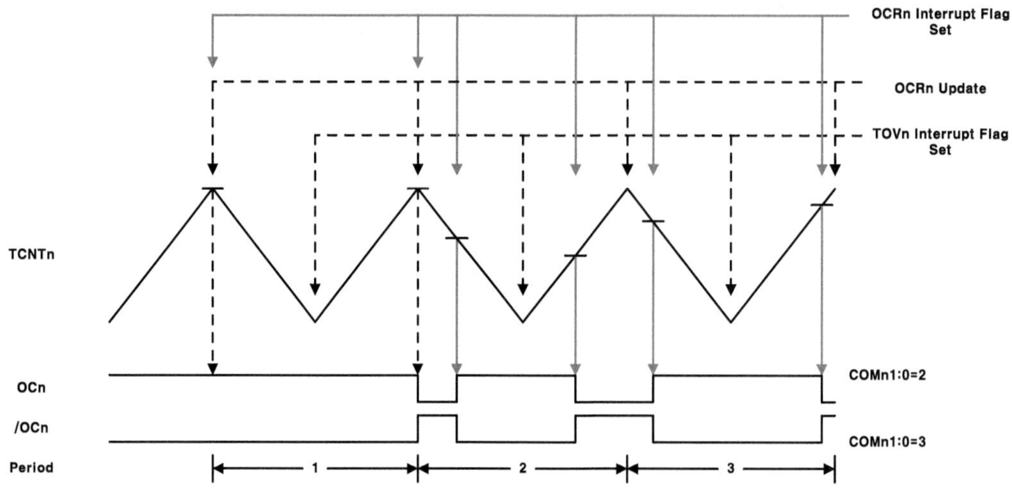

그림 8-28 • Phase Correct PWM 타이밍도

위의 타이밍 다이어그램을 보면 주기는 동일한 것을 알 수 있으며, OC(비반전 출력 모드)와 /OC(반전 출력 모드)는 반대로 토글되어 출력됨을 알 수 있다. OC은 COM1:0을 10, /OC는 COMn1:0을 11로 설정하면 된다.

TCNT 값은 BOTTOM → MAX → BOTTOM 순으로 감소 → 증가 → 감소하는데, 감소 → 증가하다가 TCNT 값이 OCR 값과 비교하여 같아지면 OC= 0으로 클리어되고 증가 → 감소하다가 TCNT 값이 OCR 값과 비교하여 같아지면 OC=1로 세트된다.

Phase Correct PWM 모드의 출력을 OCn 단자로 출력시킬 수도 있는데 그 공식은 다음과 같다. 하지만 이전에 COMn1, COMn0 비트를 11로 설정, DDRx=1로 놓아 출력으로 설정해놓아야 한다.

$$f_{OCnPCPPWM} = \frac{f_{\text{clk\_I/O}}}{N \cdot 510}$$

양방향 PWM을 대칭적으로 가지면 높은 분해능을 가지기 때문에 모터 제어에 적합한 특징을 가진다.

3.5 타이머/카운터 0과 타이머/카운터 2의 동작 타이밍

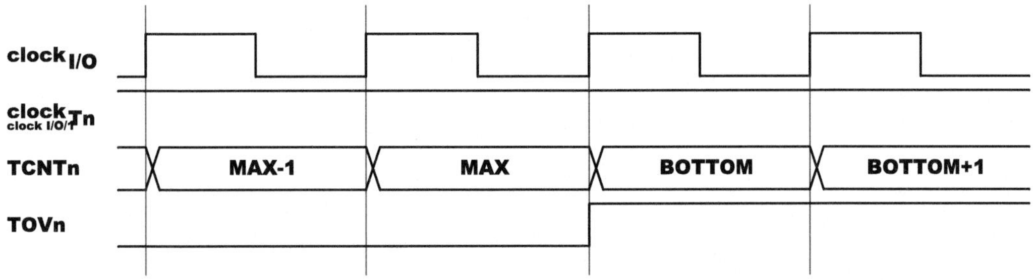

그림 8-29 • 타이머/카운터 0 타이밍도

타이머/카운터의 오버플로우 인터럽트의 정확한 동작 타이밍은 [그림 8-29]와 같다. 즉 TCNT =0xFF가 된 후 다음 clkI/O의 상승 엣지에서 TOV 인터럽트가 발생한다.

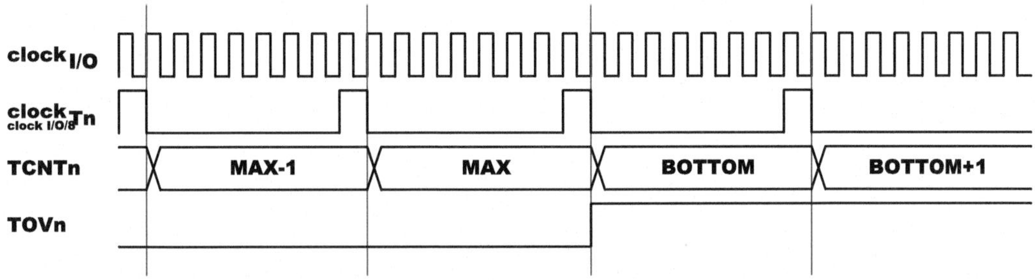

그림 8-30 • 타이머/카운터 2 타이밍도

그러나 분주비가 8인 경우와 8번째 클럭마다 TCNT 값이 변화하면서 [그림 8-30]과 같은 형태로 인터럽트가 발생한다.

4 타이머/카운터 1과 타이머/카운터 3

ATmega128의 타이머/카운터 1과 타이머/카운터 3은 16비트 업/다운 카운터로서 중요 특징은 다음과 같다. 타이머/카운터 1과 타이머/카운터 3은 각각 3개의 PWM 출력과 1개의 캡처 기능을 가지며 내부 클럭을 사용할 수도 있고 외부 클럭을 입력받을 수도 있다. ATmega103 호환 모드를 사용할 경우 타이머/카운터 3은 사용할 수 없지만 호환 모드는 사용하지 않을 것이므로 이에 대해서는 데이터 시트를 참조하기 바란다.

또한 타이머/카운터 1과 3은 타이머 오버플로우 인터럽트 및 출력 비교 인터럽트와 함께 입력 캡처 인터럽트를 가지는 특징이 있다. 또한 OC 하나의 단자에만 출력하는 것이 아니라 OC1A, OC1B, OC1C와 같이 3군데에 출력도 가능하다. 타이머/카운터 1과 타이머/카운터 3은 매우 유사하므로 같이 설명하도록 하겠다.

4.1 타이머/카운터 1과 타이머/카운터 3의 특징

표 8-28 • 타이머/카운터 1과 타이머/카운터 3의 특징

번호	특징	설명
1	True 16-bit Design	16비트 설계
2	Three Independent Output Compare Units	3개의 독립적인 출력 비교 유닛
3	Double Buffered Output Compare Registers	더블 버퍼 처리된 출력 비교 레지스터
4	One Input Capture Unit	1개의 입력 캡처 유닛
5	Input Capture Noise Canceler	입력 캡처 노이즈 제거기
6	Clear Timer on Compare Match (Auto Reload)	설정값과 비교 일치 시 타이머 클리어
7	Glitch-free, Phase Correct Pulse Width Modulator (PWM)	글리치 없는 위상 교정 펄스 폭 변조
8	Variable PWM Period	가변 PWM 조절
9	Frequency Generator	주파수 생성기
10	External Event Counter	외부 이벤트 카운터
11	Ten Independent Interrupt Sources (TOV1, OCF1A, OCF1B, OCF1C, ICF1, TOV3, OCF3A, OCF3B, OCF3C, ICF3)	10개의 독립적인 인터럽트 소스

4.2 타이머/카운터 1과 타이머/카운터 3의 블록 다이어그램

16비트 타이머/카운터 1과 3은 각각 3개의 PWM 출력(OCnA, OCnB, OCnC)과 1개의 입력 캡처 기능(ICPn)을 가지고 있으며, 내부 클럭을 입력으로 하는 타이머 기능과 외부 클럭을 입력으로 하는 카운터 기능도 가지고 있다. 내부 레지스터로는 타이머/카운터를 계수하는 TCNTn, 출력 비교 레지스터 OCRn, 타이머/카운터 제어 레지스터 TCCRnA, TCCRnB, TCCRnC가 있는데 여기서 n은 타이머/카운터 1 혹은 3에 해당한다.

기본적인 구조는 8비트 타이머/카운터와 매우 유사하지만 입력 캡처부가 추가되었으므로 이 부분에 대해서만 설명하도록 하겠다. 입력 캡처 기능은 입력 핀 ICPn의 변화에 따라서 현재의 TCNTn 값이 각각의 입력 캡처 레지스터에 저장되므로 어떠한 외부 신호의 변화에 대해서도 정확한 값을 계수할 수 있는 기능이다.

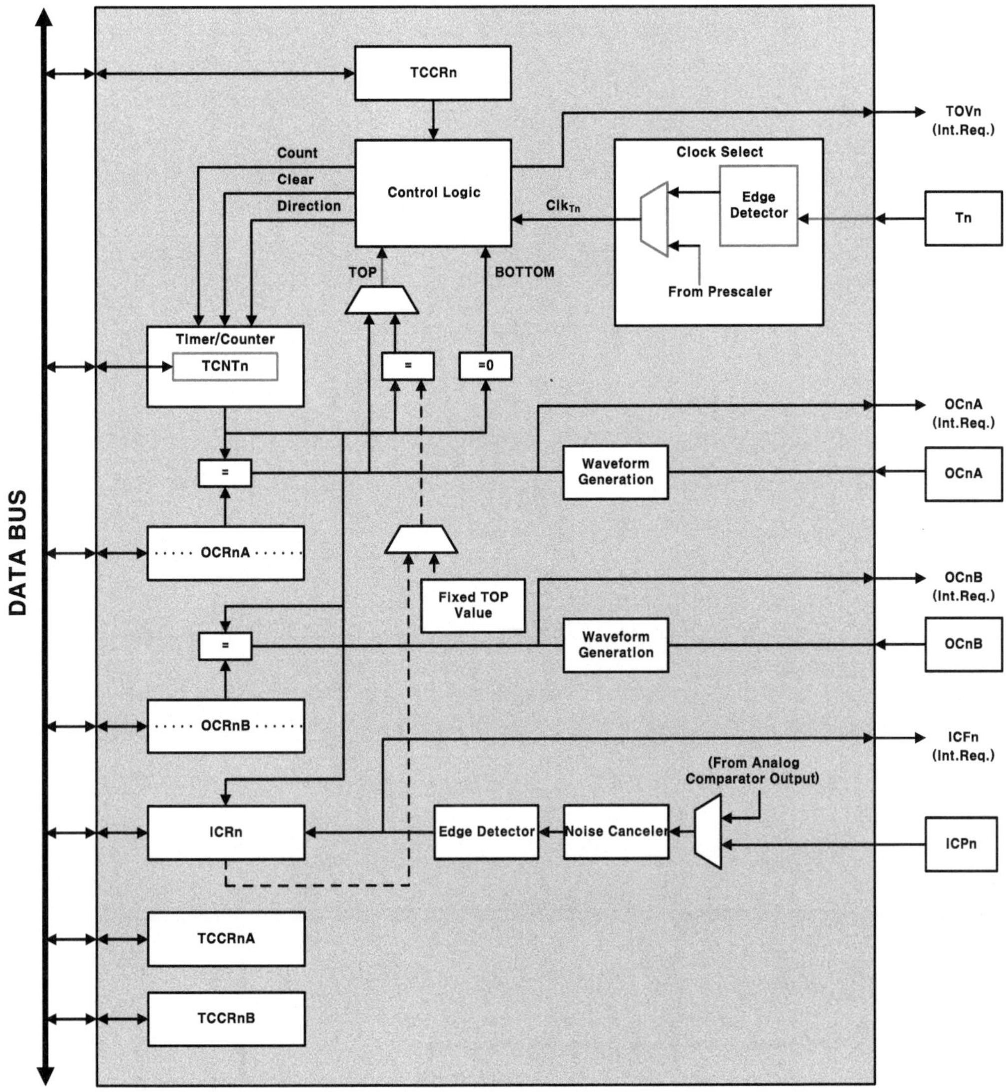

그림 8-31 • 타이머/카운터 1과 타이머/카운터 3의 블록 다이어그램

(1) 카운터부

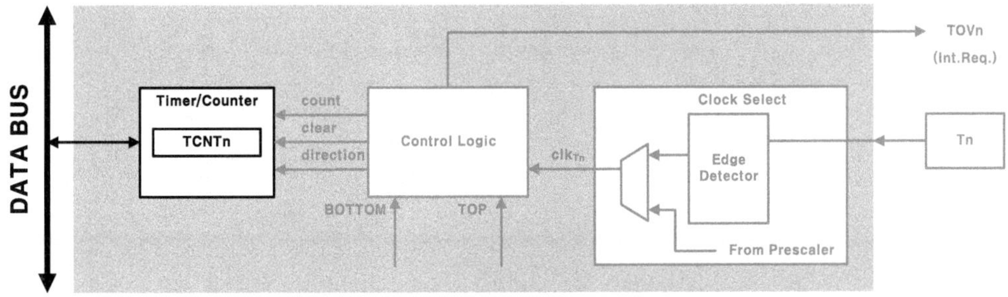

그림 8-32 • 타이머/카운터 0의 카운터 블록도

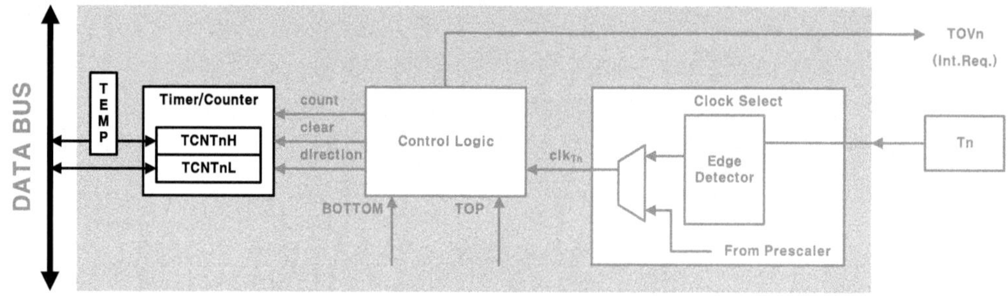

그림 8-33 • 타이머/카운터 1과 3의 카운터 블록도

타이머/카운터 1과 3의 카운터부의 구성은 위의 [그림 8-33]과 같은데 이는 타이머/카운터 0과 거의 동일하다. 하나의 차이점은 타이머/카운터 1과 3은 16비트이기 때문에 TCNT가 상위 TCNTH와 하위 TCNT로 나뉜다. TCNT를 나누어 읽을 경우 문제가 발생하기 때문에 8비트의 TEMP 레지스터를 둔다.

TCNT를 읽을 때 TCNTH를 미리 TEMP에 넣어두고 TCNTL을 읽을 때 동시에 TEMP를 읽어 1클럭 사이클 내에서 16비트 TCNT를 액세스하는 것이 가능하다. 이러한 이유로 타이머/카운터가 동작 중 TCNT를 변경하는 것은 의외의 결과를 발생할 수 있으므로 주의하도록 한다.

(2) 입력 캡처부

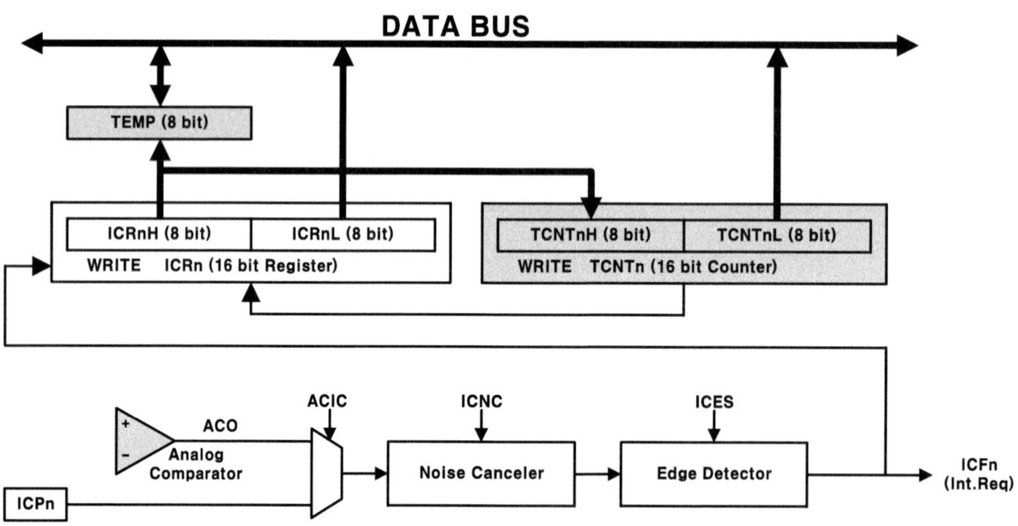

그림 8-34 • 입력 캡처부 블록도

[그림 8-34]의 음영 처리된 부분은 입력 캡처부와 직접 관련은 없는 부분이다.

타이머/카운터 1과 3은 타이머/카운터 0과 2에는 없는 입력 캡처 기능이 있다.

ICPn 단자에서 입력되는 신호에 의해 TCNT의 현재 값을 ICRn 레지스터에 저장하는 기능을 한다.

타이머/카운터 설정 후 계수가 1ms 단위로 증가하게끔 설정하고 어떤 장치의 입력 신호를 ICP에 연결했을 때 ICP의 입력 캡처부는 ICP 단자 이외에 아날로그 비교기로부터 입력을 받을 수도 있다.

캡처 트리거 신호의 잡음을 제거하기 위해 노이즈 제거기회를 사용할 수도 있는데 이를 사용할 경우 4시스템 클럭만큼 느려진다.

(3) 출력 비교부

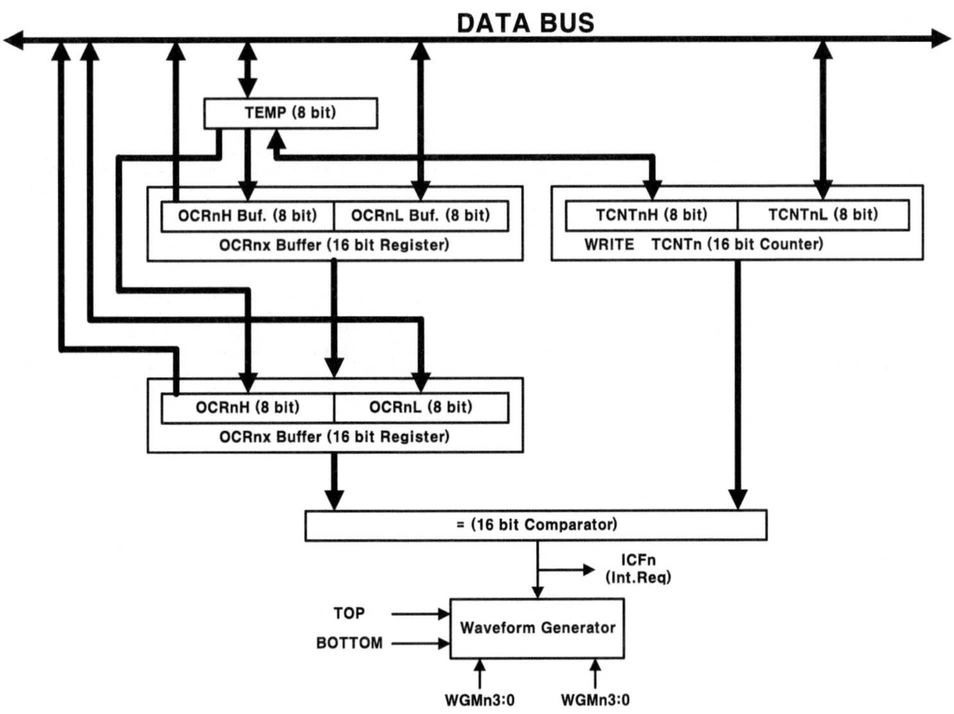

그림 8-35 • 출력 비교부 블록도

출력 비교부의 구성은 위의 [그림 8-35]와 같으며 증가되는 카운터 값과 사용자가 설정한 값을 비교한 후 인터럽트 발생 혹은 출력으로 내보내는 기능을 한다. 타이머/카운터 1과 3은 세 개의 PWM 출력이 가능하여 OCR1A, OCR1B, OCR1C으로 내보낼 수 있다.

비교 출력부는 타이머/카운터가 동작 중에 증가(혹은 감소)하는 TCNTn와 OCRnA, OCRnB, OCRnC와 항상 비교되다가 값이 일치(compare match)되면 출력 비교 인터럽트(Output Compare interrupt)를 발생한다. 또한 레지스터 설정에 따라 외부 핀 OCn으로 신호를 출력할 수도 있다.

TCNT 레지스터, OCR 레지스터 값과 적절한 동작모드를 설정하면 다양한 주파수의 파형을 발생시킬 수 있다.

또한 출력 비교 레지스터 OCR1A, OCR1B, OCR1C는 PWM 모드에서는 이중 버퍼링 구조로 동작되어 글리치를 방지하고 안정적으로 동작하지만 일반 모드나 CTC 모드에서는 이중 버퍼링 구조가 아니라는 점도 유념하기 바란다.

(4) 비교 일치 출력부

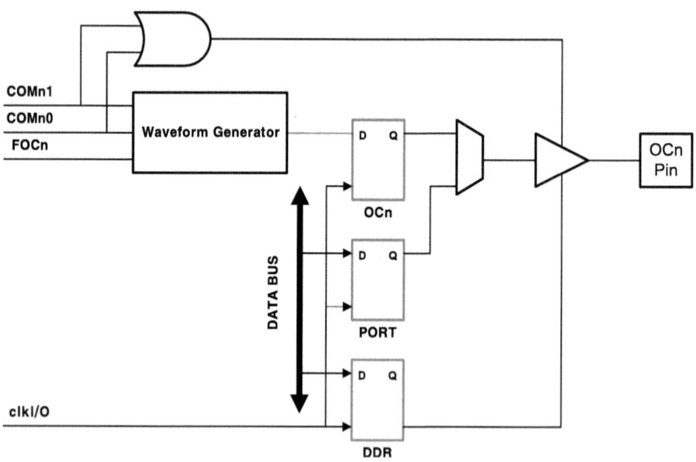

그림 8-36 • 타이머/카운터 0과 2의 비교 일치 출력부

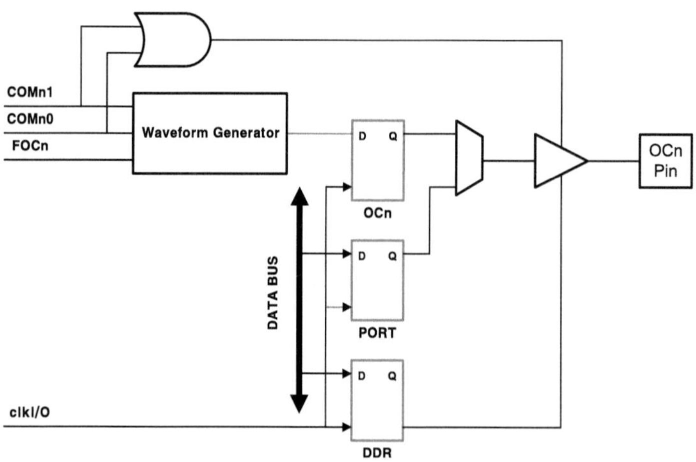

그림 8-37 • 타이머/카운터 1과 3의 비교 일치 출력부

[그림 8-36]과 [그림 8-37]을 보면 타이머/카운터 0과 2가 타이머/카운터 1, 3과 COMn 및 FOCn 설정만 다를 뿐 동일하므로 설명은 생략한다. 구조에 대한 설명은 타이머/카운터 0과 2의 비교 일치 출력부를 살펴보기 바란다.

간단히 OC핀이 타이머/카운터 출력과 일반 병렬 I/O 포트에 동시에 연결되어 있기 때문에 COM 비트 설정을 통해 설정해주어야 하고, DDRx를 출력으로 설정해주어야 한다는 것이다.

당근이의 한마디

이후의 타이머/카운터 1과 3의 레지스터에 관련된 내용은 거의 타이머/카운터 0, 2와 몇 가지 차이를 제외하고는 개념상 동일하다.

예를 들어 타이머/카운터 0의 TCCR0가 타이머/카운터 0 제어 레지스터라면 타이머/카운터 1의 TCCR1도 타이머/카운터 1 제어 레지스터라는 식이다.

물론 타이머/카운터 0과 2, 타이머/카운터 1, 3은 8비트와 16비트로서 같지 않으며, 입력 캡처부가 있다는 점과 PFC PWM 모드가 있다는 점이 다르다.

다음 내용을 각각의 레지스터를 소상히 살펴볼 필요는 없으므로 타이머/카운터 1과 3이 0과 2에 비해 다른 점만 관심 있게 읽어본 후에 나중에 사용하게 될 때 상세하게 살펴보는 것이 좋을 것이다.

4.3 타이머/카운터 1과 타이머 관련 레지스터

(1) TCCR1A과 TCCR3A 레지스터

TCCRnA(Timer/Counter n Control Register A, n = 1 or 3) 레지스터는 타이머/카운터 1 또는 3의 제어에 관련된 설정을 하는 레지스터이다. 타이머/카운터 1과 3은 16비트인데다가 PWM 출력도 A, B, C 세 개, 입력 캡처 기능도 있어 TCCR 레지스터는 꽤 복잡하다. 이러한 설정을 위해 TCCRnA, TCCRnB, TCCRnC 세 개의 레지스터가 있는데 각각의 레지스터에 대해 설명하기 전에 요약해보면 [표 8-29]와 같다.

표 8-29 • TCCRnA, TCCRnB, TCCRnC 레지스터의 요약

번호	레지스터	설명
1	TCCRnA	채널 A, B, C의 비교 출력 모드 설정 / 파형 발생 모드
2	TCCRnB	입력 캡처 설정 / 파형 발생 모드 설정 / 분주비 설정
3	TCCRnC	강제 출력 비교 설정

또한 TCCR1X와 TCCR3X(X = A, B, C)는 거의 동일하므로 같이 설명하도록 하겠다.

BIT	7	6	5	4	3	2	1	0
TCCR1A $2F($4F)	COM1A1	COM1A0	COM1B1	COM1B0	COM1C1	COM1C0	WGM11	WGM10
R/W	R/W	R/W	R/W	R/W	R/W	R/W	R/W	R/W
INIT	0	0	0	0	0	0	0	0

그림 8-38 • TCCR1A 레지스터

BIT	7	6	5	4	3	2	1	0
TCCR3A ($8B)	COM3A1	COM3A0	COM3B1	COM3B0	COM3C1	COM3C0	WGM31	WGM30
R/W	R/W	R/W	R/W	R/W	R/W	R/W	R/W	R/W
INIT	0	0	0	0	0	0	0	0

그림 8-39 • TCCR3A 레지스터

- **BIT [7:6] : 채널 A 비교 일치 출력 모드 비트(COM : Compare Match Output Mode)**
- **BIT [5:4] : 채널 A 비교 일치 출력 모드 비트(COM : Compare Match Output Mode)**
- **BIT [3:2] : 채널 A 비교 일치 출력 모드 비트(COM : Compare Match Output Mode)**
  COM 비트의 설정에 따라 OC 핀의 동작이 결정된다. 이는 타이머/카운터의 동작 모드에 따라 달라진다. 한 가지 유의할 점은 OC 핀으로 출력을 원하는 경우 이미 해당 포트의 출력 방향을 DDRx에서 출력으로 설정해놓아야 한다는 점이다. 이 비트 값에 따라 다양한 설정이 있으므로 다음 표에서 다시 설명하도록 한다.
- **BIT [1:0] : 파형 발생 모드 비트(WGM : Waveform Generate Mode)**
  파형 발생 모드(Waveform Generation Mode)를 선택하는 비트로서 위 두 비트 + TCCRnB의 WGM[3:2] 비트와 결합하여 파형 발생 모드를 설정한다. 이 비트 값에 따라 다양한 설정이 있으므로 [표 8-30]에서 다시 설명하도록 한다.

표 8-30 • COM 비트 설정에 따른 OC 출력

Mode	COMnX	COMnX	설명
Non-PWM Mode	0	0	범용 I/O 포트로 동작(OC* 출력 차단됨)
	0	1	비교 일치에서 OC 출력을 토글
	1	0	비교 일치에서 OC = 0으로 클리어
	1	1	비교 일치에서 OC = 1로 세트
Fast-PWM Mode	0	0	범용 I/O 포트로 동작(OC 출력 차단됨)
	0	1	모드 15의 경우 비교 일치에서 OCnA 토글, OCnB, OCnC는 출력 차단 다른 모드의 경우 정상 포트 동작(OC 출력 차단)**
	1	0	비교 일치에서 OC = 0으로 클리어, TOP***에서 OC를 1로 세트
	1	1	비교 일치에서 OC = 1로 세트, TOP***에서 OC를 0으로 클리어
Phase & Frequency Correct PWM Mode*****	0	0	범용 I/O 포트로 동작(OC 출력 차단됨)
	0	1	모드 9 혹은 모드 14의 경우 비교 일치에서 OCnA 출력 토글, OCnB, OCnC는 출력 차단 다른 모드의 경우 정상 포트 동작 (OC 출력 차단)****
	1	0	업 카운팅에서 비교 일치 시 OC = 0, 다운 카운팅에서 비교 일치 시 OC = 1
	1	1	업 카운팅에서 비교 일치 시 OC = 1, 다운 카운팅에서 비교 일치 시 OC = 0

* OC는 OCnA, OCnB, OCnC 모두를 의미한다. 지면 관계상 OC로 표기하였다.

** 타이머/카운터 0과 2에서 이 설정은 예약되어 있음

*** 타이머/카운터 0과 2에서는 TOP이 아닌 BOTTOM

**** 타이머/카운터 0과 2에서 이 설정은 예약되어 있음

***** Phase & Frequency Correct PWM 모드가 추가되었음을 유의할 것

WGM 비트 설정에 따라서 발생하는 동작 모드는 아래 표와 같다. 타이머/카운터 0과 2가 4개인 것에 비하면 매우 많다.

표 8-31 • WGM 설정에 따른 파형 생성

Mode	WGMn2	WGMn2 (CTCn)	WGMn1 (PWMn1)	WGMn0 (PWMn0)	Timer/Counter Mode of Operation	TOP	Update of OCRnx	TOV1 Flag Set-on
0	0	0	0	0	Normal	0xFFFF	Immediate	MAX
1	0	0	0	1	Phase Correct PWM (8 bit)	0x00FF	TOP	BOTTOM
2	0	0	1	0	Phase Correct PWM (9 bit)	0x01FF	TOP	BOTTOM
3	0	0	1	1	Phase Correct PWM (10 bit)	0x03FF	TOP	BOTTOM
4	0	1	0	0	CTC	OCR1A	Immediate	MAX
5	0	1	0	1	Fast PWM (8-bit)	0x00FF	TOP	TOP
6	0	1	1	0	Fast PWM (9-bit)	0x01FF	TOP	TOP
7	0	1	1	1	Fast PWM (10-bit)	0x03FF	TOP	TOP
8	1	0	0	0	PFC PWM	ICR1	BOTTOM	BOTTOM

(계속 1/2)

Mode	WGMn2	WGMn2 (CTCn)	WGMn1 (PWMn1)	WGMn0 (PWMn0)	Timer/Counter Mode of Operation	TOP	Update of OCRnx	TOV1 Flag Set-on
9	1	0	0	1	PFC PWM	OCR1A	BOTTOM	BOTTOM
10	1	0	1	0	Phase Correct PWM	ICR1	TOP	BOTTOM
11	1	0	1	1	Phase Correct PWM	OCR1A	TOP	BOTTOM
12	1	1	0	0	CTC	ICR1	Immediate	MAX
13	1	1	0	1	Reserved	-	-	-
14	1	1	1	0	Fast PWM	ICR1	Immediate	TOP
15	1	1	1	1	Fast PWM	OCR1A	TOP	TOP

(마침 2/2)

(2) TCCR1B과 TCCR3B 레지스터

TCCRnB(Timer/Counter n Control Register B, n = 1 or 3) 레지스터는 타이머/카운터 1 또는 3의 입력 캡처, 프리스케일러의 분주비를 설정, TCCR1A의 WGM 비트와 함께 동작 모드를 설정하는 레지스터이다.

TCCR1B $2E($4E)								
BIT	7	6	5	4	3	2	1	0
	INC1	ICES1	-	WGM13	WGM12	CS12	CS11	CS10
R/W	R/W	R/W	R	R/W	R/W	R/W	R/W	R/W
INIT	0	0	0	0	0	0	0	0

그림 8-40 • TCCR1B 레지스터

TCCR3B ($8A)								
BIT	7	6	5	4	3	2	1	0
	INC3	ICESE	-	WGM33	WGM32	CS32	CS31	CS30
R/W	R/W	R/W	R	R/W	R/W	R/W	R/W	R/W
INIT	0	0	0	0	0	0	0	0

그림 8-41 • TCCR3B 레지스터

- **BIT 7 : ICNCn (Input Capture Noise Canceler n)**

  ICNCn 비트는 입력 캡처 각각 단자 ICn로 입력되는 캡처 신호를 위한 노이즈 제어 회로가 작동하도록 설정한다. INCn = 1로 세트하면 노이즈 제거회로가 작동, INCn = 0으로 클리어하면 노이즈 회로가 작동되지 않는다. 단 노이즈 회로가 동작할 경우 4시스템 클럭만큼 입력 캡처 신호가 지연된다는 점도 유념하기 바란다.

- **BIT 6 : ICESn (Input Capture Edge Select n)**

  ICESn 비트는 입력 캡처 단자 ICPn로 입력되는 신호의 엣지를 선택한다. ICESn = 1로 세트하면 상승 엣지에서 캡처가 수행되고, ICESn = 0으로 설정하면 하강 엣지에서 캡처가 수행된다. 캡처 신호가 입력되면 현재의 카운터 값이 ICRn에 저장되면서 동시에 입력 캡처 인터럽트가 요청된다.

- **BIT 5 : 사용되지 않음 (Reserved)**
- **BIT [4:3] : 파형 발생 모드 비트(WGM : Waveform Generate Mode)**

  TCCRnA와 결합되어 파형 발생 모드를 설정한다. 이미 설정하였으므로 TCCRnA의 파형 발생 설정 표를 참조하기 바란다.

- **BIT [2:0] : 클럭 선택 비트 (CS : Clock Select)**

  CS 비트에 따라서 타이머 카운터의 클럭을 무엇으로 받을지 결정한다. 클럭 소스 입력을 받을지 받지 않을지 받으면 어떠한 분주비(Prescale)로 받을지 등을 결정한다. 이 비트 값에 따라 다양한 설정이 있으므로 [표 8-32]에서 다시 설명하도록 한다.

표 8-32 • CSn2-CSn0 비트 설정에 따른 클럭 선택

CSn2	CSn1	CSn0	클럭 소스 기능
0	0	0	클럭 입력을 차단(타이머가 동작하지 않음)
0	0	1	clk / 1
0	1	0	clk / 8
0	1	1	clk / 64
1	0	0	clk / 256
1	0	1	clk / 1024
1	1	0	T1 핀에서 입력되는 외부 클럭(하강 엣지에서 동작)
1	1	1	T1 핀에서 입력되는 외부 클럭(상승 엣지에서 동작)

(3) TCCR1C과 TCCR3C 레지스터

TCCRnC(Timer/Counter n Control Register C, n = 1 or 3) 레지스터는 타이머/카운터 1 또는 3의 강제 출력 비교를 설정하는 레지스터이다. 이에 대한 설명은 타이머/카운터 0의 TCCR 레지스터에서 설명하였으므로 생략하도록 한다. 강제 출력 비교는 특별한 경우가 아니라면 0으로 설정해놓도록 한다.

BIT	7	6	5	4	3	2	1	0
TCCR1C ($7A)	FOC1A	FOC1B	FOC1C	-	-	-	-	-
R/W	W	W	W	R	R	R	R	R
INIT	0	0	0	0	0	0	0	0

그림 8-42 • TCCR1C 레지스터

BIT	7	6	5	4	3	2	1	0
TCCR3C ($8C)	FOC3A	FOC3B	FOC3C	-	-	-	-	-
R/W	W	W	W	R	R	R	R	R
INIT	0	0	0	0	0	0	0	0

그림 8-43 • TCCR3C 레지스터

(4) TCNT1과 TCNT3 레지스터

TCNTn(Timer/Counter Register n, n = 1 or 3) 레지스터는 타이머/카운터 1 또는 3의 카운터 값을 저장하고 있는 레지스터이다. TCNT의 개념은 앞서 8비트 타이머/카운터의 TCNT에서 설명하였으므로 생략한다. 다만 TCNT1과 TCNT3은 16비트 구조이기 때문에 읽고 쓰는데 주의할 필요가 있다. TCNT에 값을 쓰는 경우 TCNTnH → TCNTnL 순으로 해야 하고, 값을 읽는 경우 TCNTnL → TCNTnH 순으로 해야 한다.

BIT	15	14	13	12	11	10	9	8
TCNT1H $2D($4D)	TCNT1[15:8]							
TCNT1L $2C($4C)	TCNT1[7:0]							
	7	6	5	4	3	2	1	0
R/W	R/W	R/W	R/W	R/W	R/W	R/W	R/W	R/W
	R/W	R/W	R/W	R/W	R/W	R/W	R/W	R/W
INIT	0	0	0	0	0	0	0	0
	0	0	0	0	0	0	0	0

그림 8-44 • TCNT1 레지스터

BIT	15	14	13	12	11	10	9	8
TCNT3H ($89)	TCNT3[15:8]							
TCNT3L ($88)	TCNT3[7:0]							
	7	6	5	4	3	2	1	0
R/W	R/W	R/W	R/W	R/W	R/W	R/W	R/W	R/W
	R/W	R/W	R/W	R/W	R/W	R/W	R/W	R/W
INIT	0	0	0	0	0	0	0	0
	0	0	0	0	0	0	0	0

그림 8-45 • TCNT3 레지스터

(5) OCR1A, 1B, 1C와 OCR3A, 3B, 3C 레지스터

OCRnx(Output Compare Register n x , n = 1 or 3, x = A, B, C) 레지스터는 타이머/카운터 레지스터 TCNT 값과 비교하여 OCnx 단자에 출력 신호를 발생하기 위한 16비트 값을 저장하는 레지스터이다. 수차례 설명했지만 PWM 모드의 경우 이중 버퍼링을 지원하지만 PWM가 아닌 일반 모드, CTC 모드에서는 이중 버퍼링을 지원하지 않는다는 점도 다시 한 번 기억하기 바란다.

BIT	15	14	13	12	11	10	9	8
OCR1AH $2B($4B)	OCR1A[15:8]							
OCR1AL $2A($4A)	OCR1A[7:0]							
	7	6	5	4	3	2	1	0
R/W	R/W	R/W	R/W	R/W	R/W	R/W	R/W	R/W
	R/W	R/W	R/W	R/W	R/W	R/W	R/W	R/W
INIT	0	0	0	0	0	0	0	0
	0	0	0	0	0	0	0	0

그림 8-46 • OCR1A 레지스터

BIT	15	14	13	12	11	10	9	8
OCR1BH $29($49)	OCR1B[15:8]							
OCR1BL $28($48)	OCR1B[7:0]							
	7	6	5	4	3	2	1	0
R/W	R/W	R/W	R/W	R/W	R/W	R/W	R/W	R/W
	R/W	R/W	R/W	R/W	R/W	R/W	R/W	R/W
INIT	0	0	0	0	0	0	0	0
	0	0	0	0	0	0	0	0

그림 8-47 • OCR1B 레지스터

BIT	15	14	13	12	11	10	9	8
OCR1CH ($79)	OCR1C[15:8]							
OCR1CL ($78)	OCR1C[7:0]							
	7	6	5	4	3	2	1	0
R/W	R/W	R/W	R/W	R/W	R/W	R/W	R/W	R/W
	R/W	R/W	R/W	R/W	R/W	R/W	R/W	R/W
INIT	0	0	0	0	0	0	0	0
	0	0	0	0	0	0	0	0

그림 8-48 • OCR1C 레지스터

BIT	15	14	13	12	11	10	9	8
OCR3AH ($87)	OCR3A[15:8]							
OCR3AL ($86)	OCR3A[7:0]							
	7	6	5	4	3	2	1	0
R/W	R/W	R/W	R/W	R/W	R/W	R/W	R/W	R/W
	R/W	R/W	R/W	R/W	R/W	R/W	R/W	R/W
INIT	0	0	0	0	0	0	0	0
	0	0	0	0	0	0	0	0

그림 8-49 • OCR3A 레지스터

BIT	15	14	13	12	11	10	9	8
OCR3BH ($85)	OCR3B[15:8]							
OCR3BL ($84)	OCR3B[7:0]							
	7	6	5	4	3	2	1	0
R/W	R/W	R/W	R/W	R/W	R/W	R/W	R/W	R/W
	R/W	R/W	R/W	R/W	R/W	R/W	R/W	R/W
INIT	0	0	0	0	0	0	0	0
	0	0	0	0	0	0	0	0

그림 8-50 • OCR3B 레지스터

BIT	15	14	13	12	11	10	9	8
OCR3CH ($83)	OCR3C[15:8]							
OCR3CL ($82)	OCR3C[7:0]							
	7	6	5	4	3	2	1	0
R/W	R/W	R/W	R/W	R/W	R/W	R/W	R/W	R/W
	R/W	R/W	R/W	R/W	R/W	R/W	R/W	R/W
INIT	0	0	0	0	0	0	0	0
	0	0	0	0	0	0	0	0

그림 8-51 • OCR3C 레지스터

(6) ICR1과 ICR3 레지스터

ICRn(Input Capture Register n, n = 1 or 3) 레지스터는 입력 캡처 신호(또는 타이머/카운터 1인 경우에는 아날로그 비교기의 출력 신호)에 의하여 타이머/카운터 레지스터 TCNT1 값을 캡처하여 저장하는 16비트 레지스터이다. 그리고 일부 동작 모드에서 ICR1 레지스터를 TOP으로 사용하기도 한다. 이 레지스터의 설명은 앞의 입력 캡처부를 참조하기 바란다.

BIT	15	14	13	12	11	10	9	8
ICR1H $26($46)	ICR1[15:8]							
ICR1L $27($47)	ICR1[7:0]							
	7	6	5	4	3	2	1	0
R/W	R/W	R/W	R/W	R/W	R/W	R/W	R/W	R/W
	R/W	R/W	R/W	R/W	R/W	R/W	R/W	R/W
INIT	0	0	0	0	0	0	0	0
	0	0	0	0	0	0	0	0

그림 8-52 • ICR1 레지스터

BIT	15	14	13	12	11	10	9	8
ICR3H ($81)	ICR3[15:8]							
ICR3L ($80)	ICR3[7:0]							
	7	6	5	4	3	2	1	0
R/W	R/W	R/W	R/W	R/W	R/W	R/W	R/W	R/W
	R/W	R/W	R/W	R/W	R/W	R/W	R/W	R/W
INIT	0	0	0	0	0	0	0	0
	0	0	0	0	0	0	0	0

그림 8-53 • ICR3 레지스터

(7) TIMSK 레지스터

TIMSK(Timer/Counter Interrupt Mask Register) 레지스터는 타이머/카운터 0~2가 발생하는 인터럽트를 개별적으로 허용하는 기능을 수행하는 레지스터이다. [그림 8-54]에서는 타이머/카운터 1에 해당하는 TIMSK 비트를 나타내었다.

BIT	7	6	5	4	3	2	1	0
TIMSK $37($57)	OCIE2	TOIE2	TICIE1	OCIE1A	OCIE1B	TOIE1	OCIE0	TOIE0
R/W	R/W	R/W	R/W	R/W	R/W	R/W	R/W	R/W
INIT	0	0	0	0	0	0	0	0

그림 8-54 • TIMSK 레지스터

- **BIT 5 : 타이머/카운터 1 입력 캡처 인터럽트 허용 비트(TICI1 : Input Capture Interrupt enable)**
  GIE = 1, TICI1 = 1로 설정되면 타이머/카운터 2의 입력 캡처가 허용 상태로 된다.
- **BIT 4 : 타이머/카운터 1 출력 비교 A 일치 인터럽트 허용 비트(OCIE1A : T/C1 Output Compare A Match Interrupt Enable)**
  GIE = 1, OCIEA = 1로 설정되면 타이머/카운터 1의 출력 비교 A 일치 인터럽트가 허용 상태로 된다.
- **BIT 3 : 타이머/카운터 1 출력 비교 B 일치 인터럽트 허용 비트(OCIE1B : T/C1 Output Compare B Match Interrupt Enable)**
  GIE = 1, OCIEB = 1로 설정되면 타이머/카운터 1의 출력 비교 B 일치 인터럽트가 허용 상태로 된다.
- **BIT 2 : 타이머/카운터 1 오버플로우 인터럽트 허용 비트(TOIE1 : T/C1 Overflow Interrupt Enable)**
  GIE = 1, TOIE1 = 1로 설정되면 타이머/카운터 1의 오버플로우 인터럽트가 허용 상태로 된다.

(8) ETIMSK 레지스터

ETIMSK(Extendted Timer/Counter Interrupt Mask Register) 레지스터는 타이머/카운터 1의 출력 비교 일치 허용 인터럽트와 타이머/카운터 3가 발생하는 인터럽트를 개별적으로 허용하는 기능을 수행하는 레지스터이다. [그림 8-55]에서는 타이머/카운터 1에 해당하는 ETIMSK 비트를 나타내었다.

BIT	7	6	5	4	3	2	1	0
ETIMSK ($7D)	-	-	TICIE3	OCIE3A	OCIE3B	TOIE3	OCIE3C	OCIE1C
R/W	R	R	R/W	R/W	R/W	R/W	R/W	R/W
INIT	0	0	0	0	0	0	0	0

그림 8-55 • ETIMSK 레지스터

- **BIT 5 : 타이머/카운터 3 입력 캡처 인터럽트 허용 비트(TICI3 : Input Capture Interrupt enable)**
  GIE = 1, TICI3 = 1로 설정되면 타이머/카운터 2의 입력 캡처가 허용 상태로 된다.
- **BIT 4 : 타이머/카운터 3 출력 비교 A 일치 인터럽트 허용 비트(OCIE3A : T/C3 Output Compare A Match Interrupt Enable)**
  GIE = 1, OCIE3A = 1로 설정되면 타이머/카운터 3의 출력 비교 A 일치 인터럽트가 허용 상태로 된다.

- **BIT 3 : 타이머/카운터 3 출력 비교 B 일치 인터럽트 허용 비트(OCIE3B : T/C3 Output Compare B Match Interrupt Enable)**
  GIE = 1, OCIE3B = 1로 설정되면 타이머/카운터 3의 출력 비교 B 일치 인터럽트가 허용 상태로 된다.
- **BIT 2 : 타이머/카운터 1 오버플로우 인터럽트 허용 비트(TOIE1 : T/C1 Overflow Interrupt Enable)**
  GIE = 1, TOIE1 = 1로 설정되면 타이머/카운터 1의 오버플로우 인터럽트가 허용 상태로 된다.
- **BIT 1 : 타이머/카운터 3 출력 비교 C 일치 인터럽트 허용 비트(OCIE3C : T/C3 Output Compare C Match Interrupt Enable)**
  GIE = 1, OCIE3C = 1로 설정되면 타이머/카운터 3의 출력 비교 C 일치 인터럽트가 허용 상태로 된다.
- **BIT 0 : 타이머/카운터 1 출력 비교 C 일치 인터럽트 허용 비트(OCIE1C : T/C1 Output Compare C Match Interrupt Enable)**
  GIE = 1, OCIE1C = 1로 설정되면 타이머/카운터 1의 출력 비교 C 일치 인터럽트가 허용 상태로 된다.

(9) TIFR 레지스터

TIFR(Timer/Counter Flag Register) 레지스터는 타이머/카운터 0~2가 발생하는 인터럽트 플래그가 저장되는 레지스터이다. [그림 8-56]에서는 타이머/카운터 1에 해당하는 TIFR 비트를 나타내었다.

	BIT	7	6	5	4	3	2	1	0
TIFR $36($57)		OCF2	TOV2	ICF1	OCF1A	OCF1B	TOV1	OCF0	TOV0
	R/W	R/W	R/W	R/W	R/W	R/W	R/W	R/W	R/W
	INIT	0	0	0	0	0	0	0	0

그림 8-56 • TIFR 레지스터

- **BIT 5 : 타이머/카운터 1 입력 캡처 플래그 비트(ICF1 : Timer/Counter 1 Input Capture Flag)**
  타이머/카운터 1에서 캡처 동작이 수행될 때 ICF 1= 1로 세트되면서 인터럽트를 요청하고 인터럽트가 처리되기 시작할 때 하드웨어에 의해 자동으로 ICF1 = 0으로 클리어된다.

- **BIT 4 : 타이머/카운터 1 출력 비교 A 일치 플래그 비트(OCF1A : Timer/Counter 1 Output Compare Flag 1A)**
  타이머/카운터 1에서 TCNT1과 OCR1A 값이 같아지면 OCF1A = 1로 인터럽트를 요청하고 인터럽트가 처리되기 시작할 때 하드웨어에 의해 자동으로 OCF1A = 0으로 클리어된다.
- **BIT 3 : 타이머/카운터 1 출력 비교 B 일치 플래그 비트(OCF1B : Timer/Counter 1 Output Compare Flag 1B)**
  타이머/카운터 1에서 TCNT1과 OCR1B 값이 같아지면 OCF1B = 1로 인터럽트를 요청하고 인터럽트가 처리되기 시작할 때 하드웨어에 의해 자동으로 OCF1B = 0으로 클리어된다.
- **BIT 2 : 타이머/카운터 1 오버플로우 플래그 비트(TOV1 : Timer/Counter 1 Overflow Flag)**
  타이머/카운터 1에서 오버플로우가 발생하면 TOV1 = 1로 세트되면서 인터럽트를 요청하고 인터럽트가 처리되기 시작할 때 하드웨어에 의해 자동으로 TOV1 = 0으로 클리어된다.

(10) ETIFR 레지스터

ETIFR(Extended Timer/Counter Flag Register) 레지스터는 타이머/카운터 1의 출력 비교 일치 허용 인터럽트와 타이머/카운터 3가 발생하는 인터럽트를 개별적으로 허용하는 기능을 수행하는 레지스터이다. [그림 8-57]에서는 타이머/카운터 1에 해당하는 ETIMSK 비트를 나타내었다.

	BIT	7	6	5	4	3	2	1	0
ETIFR ($7C)		-	-	ICF3	OCF3A	OCF3B	TOV3	OCF3C	OCF1C
	R/W	R/W	R/W	R/W	R/W	R/W	R/W	R/W	R/W
	INIT	0	0	0	0	0	0	0	0

그림 8-57 • ETIFR 레지스터

- **BIT 5 : 타이머/카운터 3 입력 캡처 플래그 비트(ICF3 : Timer/Counter 1 Input Capture Flag)**
  타이머/카운터 3에서 캡처 동작이 수행될 때 ICF1 = 1로 세트되면서 인터럽트를 요청하고 인터럽트가 처리되기 시작할 때 하드웨어에 의해 자동으로 ICF1 = 0으로 클리어된다.
- **BIT 4 : 타이머/카운터 3 출력 비교 A 일치 플래그 비트(OCF3A : Timer/Counter3 Output Compare Flag 3A)**
  타이머/카운터 3에서 TCNT3과 OCR3A 값이 같아지면 OCF3A = 1로 인터럽트를 요청하고 인터럽트가 처리되기 시작할 때 하드웨어에 의해 자동으로 OCF3A = 0으로 클리어된다.

- **BIT 3 : 타이머/카운터 3 출력 비교 B 일치 플래그 비트(OCF3B : Timer/Counter3 Output Compare Flag 3B)**
  타이머/카운터 3에서 TCNT3과 OCR3B 값이 같아지면 OCF3B = 1로 인터럽트를 요청하고 인터럽트가 처리되기 시작할 때 하드웨어에 의해 자동으로 OCF3B = 0으로 클리어된다.
- **BIT 2 : 타이머/카운터 3 오버플로우 플래그 비트(TOV3 : Timer/Counter3 Overflow Flag)**
  타이머/카운터 3에서 오버플로우가 발생하면 TOV3 = 1로 세트되면서 인터럽트를 요청하고 인터럽트가 처리되기 시작할 때 하드웨어에 의해 자동으로 TOV3 = 0으로 클리어된다.
- **BIT 1 : 타이머/카운터 3 출력 비교 C 일치 플래그 비트(OCF3C : Timer/Counter3 Output Compare Flag 3C)**
  타이머/카운터 3에서 TCNT3과 OCR3C 값이 같아지면 OCF3C = 1로 인터럽트를 요청하고 인터럽트가 처리되기 시작할 때 하드웨어에 의해 자동으로 OCF3C = 0으로 클리어된다.
- **BIT 0 : 타이머/카운터 1 출력 비교 C 일치 플래그 비트(OCF1C : Timer/Counter1 Output Compare Flag 1C)**
  타이머/카운터 1에서 TCNT1과 OCR3C 값이 같아지면 OCF1C = 1로 인터럽트를 요청하고 인터럽트가 처리되기 시작할 때 하드웨어에 의해 자동으로 OCF1C = 0으로 클리어된다.

4.4 타이머/카운터 1과 타이머/카운터 3의 동작 모드

(1) Phase and Frequency Correct PWM 모드

타이머/카운터 0과 2, 그리고 타이머/카운터 1과 3의 동작 모드 및 타이밍은 거의 유사하다. 단 타이머/카운터 1과 3에는 Phase and Frequency Correct PWM 모드라는 것이 있으므로 이에 대해서만 설명하도록 하겠다.

PFC PWM 모드는 WGMn3-WGMn0 = 1000 혹은 1001로 설정하면 되는데, 높은 분해능의 PWM 파형을 발생시키는 데 적당한 모드이다. 이 동작 모드는 BOTTOM → MAX → BOTTOM 순으로 업 카운터, 다운 카운터의 기능을 동시에 가지는 양방향 경사 동작(Dual-slope operation)을 한다.

PFC PWM 모드에서 OCRnA 혹은 ICRn 둘 중의 하나로 사용하느냐에 따라 발생하는 인터럽트는 OCFnA, ICF가 되며 TCNTn이 BOTTOM이 되면 TOV 인터럽트가 발생한다.

PFC의 타이밍 다이어그램은 PC 타이밍 다이어그램과 매우 유사하므로 자세한 설명은 생략한다. 다만 PFC PWM은 OCR 레지스터가 BOTTOM에서 갱신되므로 이 값을 변경하여 듀티비 가변 혹은 PWM 주기를 변경하더라도 항상 대칭적인 출력 파형이 발생되는 점이 다르다. 결론적으로 이 동작 모드는 PWM 출력 모드의 듀티비와 주파수를 모두 가변하는 데 유용하다.

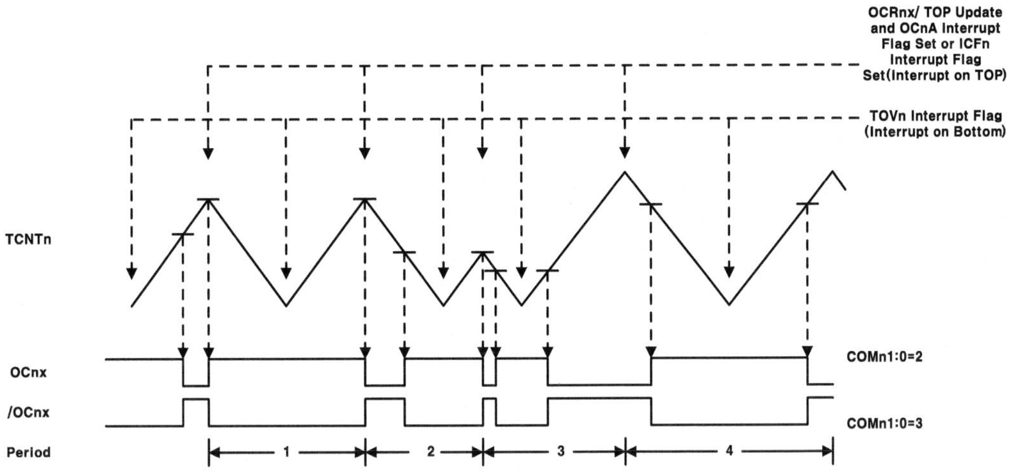

그림 8-58 • Phase Correct PWM 타이밍도

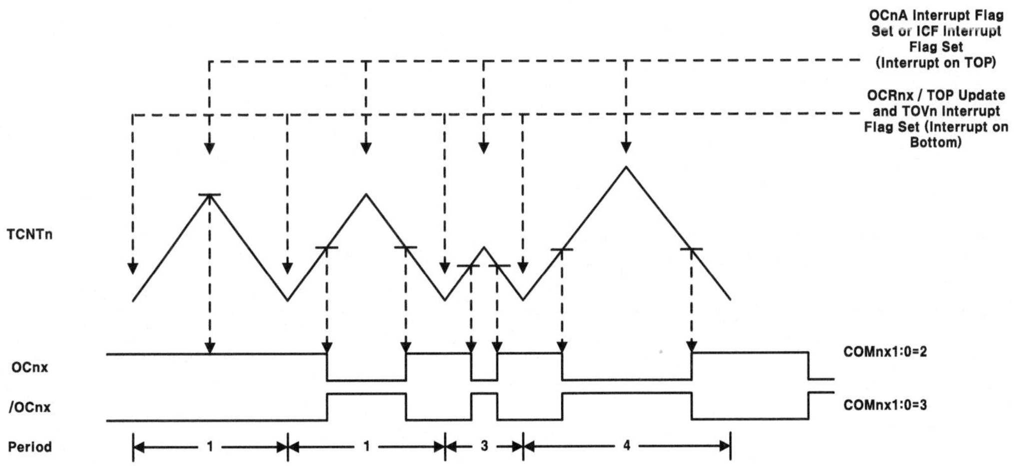

그림 8-59 • Phase Frequency Correct PWM 타이밍도

5 예제 및 실험

5.1 핀디스크립션

ATmega128에서 타이머/카운터에 관련된 핀은 [그림 8-60]과 같다. 모든 타이머/카운터를 실험할 필요는 없으므로 몇 개의 핀만 실험해보도록 할 것이다.

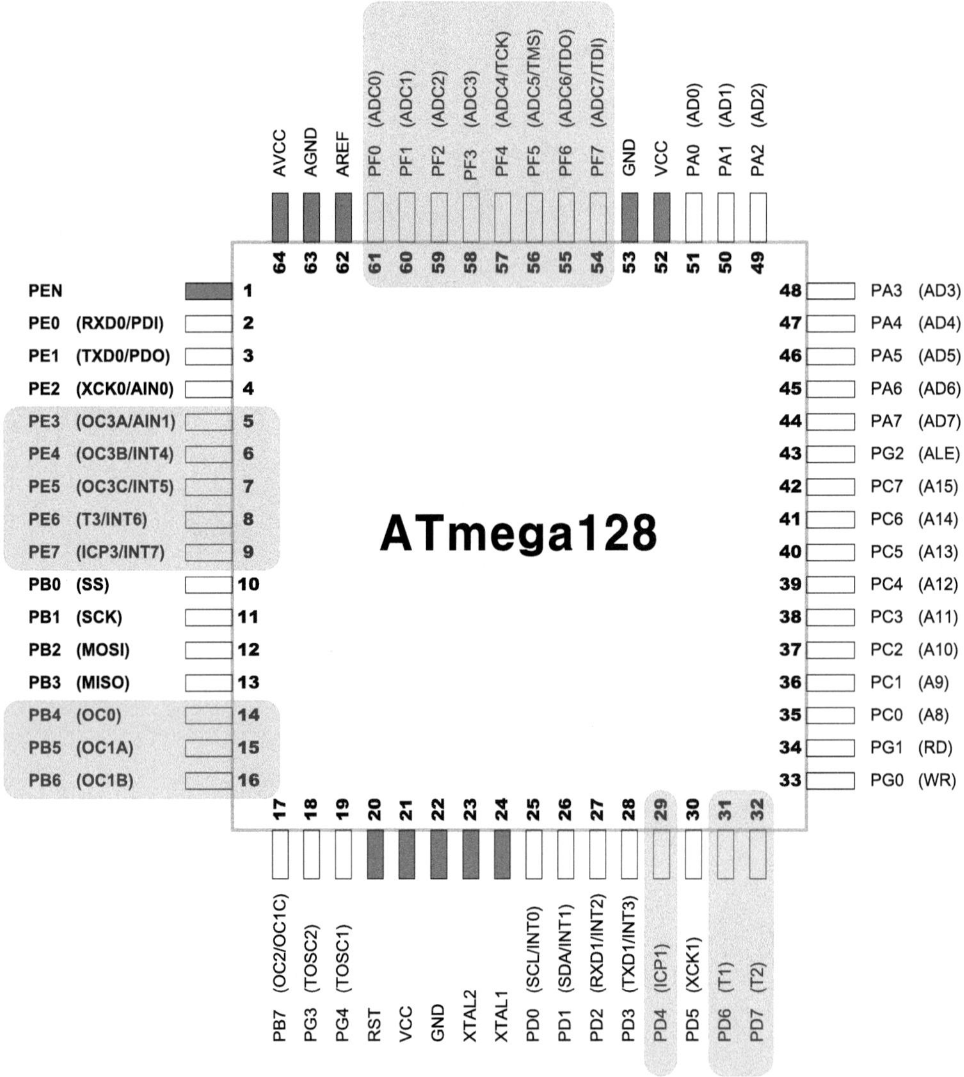

그림 8-60 • 각각의 타이머와 연결된 외부 핀

표 8-33 • 타이머/카운터 관련 핀

번호	핀번호	핀이름	별도 기능	기능
1	43	PB3	OC0	타이머/카운터 0 출력 비교 출력 핀
2	40	PB0	T0	타이머/카운터 0 외부 클럭 입력 핀
3	41	T1	T1	타이머/카운터 1 외부 클럭 입력 핀
4	15	PD6	ICP	타이머/카운터 1 입력 캡처 입력 핀
5	14	PD5	OC1A	타이머/카운터 1 출력 비교A 출력 핀
6	13	PD4	OC1B	타이머/카운터 1 출력 비교B 출력 핀
7	26	PC7	TOSC2	타이머/카운터 2 외부 클럭 입력 핀
8	25	PC6	TOSC1	타이머/카운터 2 외부 클럭 입력 핀
9	16	PD7	OC2	타이머/카운터 2 출력 비교 출력 핀

이제 타이머/카운터 예제를 작성해볼 텐데 ATmega128은 타이머/카운터가 4개 있고 그 모드는 타이머/카운터 0과 2는 4개의 모드, 타이머/카운터 1과 3은 5개의 모드가 있어 8 + 10으로서 총 18개의 예제를 작성할 수 있다.

그런데 타이머 오버플로우를 이용한 1ms 주기의 파형을 만드는 것은 타이머/카운터 0, 1, 2, 3 중 어느 것을 사용해도 모두 동일한 결과를 가져오기 때문에 하나를 택일해서 예제를 작성하는데 이 중 8비트 타이머/카운터의 레지스터 설정이 그나마 16비트에 비해 간단하므로 타이머/카운터 0으로 해볼 것이다. 타이머/카운터 0을 택한 특별한 이유는 없다는 점을 참고 바란다.

그러나 Phase & Frequency Correct PWM Mode는 오로지 타이머/카운터 1과 3만 지원하기 때문에 타이머/카운터 0과 2로는 작성할 수 없다.

이러한 PFC PWM Mode 사용, PC PWM Mode 사용 및 듀티비 변환, 복수의 타이머/카운터 사용, 외부 입력 받아들이기 등도 처음에는 예제를 삽입하려 하였으나, 예제가 너무 많아져 이해도가 떨어지는 관계로 제외하였다. 이에 대한 내용은 별도로 첨부(홈페이지 등)하려고 하니 다른 예제에 대해 궁금한 독자는 별도로 첨부된 자료를 살펴보기 바란다.

여기서는 모든 예제를 작성하지는 않고 대표적으로 몇 개만 추려서 살펴볼 것이다.

1. 타이머/카운터 0 예제 : 최대한 간단하게 작성해본 타이머/카운터 예제
2. 타이머/카운터 0 예제의 변형 : 코딩을 약간 다르게 했을 뿐 1번 예제와 결과는 동일한 예제
3. 타이머/카운터 1 예제 : 1번과 동일한 예제이지만 타이머/카운터 1을 사용한 예제
4. 타이머/카운터 0 예제 : 분주비를 바꿔가면서 주파수의 변화를 보는 예제

예제 8-1 | 간단한 타이머/카운터 0 예제

다음 예제는 매우 간단하게 타이머/카운터 0을 사용하여 작성한 예제이다. 먼저 TCCR0의 WGM01(BIT 6), WGM00(BIT 3)에 0, 0을 대입하여 일반 모드(Normal Mode)로 설정하고 CS2(BIT 2), CS1(BIT 1), CS0(BIT 0)에 각각 0, 0, 1로 주어 분주비를 사용하지 않기로(No Scaling) 한다.

TCCR0 레지스터가 잘 기억나지 않는다면 타이머/카운터 0의 레지스터 부분을 다시 한 번 살펴보기 바란다. 분주비를 사용하지 않을 경우 타이머/카운터 0에 입력되는 클럭의 주파수는 시스템 클럭과 동일한 16MHz이다.

TIMSK는 타이머/카운터 0을 사용하겠다는 의미이고 그 외의 레지스터 DDRB, SREG는 앞에서 익히 다루었으므로 설명을 생략한다.

```
#include <avr/io.h>
#include <avr/interrupt.h>
#include "global.h"
#include "timer.h"
ISR(TIMER0_OVF_vect) {
  PORTB ^= 0xF0;
}
int main(void) {
  DDRB = 0xF0; // PB3,2,1,0 Output // PB7, 6, 5, 4 Output
  TCCR0 = 0x01; // No prescaling
  TIMSK = 0x01; // Timer/Counter0 Overflow Interrupt Enable Setting : TIMSK= DDDD_DDD1
  SREG = 0x80; // Global Interrupt Enable Setting
  while(true); // 메인 프로그램의 실행이 ISR 루틴을 침범하는 것을 막음
  return 0;
}
```

위의 코드를 작성하고 나서 프로그래밍하고 계측기로 측정하기 전에 먼저 계산해보자. 과연 타이머 오버플로우는 얼마 후의 시간에 발생할까? 먼저 계산해보고 그 이후 계산 결과와 계측기의 측정값이 서로 일치하는지 비교해보자.

위 실험에서 타이머/카운터 0의 오버플로우 인터럽트의 발생 주기는 다음과 같다. 타이머/카운터 0이 8비트이므로 0xFF이다. 16비트 타이머/카운터 1은 0xFFF를 곱해야 한다.

```
1/16MHz*(0xFF+1)
= 0.0000000625sec x (255+1)
= 16000ns = 16us
```

즉 16us마다 인터럽트가 발생한다. 이 말은 ISR이 16us마다 호출된다는 뜻이고 따라서 16us가 될 때마다 PORTB의 값이 전환(Toggle)된다. 따라서 전체 주기는 32us인 파형이 출력된다.

예제 8-2 | [예제 8-1]의 변형

[예제 8-1]은 TCCR0의 값들이 정확하게 무엇을 의미하는지 알기 어렵다. 물론 데이터 시트를 참조하면 알 수 있지만 매번 데이터 시트를 찾아보기에는 효율이 떨어지므로 개발자 혹은 다른 사람이 알아보기 쉽게 가다듬어 작성해보기로 하자. 이 예제의 실행 결과는 [예제 8-1]과 동일하다.

```
#include <avr/io.h>
#include <avr/interrupt.h>
#include "global.h"

#define FREQ_CPU         16000000 // Hz
#define PRESCALER        64 // [Select!]
#define PRESCALED_FREQ   FREQ_CPU/PRESCALER // 16MHz/64= 250000 Hz
#define PRESCALED_PERIOD 1/PRESCALED_FREQ // 1/250000 Hz = 0.000004 sec = 4 us
#define TCNT0_MAX        0xFF // 1111_1111 = 255
#define TARGET_TIME      1000 // us [Select!]

ISR(TIMER0_OVF_vect) {
  PORTB ^= 0xFF;
}

int main(void) {

  // 타이머 출력을 오실로스코프로 확인해보기 위한 설정
  DDRB = 0xF0; // PB7, 6, 5, 4에 LED가 연결되어 있으므로 해당 포트만 출력 설정
  PORTB = 0xF0; // PB0, 1, 2, 3에 각각 1 출력

  // 타이머/카운터를 초기화하는 코드
  // Mode 설정
  // Normal Mode Setting
  cbi(TCCR0, WGM00);
  cbi(TCCR0, WGM01);

  // Compare Output Mode 설정
  // Normal port operation, OC0 disconnected.
  cbi(TCCR0, COM01);
  cbi(TCCR0, COM00);

  // 분주비 설정하기
  // 분주비는 64분주
  cbi(TCCR0, CS02);
```

```
    cbi(TCCR0, CS01);
    sbi(TCCR0, CS00);

    // Timer/Counter0 Overflow Interrupt Enable Setting : TIMSK= DDDD_DDD1
    sbi(TIMSK, TOIE0);

    // 기타 설정
    sei();          // Global Interrupt Enable : 전역 인터럽트를 활성화한다.
    while(true);  // 메인 프로그램의 실행이 ISR 루틴을 침범하는 것을 막음
    return 0;
}
```

이 예제는 [예제 8-1]의 레지스터 설정을 sbi, cbi 매크로 함수를 이용한 점 이외에 다른 점이 없다. 따라서 실행 결과도 완벽하게 동일하다.

예제 8-3 | 타이머/카운터 1의 예제 : T/C0과 동일

이제 타이머/카운터 1을 이용하여 예제를 작성해보자. 타이머/카운터 1은 16비트이다 보니 설정해야 할 레지스터가 조금 더 늘어나는 것을 제외하고 타이머/카운터 0 예제와 동일하다. 분주비는 설정하지 않으며 일반 모드에서 오버플로우 출력을 살펴볼 것이다.

```
/**********************************************************
* Experiment
  OS                  : Microsoft Windows XP SP3
  Development tool    : AVR Studio ver 4.18 SP3
  Date                : 2010. Oct. 2
  Device/Speed        : ATmega128/16MHz
**********************************************************/

#include <avr/io.h>
#include <avr/interrupt.h>
#include "global.h"

#define FREQ_CPU           16000000 // Hz
#define PRESCALER          64 // [Select!]
#define PRESCALED_FREQ     FREQ_CPU/PRESCALER // 16MHz/64 = 250000Hz
#define PRESCALED_PERIOD   1/PRESCALED_FREQ // 1/250000Hz = 0.000004sec = 4us
#define TCNT0_MAX          0xFF // 1111_1111 = 255
#define TARGET_TIME        1000 // us [Select!]

ISR(TIMER1_OVF_vect) {
```

```
    PORTB ^= 0xFF;
}

int main(void) {

    // 타이머 출력을 오실로스코프로 확인해보기 위한 설정
    DDRB= 0xF0;  // PB7, 6, 5, 4에 LED가 연결되어 있으므로 해당 포트만 출력 설정
    PORTB= 0xF0; // PB0, 1, 2, 3에 각각 1 출력

    // 타이머/카운터를 초기화하는 코드
    // Normal Mode Setting
    // WGM13:0, WGM12:0, WGM11:0, WGM10:0
    cbi(TCCR1B, WGM13);
    cbi(TCCR1B, WGM12);
    cbi(TCCR1A, WGM11);
    cbi(TCCR1A, WGM10);

    // Compare Output Mode 설정
    // Normal port operation, OC0 disconnected.
    // COM1A1/COM1B1:0, COM1A0/COM1B0:0
    cbi(TCCR1A, COM1A1);
    cbi(TCCR1A, COM1A1);
    cbi(TCCR1A, COM1A0);
    cbi(TCCR1A, COM1B0);

    // 분주비 설정하기
    // No Prescaling
    cbi(TCCR1B, CS12);
    cbi(TCCR1B, CS11);
    sbi(TCCR1B, CS10);

    // Timer/Counter0 Overflow Interrupt Enable Setting : TIMSK= DDDD_DDD1
    sbi(TIMSK, TOIE1);

    // 기타 설정
    sei();          // Global Interrupt Enable : 전역 인터럽트를 활성화한다.
    while(true);    // 메인 프로그램의 실행이 ISR 루틴을 침범하는 것을 막음
    return 0;
}
```

타이머/카운터 1은 타이머/카운터 0과 마찬가지로 다음과 같이 계산된다.

```
1/16MHz*(0xFFFF+1)
= 0.0000000625sec x (65535+1)
= 4096000ns = 4.096ms
```

예제를 실행시켜본 결과는 예상대로 8.18ms가 나오는 것을 확인할 수 있다.

예제 8-4 | 분주비 변경에 따른 타이머/카운터 0 예제

타이머/카운터 0에서 분주비의 변화에 따라서 타이머 오버플로우 인터럽트(Timer Overflow Interrupt)가 언제 발생하는지 알아보자. 분주비를 0x01, 0x02, 0x03, 0x04, 0x05 등으로 바꾸어 가면서 다운로드하고 실행한 후 측정해보자.

```
/*********************************************************
* Experiment
  OS                 : Microsoft Windows XP SP3
  Development tool   : AVR Studio ver 4.18 SP3
  Date               : 2010. Oct. 2
  Device/Speed       : ATmega128/16MHz
*********************************************************/


#include <avr/io.h>
#include <avr/interrupt.h>

#include "global.h"

#define FREQ_CPU          16000000             // Hz
#define PRESCALER         64                   // [Select!]
#define PRESCALED_FREQ    FREQ_CPU/PRESCALER   // 16MHz/64 = 250000Hz
#define PRESCALED_PERIOD  1/PRESCALED_FREQ     // 1/250000Hz = 0.000004 sec = 4us
#define TCNT0_MAX         0xFF                 // 1111_1111 = 255
#define TARGET_TIME       1000                 // us [Select!]

ISR(TIMER0_OVF_vect) {
  PORTB ^= 0xFF;
}


int main(void) {

  // 타이머 출력을 오실로스코프로 확인해보기 위한 설정
```

```
  DDRB = 0xF0; // PB7, 6, 5, 4에 LED가 연결되어 있으므로 해당 포트만 출력 설정
  PORTB = 0xF0; // PB0, 1, 2, 3에 각각 1 출력

  // 타이머/카운터를 초기화하는 코드
  // Mode 설정
  // Normal Mode Setting
  cbi(TCCR0, WGM00);
  cbi(TCCR0, WGM01);

  // Compare Output Mode 설정
  // Normal port operation, OC0 disconnected.
  cbi(TCCR0, COM01);
  cbi(TCCR0, COM00);

  // 분주비 설정하기
  cbi(TCCR0, CS02); // 이 부분을 바꾸어볼 것 !
  sbi(TCCR0, CS01); // 이 부분을 바꾸어볼 것 !
  sbi(TCCR0, CS00); // 이 부분을 바꾸어볼 것 !

  // Timer/Counter0 Overflow Interrupt Enable Setting : TIMSK= DDDD_DDD1
  sbi(TIMSK, TOIE0);

  // 기타 설정
  sei();        // Global Interrupt Enable : 전역 인터럽트를 활성화한다.
  while(true); // 메인 프로그램의 실행이 ISR 루틴을 침범하는 것을 막음
  return 0;
}
```

[예제 8-4]를 작성하여 분주비를 변경하면서 값을 측정해보면 [표 8-34]와 같은 값을 얻을 수 있고 이는 계산한 값과 측정 결과값이 거의 동일한 것을 확인할 수 있다.

표 8-34 • 타이머/카운터 0과 2의 계산값과 측정값

Prescale Ratio	Estimate(μs)*	Peak(V)	Average(V)	Period	Frequency(Hz)
1	**32**	5.12	2.45	**32.00us**	31.25k
8	**256**	5.04	2.44	**256.0us**	3.906k
64	**2048**	4.80	2.41	**2.048ms**	488.3
256	**8192**	4.80	2.41	**8.200ms**	122.0
1024	**32768**	4.96	2.41	**32.76ms**	30.53

*는 계산상의 값으로서 오실로스코프의 측정치는 아니다.

타이머/카운터 0의 분주비 변화에 따른 주기를 알아보았으므로 이제 타이머/카운터 1에서 분주비의 변화에 따른 타이머 오버플로우 인터럽트(Timer Overflow Interrupt)가 언제 발생하는지 알아보자. 분주비를 0x01, 0x02, 0x03, 0x04, 0x05 등으로 바꾸어 가면서 다운로드하고 실행한 후 오실로스코프를 이용해 측정한 결과는 [표 8-35]와 같다. 타이머/카운터 2는 타이머/카운터 0과 동일하므로 별도로 실험하지는 않았다.

표 8-35 • 타이머/카운터 1과 3의 계산값과 측정값

Prescale Ratio	Estimate(μs)*	Peak(V)	Average(V)	Period	Frequency(Hz)
1	**8.192**	4.80	2.36	**8.180ms**	122.2Hz
8	**65.536**	4.96	2.41	**65.52ms**	15.26Hz
64	**524.288**	4.5*	unknown	**520ms***	2Hz*
256	**2097.152**	4.5*	unknown	**2000ms***	50Hz*
1024	**8388.608**	4.5*	unknown	**8000ms***	12.5Hz*

*는 계산상의 값으로서 오실로스코프의 측정치는 아니다.

예제 8-5 | 타이머/카운터를 이용한 1초 만들기 1

이제 타이머/카운터로 원하는 시간에 오버플로우가 발생할 수 있도록 만들어보자. 어떠한 시간이든 만들 수 있지만* 보통 1초 만들기를 예로 많이 들기 때문에 1초를 만들어보자.

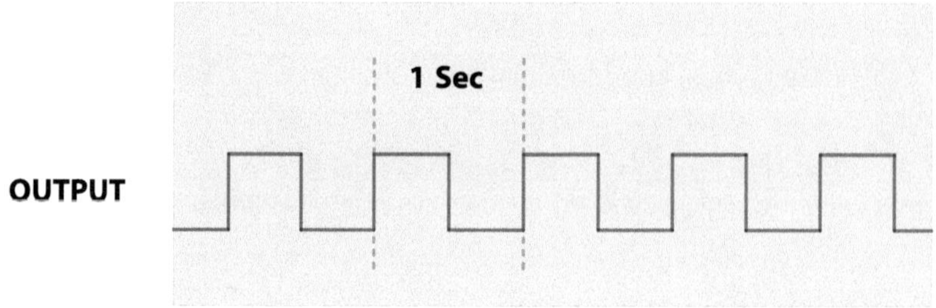

그림 8-61 • 1초의 파형

[그림 8-61]을 그림을 보면 1초를 만들기 위해서는 인터럽트가 500ms마다 발생해야 한다(1초가 아니다). 앞서 작성한 예제 중에서 1초를 만들기 위해 분주비를 어떻게 설정해야 할지 고민해보자.

표 8-36 • 타이머/카운터 0과 2에서 1초를 만들기 위한 분주비 설정

Prescale Ratio	Estimate(μs)*	Peak(V)	Average(V)	Period	Frequency(Hz)
1	**32**	5.12	2.45	**32.00us**	31.25k
8	**256**	5.04	2.44	**256.0us**	3.906k
64	**2048**	4.80	2.41	**2.048ms**	488.3
256	**8192**	4.80	2.41	**8.200ms**	122.0
1024	**32768**	4.96	2.41	**32.76ms**	30.53

표 8-37 • 타이머/카운터 1과 3에서 1초를 만들기 위한 분주비 설정

Prescale Ratio	Estimate(μs)*	Peak(V)	Average(V)	Period	Frequency(Hz)
1	**8.192**	4.80	2.36	**8.180ms**	122.2Hz
8	**65.536**	4.96	2.41	**65.52ms**	15.26Hz
64	**524.288**	**4.5***	**unknown**	**520ms***	**2Hz***
256	**2097.152**	4.5*	unknown	**2000ms***	50Hz*
1024	**8388.608**	4.5*	unknown	**8000ms***	12.5Hz*

위의 분주비를 잘 살펴보면 0.5초(500ms)에 가장 가까운 값은 타이머/카운터 1에서 분주비를 64로 했을 경우이다. 0.02초(20ms)에 해당하는 오차가 있기는 하지만 이 오차에 대한 해결책은 다음 예제를 통해 알아보자.

* 위에서 '어떠한 시간이든 만들 수 있다'고 하였지만 후에 살펴보면 '어떠한 시간이든'이란 말은 틀린 말이다. 분주비와 TCNT 값을 어떻게 설정하여도 만들기가 곤란한(즉 만들 수는 있지만 오차가 있는) 주기의 주파수가 있다.

```
#include <avr/io.h>
#include <avr/interrupt.h>

#include "global.h"

SIGNAL(SIG_OVERFLOW1) { PORTB ^= 0xFF; }

int main(void) {

  DDRB = 0xFF;  // 타이머 출력을 오실로스코프로 확인해보기 위해 포트를 출력으로 설정
  TCCR1A = 0x00;
  TCCR1B = 0x03; // Prescaler Ratio Setting : System_Clock/1
                    : TCCR1= DDDD_DDD1
```

```
  TIMSK= 0x04; // Timer/Counter1 Overflow Interrupt Enable Setting
                 : TIMSK= DDDD_D1DD
  sei();       // Global Interrupt Enable Setting

  while(true); // 메인 프로그램의 실행이 ISR 루틴을 침범하는 것을 막음
  return 0;
}
```

예제 8-6 | 타이머/카운터를 이용한 1초 만들기 2

[예제 8-5]에서 (정확하지는 않지만) 1초에 해당하는 타이머/카운터 예제를 작성해보았다. 하지만 [예제 8-5]와 같은 방식으로 시계를 만들었다간 1년에 175.5시간씩 느려지는 쓸모없는 시계가 되고 만다. 이제 정확하게 1초의 주기를 갖는 예제를 만들어보자. 위의 [표 8-36]을 살펴보면 여러 주기 중에 32us가 있는데 이를 가지고 1초를 정확하게 만들 수 있으며 그 공식은 다음과 같다.

```
1sec = 1,000ms = 1,000,000us
1,000,000us / 32.00us = 31,250
```

```
#include <avr/io.h>
#include <avr/interrupt.h>
#include "global.h"

#define SEC_1_COUNT 31250
unsigned long interrupt_count = 0;

SIGNAL(SIG_OVERFLOW0) {
  interrupt_count++;
  if(interrupt_count == SEC_1_COUNT) {
    PORTB ^= 0xFF;
    interrupt_count = 0;
  }
}

int main(void) {
  DDRB = 0xFF;  // 타이머 출력을 오실로스코프로 확인해보기 위해 포트를 출력으로 설정
  TCCR0 = 0x01;
  TIMSK = 0x01; // Timer/Counter1 Overflow Interrupt Enable Setting : TIMSK= DDDD_D1DD
  sei();        // Global Interrupt Enable Setting
  while(true);  // 메인 프로그램의 실행이 ISR 루틴을 침범하는 것을 막음
  return 0;
}
```

예제 8-7 | 타이머/카운터를 이용한 1초 만들기 3

```
/*******************************************************
* 실험 환경 (Experiment)
Tool                  : Tektronix TDS2012B 100MHz a GS/s probe 10x
Date                  : 2009. Aug. 21
Device                : ATmega128
*******************************************************/
#include <avr/io.h>
#include <avr/interrupt.h>
#include "global.h"

#define TIMER_COUNT 32
volatile unsigned char interrupt_count;
SIGNAL(SIG_OVERFLOW0) {
  interrupt_count++;
  if(interrupt_count == TIMER_COUNT) {
    PORTB ^= 0xFF;
    interrupt_count = 0;
  }
}
int main(void) {
  DDRB = 0xFF;
  TCCR0 = 0x01; // 1. Prescaler Ratio Setting : System_Clock/1 : TCCR0= DDDD_DDD1
  TIMSK = 0x01; // 2. Timer/Counter0 Overflow Interrupt Enable Setting : TIMSK= DDDD_DDD1
  SREG = 0x80; // 3. Global Interrupt Enable Setting
  while(true); // 메인 프로그램의 실행이 ISR 루틴을 침범하는 것을 막음
  return 0;
}
```

위의 수식에 의하면 count 값은 31.25가 나온다. 그런데 31.25개를 셀 수는 없으므로 31 혹은 32개를 세어야 한다. 31개를 세면 0.992ms(1ms에서 0.008ms 오차가 발생)이고, 32개를 세면 1.024ms(1ms에서 0.024ms 오차가 발생) 그런데 하루는 86,400sec(= 24h x 60m x 60s)이고 86,400,000ms이므로 전자의 경우 691,200ms(= 691.2sec = 11.52m) 오차가 발생하고, 후자의 경우 2,073,600ms(= 2073.6sec = 34.56m) 오차가 발생하는데 문제는 이 오차가 지나치게 크다는 점이다(경우에 따라서는 이 오차가 크게 안 느껴질 수도 있을 것이다). 자 그럼 이를 어떻게 해결할 것인가?

표 8-38 • count 값에 따른 오차와 1년이 지날 경우 누적 오차

TCNT	Estimate(uS)	Period	Error(ms)	1 year	Error (Minute)
31	**992**	992.0us	**−0.008**	691200	**11.52**
32	**1024**	1.024ms	**+0.024**	2073600	**34.56**

위에서 살펴본 바와 같이 인터럽트는 32us마다 발생하므로 이를 이용해서 1ms를 만들기는 어렵지만 4ms는 정확하게 만들 수 있다.

$$32.00\text{us} \times \text{count} = 4\text{ms} = 4{,}000\text{us}$$

위의 수식에서 count는 125로 정수값으로 나오기 때문이다. 이를 적용시킨 예제는 아래와 같다. 따라서 이제 125개를 세어 4ms를 만들어보자.

예제 8-8 | 타이머/카운터 0의 Normal Mode에서 Timer Overflow를 이용한 4ms 출력

```
/*****************************************************
* 실험 환경 (Experiment)
Tool                 : Tektronix TDS2012B 100MHz a GS/s probe 10x
Date                 : 2009. Aug. 21
Device               : ATmega128
*****************************************************/

#include <avr/io.h>
#include <avr/interrupt.h>
#include "global.h"

#define TIMER_COUNT 125
volatile unsigned char interrupt_count;

SIGNAL(SIG_OVERFLOW0) {
  interrupt_count++;

  if(interrupt_count == TIMER_COUNT) {
    PORTB ^= 0xFF;
    interrupt_count = 0;
  }
}
```

```
int main(void) {
  DDRB = 0xFF;
  TCCR0 = 0x01; // 1. Prescaler Ratio Setting : System_Clock/1 : TCCR0= DDDD_DDD1
  TIMSK = 0x01; // 2. Timer/Counter0 Overflow Interrupt Enable Setting : TIMSK= DDDD_DDD1
  SREG = 0x80; // 3. Global Interrupt Enable Setting
  while(true); // 메인 프로그램의 실행이 ISR 루틴을 침범하는 것을 막음
  return 0;
}
```

[예제 8-8]의 실행 결과를 측정해보면 [그림 8-62]와 같다. 주기가 정확하게 4ms가 나옴을 알 수 있다.

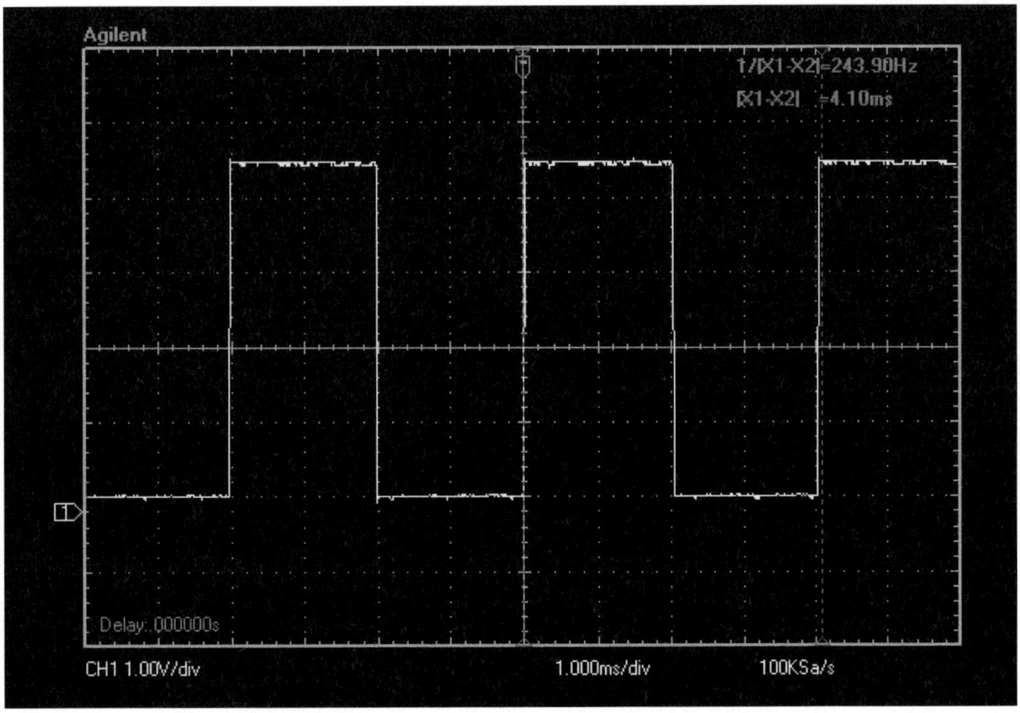

그림 8-62 • Timer Overflow를 이용한 4ms 출력

1초를 만들기 위한 다양한 방법을 살펴보았는데 사실 1ms, 혹은 2ms, 4ms만 정확하게 만들어도 1초를 만들기에는 전혀 무리가 없다. 타이머 오버플로우를 이용하여 이러한 주기의 파형을 만들 때는 시스템 클럭, 분주비, TCNT 값만 잘 설정하면 무리 없이 만들 수 있을 것이다.

그러나 이러한 방법은 문제가 많은데 첫 번째 이렇게 규칙적으로 인터럽트를 발생시킬 때는 타이머 오버플로우를 이용하는 일반 모드보다 CTC 모드가 훨씬 더 많이 사용된다. 따라서 CTC 모드를 이용하여 4ms를 출력하는 예제를 아래에 제시하였다.

두 번째 타이머/카운터의 인터럽트 발생 중 다른 인터럽트와의 관계 혹은 타이머/카운터가 1개 이상 사용될 때의 문제점을 내포하고 있기는 하지만, 거기까지 다루기에는 너무 복잡해질 우려가 있으므로 이쯤에서 마치기로 한다.

예제 8-9 | Timer/Counter0의 CTC Mode에서 Output Compare 인터럽트를 이용한 예제파일

```
/* Timer/Counter0의 CTC Mode에서 Timer Overflow를 이용한 4ms 출력 */
#include <avr/io.h>
#include <avr/interrupt.h>
#include "global.h"
SIGNAL(SIG_OUTPUT_COMPARE0) {
  PORTB ^= 0xFF;
}
int main(void) {
  // 타이머 값을 확인 차 LED로 돌림, 별 의미는 없음
  DDRB= 0xFF;          // PB0 OUTPUT : LED1
  // 1. Prescaler Ratio Setting : System_Clock/256 : TCCR0= DDDD_D100
  TCCR0= 0x0C;         // CTC Mode
  // 2. OCR Setting : 16MHz/256/(1+124)= 500Hz
  OCR0= 124;
  // 3. OCIE Setting
  TIMSK= 0x02;         // Timer0 Output Compare Interrupt Enable
  TIFR= 0x00;          // Flag Clear
  sei();               // Global Interrupt Enable
  while(true);
}
```

6 이 장의 간추림

- 타이머는 펄스 폭 측정, 펄스 폭 변조(PWM : Pulse With Modulation), 입력 캡처 (Input Capture) 기능, 출력 비교(Output Compare) 기능 등 다양한 기능을 수행한다.
- 타이머/카운터는 모두 인터럽트 및 PWM 출력 기능을 가지고 있다.
- 인터럽트는 카운터의 값이 오버플로우되는 경우에 발생하는 오버플로우 인터럽트(Overflow interrupt) 카운터 값이 출력 비교 레지스터의 값과 같게 되는 순간에 발생하는 출력 비교 인터럽트(output compare match interrupt), 입력 캡처 인터럽트(input capture interrupt) 등이 있다.
- ATmega128에는 모두 3개의 타이머/카운터가 있는데. 타이머/카운터 0과 2는 8비트 구조이고 타이머/카운터 1은 16비트 구조로 되어 있다.
- 타이머/카운터는 그 종류에 따라서 Normal Mode, CTC Mode, Fast PWM Mode, PWM Mode로 나뉜다
  다이미/가운디 0은 외부 이벤트 기운터기 존재히지 않고, 타이머/카운터 0은 I/O 클럭과 관계없는 32kHz의 클럭을 인가할 수가 없다는 점이 타이머/카운터 2와 다르다.
- 타이머/카운터 1은 3개씩(OC1A, OC1B, OC1C)의 PWM 출력 및 캡처 기능을 가지는 16비트업/다운 카운터로서 프리스케일을 통하여 내부 클럭을 받아서 동작하는 타이머 기능과 외부 클럭을 받아서 동작하는 카운터 기능이 있다.
- 타이머/카운터 2는 PWM(Pulse Width Modulation) 및 8비트 업/다운 카운터로서 프리스케일러를 통하여 내부 클럭을 받아서 동작하는 타이머 기능과 외부 클럭을 받아서 동작하는 카운터 기능이 있다.

연습문제

1. 다음 보기 중에서 타이머/카운터에 대한 설명으로 맞지 않는 것은?

① ATmega128은 8비트 2개와 16비트 2개, 총 4개의 타이머/카운터를 갖고 있다.

② 타이머/카운터 1은 TOSC1 핀을 통해 외부 입력을 받아들일 수 있다.

③ 타이머/카운터는 모두 인터럽트 및 PWM 출력 기능을 가지고 있다.

④ 타이머/카운터 1과 3은 5가지의 동작 모드(Normal, CTC, Fast PWM, Phase Correct PWM, Phase & Frequency Correct PWM)를 지원한다.

2. 다음 보기 중에서 ATmega128의 외부 구조에 대한 설명으로 맞지 않는 것은?

① ATmega128의 모든 핀은 64개이고 제어 가능한 핀(I/O)은 53개이다.

② XTAL1, XTAL2는 외부 클럭을 입력받는 용도로 사용되는 핀이다.

③ AVCC, AREF, AGND는 ADC 사용을 위한 핀이다.

④ PORTA, PORTB 등은 범용 목적 I/O 핀으로서 동시 입/출력이 가능하다.

3. 타이머/카운터 0에서 타이머 오버플로우 인터럽트를 사용하여 2ms의 주기를 가지며, 이를 PORTA의 0번 핀에 출력하는 예제를 작성해보자(단 시스템 클럭은 8MHz이고 분주비는 임의 설정이 가능하며, 가장 중요한 값인 분주비의 값과 TCNT0 레지스터는 정확하게 기입해야 한다).

4. 타이머/카운터 0에서 타이머 출력 비교 인터럽트를 사용하여 4ms의 주기를 가지며 이를 PORTB의 0번 핀에 출력하는 예제를 작성해보자(단 시스템 클럭은 8MHz이고 분주비는 임의 설정이 가능하다. 가장 중요한 값인 분주비의 값과 OCR1의 값은 정확하게 기입해야 한다).

5. 인터럽트가 발생했을 때 타이머/카운터를 이용하여 다음과 같은 파형을 만들어보자(단 시스템 클럭은 16MHz이고 어떠한 타이머/카운터를 사용하건 무방하다).

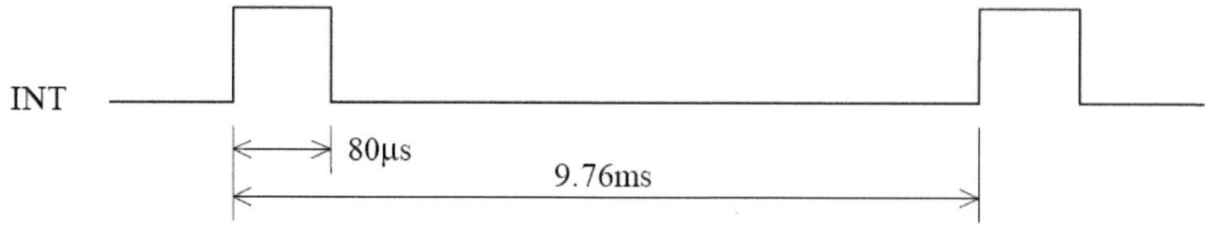

생각해보기

❶ 정확한 시간을 맞추기 위한 타이머/카운터와 딜레이의 구조에 대해 서로 비교해보고 어떠한 구조가 더욱 정확한지 생각해보자. 또 그 이유는 무엇인지 생각해보고 실제 계측기를 통해 측정해보도록 하자.

❷ 타이머/카운터를 한 개 이상 사용할 때 동시에 인터럽트가 걸린다거나, 하나의 인터럽트가 다른 타이머/카운터를 지연시키거나 문제를 일으키지 않을까? 이에 대해 생각해보자.

2개의 타이머/카운터를 동시에 구동하려면 어떻게 해야 할까?

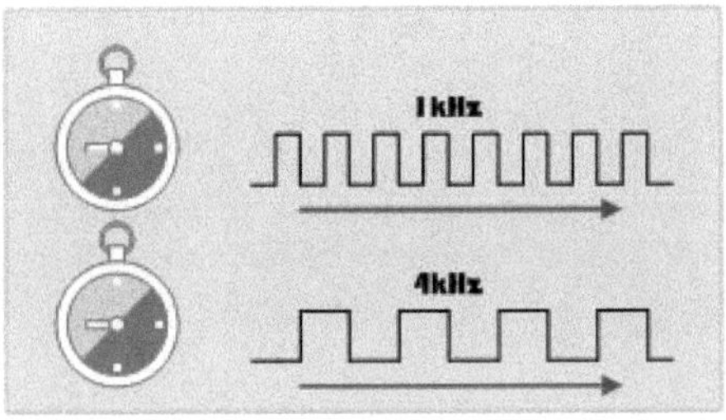

펄스폭 변조의 출력 파형은 어떻게 해야 할까?

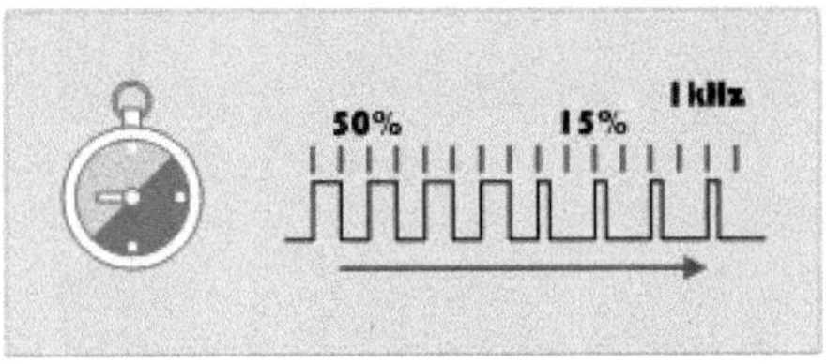

주파수가 변경되는 출력 파형은 어떻게 해야 할까?

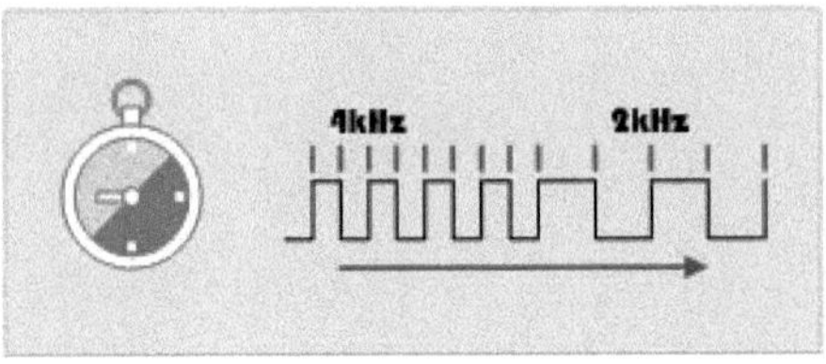

주파수 및 진폭 변조의 출력 파형은 어떻게 해야 할까?

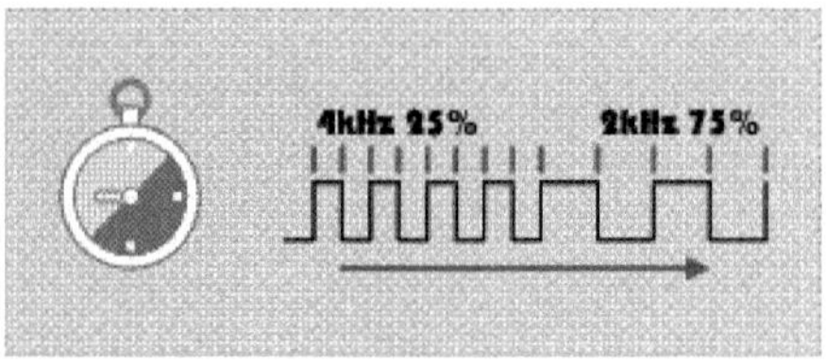

외부의 입력을 받아들이려면 어떻게 해야 할까?

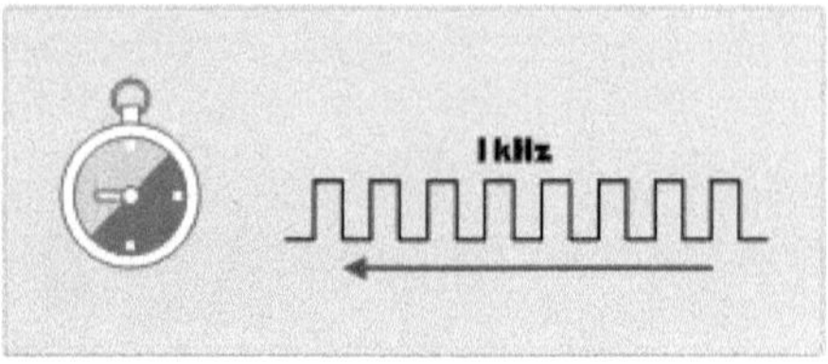

CHAPTER 09

아날로그-디지털 변환기

당근이의 **AVR ATmega128** 마이크로컨트롤러

이번 장에 대하여

이번 장에서는 '아날로그-디지털 변환기'에 대해서 알아보도록 한다.

마이크로컨트롤러에 들어오는 입력 대다수가 디지털이기는 하나 아날로그 데이터가 들어오는 경우(예를 들면 센서 입력)가 있다. 마이크로컨트롤러는 디지털이기 때문에 아날로그 데이터를 처리할 수 없어, 아날로그를 디지털로 바꾸는 변환기(Analog to Digital Converter)를 사용해야 한다.

AVR은 이러한 ADC를 내장하고 있어 손쉽게 ADC를 처리할 수 있다.

다만 AVR이 갖고 있는 ACR이 매우 우수한 성능(속도 및 비트 수)을 가지지는 않지만, 정밀한 ADC가 필요한 경우가 아니라면 나름대로 유용하게 사용할 수 있을 것이다.

이번 장에서는 간단하게 가변저항의 아날로그 입력을 받아 디지털로 변환하는 실습을 해보자.

1 아날로그와 디지털

1.1 아날로그와 디지털의 정의

아날로그의 어원은 영어의 analogous(비슷한)이고, 디지털의 어원은 손가락이라는 라틴어 digit에서 유래된 단어다. 아날로그와 디지털에 여러 가지 비유가 있지만, 수학적으로 정확하게 표현하면, 아날로그는 연속적(continuous)이고 디지털은 불연속적(이산적 : discrete)이다.

[그림 9-1]에서 좌측의 그림은 시간의 경과에 따른 연속적인 아날로그 데이터를 나타내고, 우측의 그림은 불연속적인 디지털 데이터를 나타낸다.

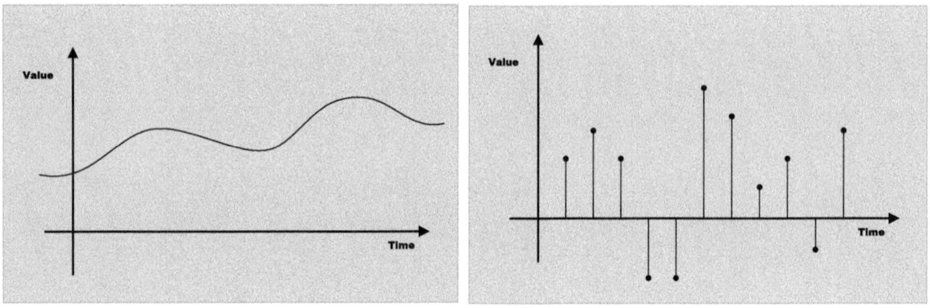

그림 9-1 • 아날로그와 디지털

아날로그 신호는 시간의 경과에 따라 신호가 연속적임을 알 수 있고, 디지털 신호는 시간의 경과에 따라 정해진 불연속적인 값을 가지면서 변화함을 알 수 있다.

그림 9-2 • 자연계에 많이 존재하는 아날로그과 인위적인 디지털

우리가 데이터라 하면 흔히 디지털 데이터를 연상하기 때문에 '모든 데이터 중에서 아날로그보다는 디지털이 많을 것이다' 라고 예상하겠지만 실제 자연계에 존재하는 데이터의 대부분은 디지털이 아닌 아날로그이다. 빛과 소리와 같은 데이터가 모두 아날로그라는 점을 생각해보면 쉽게 납득이 갈 것이다.

1.2 아날로그와 디지털의 비교(장단점)

이렇게 아날로그 데이터가 많다면 '그냥 아날로그로 처리하면 되지 굳이 번거롭게 디지털로 바꾸어 처리할 필요가 있을까?' 라는 생각이 들지도 모른다. 그러나 데이터를 아날로그가 아닌 디지털로 처리하면 다음과 같은 장점이 있다.

- 디지털은 아날로그에 비해 잡음(Noise)에 매우 강하다.
  아날로그 데이터는 잡음이 유입될 때 이것이 잡음인지 데이터인지를 판독하기가 쉽지 않다. 이에 비해 디지털은 잡음에 별로 영향을 받지 않고 잡음이 유입된다 하더라도 분리해내기가 훨씬 용이하다.
- 디지털은 아날로그에 비해 온도 특성이 좋다.
  아날로그 데이터를 처리하는 시스템의 부품들은 보통 커패시터(Capacitor), 코일(Coil) 등이 많은데 이 소자들 자체가 온도의 변화에 민감하기 때문에 설계하기 쉽지 않다. 이에 비해 디지털 처리 시스템은 온도의 변화에 민감하지 않다.
- 디지털은 아날로그에 비해 데이터의 처리가 매우 편하다.
  디지털은 아날로그에 비해 데이터의 가공, 변환, 압축 등이 매우 용이하다.

이 말은 다음과 같이 역으로 말할 수도 있다.

- 아날로그는 디지털에 비해 잡음에 약하다.
- 아날로그는 디지털에 비해 온도에 영향을 많이 받는다.
- 아날로그는 디지털에 비해 데이터 처리가 쉽지 않다.

그렇다면 아날로그의 장점은 없을까? 아날로그의 장점은 다음과 같다.

- 아날로그 데이터는 원래 데이터에 매우 충실하다. 혹은 원래 데이터 그 자체이다.

간단하게 말하자면 우리가 듣는 음악을 아날로그로 저장하면 원래의 소리에 매우 근접한 장점은 있지만 데이터량이 매우 많아서 CD 한 장에 몇 곡도 담지 못하게 된다. 디지털로 저장하면 원래 소리와는 차이가 있지만 압축하기가 쉬워 많은 음악을 저장할 수 있다.

또 이러한 생각을 해볼 수 있을 것이다. '아날로그 데이터를 디지털로 완벽하게 변환할 수 있는 방법은 없는가?' 아날로그 데이터를 디지털 데이터로 완벽하게 변환할 수 있는 방법은 '없다.' 라고 말할 수 있다. 최대한 (원래 아날로그 데이터와) 유사하게 저장할 수 있지만 그렇다고 하더라도 이런 방법을 사용하지 않는데 왜냐하면 너무 많은 비용이 들기 때문이다.

결론적으로 디지털 데이터는 원래 정보에 비해 손실이 발생하기는 하지만, 외부 잡음에 강하고 데이터 처리 과정에서 다루기 매우 편리하므로 디지털 데이터를 많이 사용한다.

1.3 아날로그-디지털 변환 과정

컴퓨터는 디지털 장치(device)이므로 아날로그 데이터를 직접 처리할 수 없어 디지털로 변환 과정을 거쳐야 한다. 이렇게 아날로그 데이터를 디지털로 변환하는 것을 A/D 변환이라 하고 변환하는 장치를 ADC(Analog to Digital Converter)라고 한다. 이와 반대로 디지털 데이터를 아날로그 데이터로 변환하는 것을 D/A 변환이라 하며 변환하는 장치를 DAC(Digital to Analog Converter)라 한다. ADC와 DAC를 합하여 CODEC(Coder-DECoder)이라 한다.

생활 속에서 A/D 변환과 D/A 변환을 가장 쉽게 접할 수 있는 전화기를 예로 들어보자. 전화기는 사람의 아날로그 음성 데이터를 받아 디지털로 변환(A/D 변환)한 후에 이를 원거리까지 전송한 후 처리 과정을 거쳐 다시 음성 데이터를 사람이 이해할 수 있는 아날로그 데이터로 변환(D/A 변환)한다. 이를 그림으로 나타내면 [그림 9-3]과 같다. 데이터 전송의 중간 과정에서 전화기망(PSTN : Public Switched Telephone Network)을 거치는 복잡한 과정이 있지만, 이에 대한 설명은 생략한다.

그림 9-3 • ADC와 DAC의 대표적인 예인 전화기

아날로그 데이터는 음성 이외에도 영상 데이터도 있는데, 영상 데이터도 음성에 비해 처리과정은 매우 다르나 기본 개념은 비슷하다. 원 신호인 아날로그 영상 데이터를 ADC를 거쳐 디지털로 변환한 후에 여러 처리 과정을 거친 후 (처리 과정은 압축을 할 수도 있고 필터 처리나 다른 형식으로 바꿀 수도 있다. 즉 영상 데이터를 어떻게 다룰 것인지에 따라 다르다) 재생 시에 다시 아날로그 영상 신호로 복원하는 방식이다. 이러한 과정을 일반적으로 나타내면 [그림 9-4]와 같다. 근래에는 최종 데이터가 아날로그가 아닌 디지털 데이터인 경우도 많다.

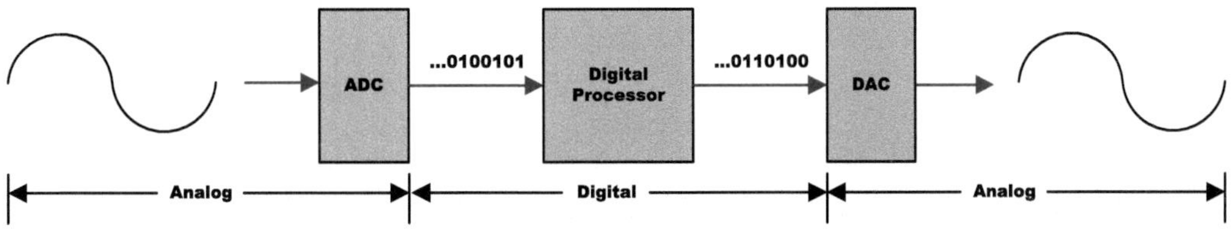

그림 9-4 • ADC와 DAC의 과정

ADC 및 DAC를 처음 접하는 경우 '번거롭게 ADC, DAC를 거치지 않고 아날로그 데이터를 그대로 처리하면 편하지 않을까?' 라고 생각할 수 있지만 이는 앞에서 얘기했듯이 아날로그 데이터는 전송 및 노이즈 처리 정보 처리의 과정이 어렵기 때문에 디지털로 많이 처리한다.

(1) ADC 과정 중 첫 번째 표본화

이 신호는 A/D 변환을 위해 먼저 표본화(Sampling)를 거치는데 표본화란 "연속된 시간의 신호를 이산 시간 신호로 변환"하는 것을 말한다. 쉽게 말해서 일정한 시간 간격으로 쪼갠다고 생각하면 된다.

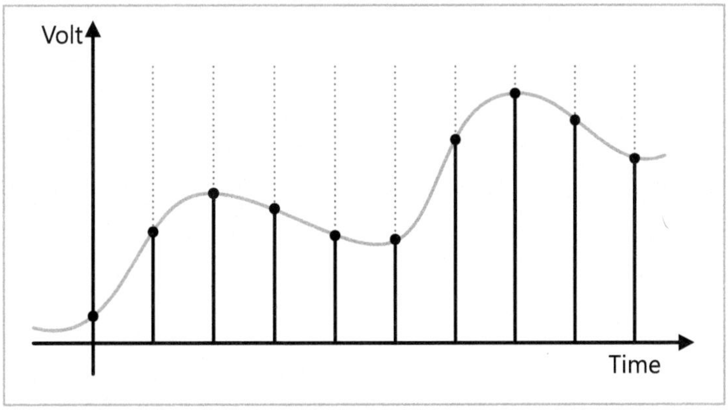

그림 9-5 • 아날로그 데이터를 표본화 과정을 거침

현재까지 여전히 아날로그 데이터이며 어떤 시간 t_N에서 얻어진 신호는 t_N+1까지 값을 유지한다.

쉽게 말해서 1분 간격으로 샘플링을 할 때 25분에서 얻은 온도가 18.5°C였다면 26분이 되기 전까지 실제 온도는 18.7, 18.9, 19.0, 18.5°C로 이렇게 바뀌겠지만, 샘플링해서 얻은 결과로 26분이 되기 전까지는 18.5°C라는 뜻이다.

(2) ADC 과정 중 두 번째 양자화

양자화(Quantitization)란 "샘플링된 신호의 진폭을 제한된 디지털 레벨로 변환"하는 것이다. 쉽게 말해서 샘플링이 시간의 축으로 나누었다면 세로축을 디지털 레벨로 변환한다는 뜻이다.

아래 그림은 3비트의 디지털 레벨로 나눈 경우를 보여준다. 3비트로 양자화할 경우 데이터는 8(=23)으로써 0에서 7까지 8단계로 표현할 수 있다.

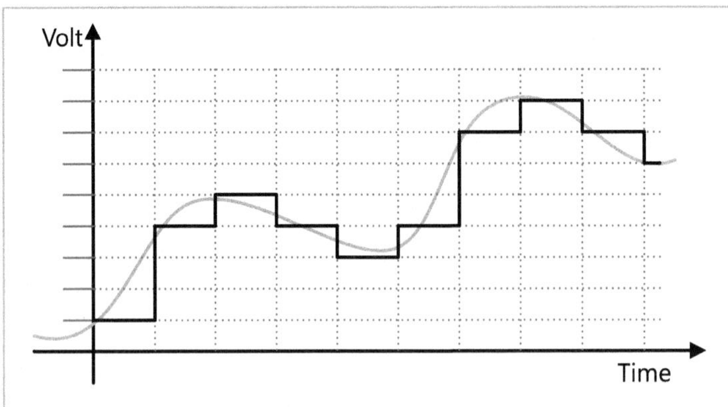

그림 9-6 • 양자화 변환

AVR의 ADC는 10비트이기 때문에 10비트로 나누면 좋을 듯하지만 1024 단계를 지면에 나타내기에는 쉽지 않기 때문에 간략하게 설명의 편의상 3비트로 나눈 것뿐이다.

이러한 레벨은 세밀하게 하면 할수록 좋겠지만 이 역시 지나치게 높일 경우 많은 연산이 소모되므로 적당한 범위 내에서 양자화하는 것이 합리적일 것이다. 예를 들어 음악은 16비트 정도로 양자화한다.

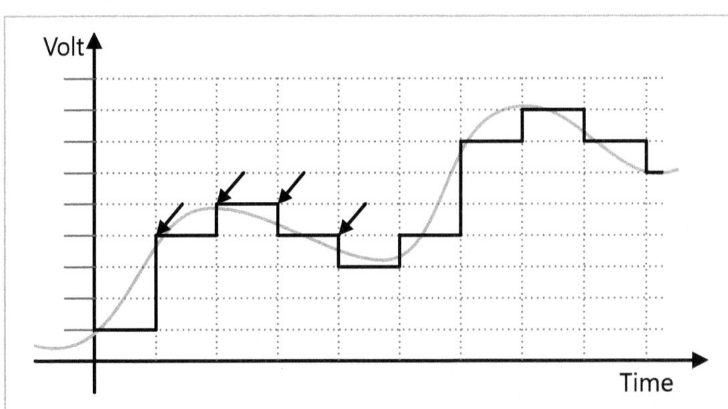

그림 9-7 • 양자화 에러

앞의 그림에서 화살표와 같이 원래 연속적인 아날로그 데이터와 양자화된 디지털 데이터 사이에는 차이가 있는데 이를 양자화 에러라고 한다. 양자화 에러는 단계(Level)를 아무리 높인다고 해도 에러를 없앨 수 없다(조금만 생각해 보면 쉽게 이해할 수 있을 것이다). 양자화 에러는 10비트, 11비트로 올리면서 줄일 수는 있지만 없애는 것은 불가능하다. 이는 아날로그는 연속적인 데이터이고 디지털 데이터는 이산적인 데이터이기 때문에 어쩔 수 없이 발생하는 에러이다.

(3) 부호화

양자화 이후 나온 데이터를 0과 1의 디지털 데이터만으로 나타내는 과정을 부호화(Encoding)라 한다.위의 양자화 변환 이후 1, 4, 5, 5, 3, 4, … 와 같은 값이 나올 텐데 이를 이진수로 나타내면 0000_0001, 0000_0100, 0000_0101, 0000_0101, 0000_0011, 0000_0100, … 와 같을 것이다. A/D 변환 과정을 간략하게 알아보았으나 실제 구현은 이보다 더욱 복잡하다. 이론적으로는 단순하게 두 배 이상의 주파수로 샘플링한 후 양자화를 하면 디지털 데이터가 나온다고 하였으나 이를 회로로 구성하기는 상당히 까다롭고 A/D 변환 방법 역시 다양하여 각각의 방법이 속도와 정확성에서 많은 차이가 있다. 당연히 고가의 ADC일수록 성능이 우수하나 항상 고가의 ADC만을 선택할 수는 없는 노릇이므로 적당한 경제적 범위 내에서 적절한 성능을 택해야 할 것이다.

(4) 나이키스트의 정리(Nyquist Nyquist theorem)

앞서 샘플링이라는 것이 시간축의 연속적인 신호를 일정한 시간 간격으로 나눈다고 했는데 과연 얼마나 잘게 나누어야 적당한 것일까? 1초, 0.1초? 10초? 1분? 아래 그림은 20 Hz의 연속적인 아날로그 신호(연속된 시간의 신호)이다. (물론 이보다 더 주파수를 높여도 되고 낮추어도 된다.) 20 Hz 정현파의 주기는 (=0.05 sec) 50 ms이다. 이 아날로그 데이터를 손실없이 샘플링하기 위한 주파수는 정확하게 20 Hz의 두 배인 40 Hz이다. 왜 그럴까?

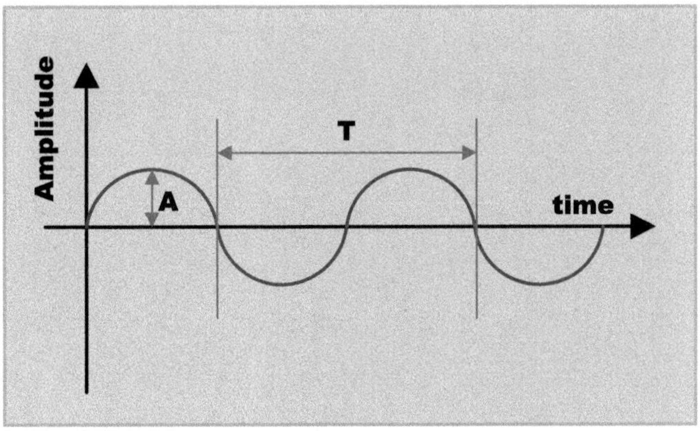

그림 9-8 • 20 Hz의 정현파 아날로그 데이터

그런데 "어떤 주파수를 표본화할 때 항상 두 배로 해야 하는가? 10배인 200 Hz로 하거나 혹은 절반의 주파수인 10 Hz로 표본화하면 안 되는가?"와 같은 의문이 들 수도 있을 것이다.

먼저 20 Hz의 10배 혹은 100배인 200 Hz, 2 kHz로 표본화하여도 상관없다. 그러나 주파수를 높이면 높일수록 원래 아날로그 데이터와는 유사해지지만 디지털 데이터량이 엄청나게 증가하므로 무조건 높인다고 좋은 것은 아니다. 그러면 "낮추면 되겠네"라고 간단하게 생각할지 몰라도 주파수를 지나치게 낮추면 원신호에 비해 심각한 왜곡이 발생하므로 디지털 데이터로 변환한 후에 정보가 매우 많이 손실된다.

즉, 아날로그 데이터를 디지털 데이터로 변환하는 표본화 과정에서의 주파수는 너무 낮게 혹은 너무 높게해서도 곤란한데, 이에 대한 정답은 나이키스트의 정리를 따른다.

정의 | 나이키스트의 정리((Nyquist Nyquist theorem)

1928년 전송 신호의 표본화 등에 관한 연구 논문을 발표한 미국 벨 전화 연구소의 Harry. Nyquist (1889-1976)의 이름을 따서 붙인것으로 샘플링 법칙에 따르면 샘플링 주파수 fs는 신호의 최대 주파수 f의 두 배 이상이 되어야 한다. 이보다 낮을 경우 앨리어싱Aliasing이 발생하기 때문에 원래 신호가 왜곡된다. 이때 fs/2를 중첩 주파수Folding Frequency 혹은 나이키스트 주파수 Nyquist Frequency라 부른다.

앞서 설명한 ADC는 개념적으로 아래와 같이 나타낼 수 있고 이를 좀 더 축약해서 오른쪽 그림처럼 나타낼 수도 있다.

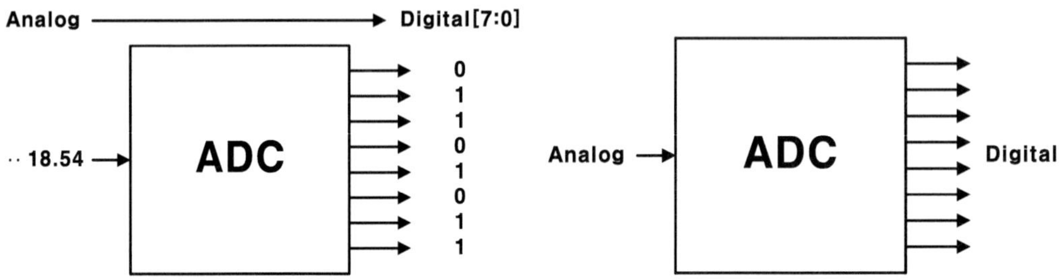

그림 9-9 • 간단하게 나타낸 ADC

ADC는 당연히 VCC와 GND가 공급되어야 하는데 이러한 A/D 변환의 특성상 별도의 전원핀을 갖는 경우가 많다. ADC에 공급되는 전원은 Analog VCC를 줄여서 AVCC, Analog GND를 줄여서 AVCC라고 표기한다. 기준이 되는 참조전압은 Analog Reference라 하여 AVREF라 표기한다.

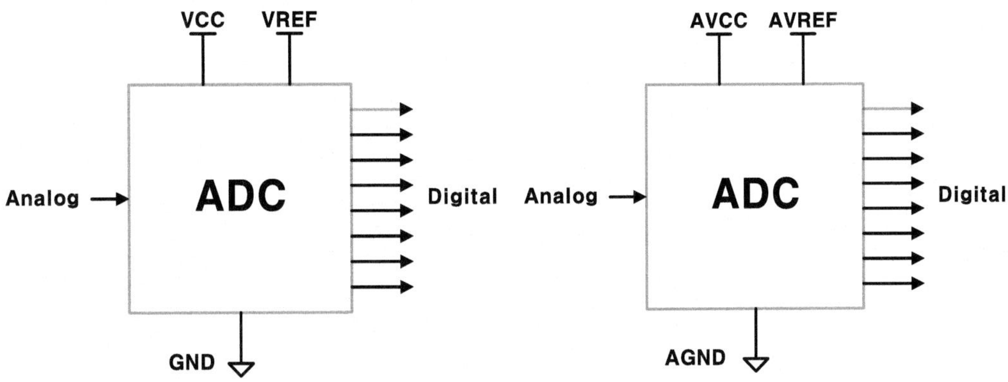

그림 9-10 • 아날로그 입력전압(AVCC), 참조전압(AREF), 아날로그 GND(AGND)를 나타낸 ADC

1.4 ADC의 종류

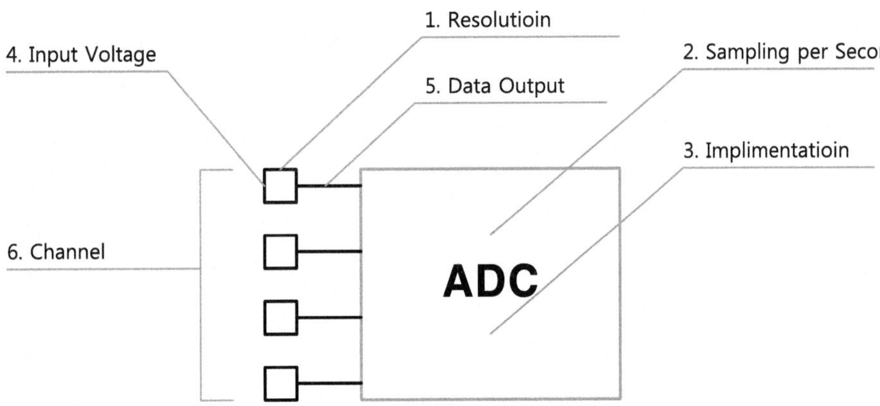

그림 9-11 • A/D 변환기의 분류

표 9-1

번호	레지스터	설명	AVR
1	분해능	몇 비트로 (얼마나 세밀하게) 나타낼 수 있는가?	10비트
2	변환 속도	얼마나 빨리 A/D 변환의 결과를 나타낼 수 있는가?	65~260μS(중속형)
3	구현 방식	어떤 방식으로 ADC가 구현되어 있는가?	축차비교형
4	입력전압의 종류	단극성인가? 양극성인가?	양극성
5	데이터의 출력 형태	직렬 출력인가? 병렬 출력인가?	병렬 출력
6	채널 수	단일 채널인가? 다중 채널인가?	다중 채널

- 분해능(Resolution)이란 A/D 변환 시 얼마나 세밀하게 나타낼 수 있느냐는 의미이다. 예를 들어 100°C를 측정할 수 있는 센서 출력을 A/D 변환할 경우 분해능이 10비트인 ADC와 12비트인 ADC는 얼마나 차이가 나겠는가? 각각 1024, 4096으로 세밀하게 나타낼 수 있으므로 후자가 우수한 ADC이다.
- A/D 변환의 시간은 SPS(Sampling per seconds)로 나타내는데 당연히 SPS가 빠른 것이 좋다. 고속의 경우는 변환 시간이 수 μS 이하로 걸리나 저속의 경우는 변환시간이 수 ms 이상이 걸린다.
- ADC의 구현은 크게 비교형과 적분형으로 나뉘는데 비교형은 다시 궤환 비교형과 무궤환 비교형으로 나뉘고, 적분형은 다시 전압-시간(V-T) 변환형과 전압-주파수(V-F) 변환형으로 나뉜다. 이에 대한 내용은 이 책의 내용을 상회하므로 간략하게 이러한 종류의 ADC가 있다는 정도만 알아두자.
- (입력되는 전압이 양극인가 혹은 음극인가에 따라 나뉘는 것이 아니라) 극성이 한 가지인가 혹은 두 가지인가에 따라 나뉜다. 즉 단극성(單極性, Unipolar)은 입력전압이 양극 혹은 음극 하나만 입력되는 것이고, 양극성(兩極性, Bipolar)은 입력전압의 극성이 양극과 음극 모두 사용되는 것을 말한다.
- 데이터의 출력 형태 혹은 인터페이스 방식에 따라 직렬 형태로 출력하는 ADC와 병렬 형태로 출력하는 ADC 그리고 주파수 형태로 출력하는 ADC가 있다. 병렬 형태로 출력하는 ADC는 마이크로컨트롤러와 연결만 하면 되므로 가장 쉽지만 포트 수를 많이 소모하는 단점이 있다.
- 입력 채널 수가 하나뿐인 단일 채널(Single Channel) ADC와 여러 개인 다중 채널(Multi Channel) ADC가 있다.

2 ATmega128의 ADC

2.1 개요

ATmega128은 10비트의 축차 비교형(軸差比較形 Successive approximation) ADC를 갖고 있다. ADC 연결은 PORTF0부터 PORTF7까지 8개의 채널(PF0~PF7)을 사용할 수 있으며, 입력은 단극성 아날로그 입력(Single Ended Input) 혹은 차동 입력(Differential Input)을 받을 수 있고, 차동 입력의 경우 입력된 신호를 10배 혹은 200배 증폭할 수도 있다.

아날로그 입력 전압의 범위는 보통 $0 \sim V_{REF}$이지만, 차동 입력은 $-V_{REF} \sim V_{REF}$가 된다. V_{REF}는 외부 AREF 전압을 사용할 수도 있고, 내부 기준전압 2.56V를 이용할 수도 있지만 VREF는 전원 전압 VCC를 초과할 수 없다.

A/D 변환 시 시간이 얼마나 걸리는지가 중요한데 이를 A/D 변환 시간(A/D Conversion time)이라 하고, ATmega128은 65 ~ 260μs의 시간이 소모된다. 제일 빠른 변환 시간은 15kSPS (Sampling per second)이다.

A/D 변환 모드는 단일 변환 모드(Single conversion mode)와 프리러닝 모드(Free running mode)가 있는데 프리러닝 모드는 한 번 설정하면 반복적으로 A/D 변환을 수행하는 모드이다.

ATmega128도 다른 주변장치와 마찬가지로 변환 완료 후 데이터 레지스터가 갱신(Update), ADC 변환 완료 인터럽트가 요청되며 ADCSRA 레지스터의 ADIF 플래그가 1로 세트된다.

그 밖의 사항으로, ADC는 특성상 안정된 동작을 위해 전원 전압 VCC와는 별도로 아날로그 전원 전압(AVCC)과 A/D 변환에 필요한 기준전압(AREF)을 가지고 있다. ATmega128의 ADC의 특징을 요약하면 다음과 같다.

- 10비트 분해능 Resolution
- 0.5 LSB 적분 비선형(Intergral Non-linearity)
- ±2 LSB 정확도
- 65~260us 변환 시간
- 8채널의 멀티플렉스된 단일 입력
- 7채널의 차동 입력
- 10배 혹은 200배의 증폭률을 가진 2채널의 차동 입력
- ADC 결과값 좌측 정렬 옵션
- 0 ~ VCC ADC 입력 전압 범위
- 선택 가능한 2.56V의 ADC 레퍼런스 전압
- 단일 변환 모드(Single Conversion Mode) 혹은 프리러닝 모드(Free Running Mode) 지원
- ADC 변환 완료 인터럽트
- Sleep Mode Noise Canceler

2.2 ATmega128의 ADC 외부 블록 다이어그램

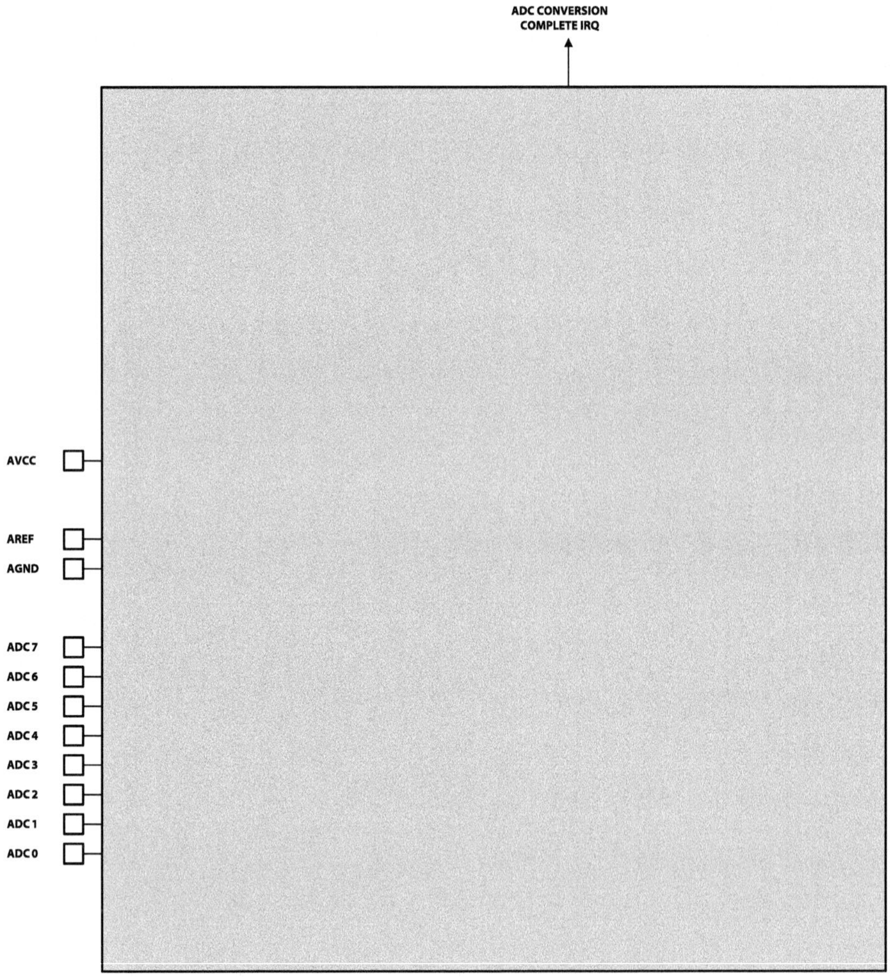

그림 9-12 • ATmega128의 ADC 블록 다이어그램

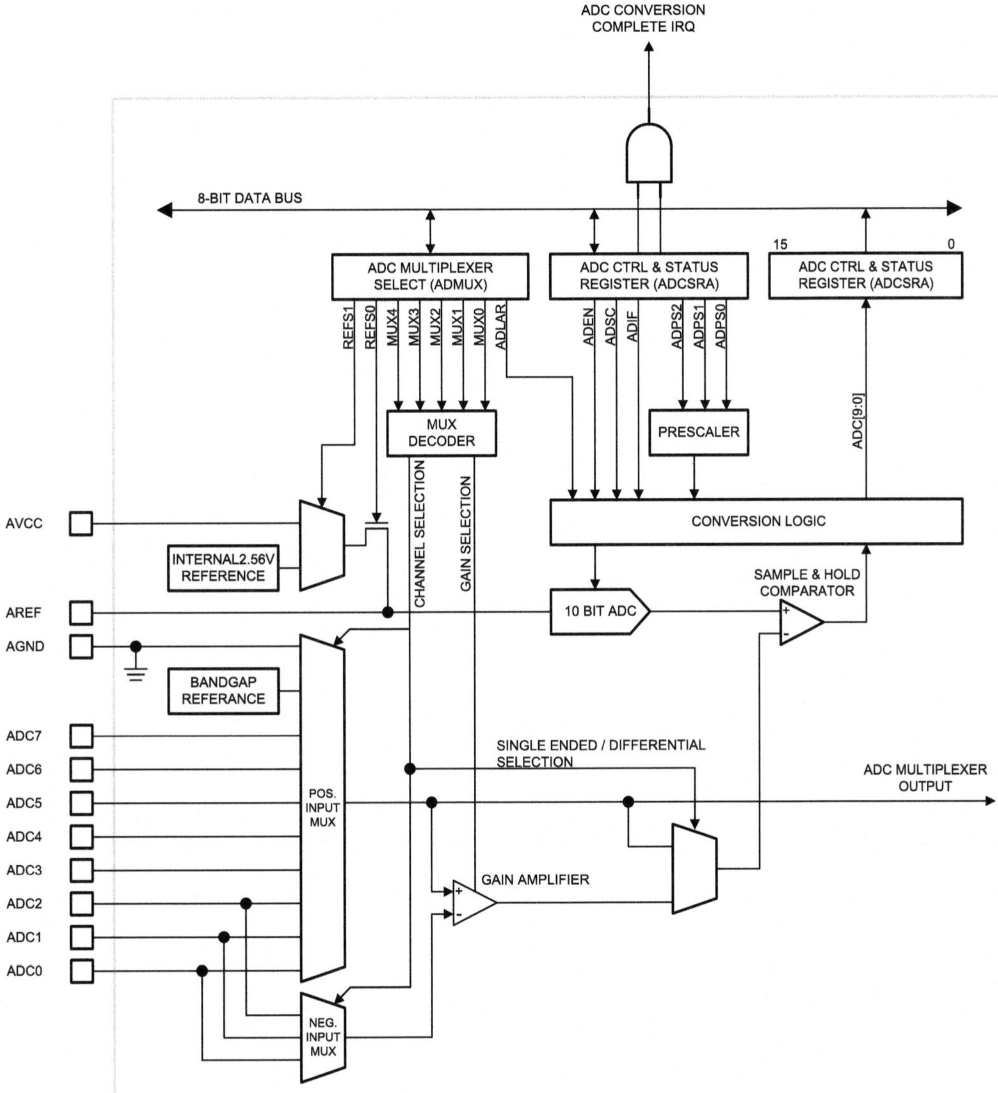

그림 9-13 • ATmega128의 ADC 블록 다이어그램

2.3 축차 비교형 ADC란?

축차 비교형(軸差比較形 Successive approximation)은 한자어로는 '축과의 차이를 좁혀가는 방법', 영어로는 '연속적인 접근 방법' 정도로 해석할 수 있다. 그런데 중요한 점은 도대체 '무슨 축과의 차이를 좁혀가는가' 또는 '무엇에 연속하여 가는가'가 중요한데 이 '축' 혹은 '연속하여 가는 값'이 바로 아날로그 데이터 값이다. [그림 9-14]를 보면 위의 설명을 이해하는 데 도움이 될 것이다.

즉 축차 비교형은 SAR(Successive Approximation Register)을 사용하여 최상위 비트로부터 순서대로 하위 비트 쪽으로 수정해가는 방법이다.

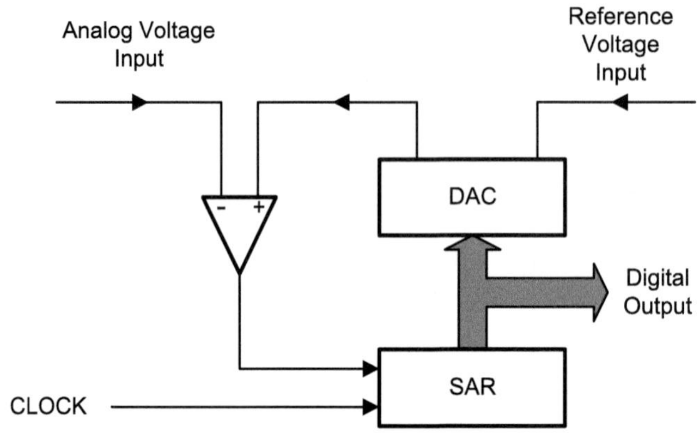

그림 9-14 • 축차 비교형 ADC의 구조

또한 축차 비교형은 디지털 값을 매우 빨리 아날로그 입력 값에 근사(Appromate)시킨다(앞서 설명한 대로 디지털 데이터를 아날로그 데이터에 정확하게 일치하기가 불가능할 수도 있기 때문이다). 또한 축차 비교형은 다른 ADC에 비해 다음과 같은 장점이 있다.

- 비교적 변환 시간이 빠르다.
- 회로도 간단한 장점이 있다.
- 저가로 제작 가능하다.
- 분해능도 비교적 높은 편이다.

그러나 축차 비교형은 샘플/홀드 과정이 필요한 점, 정밀한 A/D가 힘들다는 단점 또한 갖고 있음을 유념해야 한다.

2.4 ADC 동작

ADC 동작은 단일 변환 모드와 프리러닝 모드가 있는데 단일 변환 모드에서는 ADCSRA 레지스터의 ADEN 비트를 세트 혹은 ADEN 비트와 ADSC 비트를 동시에 세트하면 시작되게 된다. ADC 변환이 완료되면 ADIF가 세트되고 ADC 변환 완료 인터럽트가 요청되며 ADSC 비트는 자동적으로 클리어된다. ADC 변환 완료 이후 다시 ADC를 시작하려면 ADSC 비트를 세트하면 된다. 프리러닝 모드는 ADSC 비트를 세트하여 시작한 후 자동으로 ADC 수행을 반복한다.

2.5 ADC 프리스케일러

ADC에 사용되는 클럭을 선택할 때 단극성 입력은 50k~200kHz, 차동 입력은 50k~1000kHz 범위 내에서 클럭을 입력해주어야 한다. ADC의 클럭은 ADC 프리스케일러를 통해서 입력되는데 이는 ADCSRA 레지스터의 ADS2~0 비트를 통해서 원하는 분주비로 선택 가능하다.

ADC의 클럭을 고속으로 공급할 경우 전력 소비가 증가된다는 점도 참고하기 바란다.

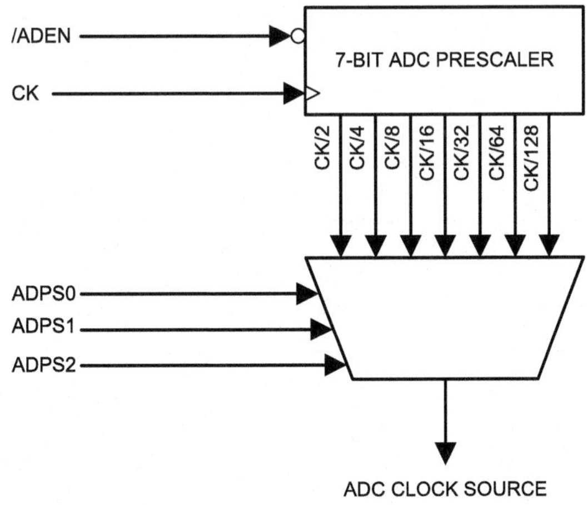

그림 9-15 • ADC로 공급되는 클럭 프리스케일러의 구성

2.6 ADC 기준 전압

ADC 수행 중 기준 전압 선택 시 ADMUX 레지스터의 기준 전압 선택 비트 REF1~0과 아날로그 채널 선택 비트 MUX4~0의 값으로 동작한다.

따라서 ADC 시작 전 이 값은 설정되어 있어야 하며, 만일 ADC가 수행 중 이 값을 변경하고자 한다면 최소 125us가 걸리므로 이 이후에 값을 읽는 것이 바람직하다.

2.7 ADC 변환 시간

ADC 과정은 최대 약 39 클럭 사이클이 필요하다. 이 시간은 ADCSRA의 ADEN 비트가 세트된 후 ADC가 완료되기까지 시간인데 ADC 회로를 안정화시키는 데 걸리는 시간 + ADC 변환 시간이 포함된 것이다. 따라서 한 번 안정화시킨 후 두 번째부터는 조금 더 빨라질 수 있는데 이에 대한 표는 [표 9-2]와 같다.

표 9-2 • ADC 변환 시간

번호	설명	샘플앤홀드 소모클럭 수	ADC 변환 클럭 수
1	ADEN 세트 후 최초 변환 시간	13.5	25
2	이후 ADC 변환 시간(단극성)	1.5	13
3	이후 ADC 변환 시간(양극성)	1.5-2.5	13-14

2.8 잡음 제거 방법

ADC의 기준 전압 VREF는 최대한 정밀한 전압을 인가할수록 좋지만, 간단하게 구현할 경우는 LC 필터로 처리해도 무방하다. 더욱 간단히 구현할 때는 VCC를 인가하는 경우도 있다. 또한 다음과 같은 방법도 ADC 잡음을 줄이는 데 상당한 영향을 주기 때문에 참고로 알아두기 바란다.

- AVR의 ADC는 축차 비교 방식이므로, 수십 us 정도의 초기값이 정확하지 않다.
- A/D 컨버터의 아날로그 입력 신호선은 최대한 짧고 굵게 하는 것이 좋다.
- 잡음의 영향을 덜 받게 하기 위하여 디지털 전원 VCC에 LC 필터를 사용하여 AVCC에 붙인다.
- A/D 변환 중에 사용되지 않은 A/D 포트를 스위칭하지 않는다.
  예) AD7, 6, 5, 4 이용 시 AD 3, 2, 1번 핀을 스위칭하지 말라는 의미이다.
- 아날로그 GND 따로, 디지털 GND 따로 묶은 후 한 포인트에서 연결한다.
- 데이터 값이 불안할 경우 평균을 구하면 조금 더 안정적이다.
- 잡음에 대해 극도로 민감할 땐 IDLE 모드에서 읽는 것도 좋다.

3 레지스터 설정

3.1 전체 I/O 레지스터 중 사용되는 레지스터

표 9-3 • ATmega128에서 ADC에 사용되는 레지스터

번호	주소	레지스터명	BIT7	BIT6	BIT5	BIT4	BIT3	BIT2	BIT1	BIT0
64	$3F ($5F)	SREG	I	T	H	S	V	N	Z	C
62	$3D ($5D)	SPL	SP7	SP6	SP5	SP4	SP3	SP2	SP1	SP0
63	$3E ($5E)	SPH	SP15	SP14	SP13	SP12	SP11	SP10	SP9	SP8
60	$3B ($5B)	RAMPZ								RAMPZ0
54	$35 ($55)	MCUCR	SRE	SRW10	SE	SM1	SM0	SM2	IVSEL	IVCE
77	($6C)	XMCRB	XMBK					XMM2	XMM1	XMM0
78	($6D)	XMCRA		SRL2	SRL1	SRL0	SRW01	SRW00	SRW11	
80	($6F)	OSCCAL	Oscillator Calibration Register							
61	$3C ($5C)	XDIV	XDIVEN	XDIV6	XDIV5	XDIV4	XDIV3	XDIV2	XDIV1	XDIV0
53	$34 ($54)	MCUCSR	JTD			JTRF	WDRF	BORF	EXTRF	PORF
34	$21 ($41)	WDTCR				WDCE	WDE	SDP2	WDP1	WDP0
9	$08 ($28)	ACSR	ACD	ACBG	ACO	ACI	ACIE	ACIC	ACIS1	ACIS0
73	($68)	SPMCSR	SPMIE	RWWSB		RWWSRE	BLBSET	PGWRT	PGERS	SPMEN
35	$22 ($42)	OCDR	IDRD/ OCDR7	OCDR6	OCDR5	OCDR4	OCDR3	OCDR2	OCDR1	OCDR0
26	$19 ($39)	PINA	PINA7	PINA6	PINA5	PINA4	PINA3	PINA2	PINA1	PINA0
27	$1A ($3A)	DDRA	DDA7	DDA6	DDA5	DDA4	DDA3	DDA2	DDA1	DDA0
28	$1B ($3B)	PORTA	PORTA7	PORTA6	PORTA5	PORTA4	PORTA3	PORTA2	PORTA1	PORTA0
23	$16 ($36)	PINB	PINB7	PINB6	PINB5	PINB4	PINB3	PINB2	PINB1	PINB0
24	$17 ($37)	DDRB	DDB7	DDB6	DDB5	DDB4	DDB3	DDB2	DDB1	DDB0
25	$18 ($38)	PORTB	PORTB7	PORTB6	PORTB5	PORTB4	PORTB3	PORTB2	PORTB1	PORTB0
20	$13 ($33)	PINC	PINC7	PINC6	PINC5	PINC4	PINC3	PINC2	PINC1	PINC0
21	$14 ($34)	DDRC	DDC7	DDC6	DDC5	DDC4	DDC3	DDC2	DDC1	DDC0
22	$15 ($35)	PORTC	PORTC7	PORTC6	PORTC5	PORTC4	PORTC3	PORTC2	PORTC1	PORTC0
17	$10 ($30)	PIND	PIND7	PIND6	PIND5	PIND4	PIND3	PIND2	PIND1	PIND0
18	$11 ($31)	DDRD	DDD7	DDD6	DDD5	DDD4	DDD3	DDD2	DDD1	DDD0
19	$12 ($32)	PORTD	PORTD7	PORTD6	PORTD5	PORTD4	PORTD3	PORTD2	PORTD1	PORTD0
2	$01 ($21)	PINE	PINE7	PINE6	PINE5	PINE4	PINE3	PINE2	PINE1	PINE0
3	$02 ($22)	DDRE	DDE7	DDE6	DDE5	DDE4	DDE3	DDE2	DDE1	DDE0
4	$03 ($23)	PORTE	PORTE7	PORTE6	PORTE5	PORTE4	PORTE3	PORTE2	PORTE1	PORTE0
1	$00 ($20)	PINF	PINF7	PINF6	PINF5	PINF4	PINF3	PINF2	PINF1	PINF0
66	($61)	DDRF	DDF7	DDF6	DDF5	DDF4	DDF3	DDF2	DDF1	DDF0

(계속 1/4)

번호	주소	레지스터명	BIT7	BIT6	BIT5	BIT4	BIT3	BIT2	BIT1	BIT0
67	($62)	PORTF	PORTF7	PORTF6	PORTF5	PORTF4	PORTF3	PORTF2	PORTF1	PORTF0
68	($63)	PING				PING4	PING3	PING2	PING1	PING0
69	($64)	DDRG				DDG4	DDG3	DDG2	DDG1	DDG0
70	($65)	PORTG				PORTG4	PORTG3	PORTG2	PORTG1	PORTG0
75	($6A)	EICRA	ISC31	ISC30	ISC21	ISC20	ISC11	ISC10	ISC01	ISC00
59	$3A ($5A)	EICRB	ISC71	ISC70	ISC61	ISC60	ISC51	ISC50	ISC41	ISC40
57	$38 ($58)	EIFR	INTF7	INTF6	INTF5	INTF4	INTF3	INTF2	INTF1	INTF0
58	$39 ($59)	EIMSK	INT7	INT6	INT5	INT4	INT3	INT2	INT1	INT0
49	$30 ($50)	ASSR					AS0	TCN0UB	OCR0UB	TCR0UB
50	$31 ($51)	OCR0	Timer/Counter0 – Output Compare Register							
51	$32 ($52)	TCNT0	Timer/Counter0							
52	$33 ($53)	TCCR0	FOC0	WGM00	COM01	COM00	WGM01	CS02	CS01	CS00
55	$36 ($56)	TIFR	OCF2	TOV2	ICF1	OCF1A	OCF1B	TOV1	OCF0	TOV0
56	$37 ($57)	TIMSK	OCIE2	TOIE2	TICIE1	OCIE1A	OCIE1B	TOIE1	OCIE0	TOIE0
39	$26 ($46)	ICR1L	Timer/Counter – Input Capture Register Low Byte							
40	$27 ($47)	ICR1H	Timer/Counter – Input Capture Register High Byte							
89	($78)	OCR1CL	Timer/Counter1 – Output Compare Register C Low Byte							
90	($79)	OCR1CH	Timer/Counter1 – Output Compare Register C Low Byte							
41	$28 ($48)	OCR1BL	Timer/Counter – Output Compare Register B Low Byte							
42	$29 ($49)	OCR1BH	Timer/Counter – Output Compare Register B High Byte							
43	$2A ($4A)	OCR1AL	Timer/Counter – Output Compare Register A Low Byte							
44	$2B ($4B)	OCR1AH	Timer/Counter – Output Compare Register A High Byte							
45	$2C ($4C)	TCNT1L	Timer/Counter – Counter Register Low Byte							
46	$2D ($4D)	TCNT1H	Timer/Counter – Counter Register High Byte							
91	($7A)	TCCR1C	FOC1A	FOC1B	FOC1C					
47	$2E ($4E)	TCCR1B	ICNC1	ICES1		WGM13	WGM12	CS12	CS11	CS10
48	$2F ($4F)	TCCR1A	COM1A1	COM1A0	COM1B1	COM1B0	COM1C1	COM1C0	WGM11	WGM10
36	$23 ($43)	OCR2	Timer/Counter2 – Output Compare Register							
37	$24 ($44)	TCNT2	Timer/Counter2							
38	$25 ($45)	TCCR2	FOC2	WGM20	COM21	COM20	WGM21	CS22	CS21	CS20
97	($80)	ICR3L	Timer/Counter3 – Input Capture Register Low Byte							
98	($81)	ICR3H	Timer/Counter3 – Input Capture Register High Byte							
99	($82)	OCR3CL	Timer/Counter3 – Output Compare Register C Low Byte							

(계속 2/4)

번호	주소	레지스터명	BIT7	BIT6	BIT5	BIT4	BIT3	BIT2	BIT1	BIT0
100	($83)	OCR3CH	Timer/Counter3 – Output Compare Register C High Byte							
101	($84)	OCR3BL	Timer/Counter3 – Output Compare Register B Low Byte							
102	($85)	OCR3BH	Timer/Counter3 – Output Compare Register B High Byte							
103	($86)	OCR3AL	Timer/Counter3 – Output Compare Register A Low Byte							
104	($87)	OCR3AH	Timer/Counter3 – Output Compare Register A High Byte							
105	($88)	TCNT3L	Timer/Counter3 – Counter Register Low Byte							
106	($89)	TCNT3H	Timer/Counter3 – Counter Register High Byte							
109	($8C)	TCCR3C	FOC3A	FOC3B	FOC3C					
107	($8A)	TCCR3B	ICNC3	ICES3		WGM33	WGM32	CS32	CS31	CS30
108	($8B)	TCCR3A	COM3A1	COM3A0	COM3B1	COM3B0	COM2C1	COM2C0	WGM32	WGM30
33	$20 ($40)	SFIOR	TSM				ACME	PUD	PSR0	PSR321
93	($7C)	ETIFR			ICF3	OCF3A	OCF3B	TOV3	OCF3C	OCF1C
94	($7D)	ETIMSK			TICIE3	OCIE3A	OCIE3B	TOIE3	OCIE3C	OCIE1C
5	$04 ($24)	ADCL	ADC Data Register Low byte							
6	$05 ($25)	ADCH	ADC Data Register High byte							
7	$06 ($26)	ADCSRA	ADEN	ADSC	ADFR	ADIF	ADIE	ADPS2	ADPS1	ADPS0
8	$07 ($27)	ADMUX	REFS1	REFS0	ADLAR	MUX4	MUX3	MUX2	MUX1	MUX0
14	$0D ($2D)	SPCR	SPIE	SPE	DORD	MSTR	CPOL	CPHA	SPR1	SPR0
15	$0E ($2E)	SPSR	SPIF	WCOL						SPI2X
16	$0F ($2F)	SPDR	SPI Data Register							
10	$09 ($29)	UBRR0L	USART0 Baud Rate Register Low							
113	($90)	UBRR0H					USART0 Baud Rate Register High			
118	($95)	UCSR0C		UMSEL0	UPM01	UPM00	USB0	UCSZ01	UCSZ00	UCPOL0
11	$0A ($2A)	UCSR0B	RXCIE0	TXCIE0	UDRIE0	RXEN0	TXEN0	UCSZ02	RXB80	TXB80
12	$0B ($2B)	UCSR0A	RXC0	TXC0	UDRE0	FE0	DOR0	UPE0	U2X0	MPCM0
13	$0C ($2C)	UDR0	USART0 I/O Data Register							
121	($98)	UBRR1H					USART1 Baud Rate Register High			
122	($99)	UBRR1L	USART1 Baud Rate Register Low							
126	($9D)	UCSR1C		UMSEL1	UPM11	UPM10	USBS1	UCSZ11	UCSZ10	UCPOL1
123	($9A)	UCSR1B	RXCIE	TXCIE1	UDRIE1	RXEN1	TXEN1	UCSZ12	RXB81	TXB81
124	($9B)	UCSR1A	RXC1	RXC1	UDRE1	FE1	DOR1	UPE1	U2X1	MPCM1
125	($9C)	UDR1	USART1 I/O Data Register							
29	$1C ($3C)	EECR					EERIE	EEMWE	EEWE	EERE
30	$1D ($3D)	EEDR	EEPROM Data Register							
31	$1E ($3E)	EEARL	EEPROM Address Register Low Byte							
32	$1F ($3F)	EEARH					EEPROM Address Register High			

(계속 3/4)

번호	주소	레지스터명	BIT7	BIT6	BIT5	BIT4	BIT3	BIT2	BIT1	BIT0
81	($70)	TWBR	Two-wire Serial Interface Bit Rate Register							
82	($71)	TWSR	TWS7	TWS6	TWS5	TWS4	TWS3		TWS1	TWS0
83	($72)	TWAR	TWA6	TWA5	TWA4	TWA3	TWA2	TWA1	TWA0	TWGCE
84	($73)	TWDR	Two-wire Serial Interface Data Register							
85	($74)	TWCR	TWINT	TWEA	TWSTA	TWSTO	TWWC	TWEN		TWIE
65	($60)	Reserved								
71	($66)	Reserved								
72	($67)	Reserved								
74	($69)	Reserved								
76	($6B)	Reserved								
79	($6E)	Reserved								
86	($75)	Reserved								
87	($76)	Reserved								
88	($77)	Reserved								
92	($7B)	Reserved								
95	($7E)	Reserved								
96	($7F)	Reserved								
110	($8D)	Reserved								
111	($8E)	Reserved								
112	($8F)	Reserved								
114	($91)	Reserved								
115	($92)	Reserved								
116	($93)	Reserved								
117	($94)	Reserved								
119	($96)	Reserved								
120	($97)	Reserved								
127	($9E)	Reserved								
160	($FF)	Reserved								

(마침 4/4)

3.2 사용되는 레지스터 각각에 대한 요약

ADC 관련 레지스터는 총 3개인데 이 중 ADMUX는 8개의 채널 중 어떠한 포트에서 입력받을지를 결정하고 ADCSRA는 ADC의 시작 및 설정을 하는 레지스터이다. ADC의 변환 결과가 완료되면 ADCH, ADCL 레지스터에 값이 저장되는데 ADC의 결과가 10비트이기 때문에 두 개의 레지스터를 사용한다. 이를 요약해보면 [표 9-4]와 같다.

표 9-4 • ADC 관련 레지스터

번호	레지스터	설명
1	ADMUX	ADC의 입력 채널 선택 및 기 준전압 선택 외
2	ADCSRA	ADC의 동작을 설정하거나 동작 상태를 표시함
3	ADCH	ADC의 변환 결과를 저장하는 레지스터 중 상위 레지스터
4	ADCL	ADC의 변환 결과를 저장하는 레지스터 중 하위 레지스터

(1) ADMUX 레지스터

ADMUX(ADC Multiplexer Selection) 레지스터는 A/D 컨버터의 입력 채널을 선택하는 기능과 A/D 컨버터의 기준 전압을 선택하거나 A/D 변환 결과를 저장하는 레지스터의 데이터 저장 형식을 지정하는 기능을 수행한다.

ADMUX $07($27)	7	6	5	4	3	2	1	0
BIT	REFS 1	REFS 0	ADLAR	MUX4	MUX3	MUX2	MUX1	MUX0
R/W	R/W	R/W	R/W	R/W	R/W	R/W	R/W	R/W
INIT	0	0	0	0	0	0	0	0

그림 9-16 • ADMUX 레지스터

- BIT 7 ~ 6 : REFS1 ~ REFS0은 A/D 컨버터에서 사용하는 기준 전압을 선택한다. 00인 경우에는 외부 핀 AREF로 입력된 전압을 기준 전압으로 사용하고 01인 경우에는 외부 핀 AVCC으로 입력된 전압을 기준 전압으로 사용하고 11인 경우에는 내부의 2.56V를 기준 전압으로 사용한다.

표 9-5 • REFS1, REFS0 비트 설정에 따른 기준 전압 설정

REFS1	REFS0	설명
0	0	외부 AREF 단자의 입력 전압을 사용
0	1	외부 AVCC 단자의 입력 전압을 사용
1	0	예약되었음(Reserved)
1	1	내부의 2.56V를 사용

- BIT 5 : ADLAR은 데이터의 저장을 좌측으로 저장할지 우측으로 저장할지를 결정한다. A/D 변환된 데이터는 10비트이고, 16비트의 공간 중 10비트만 사용되기 때문에 16비트 중에서 상위 10 비트에 데이터를 저장할 것인지 하위 10비트에 저장할 것인지를 선택할 수 있게 한다.
- BIT 4~0 : MUX4~0은 A/D 변환할 채널 선택과 단극성 또는 차동 입력 방식을 선택하는 기능을 한다.

단극성 입력 방식은 각각 채널에 입력하는 8가지 방법이 있고 차동 입력은 2가지가 있다. 그리고 차동 입력 방식은 4가지의 입력 방법으로 나누어진다.

- ADC1 ~ ADC0 단자 사이의 차동 입력(이득 10 또는 200)
- ADC3 ~ ADC2 단자 사이의 차동 입력(이득 10 또는 200)
- ADC1 단자를 기준으로 한 8가지 차동 입력
- ADC2 단자를 기준으로 한 6가지 차동 입력

(2) ADCSRA 레지스터

ADCSRA(ADC Control and Status Register A) 레지스터는 A/D 컨버터의 동작을 설정하거나 동작 상태를 표시하는 기능을 한다.

	BIT	7	6	5	4	3	2	1	0
ADCSRA $06($26)		ADEN	ADSC	ADFR	ADIF	ADIE	ADPS2	ADPS1	ADPS0
	R/W	R/W	R/W	R/W	R/W	R/W	R/W	R/W	R/W
	INIT	0	0	0	0	0	0	0	0

그림 9-17 • ADCSRA 레지스터

- BIT 7 : ADEN은 1로 설정되면 A/D 컨버터가 동작되고 0이면 동작되지 않는다.
- BIT 6 : ADSC(ADC Start Conversion)는 1로 설정하면 A/D 컨버터의 변환이 시작된다. 단 프리러닝 모드에서는 이를 1로 설정하면 첫 번째의 변환이 개시되면 그 다음부터는 자동으로 변환이 반복된다. 변환이 수행되는 동안 ADEN을 읽으면 1이 되고 변환이 완료되면 자동적으로 0이 된다.
- BIT 5 : ADFR(ADC Free Running mode)은 A/D의 프리러닝 모드를 설정한다. ADATE = 1로 설정하고 프리러닝 모드로 설정하면 상승 엣지에서 ADC가 시작된 후 계속 A/D 변환을 한다.
- BIT4 : ADIF(ADC Interrupt Flag)는 A/D 변환이 완료되어 ADC 데이터 레지스터 값이 갱

신되고 나면 1로 세트되면서 A/D 변환 완료 인터럽트를 요청한다. ADIE = 1로 설정되어 있으면 인터럽트가 발생된다.

- BIT 3 : ADIE(ADC Interrupt Enable)는 A/D 변환 완료 인터럽트를 개별적으로 허용한다. 1이면 인터럽트가 발생되고 0이면 인터럽트가 발생되지 않는다.
- BIT 2~0 : ADP2 ~ 0(ADC Prescaler Select Bit)은 A/D 컨버터에 분주비를 선택한다. A/D 변환을 수행하는 데 일정한 수의 클럭 주기가 소요되므로 시스템 클럭을 나누는 분주비에 따라 변환 시간이 바뀐다.

(3) ADCH, ADCL 레지스터

ADCH(ADC data Register High) 및 ADCL(ADC data Register Low) 레지스터는 A/D 컨버터의 변환 결과를 저장하는 레지스터이다. 단극성일 경우에는 A/D 변환 결과가 10비트 양의 정수로 표시되어 0 ~ 1023의 범위 값을 가지지만 차동 입력을 사용할 경우에는 A/D 변환 결과가 2의 보수의 형태로 −512 ~ 511까지의 값의 범위를 갖는다. ADCH와 ADCL에서 변환결과를 읽을 때는 항상 ADCL을 먼저 읽고 나중에 ADCH를 읽어야 한다. ADMUX 레지스터의 ADLAR의 값에 따라 [그림 9-18]과 같은 서로 다른 형태로 저장된다.

BIT	15	14	13	12	11	10	9	8
ADCH $05($25)	-	-	-	-	-	-	ADC9	ADC8
ADCL $04($24)	ADC7	ADC6	ADC5	ADC4	ADC3	ADC2	ADC1	ADC0
	7	6	5	4	3	2	1	0
R/W	R	R	R	R	R	R	R	R
	R	R	R	R	R	R	R	R
INIT	0	0	0	0	0	0	0	0
	0	0	0	0	0	0	0	0

BIT	15	14	13	12	11	10	9	8
ADCH $05($25)	ADC9	ADC8	ADC7	ADC6	ADC5	ADC4	ADC3	ADC2
ADCL $04($24)	ADC1	ADC0	-	-	-	-	-	-
	7	6	5	4	3	2	1	0
R/W	R	R	R	R	R	R	R	R
	R	R	R	R	R	R	R	R
INIT	0	0	0	0	0	0	0	0
	0	0	0	0	0	0	0	0

그림 9-18 • ADCH, ADCL 레지스터

A/D 컨버터가 변환을 완료하면 그 변환 결과는 ADC 데이터 레지스터 ADCH와 ADCL에 저장된다. 단극성 입력 채널을 사용하는 경우의 변환 결과는 다음 식과 같다. VIN은 채널에 입력된 전압이고 VREF는 기준 전압이다. 이 값은 0(0x0000) ~ 1023(0x03FF)까지의 값을 갖는다.

$$ADC = \frac{V_{IN} = 1024}{V_{REF}}$$

차동 입력 채널을 사용하는 경우의 변환 결과는 다음 식과 같다. 여기서 VPOS는 차동 아날로그 입력의 +쪽의 단자이고 VNEG는 −쪽의 단자 입력 전압이다. 또한 GAIN은 아날로그 전압의 이득으로서 1, 10, 200 중에서 하나의 값을 갖는다.

$$ADC = \frac{(V_{POS} - V_{NEG}) \times GAIN \times 512}{V_{REF}}$$

4 예제 및 실험 : H/W

4.1 가변 저항을 이용한 ADC 실험

ATmega128에서 ADC에 관련된 핀은 [그림 9-19]와 같다. ADC가 ADC 0부터 ADC 7까지 8개의 핀으로 입력을 받고 각 핀이 모두 기능이 동일하므로 모든 핀을 실험할 필요는 없다. 이 중에서 일부 핀만 실험해보도록 하자.

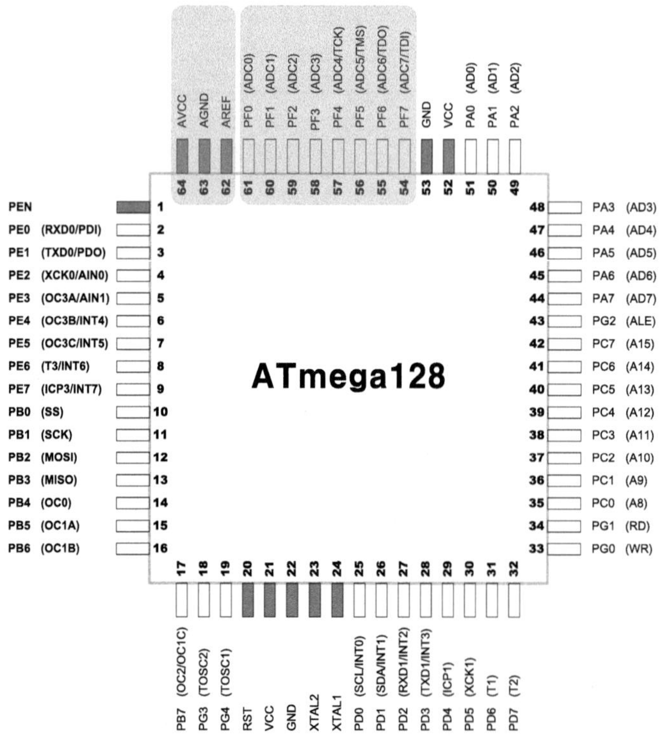

그림 9-19 • 병렬 포트 관련 핀

4.2 가변 저항이란?

ADC를 실험하기 위해서는 아날로그 신호를 입력 받아야 하는데 아날로그 입력을 받을 만한 것중에서 가장 간단한 것이 가변저항(VR : Variable Resister)이다. 물론 음성이나 영상 신호도 아날로그지만 마이크로컨트롤러가 이러한 대용량의 아날로그 데이터를 처리하기는 무리가 있으므로 가변저항을 선택한 것이다.

가변저항의 용량은 1K, 5K, 10K 아무것이나 상관없으므로 적당한 가변저항을 선택하면 된다. 또한 3개의 핀이 나와 있는데 각각 VCC, GND 그리고 나머지 핀은 ADCn(n = 0,1,2,3,4,5,6,7 중의 하나)으로 연결하면 된다.이 가변저항은 말 그대로 저항값이 변하는 것인데 가변저항을 왼쪽 혹은 오른쪽으로 돌림으로써 저항값이 바뀌게 되고 이 입력 전압이 ADCn에 입력되게 된다.

그림 9-20 • 많이 쓰이는 가변 저항(Variable Register)의 외관

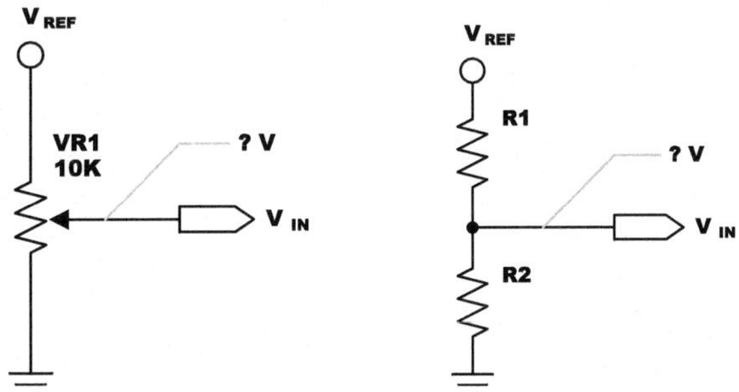

그림 9-21 • 가변 저항의 회로도와 등가회로

가변 저항의 등가 회로는 아래와 같다. 가변저항을 어떻게 돌려도 즉 R1 + R2 = 10 K이고 가변저항의 변화에 따른 입력 전압 V_{IN}은 아래 공식과 같다.

$$V_{IN} = \frac{R2}{R1 + R2} \times V_{REF} \qquad \text{식(1)}$$

드라이버를 통해 가변저항값을 변환시킬 경우 가변저항은 0K에서 10K로 변화할 것이고 이에 따라 전압도 바뀔 것이다. 위의 공식에 따라 몇 개만 계산해 보도록 하자.

① 가변저항을 돌려 R1 = 0 k, R2 = 10 k로 되었다면 V_{IN}는?

$V_{IN} = 10 / (0 + 10) \times 5 = 5\ V$

② 가변저항을 조절하여 R1 = 2.5 k, R2 = 7.5 k로 되었다면 V_{IN}는?

$V_{IN} = 7.5 / (2.5 + 7.5) \times 5 = 3.75\ V$

자 이제 감이 오는가? 가변저항을 조절함에 따라 저항 값은 변화할 것이고, V에 해당하는 전압 역시 변화한다. 모든 경우를 다 해볼 수는 없기 때문에 몇 가지 경우만 해보았다. 결론적으로 가변저항값이 0 k에서 10 k로 변화함에 따라 입력 전압 값인 ? V도 0 V에서 5 V로 변화할 것이다.

No.	degree	R1	R2	VIN
1	0	0	10	5
2	36	1	9	4.5
3	72	2	8	4
…	…	…	…	…
9	288	8	2	1
10	324	9	1	0.5
11	360	10	0	0

위 데이터를 가지고 그래프를 그려보면 다음과 같다.

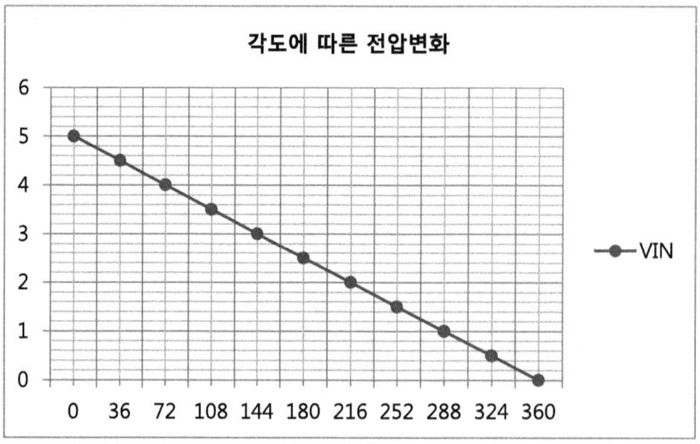

그림 9-22 • 가변저항의 각도에 따른 전압의 변화

4.3 가변 저항과 A/D 변환

위와 같이 "가변저항의 값이 변경 → 전압의 변화"가 되고 이 변화된 전압 값이 ADCn의 입력으로 들어간다. 그렇다면 ADCn로 입력될 때 마이크로컨트롤러는 어떠한 값을 가질까? 예를 들어 ADCn으로 3.5 V가 입력된다면 3.5 V를 가지고 있을까? 그렇지 않다. ADC 결과가 3.5가 아니라 "1024 분의 얼마"에 해당하는 비율로 나오게 된다. 1024는 ATmega128의 ADC가 10bit (2^{10} = 1024 = 0x3FF)이기 때문이다.

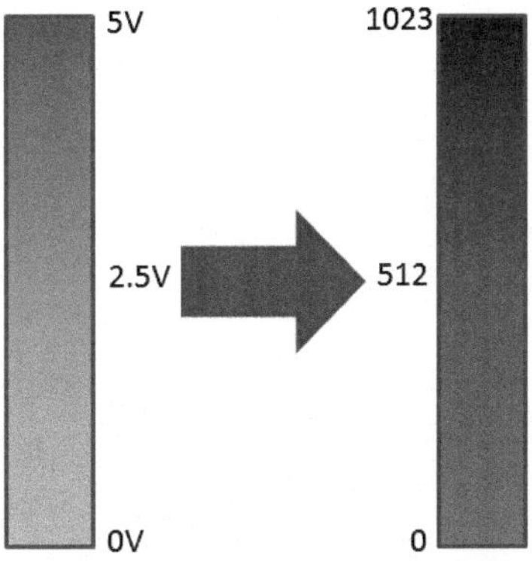

그림 9-23 • 입력 전압의 변화에 따른 ADC 값의 변화

즉, "저항값의 변화 → ADCn의 입력 전압 변화"로 이어지는데 이를 간단한 비례식으로 나타낸 후 정리해 본 수식은 아래와 같다.

V_{REF} : (0x3FF-1) = V_{IN} : ADC

ADC × V_{REF} = (0x3FF-1) × V_{IN}

ADC = ((0x3FF-1) × V_{IN})/ × V_{REF}

$$ADC = V_{IN} \times (0x3FF-1) / V_{REF} \quad \text{식(2)}$$

위의 공식을 이용하여 표를 만들면 다음과 같다.

표 9-6 • 전압값 V_{IN}의 변화에 따른 ADC값의 변화

No.	VIN	ADC
1	5	1023
2	4.5	920.7
3	4	818.4
…	…	…
9	1	204.6
10	0.5	102.3
11	0	0

위의 표를 그래프로 나타내보면 아래와 같다. V_{IN}을 5, 4.9, 4.8과 같이 써도 되지만 테이블이 지나치게 커지기 때문에 10개 정도만 값을 적었지만 이 데이터만으로도 아래 테이블을 충분히 만들 수 있을 것이다.

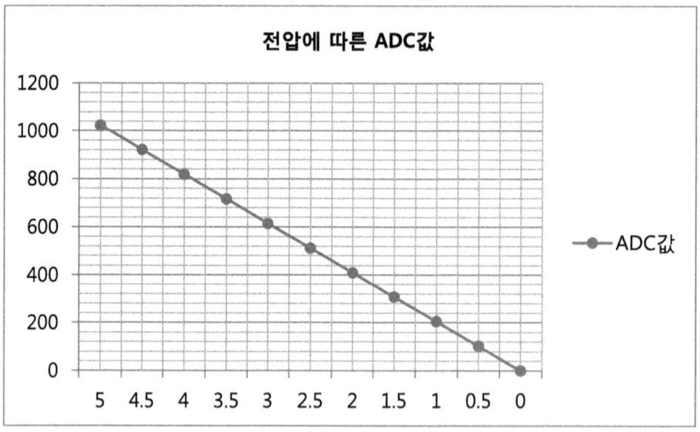

그림 9-24 • 전압에 따른 ADC값의 변화

자 이제, ADC 값을 통해 VR의 각도가 몇 도인지 알 수 있다. 위의 식(1)과 식(2)를 통해서 ADC는 아래와 같이 나타낼 수 있다. 하나만 예를 들어 보자. 가변저항이 72도일 때 V_{IN} = 4V 이고, 위의 식에 의해 818.4라는 값을 가질 수 있음을 알 수 있다.

$$ADC = ((0x3FF-1) \times 4\ )\ /\ 5 = 818.4$$

5 예제 및 실험 : S/W

예제 9-1 | 가변 저항의 변경에 따른 ADC 출력 결과 알아보기

```
#include <avr/io.h>
#include <avr/interrupt.h>
#include <stdio.h>

#include "com/carroty/avr/general/global.h"
#include "com/carroty/avr/general/delay.h"
#include "com/carroty/avr/comm/uart.h"
#include "com/carroty/avr/general/key.h"
#include "com/carroty/avr/adc/adc.h"
#include "com/carroty/avr/comm/uart.h"

volatile unsigned char rx_flag= false;
volatile unsigned char recv_data= 0;

volatile unsigned int  read_adc= 0;
volatile float         temp_volt= 0;
volatile unsigned char adc_flag= false;char

char read_adc_string[16]=  {0, 0, 0, 0,};
char temp_volt_string[16]= {0, 0, 0, 0,};

ISR(ADC_vect) {                   // ADC 완료 인터럽트
  read_adc =  ADCL;               // ADCL 먼저 읽기
  read_adc += (ADCH<<8);
  adc_flag= true;
}

ISR(USART0_RX_vect) {
  rx_flag= true;
  recv_data= UDR0;
}

int main(void) {
  uart0_init();
  adc_init(ADC_CH_0);          // ADC 초기화
  delay_ms(10);                // ADC 초기 변환 시간을 위해 delay를 약간 줌
```

```
  while(true) {
    if(adc_flag==true) {
      adc_flag= false;

      // 읽은 ADC 값을 LED or FND or CLCD or USART 등으로 출력하면 된다.
      temp_volt= read_adc * (5.0/1023.0);

      sprintf(read_adc_string,  "%4d", read_adc);
      sprintf(temp_volt_string, "%6.2f", temp_volt);

      tx_string("Angle : ");
      tx_string(temp_volt_string);
      tx_string(" (V) -> ADC : ");
      tx_string(read_adc_string);
      tx_string("\n");
    }
    delay_ms(200);
  }
}
```

6 이 장의 간추림

- 아날로그는 연속적(continuous)이고 디지털은 불연속적(discrete :이산적)이다.
- 자연계에 존재하는 데이터의 대부분은 디지털이 아닌 아날로그이므로 데이터 처리 과정에서 다루기 쉬운 디지털로 변환해서 사용할 필요성이 있다.
- 아날로그 데이터를 디지털로 변환하는 것을 A/D 변환이라 하고, ADC(Analog to Digital Converter)를 통해 처리한다.
- 디지털을 아날로그로 변환하는 것을 D/A 변환이라 하며, DAC(Digital to Analog Converter)를 통해 처리한다.
- A/D 변환은 표본화(Sampling), 양자화(Quantization) 과정을 거치며, 경우에 따라 인코딩(Encoding) 세 가지 과정을 거쳐 디지털 데이터로 변환된다.
- 표본화란 연속적인 아날로그 데이터를 불연속적인 디지털 데이터로 변화하는 과정이며, 아날로그 데이터를 일정한 시간 간격으로 추출하는 것이다.
- 표본화하여 얻은 신호를 디지털화하기 위해 진폭 축으로 이산 값을 갖도록 처리하는 것을

양자화라고 한다.

- ATmega128은 10비트의 축차 비교형(Successive approximation) ADC를 내장한다.
- ADC 연결은 PORTA0부터 PORT7까지 8개의 채널(PA0~PA7)을 사용할 수 있으며, 입력은 단극성 아날로그 입력(Single Ended Input) 혹은 차동 입력(Differential Input)을 받을 수 있다.
- 기본적인 센서 출력은 아날로그이지만 여러 장치를 통해서 다양한 연결 방식이 지원된다.
- A/D 변환 모드는 단일 변환 모드(Single conversion mode)와 프리러닝 모드(Free running mode)가 있다.
- 계속 추정 변환 회로에서는 최대 분해능을 얻기 위해서 50kHz에서 200kHz의 입력 클럭 주파수가 필요하다.
- 단일 전압 입력에서 ADC 기준 전압 VREF는 AVCC, 내부 기준 전압 2.56V, 외부 입력 전압(REF) 중 하나를 택할 수 있다.
- ATmega128의 ADC 모듈은 슬립 모드가 진행하는 동안 CPU 코어 및 내장 I/O에서 발생하는 노이즈를 줄이기 위한 Noise Canceller을 내장하고 있어, ADC 노이즈 감소 및 Idle 모드에서 사용할 수 있다.
- VREF의 기준 전압에서 교류 성분을 제거하고 오로지 직류 성분만 남기는 안정화 작업을 LC 필터를 이용해서 할 수 있다.

연습문제

1. 다음 보기 중에서 아날로그와 디지털에 대한 비교로서 맞지 않는 것은?

① 아날로그는 디지털에 비해 원래 데이터에 더욱 가까운 특징을 갖고 있다.

② 아날로그는 디지털에 비해 잡음에 매우 강하다.

③ 디지털은 아날로그에 비해 온도의 영향을 덜 받는다.

④ 디지털은 아날로그에 비해 데이터의 처리 및 가공이 용이하다.

2. 다음 보기 중에서 ATmega128의 ADC에 대한 설명으로 맞지 않는 것은?

① ATmega128은 8채널 10비트 축차 비교형의 ADC를 가지고 있다.

② ADC 포트는 포트 F와 겸용으로 사용된다.

③ 각 채널은 단극성 아날로그 입력으로만 사용될 수 있다.

④ ADC 사용 시 보다 안정된 동작을 위해 디지털 전원과 별도의 전원단자를 가지고 있다.

3. 다음 보기 중에서 ATmega128의 ADC의 단극성 입력 전압의 2.5V일 때 ADC로 맞는 것은?

① 1023

② 512

③ 511

④ 128

4. 다음 보기 중에서 ADC의 잡음 제거 방법으로 맞지 않는 것은?

① A/D 변환 시에 병렬 I/O 포트의 스위칭은 별 문제 없다.

② AVCC와 AGND는 별도의 회로 없이 Digital VCC 및 GND와 묶어 사용해도 무방하다.

③ 잡음에 대해 민감할 경우 Idle mode 등을 사용하는 것이 좋다.

④ A/D 변환 결과가 잡음에 의해 흔들릴 경우 평균을 내서 사용하는 것도 하나의 방법이다.

생각해보기

❶ 아날로그 데이터를 디지털 데이터로 바꾸는 과정을 좀 더 세밀하게 조사해보자.

❷ 우리 주변에서 사용되는 각종 디지털 데이터의 종류에 대해 알아보자.

❸ 여러 가지 ADC에 대해 알아보고 각각의 장단점에 대해 조사해보자.

CHAPTER 10

직렬 통신 인터페이스: USART

당근이의 **AVR ATmega128** 마이크로컨트롤러

이번 장에 대하여

이번 장은 AVR의 직렬 통신 인터페이스(Serial Communication Interface) 중의 하나인 USART에 대하여 알아볼 것이다.

마이크로컨트롤러는 USART, CAN, SPI, I^2C 등 다양한 통신 방식을 지원하는데, USART는 마이크로컨트롤러에서 널리 사용되어 온 통신 방식 중의 하나이다.

다른 통신에 비해 속도가 느리고, 멀리 데이터를 보낼 수는 없지만, 근거리에서 소량의 데이터를 보낼 때 매우 유용하다. 이번 장에서는 USART 데이터 프레임이 어떻게 구성되었는지, 마이크로컨트롤러에서는 이를 어떻게 인식하는지 알아보도록 하자. 또한 UART 통신을 하기 위해서 송수신 장치 모두 필요한데, 마이크로컨트롤러 간 USART 통신을 해도 무방하지만 이보다는 PC 역시 UART 통신을 지원하므로, ATmega128과 PC를 연결하여 USART 통신을 실습해보자.

1 데이터 통신의 개요

AVR의 USART(Universial Synchronous Asynchronous Receiver Transmitter : 범용 동기 비동기) 통신에 대해 배우기 전에 먼저 간략하게 통신에 대해 알아보자. 먼저 통신(Telecommunication)이 무엇인지 정의해보자. 통신의 간략한 정의는 '서로 떨어진 거리(원거리)에서 정보를 주고 받는 것이다' 라 할 수 있고 더 상세하게 정의하자면 '디바이스 상호 간에 정해진 통신 규약(Protocol)에 따라서 데이터를 송수신하는 것이다.' 라고 말할 수 있다.

정의 | 통신의 정의

통신이란 디바이스 상호 간의 정해진 통신 규약에 따라 데이터를 송수신하는 것이다.

비록 엔지니어는 아니라 할지라도 주변에서 Wi-Fi, 무선랜, USB 등의 단어는 쉽게 접해보았을 것이다. 이러한 것도 물론 통신 방법 중의 하나이지만 위의 정의에 따르면 우리가 친구들과 대화하는 것, 혹은 오래 전 사용되었던 봉화, 파발마 역시 넓은 범주에서 통신이라고 할 수 있다.

이러한 파발마나 봉화가 근래에 사용되지 않는 이유는 무엇일까? 이는 잠깐만 생각해보아도 쉽게 알 수 있는데 통신 속도 및 데이터의 양에 한계가 있기 때문이다. 봉화의 경우 파발마에 비해 속도는 빠른 편이라고 할 수 있으나 주고 받는 데이터의 양이 매우 작기 때문에 현대 사회에 적용하기 어렵다. 따라서 근래의 통신은 강력한 디지털의 도움을 받아 전기 매체를 통해 통신하는 것이 대부분이다.

통신에 있어 가장 중요한 점은 속도와 안정성이다. 그러나 이 두 가지 모두를 완벽하게 만족시키는 통신 방법이란 존재하기 어렵다. USB와 같이 속도가 빠른 경우 원거리에서 사용하기 힘들다던가, RS-485와 같이 장거리(1Km 이상)에서의 사용은 가능하지만 주고 받는 데이터의 양이 적다던가 하는 등 모든 통신 방식이 장단점이 있다. 따라서 각 통신 방식의 특징을 잘 이해하고 이를 바탕으로 프로젝트에 적용하면 될 것이다.

요약 | 통신에서 중요한 속도와 안정성

통신에 있어 가장 중요한 요소는 속도와 안정성이다.
그러나 이 두 가지 요소를 완벽하게 만족시키는 통신이란 존재하기 어렵다.

또한 일반 컴퓨팅 환경에서의 통신과 임베디드 환경에서의 통신은 구현 방법이나 프로그램이 꽤 다르다는 점을 미리 말해두고 싶다. 응용 애플리케이션에서 간단한 네트워크 프로그램(예를 들면 채팅 프로그램)을 작성한다고 가정할 때 소켓이라는 클래스를 활용하여 손쉽게 프로그램을 작성할 수 있다. 즉 개발자는 통신하려는 컴퓨터의 아이피 주소와 포트 번호만 안다면 쉽게 프로그램을 작성할 수 있다. 물론 이 내부에서 벌어지는 TCP/IP, UDP, ARP 등 복잡한 프로토콜에 대해 알 필요도 없고 패킷이 어떻게 라우터를 경유하는지도 알 필요가 없다. 그러나 임베디드 환경에서는 컴퓨터가 해주는 많은 것들을 개발자가 직접 해야 하는 경우가 많다.

1.1 데이터 통신을 위한 기본 요소

통신을 어렵게 생각할 필요는 없다. 영희와 철수가 만나 반갑게 인사하는 것도 통신의 한 종류이다. 이렇게 통신이 이루어지기 위해 무엇이 필요한지 살펴보자.

표 10-1 • 통신이 이루어지기 위해 필요한 5가지 요소

번호	항목	설명	비고
1	메시지(Message)	주고받을 데이터	'안녕'
2	송신자(Sender)	보내는 장치(device)	철수
3	수신자(Receiver)	받는 장치(device)	영희
4	전송매체(Medium)	데이터를 주고받을 수 있는 매개체	공기
5	통신규약(Protocol)	정보를 주고받을 때 통신 방법에 대한 규칙, 약속	한국어

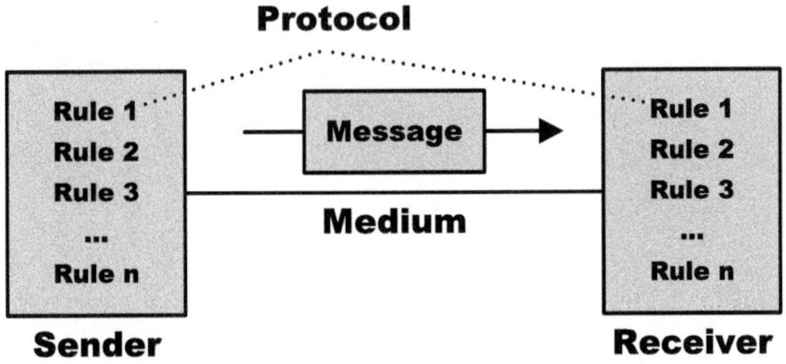

그림 10-1 • 통신의 구성

통신의 종류에 따라 송수신이 동시에 가능할 수도 있다. 즉 어떤 통신은 송수신이 동시에 되는 경우(전이중)도 있고, 송수신이 가능하지만 동시에 되지는 못하는 경우(반이중)도 있다. 위에서 철수는 송신자가 되기도 하지만 수신자가 되기도 한다.

또 전송매체는 대기를 통해 전송되는 무선이며 통신 규약은 한국어이며 철수가 Good morning 이라고 하는 등 프로토콜이 어긋나는 경우 올바르게 통신이 이루어질 수 없다.

사람과 실제 디바이스 간 통신상의 중요한 차이점은 사람의 경우 상대방이 데이터를 주고받을 준비가 되어 있는지, 혹은 데이터가 잘 전송되었는지 묵시적으로 이루어지는 데 반해 디바이스 간의 통신에서는 이러한 과정이 묵시적으로 이루어지지 않는다는 점이다.

철수는 영희가 보이지도 않으면 말하지 않으며 영희가 멀리 있다면 음성이 전달될 충분한 거리까지 가서 말하고, 영희가 놀이터에 놀고 있다면 철수는 말을 건네기 전 영희를 부른 후 내용을 전달한다. 영희는 철수의 말을 제대로 들리지 않거나, 혹은 듣지 못했다면 다시 말해달라고 요청을 하는 등과 같은 과정이 '자연스럽게' 일어난다는 뜻이다.

그러나 우리가 다루는 통신에서 이러한 과정은 절대 자동으로 일어나지 않으며 (최상위 애플리케이션에서는 이러한 것이 자동으로 일어나는 것처럼 보이지만 내부적으로 감춘 뿐이다.) 개발자가 직접 해주어야 하는 경우가 대부분이다.

1.2 데이터 통신의 분류

데이터 통신은 [표 10-2]와 같은 여러 방법으로 분류한다.

표 10-2 • 데이터 통신의 분류

번호	항목	분류		
1	전송 선로에 따라	**유선(Wire)**	무선(Wireless)	
2	데이터를 보내는 신호에 따라	아날로그(Analog)	**디지털(Digital)**	
3	전송모드에 따라	단방향(Simplex)	반이중(Half-Duplex)	**전이중(Full-Duplex)**
4	데이터를 보내는 전송 방법에 따라	병렬(Parallel)	**직렬(Serial)**	
5	송수신 간 신호를 맞추는 방법에 따라	동기(Synchronous)	**비동기(Asynchronous)**	

이 모든 분류에 대해 다룰 수는 없으므로 이 중에서 세 가지만 간략하게 살펴보도록 하자. 참고로 우리가 사용하는 UART는 직렬/전이중/비동기/디지털/유선 통신 방식이다. 하지만 UART도 동기 방식으로 사용 가능하다.

(1) 병렬 통신과 직렬 통신

병렬(Parallel) 통신이란 여러 선(전선, 패턴 혹은 전송 선로)을 통해서 데이터를 전송하는 통신 방식을 말하고, 직렬(Serial) 통신이란 하나의 선을 통해서 데이터를 전송하는 통신 방식을 말한다. 그러나 직렬 통신이라도 반드시 하나의 선은 아니고 경우에 따라서 2개 혹은 그 이상일 수도 있다.

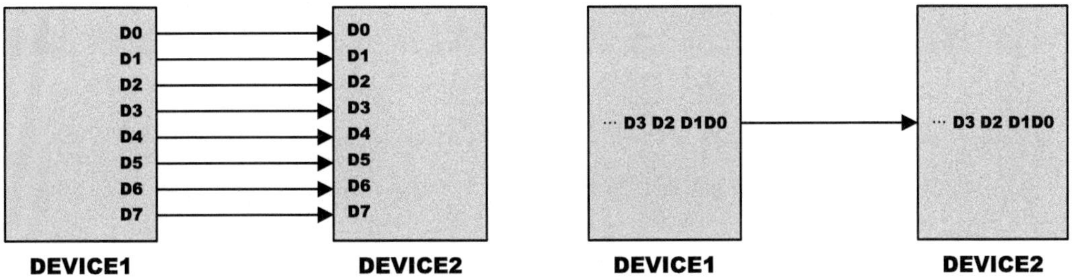

그림 10-2 • 병렬 통신과 직렬 통신의 비교

직렬 통신과 병렬 통신을 알기 쉽게 비유해보자. 직렬 통신이란 1차선 도로와 같이 일렬로 자동차(데이터)가 이동(전송)하는 방식이고, 병렬 통신은 8차선 도로에서 8개의 자동차(데이터)가 이동(전송)하는 방식으로 이해하면 편할 것이다.

병렬 통신은 한 순간에 여러 데이터가 전송되므로 한 번에 한 비트씩 데이터를 전송하는 직렬 통신에 비하여 속도가 빠르고, 제어가 쉽다는 장점이 있다. 그러나 병렬 통신은 전송거리가 길지 못하고, 선로에 대한 비용이 매우 크다는 단점이 있다.

표 10-3 • 직렬 통신과 병렬 통신 방식의 비교

항목	직렬(Serial)	병렬(Parallel)
제어 회로	복잡하다	간단하다
전송 거리	길다	짧다
전송 속도	느리다	빠르다
가격	싸다	비싸다
예	USB, SATA, RS-232, SPI, I^2C, CAN 통신 등	병렬 포트, 메인보드에서 CPU와 메모리 간 통신, HDD와 메인보드, SCSI

[표 10-3]을 보면 병렬 통신 방식이 직렬 통신 방식에 비해 빠르다고 적혀있으나, 항상 빠른 것은 아니다. 이는 직렬 통신 방식인 USB와 병렬 포트를 비교해보면 알 수 있을 것이다. 또한 병렬 통신은 특성상 간섭이 발생할 수 있다는 점, 타이밍이 어긋나는 문제점이 발생할 우려가 있기 때문에 근래의 많은 통신 방식은 직렬 통신 방식을 지원하는 추세이다.

그러나 직렬 통신 방식이 항상 좋다고 말할 수 없는데 대량의 데이터가 고속으로 전송되어야 할 필요가 있을 때, 예를 들면 CPU와 메모리 간의 통신과 같은 경우에는 직렬 통신 방식보다 병렬 통신 방식을 이용한다.

참고 | 직렬 통신과 병렬 통신의 장단점

직렬 통신과 병렬 통신은 나름대로의 장단점을 가지고 있다. 결론적으로 근거리에서 대량의 데이터를 고속으로 전송할 경우에는 병렬 통신 방식을, 원거리에서 소량의 데이터를 저속으로 전송할 경우에는 직렬 통신 방식을 이용하는 것이 좋다.

(2) 반이중 방식과 전이중 방식

반이중(Half Duplex) 방식이란 DEVICE1, DEVICE2 간의 양방향 송수신이 가능하지만, 두 디바이스가 동시에 데이터 전송은 불가능한, 즉 한 번에 하나의 전송만 이루어지는 통신 방식을 말한다. 대표적인 통신 기기로 무전기가 있다. 전이중(Full Duplex) 방식이란 DEVICE1, DEVICE2 간의 양방향 송수신이 가능하고, 두 디바이스가 동시에 데이터 전송이 가능한 통신 방식을 말한다. 그리고 한 방향으로만 데이터를 전송하는 방식을 단방향(Simplex)이라 하고, 대표적인 것으로 TV 방송이 있다.

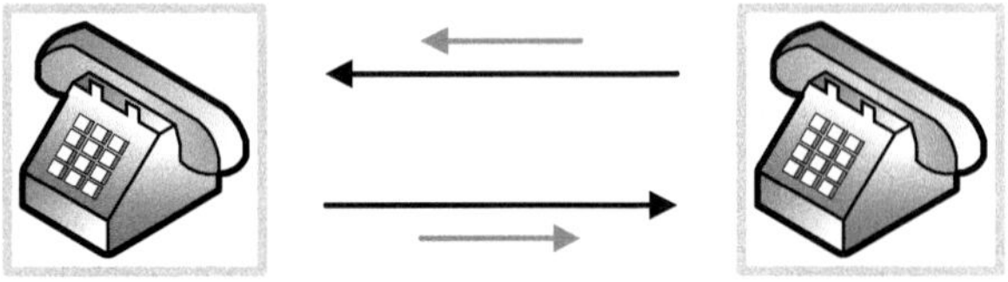

그림 10-3 • 전이중 방식의 대표적인 예 : 전화기

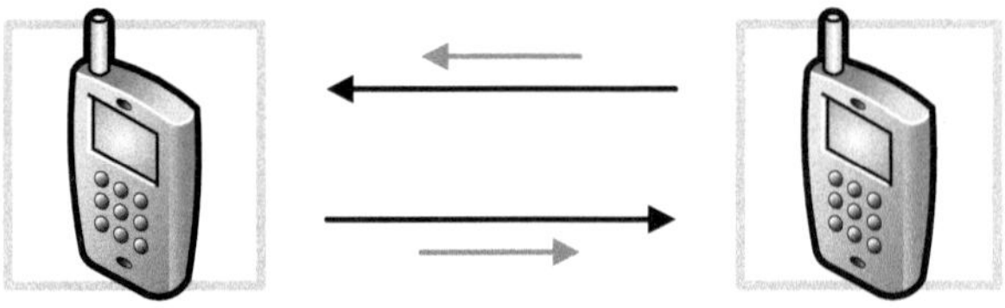

그림 10-4 • 반이중 방식의 대표적인 예 : 무전기

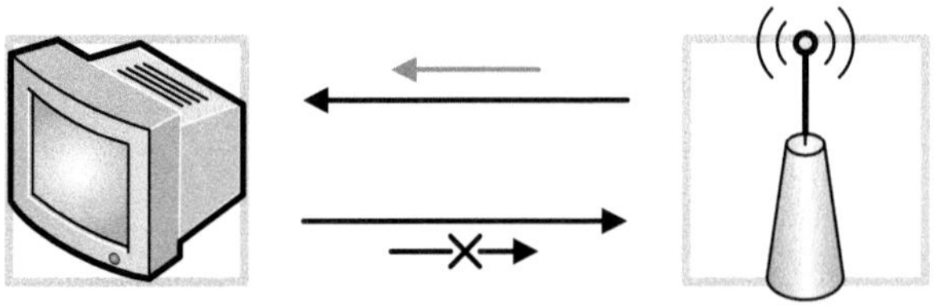

그림 10-5 • 단방향 방식의 대표적인 예 : TV

(3) 동기와 비동기 통신

데이터를 주고받기 위해서는 주고받는 데이터 이외에 송수신 양측이 시간 간격(Timing)을 맞출 수 있는 동기 신호(同期信號)라는 것이 필요하다. 동기 신호를 가지고 있는 통신 방식을 동기(Synchronous) 통신이라 하고 가지고 있지 않은 방식을 비동기(Asynchronous) 통신이라고 한다.

예를 들어 송신 장치가 0110_1100이라는 데이터를 1초 간격으로 보낸다면 수신 장치가 이 데이터를 정확하게 수신하기 위해서는 송신 장치와 동일한 1초 간격으로 데이터를 추출해야 한다. 그러나 송신 장치는 1초로 보내고 수신 장치가 0.5초 간격으로 읽는다면 수신측의 데이터는 0011_1100과 같이 엉뚱한 데이터가 들어올 것이다. 따라서 동기 통신 방식에서 송수신 간의 시간 간격을 맞추는 것(즉 송수신 장치 간 클럭의 동기화)은 대단히 중요하다.

따라서 동기 통신 방식은 이러한 시간 간격을 원래 전송되는 데이터 신호 외에 클럭 신호라는 것을 별도로 두어 양측이 공유한다. [표 10-4]는 동기 통신 방식의 SPI, I^2C 예를 보여준다.

표 10-4 • 동기 신호를 가지고 있는 SPI 통신과 I^2C 통신

통신의 종류	신호선	설명
SPI	MOSI	**M**aster **O**utput **S**lave **I**nput
	MISO	**M**aster **I**nput **S**lave **O**utput
	SCK	**S**ynchronous **C**loc**K**
	/SS	**S**lave **S**elect
I^2C	SDA	**S**erial **DA**ta
	SCL	**S**erial **CL**ock

그러나 우리가 사용하는 USART 통신(정확하게 말하면 UART)은 동기 통신 방식이 아닌 비동기 통신 방식이다. 비동기 통신 방식은 동기 통신 방식과 같은 기준되는 시간 간격이 존재하지 않고 데이터를 전송하는 방식이다. 그렇다면 어떻게 통신이 이루어지는지 의아해할 텐데 사실 클럭 신호가 존재하지 않을 뿐이지 동기 신호를 대체할 만한 방법을 사용한다. 이 방법이란 비동기 내부에 동기 신호를 포함하며 송수신 장치 양측이 통신 속도를 맞춤으로써 동기 신호를 대체하는 원리이다.

표 10-5 • 동기 신호를 가지지 않는 USART 통신

통신의 종류	신호선	설명
USART	RXD	**R**eceive **D**ata
	TXD	**T**ransmit **D**ata
	GND	**G**rou**ND**

동기 통신은 비동기 통신에 비해 효율은 좋으나, 구현하기가 용이하지 않고, 원래 데이터에 비해 클럭 정보가 부가적으로 필요하므로 구현이 어렵고 가격이 비싼 단점이 있다. 이에 비해 비동기 통신은 구현하기가 용이하며 가격이 저렴한 장점이 있으나 동기 통신에 비해 효율이 좋지 않다. 또 비동기 통신은 전송하는 데이터가 작고 불규칙적인 경우에 적합하고, 동기 통신은 다량의 데이터 전송에 적합한 특징이 있다.

(4) 통신 표준 협회

통신에 관련된 여러 가지 복잡한 용어 및 관련 프로토콜의 정의, 전기적 인터페이스에 대한 규격은 양이 매우 방대하다. 이 책에 모두 실을 수는 없으므로 [표 10-6]의 기관 및 협회에서 자료를 찾아보면 도움이 될 것이다.

표 10-6 • 여러 표준 협회

번호	기관명	기관명(한글)	설명
1	ITU-T	국제전기통신연합	International Telecommunication Union Telecommunication
2	ANSI	미국 표준 협회	American National Standard Institute
3	EIA	미국 전자 공업 협회	Electronic Industries Alliance
4	FTSC	미국연방통신표준위원회	Federal Telecommunication Standards Committee
5	IEEE	국제 전기전자기술자협회	Institute of Electrical and Electronics Engineers
6	Bell Lab.	벨 연구소	

- **ITU-T**

  ITU-T(International Telecommunication Union Telecommunication Standardization Sector : 국제전기통신연합 전기통신표준화 부문) 은 국제 전기 통신 연합 부문의 하나로 통신 분야의 표준을 책정하며 스위스 제네바 시에 위치해 있다. ITU의 표준화 작업은 국제 전신 연합의 탄생과 더불어 1865년으로 거슬러 올라간다. 1947년에 이 부문은 국제 연합의 전문 부서가 되었으며 국제 전신과 CCITT는 1956년에 창설되었다. 이것이 1993년에 ITU-T라는 이름으로 바뀌었다.

- **ANSI**

  ANSI(American National Standards Institute : 미국 표준 협회)는 미국의 산업 표준을 제정하는 기구이며, 여기서 제정된 표준을 또한 ANSI라고 부르기도 한다. ISO에 가입되어 있다. 미국 내의 규격이지만, ISO에 앞서서 제정되는 경우도 많으며, ANSI 표준이 ISO 표준이 되기도 한다.

ANSI는 5군데의 엔지니어링 회사와 3군데의 정부 기관이 미국 엔지니어링 표준 위원회(AESC)를 창설한 1918년에 만들어진 것이다. AESC는 1928년에 미국 표준 협회(ASA)가 되었다. 1966년에 ASA의 조직은 다시 정리되어 USASI(미국 표준 협회)가 되었다. 현재의 이름은 1969년에 채택되었다.

- **EIA**

EIA(Electronic Industries Alliance : 미국 전자 산업 협회)는 전자 산업계 단체로 각종 조사, 제안, 규격 제정 등의 일을 하고 있다. 본부는 버지니아 주 앨링톤에 위치하고 있다.

회원 기업으로 전자 부품 생산자에서부터 항공, 군사 산업 등 복합 시스템 메이커까지 약 300여 사가 있다. 규격 제정에 대해서는 미국의 국가 기관인 미국 국가 표준 위원회(ANSI)로부터도 신임을 받고 있다.

EIA가 제정한 규격의 예로 직렬 통신에 사용되는 RS-232C, EIA-574, LAN용 트위스트 페어(Twist Pair) 케이블 규격인 EIA/TIA-568B 등이 있다.

- **FTSC**

FTSC(Federal Telecommunication Standards Committee : 미국연방통신표준위원회)는 미국연방정부의 표준안을 국내 및 국제 표준안과 비교, 확인하는 일을 하는 기관이다. ITU-T, ISO, ANSI 등과 밀접한 연관을 가지고 일한다. 이 위원회는 표준안을 개발하기 위해 다음의 3개 분야로 나누어 일을 한다. 첫 번째 변복조기 표준안, 두 번째 시스템의 성능을 평가하기 위한 파라미터와 관련된 작업, 세 번째 연방 정보 처리 표준(FIPS) 데이터 암호화 알고리즘에 관한 표준안을 개발한다.

- **IEEE**

IEEE(Institute of Electrical and Electronics Engineers : 국제 전기전자기술자협회)는 전기전자공학 전문가들의 국제조직이다.

IEEE는 'I-Triple-e(eye-triple-e : 아이-트리플-이)' 라고 발음하며, 미국의 뉴욕에 위치하고 있다. 2004년 현재 150개국 35만 명의 회원으로 구성된 전기전자공학에 관한 최대 기술 조직으로 주요 표준 및 연구 정책을 발전시키고 있다.

IEEE는 1963년 IRE(Institute of Radio Engineers : 전파공학자 협회, 1912년 설립)와 미국 AIEE(American Institute of Electrical Engineers : 전기공학자 협회, 1884년 설립)를 합병하여 설립되었다. 대부분의 IEEE 회원들은 전기전자, 컴퓨터과학뿐만 아니라 물리학, 수학 같은 기초과학 전공자들도 있다.

- **Bell Lab.**

Bell Laboratories(벨 연구소)는 원래 벨 시스템의 연구개발 연구소로 설립된 연구소이다. 전화교환기에서부터 전화선 피복, 트랜지스터에 이르는 제품을 개발해냈다.

1925년 당시 AT&T 사장이던 월터 기포드(Walter Sherman Gifford, 1885.1.10~1966.5.7)가 독립사업으로 벨 연구소를 설립했다. 원래는 웨스턴 일렉트릭의 연구부문을 이어받은 것으로 AT&T와 웨스턴 일렉트릭이 각 50%씩 출자하였다.

벨 연구소의 부서는 크게 연구, 시스템공학, 개발 세 부분으로 나뉘어져 있는데 연구부서에선 전기통신 부문의 기초기술에 관련된 것으로 수학, 물리학, 인간행동과학, 재료과학, 컴퓨터 프로그래밍 이론 등을 다루고 있다.

시스템 공학 부서에서는 전기통신 분야와 관련된 것으로 전화 네트워크와 관련있는 극복잡계를 다루고 있다. 개발부서에선 통신망 구축에 필요한 것보다도 훨씬 많은 하드웨어, 소프트웨어 분야를 다루고 있다.

벨 연구소에서는 인류 역사의 기념비적인 연구를 많이 했는데 이 중 몇 가지만 살펴보자.

장거리 통신 시 나타나는 잡음을 조사하다 이것이 은하계 중심부에서 나오는 것을 발견하여 전파망원경의 시초가 되는 토대를 마련한 칼 얀스키, 20세기 전자공학의 혁명인 존 바딘, 윌리엄 쇼클리, 월터 브래튼의 트랜지스터의 발명, 데니스 리치, 브라이언 커니핸, 켄 톰슨의 C 언어와 Unix의 개발 등이 있다(자료 출처 : 위키피디아).

한 가지 참고할 점은 위의 기관들이 내놓은 모든 규정이 반드시 강제성을 가지는 것은 아니다. 어떤 통신 방식은 명확히 규정되어 있는 경우도 있지만, 어떤 통신 방식은 느슨하게 규정되어 있는 경우도 있다. 예를 들어 CCITT의 V.24와 동일한 EIA의 표준인 RS-232C는 통신 방식이 매우 잘 정의되어 있어 그대로 따르기만 하면 되지만, RS-422나 RS-485 방식은 전기적 신호만 정의했을 뿐 기타 사항에 대해서는 내용이 부족한 경우도 있다.

1.3 다양한 통신 방식

마이크로컨트롤러에서 사용되는 다양한 통신 방식 중에서 일반적으로 많이 사용되는 통신 방식을 비교해보았다. USB나 IEEE1394와 같이 들어본 것도 있지만 I^2C나 CAN고 같이 들어보지 못한 방식도 있을 것이다. 그러나 SPI, I^2C, CAN은 마이크로컨트롤러에서는 매우 유명한 통신 방식이다.

표 10-7 • 다양한 통신 방식

번호	항목	직렬/병렬	동기/비동기	최대 장치수	거리(m)	속도(bps)
1	RS-232C	직렬	비동기	2	50-100	20k
2	RS-422	직렬	비동기	32	4000	10
3	RS-485	직렬	비동기	32	4000	10
4	IEEE-1394B	직렬	동기	64	300	3.2G
5	Parallel Port	병렬	비동기	2-8	10-30	8M
6	SCSI	병렬	비동기	16	3-25	160
7	I^2C	직렬	동기	40	3.4	3.4M
8	SPI	직렬	동기	8	10	2.1M
9	CAN	직렬	동기	128	40	1M
10	USB	직렬	동기	127	16	480

모든 통신 방식을 자세하게 살펴볼 수는 없기 때문에 이 중에서 널리 사용되는 RS-232/RS-422/RS-485와 I^2C, SPI, CAN 통신에 대해서 간략하게 소개하는 정도로 마치도록 하겠다.

(1) RS-232/RS-422/R-485

앞서 말한 바와 같이 직렬 통신 규격에는 RS-232C 이외에도 RS-422와 RS-485에 대해 간략하게 알아보자(RS-422와 RS-485는 RS-232C에 비해 많이 복잡하고 초보자가 다루기 어려우므로 언급하지는 않을 것이다. 다만 RS-422는 일대다(一對多), RS-485는 다대다(多對多) 통신이라는 점만은 꼭 기억해두기 바란다).

표 10-8 • RS-232C와 RS-422와 RS-485의 비교

항목	RS-232C	RS-422	RS-485	단위
동작 모드	Single End	Differential	Differential	
최대 송신/수신 연결 개수	1 Driver	1 Driver	32 Driver	개
	1 Receiver	32 Receiver	32 Receiver	개
최대 전송 거리	약 15	약 1200	약 1200	m
최대 전송 속도	20	10,000	10,000	Kbps
최대 출력 전압	±25	−0.25~+6	−7~+12	V
최대 입력 전압	±15	−7~+7	−7~+12	
지원 전송 방식	전이중(Full Duplex)	전이중(Full Duplex)	반이중(Half Duplex)	
커넥터	DB-25 or DB-9	규정되지 않음	규정되지 않음	
접속 방법	단일선 인터페이스	평형 차동 인터페이스	평형 차동 인터페이스	

- RS-422와 RS-485의 최대 전송 속도는 거리에 따라 달라진다. [표 10-8]은 약 10m일 경우를 가정했지만 거리가 1.2km로 늘어날 경우 100Kbps의 전송 속도를 가진다. 즉 거리가 멀어질수록 속도가 떨어진다.
  또한 최대 입력 전압 역시 거리에 따라 달라지므로 RS-422 및 RS-485의 문서를 참조하기 바란다. 또한 간단하게 요약하기 위해 최대 동상 전압 및 드라이버 부하 저항, 리시버 입력 저항에 대해서는 언급하지 않았으므로 RS-422 및 RS-485의 문서를 참조하기 바란다.
- RS-232C는 규격상으로는 약 15m이지만 고품질의 쉴드(Shielded) 케이블을 사용한다면 3Km까지도 가능하다고 한다.
- [표 10-8]에서 RS-422와 RS-485의 전기적 사양은 규격화되어 있으나 물리적인 연결 및 커넥터, 핀에 대한 규격은 없다. 즉 이는 사용자가 임의로 제작하여 사용하라는 뜻이다. 그러나 본인 임의대로 하는 것보다 다른 사람의 것을 참조하여 사용하는 것이 여러모로 좋을 것이다.
- 결론적으로 [표 10-8]을 살펴보면 RS-232C는 RS-422 및 RS-485에 비하여 통신 속도가 낮고, 통신 거리가 짧은 단점이 있으나 하나의 선(TXD)에 하나의 데이터를 전송하므로 비용 절감의 효과가 있다. RS-422나 RS-485는 하나의 데이터를 전송하기 위해 2개의 선(TXD+, TXD−)이 필요하다.

(2) I²C

필립스(Phillips)가 제안한 방식으로 TWI(Two Wire Interface)라고도 불리며, 2선을 이용하여 다른 장치들과 통신하는 방법으로 주된 용도는 제어용이다. I²C 2000년 2.1 버전에서 특징을 살펴보면 다음과 같다.

- **2선만 사용하며, 직렬로 8비트 데이터를 전송하는 구조이다.**

표 10-9 • I²C의 통신 라인

번호	핀명	설명	용도	비고
1	SCL	Serial Control Line	제어 신호선	양방향
2	SDA	Serial DatA Line	데이터 신호선	양방향

- **다수의 장치를 연결할 수 있다.**
  - 버스의 용량(capacitor)이 400pF을 넘지 않는 한에서 장치 계속 연결 가능
  - 다수의 마스터가 버스에 연결되어 있어도 장치간 충돌 검출 가능
  - 버스에 연결된 장치들이 고유의 주소값을 가지고 master/slave 관계를 가짐
  - 고유의 주소값은 7비트임

• I^2C의 세가지 전송 모드

표 10-10 • I^2C의 세가지 전송 모드

번호	모드	전송 속도(Kbit/sec)
1	표준 모드(Standard Mode)	100
2	고속 모드(Fast Mode)	400
3	초고속 모드(High Speed Mode)	3400

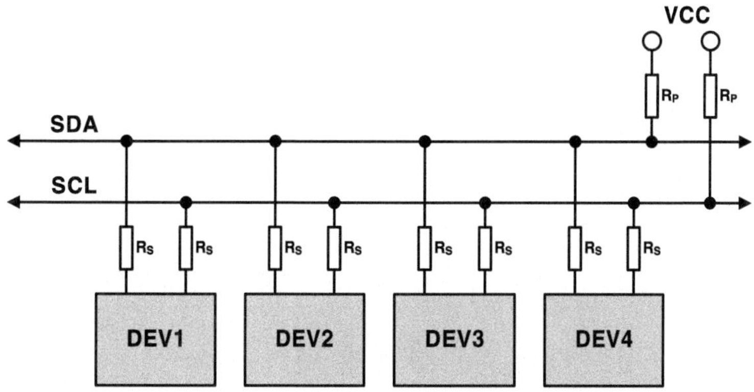

그림 10-6 • I^2C의 하드웨어 구성

SDA와 SCL은 디바이스마다 공통으로 물리는데 내부 보호를 위한 R_S(약 100Ω), 풀업을 위한 R_P(약 4.7kΩ)를 부가적으로 연결해주어야 한다. I^2C에 대해 모든 내용을 다루기는 어려우므로 이쯤에서 마치도록 한다.

(3) SPI

I^2C와 함께 널리 사용되는 SPI(Serial Peripheral Interface)는 모토로라(Motolora)가 제안한 방식으로 4선을 사용하여 직렬로 통신하는 방식이다. SPI의 특징으로는 2선을 사용하는 I^2C와는 달리 4선을 사용하기 때문에 배선이 증가하는 단점이 있으나 전송 속도는 I^2C 및 USART에 비해 수 배에서 수십 배 빠르기 때문에 I^2C보다 고속을 요구하는 용도에 주로 사용되고 있다.

I^2C와 SPI는 신호선의 개수를 제외하고 성질이 많이 유사한데 가장 중요한 점은 두 가지 통신 방식 모두 클럭 신호를 가지고 있는(I^2C는 SCL, SPI는 SCK) 동기식 통신이라는 점이다. 하지만 우리가 배우게 될 USART는 비동기 통신으로서 동기 신호가 없기 때문에 데이터 자체에 동기 신호를 포함한다. 즉 시작 비트(Start Bit)와 정지 비트(Stop Bit)를 넣어서 데이터의 시작과 끝을 알린다.

표 10-11 • SPI의 통신 라인

번호	핀명	설명	용도	비고
1	SCLK	**S**erial **CL**oc**K**	M/S 간 동기를 맞추기 위한 신호	CLK
2	MISO	**M**aster **I**nput **S**lave **O**utput	Master 입력, Slave 출력	DO, DOUT
3	MOSI	**M**aster **O**utput **S**lave **I**nput	Master 출력, Slave 입력	DI, DIN
4	/SS	**S**lave **S**elect/Frame **S**tart **S**eq.	Master가 다수의 Slave 중 하나를 택일	FSS, CS

[그림 10-7]은 SPI 방식을 사용하여 연결되는 구조를 나타낸다.

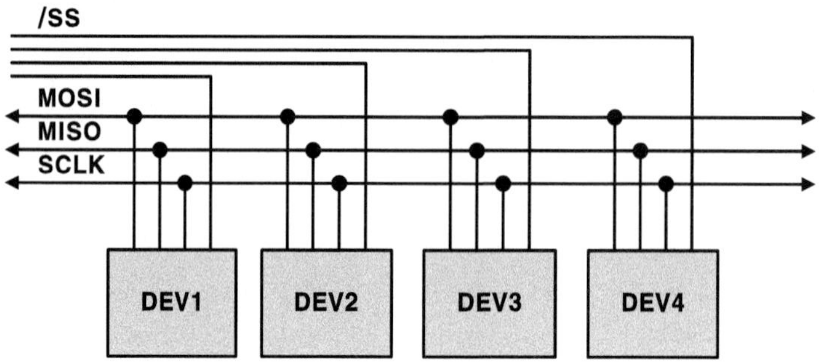

그림 10-7 • SPI의 하드웨어 구성

참고로 AVR의 ISP 방식은 직렬, 병렬, USB 여러 방식이 있는데 실제로 내부는 SPI의 통신 규약에 맞추어 데이터가 전송된다.

(4) CAN

1980년대 후반에 자동차 내부의 전자 시스템 간의 통신을 위해 독일의 보쉬(Bosch)에 의해 개발된 통신 규약이다. 초기의 자동차는 기계적인 장치가 대부분을 이루었지만 근래에는 많은 전자 장치 간의 연결을 필요로 한다. 이러한 장치들이 몇 개 안될 때는 상관없으나 장치가 늘어나면 늘어날수록 배선량이 기하급수적으로 늘게 되고 무게의 증가와 제조비용의 증가로 이어졌기 때문에 최대한 배선을 줄이는 것이 유리했다.

또한 내부 전자 장치는 디지털 TV부터 ABS 제어, 엔진 시스템과의 통신 등 수많은 장치가 있는데 이 중에는 운전자의 안전과 별 관계없는 것도 있고 매우 중요한 장치도 있다. 아울러 자동차 내부는 고열, 고압으로 인해 각종 노이즈 및 스파크가 발생하기 쉬워 데이터 송수신시 높은 신뢰성도 확보되어야 했다. 결론적으로 고속이면서 노이즈에 강하고 높은 안정성과 신뢰성을 가지고 있는 통신 방식이 필요했는데 이에 등장한 것이 CAN 통신이다.

1980년대 만들어진 이후 1993년 CAN은 표준 ISO 11898과 ISO 11519 두 가지가 발표되었는데 전자는 고속 애플리케이션용이고 후자는 저속 애플리케이션용이다. 또한 CAN은 고속, 높은 잡음 면역성, 오류-검출 기능을 가지고 있어 자동차 이외에 제조 산업과 항공 우주 산업에서도 폭넓게 사용되고 있다. CAN 통신의 특징에 대해 알아보면 다음과 같다.

- CAN 통신 속도가 매우 빠르다.
  1.0Mbps로서 다른 통신에 비해 속도가 매우 빠른 편이다. 물론 이는 USART나 I^2C에 비해서 그렇다는 것이지 Ethernet이나 USB에 비하면 매우 느리다.
- 한 개의 단일 버스에 최대 2,032개의 노드를 연결할 수 있다.
  그러나 현실적으로는 110개만을 연결할 수 있다.
- 버스는 차동 방식으로 구성되어 노이즈에 강한 특징이 있다.
  우선 순위를 지정할 수 있어 버스에서 충돌이 나도 높은 우선 순위가 전송된다. 이러한 이유로 실시간 제어 시스템에 널리 사용된다.
- 특정 ID의 데이터만 받을 수 있다. CAN은 레지스터 설정 시 필터를 설정하여 특정 ID나 범위를 갖는 데이터만 받을 수 있다.
- 하드웨어적인 오류보정이 존재한다. 데이터 프레임에 15비트 CRC 가 있어 오류 발생시 하드웨어적으로 자동 재전송한다.
- ACK가 있어 송신한 데이터를 받으면 자동으로 ACK 신호를 보낸다.

CAN 통신은 앞서 살펴본 I2C나 SPI에 비해 매우 복잡한데 이는 CAN 통신이 그만큼 성능이 강력하다는 뜻이기도 하다. CAN 역시 한정된 지면에서 다루기가 불가능하므로 이쯤에서 간략하게 소개를 마친다.

1.4 직렬 통신의 기본 원리

(1) 직렬 통신의 기본 원리

직렬 통신의 개념은 시프트 레지스터(Shift Register)와 유사하다. [그림 10-8]을 보자.

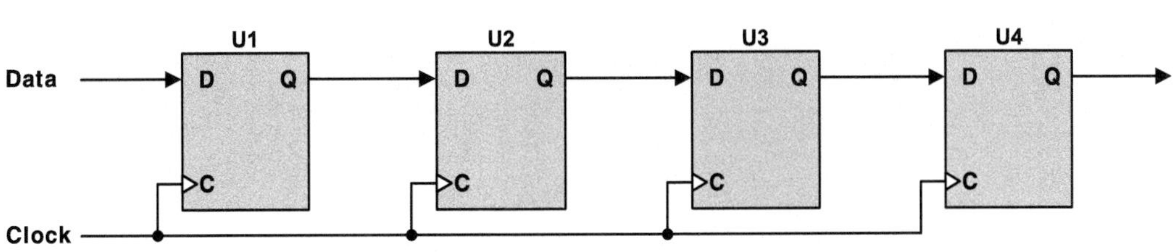

그림 10-8 • D 플립-플롭으로 구성된 시프트 레지스터

[그림 10-8]에서 D 플립-플롭(Flip-Flop)으로 구성된 시프트 레지스터(Shift Register)이다. 왼쪽의 데이터가 클럭의 변화에서 차례대로 우측으로 이동(Shift)한다. 클럭에 펄스를 인가하면 U1의 데이터가 U2로, U2의 데이터가 U3로, U3의 데이터가 U4로 차례로 이동한다. 다음에 클럭을 또 인가하면 데이터가 차례대로 이동한다. 그런데, 시프트 레지스터가 원거리로 떨어져있는 경우를 가정하면 [그림 10-9]와 같은데 이것이 직렬 통신의 기본원리이다.

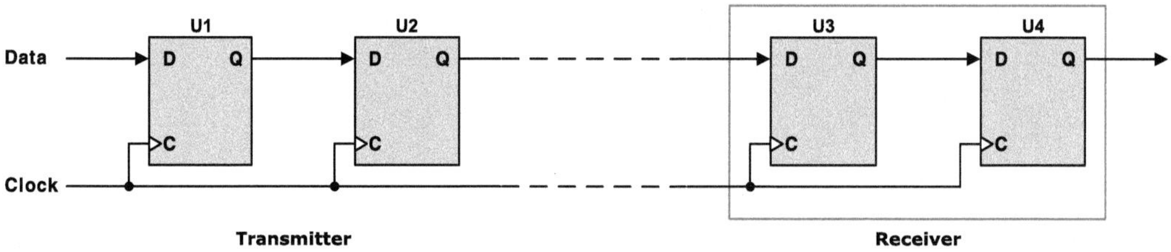

그림 10-9 • 직렬 통신의 원리

(2) 통신 속도를 나타내는 bps와 baud rate

데이터 전송속도인 bps는 bit per second의 약자로서 '1초당 전송되는 데이터의 비트 수'를 나타낸다. 예를 들어 4800bps라면 '1초에 4800비트를 전송할 수 있다' 라는 의미이다. 또 다른 예로 9600bps라면 '1초에 9600비트를 전송할 수 있다' 는 의미이다. 예전에는 1200, 2400, 4800bps 등을 사용하였으나 근래에는 33.6kbps, 56kbps 등 고속을 많이 사용하고 있다. 숫자가 큰 것이 속도가 높은 것이며, 당연히 속도가 빠른 쪽이 좋겠지만 이를 송수신 할 수 있는 장치의 비용까지도 상승하므로 적절한 속도를 선택해야 할 것이다.

bps와 유사한 것으로 baud rate(보 레이트 혹은 보율이라고 부르기도 한다.)는 '1초당 몇 번 변조되었는가' 를 나타낸다. 초기에 bps와 baud rate는 의미가 동일했다. 즉 2400bps = 2400 baud rate 이다. 그러나 통신 속도를 향상시키려는 노력으로 한 번의 변조에 2개, 3개 혹은 그 이상의 신호를 싣는 것이 가능해졌다. 예를 들어 1200 baud rate라 하더라도 한 번의 변조에 4개의 신호를 실을 수 있다면 1200 baud rate × 4 = 4800bps 가 되는 것이다. 따라서 bps와 baud rate는 다음과 같은 관계가 성립된다.

정의 | bps의 정의

bps = baud rate × number of bits per baud (한 번에 변조되는 비트 수)

그러나 하나의 비트에 하나의 신호를 내보낼 때 이 bps와 baud rate의 의미는 같으므로 일반적인 직렬통신에서는 bps와 baud rate를 같이 써도 상관없다.

참고로 보(Baud)라는 단위는 프랑스의 과학자 Jean Maurice Emile Baudot를 기념하기 위해 사용되었다. 이분은 19세기 후반에 5단위 부호를 고안한 인물이라고 한다.

통신 속도를 재는 단위로 cps라는 것도 있는데 이는 character per second의 약자로서 '1초당 전송되는 문자 혹은 바이트의 수'를 나타낸다. 예를 들어 1,000cps라면 초당 1,000개의 문자를 보낼 수 있다는 뜻이다. 또 1,000cps는 10,000bps이다. 문자를 하나 보낼 때 앞뒤로 한 비트씩 더 붙기 때문에 8,000bps가 아닌 10,000bps임을 주의하기 바란다.

이외에 네트워크 장비의 성능을 측정할 때 사용되는 pps라는 것도 있는데 이는 Packet Per Second의 약자로서 '1초당 전송되는 패킷의 수'를 나타낸다.

56k의 모뎀을 예로 들어 bps와 cps를 계산해보자.

- 56K 모뎀은 초당 몇 비트를 전송할 수 있는가? 즉 bps가 얼마인가?
- 위의 모뎀의 경우 초당 몇 문자(혹은 바이트)를 전송할 수 있는가? 즉 cps가 얼마인가?

따라서 56K 모뎀을 사용할 경우 이상적으로는 5600cps이지만 회선 속도 및 네트워크 상태에 따라 cps가 수시로 변하여 5,000 정도도 채 나오지 않는다.

2 ATmega128의 USART

2.1 USART의 특징

ATmgea128은 2개의 USART 직렬 통신 포트를 가지고 있는데, 동기(Synchronous) 및 비동기(Asynchronous) 전송 모드에서 모두 전이중 통신이 가능하고, 멀티 프로세서 통신 모드로 동작하는 것도 가능하며 높은 정밀도의 보 레이트 발생기(Baud Rate Generator)를 내장하고 있다.

동기식 전송 모드에서 마스터로 동작하는 경우에는 전송 속도를 결정하는 데 내부 클럭을 사용하지만, 슬레이브로 동작할 때는 XCK0 단자로 입력되는 외부 클럭 신호에 의해 동작한다. 비동기식 전송 모드에서는 항상 내부의 시스템 클럭에 의하여 보 레이트가 결정된다.

전송 데이터는 5~9비트로 설정하고 정지 비트는 1,2비트로 설정할 수 있으며 전송 중에 패리티 비트를 사용하지 않을 수도 있고 사용할 수도 있다. 사용할 경우 짝수 패리티 혹은 홀수 패리티를 중 하나를 사용할 수도 있다.

수신 동작에서는 패리티 에러, 오버런 에러, 프레임 에러를 검출하는 기능을 가지고 있다. USART 직렬 통신 포트에서는 송신 완료(TX Complete) 인터럽트, 송신 데이터 레지스터 준비 완료(TX Data Register Empty) 인터럽트, 수신 완료(RX Complete) 인터럽트의 3가지 인터럽트를 사용할 수 있다.

요약 | ATmega128의 USART 특징

- 동기 모드와 비동기 모드 지원
  - 동기 모드에서 마스터는 내부 클럭, 슬레이브는 외부 클럭(XCK0) 사용
  - 비동기 모드 : 내부 클럭 사용
- 동기 및 비동기 모드 모두 전이중 통신 지원
- 멀티 프로세서 통신
- 높은 정밀도의 보 레이트 발생기 내장
- 전송 데이터 비트 : 5~9비트 임의로 설정 가능
- 정지 비트 : 1, 2비트 설정 가능
- 패리티 비트 설정 가능
  - 사용하지 않음 / 사용(홀수 패리티, 짝수 패리티)
- 에러 검출 기능
  - 패리티 비트 체크
  - 오버런 에러 체크
  - 프레임 에러 체크
- 노이즈 필터링 기능
  - 3회 샘플링 동작

2.2 USART 내부 구조

ATmega128의 USART의 내부 블록 다이어 그램은 [그림 10-10]과 같이 클럭 발생부(Clock Generator), 송신부(Transmitter), 수신부(Receiver) 3가지로 나뉘게 된다.

클럭 발생부는 데이터 송수신 시에 매우 중요한 역할을 하며 네 가지 모드가 있는데 일반 비동기 모드(Normal Asynchronous mode), 2배속 비동기 모드(Double Speed Asynchronous mode), 마스터 동기 모드(Master Synchronous mode), 슬레이브 동기 모드(Slave Synchronous mode)가 있다. 동기 비동기의 여부는 UCSRC 레지스터의 UMSEL 비트를 세트 혹은 클리어함으로 설정한다. 보통 UART는 비동기로 많이 사용한다.

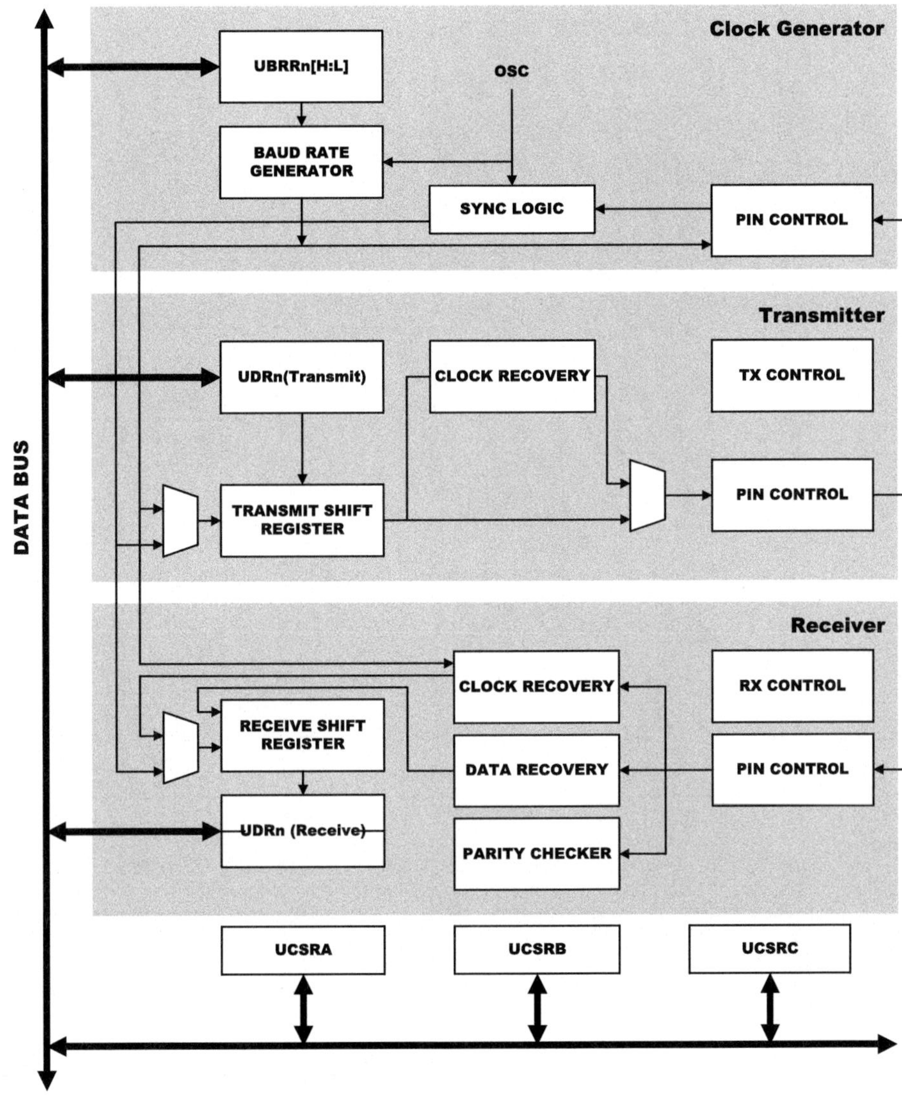

그림 10-10 • ATmega128의 USART 블록도

비동기 방식의 경우에만 지원하는 보 레이트 더블러(Baud rate Doubler)를 통해서 속도를 두 배로 증가시킬 수도 있다. UMSEL을 세트하여 동기 모드로 설정되어 있는 경우에만 사용되는 XCK 핀은 데이터 방향 레지스터를 세트/클리어함으로써 클럭 소스가 내부 모드(Master mode) 혹은 외부 모드(Slave mode)인지를 결정할 수 있다.

송신부는 송신 시프트 레지스터 송신버퍼, 패리티 발생기로 이루어져있고, 가장 복잡한 수신부는 수신 시프트 레지스터, 수신버퍼, 패리티 검사기 부분으로 이루어져 있다.

2.3 USART 데이터 프레임(Data Frame)

비동기식 통신인 USART는 송수신 측 모두 클럭 신호를 공유하지 않고 데이터를 보내는 방식이다. 데이터 프레임은 [표 10-12]와 같이 시작 비트(Start Bit) + 데이터 비트(Data Bit) + 정지 비트(Stop Bit)로 구성되어 있다.

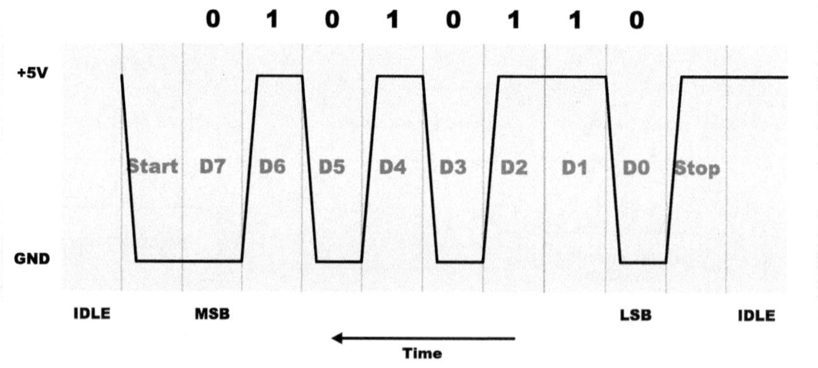

그림 10-11 • UART 데이터 프레임

표 10-12 • USART의 데이터 프레임

항목	이름(Bit Name)	설명
Start	시작 비트(Start Bit)	High에서 Low로 떨어짐으로써 데이터의 시작을 알림
0, 1, .. 8	데이터 비트(Data Bit)	5/6/7/8/9 비트 설정 가능
Parity	패리티(Parity Bit)	없음(No)/짝수(Even)/홀수(Odd)로 설정 가능
Stop	정지 비트(Stop Bit)	1/1.5/2 크기로 설정 가능 데이터의 끝을 알림

- START BIT : 단일 비트이며, 송신 시 자동으로 생성된다. 항상 LOW이다.
- DATA BIT : 데이터 비트이며, 5, 6, 7, 8, 9bit가 사용 가능하다.
- PARITY BIT : 사용할 수도 안 할 수도 있으며, 사용할 경우 짝수, 홀수 패리티를 사용한다.
- STOP BIT : 1 혹은 2개의 비트이며, 송신 시 자동으로 생성된다. 항상 HIGH이다.

하나의 프레임은 설정에 따라 최소 7비트에서, 최대 13비트까지 될 수 있다. 그러나 보통 10비트 프레임을 사용하는 경우가 많다. 만일 데이터 비트를 7비트로 설정하면 (당연한 얘기겠지만) 255의 절반인 127까지밖에 전송하지 못한다.

- 최소 프레임의 경우 : 7비트 = START(1) + DATA(5) + STOP(1)
- 최대 프레임의 경우 : 13비트 = START(1) + DATA(9)+ PARITY(1) + STOP(2)
- 전형적인 프레임 구조 : 10비트 = START(1) + DATA(8) + STOP(1)

2.4 패리티 비트(Parity Bit)

송신 측에서 수신 측으로 데이터 전송 시 외부의 빛 잡음(Noise)의 유입으로 원래 신호가 바뀌거나 손실될 우려가 있다. 이러한 오류를 방지하기 위해서 선로를 고급으로 하는 것도 하나의 방법이긴 하나, 비용이 비싸지는 단점이 있고 무엇보다 선로를 고급으로 한다 하여도 오류를 100% 방지할 수는 없다. 따라서 송신 측에서 수신 측에 데이터를 전송할 때 원래 데이터 이외에 부가적인 정보를 추가한다. 수신 측은 데이터와 부가적인 정보를 체크하여 데이터가 손상되었는지 아닌지를 알아낸다.

이러한 방법을 일컬어 오류 검출(Error Detection)이라고 하는데 오류 검출의 종류로는 ①패리티 검사 ②CRC(Cyclic Redundancy Check) ③Checksum등 다양한 방법이 있다. 이 중 USART에서는 가장 원시적인 Parity Check 방법을 사용한다(근래에는 실용성이 없어 거의 쓰이지 않는다).

USART는 패리티를 사용하지 않는 경우(No)와 패리티를 사용하는 경우 두 가지가 있고, 패리티를 사용하는 경우 홀수(Odd) 패리티 체크와 짝수(Even) 패리티 체크 둘 중 하나를 사용할 수 있다.

- 짝수 패리티는 1의 개수가 짝수가 되게 하는 방법이다.
- 홀수 패리티는 1의 개수가 홀수가 되게 하는 방법이다.

간단하게 예를 들어보자. 예를 들어 데이터가 0110_0101이라고 하자. 1의 총 개수가 4개이므로 짝수 패리티는 짝수를 만들기 위해서 0, 홀수 패리티는 홀수를 만들기 위해서 1을 넣으면 된다.

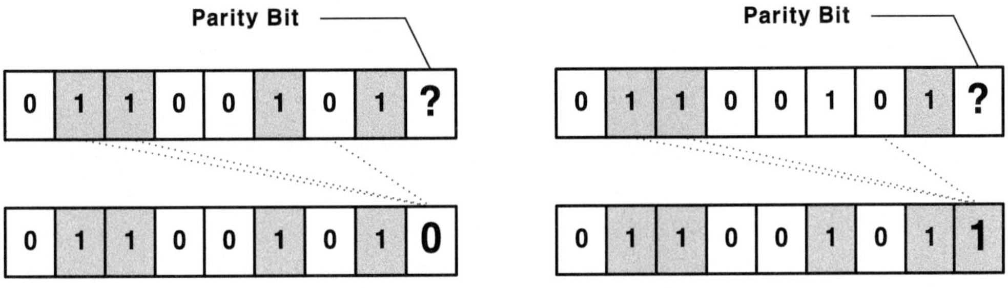

그림 10-12 • 패리티 비트의 설정

표 10-13 • 패리티 비트를 연습해보자

연습	데이터	패리티 있음(Parity)	짝수 패리티(Even Parity)	홀수 패리티(Odd Parity)
1	0000_0000	-	0	1
2	0100_1101	-	0	1
3	1100_1101	-	1	0
4	0101_1101	-	1	0
5	1011_0001	-	0	1

2.5 데이터 프레임을 그려보자

아스키(ASCII) 문자 중 하나를 택해 데이터 프레임을 그려보자. 먼저 j를 그려보고 나중에 본인이 원하는 문자를 택해서 연습해보자. 아래 파형의 데이터는 8비트, 패리티 및 정지 비트는 없다고 가정한다.

❶ 먼저 'j' 에 해당하는 아스키 코드 값을 찾는다.

'j' 는 10진수로 '106' , 16진수로 '6A' 이고 2진수로 '0110_1010' 이다.

❷ 0110_1010에 해당하는 파형을 그린다.

0V에서 5V 사이에 0, 1에 해당하는 파형을 그린다.

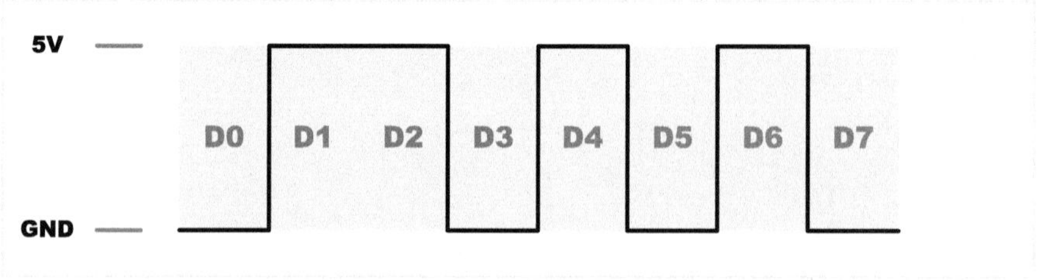

그림 10-13 • 첫 번째 과정

❸ 최상위(MSB) 비트와 최하위(LSB) 비트를 바꾸어 그린다.

USART는 데이터 송신할 때 최상위 비트와 최하위 비트를 바꾸어 전송하기 때문이다.

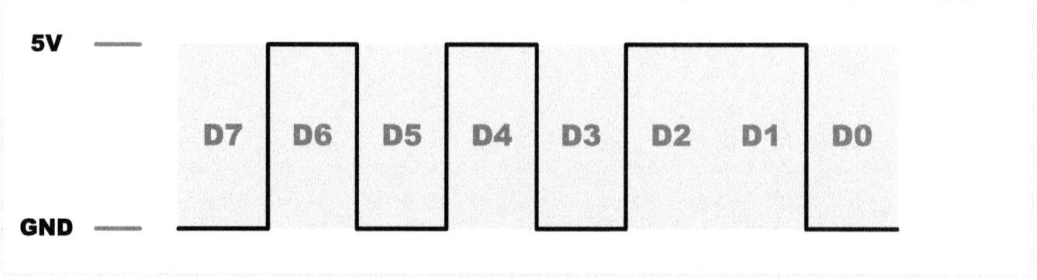

그림 10-14 • 두 번째 과정

❹ 시작 비트와 정지 비트를 추가한다.

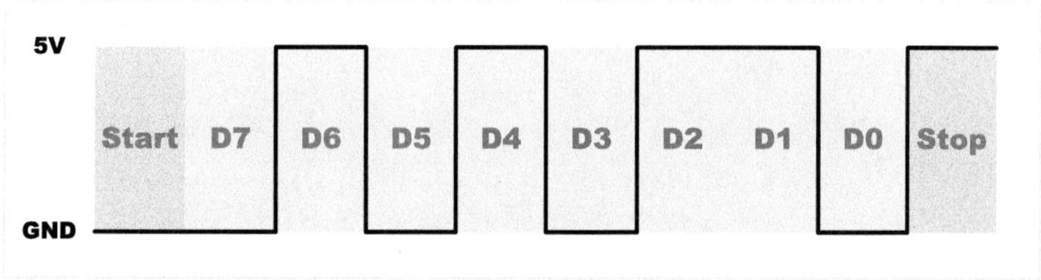

그림 10-15 • 세 번째 과정

❺ 이제 'j' 에 해당하는 데이터 프레임이 완성되는데 이를 RS-232C 규격으로 바꿔보자.
RS-232C는 HIGH, LOW가 0, 5V가 아닌 +15V, 15V이고, 위의 데이터를 역으로 바꾸어 보내야 한다.

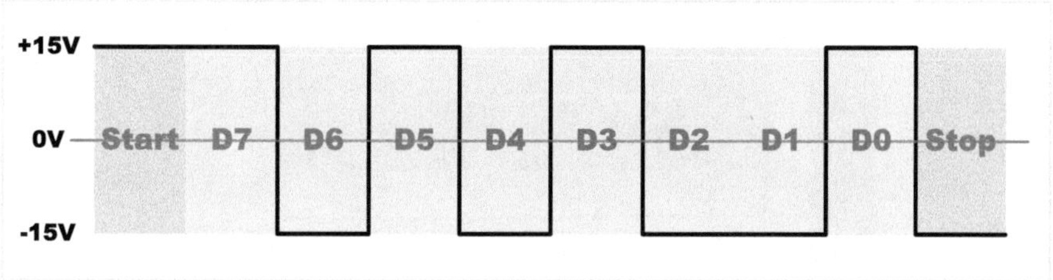

그림 10-16 • 네 번째 과정

❻ 모두 다 그렸으면 다음 예제를 작성한 후 'j' 를 전송하여 실제로 이러한 파형이 나오는지 측정해보자.

아스키 코드 중 0x6A 즉 'j' 를 무한히 보내는 예제는 다음과 같다. [예제 10-1]에 대한 설명은 '예제 및 실험' 을 실습해보면 알 수 있다. 'Hello, World !!' 라는 문자열 대신에 'j' 라는 하나의 문자만 보내는 것인데, 'Hello, World !!' 를 보내도 되지만 파형이 너무 복잡해지므로 측정하기 쉽게 하기 위해서 하나의 문자만 보낸 것이다.

예제 10-1 | 'j' 를 보내는 예제 코드 : 무한 반복하면서 'j' 를 보낸다.

```
#include <avr/io.h>
#include "global.h"
#include "delay.h"
#include "vart.h"
```

```
int main(void) {
  unsigned char ch= 'j';
  init_USART(BAUD_57600);
  while(true) {
    tx_char(ch);
    delay_ms(1);
  }
}
```

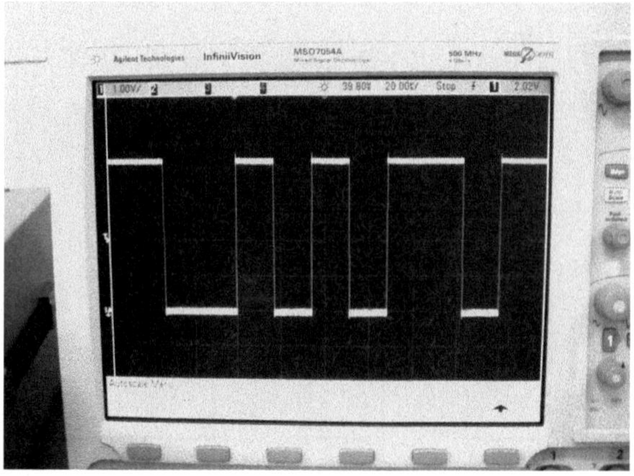

그림 10-17 • 마이크로컨트롤러 포트에서 USART 출력

라인드라이버를 거치면 HIGH, LOW가 반대로 나타남과 동시에 +15, −15V로 바뀐다. 실제 측정결과 +8V, −8V 정도가 출력되었다.

2.6 USART 데이터 프레임 연습해보기

❶ 'a' 의 데이터 프레임을 그려보자.

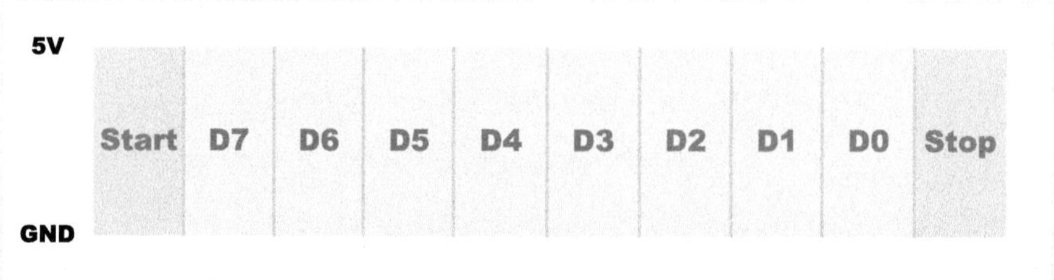

그림 10-18 • 첫 번째 과정

❷ 'b' 의 데이터 프레임을 그려보자.

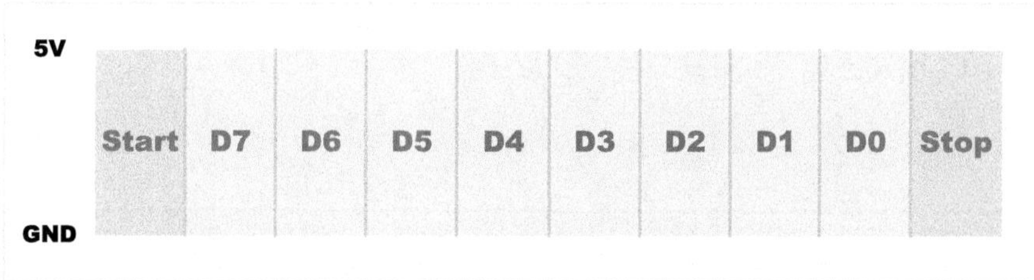

그림 10-19 • 두 번째 과정

❸ '@' 의 데이터 프레임을 그려보자.

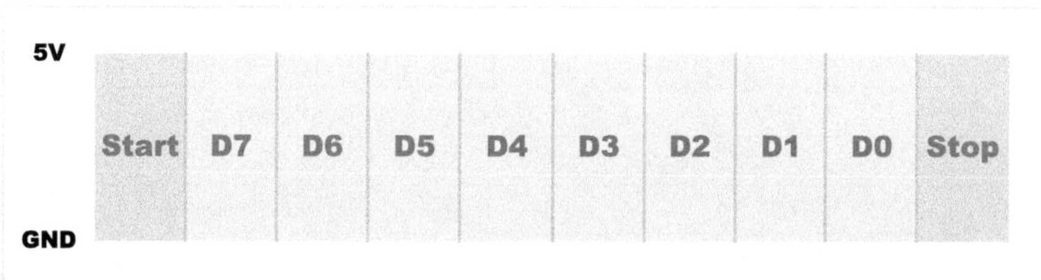

그림 10-20 • 세 번째 과정

끝으로 각각의 비트의 시간 간격은 얼마인지 알아보자. 예제에서는 57600bps로 설정하였으므로 '1초당 57600비트의 데이터가 송신된다' 는 의미이다. 따라서 하나의 비트의 시간 간격은 다음과 같은 이유로 17.36us가 된다.

한 비트의 시간 간격 t = 1 / 통신 속도 = 1 / 57600 bps = 0.000017361 sec = 13.61 us

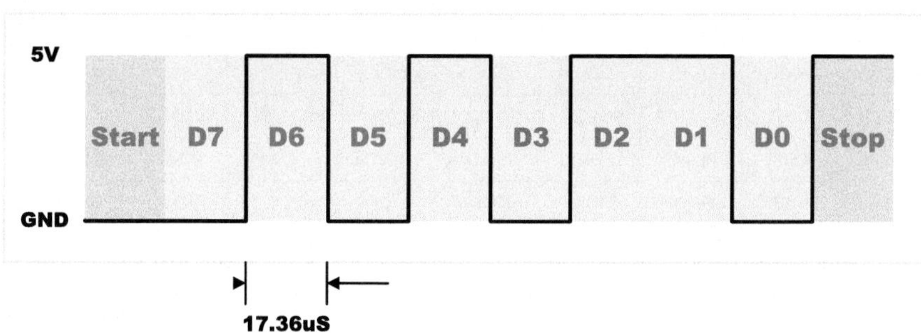

그림 10-21 • a의 데이터 프레임

3 레지스터 설정

3.1 전체 I/O 레지스터 중 사용되는 레지스터

표 10-14 • ATmega128에서 USART에서 사용되는 레지스터

번호	주소	레지스터명	BIT7	BIT6	BIT5	BIT4	BIT3	BIT2	BIT1	BIT0
64	$3F ($5F)	SREG	I	T	H	S	V	N	Z	C
62	$3D ($5D)	SPL	SP7	SP6	SP5	SP4	SP3	SP2	SP1	SP0
63	$3E ($5E)	SPH	SP15	SP14	SP13	SP12	SP11	SP10	SP9	SP8
60	$3B ($5B)	RAMPZ								RAMPZ0
54	$35 ($55)	MCUCR	SRE	SRW10	SE	SM1	SM0	SM2	IVSEL	IVCE
77	($6C)	XMCRB	XMBK					XMM2	XMM1	XMM0
78	($6D)	XMCRA		SRL2	SRL1	SRL0	SRW01	SRW00	SRW11	
80	($6F)	OSCCAL	Oscillator Calibration Register							
61	$3C ($5C)	XDIV	XDIVEN	XDIV6	XDIV5	XDIV4	XDIV3	XDIV2	XDIV1	XDIV0
53	$34 ($54)	MCUCSR	JTD			JTRF	WDRF	BORF	EXTRF	PORF
34	$21 ($41)	WDTCR				WDCE	WDE	SDP2	WDP1	WDP0
9	$08 ($28)	ACSR	ACD	ACBG	ACO	ACI	ACIE	ACIC	ACIS1	ACIS0
73	($68)	SPMCSR	SPMIE	RWWSB		RWWSRE	BLBSET	PGWRT	PGERS	SPMEN
35	$22 ($42)	OCDR	IDRD/ OCDR7	OCDR6	OCDR5	OCDR4	OCDR3	OCDR2	OCDR1	OCDR0
26	$19 ($39)	PINA	PINA7	PINA6	PINA5	PINA4	PINA3	PINA2	PINA1	PINA0
27	$1A ($3A)	DDRA	DDA7	DDA6	DDA5	DDA4	DDA3	DDA2	DDA1	DDA0
28	$1B ($3B)	PORTA	PORTA7	PORTA6	PORTA5	PORTA4	PORTA3	PORTA2	PORTA1	PORTA0
23	$16 ($36)	PINB	PINB7	PINB6	PINB5	PINB4	PINB3	PINB2	PINB1	PINB0
24	$17 ($37)	DDRB	DDB7	DDB6	DDB5	DDB4	DDB3	DDB2	DDB1	DDB0
25	$18 ($38)	PORTB	PORTB7	PORTB6	PORTB5	PORTB4	PORTB3	PORTB2	PORTB1	PORTB0
20	$13 ($33)	PINC	PINC7	PINC6	PINC5	PINC4	PINC3	PINC2	PINC1	PINC0
21	$14 ($34)	DDRC	DDC7	DDC6	DDC5	DDC4	DDC3	DDC2	DDC1	DDC0
22	$15 ($35)	PORTC	PORTC7	PORTC6	PORTC5	PORTC4	PORTC3	PORTC2	PORTC1	PORTC0
17	$10 ($30)	PIND	PIND7	PIND6	PIND5	PIND4	PIND3	PIND2	PIND1	PIND0
18	$11 ($31)	DDRD	DDD7	DDD6	DDD5	DDD4	DDD3	DDD2	DDD1	DDD0
19	$12 ($32)	PORTD	PORTD7	PORTD6	PORTD5	PORTD4	PORTD3	PORTD2	PORTD1	PORTD0
2	$01 ($21)	PINE	PINE7	PINE6	PINE5	PINE4	PINE3	PINE2	PINE1	PINE0
3	$02 ($22)	DDRE	DDE7	DDE6	DDE5	DDE4	DDE3	DDE2	DDE1	DDE0
4	$03 ($23)	PORTE	PORTE7	PORTE6	PORTE5	PORTE4	PORTE3	PORTE2	PORTE1	PORTE0
1	$00 ($20)	PINF	PINF7	PINF6	PINF5	PINF4	PINF3	PINF2	PINF1	PINF0

(계속 1/4)

번호	주소	레지스터명	BIT7	BIT6	BIT5	BIT4	BIT3	BIT2	BIT1	BIT0
66	($61)	DDRF	DDF7	DDF6	DDF5	DDF4	DDF3	DDF2	DDF1	DDF0
67	($62)	PORTF	PORTF7	PORTF6	PORTF5	PORTF4	PORTF3	PORTF2	PORTF1	PORTF0
68	($63)	PING				PING4	PING3	PING2	PING1	PING0
69	($64)	DDRG				DDG4	DDG3	DDG2	DDG1	DDG0
70	($65)	PORTG				PORTG4	PORTG3	PORTG2	PORTG1	PORTG0
75	($6A)	EICRA	ISC31	ISC30	ISC21	ISC20	ISC11	ISC10	ISC01	ISC00
59	$3A ($5A)	EICRB	ISC71	ISC70	ISC61	ISC60	ISC51	ISC50	ISC41	ISC40
57	$38 ($58)	EIFR	INTF7	INTF6	INTF5	INTF4	INTF3	INTF2	INTF1	INTF0
58	$39 ($59)	EIMSK	INT7	INT6	INT5	INT4	INT3	INT2	INT1	INT0
49	$30 ($50)	ASSR					AS0	TCN0UB	OCR0UB	TCR0UB
50	$31 ($51)	OCR0	Timer/Counter0 – Output Compare Register							
51	$32 ($52)	TCNT0	Timer/Counter0							
52	$33 ($53)	TCCR0	FOC0	WGM00	COM01	COM00	WGM01	CS02	CS01	CS00
55	$36 ($56)	TIFR	OCF2	TOV2	ICF1	OCF1A	OCF1B	TOV1	OCF0	TOV0
56	$37 ($57)	TIMSK	OCIE2	TOIE2	TICIE1	OCIE1A	OCIE1B	TOIE1	OCIE0	TOIE0
39	$26 ($46)	ICR1L	Timer/Counter – Input Capture Register Low Byte							
40	$27 ($47)	ICR1H	Timer/Counter – Input Capture Register High Byte							
89	($78)	OCR1CL	Timer/Counter1 – Output Compare Register C Low Byte							
90	($79)	OCR1CH	Timer/Counter1 – Output Compare Register C Low Byte							
41	$28 ($48)	OCR1BL	Timer/Counter – Output Compare Register B Low Byte							
42	$29 ($49)	OCR1BH	Timer/Counter – Output Compare Register B High Byte							
43	$2A ($4A)	OCR1AL	Timer/Counter – Output Compare Register A Low Byte							
44	$2B ($4B)	OCR1AH	Timer/Counter – Output Compare Register A High Byte							
45	$2C ($4C)	TCNT1L	Timer/Counter – Counter Register Low Byte							
46	$2D ($4D)	TCNT1H	Timer/Counter – Counter Register High Byte							
91	($7A)	TCCR1C	FOC1A	FOC1B	FOC1C					
47	$2E ($4E)	TCCR1B	ICNC1	ICES1		WGM13	WGM12	CS12	CS11	CS10
48	$2F ($4F)	TCCR1A	COM1A1	COM1A0	COM1B1	COM1B0	COM1C1	COM1C0	WGM11	WGM10
36	$23 ($43)	OCR2	Timer/Counter2 – Output Compare Register							
37	$24 ($44)	TCNT2	Timer/Counter2							
38	$25 ($45)	TCCR2	FOC2	WGM20	COM21	COM20	WGM21	CS22	CS21	CS20
97	($80)	ICR3L	Timer/Counter3 – Input Capture Register Low Byte							
98	($81)	ICR3H	Timer/Counter3 – Input Capture Register High Byte							
99	($82)	OCR3CL	Timer/Counter3 – Output Compare Register C Low Byte							

(계속 2/4)

번호	주소	레지스터명	BIT7	BIT6	BIT5	BIT4	BIT3	BIT2	BIT1	BIT0
100	($83)	OCR3CH	Timer/Counter3 – Output Compare Register C High Byte							
101	($84)	OCR3BL	Timer/Counter3 – Output Compare Register B Low Byte							
102	($85)	OCR3BH	Timer/Counter3 – Output Compare Register B High Byte							
103	($86)	OCR3AL	Timer/Counter3 – Output Compare Register A Low Byte							
104	($87)	OCR3AH	Timer/Counter3 – Output Compare Register A High Byte							
105	($88)	TCNT3L	Timer/Counter3 – Counter Register Low Byte							
106	($89)	TCNT3H	Timer/Counter3 – Counter Register High Byte							
109	($8C)	TCCR3C	FOC3A	FOC3B	FOC3C					
107	($8A)	TCCR3B	ICNC3	ICES3		WGM33	WGM32	CS32	CS31	CS30
108	($8B)	TCCR3A	COM3A1	COM3A0	COM3B1	COM3B0	COM2C1	COM2C0	WGM32	WGM30
33	$20 ($40)	SFIOR	TSM				ACME	PUD	PSR0	PSR321
93	($7C)	ETIFR			ICF3	OCF3A	OCF3B	TOV3	OCF3C	OCF1C
94	($7D)	ETIMSK			TICIE3	OCIE3A	OCIE3B	TOIE3	OCIE3C	OCIE1C
5	$04 ($24)	ADCL	ADC Data Register Low byte							
6	$05 ($25)	ADCH	ADC Data Register High byte							
7	$06 ($26)	ADCSRA	ADEN	ADSC	ADFR	ADIF	ADIE	ADPS2	ADPS1	ADPS0
8	$07 ($27)	ADMUX	REFS1	REFS0	ADLAR	MUX4	MUX3	MUX2	MUX1	MUX0
14	$0D ($2D)	SPCR	SPIE	SPE	DORD	MSTR	CPOL	CPHA	SPR1	SPR0
15	$0E ($2E)	SPSR	SPIF	WCOL						SPI2X
16	$0F ($2F)	SPDR	SPI Data Register							
10	$09 ($29)	UBRR0L	USART0 Baud Rate Register Low							
113	($90)	UBRR0H					USART0 Baud Rate Register High			
118	($95)	UCSR0C		UMSEL0	UPM01	UPM00	USB0	UCSZ01	UCSZ00	UCPOL0
11	$0A ($2A)	UCSR0B	RXCIE0	TXCIE0	UDRIE0	RXEN0	TXEN0	UCSZ02	RXB80	TXB80
12	$0B ($2B)	UCSR0A	RXC0	TXC0	UDRE0	FE0	DOR0	UPE0	U2X0	MPCM0
13	$0C ($2C)	UDR0	USART0 I/O Data Register							
121	($98)	UBRR1H					USART1 Baud Rate Register High			
122	($99)	UBRR1L	USART1 Baud Rate Register Low							
126	($9D)	UCSR1C		UMSEL1	UPM11	UPM10	USBS1	UCSZ11	UCSZ10	UCPOL1
123	($9A)	UCSR1B	RXCIE	TXCIE1	UDRIE1	RXEN1	TXEN1	UCSZ12	RXB81	TXB81
124	($9B)	UCSR1A	RXC1	RXC1	UDRE1	FE1	DOR1	UPE1	U2X1	MPCM1
125	($9C)	UDR1	USART1 I/O Data Register							
29	$1C ($3C)	EECR					EERIE	EEMWE	EEWE	EERE
30	$1D ($3D)	EEDR	EEPROM Data Register							
31	$1E ($3E)	EEARL	EEPROM Address Register Low Byte							
32	$1F ($3F)	EEARH					EEPROM Address Register High			

(계속 3/4)

번호	주소	레지스터명	BIT7	BIT6	BIT5	BIT4	BIT3	BIT2	BIT1	BIT0
81	($70)	TWBR	Two-wire Serial Interface Bit Rate Register							
82	($71)	TWSR	TWS7	TWS6	TWS5	TWS4	TWS3		TWS1	TWS0
83	($72)	TWAR	TWA6	TWA5	TWA4	TWA3	TWA2	TWA1	TWA0	TWGCE
84	($73)	TWDR	Two-wire Serial Interface Data Register							
85	($74)	TWCR	TWINT	TWEA	TWSTA	TWSTO	TWWC	TWEN		TWIE
65	($60)	Reserved								
71	($66)	Reserved								
72	($67)	Reserved								
74	($69)	Reserved								
76	($6B)	Reserved								
79	($6E)	Reserved								
86	($75)	Reserved								
87	($76)	Reserved								
88	($77)	Reserved								
92	($7B)	Reserved								
95	($7E)	Reserved								
96	($7F)	Reserved								
110	($8D)	Reserved								
111	($8E)	Reserved								
112	($8F)	Reserved								
114	($91)	Reserved								
115	($92)	Reserved								
116	($93)	Reserved								
117	($94)	Reserved								
119	($96)	Reserved								
120	($97)	Reserved								
127	($9E)	Reserved								
160	($FF)	Reserved								

(마침 4/4)

3.2 사용되는 레지스터 각각에 대한 요약

ATmega128은 총 2개의 USART를 지원하는데 각각 USART0, USART1이라고 부르며 외부와 연결된 핀도 RXD0, TXD0와 RXD1, TXD1핀이 존재한다. 또한 레지스터의 이름도 번호만 틀릴 뿐 동일하다.

예를 들면, 데이터 송수신 시에 보내야 할 데이터 혹은 받는 데이터가 저장되는 레지스터는 UDR인데 USART0, USART1 두 개가 있기 때문에 이 레지스터도 각각 UDR0, UDR1이 존재한다. 두 개의 레지스터가 동일한 기능을 수행하기 때문에 UDRn이라고 한꺼번에 설명한다.

USART의 제어 관련, 레지스터로는 크게 UDR, UCSRnA/B/C, UBRRL/H 세 가지가 있는데, UDR은 위에서 설명하였으므로 넘어가도록 한다. UBRRL/H는 USART의 통신속도를 설정하는 레지스터이다. USART의 통신 속도가 2400bps이니 4800bps이니 하는 말을 들어 보았을 것이다. UBRRL/H는 16비트 중 12비트만을 사용하여 이 통신 속도를 설정하는 레지스터이다.

UCSRnA/B/C는, 조금 복잡한데, 수신 버퍼에 데이터가 있다면 1로 세트된다거나 (수신된 데이터를 아직 처리하지 못한 경우) 송신 버퍼에 데이터가 있다면 1로 세트된다거나 (송신할 데이터가 아직 보내지지 않은 경우)프레임 에러, 혹은 데이터 오버런 에러가 발생했다거나, 송신 완료 인터럽트를 사용 가능하게 하거나, 수신 완료 인터럽트를 사용 가능하게 하거나, USART를 동기 혹은 비동기 모드로 설정하거나, 패리티 비트를 사용하거나 혹은 사용한다면 짝수로 할지 홀수로 할지 결정하거나, 전송 데이터 비트의 길이를 설정하는 등의 용도로 사용한다.

각각의 레지스터의 비트가 어떤 의미인지는 각 레지스터에서 상세하게 알아보도록 하고 일단은 3가지 종류의 레지스터가 있다는 것만 알아두고 넘어가도록 하자.

표 10-15 • USART 관련 레지스터

번호No	레지스터	설명Description	기타etc
1	UDRn	송수신 데이터의 버퍼	
2	UCSRnA	포트의 송수신 동작 제어 및 송수신 상태를 저장	
3	UCSRnB	포트의 송수신 동작 제어 및 9비트 설정시 9번째 비트 저장	
4	UCSRnC	포트의 송수신 동작 제어	
5	UBRRnH	(UBRRnL과 함께) 송수신 동작 속도를 결정	
6	UBRRnL	(UBRRnH과 함께) 송수신 동작 속도를 결정	

(1) UDRn

UDRn(USART I/O Data Register n) 레지스터는 USART 모듈의 송 · 수신 데이터 버퍼의 기능을 수행하는 레지스터로서 송신 시 TXB에, 수신 시 RXB에 데이터를 저장한다.

BIT	15	14	13	12	11	10	9	8
UDR0 $09($29)	RXB0[7:0]							
	TXB0[7:0]							
	7	6	5	4	3	2	1	0
R/W	R/W	R/W	R/W	R/W	R/W	R/W	R/W	R/W
	R/W	R/W	R/W	R/W	R/W	R/W	R/W	R/W
INIT	0	0	0	0	0	0	0	0
	0	0	0	0	0	0	0	0

그림 10-22 • UDRn 레지스터

USART 포트의 송수신 데이터의 버퍼 기능을 수행하는 8비트 레지스터로서 송신할 데이터를 UDRn에 쓰면 송신 데이터 버퍼 TXBn에 저장되고, 수신된 데이터를 읽으면 UDRn에는 수신 데이터 버퍼 RXBn에 수신되어 있는 값이 읽혀진다. 단 송신 및 수신 버퍼는 동일한 번지에 위치하지만 내부적으로 서로 다른 별개의 레지스터이다.

만일 사용자가 데이터 비트를 5비트로 설정한다면 사용되지 않는 3비트는 무시된다. 즉 5비트로 설정하고 0xFF를 송신한다 해도 0xFF가 아닌 0x1F만 전송되며, 0xFF가 수신된다 하더라도 0x1F만 받게 된다.

UDRn 레지스터에 값을 쓰기 위해서는 UDREn의 플래그가 세트되어 있어야 한다. 클리어된 경우라면 쓴다 하더라도 무시된다.

UDRn 레지스터에 씌여진 데이터는 송신 시프트 레지스터가 비었을 경우 자동으로 시프트 레지스터로 옮겨지고 이것이 TXD 핀을 통해 전송된다.

(2) UCSRnA

UCSRnA(USAT Control and Status Register A) 레지스터는 USART 포트의 송수신 동작을 제어하거나 상태를 저장하는 레지스터이다.

BIT	7	6	5	4	3	2	1	0
UCSR0A $0B($2B)	RXC0	TXC0	UDRE0	FE0	DOR0	UPE0	U2X0	MPCM0
R/W	R	R/W	R	R	R	R	R/W	R/W
INIT	0	0	0	0	0	0	0	0

그림 10-23 • UCSRnA 레지스터

- **BIT 7 : RXCn(Receive Complete n)**
  UDRn의 수신 버퍼에 읽히지 않은 수신 문자가 있으면 세트되고, 읽은 경우 0으로 클리어된다. 세트될 때 수신 완료 인터럽트가 발생한다. 1을 쓰면 소프트웨어적으로 클리어된다.

- **BIT 6 : TXCn(Transmit Complete n)**
  UDRn의 송신 버퍼에 아직 새로운 송신 문자가 기록되지 않은 경우 세트된다. 이 경우 송신 완료 인터럽트가 발생하고, 인터럽트 서비스가 시작되면 자동으로 클리어된다.

- **BIT 5 : UDREn(USART Data Register Empty n)**
  UDRn의 송신 버퍼가 비어 있어 송신 문자를 받을 준비가 되어 있으면 세트된다. 세트될 때 송신 데이터 레지스터 준비완료 인터럽트가 발생한다. 1을 쓰면 소프트웨어적으로 클리어된다.

- **BIT 4 : FEn(Frame Error n)**
  UDRn의 수신 버퍼에 저장되어 있는 문자를 수신하는 동안에 수신 문자의 첫 번째 정지 비트가 0으로 검출되는 프레임 에러가 발생했음을 나타내며, 세트되는 플래그 비트로 이때 세트된 것은 UCSRnA 레지스터를 기록하면 클리어된다.

- **BIT 3 : DORn(Data Overrun Error n)**
  수신 동작에서 UDR0의 수신 버퍼에 읽지 않은 수신 문자가 들어있는 상태에서 수신 시프트 레지스터에 새로운 문자가 수신 완료되고 다시 그 다음 수신 문자의 시작 비트가 검출되는 오버런 에러가 발생하였음을 나타내며 세트되는 플래그 비트로 UCSRnA 레지스터를 기록하면 클리어된다.

- **BIT 2 : UPEn(USART Parity Error n)**
  UDRn의 수신 버퍼에 저장된 문자에 패리티 에러가 발생하였음을 나타내는 플래그 비트로 UCSRnC 레지스터의 UPMn1이 세트되어 패리티 비트를 사용하도록 설정된 경우에만 세트될 수 있다. UCSRnA 레지스터를 기록하면 클리어된다.

- **BIT 1 : U2Xn(USART 2 transmission speed)**
  비동기 모드에서만 유효한 것으로 1로 세트되면 클럭의 분주비를 16에서 8로 낮추어 전송속도를 2배 증가시킬 수 있다.

- **BIT 0 : MPCMn(Multi-Processor Communication Mode 0)**
  1로 세트하면 멀티 프로세서 통신 모드로 설정한다.

- **멀티 프로세서 통신**
  1개의 마스터 프로세서가 여러 개의 슬레이브 프로세서에게 특정 어드레스를 전송함으로써 1개의 슬레이브만을 지정하여 데이터를 전송하는 동작 모드이다. 내용이 상당히 복잡하기 때문에 이러한 것이 있다는 정도만 알고 넘어가도록 하며 자세한 내용은 데이터 시트를 참고하기 바란다.

- **오버런 에러 체크**

  데이터가 수신되었는데 사용자가 이 레지스터를 읽지 않을 때 발생하는 에러로서 UDRn의 수신버퍼에 현재 읽지 않은 수신문자가 들어있는 상태에서 수신 시프트 레지스터에 새로운 데이터가 수신 완료되고 다시 그 다음 수신 데이터의 시작 비트가 검출되면 발생한다. UCSR-nA 레지스터를 쓰면 0으로 클리어된다.

- **프레임 에러 체크**

  프레임 에러는 수신 문자의 첫 번째 정지 비트가 0으로 검출되면 발생한다. 데이터를 수신하는 동안 데이터가 깨져서 시작 비트와 정지 비트가 제대로 들어오지 않을 때 발생하는 에러이다.

(3) UCSRnB

UCSRnB(USART Control and Status Register B) 레지스터는 USART 포트의 송수신 동작을 제어하거나 상태를 저장하며 전송 데이터를 9비트로 설정한 경우 전송 데이터의 9번째 비트를 저장하는 역할을 수행하는 레지스터이다.

BIT	7	6	5	4	3	2	1	0
UCSR0B $0A($2A)	RXCIE0	TXCIE0	UDRIE0	RXEN0	TXEN0	UCSZ02	RXB80	TXB80
R/W	R/W	R/W	R/W	R/W	R/W	R/W	R	R/W
INIT	0	0	0	0	0	0	0	0

그림 10-24 • UCSRnB 레지스터

- **BIT 7 : RXCIEn(RX Complete Interrupt Enable n)**

  수신 완료 인터럽트 개별 허용

- **BIT 6 : TXCIEn(TX Complete Interrupt Enable n)**

  송신 완료 인터럽트 개별 허용

- **BIT 5 : UDRIEn(UDR empty Interrupt Enable n)**

  송신 데이터 레지스터 준비 완료 인터럽트 개별 허용

- **BIT 4 : RXENn(RX Enable n)**

  1로 세트되면 RXDn의 PEn이 USART용 수신 단자로 동작되는 것을 허용하고, DORn, UPEn, U2Xn 에러 플래그 비트의 동작을 허용한다.

- **TXENn(TX Enable)**

  1로 세트되면 TXDn의 PE1, PD3이 USART용 송신 단자로 동작되는 것을 허용한다. 클리어되더라도 송신이 완료될 때까지는 송신 단자로 동작한다.

- **UCSZn2(USART Character Size)**
  UCSRnC 레지스터의 2,1,0 비트와 함께 전송 문자의 데이터 비트수를 결정한다. 000 : 5bit, 001 : 6bit, 010 : 7bit, 011 : 8bit, 100 : 보류, 101 : 보류, 110 : 보류, 111 : 9bit로 설정한다.

- **RXB8n(RX data Bit 8)**
  전송 문자가 9비트로 설정된 경우 수신된 문자의 9번째 비트를 저장한다. 반드시 UDRn 레지스터보다 먼저 읽혀야 한다.

- **TXB8n(TX data Bit 8)**
  전송 문자가 9비트로 설정된 경우 송신할 문자의 9번째 비트를 저장한다. 반드시 UDRn 레지스터보다 먼저 써야 한다.

(4) UCSRnC

UCSRnC(USART Control and Status Register C) 레지스터는 USART 포트의 송수신 동작을 제어하거나 송수신 상태를 저장하는 레지스터이다.

UCSR0C ($95)								
BIT	7	6	5	4	3	2	1	0
	-	UMSEL0	UPM01	UPM00	USBS0	UCSZ01	UCSZ00	UCPOL0
R/W	R/W	R/W	R/W	R/W	R/W	R/W	R/W	R/W
INIT	0	0	0	0	0	1	1	0

그림 10-25 • UCSRnC 레지스터

- **BIT 7 : Reserved**

- **BIT 6 : UMSELn(USARTn Mode Select)**
  USART 통신모드를 선택한다.

표 10-16 • UMSEL 비트 세팅

UMSEL	모드
0	동기 전송 모드 설정(Asynchronous Operation)
1	비동기 전송 모드 설정(Synchronous Operation)

- **BIT 5-4 : UPM01-UPM0(USART Parity Mode 1-0)**

패리티 모드를 설정한다.

표 10-17 • UPM 비트 세팅

UPM1	UPM0	패리티 모드(Parity Mode)
0	0	패리티를 사용하지 않음(Disabled)
0	1	예약됨(Reserved)
1	0	짝수 패리티 사용(Even Parity Check)
1	1	홀수 패리티 사용(Odd Parity Check)

- **BIT 3 : USBS0(USART Stop Bit Select 0)**

정지 비트의 개수를 설정한다.

표 10-18 • USBS 비트 세팅

USBS	정지 비트 설정(Stop Bit(s))
0	1bit
1	2bit

- **BIT 2-1 : UCSZ01-UCSZ00(USART Character SiZe n1-0)**

UCSRnB 레지스터의 UCSZn2와 함께 전송문자의 비트 수를 결정한다.

표 10-19 • UCSZ 비트 세팅

UCSZ2	UCSZ1	UCSZ0	데이터 비트 사이즈(Data bit Size)
0	0	0	5 비트
0	0	1	6 비트
0	1	0	7 비트
0	1	1	8 비트
1	0	0	예약됨(Reserved)
1	0	1	예약됨(Reserved)
1	1	0	예약됨(Reserved)
1	1	1	9 비트

- **BIT 0 : UCPOL0 (USART Clock POLarity 0)**

동기 전송 모드의 슬레이브 동작에서만 유효한 것으로 1로 설정하면 송신 데이터는 XCK0 클럭의 하강 엣지에서 새로운 값이 출력되고, 수신 문자는 XCK0의 상승 엣지에서 얻어진다. 클리어된 경우 반대로 된다.

표 10-20 • UCPOL 비트 세팅

UCPOL	Transmitted Data Changed (Output of TXD Pin)	Received Data Sampled (Input on RXD Pin)
0	Rising XCK Edge	Falling XCK Edge
1	Falling XCK Edge	Rising XCK Edge

(5) UBRRnH/UBRRnL

UBRRn(USART Baud Rate Register) 레지스터는 16비트 중 12비트만을 사용하며 USART의 통신 속도(baud rate)를 설정하는 레지스터이다.

BIT	15	14	13	12	11	10	9	8
UBRR0H ($090)	-	-	-	-	UBRR0[11:8]			
UBRR0L $09($29)	UBRR0[7:0]							
	7	6	5	4	3	2	1	0
R/W	R	R	R	R	R/W	R/W	R/W	R/W
	R/W	R/W	R/W	R/W	R/W	R/W	R/W	R/W
INIT	0	0	0	0	0	0	0	0
	0	0	0	0	0	0	0	0

그림 10-26 • UBRRnH/UBRRnL 레지스터

- BIT 15-12 : 예약됨(Reserved)
- BIT 11-0 : UBRRn11-0(USARTn Baud Rate Register)

UBRR 레지스터의 상위 바이트 중 UBRRnH 4비트와 UBRRnL에 값을 넣어 보 레이트(Baud rate)를 설정하는데 보 레이트는 다음과 같은 공식에 의하여 구한다.

```
Baudrate = 2 ^ U2Xn * fosc / clk (UBRR0+1)
```

통신 모드는 비동기 일반 모드(Asynchronous Normal Mode), 비동기 2배속 모드(Asynchronous Double Speed Mode), 동기 마스터 모드(Synchronous Master Mode)가 있는데 각각의

모드에 따라서 U2Xn값을 0, 1로 설정하면 된다.

표 10-21 • 동작 모드에 따른 BAUD 및 UBRR 계산 공식

동작 모드(Operating Mode)	U2X	보 레이트 계산 공식	UBRR 계산 공식
Asynchronous Normal Mode	0	$f_{OSC}/16(UBRR+1)$	$f_{OSC}/16BAUD-1$
Asynchronous Double Mode	1	$f_{OSC}/8(UBRR+1)$	$f_{OSC}/8BAUD-1$
Synchronous Master Mode		$f_{OSC}/2(UBRR+1)$	$f_{OSC}/2BAUD-1$

• UBRR 값 계산하기

위의 수식에서 a=2^b*c(d+1) 변수가 총 4개 있으므로 3개의 변수 값만 알면 나머지 하나를 구할 수 있다. 그런데, b는 통신 모드에 따라 0,1로 설정하고 c는 시스템 클럭으로 결정되므로, 본인이 원하는 통신속도 a만 결정하면 d 즉 UBRR 값이 정해진다. 위의 공식을 UBRR0으로 풀면 다음과 같다.

```
UBRR0 = fosc/2^U2Xn / clk *Baudrate - 1
```

UBRRn 값을 구할 때 다음과 같은 ①시스템 클럭, ②통신 속도, ③통신 모드 세 가지를 고려해야 한다. 통신 속도는 정해져 있지 않거나 특별한 경우가 아니라면 높은 편을 선택하면 될 것이다.

표 10-22 • UBRR 계산을 위한 필요 항목

번호	항목	예	비고
1	시스템 클럭(= fosc)	16MHz	
2	통신 속도(Baud Rate)	38400 bps	
3	USART의 통신 모드	0	비동기 일반 모드

이렇게 설정할 경우 위의 공식에 대입하면 UBRR0 값은 26.0416…이 나오는데 UBRR0에 실수값을 대입할 수 없으므로 26을 대입한다.

```
UBRR0 = 16000000/2^0 / 16 * 38400 - 1 = 26.041666666….
```

[표 10-23]과 자주 사용되는 시스템 클럭에 따른 UBRR 값을 적어보았다. 물론 시스템 클럭이 4MHz 혹은 8MHz 이 외에 다양한 경우가 있는데 이런 경우 위와 같이 계산해보면 될 것이다. 16MH인 경우 UBRR 값을 계산하여 표로 만들어 보면 [표 10-24]와 같다.

표 10-23 • 16MHz 클럭에서 속도에 따른 UBRR 계산 값

번호	속도 (bps)	UBRR 계산값
1	1200	0x34
2	2400	0x1A
3	4800	0xCE
4	9600	0x69
5	14400	0x44
6	19200	0x33
7	38400	0x19
8	57600	0x10
9	115200	0x07

자주 사용되는 주파수에 따른 UBRR 값은 [표 10-24]와 같다. ERROR의 단위는 %이고 음영 부분은 지원하지 않는 속도를 의미한다. 이외의 주파수에 따른 UBRR 값과 BAUD RATE는 계산해보면 된다.

표 10-24 • 4MHz와 8MHz 일 때 UBRR 값과 에러율(Error Rate)

전송속도 (bps)	f_{OSC} = 4.000 MHz				f_{OSC} = 8.0000 MHz			
	U2X=0		U2X=1		U2X=0		U2X=1	
	UBRR	ERROR	UBRR	ERROR	UBRR	ERROR	UBRR	ERROR
2400	103	0.2	207	0.2	207	0.2	416	−0.1
4800	51	0.2	103	0.2	103	0.2	207	0.2
9600	25	0.2	51	0.2	51	0.2	103	0.2
14.4k	16	2.1	34	-0.8	34	-0.8	68	0.6
19.2k	12	0.2	25	0.2	25	0.2	51	0.2
28.8k	8	−3.5	16	2.1	16	2.1	34	−0.8
38.4k	6	−7.0	12	0.2	12	0.2	25	0.2
57.6k	3	8.5	8	−3.5	8	−3.5	16	2.1
76.8k	2	8.5	6	−7.0	6	−7.0	12	0.2
115.2k	1	8.5	3	8.5	3	8.5	8	−3.5
230.4k	0	8.5	1	8.5	1	8.5	3	8.5
250k	0	0.0	1	0.0	1	0.0	3	0.0
0.5M	-	-	0	0.0	0	0.0	1	0.0
1M	-	-	-	-	-	-	0	0.0

표 10-25 • 11.0592MHz와 16MHz일 때 UBRR 값과 에러율(Error Rate)

전송속도 (bps)	f_{OSC} = 11.0592 MHz				f_{OSC} = 16.0000 MHz			
	U2X=0		U2X=1		U2X=0		U2X=1	
	UBRR	ERROR	UBRR	ERROR	UBRR	ERROR	UBRR	ERROR
2400	287	0.0	575	0.0	416	−0.1	832	0.0
4800	143	0.0	287	0.0	207	0.2	416	−0.1
9600	71	0.0	143	0.0	103	0.2	207	0.2
14.4k	47	0.0	95	0.0	68	0.6	138	-0.1
19.2k	35	0.0	71	0.0	51	0.2	103	0.2
28.8k	23	0.0	47	0.0	34	−0.8	68	0.6
38.4k	17	0.0	35	0.0	25	0.2	51	0.2
57.6k	11	0.0	23	0.0	16	2.1	34	−0.8
76.8k	8	0.0	17	0.0	12	0.2	25	0.2
115.2k	5	0.0	11	0.0	8	−3.5	16	2.1
230.4k	2	0.0	5	0.0	3	8.5	8	−3.8
250k	2	−7.8	5	−7.8	3	0.0	7	0.0
0.5M	-	-	2	−7.8	1	0.0	3	0.0
1M	-	-	-	-	0	0.0	1	0.0

4 RS-232C(Recommanded Standard-232C) 통신

4.1 개요

디바이스 간 데이터를 송수신하기 위한 수많은 국제 통신 규격 중의 하나이다. 다시 말하면 1969년 미국의 EIA(Electronic Industries Alliance : 미국 전자 공업 협회)의 CCITT 권고 V.24, V.28에 의해 규정한 직렬 인터페이스(Serial Interface) 규격으로 정식 명칭은 EIA-RS232C이다. RS-232C 규격은 데이터를 직렬로 전송할 때 연결장치의 형상, 물리적 규격, 전기적 신호의 특성 등을 정의한다.

RS-232C는 20K 보 레이트(Baud rate) 이하의 속도로 15m 내에서 직렬로 데이터를 전송할 수 있다. 일반적으로 19,200이 최대의 속도라고 하지만 근래에는 이보다 더욱 높은 속도를 사용하는 것이 대부분이다. RS-232와 유사한 데이터 통신 방식으로 RS-422와 RS-485가 있다.

연결 장치로 사용되는 커넥터는 9핀의 D-SUB 커넥터가 많이 사용되며 전기적 신호 특성으로 1은 +3V 이상, 0은 −3V 이하로 나타낸다. 그러나 마이크로컨트롤러의 UART는 1이 +5V, 0이

0V를 사용하기 때문에 낮은 전압으로 인해 원거리 통신이 부적합한 점, 또 신호 레벨이 맞지 않다는 점 때문에 이를 변환시켜줄 수 있는 소자가 필요한데 이를 라인 드라이버(Line Driver/Receiver) 통칭하며 MAXIM(www.maxim-ic.com)의 MAX232라는 소자가 널리 사용된다.

CCITT의 V.24 즉 RS-232C는 DTC와 DCE 연결에 대한 규정이 있는데, 첫 번째 일반적인 응용을 위한 37개의 신호 선으로 이루어진 100 시리즈 권고안과 두 번째 자동 호출을 위한 13개의 신호 선으로 이루어진 200 시리즈 권고안이 있다.

하지만 근래 사용되는 것은 3개의 신호 선으로 이루어진 간단한 것을 주로 사용한다. 100 시리즈 및 200 시리즈에 대해 알아보고 싶다면 해당 문서를 참조하기 바란다.

간혹 RS-232C 통신으로 (15m를 넘어서) 수십 m를 연결하려 하거나, 다수의 DTE를 RS-232C로 연결하려 하거나 하는 경우가 있는데, 위에서 언급했던 바와 같이 RS-232C는 최대 전송거리 15m이므로 이 거리를 넘어서면 데이터가 깨질 우려가 있다. 물론 차폐가 잘 되는 좋은 선을 사용하거나 증폭기(Repeater)를 사용하면 15m를 넘어서 사용 가능하기도 하지만 간단한 통신을 위해 고가의 선을 이용하는 것은 생각해볼 문제이다.

위의 내용을 요약하여 RS-232C의 특징을 정리해보면 다음과 같다.

4.2 RS-232C 통신 특징 요약

표 10-26 • RS-232 통신 요약

항목	설명	비고
탄생 배경	1960년 경 컴퓨터(DTE)들과 주변장치(DCE) 간의 연결을 위해 탄생	
탄생 목적	직렬 2진 데이터의 교환을 하는 데이터 터미널 장비(DTE)와 데이터 통신 장비(DCE) 간의 인터페이스의 제반 사항을 규정하기 위함	
주관 기관	EIA에 의해 전기/기계적 특성 및 인터페이스 회로의 기능을 규격화	
정식 명칭	EIA-RS232C	
통신 방식	1:1 통신 방식	
전송 모드	전이중 방식(Full Duplex)	
통신 거리	약 15m(about 50ft)	
사용 용도	각종 계측 기기, 데이터 수집, 데이터 전송, 센서 데이터 입력 등	
사용 케이블	스트레이트 케이블(Straight Cable) (1:1 Cable) 사용 크로스 케이블(Cross Cable) (Null Modem Cable) 사용	DTE ↔ DTE 연결 DTE ↔ DCE 연결
신호선 사용	2개의 데이터 신호선: 송신 신호 1선(TXD) / 수신 신호 1선(RXD) 5개의 제어선 : CTS / RTS / DTR / DSR / DCD 2개의 접지선 : SG / FG	

- 1:1 통신은 point to point 혹은 점대점 이라고 표기하기도 하는데 모두 같은 뜻이다.
- RS는 Recommended Standard의 약자이고, C는 1969년 발표된 버전을 나타내며, 232는 232번째 만들어졌다는 것을 의미한다.
- 통신 속도가 높을수록 거리는 짧아지고, 낮을수록 거리는 늘어난다.
- 선로의 품질이 좋을수록 (실드(Shield) 처리, 트위스트(Twist) 처리, 선로의 굵기) 더 멀리 통신 가능하다.

끝으로 직렬 통신과 USART, RS-232C 통신에 대해 헷갈리는 분이 있어 몇 자 적어본다. 직렬 통신과 USART, RS-232C가 모두 같은 뜻은 아니다. 'RS-232C는 직렬 통신이다' 라는 말은 맞는 말이지만 '직렬 통신은 RS-232C이다' 는 틀린 말이다.

즉 직렬 통신은 USART, RS-232C, RS-422, USB 등 모든 직렬 통신 방식을 통칭해서 일컫는 말이고, USART는 마이크로컨트롤러 혹은 디지털 장치에서 지원하는 직렬 통신 방식이며, RS-232C는 직렬 데이터를 원거리로 송신하기 위해 정의한 인터페이스 규격이라는 점을 혼동하지 말기 바란다.

4.3 RS-232C 핀 설명

앞서 언급한 RS-232C 커넥터의 D-SUB 핀배치 및 설명은 다음과 같다. 예전에는 RS-232C도 25핀 표준이 있었으나 핀 수가 너무 많아 근래에는 잘 사용되지 않고 있으며, 현재는 9핀 표준이 많이 사용된다. 그러나 9핀 이라 하더라도 9핀 모두 사용되지 않고 보통 송신(TXD), 수신(RXD), 접지(GND) 3핀만 사용된다.

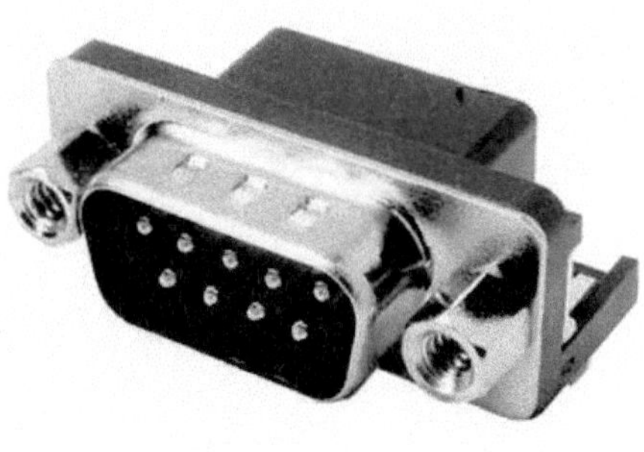

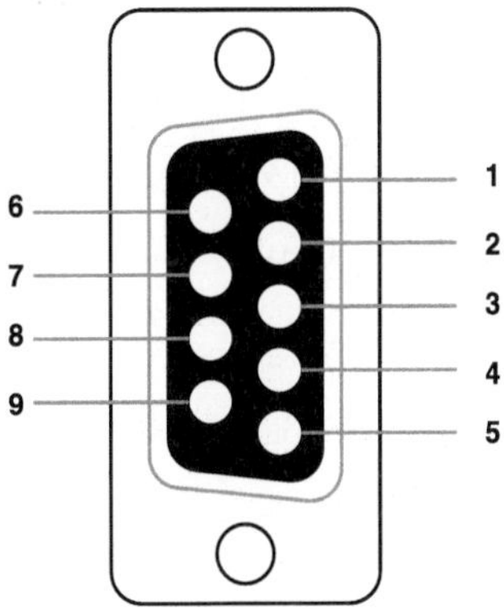

그림 10-27 • D-SUB 9(Male) 타입의 커넥터와 수컷 핀배치 : 암컷은 수컷과 다르게 2, 3번과 7, 8번 핀이 바뀌어져 있다.

표 10-27 • 핀 설명

핀 번호	이름	약어 설명	기능
1	DCD	Data Carrier Detect	DCE1이 DCE2와 접속이 완료되었을 때 DCE2가 캐리어 신호를 보내오며 이 신호를 검출하였음을 DCE1에 알려주는 신호선
2	**RXD**	**Receive Data**	**외부 장치에서 들어오는 data를 입력 받는 데이터 신호선**
3	**TXD**	**Transmit Data**	**외부 장치로 data를 출력하는 데이터 신호선**
4	DTR	Data Terminal Ready	자신이 송수신 가능한 상태임을 알리는 신호선 보통 전원 인가 후 통신 포트를 초기화한 후 이 신호를 출력
5	GND	Ground	접지
6	DSR	Data Set Ready	자신이 송수신 가능한 상태임을 알리는 신호선 보통 전원 인가 후 이상이 없을 때 이 신호를 출력
7	RTS	Ready To Send	데이터를 받을 준비가 되었음을 알리는 신호선
8	CTS	Clear To Send	데이터를 받을 준비가 되었음을 알리는 신호선RTS와 CTS의 차이는 DTE/DCE 차이임
9	RI	Ring Indicator	상대편 장치가 통신을 위해 전화가 걸려올 때 이 신호를 모뎀이 인식하여 컴퓨터에게 알려주는 신호선 이 신호를 받게 되면 전화벨 신호에 응답하는 프로그램을 인터럽트 등을 통해 호출하게 됨

4.4 RS-232C 통신 전압 레벨

통상 TTL(Transistor to Transistor) 회로의 신호 레벨은 +5V와 0V를 사용하므로 신호간 전압 차는 5V이다. 그런데 이 5V의 전압 차로는 원거리까지 송수신이 힘들기 때문에 전압차이를 높여준다. 1에 해당하는 5V는 약 +12V, 0에 해당하는 0V는 −12V로 만들어 신호 간 전압 차를 24V로 바꾸어준다. 이와 같이 전압차이를 증가시켰을 경우 5V 전압 차이에 비해 전송거리가 더욱 늘어나게 된다.

[그림 10-28]에서 좌측의 TTL 레벨은 0에서 5V 사이의 전압 중 HIGH와 LOW 구간이 작다. 즉 잡음 여유(Noise Margin)가 작아서 외부의 잡음에 취약하다. 다시 말해 외부에서 유입되는 약간의 잡음에도 데이터가 깨질 우려가 높다는 말이다.

이에 비해 RS232C 레벨은 ±24V의 노이즈 마진(Noise Margin)을 가지며 High Low가 대칭적이고 범위도 넓어 'TTL에 비해' 비교적 잡음 여유가 크고, 비교적 먼 거리(약 15m)까지 데이터 전송이 가능하다. 이보다 더욱 먼 거리로 통신할 경우 RS422 혹은 RS485통신을 이용한다. RS422 및 RS485 통신은 차동(Differential) 방식을 사용함으로써 232보다 노이즈에 훨씬 강하게 설계되어있다.

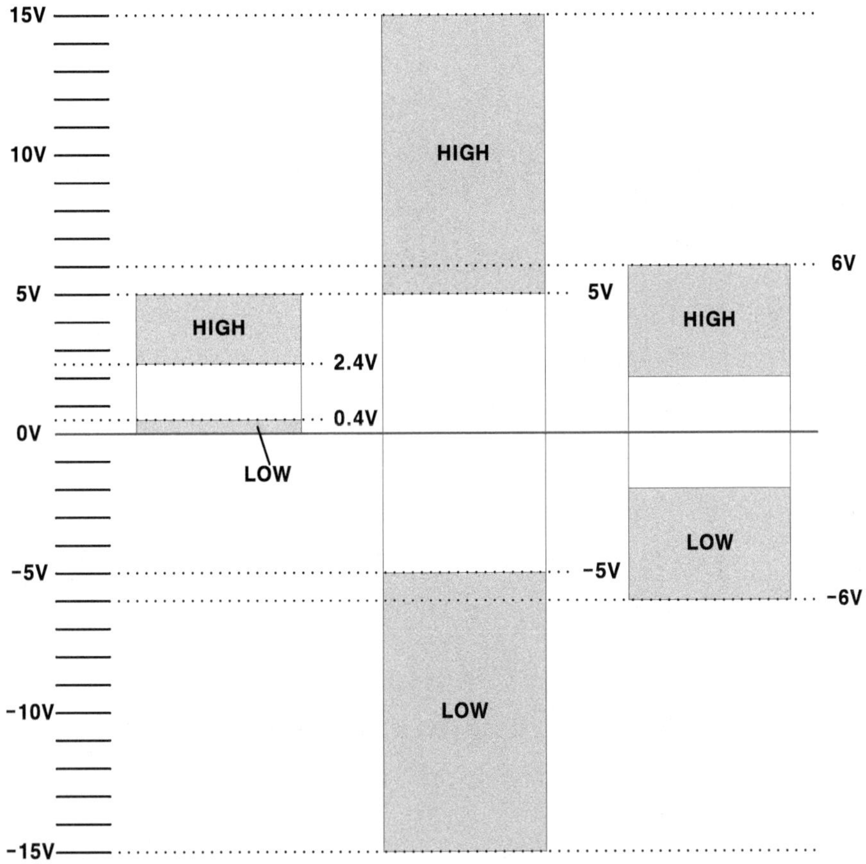

그림 10-28 • TTL레벨과 RS-232C의 전압레벨

그런데 위의 전압 차를 보면 RS422나 RS485의 전압 차는 RS-232의 ±24V보다 훨씬 낮은 ±6V 정도이다. 그렇다면 어떻게 해서 RS-422나 RS-485가 RS-232보다 노이즈에 강할까? 모든 통신에서 가장 중요한 요소중의 하나는 '외부에서 유입되는 노이즈를 어떻게 제거하는가' 하는 점이다. 이 방법에 따라 평형(Balanced) 방식과 비평형(Unbalanced) 방식이 있는데, RS-232는 구동전압을 높임으로 잡음 여유를 높여 잡음에 대처하는 비평형 방식이다. 하지만 잡음 여유를 높이기 위해 하지만 전압을 ±40V, ±100V 등으로 계속 올리기가 곤란한 점이 있는데 보다 더 심각한 문제는 이 방법이 근본적으로 외부 노이즈를 제거할 수가 없다는 점이다.

따라서 노이즈에 강하게 설계하고 낮은 전압과 보다 높은 통신 속도를 위해서 평형 방식을 채택한다. 평형 방식은 차동 입출력으로 통신하여 동상 노이즈 성분을 상쇄시킴으로써 노이즈를 제거하는 방법을 사용한다. RS-422, RS-485뿐 아니라 USB, IEEE1394 모두 이러한 방식을 채택하고 있다.

참고로 잡음 여유란 논리 회로의 동작을 방해하지 않는 외부 잡음의 최대 허용값을 말한다. 논리 레벨이 작을수록 잡음 여유 또한 작다. 즉 1.8V로 동작되는 논리 레벨은 3.3V로 동작되는 논리 회로보다 잡음에 취약하다. 그러나 잡음에 강하게 설계하기 위해 논리 레벨을 높인다면 전력소모 또한 증가하고 속도가 낮아진다. 근래의 논리 회로 설계는 전력 소모를 줄이고 고속으로 설계하기 위해 논리 레벨을 자꾸 낮추는 추세이므로 잡음에 약해지기 때문에 회로 설계 시 이러한 점을 충분히 고려해야 한다.

5 예제 및 실험 : H/W

5.1 USART 통신을 하기 위해 필요한 것들

UART를 실험하기 위해 다음과 같은 것들이 필요하다. 마이크로컨트롤러 간에도 UART 통신은 가능하지만 이번 실험에는 PC를 사용하여 데이터의 송수신을 실험해볼 것이다.

간혹 시리얼 포트가 없는 컴퓨터의 경우 USB-Serial 컨버터를 사용하거나 시리얼 카드를 사용하는 것도 괜찮은 방법이다. 마이크로컨트롤러가 USB를 지원하지 않는 경우가 많기 때문에 개발 환경을 위해서 시리얼 포트를 마련하는 것이 좋을 것이다. 필요한 것을 적어보면 다음과 같다.

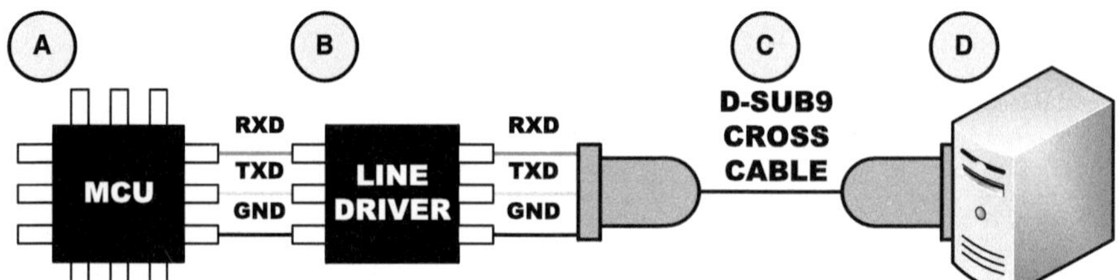

그림 10-29 • ATmega128와 PC와 USART 통신의 개념적 그림

1. **USART 통신을 지원하는 마이크로컨트롤러**
   - ATmega128을 사용하는데 ATmega128은 UART를 두 개 지원하므로 그대로 사용하면 된다.
   - 간혹 마이크로컨트롤러가 UART를 지원하지 않는 경우도 있는데 이러한 경우 통신을 하게 만들 수는 있지만 상당히 번거로운 작업이 필요하다. 따라서 마이크로컨트롤러 선정 시에 이러한 점을 꼭 주의 깊게 보기 바란다.

2. **라인 드라이버(Line Driver)**
   - 앞서 말한 바와 같이 마이크로컨트롤러의 출력 전압이 RS-232C 신호레벨과 맞지 않기 때문에 사용한다.
   - 많이 사용되는 MAXIM의 MAX232C를 사용하였다.
3. **시리얼 케이블을 사용하여 컴퓨터와 연결**
   - 커넥터 종류는 암(Female), 수(Male)도 있고 스트레이트와 크로스 케이블이 있으니 주의해서 사용해야 한다.
   - 스트레이트를 써야 할 경우 크로스 케이블을 쓰면 당연한 얘기지만 통신이 안 된다.
4. **컴퓨터와 연결 후 송수신 프로그램 실행**
   - PC 측에서도 데이터를 수신하거나 송신하는 프로그램이 있어야 한다.
   - 터미널 프로그램, 윈도우의 기본 프로그램인 하이퍼 터미널(Hyper Terminal)이 있는데 윈도우의 버전이나 종류 및 설치 여부에 따라 간혹 없는 경우도 있다. 이러한 경우 다른 터미널 프로그램을 사용하면 되는데 그 종류가 워낙 많아 (하지만 기능은 거의 대동소이하다) 본인에게 맞는 적당한 것을 사용하면 될 것이다. 예를 들어 테라텀(Teraterm), 캣텀(Catterm), 새롬데이터맨과 같은 터미널 프로그램이 있으니 인터넷에서 검색해보면 쉽게 다운받을 수 있을 것이다.

일단 통신을 위해서 위와 같이 연결이 되어 있어야 한다. 간혹 케이블을 연결시키지도 않고 통신이 안 된다는 경우가 있는데 소스 코드를 아무리 보아봤자 통신이 되지 않는다. 당연하게 생각하겠지만 케이블 연결을 시키지 않았거나 데이터를 송신시키지도 않았는데 화면에 무언가 나올 것이라고 생각하는 경우도 있어서 다음과 같이 적어보았다.

1. **먼저 회로가 맞게 구성되어 있는지 확인한다.**

   USART를 위한 회로도는 거의 동일하지만 실제로 구성하는 데는 차이가 많다. 판매되는 모든 제품에 대해 일일이 설명할 수는 없으므로 당근보드를 기준으로 설명하겠다.

   ※ 당근보드의 경우 당연히 회로도가 맞게 구성되어 있으므로 회로에 대한 설명은 생략한다.

2. **USART 케이블의 종류가 맞는지 확인한다.**

   RS-232C 케이블은 암놈-암놈 여부 및 크로스 케이블(Cross Cable)을 확인한다. 간혹 다이렉트 케이블(Straight Cable)을 연결할 경우 외관상 아무런 차이가 없으나 당연히 통신이 되지 않는다.

   ※ 암놈–암놈 크로스 케이블을 사용하도록 한다.

3. **컴퓨터와 당근보드를 시리얼 케이블로 연결한다.**

   컴퓨터 뒷면의 USART 포트와 당근보드를 USART 포트를 연결하면 된다. 간혹 컴퓨터 뒷면에 시리얼 포트가 없는 경우가 있는데 메인보드에서 확장해서 사용 가능한 경우도 있으므로 확인해보도록 하자. 컴퓨터가 시리얼 포트를 전혀 지원하지 않는 경우는 상당히 난처한데 USART-USB 변환기를 사용하던가, PCB-USART 카드를 이용해서 시리얼 포트를 확장해주어야 한다.

※ 당근 보드와 컴퓨터 후면의 시리얼 커넥터를 시리얼 케이블로 연결하도록 한다.

5.2 디바이스에서 사용되는 핀

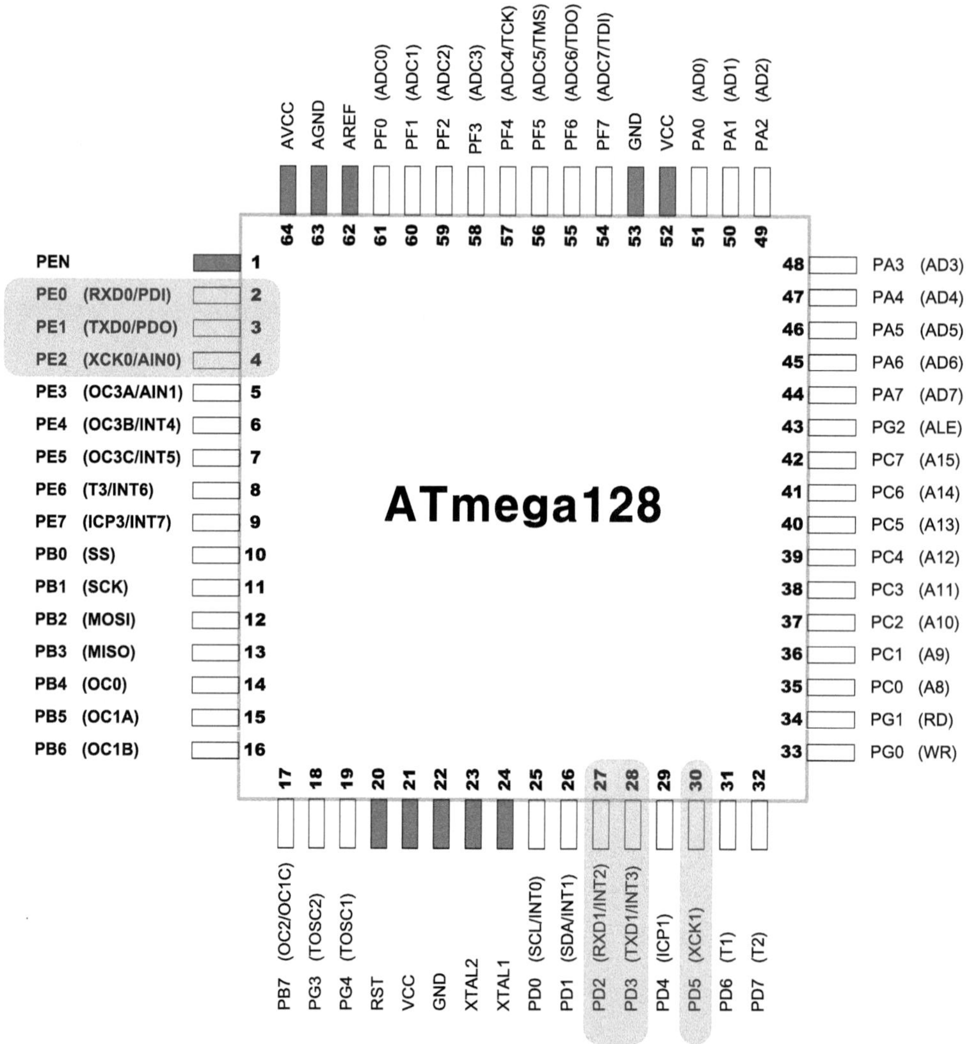

그림 10-30 • ATmega128의 시리얼 통신 관련 핀

5.3 회로도

라인 드라이버 소자인 MAX232C는 통신 과정 중에서 전압을 변화하는 역할만 할 뿐 특별한 역할을 하지 않는다. MAX232C를 이용한 회로도는 [그림 10-31]과 같다.

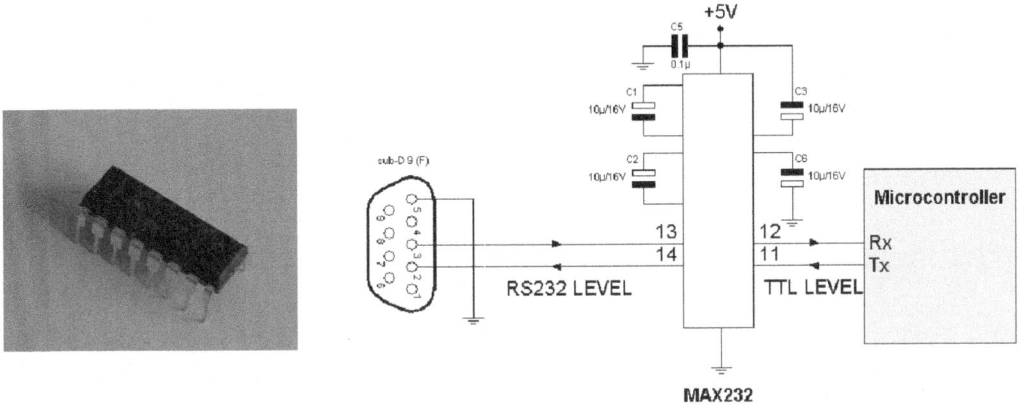

그림 10-31 • MAX232 소자와 회로도

이를 실제로 구현해보면 [그림 10-32]와 같다. 하지만 이 책에서 사용되는 당근 보드는 이러한 회로가 이미 구현되어 있으므로 케이블을 꼽아 PC 연결만 하면 될 것이다.

그림 10-32 • 위의 회로도를 따라 만든 실물 사진

6 예제 및 실험 : S/W

6.1 터미널 프로그램 시작하기

❶ 하이퍼 터미널(Hyper Terminal)을 시작하고 적당하게 설정한다.

시작 → 프로그램 → 보조프로그램 → 통신을 클릭하여 하이퍼 터미널 프로그램을 실행한다. 연결에 대한 이름을 입력하라고 하는데 적당한 이름을 입력하고 지역 번호 역시 적당하게 입력한다.

※ 하이퍼 터미널을 시작한 후 연결에 대한 이름을 carroty, 지역번호는 02로 입력한다.

그림 10-33 • 하이퍼 터미널을 시작하고 연결에 대한 이름을 적당하게 입력한다.

❷ 연결에 사용할 포트를 정확하게 입력한다.

위의 연결에 대한 이름과 지역번호는 대충 입력해도 별 지장은 없지만 아래 설정은 주의해서 입력해야 한다. 먼저 연결에 사용할 모뎀의 COM 포트를 정확하게 입력한다.
본인이 사용하고 있는 COM 포트를 모를 경우 내컴퓨터 → 속성 → 하드웨어 → 장치관리자에서 '포트(COM 및 LPT)를 확인한 후 정확하게 설정해준다.

※ 본인의 COM 포트에 맞춰 하이퍼 터미널의 COM 포트를 설정한다.

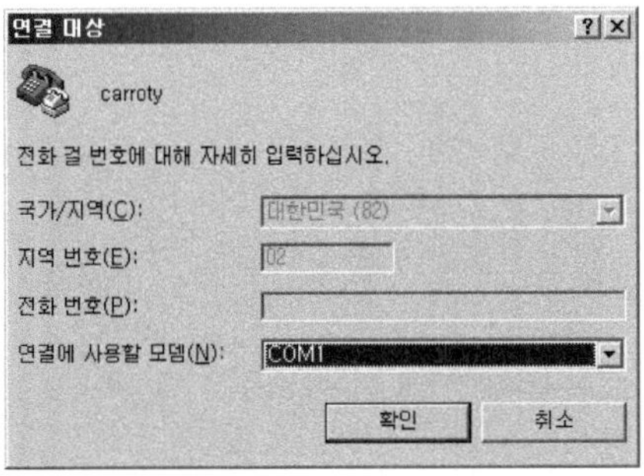

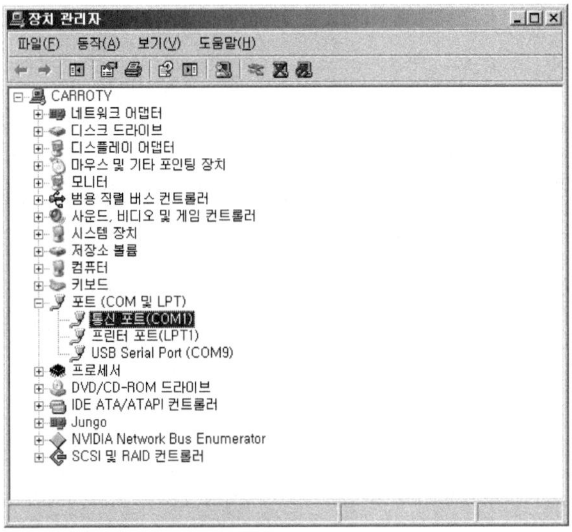

그림 10-34 • COM 포트를 정확하게 설정해준다.

❸ 가장 중요한 보 레이트(Baud rate), 데이터 비트(Data bit), 패리티 비트(Parity Bit) 등을 설정하자.

이 값은 본인이 원하는 대로 설정할 수 있지만 USART 예제가 예제는 '57600/8/없음(NONE)/하드웨어(None)' 으로 설정되어있으므로 컴퓨터 역시 동일하게 맞추어야 한다. 요지인즉슨 송수신 양쪽이 동일하게 설정해야 한다는 것이다.

※ 예제 실행을 위해 당근보드와 동일하게 '57600/8/없음(NONE)/하드웨어(None)' 으로 설정한다.

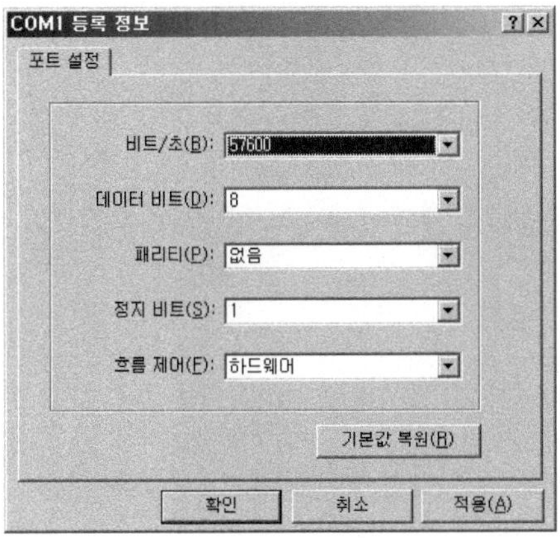

그림 10-35 • 하이퍼 터미널 포트설정

이것으로 하이퍼 터미널의 기본 설정을 마치면 하이퍼 터미널 화면이 뜰 것이다. 이제 예제를 작성함으로써 USART 통신을 실습해보자.

6.2 USART 초기화

USART의 초기화는 통신이 이루어지기 전에 설정되어야 한다. 통신이 이루어지기 전 보 레이트(Baud rate)를 설정하고 프레임의 크기를 설정하는 역할을 한다. 또 송수신이 가능하도록 USART 통신을 초기화시킨다.

```
void uart0_init(void) {
   asm("CLI");
   baud_rate = ((F_CPU+(BAUD_RATE*8L))/(BAUD_RATE*16L)-1);
   UBRR0H=(unsigned char) (baud_rate >> 8);
   UBRR0L=(unsigned char) (baud_rate & 0xFF);

   UCSR0A= 0x00;
   UCSR0B= 0x98;
   UCSR0C= 0x06;
   asm("SEI");
}
```

또한 통신 속도 및 함수에 대해 헤더파일로 작성하자. 이렇게 통신 속도를 모두 적어줄 필요는 없지만 참고삼아 보기 바란다.

6.3 usart.h 파일

```
/* USART를 위한 각종 상수 선언 및 함수 원형 선언의 헤더파일 */
#ifndef USART_H
#define USART_H

#include <avr/io.h>

#define CR 0x0D
#define LF 0x0A

// #define BAUD_1200 0x341 Unused
// #define BAUD_2400 0x1A1 Unused
```

```
#define BAUD_4800 0xCE
#define BAUD_9600 0x69 // 0x67?
#define BAUD_14400 0x44
#define BAUD_19200 0x33
#define BAUD_38400 0x19
#define BAUD_57600 0x10
#define BAUD_115200 0x07
#define BAUD_230400 0x03
#define BAUD_460800 0x01
#define BAUD_921600 0x00

void init_USART(unsigned int baud_rate);
void tx_data(unsigned char data);
void tx_char(unsigned char arg_char);
char rx_data(void);
char rx_char(void);
char get_char(void);
void tx_string(unsigned char *string);
void htoa(unsigned char hexa);
unsigned charatoh(unsigned char ascii, unsigned char ascii2);

#endif
```

예제 10-1 | 하이퍼 터미널에 문자열을 출력하는 예제

'Hello, World!!' 라는 문자열을 200ms 주기적으로 반복하여 하이퍼 터미널에 출력하는 예제

```
#include <avr/io.h>
#include "global.h"
#include "delay.h"
#include "usart.h"

int main(void) {
  unsigned char *string= 'Hello, World !!₩n';
  init_USART(BAUD_57600);

  while(true) {
    tx_string(string);
    delay_ms(200);
  }
}
```

예제 10-2 | 하이퍼 터미널에서 입력을 받는 예제

폴링 방식으로 하이퍼 터미널에서 입력받는 방식#

```
#include <avr/io.h>
#include <avr/interrupt.h>

#include "com/carroty/avr/general/global.h"
#include "com/carroty/avr/general/delay.h"

#define BAUD_57600                    57600
#define CR 0x0D
#define LF 0x0Aunsigned int baud_rate= 0;

void uart0_init(unsigned char baud_rate) {
  baud_rate = ((F_CPU+(BAUD_57600*8L))/(BAUD_57600*16L)-1);
  UBRR0H=(unsigned char) (baud_rate >> 8);
  UBRR0L=(unsigned char) (baud_rate & 0xFF);

  // enable tx/rx and no interrupt on tx/rx
  sbi(UCSR0B,RXEN0);
  sbi(UCSR0B,TXEN0);

  cbi(UCSR0C,UMSEL1);   // asynchronous
  cbi(UCSR0C,USBS1);    // 1 Stop bit

  cbi(UCSR0C,UPM01);    // NO Parity
  cbi(UCSR0C,UPM00);

  cbi(UCSR0B,UCSZ02);   // 8bit data
  sbi(UCSR0C,UCSZ01);
  sbi(UCSR0C,UCSZ00);
}

void tx_data(unsigned char data) {
  while(!(UCSR0A & 0x20)); // UDRE0 넣으면 안되요!
  UDR0= data;
}

char rx_data(void) {
  while(!(UCSR0A & 0x80));
  return UDR0;
```

```
}

void tx_string(char *string) {
  while(*string !='\0') {         // null 포인트가 들어올때 까지 전송
    if(*string =='\n')  {
      tx_data(CR);                // CR+LF 삽입
      tx_data(LF);
    }
    else { tx_data(*string); }
    string++;
  }
}

int main(void) {
  uart0_init(BAUD_57600);
  tx_string("\n");

  while(1) {
    tx_string("Hello, World !!!\n");
    delay_ms(500);
  }
return 0;
}
```

예제 10-3 | 폴링 방식이 아닌 인터럽트 방식을 이용하여 수신하는 방법

이 예제는 [예제 10-2]와 실행 결과는 동일하지만 내부적으로 구조가 다르다. [예제 10-2]는 폴링 방식으로 USART를 수신하지만 이 예제는 인터럽트 방식을 이용한다. 폴링을 인터럽트 방식으로 변경하기 위해서는 USART.h 헤더파일의 UCSRB를 0x98로 변경해야 한다.

```
#include <avr/io.h>
#include <avr/interrupt.h>

#include "global.h"
#include "usart.h"
#include "ascii.h"

unsigned char key_from_computer= 0;

ISR(USART_RXC_vect) {
```

```
  key_from_computer= UDR;
  switch(key_from_computer) {
    case ASCII_1 :
      tx_string("SWITCH 1 PRESSED₩n");
      break;
    case ASCII_2 :
      tx_string("SWITCH 2 PRESSED₩n");
      break;
    case ASCII_3 :
      tx_string("SWITCH 3 PRESSED₩n");
      break;
    case ASCII_4 :
      tx_string("SWITCH 4 PRESSED₩n");
      break;
    default : // 1,2,3,4 이외의 키값은 버린다.
      tx_string("₩ninput correct computer key..(1-4)");
      break;
  }
}

int main(void) {
  init_USART(BAUD_57600);
  sei();

  tx_string("₩n₩n");
  tx_string("-----------------₩n");
  tx_string("USART RX TEST \n');
  tx_string("-----------------₩n");
  tx_string("input key....(1-4)₩n");

  while(true) {};
  return 0;
}
```

예제 10-4 | 터미널 프로그램을 이용하여 송수신하는 프로그램

끝으로 USART의 입력 및 출력에 대한 종합적인 예제를 짜보도록 하자. 당근 보드의 LED를 컴퓨터를 통해 제어하고 또 당근보드에서 스위치를 누르면 컴퓨터에 표시되도록 해보자.

1
```
--------------
LED CONTROL
--------------
[1] LED1 OFF
[2] LED2 OFF
[3] LED3 OFF
[4] LED4 OFF
--------------
input key...._
```

2
```
--------------
LED CONTROL
--------------
[1] LED1 OFF
[2] LED2 OFF
[3] LED3 OFF
[4] LED4 OFF
--------------
input key....2
```

3
```
--------------
LED CONTROL
--------------
[1] LED1 OFF
[2] LED2 OFF
[3] LED3 OFF
[4] LED4 OFF
--------------
input key...._
```

4
```
--------------
LED CONTROL
--------------
[1] LED1 OFF
[2] LED2 OFF
[3] LED3 OFF
[4] LED4 OFF
--------------
input key...._
```

5
```
--------------
LED CONTROL
--------------
[1] LED1 OFF
[2] LED2 OFF
[3] LED3 OFF
[4] LED4 OFF
--------------
input key...._
```

6
```
--------------
LED CONTROL
--------------
[1] LED1 OFF
[2] LED2 OFF
[3] LED3 OFF
[4] LED4 OFF
--------------
input key...._
```

7
```
--------------
LED CONTROL
--------------
[1] LED1 OFF
[2] LED2 OFF
[3] LED3 OFF
[4] LED4 OFF
--------------
input key....2
```

8
```
--------------
LED CONTROL
--------------
[1] LED1 OFF
[2] LED2 OFF
[3] LED3 OFF
[4] LED4 OFF
--------------
input key...._
```

아래 예제를 실행하면 처음에 [1]과 같은 메뉴가 출력된다. 이는 『당근보드→컴퓨터』로 위와 같은 메뉴 문자열을 전송한 것이다.

이제 임의의 키를 눌러보는데 [2]와 같이 '2'를 눌렀다고 가정하자. '2'를 누르면 『컴퓨터→당근 보드』로 '2' 값을 전송한다. '2' 값을 받은 당근 보드는 임의의 처리(숫자값 입력이 올바른지 즉 5나 6같은 값을 입력한 게 아닌지 판단하고 각 LED 배열에 해당하는 값을 1 혹은 0으로 설정하는 과정)를 한 이후 [3]과 같은 메뉴 문자열을 『당근보드→컴퓨터』로 전송한다. (ON이 빨간색으로 나타나 있지만 실제로는 검정색이다. 보기 편하게 하기 위해 색상을 입힌 것뿐이다.)

아까는 컴퓨터에서 '2'를 입력했지만 이번에는 [3]과 같이 당근 보드에서 스위치3을 눌렀다고 가정하자(당근보드에서 스위치를 입력받을 때는 바로 표시되지 않는다). 이런 경우 당근 보드는 키 입력을 받아들이고 처리한 후 [5]와 같은 메뉴 문자열을 『당근보드 → 컴퓨터』로 전송한다.

이제 어떻게 동작하는지 이해할 수 있을 것이다.

끝으로 7과 같은 상태에서 컴퓨터에서 '2'를 누르면 어떻게 될까? 필자의 경우 토글(toggle)시키기로 했다. 즉 2를 누를 때마다 LED2가 ON, OFF, ON, OFF, ON, OFF… 를 반복하도록 말이다.

설명이 길어졌는데 몇 번만 스위치를 눌러보면 금방 이해할 수 있을 것이다. 참고로 LED1이 ON 혹은 OFF일 때 이 입력이 당근 보드의 스위치가 눌려진 것인지 아니면 컴퓨터에서 입력받은 것인지 판단하지는 않는다. 원한다면 본인이 짜도 무방할 것이다.

아래 예제는 초보자에게는 꽤 긴 편인데 키 입력받기, 디바운싱 처리하기, 간단한 배열의 사용법, USART등에 대해 배울 수 있을 것이다. 참고로 이렇게 프로그램을 작성하는 것이 절대적으로 맞는 방법이라고 볼 수는 없으므로 본인의 입맛대로 바꿔보거나 변형하는 것도 재미있을 것이다.

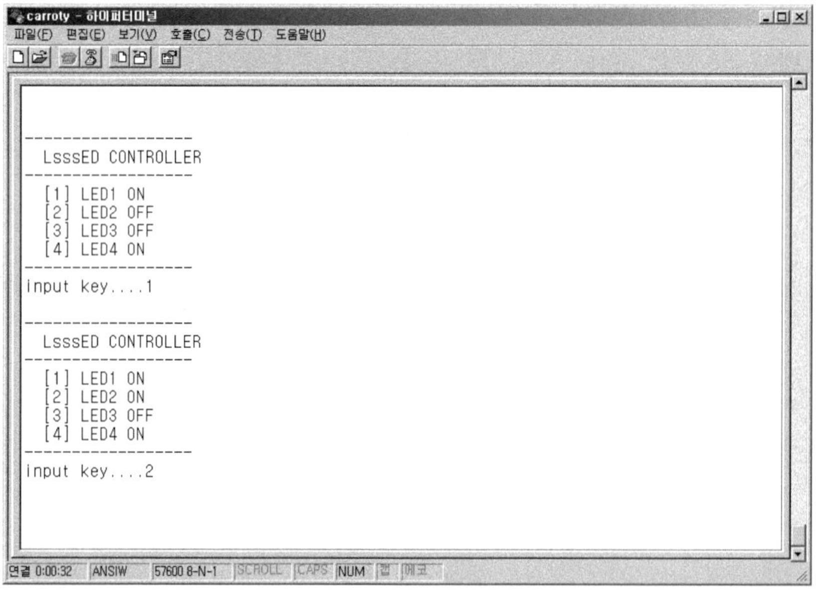

그림 10-36 • 하이퍼 터미널을 이용하여 컴퓨터와 당근보드가 송수신하는 프로그램

```
#include <avr/io.h>
#include <avr/interrupt.h>
#include <stdio.h>

#include "global.h"
#include "delay.h"
#include "usart.h"
#include "key.h"
#include "led.h"
#include "ascii.h"
```

```
void init_port();
void tx_menu();
void set_led_status(unsigned char position);
unsigned char get_led_status(unsigned char position);
char* convert_int_string(unsigned char value);
void led_status_output();

unsigned char led_array[4]= {OFF, OFF, OFF, OFF};
unsigned char key_from_computer= 0;
unsigned char key_from_board= 0;

void init_port() {
   LED_PORT= 0x0F; // LED_PORT(PORTB)의 7, 6, 5, 4비트를 출력으로 쓰겠음(LED가 연결되어있음)
   KEY_PORT= 0xC3; // KEY_PORT(PORTD)의 5, 4, 3, 2비트를 입력으로 쓰겠음(S/W가 연결되어있음)
   LED_PORT_DIRECTION= LED_FULL_OFF;
}

void tx_menu() {
   tx_string("₩n₩n');
   tx_string("------------------₩n");
   tx_string(" LsssED CONTROLLER ₩n");
   tx_string("------------------₩n");
   tx_string("[1] LED1 "); tx_string(convert_int_string(get_led_status(1))); tx_string("₩n");
   tx_string("[2] LED2 "); tx_string(convert_int_string(get_led_status(2))); tx_string("₩n");
   tx_string("[3] LED3 "); tx_string(convert_int_string(get_led_status(3))); tx_string("₩n");
   tx_string("[4] LED4 "); tx_string(convert_int_string(get_led_status(4))); tx_string("₩n");
   tx_string("------------------₩n");
   tx_string("input key....");
}

void set_led_status(unsigned char position) {
   if(get_led_status(position)==ON) { led_array[position-1]= OFF; }
   else if(get_led_status(position)==OFF) { led_array[position-1]= ON; }
   // 1, 2, 3, 4로 들어오는 값을 [0], [1], [2], [3]에 넣어야 함
}

unsigned char get_led_status(unsigned char position) {
   return led_array[position-1]; // 꺼낼 때도 [0], [1], [2], [3]을 꺼내와야 함
}

char* convert_int_string(unsigned char value) {
   if(value==1) return 'ON';
```

```
    else return 'OFF';
}

ISR(USART_RXC_vect) {
    key_from_computer= UDR;
    switch(key_from_computer) {
        case ASCII_1 :
            set_led_status(1);
            led_status_output();
            tx_menu();
            tx_char(ASCII_1);
            break;
        case ASCII_2 :
            set_led_status(2);
            led_status_output();
            tx_menu();
            tx_char(ASCII_2);
            break;
        case ASCII_3 :
            set_led_status(3);
            led_status_output();
            tx_menu();
            tx_char(ASCII_3);
            break;
        case ASCII_4 :
            set_led_status(4);
            led_status_output();
            tx_menu();
            tx_char(ASCII_4);
            break;
        default : // 1, 2, 3, 4 이외의 키 값은 버린다.
            tx_string('₩ninput correct computer key..');
            break;
    }
}

int main(void) {
    init_port();
    init_USART(BAUD_57600);
    sei();
    tx_menu();
```

```
    while(true) {
        //key_from_computer = rx_data(); // 폴링방식의 치명적인 약점
        key_from_board= key_input();

        switch(key_from_board) {
            case KEY_1 :
            set_led_status(1);
            led_status_output();
            tx_menu();
            tx_char(ASCII_1);
            break;
        case KEY_2 :
            set_led_status(2);
            led_status_output();
            tx_menu();
            tx_char(ASCII_2);
            break;
        case KEY_3 :
            set_led_status(3);
            led_status_output();
            tx_menu();
            tx_char(ASCII_3);
            break;
        case KEY_4 :
            set_led_status(4);
            led_status_output();
            tx_menu();
            tx_char(ASCII_4);
            break;
        }
    }
    return 0;
}

void led_status_output() {
    unsigned char i = 0;
    for(i= 0; i<4; i++) {
    if(led_array[i]==1) { cbi(LED_PORT, i); }
    else { sbi(LED_PORT, i); }
    }
}
```

7 이 장의 간추림

- 통신이란 디바이스 상호 간에 전기 통신 매체를 통하여 통신 규약에 따라서 데이터를 송수신하는 것을 말한다.
- 통신은 유선과 무선, 직렬과 병렬 등 다양한 형태의 통신 방식이 있는데 우리가 사용하는 UART는 직렬/전이중/비동기/디지털/유선 통신방식이다.
- 데이터 전송속도인 bps는 bit per second의 약자로서 '1초당 전송되는 데이터의 비트 수'를 나타낸다.
- 마이크로컨트롤러에서 사용되는 직렬 통신은 UART 이외에 I2C, CAN, SPI 등 다양한 통신 방식이 있다.
- AVR에서 지원하는 UART 통신의 특징에 대해 숙지하기 바란다.
- RS-232C는 일대일, RS-422는 일대다, RS-485는 다대다 통신을 지원한다.
- RS-232C는 D-SUB 9의 RXD, TXD, GND 세 개의 핀을 사용하는 것이 보통이다.
- UART를 사용하기 위한 레지스터에 대해 숙지하기 바란다.
- TTL 레벨의 전압이 낮기 때문에 원거리 송수신에 부적합하기 때문에 라인 드라이버인 MAX232C 소자를 사용한다.
- 송신 측에서 수신 측으로 데이터 전송 시 신호의 감쇠 및 노이즈의 유입 등으로 원래 신호에 오류가 발생한다. 이러한 오류를 방지하기 위해서는 여러 방법이 있고 오래된 방법에는 패리티 비트 검출 방법이 있다.

연습문제

1. 다음 보기 중에서 데이터 통신에서 필요한 것이 아닌 것은?

① 메시지

② 전송매체

③ 통신 규약

④ 리피터

2. 다음 보기 중에서 UART에 해당하는 항목으로 맞는 것을 찾아 O 표 하시오.

UART 통신은 [병렬/직렬], [단방향/반이중/전이중], [동기/비동기], [아날로그/디지털], [유선/무선] 방식이다.

3. 데이터 통신에 관한 설명 중 옳은 것은?

① 병렬 데이터 방식은 직렬 데이터 방식보다 항상 빠르다.

② 반이중 통신 방식의 예로 무전기가 있다.

③ 동기 방식과 비동기 방식의 큰 차이점은 클럭의 유무이다.

④ 마이크로컨트롤러에서 통신은 I2C, CAN, SPI등과 같은 방식이 널리 사용된다.

4. RS-232C, RS-422, RS-485에 관련된 내용으로 옳지 않은 것은?

① 일반적인 RS-232C의 최대 통신 거리는 160m이다.

② RS-422는 32개, RS-485는 64개의 장치를 연결할 수 있다.

③ RS-422는 전이중, RS-485는 반이중 통신이 가능하다.

④ RS-232C는 평형 차동 인터페이스 방식을 사용한다.

5. RS-232C에 관련된 설명으로 옳지 않은 것은?

① 1960년 DTC와 DCE간의 연결을 위해 만들어 졌다.

② 1:n 통신 방식이다.

③ 전이중 방식이다.

④ 거리는 약 200m이다.

연습문제

6. I^2C, SPI, CAN 통신에 관련된 내용으로 옳은 것은?

① I^2C는 MISO, MOSI, SCK, /SS 4개의 선을 이용한다.

② I^2C와 SPI는 비동기 통신 방식이다.

③ CAN의 이론적인 최대 연결개수는 128개이다.

④ 자동차에 적합한 통신 방식은 SPI이다.

7. 56kbps의 전송속도를 가지는 통신 장치는 초당 (　　　)바이트의 데이터를 전송할 수 있다.

8. ATmega128의 USART의 특징 중 옳지 않은 것은?

① 비동기 모드만을 지원한다.

② 전이중을 지원한다.

③ 5-9비트 중 임의 설정이 가능하다.

④ 패리티 비트 사용은 홀수/짝수 모두 가능하다.

9. 다음의 에러가 어떤 에러인지 설명하시오.

① 패리티 비트 에러 :

② 오버런 에러 :

③ 프레임 에러 :

10. USART의 데이터 프레임은 (　　　)비트, (　　　)비트, (　　　)비트로 구성되어 있다.

11. 송수신 측이 8-N-1과 같이 구성되어 있고 A 데이터를 송신할 때 USART의 송신 파형이 어떻게 출력되는지 그리시오.
(참고로, A의 ASCII Code 값은 : 0x65)

12. 데이터가 0110_0101이고 짝수 패리티로 설정할 경우 패리티 비트는 (   )이다.

13. 통신 속도가 9600bps, 시스템 클럭이 8MHz, 비동기 일반 모드일 때 UBRR의 값은 얼마인가?

생각해보기

❶ 보통은 1 PC와 1 MCU 연결 방법이 대부분이지만 반드시 이러한 경우만 있는 것은 아니다. 하나의 PC에 다수의 MCU가 연결되는 경우도 있고, 거리가 멀어지는 등 여러 경우가 있다.

연결하려는 거리가 꽤 먼 경우, 즉 RS-232C의 통신 보장 거리인 15m를 넘어서 수백 미터인 경우 어떻게 해야 할까?

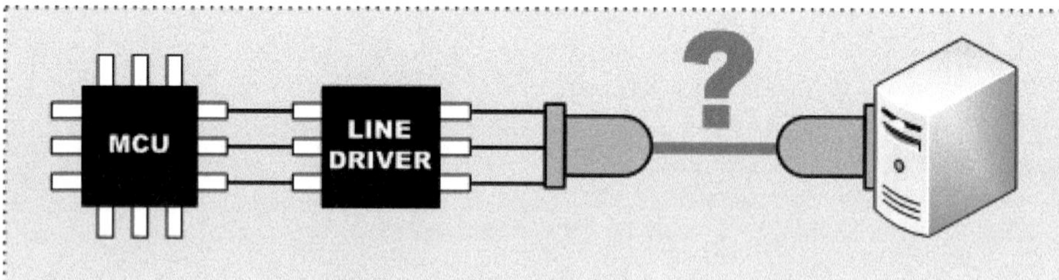

〈거리가 멀어도 기존의 연결 방식대로 하면 될까?〉

❷ 연결하려는 대상이 많은 경우 (다음 그림처럼 MCU가 3개 혹은 그 이상 있는 경우) 도대체 어떻게 연결해야 할까? (보통 PC의 개수보다 MCU 개수가 많은 경우가 대부분이다. 예를 들어 여러 센서 보드로부터 입력을 받아 PC에서 처리하는 경우)

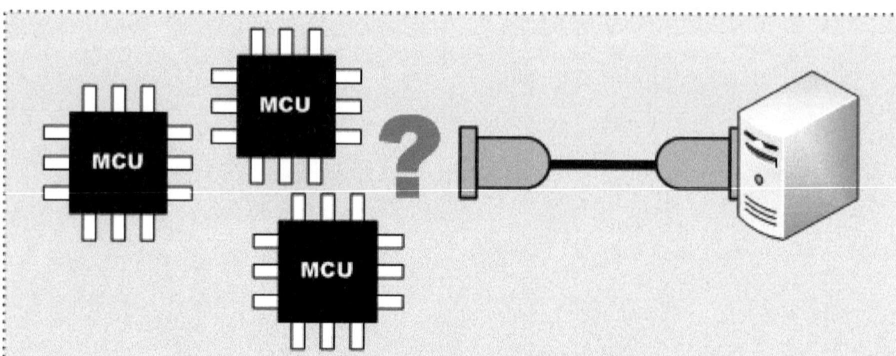

〈MCU가 여러 개라면 어떻게 연결을 해야 할까?〉

❸ (PC는 없고) MCU 간의 USART 통신을 하려는 경우가 있는데 이때는 어떻게 연결해야 할까?

〈MCU끼리 통신을 하려면 어떻게 연결해야 할까?〉

❹ MCU 마이크로컨트롤러의 UART가 포트가 없거나 부족한 경우 어떻게 하는 것이 좋을까? 아래와 같은 방법은 어떨까? 확장 UART 칩을 사용하거나 일반 포트로 UART를 대신해 보는 것은 어떨까?

❺ PC에 텍스트가 아닌 그래픽으로 나타내보면 어떨까?

위의 프로그램은 우리가 예상했던 대로 잘 동작한다. 하지만 몇 번 동작시켜본다면 무언가 아쉽거나 부족하다는 생각이 들것이다. 만약에 LED가 64개라면? 혹은 1024개라면? 어느 LED가 켜져 있는지 어느 LED가 꺼져있는지 매번 볼 때마다 당황스러울 것이다.

또 위의 텍스트가 LED가 아니라 10개의 방의 온도를 출력한다면 몇 호실의 온도가 몇 도인지 매번 읽어봐야 한다. 온도를 표현하지 말고 청색, 녹색, 노란색, 적색으로 표시하면 더욱 보기 편하지 않을까? 만일 정확한 온도가 필요하다면 몇 호실을 클릭하면 온도가 정확하게 나오면 사용이 더욱 편리할 것이다.

텍스트 형태로 LED 정보가 나오건 온도가 나오건 정보를 전달하는데 전혀 문제가 없다. 그렇다면 도대체 무엇이 문제일까? 문제는 바로 정보를 제공하는 프로그램이 '불편하고 직관적이지 않다' 는 점이다.

위의 LED 프로그램을 다음과 같이 예쁘게 표현하면 어떨까?

〈편리하고 직관적인 LED CONTROLLER〉

위의 프로그램은 Visual Studio 2008의 C#을 이용하여 직접 제작한 프로그램이다. USART 통신이 된다는 점은 하이퍼터미널과 동일하지만 차이점은 바로 '보기 쉽고 예쁘게 그래픽'으로 나온다는 점이다.

좀 더 유식하게 표현해보자면 '사용자 편의를 고려한 편리하고 직관적인 UI(User Interface)의 제공' 이라고 말할 수 있을 것이다(하지만 둘 다 같은 말이다).

보통 마이크로컨트롤러와 컴퓨터가 통신할 때 RS-232보다는 RS-422나 RS-485를 많이 사용한다. 이유인즉슨 산업 현장에서 장비들은 다수이고 관리자는 이를 모니터링하기를 원하기 때문이다.

이에 대한 예제를 모두 적거나 실험을 하기는 곤란하지만 책의 마지막 장에서 어떠한 방식으로 만들어야 하는지 방향에 대해 설명할 것이다. 마지막 장에서 다룰 내용은 '온도 센서 값을 ADC로 입력받아 이를 USART 통신을 통해 컴퓨터의 모니터 상에 그래프로 나타내는 것' 이다.

CHAPTER 11

문자 LCD의 제어 (CLCD Control)

이번 장에 대하여

문자 LCD는 Character Liquid Crystal Display의 약자로서, 보통 Text LCD 혹은 LCD라고 부른다. 이번 장에서는 일반적인 LCD의 원리 및 종류에 대해 간략하게 알아보고 CLCD를 이용하여 문자를 나타내는 것을 알아볼 것이다.

LCD의 원리에 대해 깊이 있게 다룰 수는 없으나, LCD의 원리가 무엇이고 어떠한 식으로 동작하며, 여러 가지 종류가 있다는 것을 알아두면 많은 도움이 될 것이다. 먼저 LCD의 기본 구성 요소인 액정과 원리에 대해 알아보고, LCD는 이 액정을 어떻게 제어하여 문자 혹은 그림을 표현하는지 원리를 알아본 후, LCD의 종류에 대해 알아본다.

이후에 널리 사용되는 CLCD의 컨트롤러인 HD44780에 대해 알아보고, 이를 이용하여 CLCD에 여러 가지 문자를 출력한다든지 모양을 출력하는 등의 연습을 해볼 것이다.

강의를 할 때 가장 인기가 많은 장이 LED 제어와 LCD 제어였는데, 무엇보다 시각적인 효과가 탁월하기 때문이 아닐까 싶다. 아무래도 초보자의 경우 계측기를 통해 파형이 나오는 것이 재미도 없을 뿐더러 무슨 의미인지 이해가 되지 않기 때문인 듯하다.

끝으로 문자 LCD 제어할 때 AVR의 아무런 레지스터도 사용하지 않고 GPIO만을 통해 제어하는데, 당부하건대 문자가 출력되는 것보다는 마이크로컨트롤러와 어떻게 인터페이스가 되는지를 이해하는 것이 훨씬 중요하다는 점을 잊지 말기 바란다.

1 LCD의 원리와 소개

1.1 액정이란 무엇인가

액정은 광학적이방성(光學的異方性)을 가지고 있어 전압이 가해지면, 봉상 결정(峯上 結晶)이 전계(電界)의 방향에 따라 분자 배열이 바뀌고, 전압을 가하지 않으면 원래의 위치로 되돌아오는 성질을 가지는 물질을 말한다. 결정의 움직임에 따라 빛의 투과율이 변하는데 LCD는 이러한 성질을 이용하여 원하는 정보를 표시하는 장치이다.

정의 | 액정의 정의

액정(液晶 : Liquid Crystal)이란 액체로서의 유동성(liquidity)과 고체로서의 결정성(Crystalline)을 동시에 가지는 물질이다.

액정을 쉽게 말한다면 물과 얼음의 성질을 동시에 가지는 물질이라고 생각하면 된다(물론 이런 물질은 없지만 상상만 해보기 바란다. 보통의 물은 물이면 물, 얼음이면 얼음의 상태로 존재하지 두 가지 상태를 가지지 못한다). 물의 상태는 온도에 따라 변하지만 이 물질은 전기를 흘러줌에 따라 얼음이 되었다가 물이 되기도 한다. 물이 될 때는 투명하고 얼음이 될 때는 불투명하다고 생각해보면 이러한 성질을 이용하여 여러 그림이나 문자를 나타낼 수 있음을 상상해볼 수 있다.

자연 상태의 액정은 약 3,000여 종이 있으나, 디스플레이로서 실용화된 것은 네마틱(Nematic), 스멕틱(Smectic), 초레스틱(Cholestric) 액정이 있고 이러한 액정의 성질을 요약해보면 아래와 같다.

- 연속체의 특성(Twist) : 스프링처럼 어떤 한 점에 힘을 가하면 그 변형이 이웃 분자에도 영향을 미친다.
- 전기적 분극성(Shutter) : 액정은 봉상형의 결정 모양을 가지므로 장축과 단축의 유전율에 따라 전압 인가 시 일정한 방향을 가진다.
- 광학적 복굴절 특성 : 빛이 액정 통과 시 두 방향으로 나누어 굴절(복굴절)되므로 액정 통과한 빛이 서로 간섭 작용을 하여 B/W 구현의 어려움이 있다.

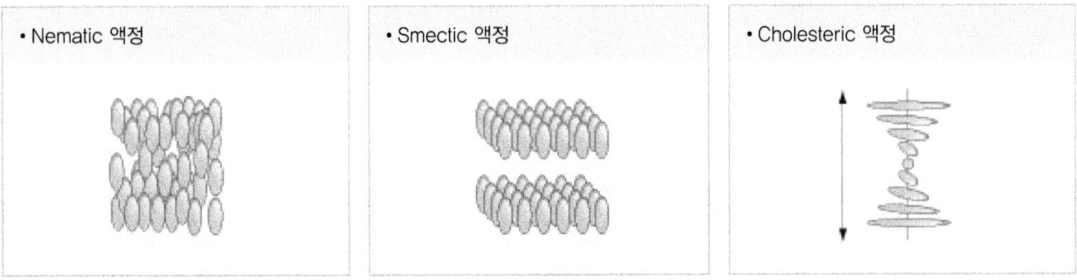

그림 11-1 • 액정의 구조(자료 출처 : 삼성 SDI)

1.2 LCD의 원리

LCD는 앞서 설명한 액화 크리스털 네마틱(Nematic)의 원리를 이용하는데 네마틱 상태란 액정의 가늘고 긴 분자들이 불규칙적으로 위치하지만, 방향은 일정한 것을 의미한다. 액정은 고체만큼 규칙적으로 배열되어 있지는 않지만, 외부에서 온도나 전기를 가하면 가해진 부분만 배열이 바뀐다. 이러한 성질을 이용하여 뒷면에서 투과되는 광량을 제어함으로 어둡게 혹은 밝게 보이게 만들 수 있다.

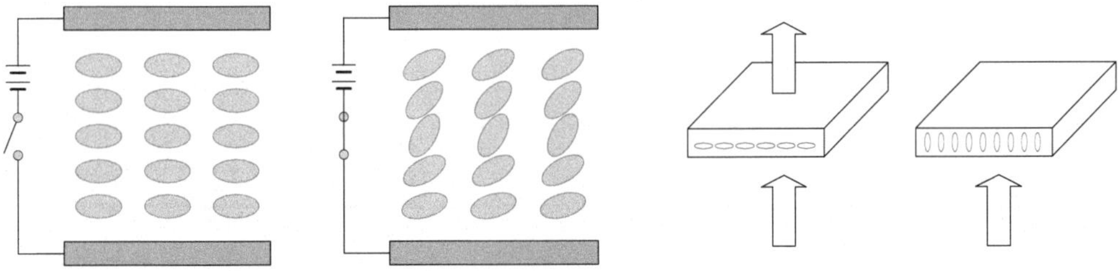

그림 11-2 • LCD의 원리와 결정의 위치에 따른 빛의 투과율 변화

즉 액정 자체가 발광하는 것이 아니라, 액정 뒷면의 광원이 발광할 때 액정이 빛을 투과하느냐 마느냐에 따라 문자나 숫자가 보이느냐 마느냐 하는 원리로 작동되는 것이 LCD의 원리이다.

정의 | LCD의 정의

LCD는 자체(Active) 발광을 이용한 디스플레이 장치가 아니라 외부의 빛을 이용한 수동형(Passive) 디스플레이 장치이다. 따라서 반드시 후면 광원(백 라이트)가 필요하다.

당근이의 한마디 **액정의 역사와 용어 설명**

액정은 1888년 오스트리아의 생물학자 라이니쳐(F. Reinitzer)가 최초로 발견하였다. 라이니쳐는 콜레스테롤과 연관된 유기물질의 용융점을 조사하다가 특정 물질이 두 개의 녹는점을 가진다고 기술하였는데 이것이 바로 '온도 전이형(Thermotropic) 액정'의 발견이다. 라이니쳐는 이 물질을 '액체가 갖는 유동성과 결정이 갖는 광학 이방성을 모두 가진 액체'라는 의미로 Flussige Kristall이라 불렀는데 이를 영어로 명명하면 Liquid Crystal이다.

그림 11-3 • 라이니쳐와 액정(자료 출처 : http://commons.wikimedia.org/와 http://www.explainthatstuff.com)

이후 1963년 미국 RCA사의 윌리엄스(Williams)가 액정에 전기적 자극을 주면 빛의 통과 방향이 변하는 현상을 발견하였고, 동사(同社)에서 5년 후 이 성질을 이용한 디스플레이(Display) 장치를 만들었다. 액정은 본래 디스플레이 재료로서 불안정하나 영국의 그레이(Gray) 교수가 1973년 안정화된 액정재료인 비페닐계를 발견하고 1976년 일본의 샤프(SHARP)가 세계 최초로 액정을 이용한 디스플레이 개발하였다. 1973년 전자계산기와 시계에 널리 사용되면서 실용화 단계에 이르렀다.

1.3 LCD 소개

액정 디스플레이(Liquid Crystal Display : 이하 LCD)란 앞서 설명한 액정의 전기 · 광학적 성질을 표시장치에 응용한 것이다. 앞서 설명한 바와 같이 액정 분자의 배열이 외부 전계에 의해 변화되는 성질을 이용하여 다양한 색상 및 모양을 표현하는 디스플레이 장치이다.

LCD는 얇고, 가벼우며, 소비 전력이 적고, 크기를 자유 자재로 만들 수 있기 때문에 널리 사용된다. 또 휴대성이 좋아서 손목 시계, 컴퓨터, 노트북, 모바일기기, PDA, 디지털 카메라에 널리 사용된다.

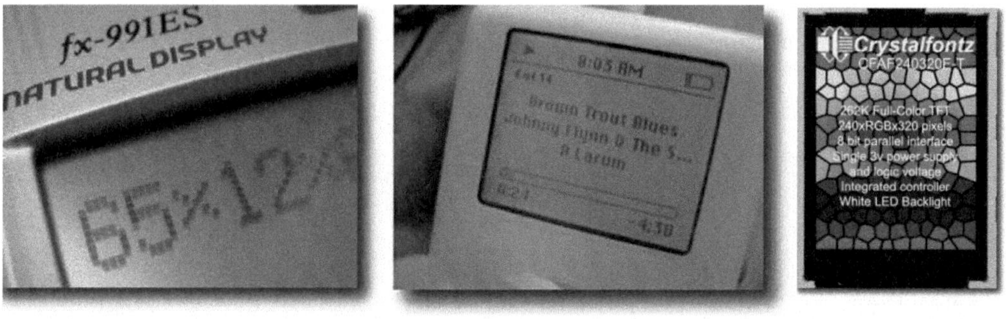

그림 11-4 • 다양한 형태의 LCD

그러나 LCD는 CRT(陰極線管, Cathode-ray tube)와는 달리 자기 발광성이 없어 후면 광원(Back Light)이 필요하다는 점, 시야각이 좁다는 점, 주의 온도에 따라서 응답속도가 달라지는 단점이 있다.

그럼에도 불구하고 LCD는 CRT보다 월등히 뛰어난 고해상도라는 장점을 가지고 있기 때문에 현재 급성장하고 있으며 앞으로도 폭발적인 성장을 가져오리라 예상한다. 이러한 LCD의 장단점을 다른 디스플레이 장치와 비교해보면 다음과 같다.

LCD의 장점

- 저소비전력(수십 ㎼/cm2) 동작 가능 : 저전력 소모로 오랜 시간 구동 가능
- 저전압(10V 이하) 동작 가능 : 저전압이므로 IC 제어 회로의 소형 간략화가 가능
- 소자가 얇고(수 mm) 대형 표시(수백 mm)에서 소형 표시(수 mm) 가능 : 휴대용 표시기에 적합
- 색상을 나타내기 쉽기 때문에 디스플레이의 다양화가 가능
- 투사확대 표시나 집적 표시가 가능하여 대(大)화면 표시(수 m)가 용이

LCD의 단점

- 비발광형이므로 반사형 표시인 경우 어두운 곳에서 표시의 선명함이 떨어진다.
- 선명한 표시가 요구되는 경우 후면 광원이 필요하다.
- 표시 콘트라스트가 보는 방향에 의존하는 경우가 많아서 시야각에 제한을 많이 받는다.
- 응답 시간이 주위 온도에 의존하기 때문에 저온동작(-30℃ ~ 40℃)에 어려움이 있다.

2 CLCD 개요

우리가 제어하고자 하는 '문자 LCD'(Character Liquid Crystal Display, 이하 CLCD) 역시 LCD의 일종이다. 따라서 앞서 살펴보았던 LCD의 성질을 그대로 갖는다. 즉 얇고 가벼우며 소비 전력이 작은 장점과 후면 광원이 필요하고 시야각이 좁은 단점 모두를 가지고 있다.

CLCD를 사용하는 이유는 무엇보다도 다양한 문자를 표현할 수 있다는 점 때문이다. 이러한 이유로 모바일 기기의 표시장치, 전자 시계의 문자, 전자 계산기의 숫자 혹은 회사에서 제작되는 에어컨 혹은 전기 밥솥 등의 생활기기나 산업 장비의 상태 및 현재 상태 표시에 널리 응용되고 있다.

그러나 CLCD는 LED나 FND에 비해 출력 효율이 낮은 점, 액정이 가진 특성으로 응답속도(모델마다 다름)가 70ms~300ms로 매우 느리기 때문에 동적 제어(Dynamic Display Control)가 어려운 점, 자외선에 약하고, 수명이 3~5년으로 짧다는 단점이 있다.

또 LCD 특성상 후면 광원(Back-Light)이 반드시 필요하므로 (후면 광원이 없는 경우) 어두운 곳에서 문자를 판독하기 어려운 단점도 가지고 있다. 이러한 CLCD의 장점을 요약해보면 다음과 같다.

CLCD의 장점

- FND나 LED에 비해 다양한 문자를 표현할 수 있다.
  - FND는 'H', 'e', '@'와 같은 문자를 표기하기가 불가능하다. LED는 한두 개의 LED로는 표현하기가 불가능하여 수백~수천 개의 LED가 필요하므로 제어회로가 매우 복잡하고 비용도 많이 든다.
  - 종종 간단한 영문 및 숫자로 임베디드 시스템의 상태를 나타내야 할 경우 많이 적용된다.
- 제어하기 위해서 많은 핀이 필요하지 않다.
  - 많게는 11핀 정도, 적게는 5핀이면 가능하다. 항상 출력 포트 수가 적은 마이크로 컨트롤러 입장에서는 반가운 일이다.
- 한 번 출력하면 데이터가 유지된다.
  - 화면에 'Hello'를 한 번만 출력하면 이후 다시 출력하기 전까지는 'Hello'가 유지된다.

LCD의 단점 : LCD의 단점을 그대로 갖는다.

- LED나 FND에 비해 출력 효율이 떨어진다.
- 응답속도가 느리다.
- 수명이 3~5년으로 짧다.
- 한글 표현은 거의 불가능하다.
  - 특정 모델의 경우 한글 표현이 가능하기도 하지만, 보통 한글 표현은 불가능하다.

마이크로컨트롤러 환경에서 사용하는 LCD는 문자를 표시할 수 있는 CLCD와 그림까지 나타낼 수 있는 그래픽 LCD(Graphic LCD : 이하 GLCD)로 나뉘는데 이번 장에서는 GLCD는 다루지 않고 CLCD만 다루기로 한다.

당근이의 한마디 LCD에 대해서

- 한 가지 재미있는 점은 LCD는 분명 저전력을 소모한다고 하였는데, 이 말은 상황에 따라서는 맞기도 하고 틀리기도 하다. 예를 들어 '100mA의 전류 소모량이 과연 적은가 큰가' 라고 질문할 때 답할 수가 없기 때문이다. 배터리로 운용하기 위해서는 상당한 용량의 전류량이지만, 수 A가 공급되는 시스템에서는 미미한 전류량이기 때문이다. 결론인즉슨 LCD가 저전력이기는 하나 '항상' 저전력이라고 말할 수는 없으므로 상황에 따라 맞추어 사용해야 한다는 점이다.
- CLCD는 동작속도가 아무리 빨라도 수십 ms 이상인데, 보통의 마이크로컨트롤러는 4MHz 이상으로 동작하므로 수십 ms라면 마이크로컨트롤러에 비해서 느리다고 할 수 있다.
- 일반 컴퓨터 모니터인 TFT-LCD의 경우 후면 광원이 없는 경우는 존재하지 않으나 CLCD 중에는 후면 광원이 없는 경우가 종종 있으므로 유의하기 바란다. 후면 광원이 없는 경우 어두운 곳에서 거의 보이지 않는다.
- CLCD와 GLCD는 동작 원리 및 방법은 크게 보면 유사하나 세부적으로 보면 다른 경우가 많다. 이는 컨트롤러가 무엇이냐에 기인한다.
- 광학적 이방성이란?
  방향에 따라 광학적 성질이 다른 물질을 말한다. 보통의 물질은 각도에 따라 보이는 성질이 달라지지 않는다. 그러나 광학적 이방성을 가지는 물질은 보는 각도에 따라 다르게 보인다.

그림 11-5 • 광학적 이방성으로 인한 복굴절 현상이 일어나는 방해석(자료 출처 : http://google.com)

액정이 사용된 칼라 LCD의 경우 각도를 달리하면 색상이 달라 보이거나 아예 보이지 않는데, 이는 액정 분자가 보이는 각도에 따라 색상이 달라지는 광학적 이방성을 가지기 때문이다. 따라서 액정은 모든 각도에서 동일하게 보이게 만들 수 없다.

2.1 CLCD 외관 살펴보기

흔히 접할 수 있는 CLCD의 모습은 [그림 11-6]과 같다. 먼저 외관에 대해 알아보자. CLCD는 문자를 나타내기 위해 가운데 패널(Panel)을 가지고 있는데 패널 안에는 미세하게 픽셀(혹은 도트)이 보이고 하나의 픽셀이 5×8 또는 5×10으로 모인 블록이 한 문자를 표현한다. 하나의 블록은 'A', 'B', '@' 등 다양한 문자를 표시할 수 있으며, 이 블록이 모여 문자열을 나타낸다. 나타내고자 하는 패턴이 없는 경우 새로운 패턴을 정의해서 사용할 수 있기는 하지만 흔히 사용되는 방법은 아니다.

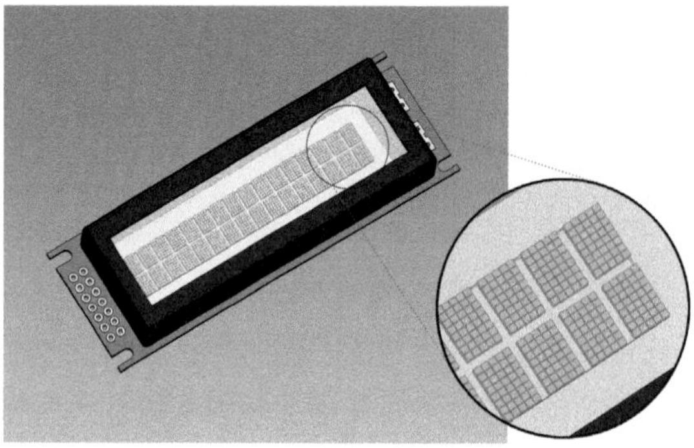

그림 11-6 • 16 × 2 CLCD의 외관 앞면

보통 CLCD는 표현할 수 있는 문자의 수로 나뉜다. 가로 열로 표시할 수 있는 문자(위에서 말한 블록)의 개수가 16 문자고, 세로 열로 표시될 수 있는 문자의 개수가 2문자이므로 '16×2 CLCD'라 부른다. 그러나 모든 제품이 이러한 것은 아니며, [그림 11-7]과 같이 8×1, 8×2, 16×1, 16×2, 16×4, 20×1, 20×2, 20×4, 24×2… 등 다양한 형태가 있다.

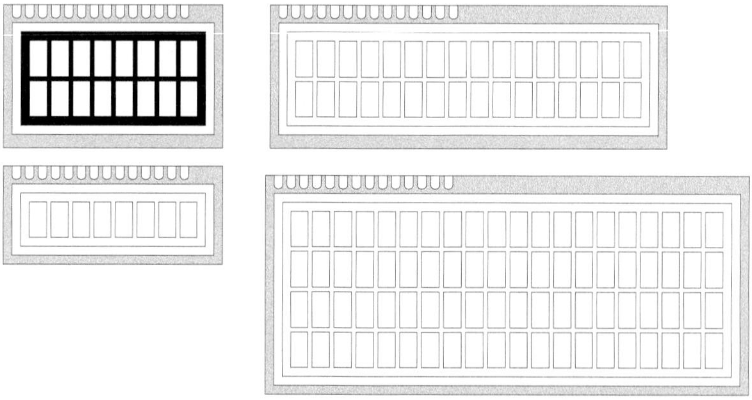

그림 11-7 • 여러 가지 다양한 형태의 CLCD

CLCD를 제어하는 핀 수에 따라 나누기도 한다. 제어 및 데이터를 주고받는 핀이 왼쪽에 16개 있는 경우도 있고 위쪽 혹은 아래쪽에 있는 경우도 있다. 또 핀의 개수가 14개인 경우도 있고 이보다 더 작은 경우도 있다. 이러한 것은 모델마다 다르기 때문에 꼭 CLCD의 데이터 시트를 참고하기 바란다.

그림 11-8 • 16×2 CLCD의 외관 앞면

그밖에 CLCD의 특징에 대해 알아보면 전원의 종류, 후면 광원 색상의 종류, 나타나는 글씨 색상의 종류 등으로 다양하게 나뉜다.

요즘 판매되는 CLCD 후면의 모습은 [그림 11-8]과 같은데 이는 가격을 낮추기 위해 컨트롤러를 패키징(packaging)하지 않고 [그림 11-8]과 같이 COB(Chip on Board) 형태로 컨트롤러를 몰딩(Molding)하는 경우도 있다. 이러한 경우 내부에 어떠한 컨트롤러를 사용했는지 알 수 없으므로 데이터시트를 참조해야 한다.

CLCD에 전원을 인가하면 후면 광원(Back Light)이 점등되는데 이 색상이 청색이냐, 백색이냐, 노란색이냐 등에 따라 다양한 종류가 있다. 참고로 후면 광원 자체가 없는 제품도 있다는 점도 유념하기 바란다.

결론적으로 이러한 모든 경우를 조합해보면 상당히 많은 종류의 CLCD 형태가 존재할 것이다. 표현되는 글자 수 혹은 후면 광원 등 외관은 본인의 취향이나 프로젝트 성향을 따르면 될 것이다.

예를 들어 후면 광원이 무슨 색상이어야만 한다는 특별한 요구사항이 없으면 본인이 좋아하는 색상으로 고르면 될 것이다. 또 항상 광원이 존재하는 곳에서 사용될 경우는 후면 광원이 없는 제품을 사용해도 무방하나, 어두운 곳에서도 사용될 가능성이 있다면 후면 광원이 있는 제품을 사는 식으로 말이다.

끝으로 CLCD는 보통 한글이 표현되지 않는데(왜 그런지는 블록의 픽셀을 세어보면 쉽게 알 수 있다.) 한글이 표시되도록 특수 제작된 제품도 있고, 영어, 일어 이외에 다양한 폰트(특수문자, 기호, 그리스어)를 내장한 제품도 있으며, 문자 데이터를 시리얼 통신으로 제어하게 만든 제품도 있다. 물론 이러한 제품들은 가격이 상당히 비싸고 특수한 경우 이외에는 잘 사용되지 않는다.

CLCD의 외관에 대한 요약

- CLCD는 알파벳 문자 및 숫자 그리고 특수 문자 등 다양한 문자를 표현할 수 있다.
- CLCD는 나타낼 수 있는 문자 개수와 줄 수에 따라 4x1, 8x2 등 다양한 형태가 있다.
- 후면 광원도 청색, 백색 등 다양한 종류가 있다.
- 한글을 나타낼 수 있는 CLCD는 거의 없다.

2.2 CLCD 내부 구조

일반적인 CLCD 모듈의 내부 구성은 LCD 패널(LCD Panel)과 LCD 제어부(LCD Controller)로 구성되어 있다. LCD에는 CG ROM에 문자 패턴(혹은 폰트)가 내장되어 있어 외부 인터페이스로부터 오는 신호에 따라 적절한 문자를 LCD 패널에 표현한다. LCD의 한 픽셀은 COM과 SEG 두 개가 연결되어 있는데 COM은 패널의 가로줄에, SEG는 패널의 세로줄과 연결되어 있어 두 신호의 조합으로 하나의 픽셀이 점등된다.

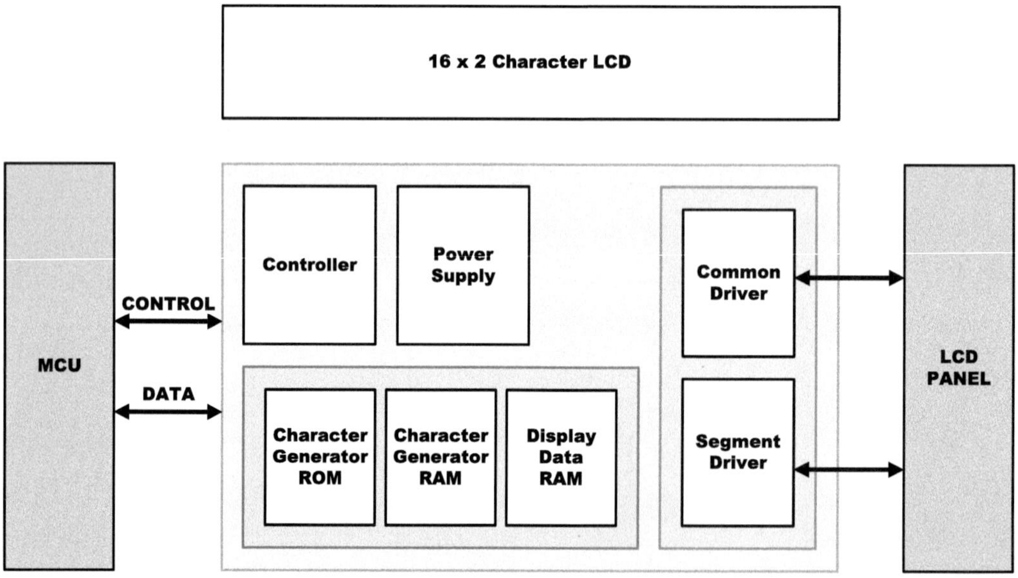

그림 11-9 • CLCD의 내부 구조

(1) 제어기(Controller)

외부 인터페이스로부터 오는 신호를 해독하고 그에 맞는 적절한 작업을 수행한 이후 LCD 패널에 문자를 표현한다. 적절한 작업이란 'A'를 출력하라' 혹은 '현재 커서 위치를 좌상단으로 옮겨라' 등 문자 표시와 명령어 등의 작업을 말한다.

문자를 나타내기 위해서는 컨트롤러에서 데이터 버스를 통하여 데이터를 전송하기만 하면 원하는 표시를 얻을 수 있다. 반복해서 말하지만 우리가 CLCD에 어떠한 데이터를 전송하여 문자를 표현하는 것이 아니고 LCD가 갖고 있는 컨트롤러를 제어함으로써 문자를 표현한다는 점을 유념하기 바란다.

(2) 전원공급기(Power Supply)

CLCD에 필요한 높은 전압을 발생시키는 승압 회로 및 분배 전압을 통해 여러 전압을 발생시키는 회로로 구성되어 있다.

(3) DD RAM(Display Data RAM)

DD RAM은 LCD PANEL 화면과 일대일로 동일하게 대응되는 RAM이다. 즉 DD RAM에 저장된 문자는 화면에 바로 출력된다는 뜻이다. DD RAM은 8비트의 문자 코드 데이터를 저장할 수 있는 최대 80×8비트의 용량을 갖고 있다.

(4) CG RAM(Character Generator RAM)

CG RAM은 사용자가 문자 패턴을 새로이 만들 경우 사용되는 RAM이다. 하나의 컨트롤러에 5×7 문자는 8종류, 5×10 문자는 4종류의 문자 패턴을 만들어 기억시킬 수 있다. CG RAM 주소와 CG RAM 데이터로 작성한 이후에 이를 CLCD에 써 넣은 표시하고자 할 때는 일반 문자 출력과 같이 다루면 된다. 즉 DD RAM의 주소에 사용자가 만든 문자 패턴의 주소를 입력하면 된다는 뜻이다.

(5) CG ROM(Character Generator ROM)

CG ROM은 폰트 혹은 문자 패턴이 저장된 ROM이다(폰트는 HD44780 문자 패턴 페이지를 참조하기 바란다). 16 ×2인 LCD인 경우 192 종류의 5×7 또는 5×10 문자 패턴을 내장하고 있다.

당근이의 한마디 CLCD 선택 시 주의 사항

초보자의 경우 위에서 언급한 문자의 개수와 색상 및 가격만을 보고 구매하는 경우가 많은데, 이보다 중요한 것은 입력 전압과 제어기(Controller)가 무엇이냐가 더욱 중요하다.

초보자의 경우 CLCD에 우리가 문자를 표시한다고 생각하기 쉬운데 사실 그렇지 않다. 엄밀하게 말해서 CLCD에 문자를 표시한다는 것은 CLCD에 존재하는 컨트롤러를 제어함으로써 문자를 출력하는 것이다. 따라서, 컨트롤러가 달라지면 외관이 동일해도 제어 방식은 달라지게 된다.

예를 들어 그래픽 LCD인 GLCD는 KS0108, HD61830, T6963 등 다양한 컨트롤러가 존재한다. 초보자의 경우 128364 픽셀의 GLCD를 접할 때 외관이 동일하면 두 개의 제어 방식이 동일하리라 생각하지만, 컨트롤러가 다르면 제어 방식 역시 달라지고 당연히 프로그램도 달라진다.

그러나 다행히도 CLCD의 경우는 컨트롤러가 히다치(HITACHI)의 HD44780(다음 절에서 다룸)이라는 소자 혹은 이와 호환되는 소자를 많이 사용하므로 컨트롤러에 대해서는 심각하게 고민하지 않아도 될 것이다.

또한 후면 광원 형태는 LED형과 EL(Electro Luminescence)형이 대부분인데, LED 형중에는 5V가 아닌, 그 이상의 전압을 요구하는 경우도 있다는 점도 주의해야 한다. 이 역시 구입 전에 데이터시트를 통해 정확한 스펙(specification)을 확인해보는 것이 매우 중요하다.

간혹 염가의 CLCD를 구매하는 경우 컨트롤러의 데이터시트가 존재하지 않거나, 매우 특이한 컨트롤러를 사용한 경우가 있는데, 이럴 경우 제어하기가 까다로우므로 제품 구매 시 이러한 점을 반드시 유념해야 한다.

CLCD 선택 시 주의 사항

- 컨트롤러가 무엇인가?
  - 컨트롤러가 다르면 제어하는 방식도 달라진다. CLCD의 경우 대개 HD44780을 사용하나 이와 다른 컨트롤러도 있다. 특별한 이유가 없다면 위의 컨트롤러를 지원하는 CLCD를 구매하는 것이 좋을 것이다.
- 입력 전원은 몇 V인가?
  - 특정 CLCD의 경우 음전원이 필요한 경우도 있다. 물론 음전원도 손쉽게 제작이 가능하기는 하나 굳이 음전원이 없는 모델을 사서 고생할 필요는 없지 않은가?

참고로 CLCD의 외관도 중요할 수 있는데 이는 소량 생산이 아닌 대량 생산 시에 문제가 발생할 수 있기 때문이다. 예를 들어 상단에 핀이 위치해있는 CLCD 모델로 생산하다가, 이 모델이 단종되거나 수급이 부족해지면 참으로 난감할 것이다.

CLCD의 경우 중국 제품이 많기 때문에 환율 및 국내 재고량 등의 주변 환경요인에 영향을 받는다는 점도 고려하자(CLCD뿐 아니라 다른 제품도 마찬가지이다. 1,000원 주고 사올 제품을 굳이 2,000원 주고 사올 필요는 없지 않은가? 물론 한두 개 사용한다면 별 문제가 없지만 수량이 많아질 경우 얘기가 달라진다).

이는 프로그램이나 제어의 문제가 아닌 제품의 수급에 해당하는 문제이므로 능력 있는 개발자라면 항상 이러한 유연성을 가지고 있어야 할 것이다.

3 HD44780 컨트롤러

3.1 HD44780 컨트롤러의 특징

예전에는 CLCD 컨트롤러가 여러 가지가 있었으나 근래에는 대부분 히다치(HITACHI)의 HD44780을 사용하거나 이와 호환되는 디바이스가 많다. 데이터시트에 적혀있는 HD44780의 특징(Feature)은 다음과 같다.

요약 | HD44780 컨트롤러의 특징

- 5×8 and 5×10 dot matrix possible
- Low power operation support:
  - 2.7 to 5.5V
- Wide range of liquid crystal display driver power
  - 3.0 to 11V
- Liquid crystal driver waveform
  - A (One line frequency AC waveform)
- Correspond to high speed MPU bus interface
  - 2MHz (when VCC=5V)
- 4bit or 8bit MPU interface enabled
- 80×8bit display RAMS (80 Characters max)
- 9,920bit character generator ROM for a total of 240 character forms
  - 208 character fonts (5×8 dot)
  - 32 character fonts (5×10 dot)
- 64×8bit character generator RAM
  - 8 character fonts (5×8 dot)
  - 4 character fonts (5×10 dot)
- 16-common×40-segment liquid crystal display driver

- Programmable duty cycles
  - 1/8 for one line of 5×8 dots with cursor
  - 1/11 for one line of 5×10 dots with cursor
  - 1/16 for one line of 5×8 dots with cursor
- Wide range of instruction functions:
  - Display clear, cursor home, display on/off, cursor on/off, display character blink, cursor shift, display shift
- Pin function compatibility with HD44780S
- Automatic reset circuit that initializes the controller/diver after power on
- Internal oscillator with external resistors
- Low power consumption

HD44780의 중요한 점을 번역 및 요약해보면 다음과 같다.

요약 | HD44780 컨트롤러의 특징 요약

- 5×8과 5×10의 두 가지 폰트를 지원한다.
  - 영문의 경우 5×7로 모든 문자가 표현되나 옆 문자와의 간격 및 커서 표시 및 일어 표시 등으로 픽셀(Pixel)이 몇 개가 더 필요하다.
- 동작 전압은 2.7~5.5V이고, 드라이버 동작전압은 3.0~11V이다.
  - 다시 말해, 5.0V에서 동작하는 전압을 그대로 인가할 경우 무리 없이 동작한다는 의미이다.
- 마이크로컨트롤러 버스와의 속도가 2MHz로 고속이다.
  - 그러나 실제 마이크로컨트롤러는 이보다 훨씬 빠르므로 마이크로컨트롤러에 비하여 CLCD가 상대적으로 느림을 알 수 있다. 이러한 속도의 차이는 후에 살펴볼 BF(Busy Flag)로써 해결한다.
- 마이크로컨트롤러와 4비트 혹은 8비트 인터페이스가 가능하다.
  - 4비트 혹은 8비트 인터페이스가 가능하므로 보통 핀 수를 줄이기 위해 4비트 제어를 많이 사용한다.
- 80×8bit의 DD RAM(Display Data RAM)을 내장하므로 최대 80문자를 기억할 수 있다.

3.2 HD44780 컨트롤러의 종류

HD44780은 CG ROM과 패키지(Package) 타입에 따라 몇 가지 종류로 분류된다. 이러한 종류가 있다는 정도만 알아두고 패키지 등에 대한 설명은 생략한다. 유럽 혹은 일본의 폰트 지원 여부를 떠나서 기본적으로 모든 아스키(ASCII)문자는 지원하므로 최소한 영문 및 기호는 모두 표현할 수 있다. 보면 알겠지만 당연히 한글 폰트는 지원하지 않는다.

표 11-1 • 다양한 HD44780 컨트롤러의 종류

번호	품명(Type)	패키지(Package)	문자 발생 롬(CG ROM)
1	HD44780U**A00FS**	FP-80B	일본 표준 폰트 지원(Japanese standard font)
2	HCD44780U**A00**	Chip	
3	HD44780U**A00TF**	TFP-80F	
4	HD44780U**A02FS**	FP-80B	유럽 표준 폰트 지원(European standard font)
5	HCD44780U**A02**	Chip	
6	HD44780U**A02TF**	TFP-80F	
7	HD44780U**BxxFS**	FO-80B	사용자 지정 폰트(Custom font)
8	HCD44780U**Bxx**	Chip	
9	HD44780U**BxxTF**	TFP-80F	

xx : ROM Code No.

3.3 HD44780 블록 다이어그램

HD44780 내부의 블록 다이어그램은 [그림 11-10]과 같다. 상당히 복잡하다는 것을 알 수 있다. 세부적으로 이해하기에는 한계가 있으므로 마이크로컨트롤러와 연결되는 좌측의 핀과 개략적인 데이터 흐름에 대해서만 개략적으로 알아보고 마치도록 하자.

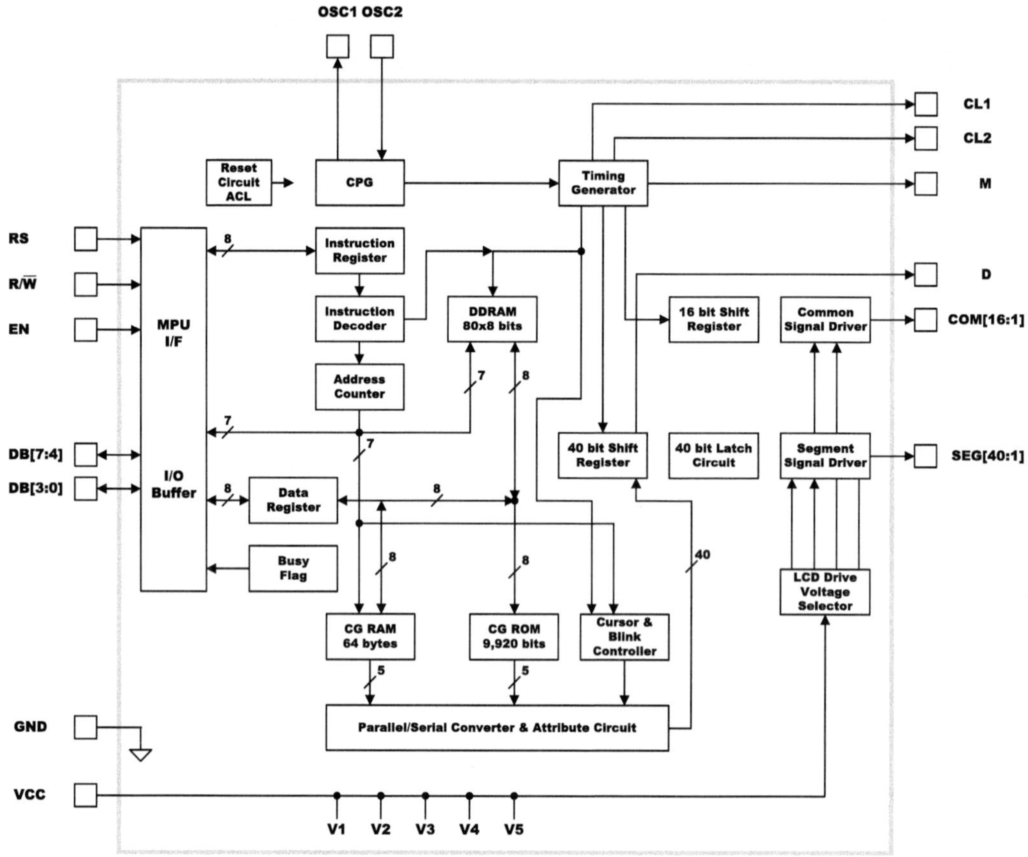

그림 11-10 • HD44780 블록다이어그램

3.4 HD44780 문자 패턴

[그림 11-11]은 HD44780이 나타낼 수 있는 폰트 혹은 문자 패턴을 보여준다. 한 가지 재미있는 사실은 아스키 코드 값과 CG ROM의 주소가 동일하다는 점이다. 예를 들어 'A'의 아스키 코드 값은 0×41은 CG ROM 주소인 0×41과 동일하므로 영문 표기를 위해서 CG ROM의 주소에 대해서 신경 쓸 필요가 없다는 뜻이다.

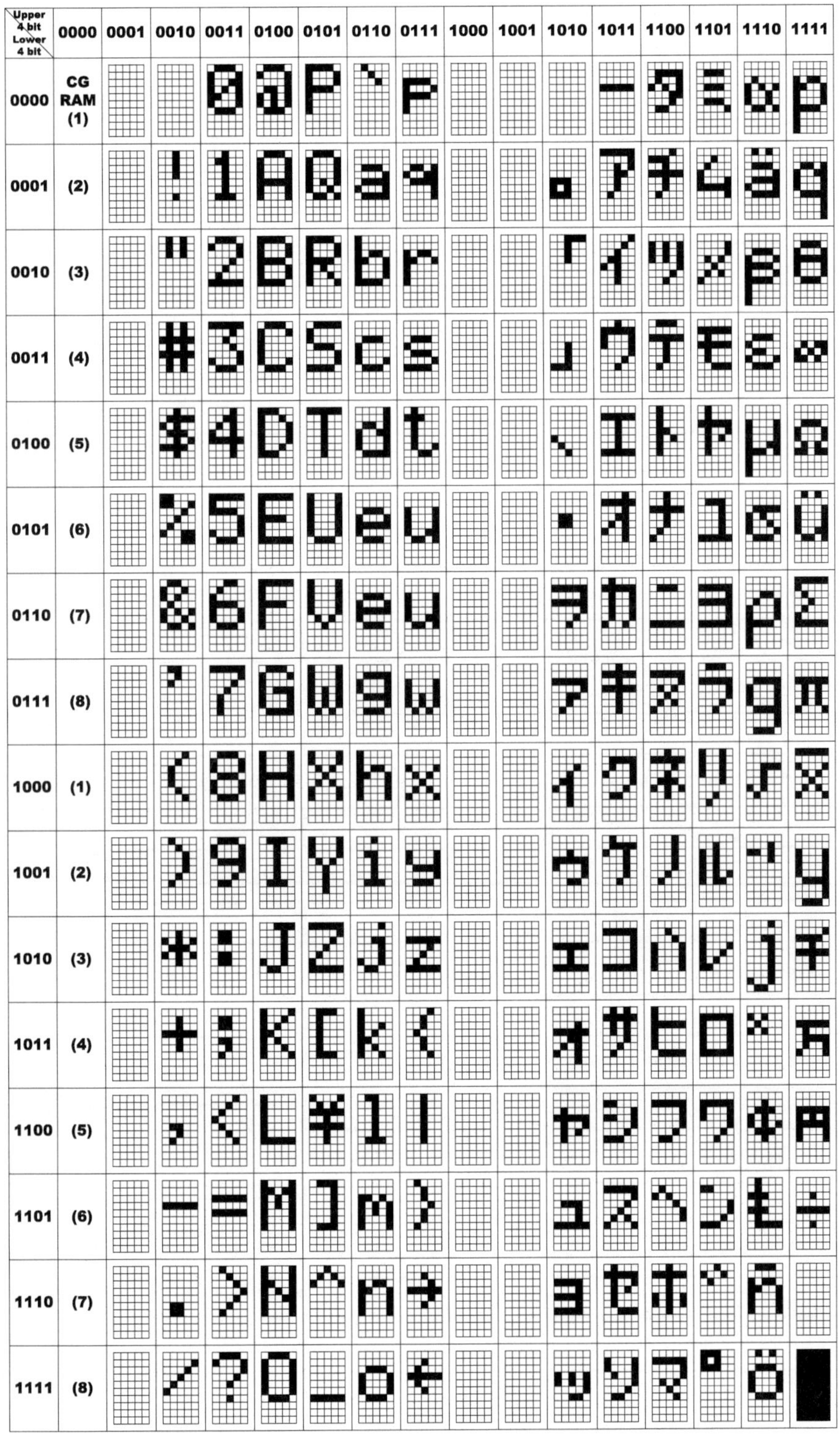
Upper 4 bit
Lower 4 bit
0000 0001 0010 0011 0100 0101 0110 0111 1000 1001 1010 1011 1100 1101 1110 1111
CG RAM (1)
(2)
(3)
(4)
(5)
(6)
(7)
(8)

그림 11-11 • 문자 패턴

3.5 HD44780 초기화

HD44780 컨트롤러를 내장한 CLCD는 문자 출력 전 반드시 초기화해야 하는데 초기화 과정은 [그림 11-12]와 같다. 이러한 초기화가 어떻게 이루어지는지는 아래 흐름도를 살펴보자.

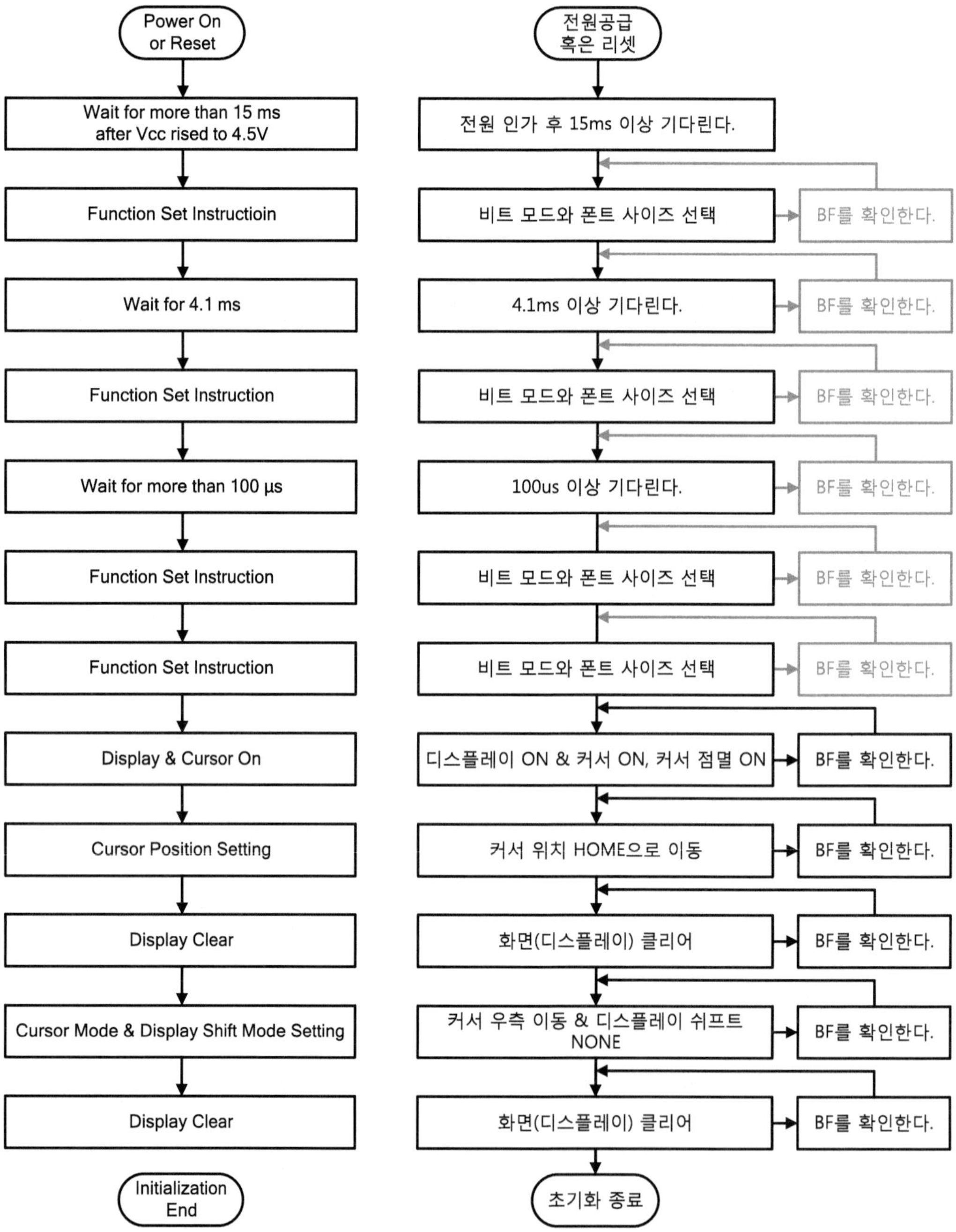

그림 11-12 • 4비트 초기화와 8비트 초기화

이를 코드로 구현해보면 다음과 같다. 다음 코드는 4비트로 초기화시키는 코드이다.

```
/* CLCD를 4bit로 초기화 시키는 코드의 예 */
delay_ms(15); // CLCD 초기시간 확보를 위해 일부러 넣은 것임
clcd_command(CMD_FUNCTION_SET_OPTION3);
delay_ms(5); // 4.1ms를 넣을 수 없기 때문에 5ms를 넣음
clcd_command(CMD_FUNCTION_SET_OPTION3);
delay_ms(1);
clcd_command(CMD_FUNCTION_SET_OPTION3);
clcd_command(CMD_FUNCTION_SET_OPTION3);
clcd_command(CMD_DISPLAY_OPTION8);
clcd_command(CMD_RETURN_HOME);
clcd_command(CMD_CLEAR_DISPLAY);
clcd_command(CMD_ENTRY_MODE_SET_OPTION3);
clcd_command(CMD_CLEAR_DISPLAY);
```

3.6 HD44780 읽기(Read)/ 쓰기(Write) 타이밍

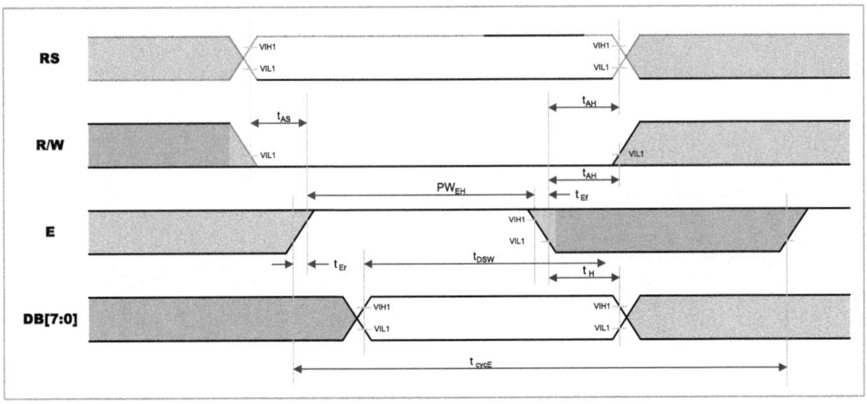

<fig. > Write Operation

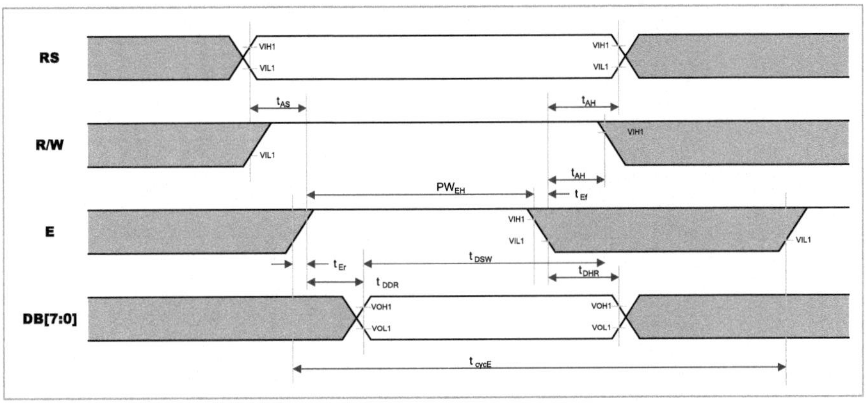

<fig. > Read Operation

Note: VOL1 is assumed to be 0.8V at 2MHz operation

그림 11-13 • Read Operation

표 11-2 • CLCD 타이밍 특성 정보

항목	기호	타이밍 특성(Timing Characteristic)			단위(Unit)
		최소(Min)	대표(Typ)	최대(Max)	
Enable Cycle Time	T_{CYC}	500	-	-	ns
Enable Pulse Width, High Level	PW_{EH}	220	-	-	ns
Enable Rise and Fall Time	t_{ER}, t_{EF}	-	-	25	ns
Address Setup Time, RS, R/W, E	T_{AS}	40	-	-	ns
Data Delay Time	T_D	-	-	120	ns
Data Setup Time	T_{DSW}	60	-	-	ns
Data Hold Time	T_H	10	-	-	ns
Data Hold Time	T_{DH}	20	-	-	ns
Address Hold Time	T_{AH}	10	-	-	ns

3.7 HD44780 명령어 요약

HD44780 컨트롤러의 명령어는 다음과 같다. 이에 대한 실제 적용 사례는 'CLCD 제어하기'에서 살펴보도록 한다. CLCD의 명령어를 전체적으로 정리해보자.

- 화면 소거 명령어(Clear Display)
- 커서를 홈으로 옮기는 명령어(Return Home)
- 엔트리 모드 세트 명령어(Entry Mode Set)
- 화면 On/Off 제어 명령어(Display On/Off Control)
- 커서 혹은 화면 이동 명령어(Cursor or Display Shift)
- 펑션 세트 명령어(Function Set)
- CG RAM 주소 설정(Set CG RAM Address)
- DD RAM 주소 설정(Set DD RAM Address)
- 비지 플래그 읽기(Read BF and Address)
- DD RAM 혹은 CG RAM 데이터 쓰기(Data write to DD RAM or CG RAM)
- DD RAM 혹은 CG RAM 데이터 읽기(Data read from DD RAM or CG RAM)

표 11-3 • CLCD 전체 명령어 요약

번호	명령어	제어신호 (Control)		명령어 (Instruction Data)							
		RS	R/W	DB7	DB6	DB5	DB4	DB3	DB2	DB1	DB0
1	Clear Display	0	0	0	0	0	0	0	0	0	1
2	Return Home	0	0	0	0	0	0	0	0	1	X
3	Entry Mode Set	0	0	0	0	0	0	0	1	I/D	S
4	Display On/Off	0	0	0	0	0	0	1	D	C	B
5	Cursor or Display Shift	0	0	0	0	0	1	S/C	R/L	X	X
6	Function Set	0	0	0	0	1	DL	N	F	X	X
7	Set CGRAM Address	0	0	0	1	CGRAM Address					
8	Set DD RAM Address	0	0	1	DD RAM Address						
9	Read BF and Address	0	1	BF	Address Counter						
10	Data write to DD or CG	1	0	Write Data							
11	Data read from DD or CG	1	1	Read Data							

X : 0이든 1이든 상관없음

4 HD44780 명령어

4.1 HD44780 컨트롤러의 모듈의 명령어

이제 세부적으로 각각의 명령어가 어떠한 기능을 하는지 알아보도록 하자. 또한 코드로 어떻게 구현하는지 알아보도록 하자.

(1) 화면 소거 명령(Clear Display)

전체 화면을 지우고, DD RAM 주소를 0으로 설정한 후, 커서를 홈 위치로 옮기며 DD RAM의 주소 카운터를 0으로 한다.

RS	R/W
0	0

DB7	DB6	DB5	DB4	DB3	DB2	DB1	DB0
0	0	0	0	0	0	0	1

```
#define CMD_CLEAR_DISPLAY 0x01
clcd_command(CMD_CLEAR_DISPLAY);
```

(2) 리턴 홈(Return Home)

커서를 홈(home) 위치로 옮긴다. DD RAM의 주소 카운터를 0으로 하고, 디스플레이 시프트(Shift)된 것을 본래의 위치로 되돌린다.

RS	R/W
0	0

DB7	DB6	DB5	DB4	DB3	DB2	DB1	DB0
0	0	0	0	0	0	1	x

```
#define CMD_RETURN_HOME 0x02
clcd_command(CMD_RETURN_HOME);
```

(3) 엔트리 모드 셋(Entry Mode Set)

커서의 진행 방향 및 화면의 이동(Shift) 여부를 결정한다. S가 0이면 시프트되지 않는다. I/D가 1인 경우에, S = 1이면 좌로 화면 이동, S = 0이면 우로 화면 이동 한다.

RS	R/W
0	0

DB7	DB6	DB5	DB4	DB3	DB2	DB1	DB0
0	0	0	0	0	1	1/D	S

```
#define CMD_ENTRY_MODE_SET 0x06
clcd_command(CMD_ENTRY_MODE_SET);
```

표 11-4 • 1/D, S 옵션

I/D	S	기능
0	0	커서 좌측 이동, 화면 이동 없음
0	1	커서 좌측 이동, 화면 이동
1	0	커서 우측 이동, 화면 이동 없음
1	1	커서 우측 이동, 화면 이동

보통 커서를 우측 이동시키고 화면 이동이 없는 것이 가장 보기가 편하기 때문에, 0x06을 할당한다.

(4) 디스플레이 표시(Display On/Off)

화면의 ON/OFF, 커서의 ON/OFF, 커서 위치의 문자의 점멸 여부를 결정한다.

RS	R/W
0	0

DB7	DB6	DB5	DB4	DB3	DB2	DB1	DB0
0	0	0	0	1	D	C	B

```
#define CMD_DISPLAY_ON 0x0C
#define CMD_DISPLAY_OFF 0x08
clcd_command(CMD_DISPLAY_ON);
clcd_command(CMD_DISPLAY_OFF);
```

D는 Display를 나타내고, C는 Cursor, B는 Blink를 나타낸다. D, C, B 옵션에 대해 설명하면 [표 11-5]와 같다.

표 11-5 • D, C, B 옵션

D	C	B	기능		
0	0	0	화면 OFF	커서 OFF	커서 점멸 OFF
0	0	1	화면 OFF	커서 OFF	커서 점멸 ON
0	1	0	화면 OFF	커서 ON	커서 점멸 OFF
0	1	1	화면 OFF	커서 ON	커서 점멸 ON
1	0	0	화면 ON	커서 OFF	커서 점멸 OFF
1	0	1	화면 ON	커서 OFF	커서 점멸 ON
1	1	0	화면 ON	커서 ON	커서 점멸 OFF
1	1	1	화면 ON	커서 ON	커서 점멸 ON

D = 1인 경우에 화면에는 보이지 않으나 글자는 DD RAM에 존재하여 D = 0으로 바꾸면 데이터가 표현된다.

(5) 커서의 이동 및 화면의 시프트(Cursor or Display Shift)

DD RAM의 내용을 변경하지 않고, 화면 혹은 커서를 오른쪽 혹은 왼쪽으로 이동시킨다.

RS	R/W
0	0

DB7	DB6	DB5	DB4	DB3	DB2	DB1	DB0
0	0	0	1	S/C	R/L	x	x

S는 Screen을 나타내고, C는 Cursor을 나타낸다. R은 Right, L은 Left를 나타낸다. S/C, R/L에 대해 설명하면 [표 11-6]과 같다.

표 11-6 • S/C, R/L 옵션

S/C	R/L	기능	
0	0	커서 선택	커서 좌측 이동
0	1	커서 선택	커서 우측 이동
1	0	화면 선택	화면 좌측 이동
1	1	화면 선택	화면 우측 이동

(6) 펑션 셋(Function Set)

데이터 버스 인터페이스(Data Bus Interface)의 4bit/8bit의 여부, 화면 표시 행수의 1행/2행 여부, 문자 폰트의 5 × 8/5 × 11의 여부를 결정한다. DL, N, F 값에 따른 폰트 설정은 [표 11-7]과 같다.

RS	R/W	DB7	DB6	DB5	DB4	DB3	DB2	DB1	DB0
0	0	0	0	1	DL	N	F	x	x

표 11-7 • 옵션에 따른 폰트 설정

DL	N	F	기능		
0	0	0	4 bit	화면 1행	5 × 8 Font
0	0	1	4 bit	화면 1행	5 × 11 Font
0	1	0	4 bit	화면 2행	5 × 8 Font
0	1	1	4 bit	화면 2행	5 × 11 Font
1	0	0	8 bit	화면 1행	5 × 8 Font
1	0	1	8 bit	화면 1행	5 × 11 Font
1	1	0	8 bit	화면 2행	5 × 8 Font
1	1	1	8 bit	화면 2행	5 × 11 Font

N = 1인 경우 F 값에 상관없이 항상 5×7 폰트를 표현하는데, 데이터 버스가 4비트인 경우 1바이트를 전송하기 위해서 두 번의 데이터 전송이 필요하다. 데이터 버스를 4비트로 설정할 경우 모든 명령어보다 이 명령어가 먼저 수행되어야 한다.

```
/* 4bit 설정 시 항상 먼저 보내야 한다 */
#define CMD_FUNCTION_SET 0x28
clcd_command(CMD_FUNCTION_SET);
```

(7) 명령어 요약

위의 명령어를 모두 정리하여 C언어로 표현하면 다음과 같다. 모든 명령어를 이렇게 표현할 수 있다는 것을 보여주기 위해 적었을 뿐 필요한 옵션만 설정하여 간단하게 작성해도 무방하다. 우리가 사용하는 명령어는 우측에 // Used라고 표시해두었다.

```
#define CMD_CLEAR_DISPLAY                    0x01   // 1. Clear Display
#define CMD_RETURN_HOME                      0x02   // 2. Return HOME
// 3. Entry Mode Set
#define CMD_ENTRY_MODE_SET_OPTION1           0x04   // cursor [left], display shift [none]
#define CMD_ENTRY_MODE_SET_OPTION2           0x05   // cursor [left], display shift []
#define CMD_ENTRY_MODE_SET_OPTION3           0x06   // cursor [right], display shift [none] // *** Used
#define CMD_ENTRY_MODE_SET_OPTION4           0x07   // cursor [right], display shift []
// 4. Display On/Off
#define CMD_DISPLAY_OPTION1                  0x08   // Display [Off], Cursor [Off], Cursor Blink [Off]
#define CMD_DISPLAY_OPTION2                  0x09   // Display [Off], Cursor [Off], Cursor Blink [On]
#define CMD_DISPLAY_OPTION3                  0x0A   // Display [Off], Cursor [On], Cursor Blink [Off]
#define CMD_DISPLAY_OPTION4                  0x0B   // Display [Off], Cursor [On], Cursor Blink [On]
#define CMD_DISPLAY_OPTION5                  0x0C   // Display [On], Cursor [Off], Cursor Blink [Off]
#define CMD_DISPLAY_OPTION6                  0x0D   // Display [On], Cursor [Off], Cursor Blink [On]
#define CMD_DISPLAY_OPTION7                  0x0E   // Display [On], Cursor [On], Cursor Blink [Off]
#define CMD_DISPLAY_OPTION8                  0x0F   // Display [On], Cursor [On], Cursor Blink [On] // *** Used
// 5. Cursor or Display Shift
#define CMD_CURSOR_DISPLAY_SHIFT_OPTION1     0x10   // [Cursor] Select, Cursor Shift [Left]
#define CMD_CURSOR_DISPLAY_SHIFT_OPTION2     0x14   // [Cursor] Select, Cursor Shift [Right]
#define CMD_CURSOR_DISPLAY_SHIFT_OPTION3     0x18   // [Display] Select, Display Shift [Left]
#define CMD_CURSOR_DISPLAY_SHIFT_OPTION4     0x1C   // [Display] Select, Display Shift [Right]
// 6. Function Set
#define CMD_FUNCTION_SET_OPTION1             0x20   // [4] bit mode, [1] line, [5x8] Font
#define CMD_FUNCTION_SET_OPTION2             0x24   // [4] bit mode, [1] line, [5x11] Font
#define CMD_FUNCTION_SET_OPTION3             0x28   // [4] bit mode, [2] line, [5x8] Font // *** Used
#define CMD_FUNCTION_SET_OPTION4             0x2C   // [4] bit mode, [2] line, [5x11] Font
#define CMD_FUNCTION_SET_OPTION5             0x30   // [8] bit mode, [1] line, [5x8] Font
#define CMD_FUNCTION_SET_OPTION6             0x3C   // [8] bit mode, [1] line, [5x11] Font
#define CMD_FUNCTION_SET_OPTION7             0x34   // [8] bit mode, [2] line, [5x8] Font
#define CMD_FUNCTION_SET_OPTION8             0x38   // [8] bit mode, [2] line, [5x11] Font
```

(8) CG RAM 주소 설정(CGRAM Address Setting)

CG RAM의 주소를 지정한다. 이후 송신되는 데이터는 CG RAM에 저장된다.

RS	R/W
0	0

DB7	DB6	DB5	DB4	DB3	DB2	DB1	DB0
0	1	CG RAM Address					

(9) DD RAM 주소 설정(DD RAM Address Setting)

DD RAM의 주소를 지정한다. 이후 송신되는 데이터는 DD RAM에 저장되고 DD RAM의 주소는 다음과 같다.

RS	R/W	DB7	DB6	DB5	DB4	DB3	DB2	DB1	DB0
0	0	0	0	1	DL	N	F	x	x

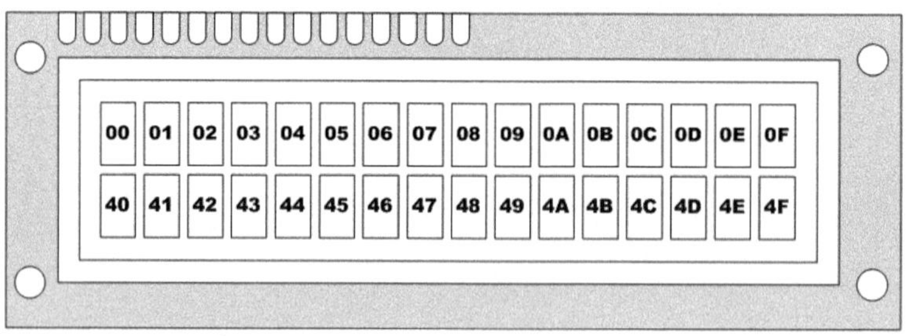

그림 11-14 • DD RAM의 주소

간혹 위 CLCD의 00의 위치에 문자를 출력하기 위해서 00, 40의 위치에 출력하기 위해서 40을 주는 경우가 있는데, 이는 DD RAM 명령이 아니므로 제대로 출력될 리 만무하다. DD RAM 명령을 주기 위해서는 DB7이 1이어야 한다. 따라서 항상 0x80이 따라붙는다.

예를 들어 03 위치에 문자를 출력하고 싶다면 0x80 + 0x03 = 0x83을 출력하면 될 것이다. 하나 더 예를 들어보자. 만일 4C 위치에 문자를 출력하고 싶다면 0x40 + 4C = 0x8C를 출력하면 될 것이다. 그런데 매번 이를 계산하는 것은 번거로우므로 함수를 하나 만드는 것도 괜찮은 방법일 것이다. 함수를 만드는 방법은 약간 길기 때문에 헤더파일에서 살펴보도록 하고 어떤 식으로 만들지 함수 원형만 살펴보자.

```
/* CLCD에서 특정 위치로 이동시키기 위한 함수의 원형 */
void clcd_position(unsigned char y, unsigned char x);
```

예를 들어 clcd_position(1, 2);라면 02 위치에 커서가 위치하고, clcd_position(2, 7);이라면 47 위치에 커서가 위치하는 식이다.

(10) 비지 플래그 읽기(Read Busy flag)

앞서 언급했던 대로 CLCD 모듈은 마이크로컨트롤러에 비해 속도가 느리기 때문에 마이크로컨트롤러가 데이터를 계속 전송해서는 안 된다. 따라서 마이크로컨트롤러는 CLCD가 데이터를 받아들일 준비가 되어 있는지 아닌지 알아내야 하는데 이는 비지 플래그(Busy Flag)를 읽어들이면 된다. 다음과 같이 CLCD에 전송하면 BF 값이 되돌아 오는데 이 BF 값의 의미는 다음과 같다.

RS	R/W		DB7	DB6	DB5	DB4	DB3	DB2	DB1	DB0
0	0		0	0	1	DL	N	F	x	x

표 11-8 • BF 값의 의미

BF	의미
0	괜찮다, 보내라
1	바쁘다, 보내지 마라

따라서 데이터 전송 전 반드시 BF 값을 읽어 다음 명령어를 받을 수 있는지 여부를 확인해야 한다. 원리는 간단한데 BF를 읽어서 0이면 다음 명령어나 데이터를 전송하고, 1이면 기다리는 것이다. 그런데 특정 CLCD의 경우는 CLCD가 바쁘지 않음에도 불구하고 BF가 여전히 1을 유지하는 경우가 있다. 이러한 경우 CLCD가 대책 없이 멈춰져 있는 경우도 있으므로 주의하기 바란다.

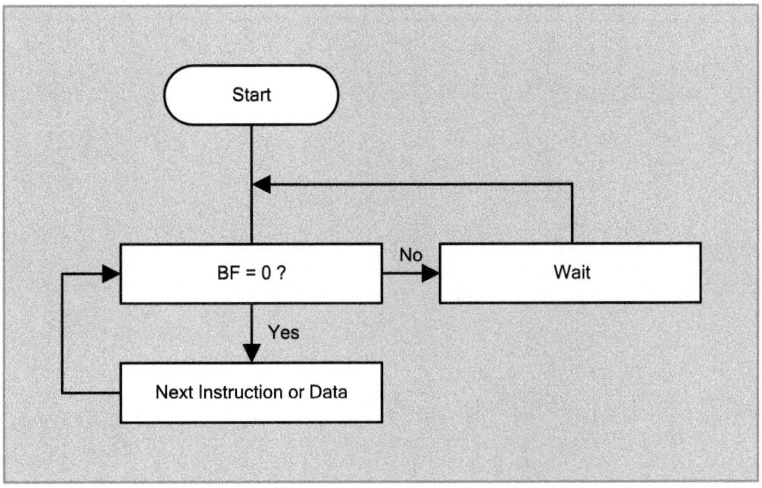

그림 11-15 • 비지 플래그(BF) 처리하기

비지 플래그를 체크하는 코드는 [예제 11-1]과 같다.

예제 11-1 | 비지 플래그를 체크하는 코드

```
void clcd_busy_check(void) {
  unsigned char busy_flag = 0;
  unsigned int busy_time = 0;

  do {
    cbi(CONTROL_BUS, RS); // RS = 0
    sbi(CONTROL_BUS, RW); // RW = 1
    sbi(CONTROL_BUS, EN); // EN = 1

    busy_flag= DATA_BUS_BUSY;
    sbi(CONTROL_BUS, EN); // EN = 1
    cbi(CONTROL_BUS, EN); // EN = 0

  busy_time++;
  } while((busy_flag & BUSY_BIT) && (busy_time < 500)); // busy=1인 경우 루프

  // busy= 0인 경우, 원래대로 리턴
  CONTROL_BUS_DIRECTION = 0xF0; // 모두 출력
  DATA_BUS_DIRECTION = 0xF0;    // 모두 출력
  cbi(CONTROL_BUS, EN);         // EN= 0
}
```

간혹 특정 제품은 바쁘지 않음에도 불구하고 busy 플래그가 뜨지 않는 경우가 있어 아래와 같은 단순한 코드가 유용할 때도 있다. 아래 코드는 버지플래그를 체크하지 않고 데이터를 보내는 것이다.

```
void clcd_busy_check(void) {
  delay_ms(3);
}
```

(11) CG RAM 및 DD RAM에 데이터를 쓰는 명령

데이터를 CG RAM 혹은 DD RAM에 쓰는 명령어는 다음과 같다.

RS	R/W	DB7	DB6	DB5	DB4	DB3	DB2	DB1	DB0
1	0	Write Data							

(12) CG RAM 및 DD RAM에 데이터를 읽는 명령

CG RAM 혹은 DD RAM의 데이터를 읽는 명령어는 다음과 같다.

RS	R/W	DB7	DB6	DB5	DB4	DB3	DB2	DB1	DB0
1	1	Read Data							

5 예제 및 실험

5.1 HY-1602H-803 소개 및 제어하기

(1) 소개

이제 실제 사용할 CLCD를 소개하겠다. 앞서 얘기했듯이 CLCD는 종류가 매우 많은데 이 중 가급적이면 국산 제품을 소개하고 싶었다. 그러나 국산 제품은 근래에는 거의 생산되지 않으며 오히려 중국 제품이 훨씬 많다. 따라서 중국 제품 모델을 하나 예로 들어 보일텐데 CLCD를 보여주기 위해 중국 제품을 예로 들어보이는 것뿐 반드시 이 모델만을 사용하겠다는 생각은 하지 않았으면 한다. 왜냐하면 CLCD를 제어하는 원리는 거의 비슷하기 때문이다.

그림 11-16 • SHENZHEN의 HY-1602H-803 CLCD 모듈

(2) 기능과 특징

위 모델의 기능(Function) 및 특징(Feature)에 대해 간략하게 알아보면 다음과 같다.

표 11-9 • CLCD의 간략한 특징

번호	항목	설명
1	형태(Format)	16x2 characters
2	LCD 모드	STN/ Negative Transmissive Mode/ Blue
3	공급 전압(Power supply voltage) (V_{DD})	5.0V
4	LCD 제어 전압(LCD Driving Voltage) (V_{op})	4.2V
5	후면 광원 색상(Backlight color)	White
6	제어소자(Driver IC)	S6A0069X01-COCX

(3) 기계적 명세

기계적 명세(Mechanical specification)는 제어하는 측면에서 크게 중요하지는 않지만 사이즈 정도만 간략하게 알아보자.

표 11-10 • CLCD의 기계적 특징

번호	항목	설명	단위
1	모듈 크기(Module size)	85.0(L) × 30.0(W) × 13.4(H)	mm
2	문자 간격(Character pitch)	3.65(L) × 5.05(W)	mm
3	문자 크기(Character size)	2.95(L) × 4.35(W)	mm
4	도트 간격(Dot pitch)	0.60(L) × 0.55(W)	mm
5	도트 사이즈(Dot size)	0.55(L) × 0.50(W)	mm
6	중량(Weight)	데이터 시트 내 부록 참조	mm

(4) 패키지

[그림 11-17]을 참조한다.

(5) 일반적인 CLCD 모듈의 각 핀에 대한 설명

이제 일반적인 CLCD의 핀에 대해 설명해보자. 앞에서 언급했던 바와 같이 여러 제조사 및 모델에 따라 다양하게 핀 배치가 되어 있다. CLCD는 제어할 수 있는 핀이 16개 정도 있는데, 이를 살펴보면 [그림 11-8]과 같다(제품별로 핀 개수가 약간 다른 경우가 있으므로 반드시 [표 11-11] 모든 인피니티북스 홈페이지(www.infinitybooks.co.kr) 자료실에서 원본 이미지를 참조하기 바란다).

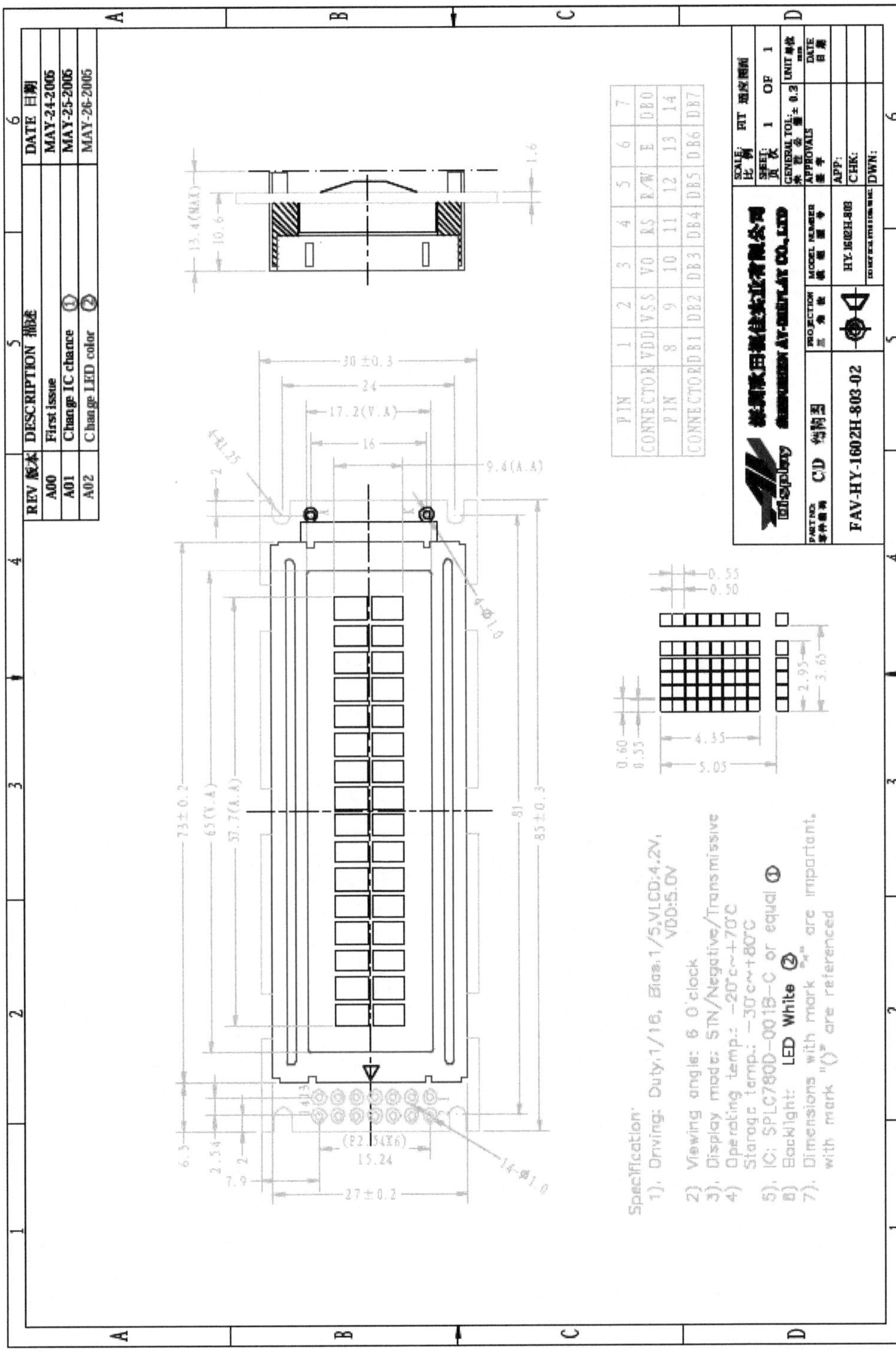

그림 11-17 • CLCD의 기구적인 특징

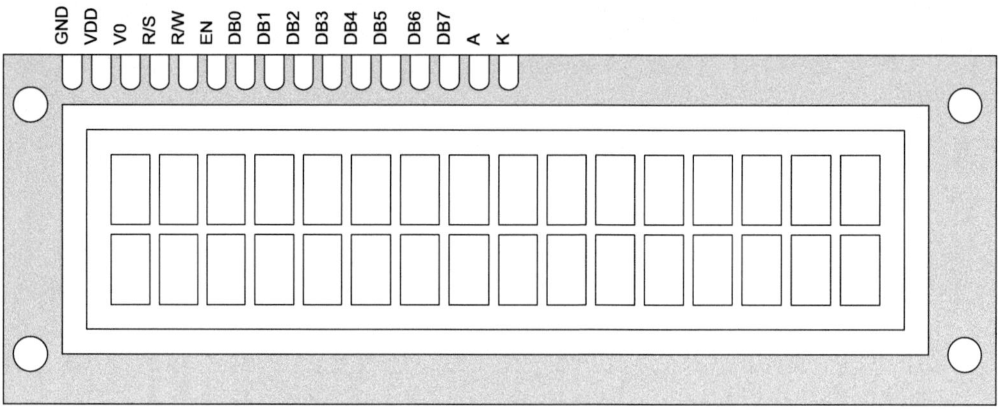

그림 11-18 • CLCD의 핀 설명(좌측부터 1번 핀)

표 11-11 • CLCD의 핀

핀번호	분류	핀 이름	레벨(V)	기능
1	전원 (Power)	V_{SS} or GND	0	GND
2		V_{DD} or V_{CC}	+5	CLCD 구동전원(LCD Power Supply)
3		V_0	-	CLCD 명암 조절(LCD Driving Voltage)
4	제어 신호 (Control Signal)	R/S or D/I	H/L	HIGH: 데이터 전송 / LOW: 명령어 전송
5		R//W	H/L	HIGH: 읽기 / LOW: 쓰기
6		EN	H / H→L	이네이블(Enable) / 명령 입력 시마다 펄스 전송
7	데이터 신호 (Data Signal)	DB0	H/L	데이터 버스7(Data Bus 7) / 4 bit 제어 시 사용
8		DB1	H/L	데이터 버스6(Data Bus 6) / 4 bit 제어 시 사용
9		DB2	H/L	데이터 버스5(Data Bus 5) / 4 bit 제어 시 사용
10		DB3	H/L	데이터 버스4(Data Bus 4) / 4 bit 제어 시 사용
11		DB4	H/L	데이터 버스3(Data Bus 3)
12		DB5	H/L	데이터 버스2(Data Bus 2)
13		DB6	H/L	데이터 버스1(Data Bus 1)
14		DB7	H/L	데이터 버스0(Data Bus 0)
15	후면 광원 (Back Light)	A	+5	백 라이트 용 애노드(Anode) 전원
16		K	0	백 라이트 용 캐소드(Cathode) 전원

백라이트의 지원 유무에 따라 핀이 있는 경우도 있고 없는 경우도 있다.
핀 번호도 위와 다른 경우가 종종 있으므로 항상 데이터 시트를 확인하기 바란다.

이러한 디바이스에 어떠한 동작을 지시하는 신호를 제어 신호(Control Signal)라고 하고, 실제로 출력될 데이터를 데이터 신호(Data Signal)이라고 한다. 예를 들어 '현재 위치를 우하단에서 좌상단으로 옮겨라' 는 것은 데이터 신호가 아닌 제어 신호이고, 'A' 를 출력하라는 것 중에 'A' 의 값은 제어 신호가 아닌 데이터 신호이다.

어떤 디바이스는 제어 신호와 데이터 신호가 분리된 경우도 있지만, CLCD는 제어 신호와 데이터 신호가 같은 데이터 버스(Data bus)를 공유한다. 이러한 경우 데이터 버스의 신호가 제어 신호인지 데이터 신호인지 알 수가 없기 때문에 별도의 핀(RS)을 가진다. 예를 들어 RS핀이 HIGH이면 데이터 버스의 값이 데이터 신호라고 약속하고, RS핀이 LOW이면 데이터 버스의 값이 제어 신호라고 약속하면 된다는 것이다.

(6) 핀 설명

위에서는 일반적인 CLCD의 핀에 대해 설명하였고 이제 제어하려는 HY-1602H-803 모델의 핀은 [표 11-12]와 같다.

표 11-12 • CLCD 각 핀에 대한 설명

핀번호	기호	기능
1	V_{DD}	Power Supply for Logic (+5V)
2	V_{SS}	GND (0V)
3	V_0	Power Supply for LCD drive
4	RS	Register selection (H:Data register, L:Instruction register)
5	R/W	Read/Write selection (H:Read, L:Write)
6	E	Enable signal for LCM
7~14	D0~D7	Data Bus line
A	LEDA	Power supply for Backlight (+5V)
K	LEDK	Power supply for Backlight (0V)

(7) 전원 회로 구성

CLCD의 기본 회로 구성에서 전원 연결 및 후면 광원 연결은 [그림 11-19]와 같다. 이 핀은 마이크로컨트롤러가 제어하는 것이 아니다. 총 5핀(V_{DD}, V_{SS}, V_0, A, K)에 대한 설명은 다음과 같다.

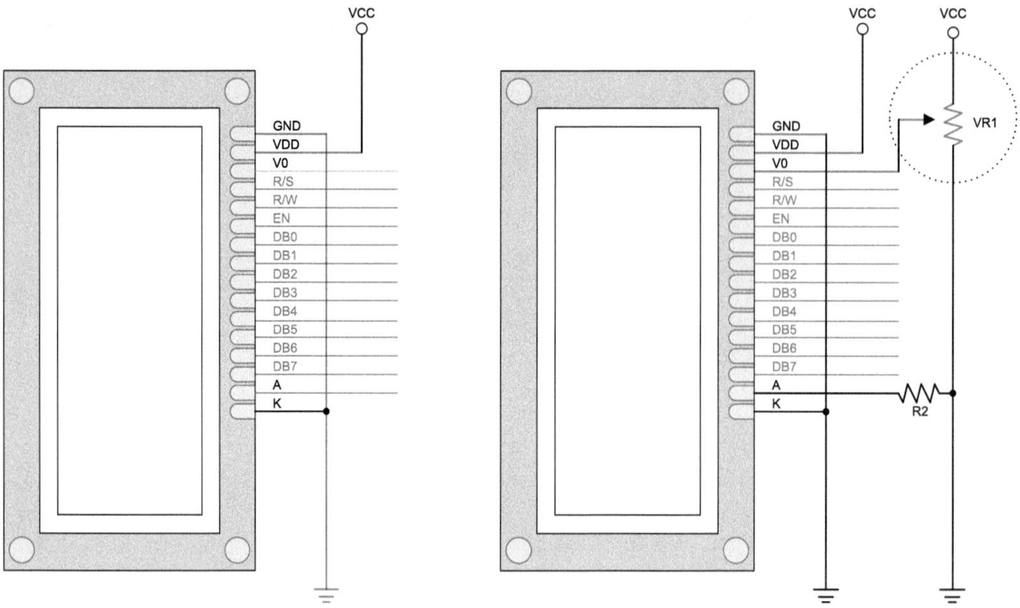

그림 11-19 • CLCD의 전원 연결 후 후면 광원 연결 회로도(원형 테두리 안의 가변 저항 값을 조절)

1. CLCD 구동 전원 핀(VDD)로 5V를 인가한다.
   모델마다 다를 수 있으므로 정확한 전압은 데이터시트를 참조하도록 한다.
2. CLCD의 GND핀(VSS)과 후면 광원의 캐소드(K)를 GND로 연결한다.
3. CLCD의 글씨 농도(Contrast) 조절 핀(V0)을 원형 테두리와 같이 가변저항(VR1)과 연결한다.
   가변저항(VR1)의 값은 10K 정도면 무난하다.
4. CLCD의 후면 광원의 애노드 전원(A)을 저항(R2)를 거쳐 VR1의 GND 부분에 연결한다.
   R1의 값은 4.7K 정도면 무난하다.

(8) 회로도

CLCD는 크게 4비트로 제어하는 경우와 8비트로 제어하는 경우가 있는데 어느 경우던 상관없다. 그런데 보통 마이크로 컨트롤러의 포트는 많지 않으므로 4비트로 제어하는 경우가 많다. 또한 R/W 및 E 핀도 제어하지 않는 경우도 있다.

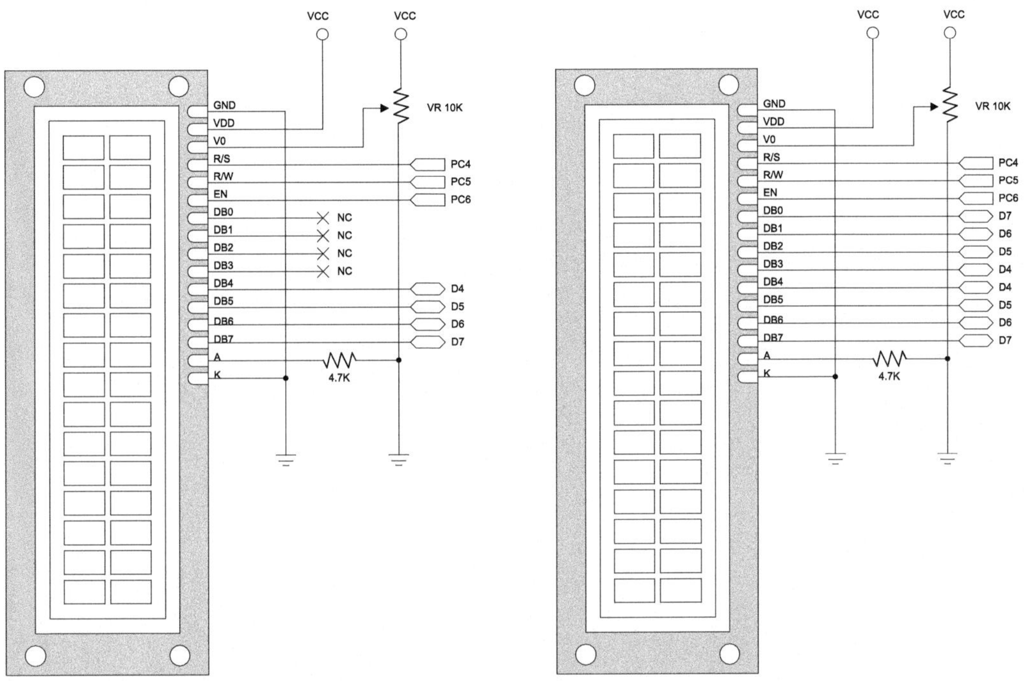

그림 11-20 • CLCD의 4비트 제어와 8비트 제어 방식의 회로도

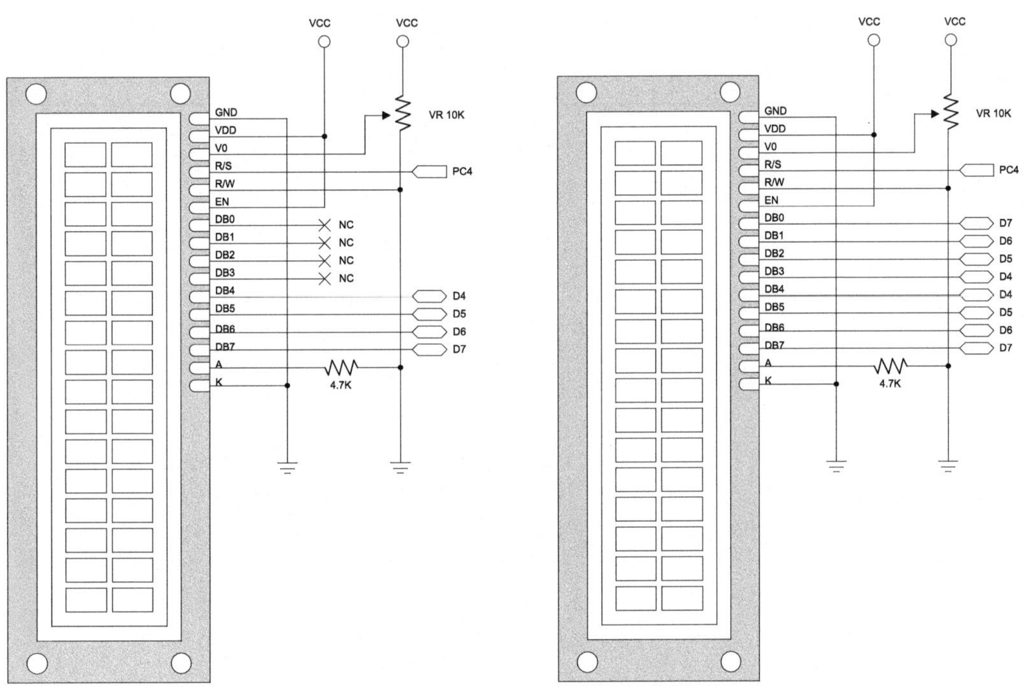

그림 11-21 • E 및 R/W 핀 수를 줄인 4비트 제어와 8비트 제어 방식의 회로도

5.2 예제 및 실험

예제 11-2 | clcd 헤더파일에 대한 요약 코드

코드가 많기 때문에 설명을 위해 조금 줄였다. 원래 코드를 보기 위해서는 예제 소스 파일을 참고한다.

```
// CLCD Pin Desciption
// 1. Control Bus
#define EN  PC6
#define RW  PC5
#define RS  PC4
// 2. Data Bus
#define DATA_BUS                    PORTB
#define CONTROL_BUS                 PORTC
#define DATA_BUS_DIRECTION          DDRB
#define CONTROL_BUS_DIRECTION       DDRC
// 3. Busy Check Pin
#define DATA_BUS_BUSY               PINB
#define BUSY_BIT                    0x80

// CLCD Commands
// 1. Clear Display
#define CMD_CLEAR_DISPLAY           0x01
// 2. Return HOME
#define CMD_RETURN_HOME             0x02
// 3. Entry Mode Set
#define CMD_ENTRY_MODE_SET_OPTION1 0x04 // cursor [left], display shift [none]
#define CMD_ENTRY_MODE_SET_OPTION2 0x05 // cursor [left], display shift []
#define CMD_ENTRY_MODE_SET_OPTION3 0x06 // cursor [right], display shift [none] // *** Used
#define CMD_ENTRY_MODE_SET_OPTION4 0x07 // cursor [right], display shift []
// 4. Display On/Off
#define CMD_DISPLAY_OPTION1         0x08 // Display [Off], Cursor [Off], Cursor Blink [Off]
#define CMD_DISPLAY_OPTION2         0x09 // Display [Off], Cursor [Off], Cursor Blink [On]
#define CMD_DISPLAY_OPTION3         0x0A // Display [Off], Cursor [On], Cursor Blink [Off]
#define CMD_DISPLAY_OPTION4         0x0B // Display [Off], Cursor [On], Cursor Blink [On]
#define CMD_DISPLAY_OPTION5         0x0C // Display [On], Cursor [Off], Cursor Blink [Off]
#define CMD_DISPLAY_OPTION6         0x0D // Display [On], Cursor [Off], Cursor Blink [On]
#define CMD_DISPLAY_OPTION7         0x0E // Display [On], Cursor [On], Cursor Blink [Off]
#define CMD_DISPLAY_OPTION8         0x0F // Display [On], Cursor [On], Cursor Blink [On] // *** Used
// 5. Cursor or Display Shift
#define CMD_CURSOR_DISPLAY_SHIFT_OPTION1    0x10 // [Cursor] Select, Cursor Shift [Left]
```

```
#define CMD_CURSOR_DISPLAY_SHIFT_OPTION2   0x14 // [Cursor] Select, Cursor Shift [Right]
#define CMD_CURSOR_DISPLAY_SHIFT_OPTION3   0x18 // [Display] Select, Display Shift [Left]
#define CMD_CURSOR_DISPLAY_SHIFT_OPTION4   0x1C // [Display] Select, Display Shift [Right]
// 6. Function Set
#define CMD_FUNCTION_SET_OPTION1        0x20 // [4] bit mode, [1] line, [5x8] Font
#define CMD_FUNCTION_SET_OPTION2        0x24 // [4] bit mode, [1] line, [5x11] Font
#define CMD_FUNCTION_SET_OPTION3        0x28 // [4] bit mode, [2] line, [5x8] Font // *** Used
#define CMD_FUNCTION_SET_OPTION4        0x2C // [4] bit mode, [2] line, [5x11] Font
#define CMD_FUNCTION_SET_OPTION5        0x30 // [8] bit mode, [1] line, [5x8] Font
#define CMD_FUNCTION_SET_OPTION6        0x3C // [8] bit mode, [1] line, [5x11] Font
#define CMD_FUNCTION_SET_OPTION7        0x34 // [8] bit mode, [2] line, [5x8] Font
#define CMD_FUNCTION_SET_OPTION8        0x38 // [8] bit mode, [2] line, [5x11] Font

#define LINE1                           0x80
#define LINE2                           0xC0
#define BIT4_MODE                       10 // 이 값은 아무 의미 없다.
#define BIT8_MODE                       20

// Function declaration
void clcd_port_init(void);
//void clcd_init(void);
unsigned char clcd_init(unsigned char bit_mode);
void clcd_busy_check(void);
void clcd_command(unsigned char cmd);
void clcd_data(unsigned char data);
void clcd_char(unsigned char data);
void clcd_str(unsigned char cmd, char *string);

unsigned char clcd_init(unsigned char bit_mode) {
   clcd_port_init();
   delay_ms(500); // CLCD 초기시간 확보를 위해 일부러 넣은 것임
                  // 아래 30ms를 확보하지 못해 초기화가 안 되는 경우가 가끔 있음

   if(bit_mode==BIT4_MODE) {
      // 4 bit init code here !!
      clcd_command(CMD_FUNCTION_SET_OPTION3);
      delay_ms(5);
      clcd_command(CMD_FUNCTION_SET_OPTION3);
      delay_ms(1);
      clcd_command(CMD_FUNCTION_SET_OPTION3);
      clcd_command(CMD_FUNCTION_SET_OPTION3);
```

```
        clcd_command(CMD_DISPLAY_OPTION8);
        clcd_command(CMD_RETURN_HOME);
        clcd_command(CMD_CLEAR_DISPLAY);
        clcd_command(CMD_ENTRY_MODE_SET_OPTION3);
        clcd_command(CMD_CLEAR_DISPLAY);
        return true;
    }
    else if(bit_mode==BIT8_MODE) { return true; } // 8 bit init code here !!
    else { return false; }
}

void clcd_port_init(void) {
    CONTROL_BUS_DIRECTION =                     0xF0; // 컨트롤 출력
    DATA_BUS_DIRECTION =                        0x00; //
    CONTROL_BUS =                               0x00; // EN= 0
    DATA_BUS =                                  0x00;
}

void clcd_busy_check(void) {
    unsigned char busy_flag = 0;
    unsigned int busy_time = 0;
    clcd_port_init();

    do {
        cbi(CONTROL_BUS, RS); // RS = 0
        sbi(CONTROL_BUS, RW); // RW = 1
        sbi(CONTROL_BUS, EN); // EN = 1

        busy_flag = DATA_BUS_BUSY;
        sbi(CONTROL_BUS, EN); // EN = 1
        cbi(CONTROL_BUS, EN); // EN = 0
        busy_time++;
    } while((busy_flag & BUSY_BIT) && (busy_time < 500)); // busy=1인 경우 루프

    // busy=0인 경우, 원래대로 리턴
    CONTROL_BUS_DIRECTION = 0xF0; // 모두 출력
    DATA_BUS_DIRECTION = 0xF0;    // 모두 출력
    cbi(CONTROL_BUS, EN);         // EN = 0
}

void clcd_command(unsigned char cmd) {
```

```
    clcd_busy_check();                  // check busy flag

    DATA_BUS = (cmd & 0xF0);            // 상위 니블
    cbi(CONTROL_BUS, RS);               // RS= 0
    cbi(CONTROL_BUS, RW);               // RW= 0
    sbi(CONTROL_BUS, EN);               // EN= 1
    cbi(CONTROL_BUS, EN);               // EN= 0

    DATA_BUS = (cmd & 0x0f)<<4;
    cbi(CONTROL_BUS, RS);               // RS= 0
    cbi(CONTROL_BUS, RW);               // RW= 0
    sbi(CONTROL_BUS, EN);               // EN= 1
    cbi(CONTROL_BUS, EN);               // EN= 0
}

void clcd_data(unsigned char cmd) {
    clcd_busy_check();                  // check busy flag

    DATA_BUS = (cmd & 0xF0);            // Upper Nibble
    sbi(CONTROL_BUS, RS);               // RS= 1
    cbi(CONTROL_BUS, RW);               // RW= 0
    sbi(CONTROL_BUS, EN);               // EN= 1
    cbi(CONTROL_BUS, EN);               // EN= 0
    DATA_BUS = (cmd & 0x0f)<<4;
    sbi(CONTROL_BUS, RS);               // RS= 1
    cbi(CONTROL_BUS, RW);               // RW= 0
    sbi(CONTROL_BUS, EN);               // EN= 1
    cbi(CONTROL_BUS, EN);               // EN= 0
}

void clcd_char(unsigned char ch) {
    clcd_data(ch);
}

unsigned char clcd_position(unsigned char x, unsigned char y) {
        unsigned char location = 0;
        if(y>0x01) { y = 0x01; }
        if(x>0x0f) { x = 0x0f; }
        if(y==0) { location = x + LINE1; } // 1행에 표시
        else { location = x + LINE2; }      // 2행에 표시
        return location;
```

```
}

void clcd_cmd_str(unsigned char cmd, unsigned char *string) {
   clcd_command(cmd);
   while(*string != '\0') {
      clcd_char(*string);
      string++;
   }
}

void clcd_str(unsigned char cmd, char *string) {
   clcd_command(cmd);
   while(*string != '\0') {
      clcd_char(*string);
      string++;
   }
}
```

예제 11-3 | CLCD에 'Hello, World !!' 문자열을 출력하는 간단한 예제

이제 CLCD를 이용하여 화면에 'Hello, World'를 출력하는 예제를 작성해보도록 하자.

```
#include<avr/io.h>

#include "global.h"
#include "delay.h"
#include "clcd.h"

int main(void) {
   char data1[] = "Hello, world !!";
   char data2[] = "(*^-^) (/^^)/";

   init_clcd(BIT4_MODE); // CLCD를 4비트로 초기화시킴
   while(true) {
      delay_ms(500); // 잠깐 기다렸다가
      clcd_string(LINE1, data1); // CLCD에 data1 문자열을 출력
      delay_ms(500);
      clcd_string(LINE2, data2); // CLCD에 data2 문자열을 출력
      delay_ms(500);
      clcd_command(CMD_CLEAR_DISPLAY); // 화면을 깨끗하게 청소
   }
}
```

위의 예제는 첫 줄에 'Hello, world !!' 라는 문자열을 출력한 후 잠깐 기다렸다가 다시 '(*^–^) (/^^)/' 문자열을 출력하고나서 화면을 모두 지운(clear) 후 다시 'Hello, world !!' 문자열을 출력하는 과정을 무한 반복하는 예제이다.

위의 예제 자체는 아주 간단하다. 정작 중요한 코드는 clcd.h에 있으므로 문자열이 나오는 원리를 파악하기 위해서는 clcd.h를 살펴보도록 하자.

예제 11-4 | CLCD에 문자열이 오른쪽으로 스크롤 되는 예제

문자열을 스크롤하기 위해서는 DD RAM의 구조에 대한 약간의 지식이 필요하다. 16x2의 CLCD는 80바이트의 DD RAM을 갖는데 위에서 살펴본 바와 같이 0, 1, 2, 3,… 차례대로가 아닌 윗줄은 0x00~0x27까지, 아랫줄을 0x40~0x4F까지를 가진다. 따라서 DD RAM에 적당하게 집어넣어야 스크롤이 된다.

```
#include <avr/io.h>
#include "global.h"
#include "delay.h"
#include "clcd.h"

// 0123456789012345678901234567890123456789012345678901
char data1[] = "abcdefghijklmnopqrstuvwxyzABCDEFGHIJKLMNOPQRSTUVWXYZ";
// char data1[] = "abcdefghijklmnop/* 24 white space */qrstuvwxyzABCDEF";


int main(void) {
  init_clcd(BIT4_MODE);
  int i = 0;
  int j = 0;

  while(true) {
    clcd_command(CMD_CLEAR_DISPLAY);
    delay_ms(500);
    clcd_string(clcd_position(i,j), data1);

    delay_ms(500);
    delay_ms(500);

    for(j= 0; j<20; j++) { scroll(LEFT); delay_ms(500); }
    delay_ms(500);
    delay_ms(500);
  }
}
```

예제 11-5 | 실수값이 출력되는 예제

이 예제를 실행해보면 CLCD의 화면에 예상과 다르게 '? kHz'와 같이 출력된다. 이는 AVR Studio에서 옵션을 설정해주어야 한다.

```
#include <avr/io.h>            // 기본적인 입출력을 쓸 수 있게 도와주는 헤더 파일
#include <stdio.h>
#include "global.h"
#include "delay.h"
#include "clcd.h"
#define SIZE 64
int main(void) {
  double freq1 = 27.778;
  double freq2 = 38.854;
  char buffer1[SIZE];
  char buffer2[SIZE];
  init_clcd(BIT4_MODE);
  while(true) {
    sprintf(buffer1, "gen: %4.4f KHz", freq1); printf(buffer1);
    clcd_string(LINE1, buffer1);
    sprintf(buffer2, "cnt: %4.4f KHz", freq2); printf(buffer2);
    clcd_string(LINE2, buffer2);
  }
}
```

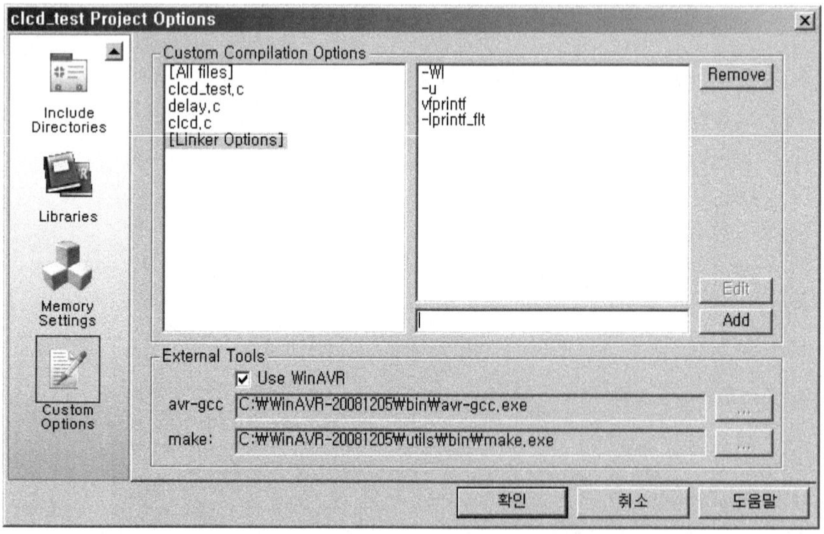

그림 11-22 • 실수를 출력하기 위한 AVR Studio 설정 변경

프로젝트의 Configuration Option 옵션에서 Custom Option을 선택한 후 우측에 '-WI', '-u', 'vfprintf', '-lprintf_flt' 을 차례대로 입력하면 된다.

예제 11-6 | CLCD에서 문자열 출력의 어려움

기본적으로 CLCD에는 무언가 출력하려면 여간 번거로운 게 아니다. 아래 예제를 보자.

```
#include <avr/io.h> // 각종 헤더 파일 설정

unsigned char adc_value; // adc 값을 읽기 위한 변수 선언

SIGNAL(SIG_ADC) {
  // read adc value from adc port
  adc_value; // 읽혀진 adc 값
}
int main(void) {
  // 각종 포트 설정
  // adc 레지스터 설정
  adc= read_adc();
  clcd_string(LINE1, adc); // 이때 문제가 된다.
}
```

예를 들어 읽혀진 adc_value 값이 536이라고 가정할 때 536은 정수값이지 아스키 코드 값이 아니다. CLCD에 536을 나타내기 위해서는 정수값이 아닌 아스키 코드 값으로 출력해야만 하다. 즉 CLCD에 35H, 33H, 36H를 차례대로 출력해줘야 한다는 뜻이다. 따라서 정수형(integer)을 아스키(ascii)로 바꿔야 한다.

```
// 생략…
int main(void) {
  // 각종 포트 설정
  // adc 레지스터 설정
  adc= read_adc();
  clcd_string(LINE1, itoa(adc)); // 정수값을 아스키 값으로 바꾼다.
}
```

하지만 이제는 또 문자열 형태가 아닌 문자 형태이므로 문자형을 다시 문자열형으로 바꾸어주어야 한다. 게다가 출력할 문자가 가변적이라면 (예를 들어 adc값은 0~1023까지 변한다.) 더 복잡해 진다. 게다가 가변되는 실수값이라면 더욱 복잡해지는데 이러한 경우를 후에 다루기로 하자.

6 이 장의 간추림

- LCD(Liquid Crystal Display)는 편광의 원리를 이용한 디스플레이 장치로서 후면에 광원이 필요한 단점이 있다. 그러나 소비 전력이 작고, 얇고, 가벼우며 다양한 문자를 유연하게 표현할 수 있는 장점이 있다. 그러나 자외선에 약하고, 수명이 짧으며, 속도가 느린 단점도 가지고 있는 디스플레이 장치이다.
- CLCD 모듈의 핀은 제어용으로 3개의 제어핀(R/S, R/W, EN)이 있고 데이터 전송을 위한 8개의 데이터 버스 핀(DB0 ~ DB7)이 존재한다. 이러한 핀의 용도는 대개 동일하나 핀 배치 및 핀 번호가 다르므로 결선 시 유의해야 한다
- CLCD 제어에는 LCD를 제어하기 위해서는 컨트롤러가 무엇인지가 중요한데, CLCD는 대개 HD44780 컨트롤러 칩을 사용한다. 제어하는 과정을 요약하면 다음과 같다.

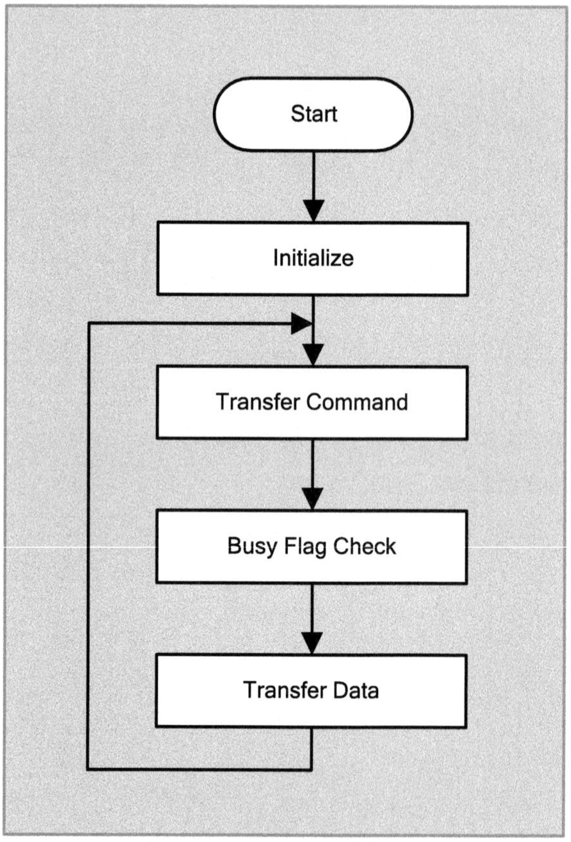

그림 11-23 • 제어 과정

연습문제

1. 다음 보기 중에서 LCD에 관련된 설명으로 맞지 않은 것은?

① 액정은 고체와 액체 두 가지 성질을 가지고 있는 물질을 말한다.

② 저소비 전력으로 구동 가능하다.

③ 액정의 반응 속도는 MCU에 비해 상당히 빠르다.

④ 시야각에 제한을 많이 받는다.

2. 다음 보기 중에서 CLCD에 관련된 설명으로 맞지 않는 것은?

① LED나 FND에 비해 다양한 문자 표현이 가능하다.

② 제어하기에 많은 핀이 필요치 않다.

③ 데이터 출력 시 같은 데이터라도 매번 갱신해 주어야 한다.

④ 일반적으로 한글 표현이 불가능하거나 어렵다.

3. 다음 보기 HD44780 컨트롤러에 관련된 설명으로 맞지 않는 것은?

① 5×7, 5×10 두 가지 폰트를 지원한다.

② 동작 전압은 약 2.5-5.5V 라서 MCU 적용에 편리하다.

③ 마이크로컨트롤러와 4비트, 8비트, 16비트 인터페이스를 지원한다.

④ 히다치에서 제작한 컨트롤러이다.

4. CLCD에서 RS 핀은 어떠한 기능을 하는지 설명하시오.

5. CLCD에서 BUSY 가 어떠한 기능을 하는지 설명하시오.

생각해보기

❶ 마이크로컨트롤러에서 널리 사용되는 출력 장치는 무엇이 있을까? 그 종류에 대해 조사해보고 각각의 장단점에 대해 조사해보자.

❷ 보통의 마이크로컨트롤러가 TFT-LCD를 다루지 않는 이유는 무엇일까? 이 점에 대해 생각해보자.

❸ 우리 주변에서 흔히 보이는 마이크로컨트롤러를 이용한 디스플레이의 종류를 조사해보자.

CHAPTER 12

EEPROM 제어 (EEPROM Control)

당근이의 **AVR ATmega128** 마이크로컨트롤러

이번 장에 대하여

이번 장에서는 비휘발성 메모리의 한 종류인 EEPROM에 데이터를 읽고(Read) 써볼(Write) 것이다. 알다시피 비휘발성 메모리는 전원 공급이 차단되어도 내용을 기억하는 특징을 갖고 있다. 따라서 전원이 차단되어도 보관되어야 할 정보가 정보가 있다면, EEPROM에 저장해놓으면 좋을 것이다.

대개의 AVR은 EEPROM을 내장하고 있어 레지스터 설정을 통해 간단하게 읽고 쓸 수 있다. 하지만 EEPROM의 용량은 매우 작으므로 저장해야 할 정보의 용량을 계산하고 써야 한다.

이번 장에서는 EEPROM에 1, 2, 3, 4.. 와 같은 값을 써보고 이를 읽어 확인할 것이다. 그런데 출력 데이터가 꽤 많으므로 USART 통신을 통해 EEPROM의 값을 출력해볼 것이다.

참고로 읽기, 쓰기를 Write 혹은 Read 라고 표기하기도 하고 다른 책에서는 기록과 판독이라고 하는데, 모두 같은 뜻이므로 헷갈리지 말도록 하자.

1 EEPROM의 개요

1.1 휘발성 메모리와 비휘발성 메모리

RAM과 ROM을 구분 짓는 중요한 기준은 '전원이 공급되지 않아도 데이터가 유지되는가 아닌가' 의 차이이다. RAM이나 ROM이나 전원이 공급되는 동안에는 데이터의 읽기, 쓰기가 자유로우나 전원이 공급되지 않으면 RAM은 데이터가 사라지는 반면 ROM은 데이터가 사라지지 않는다. 이러한 특징을 휘발성(Volatile)이라 하여 RAM은 휘발성(Volatile)의 메모리라고 하고, ROM은 비휘발성(Non-Volatile) 메모리라고 한다.

- 휘발성 메모리는 전원 공급이 차단될 경우 메모리의 데이터가 사라지는 특징이 있다.
- 비휘발성 메모리는 전원 공급이 차단되어도 메모리의 데이터가 보존되는 특징이 있다.

이러한 비휘발성 메모리를 통틀어 NVM(Non Volatile Memory)이라 부르는데 이중 대표적인 EEPROM(Electrically Erasable Programmable ROM)은 1983년 인텔의 George Perlegos가 개발한 것을 시초로 근래에는 각종 전자 장비 및 산업용 장비 등에 널리 사용된다.

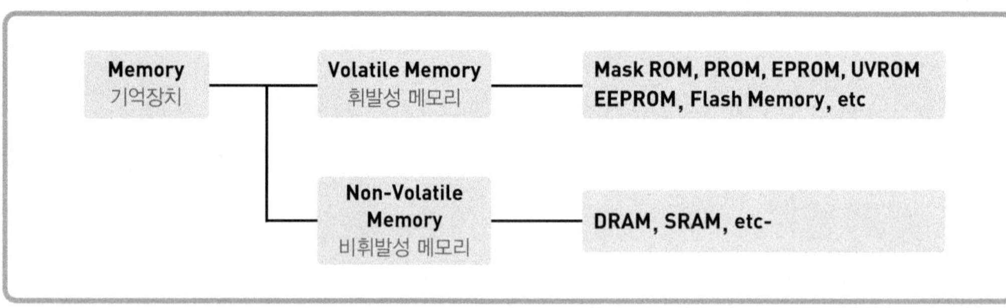

그림 12-1 • 휘발성 메모리와 비휘발성 메모리의 분류와 EEPROM

전기적으로 내용을 지우는 EEPROM 이외에 자외선으로 내용을 지우는 UVEPROM(Ultra Violet Erasable Programmable Read-Only Memory)이라는 것도 있지만 최근에는 UVEPROM보다 EEPROM이 더 많이 사용된다. UVEEPROM은 메모리의 내용을 지우기 위해 롬 이레이저와 같은 특별한 장비가 필요했으나 EEPROM은 이러한 장비가 필요하지 않기 때문이다. 그러나 EEPROM은 플래시 메모리와 비교하면 읽거나 쓰는 속도가 매우 느린 단점도 있다.

참고로 AVR은 내부에 EEPROM을 내장하고 있으므로 위의 직렬, 병렬 형태가 아닌 내부 레지스터 설정을 통하여 간단하게 읽고 쓸 수 있다.

2 ATmega128의 EEPROM

2.1 ATmega128의 메모리 종류

앞서 말했던 바와 같이 AVR의 메모리(Memory)는 다음과 같이 4가지가 있는데 EEPROM을 제외한 메모리에 대해서는 모두 알아보았으므로 이번 장에서는 EEPROM에 대해서 알아보도록 하자.

표 12-1 • ATmega128에서 모든 메모리의 종류

번호	Functional	Physical	In/External	Volatile	Capacity(KB)
1	Program Memory	Flash Memory	Internal	No	128
2	Data Memory	Internal SRAM	Internal	Yes	4
3		External Memory	External	Yes	64
4		Internal EEPROM	Internal	No	4

이 중에서 Tmega12의 EEPROM의 특징을 다시 한 번 살펴보면 다음과 같은 특징을 가지고 있다.

- 4K바이트의 용량
- 100,000번 읽고 쓰기가 가능함
- 데이터 메모리 주소 영역과 다른 별도의 영역에 할당되어 있음

AVR이 가지고 있는 EEPROM의 용량은 모델마다 다른데, ATmega128은 4K바이트이다. AVR의 EEPROM 용량은 그다지 큰 편은 아니므로 저장할 데이터의 용량이 충분히 되는지 잘 살펴보아야 한다. 만일 용량이 부족한 경우라 할지라도 외부 EEPROM을 장착하면 되기 때문에 크게 걱정할 필요는 없다. 물론 외부 EEPROM을 장착할 경우 내부 EEPROM을 사용하는 것보다는 조금 더 번거롭다.

AVR의 EEPROM은 10만 번 이상 지우기(혹은 소거 : Erase) 및 쓰기(혹은 기록 : Write)할 수 있고 읽기(혹은 판독 : Read) 역시 가능하다. EEPROM에 읽고 쓰는 것은 SRAM에 읽고 쓰는 것보다는 조금 까다로운데 이에 대해 살펴보도록 하자.

2.2 EEPROM에 데이터를 쓰기(Write Operation)

EEPROM의 쓰기 과정은 다음과 같은 순서를 반드시 지켜야 한다. 어느 한 과정이라도 생략되면 제대로 써지지 않는다.

1. **쓸 준비가 되어 있는지 체크한다.** → EEWE가 0이 될 때까지 기다린다.
2. **플래시메모리의 기록이 끝났는지 물어본다.** → SPMCSR 레지스터의 SPMEM 비트가 0이 될때까지 기다린다.
3. **주소를 적재한다.** → EEAR에 주소를 적재한다.
4. **데이터를 적재한다.** → EEDR에 데이터를 적재한다.
5. **쓴다.** → EECR의 EEWE 비트를 클리어한 후 EEMWE 비트를 세트하고 4클럭 이내에 EEWE 비트를 세트한다.

```
; EEPROM에 데이터를 쓰는 어셈블리어 코드

EEPROM_WRITE : SBIC  EECR,EEWE     ; Wait for completion of previous write
               RJMP  EEPROM_WRITE  ; Set up address (r18:r17) in address register
               OUT   EEARH, R18    ; Write data (r16) to data register
               OUT   EEARL, R17
               OUT   EEDR,R16      ; Write logical one to EEMWE
               SBI   EECR,EEMWE    ; Start EEPROM write by setting EEWE
               SBI   EECR,EEWE
               RET
```

```
/* EEPROM에 데이터를 쓰는 c언어 코드 */

void eerpom_write(unsigned int address, unsigned char data) {
   while (EECR & (1<<EEWE));
   EEAR= address;
   EEDR= data;
   EECR |= (1<<EEMWE);
   EECR |= (1<< EEWE);
}
```

2.3 EEPROM에 데이터를 읽기(Read Operation)

읽기는 쓰기보다 조금 더 간단하다.

1. **읽을 준비가 되어있는지 체크한다.** → EEWE가 0이 될 때까지 기다린다.
2. **주소를 적재한다.** → EEAR에 주소를 적재한다.
3. **읽는다.** → EERE를 세트하고 EEDR의 내용을 읽으면 된다.

```
; EEPROM에 데이터를 읽는 어셈블리어 코드

EEPROM_READ : SBIC EECR,EEWE
              RJMP EEPROM_READ
              OUT  EEARH, R18
              OUT  EEARL, R17
              SBI  EECR,EERE
              IN   R16, EEDR
              RET
```

```
/* EEPROM에 데이터를 읽는 c언어 코드 */

unsigned char eerpom_read(unsigned int address) {
   while (EECR & (1<<EEWE));
   EEAR = address;
   EECR |= (1<<EERE);
   return EEDR;
}
```

3 레지스터 설정

3.1 전체 I/O 레지스터 중 사용되는 레지스터

표 12-2 • ATmega128의 I/O 레지스터 : 주소별 분류

번호	주소	레지스터명	BIT7	BIT6	BIT5	BIT4	BIT3	BIT2	BIT1	BIT0
64	$3F ($5F)	SREG	I	T	H	S	V	N	Z	C
62	$3D ($5D)	SPL	SP7	SP6	SP5	SP4	SP3	SP2	SP1	SP0
63	$3E ($5E)	SPH	SP15	SP14	SP13	SP12	SP11	SP10	SP9	SP8
60	$3B ($5B)	RAMPZ								RAMPZ0
54	$35 ($55)	MCUCR	SRE	SRW10	SE	SM1	SM0	SM2	IVSEL	IVCE
77	($6C)	XMCRB	XMBK					XMM2	XMM1	XMM0
78	($6D)	XMCRA		SRL2	SRL1	SRL0	SRW01	SRW00	SRW11	
80	($6F)	OSCCAL	Oscillator Calibration Register							
61	$3C ($5C)	XDIV	XDIVEN	XDIV6	XDIV5	XDIV4	XDIV3	XDIV2	XDIV1	XDIV0
53	$34 ($54)	MCUCSR	JTD			JTRF	WDRF	BORF	EXTRF	PORF
34	$21 ($41)	WDTCR				WDCE	WDE	SDP2	WDP1	WDP0

(계속 1/3)

번호	주소	레지스터명	BIT7	BIT6	BIT5	BIT4	BIT3	BIT2	BIT1	BIT0
9	$08 ($28)	ACSR	ACD	ACBG	ACO	ACI	ACIE	ACIC	ACIS1	ACIS0
73	($68)	SPMCSR	SPMIE	RWWSB		RWWSRE	BLBSET	PGWRT	PGERS	SPMEN
35	$22 ($42)	OCDR	IDRD /OCDR7	OCDR6	OCDR5	OCDR4	OCDR3	OCDR2	OCDR1	OCDR0
26	$19 ($39)	PINA	PINA7	PINA6	PINA5	PINA4	PINA3	PINA2	PINA1	PINA0
27	$1A ($3A)	DDRA	DDA7	DDA6	DDA5	DDA4	DDA3	DDA2	DDA1	DDA0
28	$1B ($3B)	PORTA	PORTA7	PORTA6	PORTA5	PORTA4	PORTA3	PORTA2	PORTA1	PORTA0
23	$16 ($36)	PINB	PINB7	PINB6	PINB5	PINB4	PINB3	PINB2	PINB1	PINB0
24	$17 ($37)	DDRB	DDB7	DDB6	DDB5	DDB4	DDB3	DDB2	DDB1	DDB0
25	$18 ($38)	PORTB	PORTB7	PORTB6	PORTB5	PORTB4	PORTB3	PORTB2	PORTB1	PORTB0
20	$13 ($33)	PINC	PINC7	PINC6	PINC5	PINC4	PINC3	PINC2	PINC1	PINC0
21	$14 ($34)	DDRC	DDC7	DDC6	DDC5	DDC4	DDC3	DDC2	DDC1	DDC0
22	$15 ($35)	PORTC	PORTC7	PORTC6	PORTC5	PORTC4	PORTC3	PORTC2	PORTC1	PORTC0
17	$10 ($30)	PIND	PIND7	PIND6	PIND5	PIND4	PIND3	PIND2	PIND1	PIND0
18	$11 ($31)	DDRD	DDD7	DDD6	DDD5	DDD4	DDD3	DDD2	DDD1	DDD0
19	$12 ($32)	PORTD	PORTD7	PORTD6	PORTD5	PORTD4	PORTD3	PORTD2	PORTD1	PORTD0
2	$01 ($21)	PINE	PINE7	PINE6	PINE5	PINE4	PINE3	PINE2	PINE1	PINE0
3	$02 ($22)	DDRE	DDE7	DDE6	DDE5	DDE4	DDE3	DDE2	DDE1	DDE0
4	$03 ($23)	PORTE	PORTE7	PORTE6	PORTE5	PORTE4	PORTE3	PORTE2	PORTE1	PORTE0
1	$00 ($20)	PINF	PINF7	PINF6	PINF5	PINF4	PINF3	PINF2	PINF1	PINF0
66	($61)	DDRF	DDF7	DDF6	DDF5	DDF4	DDF3	DDF2	DDF1	DDF0
67	($62)	PORTF	PORTF7	PORTF6	PORTF5	PORTF4	PORTF3	PORTF2	PORTF1	PORTF0
68	($63)	PING				PING4	PING3	PING2	PING1	PING0
69	($64)	DDRG				DDG4	DDG3	DDG2	DDG1	DDG0
70	($65)	PORTG				PORTG4	PORTG3	PORTG2	PORTG1	PORTG0
75	($6A)	EICRA	ISC31	ISC30	ISC21	ISC20	ISC11	ISC10	ISC01	ISC00
59	$3A ($5A)	EICRB	ISC71	ISC70	ISC61	ISC60	ISC51	ISC50	ISC41	ISC40
57	$38 ($58)	EIFR	INTF7	INTF6	INTF5	INTF4	INTF3	INTF2	INTF1	INTF0
58	$39 ($59)	EIMSK	INT7	INT6	INT5	INT4	INT3	INT2	INT1	INT0
49	$30 ($50)	ASSR					AS0	TCN0UB	OCR0UB	TCR0UB
50	$31 ($51)	OCR0	Timer/Counter0 Output Compare Register							
51	$32 ($52)	TCNT0	Timer/Counter0							
52	$33 ($53)	TCCR0	FOC0	WGM00	COM01	COM00	WGM01	CS02	CS01	CS00
55	$36 ($56)	TIFR	OCF2	TOV2	ICF1	OCF1A	OCF1B	TOV1	OCF0	TOV0
56	$37 ($57)	TIMSK	OCIE2	TOIE2	TICIE1	OCIE1A	OCIE1B	TOIE1	OCIE0	TOIE0
39	$26 ($46)	ICR1L	Timer/Counter Input Capture Register Low Byte							

(계속 2/3)

번호	주소	레지스터명	BIT7	BIT6	BIT5	BIT4	BIT3	BIT2	BIT1	BIT0
40	$27 ($47)	ICR1H	Timer/Counter – Input Capture Register High Byte							
89	($78)	OCR1CL	Timer/Counter1 – Output Compare Register C Low Byte							
90	($79)	OCR1CH	Timer/Counter1 – Output Compare Register C Low Byte							
41	$28 ($48)	OCR1BL	Timer/Counter – Output Compare Register B Low Byte							
42	$29 ($49)	OCR1BH	Timer/Counter – Output Compare Register B High Byte							
43	$2A ($4A)	OCR1AL	Timer/Counter – Output Compare Register A Low Byte							
44	$2B ($4B)	OCR1AH	Timer/Counter – Output Compare Register A High Byte							
45	$2C ($4C)	TCNT1L	Timer/Counter – Counter Register Low Byte							
46	$2D ($4D)	TCNT1H	Timer/Counter – Counter Register High Byte							
91	($7A)	TCCR1C	FOC1A	FOC1B	FOC1C					
47	$2E ($4E)	TCCR1B	ICNC1	ICES1		WGM13	WGM12	CS12	CS11	CS10
48	$2F ($4F)	TCCR1A	COM1A1	COM1A0	COM1B1	COM1B0	COM1C1	COM1C0	WGM11	WGM10
36	$23 ($43)	OCR2	Timer/Counter2 – Output Compare Register							
37	$24 ($44)	TCNT2	Timer/Counter2							
38	$25 ($45)	TCCR2	FOC2	WGM20	COM21	COM20	WGM21	CS22	CS21	CS20
97	($80)	ICR3L	Timer/Counter3 – Input Capture Register Low Byte							
98	($81)	ICR3H	Timer/Counter3 – Input Capture Register High Byte							
99	($82)	OCR3CL	Timer/Counter3 – Output Compare Register C Low Byte							

(마침 3/3)

표 12-3 • ATmega128 I/O 레지스터 : 기능별 분류

번호	주소	레지스터명	BIT7	BIT6	BIT5	BIT4	BIT3	BIT2	BIT1	BIT0
100	($83)	OCR3CH	Timer/Counter3 – Output Compare Register C High Byte							
101	($84)	OCR3BL	Timer/Counter3 – Output Compare Register B Low Byte							
102	($85)	OCR3BH	Timer/Counter3 – Output Compare Register B High Byte							
103	($86)	OCR3AL	Timer/Counter3 – Output Compare Register A Low Byte							
104	($87)	OCR3AH	Timer/Counter3 – Output Compare Register A High Byte							
105	($88)	TCNT3L	Timer/Counter3 – Counter Register Low Byte							
106	($89)	TCNT3H	Timer/Counter3 – Counter Register High Byte							
109	($8C)	TCCR3C	FOC3A	FOC3B	FOC3C					
107	($8A)	TCCR3B	ICNC3	ICES3		WGM33	WGM32	CS32	CS31	CS30
108	($8B)	TCCR3A	COM3A1	COM3A0	COM3B1	COM3B0	COM2C1	COM2C0	WGM32	WGM30
33	$20 ($40)	SFIOR	TSM				ACME	PUD	PSR0	PSR321
93	($7C)	ETIFR			ICF3	OCF3A	OCF3B	TOV3	OCF3C	OCF1C
94	($7D)	ETIMSK			TICIE3	OCIE3A	OCIE3B	TOIE3	OCIE3C	OCIE1C
5	$04 ($24)	ADCL	ADC Data Register Low byte							

(계속 1/3)

번호	주소	레지스터명	BIT7	BIT6	BIT5	BIT4	BIT3	BIT2	BIT1	BIT0
6	$05 ($25)	ADCH	ADC Data Register High byte							
7	$06 ($26)	ADCSRA	ADEN	ADSC	ADFR	ADIF	ADIE	ADPS2	ADPS1	ADPS0
8	$07 ($27)	ADMUX	REFS1	REFS0	ADLAR	MUX4	MUX3	MUX2	MUX1	MUX0
14	$0D ($2D)	SPCR	SPIE	SPE	DORD	MSTR	CPOL	CPHA	SPR1	SPR0
15	$0E ($2E)	SPSR	SPIF	WCOL						SPI2X
16	$0F ($2F)	SPDR	SPI Data Register							
10	$09 ($29)	UBRR0L	USART0 Baud Rate Register Low							
113	($90)	UBRR0H					USART0 Baud Rate Register High			
118	($95)	UCSR0C		UMSEL0	UPM01	UPM00	USB0	UCSZ01	UCSZ00	UCPOL0
11	$0A ($2A)	UCSR0B	RXCIE0	TXCIE0	UDRIE0	RXEN0	TXEN0	UCSZ02	RXB80	TXB80
12	$0B ($2B)	UCSR0A	RXC0	TXC0	UDRE0	FE0	DOR0	UPE0	U2X0	MPCM0
13	$0C ($2C)	UDR0	USART0 I/O Data Register							
121	($98)	UBRR1H					USART1 Baud Rate Register High			
122	($99)	UBRR1L	USART1 Baud Rate Register Low							
126	($9D)	UCSR1C		UMSEL1	UPM11	UPM10	USBS1	UCSZ11	UCSZ10	UCPOL1
123	($9A)	UCSR1B	RXCIE	TXCIE1	UDRIE1	RXEN1	TXEN1	UCSZ12	RXB81	TXB81
124	($9B)	UCSR1A	RXC1	RXC1	UDRE1	FE1	DOR1	UPE1	U2X1	MPCM1
125	($9C)	UDR1	USART1 I/O Data Register							
29	$1C ($3C)	EECR					EERIE	EEMWE	EEWE	EERE
30	$1D ($3D)	EEDR	EEPROM Data Register							
31	$1E ($3E)	EEARL	EEPROM Address Register Low Byte							
32	$1F ($3F)	EEARH					EEPROM Address Register High			
81	($70)	TWBR	Two-wire Serial Interface Bit Rate Register							
82	($71)	TWSR	TWS7	TWS6	TWS5	TWS4	TWS3		TWS1	TWS0
83	($72)	TWAR	TWA6	TWA5	TWA4	TWA3	TWA2	TWA1	TWA0	TWGCE
84	($73)	TWDR	Two-wire Serial Interface Data Register							
85	($74)	TWCR	TWINT	TWEA	TWSTA	TWSTO	TWWC	TWEN		TWIE
65	($60)	Reserved								
71	($66)	Reserved								
72	($67)	Reserved								
74	($69)	Reserved								
76	($6B)	Reserved								
79	($6E)	Reserved								
86	($75)	Reserved								
87	($76)	Reserved								

(계속 2/3)

번호	주소	레지스터명	BIT7	BIT6	BIT5	BIT4	BIT3	BIT2	BIT1	BIT0
88	($77)	Reserved								
92	($7B)	Reserved								
95	($7E)	Reserved								
96	($7F)	Reserved								
110	($8D)	Reserved								
111	($8E)	Reserved								
112	($8F)	Reserved								
114	($91)	Reserved								
115	($92)	Reserved								
116	($93)	Reserved								
117	($94)	Reserved								
119	($96)	Reserved								
120	($97)	Reserved								
127	($9E)	Reserved								
160	($FF)	Reserved								

(마침 3/3)

3.2 사용되는 레지스터 각각에 대한 요약

EEPROM에 관련된 레지스터로는 EEARH/EEARL(EEPROM Address Register), EEDR (EEPROM Data Register), EECR(EEPROM Control Register) 세 가지가 있다.

표 12-4 • 외부 인터럽트 관련 레지스터

번호	레지스터	설명
1	EEARH/L	EEPROM을 읽거나 쓰기 위한 주소를 설정한다.
2	EEDR	읽거나 쓴 데이터가 저장되는 레지스터이다.
3	EECR	EEPROM의 읽거나 쓰기 동작을 제어하는 레지스터이다.

(1) EEAR(EEPROM Address Register)

EEAR은 데이터를 읽거나 쓸 때 어느 곳의 데이터를 읽고 쓸지 주소를 설정하는 레지스터이다. 즉 EEAR은 접근할 주소를 지정하는 레지스터이다. ATmega128의 EEPROM 사이즈는 4096바이트이기 때문에 모든 주소를 지정하기 위해 12비트가 필요하므로 EEARH(EEAR HIGH) 하위 4비트와, EEARL(EEAR LOW)의 8비트를 합한 12비트로 주소를 지정한다. EEARH의 BIT [15:12]까지는 필요도 없고 사용되지도 않으며, 읽어도 항상 0으로 읽혀진다.

BIT	15	14	13	12	11	10	9	8
EEARH $3F($1F)	-	-	-	-	EEAR11	EEAR10	EEAR9	EEAR8
EEARL $1E($3E)	EEAR7	EEAR6	EEAR5	EEAR4	EEAR3	EEAR2	EEAR1	EEAR0
	7	6	5	4	3	2	1	0
R/W	R	R	R	R	R/W	R/W	R/W	R/W
	R/W	R/W	R/W	R/W	R/W	R/W	R/W	R/W
INIT	0	0	0	0	X	X	X	X
	X	X	X	X	X	X	X	X

그림 12-2 • EEAR 레지스터

(2) EEDR(EEPROM Data Register)

EEDR 레지스터는 읽거나 쓸 때 데이터를 임시 저장하는 역할을 하는 레지스터이다.

- 데이터를 쓸 때(Write Operation) : 쓸 데이터를 임시 저장하는 역할
- 데이터를 읽을 때(Read Operation) : 읽어온 데이터를 임시 저장하는 역할

BIT	7	6	5	4	3	2	1	0
EEDR $1D($3D)	MSB							LSB
R/W	R/W	R/W	R/W	R/W	R/W	R/W	R/W	R/W
INIT	0	0	0	0	0	0	0	0

그림 12-3 • EEDR 레지스터

(3) EECR(EEPROM Control Register)

EECR은 EEPROM에 기록을 하는 동작이나 읽는 동작을 제어하는 레지스터이다. 상위 4비트는 사용되지 않으며, 읽을 경우 0으로 읽혀진다. 각각의 비트에 대한 설명은 다음과 같다.

BIT	7	6	5	4	3	2	1	0
EECR $1C($3C)	-	-	-	-	EERIE	EEMWE	EEWE	EERE
R/W	R	R	R	R	R/W	R/W	R/W	R/W
INIT	0	0	0	0	0	0	X	0

그림 12-4 • EECR 레지스터

- **BIT [7~4] : Reserved** : 예약된 비트로서 사용되지 않음
- **BIT 3 : EERIE(EEPROM Ready Interrupt Enable)**

  EEPROM이 사용 가능해졌을 때 발생하는 준비(Ready) 인터럽트를 허용하는 비트이다.

  – EERIE를 세트하면 인터럽트 허용 가능(Enable)

  – EERIE를 클리어하면 인터럽트 사용 금지(Disable)
- **BIT 2 : EEMWE(EEPROM Master Write Enable)**

  기록 가능 상태를 지정하는 비트로서

  – EEMWE를 세트시키고 EEWE를 세트시키면 지정된 주소에 데이터가 쓰여진다.

  – EEMWE가 클리어되어 있다면 EEWE 값에 상관없이 쓰여지지 않는다.
- **BIT 1 : EEWE(EEPROM Write Enable)**

  EEWE는 EEPROM의 쓰기 스트로브 신호(Write Strobe Signal)이다. 즉 쓰기 전에 미리 '쓴다' 는 것을 EEPROM에 알려주는 신호라는 뜻이다. EEDR에 데이터가 존재하고 동시에 EEWE를 클리어시키면, EEPROM에 데이터를 기록한다. 그러나 EEWE를 세트하기 이전에 EEMWE가 세트되야만 한다(이는 앞서 설명한 EEMWE 내용과 동일하다).
- **BIT 0 : EERE(EEPROM Read Enable)**

  EERE는 EEPROM의 읽기 스트로브 신호(Read Strobe Signal)이다. 즉 읽기 전에 미리 '읽는다' 는 것을 EEPROM에 알려주는 신호라는 뜻이다. EEPROM에 유효한 주소를 지정한 후 EERE를 클리어시키면 EEPROM으로부터 데이터를 읽는다.

※ 참고로 EERE가 세트되어 있으면 CPU는 다음 명령 실행 전 4클록 사이클 동안 멈춘다. 따라서 개발자는 읽기 동작 시작 전 EEWE 비트를 체크해야 하는데 새로운 데이터나 주소를 쓰고 있을 때 쓰기 동작이 진행 중이라면 쓰기 동작이 중단되고 결과를 보장받을 수 없기 때문이다.

4 예제 및 실험 : S/W

예제 12-1 | 0x000번지부터 0x400번지까지 0, 1, 2, 3,…을 넣고 읽는 예제

(1) EEPROM_test.c

```
#include <avr/io.h>
#include "global.h"
#include "eeprom.h"
#include "usart.h"
#include "delay.h"

int main(void) {
  unsigned int address =        0x000;
  unsigned char test_data1 =   0x55;
  unsigned char test_data2 =   0xAA;
  unsigned char write_data =   0x00;
  unsigned char readed_data =  0x00;
  unsigned int write_count =   0;
  unsigned int read_count =    0;

  usart_init(BAUD_57600);

  tx_string('EEPROM writing...₩n');
  for(address = 0x000; address <= MAX_ADDRESS; address++) {
    write_data++;
    write_count++;
    EEPROM_write(address, write_data);
    htoa(write_data);
    if(write_count%16==0) { tx_string('₩n'); write_count = 0; }
  }
  tx_string('₩nEEPROM write done.₩n');

  tx_string('EEPROM reading...₩n');
  for(address = 0x000; address <= MAX_ADDRESS; address++) {
    readed_data = EEPROM_read(address);
    read_count++;
    htoa(readed_data);
    if(read_count%16==0) { tx_string('₩n'); read_count = 0; }
    delay_ms(20);
  }
```

```
    tx_string('₩nEEPROM read done.₩n');
    return 0;
}
```

(2) eeprom.h

```
#define MAX_ADDRESS 0x400

void EEPROM_write(unsigned int address, unsigned char data);
unsigned char EEPROM_read(unsigned int address);
```

(3) EEPROM.c

```
#include <avr/io.h>
#include "eeprom.h"

void EEPROM_write(unsigned int address, unsigned char data) {
    while(EECR & (1<<EEWE));
    EEAR = address;
    EEDR = data;
    EECR |= (1<<EEMWE);
    EECR |= (1<<EEWE);
}

unsigned char EEPROM_read(unsigned int address) {
    while(EECR & (1<<EEWE));
    EEAR= address;
    EECR |= (1<<EERE);
    return EEDR;
}
```

- **기록한 데이터를 검증하기**

EEPROM에 데이터를 온전히 써놓아도 제대로 쓰여졌는지 확인하기가 어렵다. 제대로 쓰여졌는지 알아보려면 읽어야 하기 때문이다. 그런데 읽은 값을 보기도 어려운 것이 값이 1,000개나 되니 어디 출력할 곳이 마땅치 않기 때문이다. 그래서 다음 그림(p. 14)과 같이 직렬 통신을 이용하여 읽은 값을 출력해보았다. 좀 더 명확하게 하기 위해 쓴 데이터와 읽은 데이터를 텍스트 에디터로 비교해본 결과 역시 동일한 것을 알 수 있다.

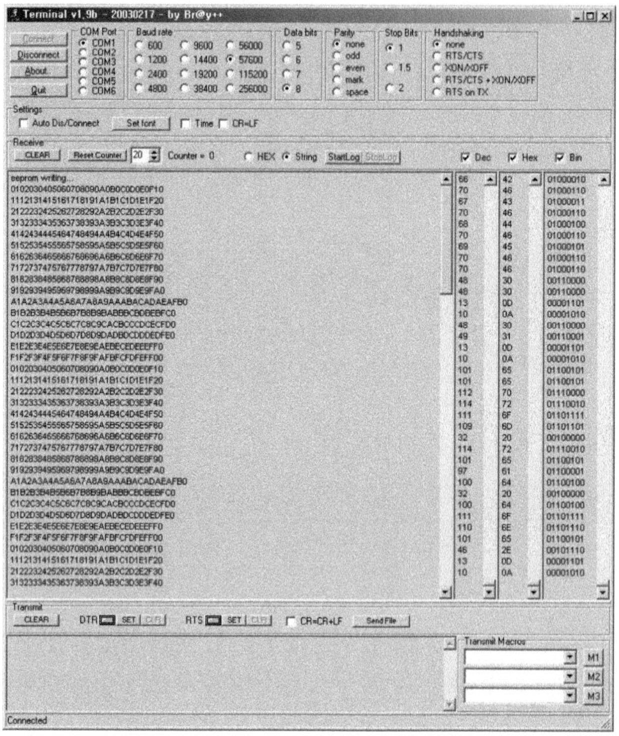

그림 12-5 • 터미널 프로그램으로 EEPROM의 데이터를 읽음

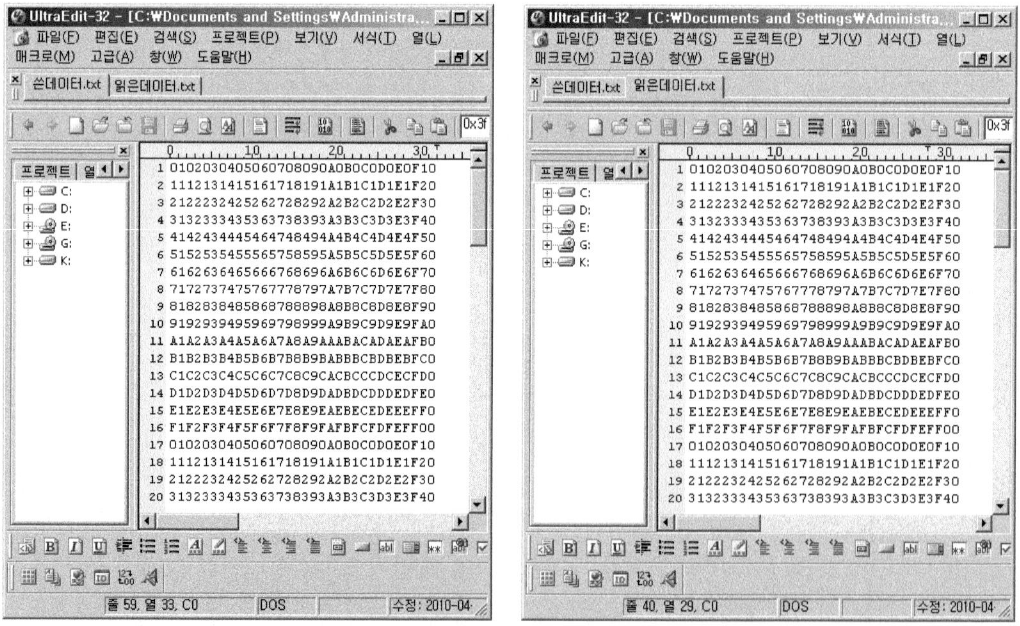

그림 12-6 • 텍스트 에디터를 이용해 쓴 데이터와 읽은 데이터를 비교

예제 12-2 | 라이브러리를 이용해서 값을 저장하는 방법

입력받은 값을 EEPROM에 저장한 후 CLCD에 출력해보는 예제이다. 전원을 OFF한 이후에 ON하여도 기존의 값이 저장되어 있음을 알 수 있다.

EEPROM을 읽고 쓰기 위해서 위와 같이 직접 만들어 사용해도 되나 AVR Studio에서 제공하는 eeprom.h를 사용하면 더욱 간편하게 읽고 쓸 수 있을 것이다. 간혹 학생 중 일부는 '그냥 라이브러리를 갖다 쓰면 되지 굳이 어렵게 분석하여 직접 만들어 사용해야 하느냐'는 질문을 하곤 한다. 하지만 '만들 줄 알지만 라이브러리를 갖다 쓰는 개발자'와 '오로지 라이브러리만을 사용하는 개발자'와의 실력 차이는 하늘과 땅 차이이다. 대다수의 디바이스는 라이브러리가 없는 경우가 많기 때문이다.

```
#include <avr/io.h>
#include <avr/eeprom.h>
#include <stdio.h>

#include "global.h"
#include "eeprom.h"
#include "usart.h"
#include "delay.h"

int main(void) {

  unsigned int address=       0x000;
  unsigned char write_data=   0x00;
  unsigned char readed_data=  0x00;
  unsigned int write_count=   0;
  unsigned int read_count=    0;

  usart_init(BAUD_57600);

  tx_string("EEPROM writing...₩n");
  for(address= 0x000; address <= MAX_ADDRESS; address++) {
    write_data++;
    write_count++;
    //EEPROM_write(address, write_data);
    EEPROM_write_byte(address, write_data);
      htoa(write_data);
      if(write_count%16==0) { tx_string("₩n"); write_count= 0; }
  }
  tx_string("₩nEEPROM write done.₩n");

  tx_string("EEPROM reading...\n");
```

```
    for(address= 0x000; address <= MAX_ADDRESS; address++) {
      //readed_data= EEPROM_read(address);
      readed_data= EEPROM_read_byte(address);
      read_count++;
      htoa(readed_data);
      if(read_count%16==0) { tx_string('\n'); read_count= 0; }
      delay_ms(20);
    }
    tx_string('₩nEEPROM read done.₩n');
    return 0;
}
```

5 이 장의 간추림

- 메모리는 전원 공급을 차단한 후에 데이터가 유지되는지의 여부에 따라 휘발성 메모리와 비휘발성 메모리로 나뉜다. 이 중 EEPROM은 비휘발성 메모리이다.
- ATmega128는 1,204바이트의 EEPROM 데이터 메모리를 내장하고 있으며, 100,000번을 지우거나 쓸 수 있다.
- EEPROM 데이터 메모리 관련 레지스터는 EEAR, EEDR, EECR 세 가지가 있는데, EEAR은 주소를 지정하는 레지스터이고 EEDR은 읽거나 쓸 때 데이터를 임시 저장하는 레지스터이고, EECR은 읽기 쓰기 동작을 제어하는 레지스터이다.
- EEPROM 데이터 메모리에 데이터를 쓸 때에는 EEWE가 0이 될 때까지 기다렸다가 EEAR에 주소를 지정한 후 EEDR에 데이터를 넣고 EEWE를 세트함으로써 이루어진다.
- EEPROM 데이터 메모리에 데이터를 읽을 때에는 EEWE가 0이 될 때까지 기다렸다가 EEAR에 주소를 지정한 후 EERE를 세트함으로써 이루어진다.

연습문제

1. 다음 보기 중에서 메모리에 대한 설명으로 맞지 않는 것은?

① 전원 공급이 끊어지면 EEPROM의 데이터는 사라진다.

② 메모리는 크게 휘발성과 비휘발성 메모리로 나뉘어진다.

③ UVEPROM은 자외선으로 내용을 지우는 롬이다.

④ EEPROM은 플래시 메모리에 비해 속도가 읽고 쓰는 속도가 느리다.

2. 다음 보기 중에서 ATmega128의 EEPROM에 대한 설명으로 맞지 않는 것은?

① 4K바이트의 용량을 가진다.

② 10만 번 이상의 읽고 쓰기가 가능하다.

③ 데이터 메모리 주소영역과 다른 별동의 영역에 할당되어 있다.

④ 저장 후에 전원 공급이 끊어져도 내용은 보존된다.

3. 다음 보기 중에서 ATmega128의 EEPROM에 관련된 레지스터가 아닌 것은?

① EEAR

② EEBR

③ EECR

④ EEDR

생각해보기

❶ ROM에 대해 조사해보고 플래시 메모리와 EEPROM이 어떠한 차이가 있는지 알아보자.

❷ ATmega128의 EEPROM은 다루기는 편리하나 용량이 매우 부족하다. 이와 같이 EEPROM의 용량이 부족한 경우는 어떻게 해야 할까?

찾아보기

당근이의 AVR ATmega128 마이크로컨트롤러

쉽게 배우는 하드웨어 인터페이스와 프로그래밍

인 쇄	2014년 3월 3일 초판 2쇄
발 행	2014년 3월 12일 초판 2쇄
저 자	정상훈
발 행 인	채희만
출판기획	안성일
영 업	김우연
편집진행	우지연
관 리	최은정
북디자인	가인커뮤니케이션
발 행 처	**INFINITYBOOKS**
주 소	경기도 고양시 일산동구 하늘마을로 158 대방트리플라온 C동 209호
대표전화	02)302-8441
팩 스	02)6085-0777
Homepage	www.infinitybooks.co.kr
E-mail	helloworld@infinitybooks.co.kr
I S B N	978-89-92649-65-0
등록번호	제313-2010-241호
판매정가	**28,000원**